D1707757

Jesús ama a

_____

y por eso le dedico este
Nuevo Testamento.

Con mucho cariño,

_____

NUEVO TESTAMENTO

Versión en Lenguaje Sencillo

Sociedades Bíblicas Unidas es una fraternidad mundial de Sociedades Bíblicas nacionales que sirven a más de 200 países. Su propósito es poner al alcance de cada persona la Biblia completa o parte de ella en el idioma que pueda leer y entender, a un precio que pueda pagar y en el formato adecuado. Las Sociedades Bíblicas Unidas distribuyen más de 500 millones de Escrituras cada año. Le invitamos a participar en este ministerio con sus oraciones y ofrendas. La Sociedad Bíblica de su país le proporcionará con agrado más información de sus actividades.

Nuevo Testamento en Lenguaje Sencillo © Sociedades Bíblicas Unidas, 2000
Texto de la versión en Lenguaje Sencillo © Sociedades Bíblicas Unidas, 2000
Ilustraciones © Sociedades Bíblicas Unidas, 2000

ISBN 1-57697-866-4   BLS243P   Tapa dura / colores

Printed in Colombia / Impreso en Colombia por:
Panamericana Formas e Impresos S.A
Quien sólo actúa como impresor. 2002

Presentación a los padres y maestros

La *Biblia en Lenguaje Sencillo* (BLS) ha sido traducida y publicada teniendo en mente, en primer lugar, a los miembros más jóvenes de las familias y las comunidades cristianas de habla hispana. Por ello, su principal característica es la comprensión oral del mensaje bíblico. El equipo de traductores ha hecho todo lo posible por entregar el mensaje original del modo más sencillo y transparente que permita el lenguaje y el estilo literario del texto que se traduce y al cual se traduce.

La BLS es una traducción directa de los idiomas bíblicos (hebreo, arameo y griego); no es una adaptación o paráfrasis de ninguna versión castellana existente. Se han tomado como base de la traducción las dos versiones oficiales de las Sociedades Bíblicas Unidas (SBU) que se usan en todas nuestras traducciones alrededor del mundo: la *Biblia Hebraica Stuttgartensia* y la cuarta edición revisada del *The Greek New Testament*.

Para la traducción se han seguido los principios de traducción establecidos por las SBU, cuyo énfasis recae en la fiel traducción del significado del texto original y no en las formas gramaticales o vocablos aislados del texto fuente. Se ha hecho todo lo posible para que nuestro público, especialmente el infantil, reciba el mismo significado del mensaje que captaron las primeras audiencias del texto bíblico. Por ello se han establecido pautas apropiadas para esta versión tanto en lo lingüístico como en lo literario. Nuestro deseo ha sido que en esta versión se reflejen las mejores características de la literatura infantil contemporánea del mundo castellano.

Se ha tomado el párrafo como unidad básica del discurso. Por ello se presta especial atención a las frases que sirven de transición dentro del párrafo mismo y entre todos los párrafos que conforman el texto. En este sentido, se estructura la historia o relato de tal manera que la causa preceda al efecto, que la información previa preceda a la nueva. Además, se ha prestado atención a los distintos planos que los personajes ocupan en el relato. Se ha considerado cómo termina una oración y como empieza la siguiente; cómo se dan los cambios entre sustantivos y pronombres, la distancia entre el sujeto y el predicado, el ritmo de las construcciones gramaticales, y los sonidos de las palabras y las sílabas.

El equipo de traductores y revisores ha estado formado por hombres y mujeres de diferentes confesiones cristianas, de diferentes regiones de nuestro mundo hispanohablante y de diferentes disciplinas. Además del trabajo de este equipo, el texto se ha enviado para ser leído y revisado por personas representativas de los distintos países del mundo hispanohablante. Un equipo editorial ha hecho la revisión final, y el comité regional de las SBU ha dado su aprobación definitiva.

Nuestra oración es que ustedes, como padres y maestros, sean un glorioso instrumento en las manos de Dios para hacer llegar, a través de la lectura audible, el mensaje de la Palabra a sus pequeños desde su temprana edad.

El Nuevo Testamento

El Nuevo Testamento es una colección de libros y cartas, escritos en griego. Sus autores vivieron en diferentes lugares de la región conocida como Asia menor. Casi todos esos escritos se originaron durante la segunda parte del primer siglo de la era cristiana, y sus destinatarios fueron, en su mayoría, una o varias iglesias de las que se habían formado en esa región.

Esta colección de escritos ha quedado arreglada de la siguiente manera:

(1) Los Evangelios y el libro de Hechos. Este grupo de libros contiene cuatro Evangelios, conocidos como Mateo, Marcos, Lucas y Juan. La palabra evangelio quiere decir "buena noticia". Estos cuatro evangelios narran lo que Jesús enseñó e hizo, pero especialmente hablan de la muerte y la resurrección de Jesús para salvar al mundo. El último libro de este grupo es el libro de los Hechos de los Apóstoles. Fue escrito por el mismo autor del Evangelio de Lucas, y narra cómo las "buenas noticias" acerca de Jesucristo se extendieron por el Asia menor después de la ascensión de Jesús al Cielo y de la llegada del Espíritu Santo.

(2) Las cartas de Pablo. Son trece las cartas que componen este grupo: Romanos, 1 y 2 de Corintios, Gálatas, Efesios, Filipenses, Colosenses, 1 y 2 Tesalonicenses, 1 y 2 Timoteo, Tito y Filemón. Estas cartas, también conocidas como epístolas, llevan el nombre de la iglesia o de la persona a quien cada una de ellas fue dirigida.

(3) Las otras cartas. Este grupo lo integran las ocho conocidas como *Cartas generales o universales*. Cada una de ellas, sin contar la dirigida a los Hebreos, lleva el nombre de la persona que, de acuerdo a la tradición, la escribió.

(4) *Apocalipsis*. Es un libro muy especial y diferente al resto de los libros que componen el Nuevo Testamento. En él abundan los simbolismos, y se habla de visiones y de mensajes acerca de la victoria final del reino de Dios y de la creación de un nuevo cielo y una nueva tierra.

ÍNDICE

CONSEJO EPISCOPAL LATINOAMERICANO
PRESIDENCIA

En el inicio del Tercer Milenio en que la Palabra de Dios se hizo carne (cfr. Juan 1, 14) presentamos esta nueva traducción de la Biblia en lenguaje sencillo. Esta fue realizada en colaboración con biblistas católicos sugeridos por este Consejo Episcopal Latinoamericano. En la misma también colaboraron varios pedagogos católicos para hacer más fácil su entendimiento.

Que la Palabra de Dios llegue a todos en un lenguaje que puedan entender, es nuestro deseo. Esto implica alcanzar una multitud de niños, jóvenes y personas adultas que en la sencillez de su corazón y de su comprensión necesitan que Dios les hable en forma más clara e inteligible.

Que la publicación de la Santa Palabra de Dios en este lenguaje sencillo sirva a muchos para ahondar el misterio divino, es nuestro anhelo.

Recomendamos muy especialmente esta Biblia para la catequesis de los iniciados. Dejamos como siempre al ponderado criterio de las Conferencias Episcopales su utilización.

+ OSCAR ANDRES RODRIGUEZ MARADIAGA sdb
Arzobispo de Tegucigalpa
Presidente del CELAM

MATEO

Mateo comparte las buenas noticias

Los antepasados de Jesús

1 Jesús era descendiente de David y de Abraham. Esta es la lista de todos sus familiares que vivieron antes que él:

2 Desde Abraham hasta David fueron: Abraham, Isaac, Jacob, Judá y sus hermanos, **3** Fares y Zérah (su madre se llamaba Tamar), Hesrón, Aram, **4** Aminadab, Nahasón, Salmón, **5** Booz (su madre se llamaba Rahab), Obed (su madre se llamaba Rut), Isaí **6** y el rey David.

Desde David hasta el tiempo en que los judíos fueron llevados como prisioneros a Babilonia, sus antepasados fueron: David, Salomón (su madre había sido esposa de Urías), **7** Roboam, Abías, Asá, **8** Josafat, Joram, Ozías, **9** Jotam, Acaz, Ezequías, **10** Manasés, Amón, Josías, **11** Jeconías y sus hermanos.

12 Desde el tiempo en que los judíos fueron llevados a Babilonia hasta el nacimiento de Jesús, sus antepasados fueron: Jeconías, Salatiel, Zorobabel, **13** Abihud, Eliaquim, Azor, **14** Sadoc, Aquim, Eliud, **15** Eleazar, Matán, Jacob, y **16** José, el esposo de María, la madre de Jesús, conocido como el Mesías.

17 Desde Abraham hasta David, hubo catorce generaciones. Desde David hasta que los judíos fueron llevados prisioneros a Babilonia también hubo catorce generaciones, y otras catorce desde ese momento hasta el nacimiento del Mesías.

El nacimiento de Jesús

18-20 Así fue como nació Jesús, el Mesías: Una joven llamada María estaba comprometida para casarse con José. Pero antes de que vivieran juntos, se supo que ella estaba embarazada. José era un hombre bueno y obediente a la ley de Dios. Como no quería acusar a María delante de todo el pueblo, decidió romper en secreto el compromiso.

Mientras pensaba en todo esto, un ángel de Dios se le apareció en un sueño y le dijo: «José, no tengas miedo de casarte con María. El Espíritu Santo fue quien hizo que ella quedara embarazada. **21** Cuando nazca el niño, lo llamarás Jesús. Él va a salvar a su pueblo del castigo que merece por sus pecados».

22-25 Cuando José despertó, obedeció al ángel de Dios y se casó con María. Pero no durmieron juntos como esposos antes de que naciera el niño. Y cuando este nació, José le puso por nombre Jesús.

Todo esto sucedió para que se cumpliera lo que Dios había dicho por medio del profeta Isaías:

> «¡Presten atención!
> Una joven virgen
> quedará embarazada,
> y tendrá un hijo.
> Y llamarán a ese niño
> Emanuel».

Este nombre significa «Dios está con nosotros».

Los sabios

2 **1** Jesús nació en Belén de Judea cuando Herodes el Grande era rey de ese país. En esa época, unos sabios de lejanos países llegaron a Jerusalén **2** y preguntaron: «¿Dónde está el niño que nació para ser el rey de los judíos? Vimos su estrella en el Oriente y hemos venido a adorarlo».

3 El rey Herodes y todos los habitantes de Jerusalén se pusieron muy nerviosos cuando oyeron hablar de esto. **4** Entonces Herodes reunió a los sacerdotes principales y a los maestros de la Ley, y les preguntó:

—¿Dónde tiene que nacer el Mesías?

5 Ellos le dijeron:

—En Belén de Judea, porque así lo anunció el profeta cuando escribió:

6 «Tú, Belén,
eres importante
entre los pueblos de Judá.
De ti nacerá un príncipe,
que guiará a mi pueblo Israel».

7 Herodes mandó llamar en secreto a los sabios y averiguó cuándo había aparecido la estrella. **8** Luego les dijo: «Vayan a Belén y averigüen todo lo que puedan acerca del niño. Cuando lo encuentren, avísenme. Yo también quiero ir a adorarlo».

9 Después de escuchar al rey, los sabios salieron hacia Belén. Delante de ellos iba la misma estrella que habían visto en su país. Finalmente, la estrella se detuvo sobre la casa donde estaba el niño. **10** ¡Qué felices se pusieron los sabios al ver la estrella!

11 Cuando entraron en la casa, vieron al niño con María, su madre, y se arrodillaron para adorarlo. Abrieron los cofres que llevaban y le regalaron al niño oro, incienso y mirra.

12 Dios les avisó a los sabios, en un sueño, que no volvieran al palacio de Herodes. Ellos, entonces, regresaron a su país por otro camino.

La familia de Jesús huye a Egipto

13 Después de que los sabios regresaron a su país, un ángel de Dios se apareció a José en un sueño y le dijo: «Levántate. Escapa con el niño y su madre a Egipto. Quédate allí hasta que yo te avise, porque Herodes va a buscar al niño para matarlo».

14 Esa noche, José escapó a Egipto, con María y el niño, **15** y se quedó allí hasta que Herodes murió. Así se cumplió lo que Dios había dicho por medio del profeta: «De Egipto llamé a mi hijo».

Herodes intenta matar a Jesús

16 Cuando Herodes se dio cuenta de que los sabios lo habían engañado, se puso muy furioso y mandó matar a todos los niños menores de dos años, que vivieran en Belén y sus alrededores. **17** Así se cumplió lo que Dios dijo por medio del profeta Jeremías:

18 «Grandes llantos y lamentos
oyó la gente de Ramá.
Era Raquel, que lloraba
por la muerte de sus hijos,
y no quería ser consolada».

Viaje a Nazaret

19 José estaba en Egipto, y después de que murió Herodes, un ángel de Dios se le apareció **20** y le dijo: «Regresa ahora mismo a Israel junto con el niño y la madre, porque ya murieron los que querían matar al niño».

21 José, María y el niño regresaron a Israel. **22** Pero José tuvo miedo de ir a la región de Judea, porque supo que Arquelao, el hijo de Herodes, era el nuevo rey allí. Entonces el ángel de Dios le dijo a José que siguiera hasta la región de Galilea.

23 Cuando llegaron allá, se fueron a vivir a un pueblo llamado Nazaret. Así se cumplió lo que Dios había dicho por medio de los profetas: «El Mesías será llamado nazareno».

Juan el Bautista

3 **1** Años después, Juan el Bautista salió al desierto de Judea, para predicarle a la gente. Les decía: **2** «Vuélvanse a Dios, porque su reino se establecerá aquí muy pronto».

3 Juan era la persona de quien hablaba el profeta Isaías cuando dijo:

«Alguien grita en el desierto:
"Prepárenle el camino al Señor.

¡Ábranle paso!
¡Que no encuentre estorbos!"»

4 Juan se vestía con ropa hecha de pelo de camello y usaba un cinturón de cuero. Comía saltamontes y miel silvestre.

5 Muchos iban a oír a Juan. Llegaban no solo de los alrededores del río, sino también de la región de Judá y de Jerusalén. **6** Confesaban sus pecados y él los bautizaba en el río.

7 Al ver Juan que muchos fariseos y saduceos venían para que él los bautizara, les dijo:

«¡Ustedes son unas víboras! ¿Creen que van a escaparse del castigo que Dios les enviará? **8** Demuestren con su conducta que han dejado de pecar. **9** No piensen que se salvarán solo por ser descendientes de Abraham porque, si Dios así lo quiere, hasta estas piedras las puede convertir en familiares de Abraham. **10** Cuando un árbol no produce buenos frutos, su dueño lo corta de raíz y lo quema. Dios ya está listo para destruir a los que no hacen lo bueno.

11 »Yo los bautizo a ustedes con agua para que muestren a los demás que han cambiado su manera de vivir. Pero hay alguien que viene después de mí, y que es más poderoso que yo. Él los bautizará con el Espíritu Santo y con fuego. ¡Yo ni siquiera merezco ser su esclavo! **12** El que viene después de mí separará a los buenos de los malos. A los buenos los pondrá a salvo, pero a los malos los echará en un fuego que nunca se apaga».

Juan bautiza a Jesús

13 Jesús salió de Galilea y se fue al río Jordán para que Juan lo bautizara. **14** Pero Juan no quería hacerlo, y le dijo:

—¿Quieres que yo te bautice? ¡Más bien, tú deberías bautizarme a mí!

15 Jesús le respondió:

—Hazlo así por ahora, pues debemos cumplir con lo que Dios manda.

Juan estuvo de acuerdo, **16** y lo bautizó. Cuando Jesús salió del agua, vio que el cielo se abría y que el Espíritu de Dios bajaba sobre él en forma de paloma. **17** Y una voz que venía del cielo dijo: «Este es mi Hijo. Yo lo amo mucho y estoy muy contento con él».

Jesús vence al diablo

4 **1** Luego el Espíritu de Dios llevó a Jesús al desierto para que el diablo tratara de hacerlo caer en sus trampas.

2 Después de ayunar cuarenta días en el desierto, Jesús tuvo hambre. **3** Entonces llegó el diablo para ponerle una trampa y le dijo:

—Si en verdad eres el Hijo de Dios, ordena que estas piedras se conviertan en pan.

4 Jesús le contestó:

—La Biblia dice:

"No solo de pan vive la gente,
también necesita obedecer
todo lo que Dios manda".

5 Después el diablo llevó a Jesús a la santa ciudad de Jerusalén. Allí lo subió a la parte más alta del templo, **6** y le dijo:

—Si en verdad eres el Hijo de Dios, tírate abajo, pues la Biblia dice:

"Dios mandará a sus ángeles
para que te cuiden.
Ellos te sostendrán,
para que no te lastimes los pies
contra ninguna piedra".

7 Jesús le contestó:

—La Biblia también dice:

"Nunca trates de hacer caer a tu Dios en una trampa".

8 Por último, el diablo llevó a Jesús a una montaña altísima. Desde allí podían verse los países más ricos y poderosos del mundo. **9** El diablo le dijo:

—Todos estos países serán tuyos, si te arrodillas delante de mí y me adoras.

10 Jesús le respondió:

—Vete de aquí, Satanás, porque la Biblia dice:

"Adorarás al Señor tu Dios, y solo a él servirás".

11 Entonces el diablo se fue, y unos ángeles vinieron a servir a Jesús.

Jesús comienza su trabajo

12 Cuando Jesús oyó que Juan el Bautista estaba en la cárcel, se marchó a la región de Galilea. **13** Pero no volvió a su casa en Nazaret, sino que se fue a vivir a Cafarnaúm. Este pueblo se encuentra a orillas del Lago de Galilea. Allí vivieron las tribus israelitas de Zabulón y de Neftalí.

14 Así se cumplió lo que Dios había dicho por medio del profeta Isaías cuando escribió:

15 «Escucha, tierra de Zabulón,
que estás cerca del gran mar;
escucha, tierra de Neftalí,
que estás al oeste del río Jordán;
escucha tú, Galilea,
tierra de extranjeros.
16 Aunque tu gente viva en tinieblas,
verá una luz muy brillante.
Una luz alumbrará
a los que vivan
en sombra de muerte».

17 Desde entonces, Jesús comenzó a decirles a todos: «Vuélvanse a Dios, porque su reino se va a establecer aquí».

Jesús elige a cuatro pescadores

18 Jesús pasaba por la orilla del Lago de Galilea cuando vio a dos hermanos que eran pescadores: Simón Pedro y Andrés. Mientras pescaban con sus redes, **19** Jesús les dijo: «Síganme. En lugar de pescar peces, les voy a enseñar a ganar seguidores para mí».

20 En ese mismo instante, Pedro y Andrés dejaron sus redes y siguieron a Jesús.

21 Jesús siguió caminando por la orilla del lago y vio a otros dos hermanos pescadores: Santiago y Juan. Los dos estaban en una barca arreglando las redes, junto con su padre Zebedeo. Jesús llamó a los dos. **22** Ellos salieron de inmediato de la barca, dejaron a su padre y siguieron a Jesús.

23 Jesús recorría toda la región de Galilea. Enseñaba en las sinagogas, anunciaba las buenas noticias del reino de Dios y sanaba a todos los que estaban enfermos.

24 Jesús se hizo muy famoso en toda la región de Siria. La gente le traía personas que sufrían dolores y enfermedades, o que tenían demonios. También le traían a los que sufrían de ataques o que no podían caminar ni moverse, y a todos ellos los sanó.

25 Muchísima gente de las regiones de Galilea, Judea y Decápolis seguía a Jesús. También venían de la ciudad de Jerusalén y de los pueblos que están al otro lado del río Jordán.

Bendiciones

5 **1** Cuando Jesús vio a tanta gente, subió a una montaña y se sentó. Los discípulos se acercaron, **2** y él comenzó a enseñarles:

3 «Dios bendice a los que confían
totalmente en Dios,
porque ellos forman parte
de su reino.

⁴ Dios bendice a los que sufren,
porque él los consolará.

⁵ Dios bendice a los humildes,
porque ellos serán
dueños de la tierra.

⁶ Dios bendice a los que desean
la justicia,
porque él les cumplirá su deseo.

⁷ Dios bendice a los que son compasivos,
porque él será compasivo con ellos.

⁸ Dios bendice a los que tienen
un corazón puro,
porque ellos verán a Dios.

⁹ Dios bendice a los que trabajan
para que haya paz en el mundo,
porque ellos serán llamados
hijos de Dios.

¹⁰ Dios bendice a los que son maltratados
por practicar la justicia,
porque ellos forman parte
de su reino.

¹¹-¹² »Dios los bendecirá cuando, por causa mía, la gente los maltrate y diga mentiras contra ustedes. ¡Alégrense! ¡Pónganse contentos! Porque van a recibir un gran premio en el cielo. Así maltrataron también a los profetas que vivieron antes que ustedes.

La sal y la luz del mundo

¹³ »Ustedes son la sal de este mundo. Si la sal pierde su sabor, ya no puede recuperarlo. Ya no sirve para nada, sino para tirarla afuera y que la gente la pisotee.

¹⁴ »Ustedes son como una luz que ilumina a todos. Son como una ciudad construida en la parte más alta de un monte y que todos pueden ver. ¹⁵ Nadie enciende una lámpara para meterla

debajo de un cajón. Todo lo contrario: la pone en un lugar alto para que alumbre a todos los que están en la casa. **16** De la misma manera, su conducta debe ser como una luz que ilumine y muestre cómo se obedece a Dios. Hagan buenas acciones. Así las verán los demás y alabarán a Dios, el Padre de ustedes que está en el cielo.

La ley y los profetas

17 »No crean que vine a quitar la ley ni a decir que la enseñanza de los profetas ya no vale. Al contrario: vine a darles su verdadero valor. **18** Les aseguro que mientras existan el cielo y la tierra, ni siquiera un punto o una coma se quitará de la ley, hasta que todo se cumpla. **19** Por eso, si alguien no obedece uno solo de los mandatos de Dios, aun el menos importante, será la persona menos importante en el reino de Dios. Lo mismo le sucederá al que enseñe a otros a desobedecer. Pero el que obedezca los mandamientos y enseñe a otros a obedecerlos, será muy importante en el reino de Dios. **20** Les aseguro que si ustedes no son más obedientes que los fariseos y los maestros de la Ley, nunca entrarán en el reino de Dios.

El enojo

21 »Recuerden que hace mucho tiempo Moisés dijo: "No maten a nadie. Si alguien mata a otro, será castigado". **22** Pero ahora yo les aseguro que cualquiera que se enoje con otro tendrá que ir a juicio. Cualquiera que insulte a otro será llevado a los tribunales. Y el que maldiga a otro será echado en el fuego del infierno.

23 »Por eso, si llevas al altar del templo una ofrenda para Dios, y allí te acuerdas de que alguien está enojado contigo, **24** deja la ofrenda delante del altar, ve de inmediato a reconciliarte con esa persona, y después de eso regresa a presentar tu ofrenda a Dios.

25 »Si alguien te acusa de haberle hecho algo malo, arregla el problema con esa persona antes de que te entregue al juez. Si no, el juez le ordenará a un policía que te lleve a la cárcel.

26 Te aseguro que no saldrás de allí sin haber pagado hasta el último centavo de lo que debas.

El matrimonio

27 »Moisés también dijo: "Sean fieles en el matrimonio". **28** Pero ahora yo les aseguro que si un hombre mira a otra mujer y desea tener relaciones sexuales con ella, ya fue infiel en su corazón.

29 »Si lo que ves con tu ojo derecho te hace desobedecer a Dios, sácatelo y tíralo lejos. Es mejor perder una parte del cuerpo y no que todo el cuerpo sea echado al infierno. **30** Si lo que haces con tu mano derecha te hace desobedecer, córtatela y tírala lejos. Es mejor perder una parte del cuerpo y no que todo el cuerpo vaya al infierno.

El divorcio

31 »También hace mucho tiempo Moisés dijo: "Si alguno ya no quiere vivir casado con su mujer, déle un certificado de divorcio". **32** Pero ahora yo les digo que el hombre sólo puede divorciarse si su esposa tiene relaciones sexuales con otro hombre. Si se divorcia de su esposa por otra razón, la pone en peligro de cometer ese mismo pecado. Si esa mujer vuelve a casarse, tanto ella como su nuevo esposo serán culpables de adulterio.

Las promesas

33 »En ese mismo tiempo, Moisés también enseñó: "No usen el nombre de Dios para prometer lo que no van a cumplir". **34** Pero ahora yo les digo a ustedes que, cuando prometan algo, no hagan ningún juramento. No juren por el cielo, porque es el trono de Dios, **35** ni juren por la tierra, porque Dios gobierna sobre ella. Tampoco juren por Jerusalén, pues esta ciudad pertenece a Dios, el gran Rey. **36** Nunca juren por su vida, porque ustedes no son dueños de ella. **37** Si van a hacer algo digan que sí, y si no lo van a hacer digan que no. Todo lo que digan de más viene del diablo.

La venganza

38 »Otra de las enseñanzas de Moisés fue esta: "Ojo por ojo y diente por diente". **39** Pero ahora yo les digo: No traten de vengarse de quien les hace daño. Si alguien les da una bofetada en la mejilla derecha, pídanle que les pegue también en la izquierda. **40** Si alguien los acusa ante un juez y quiere quitarles la camisa, denle también el abrigo. **41** Si un soldado los obliga a llevar una carga por un kilómetro, cárguenla por dos. **42** A quien les pida algo, dénselo, y a quien les pida prestado, préstenle.

Amar a los enemigos

43 »Esta es otra orden que dio Moisés hace muchísimo tiempo: "Amen a su prójimo y odien a su enemigo". **44** Pero ahora yo les digo: Amen a sus enemigos y oren por quienes los maltratan. **45** Así demostrarán que actúan como su Padre Dios que está en el cielo. Él hace que salga el sol sobre los buenos y sobre los malos. Él manda la lluvia para el bien de los que lo obedecen y de los que no lo obedecen.

46 »Si ustedes aman solo a quienes los aman, ¿qué premio recibirán por eso? Hasta los que cobran impuestos para el gobierno de Roma aman solo a sus amigos. **47** Si saludan solo a sus amigos, no hacen nada extraordinario. ¡Hasta los que no creen en Dios hacen eso!

48 »Ustedes deben ser perfectos como Dios, su Padre que está en el cielo, es perfecto.

Dar

6 **1** »Cuando ustedes hagan una buena acción, no lo anuncien por todos lados; de lo contrario, Dios su Padre no les dará ningún premio.

2 »Si uno de ustedes ayuda a los pobres, no se ponga a publicarlo en las sinagogas y en los lugares por donde pasa la gente; eso lo hacen los hipócritas, que quieren que la gente los alabe. Les aseguro que ese es el único premio que recibirán.

³ »Cuando alguno de ustedes ayude a los pobres, no se lo cuente a nadie. ⁴ Así esa ayuda se mantendrá en secreto, y Dios el Padre que conoce ese secreto, les dará su premio.

Jesús enseña a orar

⁵ »Cuando ustedes oren, no hagan como los hipócritas. A ellos les encanta que la gente los vea orar. Por eso oran de pie en las sinagogas y en los lugares por donde pasa mucha gente. Pueden estar seguros de que no tendrán otra recompensa.

⁶ »Cuando alguno de
ustedes ore, hágalo
a solas. Vaya a
su cuarto, cierre
la puerta y
hable allí en
secreto con
Dios, su
Padre, pues
él da lo que
se le pide en
secreto.

⁷ »Cuando
ustedes oren, no usen muchas
palabras, como hacen los que no
conocen verdaderamente a Dios. Ellos
creen que Dios les va a hacer más caso porque hablan mucho.
⁸ No los imiten, porque Dios, nuestro Padre, sabe lo que ustedes
necesitan, aun antes de que se lo pidan.

⁹ »Ustedes deben orar así:

"Padre nuestro
que estás en el cielo:
Que todos reconozcan
que tú eres el verdadero Dios.

10 Ven y sé nuestro único rey.
Que todos los que viven
en la tierra te obedezcan,
como te obedecen
los que están en el cielo.
11 Danos la comida que necesitamos hoy.
12 Perdona el mal que hacemos,
así como nosotros perdonamos
a los que nos hacen mal.
13 Y cuando vengan las pruebas,
no permitas que ellas nos aparten de ti,
y líbranos del poder del diablo".

14 »Si ustedes perdonan a otros el mal que les han hecho, Dios, su Padre que está en el cielo, los perdonará a ustedes. **15** Pero si ustedes no perdonan a los demás, tampoco su Padre los perdonará a ustedes.

El ayuno

16 »Cuando ustedes ayunen, no pongan cara triste, como hacen los hipócritas. A ellos les gusta que la gente sepa que están ayunando. Les aseguro que ese será el único premio que ellos recibirán. **17** Cuando ustedes ayunen, péinense bien y lávense la cara, **18** para que la gente no se dé cuenta de que están ayunando. Solo Dios, su Padre, quien conoce todos los secretos, sabrá que están ayunando y les dará su premio.

La riqueza verdadera

19 »No traten de amontonar riquezas aquí en la tierra. Esas cosas se echan a perder o son destruidas por la polilla. Además, los ladrones pueden entrar y robarlas. **20** Es mejor que guarden en el cielo lo más valioso de su vida. Allí, las cosas no se echan a perder ni la polilla las destruye. Tampoco los ladrones pueden entrar y robarlas. **21** Recuerden que siempre pondrán toda su atención en donde estén sus riquezas.

22-23 »La persona sincera siempre es generosa y por eso le va bien. Es como si viviera en la luz. Pero a la persona tacaña y envidiosa siempre le va mal; es como si viviera en completa oscuridad.

El dinero

24 »Ningún esclavo puede trabajar para dos amos al mismo tiempo, porque siempre obedecerá o amará más a uno que a otro. Del mismo modo, tampoco ustedes pueden servir al mismo tiempo a Dios y a las riquezas.

Las preocupaciones

25 »No vivan preocupados pensando qué van a comer, qué van a beber o qué ropa se van a poner. ¿Acaso la vida consiste solo en comer? ¿Acaso el cuerpo solo sirve para que lo vistan?

26 »Miren los pajaritos que vuelan por el aire. Ellos no siembran ni cosechan, ni guardan semillas en

graneros. Sin embargo, Dios, el Padre que
está en el cielo, les da todo lo que necesitan. ¿Acaso
no son ustedes más importantes que ellos?

27 »¿Creen ustedes que por preocuparse vivirán un día más?
28 Aprendan de las flores que están en el campo. Ellas no
trabajan para hacerse sus vestidos. **29** Sin embargo, les aseguro
que ni el rey Salomón se vistió tan bien como ellas, aunque tuvo
muchas riquezas.

30 »Si Dios hace tan hermosas a las flores, que viven tan poco
tiempo, ¿acaso no hará más por ustedes? ¡Veo que todavía no
han aprendido a confiar en Dios!

31 »Ya no se preocupen preguntando qué van a comer, qué van
a beber o qué ropa se van a poner. **32** Solo los que no conocen a
Dios se preocupan por eso. Ustedes no se desesperen por esas
cosas. Su Padre que está en el cielo sabe que las necesitan.

33 »Lo más importante es que reconozcan a Dios como único
rey, y que hagan lo que él les pide. Todo lo demás, él se
los dará a su tiempo. **34** Así que no se preocupen
por lo que pasará mañana. Ya tendrán
tiempo para eso. Recuerden que ya
tenemos bastante con los problemas
de cada día.

No juzguen a los demás

7 [1] »No se conviertan en jueces de los demás, y así Dios no los juzgará a ustedes. [2] Si son muy duros para juzgar a otras personas, Dios será igualmente duro con ustedes. Él los tratará como ustedes traten a los demás.

[3] »¿Por qué te fijas en lo malo que hacen otros, y no te das cuenta de las muchas cosas malas que haces tú? Es como si te fijaras que en el ojo del otro hay una basurita y no te dieras cuenta de que en tu ojo hay una rama. [4] ¿Cómo te atreves a decirle a otro: "Déjame sacarte la basurita que tienes en el ojo", si tú tienes una rama en el tuyo? [5] ¡Hipócrita! Primero saca la rama que tienes en tu ojo, y así podrás ver bien para sacar la basurita que está en el ojo del otro.

[6] »No den a los perros las cosas que pertenecen a Dios. Tampoco echen lo más valioso a los cerdos. Ninguno de ellos sabe apreciar su valor, y lo que harán será pisotearlas y morderlos a ustedes.

Pedir, buscar y llamar

[7] »Pidan a Dios, y él les dará. Hablen con Dios, y encontrarán lo que buscan. Llámenlo, y él los atenderá. [8] Porque el que confía en Dios recibe lo que pide, encuentra lo que busca y, si llama, es atendido.

[9] »¿Alguno de ustedes le daría a su hijo una piedra, si él le pidiera pan? [10] ¿Le daría una serpiente, si le pidiera pescado?

[11] »Si ustedes, que son malos, saben dar buenas cosas a sus hijos, con mayor razón Dios, su Padre que está en el cielo, dará buenas cosas a quienes se las pidan.

[12] »Traten a los demás como ustedes quisieran ser tratados, porque eso nos enseña la Biblia.

La puerta estrecha

[13] »La puerta que lleva a la perdición es ancha. El camino hacia allá es fácil de seguir. ¡Mucha gente entra por esa puerta! [14] Pero la puerta que lleva a la vida es muy estrecha. El camino hacia allá

es muy difícil de seguir. Por eso, son pocos los que la encuentran. Entren por la puerta estrecha, pues ella nos lleva a la vida.

El árbol y su fruto

15 »¡Cuídense de esos mentirosos que dicen hablar de parte de Dios! Ellos se presentarán ante ustedes tan inofensivos como una oveja, pero en realidad son tan peligrosos como un lobo feroz. **16** Ustedes pueden reconocer a esos falsos profetas si se fijan en lo que hacen. No se recogen uvas ni higos de una planta de espinas, porque ella no los puede producir. **17** Los árboles buenos producen buenos frutos, y los árboles malos producen malos frutos. **18** Ningún árbol bueno produce malos frutos, y ningún árbol malo produce buenos frutos. **19** El árbol que no da buenos frutos se corta y se quema. **20** ¡Ustedes reconocerán a esos mentirosos por lo que hacen!

¡Cuidado!

21 »No todos los que dicen que yo soy su Señor y dueño entrarán en el reino de Dios. Eso no es suficiente; tienen que obedecer los mandamientos de mi Padre que está en el cielo. **22** Cuando llegue el día en que Dios juzgará a todo el mundo, muchos me dirán: "Señor y dueño nuestro, nosotros anunciamos de parte tuya el mensaje a otras personas. Usamos tu nombre para echar fuera demonios, y también para hacer milagros". **23** Pero yo les diré: ¡Yo no tengo nada que ver con ustedes! ¡Aléjense de mí, malvados!

Dos clases de personas

24 »El que escucha lo que yo enseño y hace lo que yo digo, es como una persona precavida que construyó su casa sobre piedra firme. **25** Vino la lluvia, el agua de los ríos subió mucho, y el viento sopló con fuerza contra la casa. Pero la casa no se cayó, porque estaba construida sobre piedra firme.

26 »Pero el que escucha lo que yo enseño y no hace lo que yo digo es como una persona tonta que construyó su casa sobre

arena. **27** Vino la lluvia, el agua de los ríos subió mucho, y el viento sopló con fuerza contra la casa. Y la casa se cayó y quedó totalmente destruida».

28 Cuando Jesús terminó de hablar, todos los que escuchaban quedaron admirados de sus enseñanzas, **29** porque Jesús hablaba con su propia autoridad, y no como los maestros de la Ley.

Jesús sana a un hombre

8 **1** Después de que Jesús bajó de la montaña, mucha gente lo siguió. **2** De pronto, un hombre que tenía lepra se acercó a Jesús, se arrodilló delante de él y le dijo:

—Señor, yo sé que tú puedes sanarme. ¿Quieres hacerlo?

3 Jesús puso la mano sobre él y le contestó:

—¡Sí quiero! ¡Queda sano!

El hombre quedó sano de inmediato. **4** Después, Jesús le dijo:

—¡Escucha bien esto! No le digas a nadie lo que sucedió. Vete a donde está el sacerdote, y lleva la ofrenda que Moisés ordenó. Así los sacerdotes serán testigos de que ya no tienes esa enfermedad.

Un capitán romano

5 En cierta ocasión, Jesús fue al pueblo de Cafarnaúm. Allí, se le acercó un capitán del ejército romano **6** y le dijo:

—Señor, mi sirviente está en casa enfermo. No puede moverse y tiene fuertes dolores.

7 Entonces Jesús le dijo:

—Iré a sanarlo.

8 Pero el capitán respondió:

—Señor, no merezco que entres en mi casa. Solo ordena desde aquí que mi sirviente se sane y él sanará. **9** Porque yo sé lo que es obedecer y dar órdenes. Si yo le ordeno a uno de mis soldados que vaya a algún sitio, él va. Si le ordeno a otro que venga, viene; y si mando a mi sirviente que haga algo, lo hace.

10 Jesús se admiró al escuchar la respuesta del capitán. Entonces le dijo a la gente que lo seguía:

—¡Les aseguro que en todo Israel nunca había conocido a alguien que confiara tanto en mí como este extranjero! **11** Oigan bien esto: De todas partes del mundo vendrá gente que confía en Dios como confía este hombre. Ellos participarán de la gran cena que Dios dará en su reino. Se sentarán a la mesa con sus antepasados Abraham, Isaac y Jacob. **12** Pero los que habían sido invitados primero a participar en el reino de Dios, serán echados a la oscuridad. Allí llorarán de dolor y rechinarán los dientes de miedo.

13 Luego Jesús le dijo al capitán:

—Regresa a tu casa, y que todo suceda tal como has creído.

En ese mismo instante, su sirviente quedó sano.

Jesús sana a mucha gente

14 Jesús fue a casa de Pedro y encontró a la suegra de este en cama, con mucha fiebre. **15** Jesús la tocó en la mano y la fiebre se le quitó. Ella se levantó y le dio de comer a Jesús.

16 Al anochecer, la gente llevó a muchas personas que tenían demonios. Jesús echó a los demonios con una sola palabra. También sanó a todos los enfermos que estaban allí.

17 Así, Dios cumplió su promesa, tal como lo había anunciado el profeta Isaías en su libro: «Él nos sanó de nuestras enfermedades».

Los que querían seguir a Jesús

18 Jesús vio que mucha gente lo rodeaba. Por eso, ordenó a sus discípulos que fueran con él al otro lado del Lago de Galilea. **19** Cuando llegaron, un maestro de la Ley se le acercó y le dijo:

—Maestro, yo te acompañaré a donde quiera que vayas.

20 Jesús le contestó:

—Las zorras tienen cuevas y las aves tienen nidos, pero yo, el Hijo del hombre, no tengo un lugar donde descansar.

21 Otro de sus discípulos le dijo después:

—Señor, dame permiso para ir primero a enterrar a mi padre; luego te seguiré.

22 Jesús le contestó:

—Sígueme, lo importante es que tú vengas conmigo ahora mismo. ¡Deja que los muertos entierren a sus muertos!

La gran tormenta

23 Jesús subió a la barca y se fue con sus discípulos. **24** Todavía estaban navegando cuando se desató una tormenta tan fuerte que las olas entraban a la barca. Mientras tanto, Jesús dormía. **25** Entonces sus discípulos fueron a despertarlo:

—¡Señor, sálvanos! ¡Nos hundimos!

26 Jesús les dijo:

—¿Por qué están tan asustados? ¡Qué poco confían ustedes en Dios!

Jesús se levantó y les ordenó al viento y a las olas que se calmaran, y todo quedó muy tranquilo.

27 Los discípulos preguntaban asombrados:

—¿Quién será este hombre, que hasta el viento y las olas lo obedecen?

Dos hombres con muchos demonios

28 Cuando Jesús llegó a la otra orilla del lago, a la región de Gadara, dos hombres que tenían demonios salieron de entre las tumbas. Eran tan peligrosos que nadie podía pasar por ese camino. Cuando los dos hombres se acercaron a Jesús, **29** los demonios gritaron:

—¡Jesús, Hijo de Dios!, ¿qué vas a hacernos? ¿Vas a castigarnos antes del juicio final?

30 No muy lejos de allí había muchos cerdos, y **31** los demonios le suplicaron a Jesús:

—Si nos sacas de estos hombres, déjanos entrar en esos cerdos. **32** Jesús les dijo:

—Vayan.

Los demonios salieron de los dos hombres y entraron en los cerdos. Entonces todos los cerdos corrieron sin parar hasta que cayeron en el lago, donde se ahogaron.

33 Los hombres que cuidaban los cerdos huyeron al pueblo. Allí contaron lo que había pasado con los cerdos y con los dos hombres que habían tenido demonios. **34** La gente del pueblo fue a ver a Jesús y le rogaron que se marchara de aquella región.

El hombre que no podía caminar

9 **1** Después de esto, Jesús subió a una barca y cruzó al otro lado del lago para llegar al pueblo de Cafarnaúm, donde vivía. **2** Allí, algunas personas le llevaron a un hombre acostado en una camilla, pues no podía caminar. Como Jesús vio que estas personas confiaban en él, le dijo al hombre: «¡Ánimo, amigo! Te perdono tus pecados».

3 Algunos de los maestros de la Ley que estaban en aquel lugar, pensaron: «¿Qué se cree este hombre? ¿Se imagina que es Dios? ¡Qué equivocado está!»

4 Pero como Jesús se dio cuenta de lo que pensaban, les preguntó: «¿Por qué piensan algo tan malo? **5** Díganme: ¿Es más fácil perdonarlo o sanarlo? **6** Pues voy a demostrarles que yo, el Hijo del hombre, tengo poder en la tierra para perdonar pecados».

Entonces Jesús le dijo al que no podía caminar: «Levántate, toma tu camilla y vete a tu casa».

⁷ El hombre se levantó y se fue a su casa. ⁸ Al ver esto, la gente quedó muy impresionada y alabó a Dios por haber dado ese poder a todos los seres humanos.

Jesús llama a Mateo

⁹ Cuando Jesús salió de allí, vio a un hombre llamado Mateo, que estaba sentado cobrando impuestos para el gobierno de Roma. Entonces Jesús le dijo: «Sígueme».

Mateo se levantó y lo siguió.

¹⁰ Ese mismo día, Jesús y sus discípulos fueron a comer a casa de Mateo. Allí también estaban comiendo otros cobradores de impuestos y gente de mala fama. ¹¹ Cuando algunos fariseos vieron a toda esa gente, les preguntaron a los discípulos:

—¿Por qué su maestro come con cobradores de impuestos y con pecadores?

¹² Jesús oyó lo que decían los fariseos y les dijo:

—Los que necesitan del médico son los enfermos, no los que están sanos. ¹³ Mejor vayan y traten de averiguar lo que Dios quiso decir con estas palabras: "Prefiero que sean compasivos con la gente, y no que me traigan ofrendas". Yo vine a invitar a los pecadores para que sean mis discípulos, no a los que se creen buenos.

Jesús enseña sobre el ayuno

¹⁴ Los discípulos de Juan el Bautista fueron a ver a Jesús y le preguntaron:

—Nosotros y los fariseos ayunamos mucho. ¿Por qué tus discípulos no hacen lo mismo?

¹⁵ Jesús respondió:

—Los invitados a una boda no están tristes mientras el novio está con ellos. Pero llegará el momento en que se lleven al novio. Entonces los invitados estarán de luto y ayunarán.

¹⁶ »Si un vestido viejo se rompe, no se le pone un remiendo de tela nueva. Porque al lavarse el vestido, la tela nueva se encoge y rompe el vestido viejo; y entonces el daño sería mayor.

17 »Tampoco se echa vino nuevo en recipientes viejos. Porque cuando el vino nuevo fermente, hará que se reviente el cuero viejo. Así se perderá el vino nuevo, y se destruirán los recipientes. Por eso, hay que echar vino nuevo en recipientes de cuero nuevo. De ese modo, ni el vino ni los recipientes se pierden.

Una niña muerta y una mujer enferma

18 Mientras Jesús hablaba, llegó un jefe de los judíos, se arrodilló delante de él y le dijo: «¡Mi hija acaba de morir! Pero si tú vienes y pones tu mano sobre ella, volverá a vivir».

19 Jesús se levantó y fue con él. Sus discípulos también lo acompañaron.

20-21 En el camino, pasaron por donde estaba una mujer que desde hacía doce años tenía una enfermedad que le hacía perder mucha sangre. Al verlos pasar, ella pensó: «Si pudiera tocar el manto de Jesús, con solo eso quedaría sana». Entonces se acercó a Jesús por detrás y tocó su manto. **22** Jesús se dio vuelta, vio a la mujer y le dijo: «Ya no te preocupes, tu confianza en Dios te ha sanado».

Y desde ese momento la mujer quedó sana.

23 Jesús siguió su camino hasta la casa del jefe judío. Cuando llegó, vio a los músicos preparados para el entierro, y a mucha gente llorando a gritos. **24** Jesús les dijo: «Salgan de aquí. La niña no está muerta, sino dormida».

La gente se rió de Jesús. **25** Pero cuando sacaron a todos, Jesús entró, tomó de la mano a la niña y ella se levantó.

26 Todos en esa región supieron lo que había pasado.

Jesús sana a dos ciegos

27 Cuando Jesús salió de allí, dos ciegos lo siguieron y comenzaron a gritarle:

—¡Jesús, tú que eres el Mesías, ten compasión de nosotros!

28 Los ciegos siguieron a Jesús hasta la casa. Y cuando ya estaban adentro, Jesús les preguntó:

—¿Creen ustedes que puedo sanarlos?

Ellos respondieron:

—Sí lo creemos, Señor.

29 Entonces Jesús les tocó los ojos y dijo:

—Por haber confiado en mí, serán sanados.

30 De inmediato, los ciegos pudieron ver de nuevo. Jesús les ordenó:

—No le cuenten a nadie lo que pasó.

31 Pero ellos salieron y contaron a toda la gente de aquella región lo que Jesús había hecho.

Jesús sana a un mudo

32 Después de que aquellos hombres salieron de la casa, unas personas le trajeron a Jesús un hombre que no podía hablar porque tenía un demonio. **33** Cuando Jesús expulsó al demonio, el hombre pudo hablar. La gente que estaba allí quedó asombrada, y decía: «¡Nunca se había visto algo así en Israel!»

34 Pero los fariseos decían: «Jesús expulsa a los demonios, porque el mismo jefe de todos los demonios le da ese poder».

Jesús tiene compasión de la gente

35 Jesús recorría todas las ciudades y pueblos. Enseñaba en las sinagogas, anunciaba las buenas noticias del reino de Dios y sanaba a la gente que sufría de dolores y de enfermedades. **36** Jesús vio la gran cantidad de gente que lo seguía y sintió mucha compasión por todas esas personas, porque estaban confundidas e indefensas. Eran como ovejas que no tienen un pastor que las cuide.

37 Jesús les dijo a sus discípulos: «Muchos son los que necesitan entrar al reino de Dios, pero hay muy pocos discípulos para anunciarles las buenas noticias. **38** Por eso, pídanle a Dios que envíe más discípulos para compartir las buenas noticias con toda esa gente».

Los doce discípulos

10 **¹** Jesús reunió a sus doce discípulos. A cada uno le dio poder para expulsar malos espíritus y para sanar toda clase de enfermedades.

² Estos son los nombres de los doce discípulos que Jesús eligió, a los que llamó apóstoles: Simón, mejor conocido como Pedro, y su hermano Andrés; Santiago y Juan, hijos de Zebedeo; **³** Felipe, Bartolomé, Tomás y Mateo, el cobrador de impuestos; Santiago, el hijo de Alfeo, y Tadeo; **⁴** Simón el patriota y Judas Iscariote, el que después traicionó a Jesús.

Jesús envía a los doce

⁵ Jesús envió a estos doce discípulos con las siguientes instrucciones:

«No vayan a las regiones donde vive gente que no es judía. Tampoco vayan a los pueblos de la región de Samaria. **⁶** Solo vayan a los israelitas, pues son un pueblo que vive como si fueran ovejas perdidas.

⁷ »Cuando vayan, anuncien este mensaje: "El reino de Dios muy pronto estará aquí".

⁸ »Sanen también a los enfermos. Devuélvanles la vida a los muertos. Sanen a los leprosos, y expulsen demonios de la gente. ¡No cobren nada por hacerlo, pues el poder que Dios les dio a ustedes no les costó nada!

⁹ »Tampoco lleven dinero **¹⁰** ni provisiones para el camino. No lleven bastón ni zapatos de repuesto ni ropa para cambiarse. Porque todo trabajador tiene derecho a su comida.

¹¹ »Cuando lleguen a un pueblo o a una ciudad, busquen a una persona que sea de confianza. Quédense a vivir en su casa hasta que se vayan del lugar. **¹²** Cuando entren en esa casa, saluden ofreciendo la paz para los que viven en ella. **¹³** Si ellos lo merecen, tendrán paz. Si no lo merecen, no la tendrán.

¹⁴ »Si en alguna casa o pueblo no quieren recibirlos ni escucharlos, salgan de ese lugar y sacúdanse el polvo de los pies en señal de rechazo. **¹⁵** Les aseguro que, en el día del juicio final, ese pueblo será más castigado que las ciudades de Sodoma y Gomorra.

Advertencia sobre el peligro

16 »El trabajo que yo les envío a hacer es peligroso. Es como enviar ovejas a un lugar lleno de lobos. Por eso, sean listos y estén atentos como las serpientes, pero sean también humildes, como las palomas.

17 »Tengan cuidado, porque los entregarán a las autoridades y los golpearán en las sinagogas. **18** Los llevarán ante los gobernadores y los reyes para que hablen de mí ante ellos y ante los extranjeros, porque son mis discípulos.

19 »Cuando los entreguen, no se preocupen por lo que van a decir, ni cómo lo dirán, porque en ese momento Dios les indicará lo que deben decir. **20** Ustedes no son los que van a hablar, sino que el Espíritu de Dios hablará por ustedes.

21 »Entre hermanos se traicionarán unos a otros. Cada uno entregará al otro para que lo maten. Los padres traicionarán a sus hijos, y los hijos atacarán a sus padres y los matarán. **22** ¡Todo el mundo los odiará a ustedes por ser mis discípulos! Pero yo salvaré al que confíe en mí hasta el final.

23 »Cuando la gente de un pueblo los persiga para maltratarlos, huyan a otro pueblo. Les aseguro que yo, el Hijo del hombre, regresaré con todo el poder de Dios, antes de que ustedes terminen de recorrer todos los pueblos de Israel.

24 »El discípulo no es más importante que su maestro, ni el esclavo es más importante que su amo. **25** Lo más que puede hacer el discípulo es ser igual a su maestro, y el esclavo igual a su amo. Si la gente dice que yo soy el diablo, entonces, ¿qué no dirán de ustedes, que son mis discípulos?

Consejos

26 »No le tengan miedo a nadie. Porque todo lo que esté escondido se descubrirá, y todo lo que se mantenga en secreto llegará a conocerse. **27** Si les digo algo en la oscuridad, díganlo ustedes a plena luz del día. Si les cuento un secreto, cuéntenselo a todo el mundo. **28** No tengan miedo de la gente que puede destruir el cuerpo, pero no el alma. Teman a Dios, que sí puede destruir en el infierno el cuerpo y el alma.

29 »Dos pajarillos no valen sino una monedita. Sin embargo, ninguno de los dos muere sin que Dios, el Padre de ustedes, lo permita. **30** ¡Dios sabe hasta cuántos cabellos tienen ustedes en la cabeza! **31** Por eso, no tengan miedo. Ustedes valen mucho más que todos los pajarillos.

Hablar de Jesús

32 »Si ustedes les dicen a otros que son mis seguidores, yo le diré a mi Padre que está en el cielo, que sí lo son. **33** Pero si ustedes dicen a la gente que no son mis seguidores, yo también le diré a mi Padre que no lo son.

Jesús advierte a sus discípulos

34 »No crean ustedes que vine para establecer la paz en este mundo. No he venido a traer paz, sino pleitos y dificultades. **35** He venido para poner al hijo en contra de su padre, a la hija en contra de su madre, y a la nuera en contra de su suegra. **36** El peor enemigo de ustedes vivirá en su propia casa.

37 »Si prefieren a su padre o a su madre más que a mí, o si prefieren a sus hijos o a sus hijas más que a mí, no merecen ser míos. **38** Si ustedes no cargan su cruz y me siguen, no merecen ser míos. **39** Si solo están preocupados por su propia vida, la van a perder. Pero si están dispuestos a dar su vida por causa mía, les aseguro que la van a ganar.

Los premios

40 »Cuando una persona los recibe a ustedes, también me recibe a mí. Y cuando una persona me recibe a mí, también recibe a Dios, que es el que me envió.

41 »Dios les dará un premio a los que reciban en su casa a un profeta, solo por saber que el profeta anuncia el mensaje de Dios. El premio será igual al que Dios les da a sus profetas.

»De la misma manera, Dios dará un premio a los que reciban a alguien que obedece a Dios. El premio será el mismo que Dios les da a quienes le obedecen y hacen lo bueno.

42 »Les aseguro que Dios no se olvidará de premiar al que dé un vaso de agua fresca a uno de mis seguidores, aunque se trate del menos importante».

Juan el Bautista

11 **1** Cuando Jesús terminó de dar estas instrucciones a sus doce discípulos, se fue para enseñar y anunciar las buenas noticias en otros pueblos.

2 Juan el Bautista, que estaba en la cárcel, oyó hablar de todo lo que Jesús hacía y envió a algunos de sus propios discípulos para que le preguntaran a Jesús:

3 —¿Eres tú el Mesías que Dios prometió enviarnos, o debemos esperar a otro?

4 Jesús respondió:

—Regresen y cuéntenle a Juan todo lo que ustedes están oyendo y viendo:

5 Ahora los ciegos pueden ver
y los cojos caminan bien.
Los leprosos quedan sanos,
y los sordos ya pueden oír.
Los que estaban muertos
han vuelto a la vida,
y a los pobres se les anuncia
la buena noticia de salvación.

6 »Dios va a bendecir a los que no me abandonan al verme hacer todo esto.

7 Cuando los discípulos de Juan se fueron, Jesús comenzó a hablar con la gente acerca de Juan, y les dijo:

«¿A quién fueron ustedes a ver al desierto? ¿Era acaso un hombre doblado, como las cañas que dobla el viento? **8** ¿Se trataba de alguien vestido con ropa muy lujosa? Recuerden que los que se visten así, viven en el palacio de los reyes. **9** ¿A quién fueron a ver entonces? ¿Fueron a ver a un profeta? Por supuesto que sí. En realidad, Juan era más que profeta; **10** era el mensajero de quien Dios había hablado cuando dijo:

> "Yo envío un mensajero
> delante de ti,
> a preparar todo
> para tu llegada".

11 »Les aseguro que en la tierra no ha nacido un hombre más importante que Juan el Bautista. Pero la persona menos importante en el reino de Dios es superior a Juan.

12 »Desde que Juan el Bautista comenzó a predicar hasta ahora, el reino de Dios ha sido atacado con furia por gente violenta que trata de destruirlo. **13** Dios había anunciado en la Biblia todo lo que iba a pasar hasta el momento en que viniera Juan el Bautista. **14** Y créanlo o no, cuando Dios dijo que enviaría al profeta Elías, se estaba refiriendo a Juan el Bautista. **15** Si en verdad tienen oídos, ¡presten atención!

16 »Ustedes, los que viven en esta época, son como los niños que se sientan a jugar en las plazas y les gritan a otros niños:

> **17** "Tocamos la flauta,
> pero ustedes no bailaron.
> Cantamos canciones tristes,
> pero ustedes no lloraron".

18 »Porque Juan el Bautista ayunaba, y ustedes decían que tenía un demonio dentro. **19** Luego vine yo, el Hijo del hombre, que como y bebo, y ustedes dicen que soy un glotón y un borracho, que soy amigo de gente de mala fama y de los que no obedecen a Dios. Pero recuerden que la sabiduría de Dios se prueba por sus resultados».

La gente que no cree

20 Jesús estaba muy disgustado con los pueblos donde había hecho la mayoría de sus milagros, porque la gente de esos lugares no había cambiado su manera de vivir ni quería obedecer solo a Dios. Por eso les dijo:

21 «Habitantes de Corazín, ¡qué mal les va a ir a ustedes! ¡Y también les va a ir mal a los que viven en Betsaida! Si los milagros hechos entre ustedes se hubieran hecho en las ciudades de Tiro y de Sidón, hace tiempo que los que viven allí habrían cambiado su manera de vivir. Se habrían vestido de ropas ásperas y se habrían echado ceniza en la cabeza para mostrar su arrepentimiento. **22** Les aseguro que en el día del juicio final ustedes van a recibir un castigo mayor que el de ellos.

23 »Habitantes del pueblo de Cafarnaúm, ¿creen que van a ser bienvenidos en el cielo? Déjenme decirles que van a ser enviados a lo más profundo del infierno. Si los milagros que se han hecho entre ustedes se hubieran hecho entre los habitantes de la ciudad de Sodoma, ellos habrían cambiado y la ciudad aún existiría. **24** Les aseguro que en el día del juicio final el castigo que ustedes recibirán será peor que el de ellos».

Jesús alaba a Dios

25 En ese momento, Jesús se dirigió a Dios y le dijo:

«¡Padre, tú gobiernas en el cielo y en la tierra! Te doy gracias porque no mostraste estas cosas a los que conocen mucho y son sabios. En cambio, las mostraste a gente humilde y sencilla. **26** Y todo, Padre, porque tú así lo has querido».

27 Y dijo a los que estaban allí:

«Mi Padre me ha dado todo, y es el único que me conoce, porque soy su Hijo. Nadie conoce a mi Padre tan bien como yo. Por eso quiero hablarles a otros acerca de mi Padre, para que ellos también puedan conocerlo.

28 »Ustedes viven siempre angustiados; siempre preocupados. Vengan a mí, y yo los haré descansar. **29** Obedezcan mis mandamientos y aprendan de mí, pues yo soy paciente y humilde de verdad. Conmigo podrán descansar. **30** Lo que yo les impongo no es difícil de cumplir; la carga que les hago llevar no es pesada».

Los discípulos arrancan espigas de trigo

12 **1** Un sábado, Jesús y sus discípulos andaban por un campo sembrado de trigo. Los discípulos tuvieron hambre y comenzaron a arrancar las espigas y a comerse el grano.

2 Los fariseos vieron a los discípulos arrancando trigo, y le dijeron a Jesús:

—¡Mira lo que hacen tus discípulos! ¡Está prohibido hacer eso en el día de descanso!

3 Jesús les respondió:

—¿No han leído en la Biblia lo que hizo el rey David cuando él y sus compañeros tuvieron hambre? **4** Entraron en la casa de Dios y comieron el pan sagrado. Ni a David ni a sus compañeros les estaba permitido comer ese pan. Solo los sacerdotes podían comerlo. **5** ¿Tampoco han leído los libros de la ley de Moisés? ¿No saben que los sacerdotes pueden trabajar en el templo en el día de descanso, sin que nadie los acuse de nada? **6** Pues les aseguro que aquí hay algo más importante que el templo. **7** Ustedes no entienden esto que Dios dijo: "No quiero que me sacrifiquen animales, sino que amen y ayuden a los demás". Si lo entendieran, no estarían acusando a gente inocente. **8** Porque yo, el Hijo del hombre, soy quien decide lo que puede hacerse en el día de descanso, y lo que no puede hacerse.

Jesús sana a un hombre en sábado

9 Jesús se fue y entró en la sinagoga del lugar. **10** Allí había un hombre que tenía una mano tullida. Como los fariseos buscaban la manera de acusar de algo malo a Jesús, le preguntaron:

—¿Permite nuestra ley sanar a una persona en el día de descanso?

11 Jesús les respondió:

—Si a uno de ustedes se le cae una oveja en un pozo en el día de descanso, ¿la sacaría de allí? ¡Por supuesto que sí! **12** ¡Pues una persona vale mucho más que una oveja! Por eso está permitido hacer el bien en ese día.

13 Luego Jesús le dijo al hombre que no podía mover la mano: «Extiende tu mano». El hombre la extendió; y la mano le quedó tan sana como la otra. **14** Entonces los fariseos salieron de la sinagoga y comenzaron a hacer planes para matar a Jesús.

Jesús, servidor de Dios

15 Al enterarse Jesús de lo que planeaban los fariseos, se fue de allí, y mucha gente lo siguió. Jesús sanó a todos los que estaban enfermos **16** y les ordenó que no contaran a nadie nada acerca de él. **17** Así se cumplió lo que Dios había dicho por medio del profeta Isaías:

18 «Aquí está mi servidor,
yo lo elegí.
Lo amo mucho
y estoy muy contento con él.
Yo le daré mi Espíritu,
y él hablará de la justicia
a todo el mundo.
19 No discutirá con nadie,
ni gritará.
¡Nadie escuchará su voz
en las calles!
20 Tratará bien a los débiles,
que son como cañas quebradas,
como mechas que apenas echan humo.
Actuará así hasta que la justicia
reine en todo el mundo.
21 ¡Todas las personas del mundo
confiarán en él!»

Jesús y el jefe de los demonios

22 Unas personas llevaron un hombre a Jesús para que lo sanara. Era ciego y mudo porque tenía un demonio. Jesús lo sanó, y el hombre pudo ver y hablar.

23 La gente estaba asombrada de lo que Jesús hacía, y se preguntaba: «¿Será Jesús el Mesías que Dios prometió para salvarnos?»

24 Pero algunos de los fariseos oyeron a la gente y pensaron: «Jesús libera de los demonios a la gente, porque Beelzebú, el jefe de los demonios, le da poder para hacerlo».

25 Jesús se dio cuenta de lo que ellos pensaban y les dijo:

«Si los habitantes de un país se pelean entre ellos, el país se destruirá. Si los habitantes de una ciudad se pelean unos contra otros, la ciudad se destruirá. Y si los miembros de una familia se pelean entre ellos, la familia también se destruirá. **26** Si Satanás lucha contra sí mismo, destruirá su propio reino.

27 Según ustedes, yo expulso los demonios por el poder de Satanás. Si eso fuera cierto, entonces ¿quién les da poder a los discípulos de ustedes para echar fuera los demonios? Si ustedes me responden que Dios les da ese poder, eso demuestra que ustedes están equivocados. **28** Y si yo echo fuera los demonios con el poder del Espíritu de Dios, eso demuestra que el reino de Dios ya está aquí.

29 »Si alguien quiere robar lo que hay en la casa de un hombre fuerte, primero tiene que atar al hombre. Después puede robarle todo.

30 »El que no está de mi parte, está contra mí. El que no me ayuda a traer a otros para que me sigan, es como si los estuviera ahuyentando.

31-32 »Les aseguro que Dios les perdonará cualquier pecado y todo lo malo que digan. Aun si dicen algo contra mí, que soy el Hijo del hombre, Dios los perdonará. Pero lo que no les perdonará es que hablen contra el Espíritu Santo. ¡Eso no lo perdonará, ni ahora, ni nunca!

El fruto bueno y el fruto malo

33 »Un buen árbol produce buenos frutos, y un mal árbol produce malos frutos. Para saber si un árbol es bueno o malo, solo hay que fijarse en sus frutos. Lo mismo sucede con las personas: para saber si son buenas o malas, solo hay que fijarse en las cosas que hacen. **34-35** Lo que ustedes enseñan es tan malo como el veneno de una serpiente. ¡Claro! ¿Cómo van a decir cosas buenas, si ustedes son malos? Porque si alguien es bueno, siempre habla cosas buenas, y si es malo, siempre habla cosas malas. **36** Les aseguro que en el día del juicio final todos tendrán que explicar por qué usaron su boca y su lengua para hacer mal a los demás. **37** Dios juzgará a cada uno de acuerdo con sus palabras: si dijeron cosas buenas se salvarán, pero si dijeron cosas malas serán castigados».

Una señal milagrosa

38 Entonces algunos fariseos y maestros de la Ley le dijeron a Jesús:

—Maestro, queremos que hagas algo que nos pruebe que tú fuiste enviado por Dios.

39 Pero Jesús les contestó:

—Ustedes, que son malos y no confían en Dios, me piden darles una prueba. Pero la única prueba que les daré será la del profeta Jonás: **40** Así como Jonás estuvo tres días dentro del gran pez, así yo, el Hijo del hombre, estaré muerto durante tres días. **41** En el juicio final, la gente de la ciudad de Nínive se levantará y hablará contra ustedes para que Dios los castigue. Porque esa gente sí cambió de vida cuando oyó el mensaje que le dio Jonás. Pero ustedes oyen mi mensaje y no cambian, aunque yo soy más importante que Jonás.

42 »La reina del Sur también se levantará en el día del juicio, y hablará contra ustedes. Porque ella vino desde muy lejos a escuchar las sabias enseñanzas del rey Salomón. Pero ustedes no quieren escuchar mis enseñanzas, aunque yo soy más importante que Salomón.

El espíritu malo que regresa

43 »Cuando un espíritu malo sale de alguien, viaja por el desierto buscando donde descansar. **44** Cuando no encuentra ningún lugar, dice: "Mejor regresaré a mi antigua casa y me meteré de nuevo en ella". Cuando regresa, la encuentra desocupada, limpia y ordenada. **45** Entonces va y busca a otros siete espíritus peores que él, y se meten dentro de aquella persona y viven allí. ¡Y la pobre termina peor que cuando solo tenía un espíritu malo! Esto mismo va a pasarles a ustedes, porque son muy malos.

La madre y los hermanos de Jesús

46 Mientras Jesús seguía hablando con la gente, su madre y sus hermanos llegaron a donde él estaba y esperaron afuera, pues querían hablar con él. **47** Entonces alguien le dijo a Jesús:

—Tu madre y tus hermanos están afuera, y quieren hablar contigo.

48 Pero él le preguntó:

—¿Quiénes son en verdad mi madre y mis hermanos?

49 Jesús señaló a todos sus discípulos y le dijo:

50 —Estos son mi madre y mis hermanos. Porque cualquiera que obedece los mandamientos de mi Padre que está en el cielo, es en verdad mi madre, mi hermano y mi hermana.

El ejemplo de las semillas

13 **1** Ese mismo día, Jesús salió de la casa donde estaba, fue a la orilla del Lago de Galilea, y allí se sentó para enseñar. **2** Como mucha gente llegó a escucharlo, tuvo que subir a una barca y sentarse para enseñar desde allí. La gente permaneció de pie en la playa.

3 Jesús les enseñó muchas cosas por medio de ejemplos y comparaciones. Les puso esta comparación:

4 «Un agricultor salió a sembrar trigo. Mientras sembraba, algunas semillas cayeron en el camino. Poco después vinieron unos pájaros y se las comieron.

5 »Otras semillas cayeron en un terreno con muchas piedras y poca tierra. Allí pronto brotaron plantas de trigo, pues la tierra era poco profunda. **6** Pero las plantas no vivieron mucho tiempo porque no tenían buenas raíces, y se quemaron cuando salió el sol.

7 »Otras semillas cayeron entre espinos. Cuando los espinos crecieron, apretaron las espigas de trigo y no las dejaron crecer.

8 »Pero otras semillas cayeron en tierra buena y produjeron una cosecha excelente. En algunos casos, las semillas sembradas produjeron espigas con cien semillas, otras produjeron espigas con sesenta semillas, y otras produjeron espigas con treinta semillas.

9 »¡Ustedes, si en verdad tienen oídos, presten mucha atención!»

¿Por qué Jesús enseña con ejemplos?

10 Los discípulos se acercaron a Jesús y le preguntaron:

—¿Por qué pones ejemplos para enseñar a la gente?

11 Jesús les dijo:

«Yo les he explicado a ustedes los secretos del reino de Dios, pero no a los demás. **12** Porque a los que saben algo acerca de los secretos del reino, se les hará saber mucho más. Pero a los que no saben de los secretos del reino, Dios hará que olviden aun lo poquito que saben. **13** Yo enseño a la gente por medio de ejemplos; así, por más que miren no verán nada, y por más que oigan no entenderán. **14** Así se cumple lo que Dios había dicho por medio del profeta Isaías:

"Esta gente,
por más que escuche,
nunca entenderá;
y por más que mire,
nunca verá.
15 Pues no aprende, ni piensa;
cierra los ojos para no ver,

y se tapa los oídos para no oír.
Si no fuera así,
entendería mi mensaje,
cambiaría su manera de vivir,
¡y yo la salvaría!"

16 »Pero a ustedes, mis discípulos, Dios los ha bendecido, porque ven y escuchan mi mensaje. **17** Muchos profetas y mucha gente buena hubieran querido ver lo que ustedes ven y oyen, pero no pudieron.

Jesús explica el ejemplo de las semillas

18 »Ahora, pongan atención y les diré lo que significa el ejemplo del agricultor. **19** Hay algunos que escuchan el mensaje del reino de Dios, pero como no lo entienden, el diablo viene y hace que lo olviden. Estos son como las semillas que cayeron junto al camino.

20 »Las semillas que cayeron entre piedras representan a los que oyen el mensaje del reino de Dios y lo aceptan rápidamente y con gran alegría. **21** Pero como no entendieron muy bien el mensaje, su alegría dura muy poco. Cuando tienen problemas, o los maltratan por ser obedientes a Dios, en seguida se olvidan del mensaje.

22 »Luego están las semillas que cayeron entre los espinos. Estas semillas representan a los que oyen el mensaje, pero no dejan que este cambie sus vidas. Solo piensan en lo que necesitan y en cómo hacerse ricos.

23 »Finalmente, las semillas que cayeron en buena tierra representan a los que oyen y entienden el mensaje. Estos sí cambian sus vidas y hacen lo bueno. Son como esas semillas que produjeron espigas con cien, con sesenta, y hasta con treinta semillas».

La mala hierba y el trigo

24 Jesús les puso este otro ejemplo:

«En el reino de Dios sucede lo mismo que le pasó a uno que sembró en su terreno muy buenas semillas de trigo, **25** Mientras todos dormían, llegó su enemigo y, junto a las semillas de trigo, sembró unas semillas de una mala hierba llamada cizaña, y después se fue.

26 »Cuando las semillas de trigo produjeron espigas, los trabajadores se dieron cuenta de que también había crecido cizaña. **27** Entonces fueron adonde estaba el dueño del terreno y le dijeron: "Señor, si usted sembró buenas semillas de trigo, ¿por qué creció también la cizaña?"

28 »El dueño les dijo: "Esto lo hizo mi enemigo".

»Los trabajadores le preguntaron: "¿Quieres que vayamos a quitar la mala hierba?"

29 »El dueño les dijo: "¡No! A lo mejor ustedes van y arrancan el trigo junto con la cizaña, porque el trigo y la cizaña se parecen mucho. **30** Cuando llegue el tiempo de la cosecha podremos distinguir entre el trigo y la cizaña. Dejen que las dos plantas crezcan juntas. Cuando llegue el tiempo de la cosecha, enviaré a los trabajadores para que arranquen primero la cizaña, la amontonen y la quemen. Luego recogerán el trigo y lo llevarán a mi granero"».

La semilla de mostaza

31 Jesús también les hizo esta comparación:

«Con el reino de Dios pasa algo parecido a lo que sucede con la semilla de mostaza que un hombre siembra en su terreno. **32** A pesar de ser la más pequeña de todas las semillas, cuando crece se convierte en la más grande de las plantas del huerto. Llega a ser tan grande como un árbol, y hasta los pájaros hacen nidos en sus ramas».

La levadura

33 Jesús les puso esta otra comparación:

«Con el reino de Dios pasa lo mismo que cuando una mujer pone un poquito de levadura en un montón de harina. Ese poquito hace crecer toda la masa».

Jesús cumple lo dicho por medio de un profeta

34 Jesús le enseñó todo esto a la gente por medio de ejemplos y comparaciones, y solo así les enseñaba. **35** De esa manera, Jesús cumplió lo que Dios había dicho por medio del profeta:

«Hablaré a la gente
por medio de ejemplos,
y contaré cosas
que Dios ha tenido en secreto
desde que hizo el mundo».

Jesús explica el ejemplo de la cizaña

36 Jesús dejó a la gente allí y se fue a la casa. Sus discípulos fueron y le dijeron:

—Explícanos qué significa el ejemplo de la mala hierba en el terreno.

37 Jesús les dijo:

«El que siembra la buena semilla de trigo soy yo, el Hijo del hombre. **38** El terreno es el mundo, y las buenas semillas de trigo son todos los que obedecen las leyes del reino de Dios. Las semillas de cizaña son los que obedecen al diablo, **39** que fue quien las sembró en el mundo. El tiempo de la cosecha es el juicio final, y los trabajadores que recogen la cosecha son los ángeles. **40** Así como se arranca la mala hierba y se quema, así sucederá cuando Dios juzgue a todos. **41** Yo, el Hijo del hombre, enviaré a mis ángeles para que saquen de mi reino a todos los que hacen lo malo y obligan a otros a hacerlo. **42** Los ángeles echarán a esas personas en el infierno, y allí tendrán tanto miedo que llorarán y rechinarán los dientes. **43** Pero los que obedecen a Dios brillarán como el sol en su reino. ¡Ustedes, si en verdad tienen oídos, presten atención!

El tesoro escondido

44 »Con el reino de Dios pasa lo mismo que cuando alguien encuentra un tesoro escondido en un terreno, y lo vuelve a esconder. Después va muy alegre a vender todo lo que tiene para comprar el terreno y quedarse con el tesoro.

La joya fina

45 »El reino de Dios también se parece a un comerciante que compra joyas finas. **46** Cuando encuentra una joya muy valiosa, vende todo lo que tiene y va y la compra.

La red de pescar

47 »El reino de Dios se parece a una red de pescar. Los pescadores echan la red al mar, y en ella recogen toda clase de peces. **48** Cuando la red ya está llena, la sacan a la orilla y se sientan a separar los pescados. Guardan los buenos en una canasta y tiran los malos. **49** Así también sucederá cuando llegue el fin del mundo: Los ángeles saldrán a separar a las personas buenas de las malas. **50** A las malas las echarán en el infierno, y allí tendrán tanto horror que llorarán y rechinarán los dientes».

Cosas nuevas y viejas

51 Jesús les preguntó a sus discípulos:

—¿Entienden ustedes todas estas enseñanzas?

Ellos contestaron:

—Sí, las entendemos.

52 Jesús les dijo:

—Todo maestro de la Ley que se convierte en discípulo del reino de Dios, se parece al que va a su bodega y de allí saca cosas nuevas y cosas viejas.

Jesús viaja a Nazaret

53 Cuando Jesús terminó de enseñar con estos ejemplos, se fue de allí. **54** Llegó a su pueblo y comenzó a enseñar en la sinagoga. La gente estaba tan sorprendida que algunos decían: «¿Dónde aprendió este hombre tantas cosas? ¿Cómo puede hacer esos milagros?»

Otros decían: **55** «Pero, ¡si es Jesús, el hijo de José, el carpintero! María es su madre, y sus hermanos son Santiago, José, Simón y Judas. **56** Sus hermanas aún viven aquí. ¿Cómo es que Jesús sabe tanto y puede hacer estos milagros?»

57 Ninguno de los que estaban allí quiso aceptar las enseñanzas de Jesús. Entonces él dijo: «A un profeta se le respeta en todas partes, menos en su propio pueblo y en su propia familia».

58 Jesús no hizo muchos milagros en aquel lugar, porque la gente no creía en él.

La muerte de Juan el Bautista

14 **1** En aquel tiempo, Herodes Antipas, gobernador de Galilea, oyó lo que la gente decía acerca de Jesús. **2** Un día dijo a sus oficiales: «Ese Jesús es en realidad Juan el Bautista, que ha vuelto a vivir. Por eso tiene poder para hacer milagros».

3-4 Tiempo atrás, Juan el Bautista le había dicho a Herodes: «¡Lo que hiciste no está bien! Herodías es la esposa de tu hermano Felipe, y tú se la quitaste y te casaste con ella».

Entonces Herodes se enojó contra Juan, y ordenó que lo arrestaran, lo encadenaran y lo pusieran en la cárcel. **5** Herodes quería matar a Juan. Pero no se atrevía a matarlo porque le tenía miedo a la gente. Muchos creían que Juan era un profeta.

6 Cierto día, en la fiesta de cumpleaños de Herodes, la hija de Herodías bailó delante de los invitados. **7** A Herodes le gustó mucho su baile, y le prometió darle cualquier cosa que ella le pidiera. **8** Herodías convenció entonces a su hija para que le dijera a Herodes: «¡Quiero que ahora mismo me traigas en un plato la cabeza de Juan el Bautista!»

9 Herodes se puso muy triste, pues le había prometido darle lo que ella le pidiera, y no podía romper una promesa hecha delante de sus invitados. Así que no tuvo más remedio que ordenar a sus sirvientes que le dieran a la muchacha lo que pedía. **10** Entonces los sirvientes fueron a la cárcel y le cortaron la cabeza a Juan, **11** la pusieron en un plato, y se la llevaron a la muchacha. Ella se la entregó a su madre.

12 Los discípulos de Juan pasaron a recoger su cuerpo y lo enterraron. Después, fueron y le contaron a Jesús lo que había sucedido.

Jesús da de comer a mucha gente

13 Cuando Jesús oyó lo que le habían hecho a Juan el Bautista, subió a una barca y se fue a un lugar donde pudiera estar solo. Cuando la gente de los pueblos cercanos supo que Jesús se iba, lo siguió por tierra.

14 Jesús bajó de la barca y vio la gran cantidad de gente que estaba allí. Entonces tuvo compasión de ellos y sanó a todos los que estaban enfermos.

15 Cuando ya empezaba a atardecer, los discípulos se acercaron a Jesús y le dijeron:

—Este es un lugar solitario, y se está haciendo tarde. Dile a la gente que se vaya a los pueblos y compre su comida.

16 Jesús les contestó:

—No tienen que irse. Denles ustedes de comer.

17 Los discípulos respondieron:

—Pero no tenemos más que cinco panes y dos pescados.

18 Jesús les dijo:

—Tráiganlos aquí.

19 Luego de ordenar que la gente se sentara sobre la hierba, Jesús tomó los cinco panes y los dos pescados, miró al cielo y dio gracias a Dios. Después partió los panes y se los dio a los discípulos, para que ellos los repartieran a la gente.

20 Todos comieron hasta quedar satisfechos. Y cuando los discípulos recogieron los pedazos que sobraron, llenaron doce canastas. **21** Los que comieron fueron como cinco mil hombres, además de las mujeres y los niños.

Jesús camina sobre el agua

22 Después de esto, Jesús ordenó a los discípulos: «Suban a la barca y vayan a la otra orilla del lago. Yo me quedaré aquí para despedir a la gente, y los alcanzaré más tarde».

23 Cuando toda la gente se había ido, Jesús subió solo a un cerro para orar. Allí estuvo orando hasta que anocheció.

24 Mientras tanto, la barca ya se había alejado bastante de la orilla; navegaba contra el viento y las olas la golpeaban con mucha fuerza.

25 Todavía estaba oscuro cuando Jesús se acercó a la barca. Iba caminando sobre el agua. **26** Los discípulos lo vieron, pero no lo reconocieron. Llenos de miedo, gritaron:

—¡Un fantasma! ¡Un fantasma!

27 Enseguida Jesús les dijo:

—¡Cálmense! ¡Soy yo! ¡No tengan miedo!

28 Entonces Pedro le respondió:

—Señor, si realmente eres tú, ordena que yo camine también sobre el agua y vaya hasta donde tú estás.

29 Y Jesús le dijo:

—¡Ven!

De inmediato Pedro bajó de la barca. Caminó sobre el agua y fue hacia Jesús. **30** Pero cuando sintió la fuerza del viento, tuvo miedo. Allí mismo empezó a hundirse, y gritó:

—¡Señor, sálvame!

31 Entonces Jesús extendió su brazo, agarró a Pedro y le dijo:

—Pedro, tú confías muy poco en mí. ¿Por qué dudaste?

32 Cuando los dos subieron a la barca, el viento dejó de soplar. **33** Todos los que estaban en la barca se arrodillaron ante Jesús y le dijeron:

—¡Es verdad, tú eres el Hijo de Dios!

Jesús sana a los enfermos en Genesaret

34 Jesús y sus discípulos cruzaron el lago hasta llegar al pueblo de Genesaret. **35** Cuando los del pueblo reconocieron a Jesús, dieron aviso por toda la región. La gente llevó a los enfermos adonde estaba Jesús, **36** y le rogaban que al menos los dejara tocar el borde de su manto. ¡Y todos los enfermos que tocaron el manto de Jesús quedaron sanos!

Las enseñanzas de los antepasados

15 **1** Algunos de los fariseos y de los maestros de la Ley que habían venido de Jerusalén le preguntaron a Jesús:

2 —¿Por qué tus discípulos no siguen las costumbres que nuestros antepasados han practicado desde hace mucho tiempo? ¿Por qué no se lavan las manos antes de comer?

3 Jesús les dijo:

—¿Y por qué ustedes desobedecen el mandamiento de Dios para obedecer sus propias costumbres? **4** Porque Dios dijo: "Respeten a su padre y a su madre; la persona que maltrate a su padre o a su madre tendrá que morir".

5-6 »Pero ustedes dicen que uno no desobedece a Dios si le dice a sus padres: "No puedo ayudarlos, porque prometí darle a Dios todo lo que tengo, incluyendo mi dinero".

»Ustedes no hacen caso de los mandamientos de Dios, con tal de seguir sus propias costumbres. **7** ¡Son unos hipócritas! Dios tenía razón cuando dijo por medio del profeta Isaías:

8 "Este pueblo dice que me obedece,
pero en verdad nunca piensa en mí.
9 De nada sirve que ustedes me alaben,
pues inventan reglas
y luego las enseñan
diciendo que yo las ordené".

Lo que realmente contamina

10 Jesús llamó a la gente y le dijo:

—Escuchen y entiendan bien: **11** No es la comida que entra por la boca lo que los hace impuros delante de Dios. Lo que los hace impuros son los insultos y malas palabras que salen de su boca.

12 Entonces los discípulos de Jesús se acercaron y le dijeron:

—A los fariseos no les gustó lo que dijiste.

13 Jesús respondió:

—Mi Padre tratará a los fariseos como trata el jardinero a las plantas que no ha sembrado: las arranca de raíz y las echa fuera. **14** No hagan caso de los fariseos: son como el ciego que guía a otro ciego, y si un ciego guía a otro, los dos terminan cayéndose en una zanja.

15 Pedro preguntó:

—Explícanos qué quisiste decir cuando hablaste de lo que nos hace impuros delante de Dios.

16 Jesús respondió:

—¿Tampoco ustedes entienden? **17** Todo lo que comemos o bebemos va al estómago, y después el cuerpo lo expulsa. **18-20** Pero si la gente dice cosas malas, es porque es mala y siempre está pensando en lo malo: en cómo matar, en ser infieles en el matrimonio, en hacer cosas indecentes, en robar, insultar a otras personas, y mentir. A Dios no le agrada que gente así lo alabe. Pero cualquiera puede alabar a Dios, aunque coma sin lavarse las manos.

Una mujer no judía confía en Dios

21 Jesús se fue de allí a la región de Tiro y de Sidón. **22** Una mujer de esa región, que era del grupo al que los judíos llamaban cananeos, se acercó a Jesús y le dijo a gritos:

—¡Señor, tú que eres el Mesías, ten compasión de mí y ayúdame! ¡Mi hija tiene un demonio que la hace sufrir mucho!

23 Jesús no le hizo caso. Pero los discípulos se acercaron a él y le rogaron:

—Atiende a esa mujer, pues viene gritando detrás de nosotros.

24 Jesús respondió:

—Dios me envió para ayudar solo a los israelitas, pues ellos son para mí como ovejas perdidas.

25 Pero la mujer se acercó a Jesús, se arrodilló delante de él y le dijo:

—¡Señor, ayúdame!

26 Jesús le dijo:

—No es correcto quitarle la comida a los hijos para echársela a los perros.

27 La mujer le respondió:

—¡Señor, eso es cierto! Pero aun los perros comen de las sobras que caen de la mesa de sus dueños.

28 Entonces Jesús le dijo:

—¡Mujer, tú sí que tienes confianza en Dios! Lo que me has pedido se hará.

Y en ese mismo instante su hija quedó sana.

Jesús sana a muchos enfermos

29 Jesús salió de allí y llegó a la orilla del Lago de Galilea. Luego subió a un cerro y se sentó. **30** Mucha gente se le acercó llevando cojos, ciegos, mancos, mudos y muchos otros enfermos. Pusieron a todos esos enfermos delante de Jesús, y él los sanó. **31** La gente se asombraba de ver a todos completamente sanos, y comenzó a alabar al Dios de los israelitas.

Jesús da de comer a mucha gente

32 Jesús llamó a sus discípulos y les dijo:

—Siento compasión de toda esta gente. Ya han estado conmigo tres días, y no tienen comida. No quiero que se vayan sin comer, pues podrían desmayarse en el camino.

33 Los discípulos le dijeron:

—Pero en un lugar tan solitario como este, ¿dónde vamos a conseguir comida para tanta gente?

34 Jesús les preguntó:

—¿Cuántos panes tienen?

—Siete panes y unos pescaditos —contestaron los discípulos.

35 Jesús le ordenó a la gente que se sentara en el suelo. **36** Luego tomó los siete panes y los pescados, y dio gracias a Dios. Partió los panes y los pescados en pedazos y se los entregó a sus discípulos, y ellos los repartieron a la gente. **37** Todos comieron hasta quedar satisfechos. Con los pedazos que sobraron, llenaron siete canastas. **38** Los que comieron fueron como cuatro mil hombres, además de las mujeres y los niños.

39 Después Jesús despidió a la gente, subió a una barca y se fue al pueblo de Magadán.

La señal de Jonás

16 **¹** Algunos de los fariseos y de los saduceos se acercaron a Jesús para ponerle una trampa y le dijeron:

—Queremos que hagas un milagro que pruebe que Dios te ha enviado.

² Pero Jesús les dijo:

—Cuando ustedes miran el cielo por la tarde, y está rojo, dicen: "¡Va a hacer buen tiempo!" **³** Pero si en la mañana el cielo está rojo y nublado, dicen: "¡Hoy va a hacer mal tiempo!" Ustedes entienden muy bien las señales en el cielo acerca del tiempo. ¿Por qué, entonces, no entienden que las cosas que yo hago ahora son una señal de Dios? **⁴** Ustedes piden una señal porque son malos y no quieren creer. Pero la única señal que les daré será lo que le pasó al profeta Jonás.

Dicho esto, Jesús los dejó y se fue.

Las enseñanzas de los fariseos

⁵ Jesús y sus discípulos cruzaron al otro lado del Lago de Galilea. Pero los discípulos se olvidaron de llevar pan. **⁶** Y Jesús les dijo:

—Miren, tengan cuidado con la levadura de los fariseos y de los saduceos.

⁷ Los discípulos comenzaron a hablar entre ellos y decían: «Seguramente Jesús dijo eso porque no trajimos pan». **⁸** Jesús se dio cuenta de lo que hablaban y les dijo:

—¡Qué poco confían en Dios! ¿Por qué se preocupan por no tener pan? **⁹** Entiendan bien lo que les quiero decir; ¿o ya se olvidaron de aquella vez, cuando alimenté a cinco mil hombres con cinco panes nada más? ¿Ya se olvidaron de las canastas que llenaron con los pedazos que sobraron? **¹⁰** ¿Ya no recuerdan que también alimenté a otros cuatro mil con solo siete panes, y que ustedes llenaron muchas canastas? **¹¹** ¿No entienden que yo no estaba hablando de pan? ¡Cuídense de la levadura de los fariseos y de los saduceos!

12 Entonces los discípulos entendieron que Jesús no estaba hablando de la levadura que se pone en la masa del pan, sino de las malas enseñanzas de los fariseos y de los saduceos.

¿Quién es Jesús?

13 Cuando llegaron cerca del pueblo de Cesarea de Filipo, Jesús preguntó a sus discípulos:

—¿Qué dice la gente acerca de mí, el Hijo del hombre?

14 Los discípulos contestaron:

—Algunos dicen que eres Juan el Bautista, y otros dicen que eres el profeta Elías, el profeta Jeremías, o alguno de los profetas.

15 Entonces Jesús les preguntó:

—Y ustedes, ¿qué opinan? ¿Quién soy yo?

16 Pedro contestó:

—Tú eres el Mesías, el Hijo del Dios que vive y da vida.

17 Jesús le dijo:

—¡Bendito seas, Pedro hijo de Jonás! Porque no sabes esto por tu propia cuenta, sino que te lo enseñó mi Padre que está en el cielo. **18** Por eso te llamaré Pedro, que quiere decir "piedra". Sobre esta piedra construiré mi iglesia, y la muerte no podrá destruirla. **19** A ti, Pedro, te daré autoridad en el reino de Dios. Todas las cosas que tú prohíbas aquí en la tierra, desde el cielo Dios las prohibirá. Y las cosas que tú permitas, también Dios las permitirá.

20 Entonces Jesús ordenó a sus discípulos que no le contaran a nadie que él era el Mesías.

Jesús habla de su muerte

21 Desde ese momento, Jesús comenzó a decirles a sus discípulos lo que le iba a pasar: «Tendré que ir a Jerusalén, y los líderes del país, los sacerdotes principales y los maestros de la Ley me harán sufrir mucho. Allí van a matarme, pero tres días después volveré a vivir».

22 Entonces Pedro se llevó a Jesús aparte y lo reprendió por decir esas cosas, y le dijo:

—¡Qué Dios nunca lo permita! Eso no puede sucederte, Señor.

23 Jesús se volvió y le dijo:

—¡Pedro, estás hablando como Satanás! ¡Vete! Tú no entiendes los planes de Dios, y me estás pidiendo que los desobedezca.

24 Luego Jesús les dijo a sus discípulos:

«Si ustedes quieren ser mis discípulos, tienen que olvidarse de hacer su propia voluntad. Tienen que estar dispuestos a morir en una cruz y a hacer lo que yo les diga. **25** Si solo les preocupa salvar su vida, la van a perder. Pero si deciden dar su vida por mi causa, entonces se salvarán. **26** De nada sirve que una persona gane en este mundo todo lo que quiera, si al fin de cuentas pierde su vida. Y nadie puede dar nada para salvarla. **27** Porque yo, el Hijo del hombre, vendré pronto con el poder de Dios y con mis ángeles, para darles su premio a los que hicieron el bien y para castigar a los que hicieron el mal. **28** Les aseguro que algunos de ustedes, que están aquí conmigo, no morirán hasta que me vean reinar».

Jesús se transforma

17 **1** Seis días después, Jesús llevó a Pedro y a los hermanos Santiago y Juan hasta un monte alto, para estar solos. **2** Frente a ellos, Jesús se transformó: Su cara brillaba como el sol, y su ropa se puso tan blanca como la luz del mediodía. **3** Luego los tres discípulos vieron aparecer al profeta Elías y a Moisés, que conversaban con Jesús.

4 Entonces Pedro le dijo a Jesús: «Señor, ¡qué bueno que estemos aquí! Si quieres, voy a construir tres chozas: una para ti, una para Moisés y otra para Elías».

5 Mientras Pedro hablaba, una nube brillante vino y se detuvo sobre ellos. Desde la nube se oyó una voz que decía: «Este es mi Hijo, yo lo amo mucho y estoy muy contento con él. Ustedes deben obedecerlo».

6 Al oír esto, los discípulos se tiraron al suelo, y no se atrevían a mirar, pues tenían mucho miedo. **7** Jesús se acercó, los tocó y les dijo: «Levántense y no tengan miedo».

8 Cuando los discípulos se levantaron, vieron que Jesús estaba solo. **9** Mientras bajaban del monte, Jesús les ordenó:

—No le cuenten a nadie lo que han visto hasta que yo, el Hijo del hombre, muera y resucite.

10 Los discípulos le preguntaron:

—¿Por qué los maestros de la Ley dicen que el profeta Elías va a venir antes que el Mesías?

11 Jesús les respondió:

—Eso es verdad. Elías viene primero para prepararlo todo. **12** Sin embargo, les aseguro que Elías ya vino; pero la gente no lo reconoció, y lo trataron como quisieron. A mí, el Hijo del hombre, también me tratarán así y sufriré mucho.

13 Los tres discípulos entendieron que Jesús estaba hablando de Juan el Bautista.

Jesús sana a un muchacho

14 Cuando llegaron a donde estaba la gente, un hombre se acercó a Jesús, se arrodilló ante él **15** y le dijo:

—¡Señor, ten compasión de mi hijo y ayúdalo! Está muy enfermo y sufre de terribles ataques. Muchas veces, cuando le da un ataque, cae al fuego o al agua. **16** Lo traje para que tus discípulos lo sanaran, pero no han podido hacerlo.

17 Jesús contestó:

—Ustedes están confundidos y no confían en Dios. ¿Acaso no pueden hacer nada sin mí? ¿Cuándo van a aprender? ¡Tráiganme aquí al muchacho!

18 Jesús reprendió al demonio que estaba en el muchacho, y lo obligó a salir. El muchacho quedó sano. **19** Poco después, los discípulos llamaron a Jesús aparte y le preguntaron:

—¿Por qué nosotros no pudimos sacar ese demonio?

20-21 Jesús les respondió:

—Porque ustedes no confían en Dios. Les aseguro que si tuvieran una confianza tan pequeña como un grano de mostaza, podrían ordenarle a esta montaña que se moviera de su lugar, y les obedecería. ¡Nada sería imposible para ustedes!

Jesús habla otra vez de su muerte

22 Mientras viajaban juntos por la región de Galilea, Jesús les dijo a sus discípulos: «Mis enemigos me atraparán y me entregarán a otros hombres. **23** Y me matarán, pero yo, el Hijo del hombre, volveré a vivir tres días después».

Al oír eso, los discípulos se pusieron muy tristes.

El impuesto para el templo

24 Cuando Jesús y sus discípulos llegaron al pueblo de Cafarnaúm, los que cobraban el impuesto para el templo fueron a preguntarle a Pedro:

—¿Paga tu maestro el impuesto para el templo?

25 Pedro contestó:

—Sí, lo paga.

Cuando Pedro entró en la casa donde estaban todos, Jesús le habló primero y le dijo:

—Dime, Pedro, ¿a quiénes cobran los reyes impuestos y contribuciones?; ¿a los ciudadanos de su reino o a los extranjeros?

26 Pedro contestó:

—A los extranjeros.

Jesús dijo:

—Entonces, los ciudadanos del reino no tienen que pagar impuestos. **27** Sin embargo, para que estos cobradores no se enojen, ve al mar y echa tu anzuelo. Ábrele la boca al primer pez que saques, y allí encontrarás una moneda. Toma ese dinero, y paga mi impuesto y el tuyo.

¿Quién es el más importante?

18 1 En esa misma ocasión, los discípulos le preguntaron a Jesús:

—¿Quién es el más importante en el reino de Dios?

2 Jesús llamó a un niño, lo puso en medio de ellos, **3** y les dijo:

—Les aseguro que para entrar en el reino de Dios, ustedes tienen que cambiar su manera de vivir y ser como niños. **4** Porque en el reino de Dios, las personas más importantes son humildes como este niño. **5** Si alguien acepta a un niño como este, me acepta a mí.

6 »Pero si alguno hace que uno de estos pequeños seguidores míos deje de confiar en mí, mejor le sería que le ataran al cuello una piedra enorme y lo tiraran al fondo del mar.

7 »Muchas cosas en el mundo hacen que la gente desobedezca a Dios, y no hay manera de evitarlo. Pero ¡qué mal le irá a quien haga que otro desobedezca a Dios!

8 »Si lo que haces con tu mano o tu pie te hace desobedecer a Dios, mejor córtatelos y tíralos bien lejos. Es mejor vivir para siempre sin una mano o sin un pie, que ir al infierno con las dos manos y los dos pies. **9** Si lo que ves con tu ojo te hace desobedecer a Dios, mejor sácatelo y tíralo lejos. Es mejor vivir para siempre con un solo ojo, que ser echado al infierno con los dos ojos.

10-11 »Recuerden: No desprecien a ninguno de estos pequeños, porque a ellos los cuidan los ángeles más importantes de Dios.

La oveja

12 »¿Qué opinan? Si uno de ustedes tiene cien ovejas y se da cuenta de que ha perdido una, ¿acaso no deja las otras noventa y nueve en la montaña y se va a buscar la oveja perdida? **13** Y si la encuentra, de seguro se alegrará más por esa oveja que por las otras noventa y nueve que no se habían perdido. **14** De la misma manera, el Padre de ustedes, que está en el cielo, no quiere que ninguno de estos pequeños se pierda y quede separado de él para siempre.

Perdonar es importante

15 »Si uno de mis seguidores te hace algo malo, habla con él a solas para que reconozca su falta. Si te hace caso, lo habrás ganado de nuevo. **16** Si no te hace caso, llama a uno o dos seguidores míos, para que te sirvan de testigos. La Biblia enseña que toda acusación debe hacerse frente a dos o más testigos.

17 Y si aquel no les hace caso, infórmalo a la iglesia. Y si tampoco quiere hacerle caso a la iglesia, tendrás que tratarlo como a los que no creen en Dios, o como a uno de los que cobran impuestos para el gobierno de Roma.

18 »Les aseguro que cualquier cosa que ustedes prohíban aquí en la tierra, desde el cielo Dios la prohibirá. Y cualquier cosa que ustedes permitan, también Dios la permitirá.

19 »Les aseguro que si dos de ustedes se ponen de acuerdo aquí en la tierra para pedirle algo a Dios que está en el cielo, él se lo dará. **20** Porque allí donde dos o tres de ustedes se reúnan en mi nombre, allí estaré yo.

21 Entonces Pedro se acercó a Jesús y le preguntó:

—Señor, si un hermano de la iglesia me hace algo malo, ¿cuántas veces debo perdonarlo? ¿Solo siete veces?

22 Jesús le contestó:

—No basta con perdonar al hermano solo siete veces. Hay que perdonarlo una y otra vez; es decir, siempre.

El que no quiso perdonar

23 »En el reino de Dios sucede algo parecido a lo que sucedió cierta vez en un país. El rey mandó llamar a sus empleados para que le informaran cómo andaban sus negocios y para que le pagaran todo lo que le debían.

24 »Cuando comenzó a sacar cuentas, le llevaron un empleado que le debía sesenta millones de monedas de plata.

25 Como el empleado no tenía dinero para pagar, el rey ordenó que lo vendieran como esclavo, junto con su esposa y sus hijos, y que vendieran también todo lo que tenía. Así, con el dinero de esa venta, la deuda quedaría pagada.

26 »Pero el empleado se arrodilló delante del rey y le

suplicó: "Señor, deme usted un poco más de tiempo y le pagaré todo lo que le debo".

27 »El rey sintió compasión de su empleado y le dijo: "Vete tranquilo; te perdono todo lo que me debes".

28 »Al salir del palacio del rey, ese empleado se encontró con un compañero que le debía cien monedas de plata. Lo agarró por el cuello y le dijo: "¡Págame ahora mismo lo que me debes!"

29 »El compañero se arrodilló delante de él y le suplicó: "Dame un poco más de tiempo y te lo pagaré todo".

30 »Pero él no quiso, y mandó que lo metieran en la cárcel hasta que pagara el dinero que le debía.

31 »Los otros compañeros, al ver lo que había pasado, se molestaron mucho y fueron a contárselo al rey.

32 »Entonces el rey mandó llamar a aquel empleado y le dijo: "¡Qué malvado eres! Te perdoné todo lo que me debías, porque me lo suplicaste. **33** ¿Por qué no tuviste compasión de tu compañero, así como yo la tuve de ti?"

34 »El rey se puso furioso y ordenó que castigaran a ese empleado hasta que pagara todo lo que le debía.

35 Jesús terminó diciendo: «Lo mismo hará mi Padre que está en el cielo con cada uno de ustedes, si no perdonan sinceramente a su hermano».

Enseñanza sobre el divorcio

19 ¹ Cuando Jesús terminó de enseñar, salió de la región de Galilea y se fue a la región de Judea, al este del río Jordán. ² Mucha gente lo siguió, y allí sanó a todos los que estaban enfermos.

³ Algunos de los fariseos llegaron para tenderle una trampa. Entonces le preguntaron:

—¿Puede un hombre divorciarse de su esposa por cualquier razón?

⁴ Jesús les respondió:

—¿No recuerdan lo que dice la Biblia? En ella está escrito que, desde el principio, Dios hizo al hombre y a la mujer para que vivieran juntos. ⁵ Por eso Dios dijo: "El hombre tiene que dejar a su padre y a su madre para casarse y vivir con su esposa. Los dos vivirán como si fueran una sola persona". ⁶ De esta manera, los que se casan ya no viven como dos personas separadas, sino como si fueran una sola. Por tanto, si Dios ha unido a un hombre y a una mujer, nadie debe separarlos.

⁷ Los fariseos le preguntaron:

—Entonces, ¿por qué Moisés nos dejó una ley que dice que el hombre puede separarse de su esposa dándole un certificado de divorcio?

⁸ Jesús les respondió:

—Moisés les permitió divorciarse porque ustedes son muy tercos y no quieren obedecer a Dios. Pero Dios, desde un principio, nunca ha querido que el hombre se separe de su esposa. ⁹ Y yo les digo que si su esposa no ha cometido ningún pecado sexual, ustedes no deben divorciarse de ella ni casarse con otra mujer. Porque si lo hacen, serán castigados por ser infieles en el matrimonio.

¹⁰ Los discípulos le dijeron a Jesús:

—Si eso pasa entre el esposo y la esposa, lo mejor sería no casarse.

¹¹ Jesús les contestó:

—Esta enseñanza solo la entienden las personas a quienes Dios les da como regalo no casarse. ¹² Es cierto que algunos no pueden casarse porque nacen con algún defecto que se lo impide. Otros no pueden casarse porque alguien les ha dañado el cuerpo. Pero también hay personas que no se casan para dedicarse solo a trabajar en el reino de Dios. Por eso, esta enseñanza es solo para quienes decidan vivir así.

Jesús bendice a los niños

13 Algunas madres llevaron a sus niños para que Jesús pusiera sus manos sobre ellos y orara. Pero los discípulos las regañaron. **14** Entonces Jesús les dijo a sus discípulos: «Dejen que los niños se acerquen a mí. No se lo impidan; porque el reino de Dios es de los que son como ellos».

15 Jesús puso su mano sobre la cabeza de cada uno de los niños; y luego se fue de aquel lugar.

El joven rico

16 Un joven vino a ver a Jesús y le preguntó:

—Maestro, ¿qué cosa buena debo hacer para tener vida eterna?

17 Jesús le contestó:

—¿Por qué me preguntas qué cosa es buena? Solo Dios es bueno. Si quieres vivir de verdad, obedece los mandamientos.

18 El joven preguntó:

—¿Cuáles mandamientos?

Jesús le dijo:

—No mates; no seas infiel en tu matrimonio; no robes; no mientas contra otra persona; **19** respeta a tu padre y a tu madre; ama a los demás tanto como te amas a ti mismo.

20 Entonces el joven dijo:

—Todos esos mandamientos los he obedecido. ¿Qué más puedo hacer?

21 Jesús le dijo:

—Si quieres ser perfecto, vende todo lo que tienes y da el dinero a los pobres. Así, Dios te dará un gran premio en el cielo. Luego ven y conviértete en uno de mis seguidores.

22 Cuando el joven oyó eso, se fue muy triste, porque era muy rico.

23 Jesús entonces les dijo a sus discípulos:

—Les aseguro que es muy difícil que una persona rica entre en el reino de Dios. **24** En realidad, es más fácil para un camello pasar por el ojo de una aguja, que para una persona rica entrar en el reino de Dios.

25 Los discípulos se sorprendieron mucho al oír lo que Jesús dijo, y comentaban entre ellos:

—Entonces, ¿quién podrá salvarse?

26 Jesús los miró y les dijo:

—Para la gente eso es imposible de conseguir; pero para Dios todo es posible.

27 Pedro le contestó:

—Recuerda que nosotros hemos dejado todo lo que teníamos y te hemos seguido. ¿Qué premio vamos a recibir?

28 Jesús les respondió:

—Les aseguro que todos ustedes reinarán conmigo cuando yo, el Hijo del hombre, me siente en el trono de mi reino poderoso. Entonces Dios cambiará todas las cosas y las hará nuevas. Cada uno de ustedes gobernará a una de las doce tribus de Israel. **29** Y todos los que por seguirme hayan dejado a su esposa y a sus hijos, a sus hermanos o a sus hermanas, al padre o la madre, su casa o un terreno, recibirán cien veces más de lo que dejaron, y tendrán además vida eterna. **30** Pero muchas personas que ahora son importantes, serán las menos importantes; y muchos que ahora no son importantes, serán los más importantes.

Los trabajadores en la viña

20 **1** »En el reino de Dios sucede algo parecido a lo que pasó en una viña. El dueño salió muy de mañana a contratar hombres para trabajar en ella. **2** Se puso de acuerdo con los trabajadores para pagarles el salario de un día completo; y los envió a trabajar. **3** Luego, como a las nueve de la mañana, el dueño volvió a salir y encontró en la plaza a varios hombres que estaban desocupados. **4** Y les dijo: "Vayan a trabajar a mi viña y les pagaré un salario justo". Los hombres aceptaron y fueron a trabajar. **5** Como a las doce del día, el dueño volvió a hacer lo mismo; y salió otra vez a las tres de la tarde. **6** Ya eran las cinco de la tarde cuando el dueño fue de nuevo a la plaza y vio a otros hombres desocupados. Entonces les preguntó: "¿Por qué han estado ahí todo el día sin hacer nada?"

7 »Ellos le contestaron: "¡Porque nadie nos contrató!"

»El dueño les dijo: "Vayan a trabajar a mi terreno".

8 »Cuando se hizo de noche, el dueño le dijo al jefe de los trabajadores: "Llama a cada uno y págales, comenzando por los últimos que vinieron, y terminando por los que vinieron primero".

9 »Entonces se acercaron los trabajadores que llegaron a las cinco de la tarde y recibieron el salario de un día completo. **10** Después, cuando pasaron los que habían llegado primero, muy de mañana, pensaron que a ellos les pagarían mucho más. Pero cada uno de ellos recibió también el salario de un día completo. **11** Cuando ya tenían el dinero, esos trabajadores comenzaron a hablar mal del dueño de la viña **12** y le dijeron: "Los que llegaron a las cinco de la tarde solo trabajaron una hora. Usted les pagó a ellos igual que a nosotros, que trabajamos todo el día aguantando el calor. Eso no es justo".

13 »Pero el dueño le contestó a uno de ellos: "¡Mira, amigo! Yo no he hecho nada malo contra ti. Recuerda que los dos acordamos que tú trabajarías por el salario de un día completo. **14** Toma el dinero que te ganaste y vete. No es problema tuyo que yo les pague lo mismo a los que vinieron a las cinco. **15** Yo puedo hacer con mi dinero lo que me parezca. ¿Por qué te da envidia que yo sea bueno con los demás?"

16 Jesús terminó diciendo: «Así, los que ahora son los primeros, serán los últimos; y los que ahora son los últimos, serán los primeros».

Jesús habla otra vez de su muerte

17 Jesús iba hacia Jerusalén, y en el camino reunió a sus doce discípulos y les dijo:

18 «Como pueden ver, ahora vamos a Jerusalén. Y a mí, el Hijo del hombre, me entregarán a los sacerdotes principales y a los maestros de la Ley. Ellos dirán que debo morir, **19** y me entregarán a los extranjeros para que se burlen de mí, y me golpeen y me hagan morir en una cruz. Pero después de tres días, volveré a vivir».

La petición de una madre

20-21 Dos de los discípulos, Santiago y Juan, fueron con su madre a ver a Jesús. Cuando llegaron, ella se arrodilló delante de Jesús para pedirle un favor. Jesús le preguntó:

—¿Qué es lo que quieres?

Ella le dijo:

—Por favor, ordena que cuando estés sentado en el trono de tu reino, mis hijos se sienten siempre uno a tu derecha y el otro a tu izquierda.

22 Jesús respondió:

—Ustedes no saben lo que piden. ¿Están dispuestos a sufrir todo lo malo que va a pasarme?

Ellos le dijeron:

—Sí, lo estamos.

23 Jesús les dijo:

—Les aseguro que ustedes sufrirán mucho, igual que yo. Pero solo mi Padre decide quiénes serán los más importantes en mi reino. Eso no lo decido yo.

24 Cuando los otros diez discípulos se dieron cuenta de todo esto, se enojaron con Santiago y Juan. **25** Entonces Jesús los llamó a todos y les dijo:

«En este mundo, como ustedes bien saben, los jefes de los países gobiernan sobre sus pueblos y no los dejan hacer absolutamente nada sin su permiso. Además, los líderes más importantes del país imponen su autoridad sobre cada uno de sus habitantes. **26** Pero entre ustedes no deben tratarse así. Al contrario, si alguno de ustedes quiere ser importante, tendrá que servir a los demás. **27** Si alguno quiere ser el primero, deberá ser el esclavo de todos. **28** Yo, el Hijo del hombre, soy así. No vine a este mundo para que me sirvan, sino para servir a los demás. Vine para liberar a la gente que es esclava del pecado, y para lograrlo pagaré con mi vida».

Jesús sana a dos ciegos

29 Cuando Jesús salió de la ciudad de Jericó acompañado de sus discípulos, mucha gente lo siguió. **30** Junto al camino estaban sentados dos ciegos. Cuando oyeron que Jesús iba pasando, comenzaron a gritar: «¡Señor, tú que eres el Mesías, ten compasión de nosotros y ayúdanos!»

31 La gente comenzó a reprender a los ciegos para que se callaran, pero ellos gritaron con más fuerza todavía: «¡Señor, tú que eres el Mesías, ten compasión de nosotros y ayúdanos!»

32 Entonces Jesús se detuvo, llamó a los ciegos y les preguntó:

—¿Qué quieren que haga por ustedes?

33 Ellos le respondieron:

—Señor, que podamos ver de nuevo.

34 Jesús tuvo compasión de ellos, y les tocó los ojos. En ese mismo instante, los ciegos pudieron ver de nuevo, y siguieron a Jesús.

Jesús entra a Jerusalén

21 **1** Jesús y sus discípulos llegaron al pueblo de Betfagé y se detuvieron junto al Monte de los Olivos, ya muy cerca de la ciudad de Jerusalén. **2** Al llegar allí, Jesús dijo a dos de sus discípulos:

«Vayan a ese pueblo que se ve desde aquí. Tan pronto como entren van a encontrar una burra atada, junto con un burrito. Desátenlos y tráiganmelos. **3** Si alguien les dice algo, ustedes responderán: "El Señor los necesita; enseguida se los devolverá"».

4 Esto sucedió para que se cumpliera lo que Dios había anunciado por medio del profeta:

5 «Díganle a la gente de Jerusalén:
¡Miren, ahí viene su rey!
Él es humilde,
viene montado en un burro,
en un burrito».

6 Los dos discípulos fueron al pueblo e hicieron lo que Jesús les había ordenado. **7** Llevaron la burra y el burrito, y pusieron sus mantos sobre ellos. Jesús se montó y fue hacia Jerusalén.

8 Muchas personas empezaron a extender sus mantos en el camino por donde iba a pasar Jesús. Otros cortaron ramas de árboles y también las pusieron como alfombra en el suelo. **9** Y toda la gente, tanto la que iba delante de él como la que iba detrás, gritaba:

«¡Sálvanos, Mesías nuestro!
¡Bendito tú, que vienes de parte de Dios!
Por favor, ¡sálvanos, Dios altísimo!»

10 Cuando Jesús entró en la ciudad de Jerusalén, toda la gente se alborotó, y decía:

—¿Quién es este hombre?

11 Y los que venían con Jesús contestaban:

—¡Es Jesús, el profeta! Él es de Nazaret, el pueblo de Galilea.

Jesús y los comerciantes del templo

12 Cuando Jesús entró en la ciudad de Jerusalén, fue al templo y empezó a sacar a todos los que estaban vendiendo y comprando cosas. Derribó las mesas de los que cambiaban dinero de otros países por dinero del templo, y también tiró los cajones de los que vendían palomas. **13** Y les dijo: «Dios dice en la Biblia: "Este templo es mi casa y aquí se viene a orar". Pero ustedes lo han convertido en cueva de ladrones».

14 Luego, algunos ciegos y otros que tenían dificultades para caminar se acercaron a Jesús; y él los sanó.

15 Los sacerdotes principales y los maestros de la Ley vieron los milagros que él hacía, y oyeron que los niños gritaban alabanzas a Jesús, el Mesías. Eso los enojó mucho, **16** y dijeron a Jesús:

—¿Acaso no oyes lo que estos niños están diciendo?

Jesús les contestó:

—Sí, los oigo bien. ¿No recuerdan lo que dice la Biblia?:

"Los niños pequeños,
los que aún son bebés,
te cantarán alabanzas".

17 Jesús salió de Jerusalén y se fue al pueblo de Betania. Allí pasó la noche.

Jesús y la higuera

18 Muy de mañana, Jesús fue otra vez a la ciudad de Jerusalén. En el camino tuvo hambre, **19** y vio por allí una higuera. Pero cuando se acercó, no encontró ningún higo para comer. El árbol solo tenía hojas. Entonces, Jesús le dijo: «¡Nunca volverás a dar higos!»

En aquel mismo instante, el árbol se secó. **20** Y cuando los discípulos vieron lo que pasó, se asombraron y preguntaron a Jesús:

—¿Cómo fue que el árbol se secó tan rápidamente?

21-22 Jesús les contestó:

—Les aseguro que si ustedes tienen confianza y no dudan del poder de Dios, todo lo que pidan en sus oraciones sucederá. Hasta podrían hacer lo mismo que yo hice con la higuera, y más todavía. Si le dijeran a esta montaña: "Quítate de aquí y échate en el mar", ella les obedecería.

La autoridad de Jesús

23 Jesús entró en el templo y comenzó a enseñar a la gente. Los sacerdotes principales y los líderes del país se acercaron a Jesús y le preguntaron:

—¿Quién te dio autoridad para hacer todo esto?

24-25 Jesús les contestó:

—Yo también voy a preguntarles algo: ¿Quién le dio autoridad a Juan el Bautista para bautizar? ¿Dios o alguna otra persona? Si me responden eso, yo les diré quién me dio autoridad para hacer todo lo que han visto.

Ellos comenzaron a discutir y se decían unos a otros: «Si respondemos que Dios le dio autoridad a Juan, Jesús nos preguntará por qué no le creímos. **26** Por otro lado, nos da miedo decir que un ser humano fue quien se la dio; porque la gente cree que Juan era un profeta enviado por Dios». **27** Entonces respondieron:

—No lo sabemos.

Jesús les dijo:

—Pues yo tampoco les diré quién me da autoridad para hacer todo esto.

Los dos hijos

28 Jesús también les dijo:

—¿Qué opinan ustedes de esto que voy a contarles? Un hombre tenía dos hijos, y le dijo al mayor de ellos: "Hijo, ve a trabajar en la viña".

29 »Él le respondió: "¡No quiero ir!"

»Pero después cambió de idea y fue a trabajar.

30 »Luego el hombre también le dijo a su hijo menor que fuera a trabajar, y él le respondió: "¡Sí, señor, iré!"

»Pero el muchacho en verdad no fue. **31** ¿Cuál de los dos hijos hizo lo que el padre quería?

Los sacerdotes y los líderes contestaron:

—El hijo mayor hizo lo que el padre le pidió.

Jesús les dijo:

—Les aseguro que la gente de mala fama, como los cobradores de impuestos y las prostitutas, entrará al reino de Dios antes que ustedes. **32** Porque Juan el Bautista vino y les enseñó cómo hacer lo bueno y obedecer a Dios, pero ustedes no le creyeron. En cambio, los cobradores y las prostitutas sí le creyeron. Y ustedes, aunque vieron eso, no cambiaron de idea, sino que siguieron sin creer en él.

La viña alquilada

33 »Escuchen este otro ejemplo: El dueño de un terreno sembró una viña y construyó un cerco alrededor de ella. Preparó un lugar para hacer vino con las uvas que cosechara, y construyó una torre para vigilar el terreno. Luego, alquiló la viña a unos hombres y se fue de viaje.

34 »Cuando llegó el tiempo de la cosecha, el dueño del terreno envió a unos sirvientes para pedir la parte de la cosecha que le correspondía. **35** Pero los que alquilaron la viña trataron mal a los sirvientes. A uno de ellos lo golpearon, a otro lo mataron, y a otro le tiraron piedras.

36 »Entonces el dueño envió más sirvientes que al principio, pero los hombres los trataron igual. **37** Finalmente, el dueño envió a su hijo, porque pensó: "Esos hombres sí respetarán a mi hijo".

38 »Pero cuando los hombres vieron que había llegado el hijo del dueño, dijeron entre ellos: "Este muchacho heredará la viña cuando el dueño muera. Vamos a matarlo; así nos quedaremos con todo".

39 »Los hombres agarraron al muchacho, lo sacaron de la viña y lo mataron.

40 »Cuando venga el dueño de la viña, ¿qué piensan ustedes que hará con esos hombres?

41 Ellos contestaron:

—El dueño matará sin compasión a esos malvados. Luego les alquilará la viña a otros hombres que le entreguen la parte de la cosecha que le corresponde.

42 Jesús les dijo:

—¿No recuerdan lo que dice la Biblia?:

"La piedra despreciada
por los constructores
ahora es la más importante de todas.
Así lo hizo Dios,
y es algo maravilloso".

43 »Les aseguro que Dios les quitará a ustedes el derecho de pertenecer a su reino, y se lo dará a los que sí le obedecen en todo. **44** Cualquiera que caiga sobre la piedra que despreciaron los constructores quedará hecho pedazos. Y si la piedra cae sobre alguien, lo dejará hecho polvo.

45 Cuando los sacerdotes principales y los fariseos escucharon estas comparaciones y ejemplos, se dieron cuenta de que Jesús hablaba de ellos. **46** Entonces quisieron apresar a Jesús, pero no se atrevieron a hacerlo porque tenían miedo de la gente, ya que esta pensaba que Jesús era un profeta.

La fiesta de bodas

22 **1** Una vez más, Jesús les puso un ejemplo a los sacerdotes, a los líderes judíos y a los fariseos:

2 »En el reino de Dios pasa lo mismo que cuando un rey hizo una fiesta para celebrar la boda de su hijo. **3** El rey envió a sus sirvientes para que llamaran a los invitados a la fiesta. Pero los invitados no quisieron ir. **4** Entonces el rey envió a otros sirvientes con este mensaje: "La comida ya está lista. He mandado preparar la carne de mis mejores becerros. ¡Vengan a la fiesta!"

5 »Pero los invitados no hicieron caso, y cada uno se fue a hacer otras cosas. Uno fue a ver sus terrenos, otro fue a atender su negocio, **6** y los otros agarraron a los sirvientes del rey y los mataron a golpes.

7 »El rey se enojó mucho, y envió a sus soldados para que mataran a esos invitados y quemaran la ciudad donde vivían. **8** Luego, el rey dijo a sus sirvientes: "La fiesta de bodas está lista, y aquellos invitados no merecían venir. **9** Vayan por las calles, e inviten a todos los que encuentren para que vengan a la fiesta de la boda".

10 »Los sirvientes fueron a las calles de la ciudad e invitaron a muchas personas, unas malas y otras buenas; y así el salón de la fiesta se llenó de invitados.

11 »Cuando el rey entró al salón para conocer a los invitados, vio a uno que no estaba bien vestido para la fiesta, **12** y le dijo: "¡Oye, tú! ¿Cómo hiciste para entrar, si no estás vestido para la fiesta?"

»Pero él no contestó nada. **13** Entonces el rey les ordenó a sus sirvientes: "Átenlo de pies y manos, y échenlo afuera, a la oscuridad; allí la gente llora y rechina los dientes de terror".

14 »Esto pasa porque son muchos los invitados a participar en el reino de Dios, pero son muy pocos aquellos a los que Dios acepta».

Una trampa para Jesús

15 Un día, los fariseos se reunieron y decidieron ponerle una trampa a Jesús, para hacerle decir algo malo. **16** Mandaron a algunos de sus seguidores, junto con unos partidarios del rey Herodes, para que dijeran a Jesús:

—Maestro, sabemos que siempre dices la verdad. Tú le enseñas a la gente que debe obedecer a Dios en todo. No te importa lo que digan los demás acerca de tus enseñanzas, porque tú no hablas para quedar bien con ellos. **17** Dinos ahora qué opinas: ¿Está bien que le paguemos impuestos al emperador de Roma, o no?

18 Pero como Jesús conocía las malas intenciones que tenían, les dijo:

—¡Hipócritas! ¿Por qué quieren ponerme una trampa? **19** Muéstrenme una de las monedas que se usan para pagar el impuesto.

Entonces le trajeron una moneda de plata, **20** y Jesús les preguntó:

—¿De quién es la cara dibujada en la moneda? ¿De quién es el nombre que tiene escrito?

21 Ellos contestaron:

—Del emperador romano.

Jesús les dijo:

—Pues denle al Emperador lo que es del Emperador, y a Dios lo que es de Dios.

22 Los fariseos se sorprendieron al escuchar la respuesta, y se fueron.

Los saduceos hablan con Jesús

23 Ese mismo día, unos saduceos fueron a ver a Jesús. Ellos no creían que los muertos pueden volver a vivir, **24** y le preguntaron:

—Maestro, Moisés escribió que si un hombre muere sin tener hijos con su esposa, el hermano de ese hombre debe casarse con la viuda y tener hijos con ella. De acuerdo con la Ley, esos hijos le pertenecen al hermano muerto y llevan su nombre.

25 »Pues bien, aquí vivieron una vez siete hermanos. El hermano mayor se casó, y tiempo más tarde murió sin tener hijos. Entonces el hermano que seguía se casó con la mujer que dejó el mayor, **26** pero, tiempo después, también él murió sin tener hijos. Con el tercer hermano pasó lo mismo. Y así pasó con los siete hermanos. **27** Finalmente, murió la mujer.

28 »Ahora bien, cuando Dios haga que los muertos vuelvan a vivir, ¿de quién será esposa esta mujer, si estuvo casada con los siete?

29 Jesús contestó:

—Ustedes están equivocados. Ni saben lo que dice la Biblia, ni conocen el poder de Dios. **30** Cuando Dios haga que los muertos vuelvan a vivir, nadie se va a casar, porque todos serán como los ángeles del cielo. **31** Y en cuanto a si los muertos vuelven a vivir, ustedes pueden leer en la Biblia lo que Dios le dijo a Moisés: **32** "Yo soy el Dios de Abraham, de Isaac y de

Jacob, tus antepasados". Por tanto, Dios no es Dios de muertos, sino de vivos, pues para Dios todos ellos están vivos.

33 La gente que estaba allí se quedó asombrada al oír las enseñanzas de Jesús.

Los dos mandamientos más importantes

34 Cuando los fariseos se dieron cuenta de que Jesús había dejado callados a los saduceos, se reunieron y fueron a ver a Jesús. **35** Uno de ellos, que sabía mucho acerca de la ley de los judíos, quiso ponerle una trampa a Jesús y le preguntó:

36 —Maestro, ¿cuál es el mandamiento más importante de todos?

37-38 Jesús le respondió:

—El primer mandamiento y el más importante es el que dice así: "Ama a tu Dios con todo tu ser, es decir, con todo tu corazón y con toda tu mente". **39** Y el segundo mandamiento en importancia es parecido a ese, y dice así: "Ama a tu prójimo como te amas a ti mismo". **40** Toda la enseñanza de la Biblia se basa en estos dos mandamientos.

La pregunta acerca del Mesías

41 Mientras los fariseos todavía estaban reunidos, Jesús les preguntó:

42 —¿A qué familia pertenecerá el Mesías?

Ellos respondieron:

—A la familia del rey David.

43-45 Jesús les dijo:

—Con la ayuda del Espíritu Santo, David escribió:

"Dios le dijo a mi Señor el Mesías:
'Siéntate a la derecha de mi trono
hasta que yo derrote a tus enemigos' ".

»A ver, explíquenme: Si el rey David llama Señor al Mesías, ¿cómo puede el Mesías ser su descendiente? ¡Hasta David lo considera más importante que él mismo!

46 Nadie pudo responderle a Jesús, y desde ese momento ya nadie se atrevió a hacerle más preguntas.

Advertencias de Jesús

23 **1** Tiempo después, Jesús les dijo a la gente y a sus discípulos:

2 «Los fariseos y los maestros de la Ley son los que más conocen la ley de Moisés. **3** Ustedes deben hacer todo lo que ellos digan; pero no hagan lo que ellos hacen, porque enseñan una cosa y hacen otra. **4** Imponen mandamientos muy difíciles de cumplir, pero no hacen ni el más mínimo esfuerzo por cumplirlos. **5** Todo lo hacen para que la gente los vea y los admire. Por eso escriben frases de la Biblia en papelitos que guardan en cajitas de cuero, y se las ponen en la frente y en los brazos. Cada vez hacen más grandes esas cajitas y los flecos que le ponen a la ropa, para que la gente piense que son muy obedientes a Dios. **6** Cuando van a la sinagoga o asisten a fiestas, les encanta que los traten como si fueran los más importantes. **7** Les gusta que la gente los salude en el mercado con gran respeto, y que los llame maestros.

8 »Ustedes no esperen que la gente los llame maestros, porque ustedes son como hermanos y tienen solamente un maestro. **9** No le digan padre a nadie, porque el único padre que ustedes tienen es Dios, que está en el cielo. **10** Tampoco esperen que la gente los trate como líderes, porque yo, el Mesías, soy su único líder. **11** El más importante de ustedes deberá ser el sirviente de todos. **12** Porque los que se creen más importantes que los demás serán tratados como los menos importantes. Y los que se comportan como los menos importantes, serán tratados como los más importantes».

¡Qué mal les va a ir!

13-14 Jesús les dijo a los fariseos y maestros de la Ley:

«¡Qué mal les va a ir, hipócritas! Ustedes les cierran la puerta del reino de Dios a los demás. Y ni entran ustedes, ni dejan que otros entren.

15 »¡Qué mal les va a ir, hipócritas! Ustedes van por todas partes tratando de ganar un seguidor y, cuando lo consiguen, lo hacen dos veces más merecedor del infierno que ustedes mismos.

16 »¡Qué mal les va a ir! Se supone que ustedes deben enseñar al pueblo cómo obedecer a Dios, pero ni ustedes mismos saben cómo hacerlo. Enseñan que si una persona jura por el templo que cumplirá una promesa, la puede romper. Pero que si jura por el oro del templo, entonces sí está obligada a cumplirla. **17** ¡Ustedes no saben nada, son unos tontos! No ven que el templo es más importante que el oro, y que el templo hace que el oro sea valioso ante Dios.

18 »También enseñan que si una persona jura por el altar del templo, entonces la promesa se puede romper. Pero que si jura por la ofrenda que está sobre el altar, entonces está obligada a cumplir la promesa. **19** ¡Ignorantes! El altar de Dios es más importante que la ofrenda, y hace que la ofrenda sea valiosa ante Dios. **20** Cuando una persona promete algo, y jura por el altar del templo que lo cumplirá, está jurando no solo por el altar sino también por todo lo que hay sobre el altar. **21** Y si alguien jura por el templo, no solo está jurando por el templo sino también por Dios, que vive allí. **22** Si jura por el cielo, también jura por Dios, porque el trono de Dios está en el cielo.

23 »¡Qué mal les va a ir a ustedes, maestros de la Ley y fariseos! ¡Hipócritas! Se preocupan por dar como ofrenda la décima parte de la menta, del anís y del comino que cosechan en sus terrenos. Pero no obedecen las enseñanzas más importantes de la ley: ser justos con los demás, tratarlos con amor y obedecer a Dios en todo. Hay que hacer esas tres cosas, sin dejar de obedecer los demás mandamientos. **24** ¡Ustedes, como líderes, no saben nada! Cumplen los detalles más insignificantes de la ley, pero no cumplen lo más importante de ella. Ustedes son como los que, al beber vino, sacan el mosquito pero se tragan el camello que hay en el vino.

25-26 »¡Qué mal les va a ir, hipócritas! Parecen buena gente, pero en realidad son malos, no ayudan a nadie, y roban a los demás. ¡Tontos! Sean buenos de verdad, porque si no lo hacen, serán como un vaso o un plato limpio por fuera, pero lleno de suciedad por dentro. Pero si el vaso o el plato se limpian por dentro, todo estará limpio de verdad.

27-28 »¡Qué mal les va a ir! Aparentan ser gente buena y honrada, pero en realidad son hipócritas y malvados. Son como una tumba pintada de blanco, que por fuera se ve limpia, pero por dentro está llena de huesos y suciedad.

29 »¡Pobrecitos de ustedes, qué mal les va a ir, hipócritas! Construyen monumentos para recordar a los profetas muertos, y ponen adornos en las tumbas de las personas buenas. **30** Dicen que si hubieran vivido en aquel tiempo, no habrían estado de acuerdo con los que mataron a los profetas. **31** Pero, en realidad, demuestran ser iguales a ellos. **32** ¡Terminen, pues, de hacer lo que ellos comenzaron!

³³ »¡Ustedes son unos mentirosos y unos malvados! Son tan malos como el veneno de una serpiente. ¡No se escaparán de ir al infierno! **³⁴** Yo les enviaré profetas, sabios y maestros, pero a algunos de ellos ustedes los matarán o los clavarán en una cruz; a otros los golpearán en las sinagogas, y a otros los perseguirán por todas las ciudades. **³⁵** Por eso, serán culpables de la muerte de toda persona buena en el mundo; comenzando por la muerte de Abel hasta terminar con la muerte del profeta Zacarías, que era hijo de Berequías. A este profeta lo mataron entre el templo y el altar de los sacrificios. **³⁶** Les aseguro que todos ustedes serán castigados por esto.

Jesús llora por la gente de Jerusalén

³⁷ »¡Gente de Jerusalén, gente de Jerusalén! Ustedes matan a los profetas y a los mensajeros que Dios les envía. Muchas veces quise protegerlos, como la gallina que cuida a sus pollitos debajo de sus alas, pero ustedes no me dejaron. **³⁸** Su templo quedará abandonado. **³⁹** Les aseguro que a partir de este momento no volverán a verme, hasta que digan: "Bendito sea el Mesías que viene de parte de Dios"».

El templo será destruido

24 **¹** Cuando Jesús salió del templo, sus discípulos se le acercaron para mostrarle los edificios del templo. **²** Entonces él les dijo: «¿Ven ustedes todos estos edificios? Les aseguro que todos serán destruidos. ¡Ni una sola pared quedará en pie!»

Prepárense para el fin

³ Después, Jesús y sus discípulos se fueron al Monte de los Olivos. Jesús se sentó y, cuando ya estaban solos, los discípulos le preguntaron:

—¿Cuándo será destruido el templo? ¿Cómo sabremos que tú vendrás otra vez, y que ha llegado el fin del mundo? ¿Cuáles serán las señales?

4 Jesús les respondió:

—¡Cuidado! No se dejen engañar. **5** Muchos vendrán, y se harán pasar por mí y le dirán a la gente: "Yo soy el Mesías". Usarán mi nombre y lograrán engañar a muchos.

6 »Ustedes oirán que en algunos países habrá guerras, y que otros países están a punto de pelearse. Pero no se asusten; esas cosas pasarán, pero todavía no será el fin del mundo. **7** Porque los países pelearán unos contra otros, la gente no tendrá qué comer, y en muchos lugares habrá terremotos. **8** Eso es solo el principio de todo lo que el mundo sufrirá.

9 »Ustedes serán llevados presos, y entregados a las autoridades para que los maltraten y los maten. Todo el mundo los odiará por ser mis discípulos. **10** Muchos de mis seguidores dejarán de creer en mí; uno traicionará al otro y lo odiará. **11** Llegarán muchos falsos profetas y engañarán a muchas personas. **12** La gente será tan mala que la mayoría dejará de amarse. **13** Pero yo salvaré a todo seguidor mío que confíe en mí hasta el final. **14** El fin del mundo llegará cuando las buenas noticias del reino de Dios sean anunciadas en toda la tierra, y todo el mundo las haya escuchado.

Una señal para huir

15 Jesús siguió hablando con sus discípulos acerca del fin del mundo y les dijo:

—El que lea esto debe tratar de entender lo que dijo el profeta Daniel. Él anunció que algún día el ídolo horrible de la destrucción estaría en el templo.

»Cuando vean que en el lugar santo pasa lo que anunció Daniel, entonces huyan. **16** Los que estén en la región de Judea, que corran hacia las montañas; **17** el que esté en la azotea de su casa, que no baje a sacar nada; **18** y el que esté en el campo, que no vaya a su casa a buscar ropa. **19** Las mujeres que en ese momento estén embarazadas van a sufrir mucho. ¡Pobrecitas de las que tengan hijos recién nacidos! **20** Oren a Dios y pídanle que esto no suceda en tiempo de invierno, o en un día de descanso,

21 porque ese día la gente sufrirá muchísimo. Nunca, desde que Dios creó el mundo hasta ahora, la gente ha sufrido tanto como sufrirá ese día; y jamás volverá a sufrir así. **22** Dios ama a quienes él ha elegido, y por eso el tiempo de sufrimiento no será muy largo. Si no fuera así, todos morirían.

23 »Si en esos días alguien les dice: "Miren, aquí está el Mesías", o "allí está el Mesías", no le crean. **24** Porque vendrán falsos Mesías y falsos profetas, y harán cosas tan maravillosas que engañarán a la gente. Si pueden, también engañarán a los que Dios ha llamado a seguirlo. **25** Ya antes les había dicho a ustedes **26** que si otros vienen y les anuncian: "¡El Mesías está en el desierto!", no vayan. Y si les dicen: "¡El Mesías está escondido allí!", no lo crean. **27** Cuando yo, el Hijo del hombre, venga, no me esconderé. Todos me verán, pues mi venida será como un relámpago que ilumina todo el cielo. **28** Todo el mundo sabe que donde se juntan los buitres, allí hay un cuerpo muerto. Así será cuando yo venga: todos lo sabrán.

El regreso del Hijo del hombre

29 Jesús continuó diciendo:

—Cuando pase ese tiempo de sufrimiento:

"El sol se pondrá oscuro,
y la luna dejará de brillar.
Las estrellas caerán,
y temblarán los poderes
que están en el cielo".

30 »Entonces todos verán en el cielo una señal que indicará que yo, el Hijo del hombre, vengo de nuevo. Y todos los países del mundo temblarán de miedo cuando me vean venir entre las nubes del cielo, con mucho poder y gloria. **31** Y enviaré por todo el mundo a mis ángeles con una gran trompeta, para que reúnan a mis seguidores.

La lección de la higuera

32 »Aprendan la enseñanza que da la higuera. Cuando a este árbol le salen ramas tiernas y hojas nuevas, ustedes saben que ya se acerca el verano. **33** Del mismo modo, cuando vean que todo está pasando como les he dicho, sabrán que pronto vendré de nuevo. **34** Les aseguro que todo esto pasará antes de que mueran algunos de los que ahora están vivos. **35** El cielo y la tierra dejarán de existir, pero mis palabras permanecerán para siempre.

36 »Nadie sabe el día ni la hora en que yo vendré; no lo saben ni siquiera los ángeles del cielo. Es más, tampoco yo lo sé. Solo Dios, mi padre, lo sabe.

37 »Cuando yo, el Hijo del hombre, venga otra vez, la gente estará viviendo como en la época de Noé, **38** que seguía comiendo, bebiendo y casándose hasta el momento mismo en que Noé entró en el gran barco; y luego vino la inundación. **39** La gente no sabía lo que pasaba hasta el momento en que llegó el diluvio y todos se ahogaron. Algo así pasará cuando yo, el Hijo del hombre, venga otra vez. **40** Si en ese momento hay dos hombres trabajando en el campo, me llevaré a uno y dejaré al otro. **41** Si dos mujeres están moliendo granos, me llevaré a una y dejaré a la otra. **42** Por eso, estén siempre alerta, pues ustedes no saben el día en que yo, su Señor, vendré otra vez. **43** Les aseguro que si el dueño de una casa supiera a qué hora va a llegar el ladrón, vigilaría la casa y no permitiría que el ladrón entre. **44** Del mismo modo, ustedes deben estar atentos y preparados, porque yo, el Hijo del hombre, llegaré cuando menos lo esperen.

Los sirvientes

45 »¿Quién es el sirviente responsable y atento? Es aquel a quien el amo deja encargado de toda su familia, para darles de comer a su debido tiempo. **46** ¡Qué feliz es el sirviente si su dueño lo encuentra cumpliendo sus órdenes! **47** Les aseguro que el dueño lo pondrá a administrar todas sus posesiones. **48** Pero supongamos que un sirviente malo piensa: "Mi amo salió de viaje y tardará mucho en volver", **49** y comienza a golpear a sus compañeros y a comer y beber con borrachos. **50** Cuando vuelva su amo, en el día y la hora en que menos lo espera, **51** lo castigará como se castiga a todos los que engañan a sus amos. Entonces llorará y rechinará los dientes de terror.

Las diez muchachas

25 **1** »En el reino de Dios pasará lo mismo que sucedió una noche en una boda. Diez muchachas tomaron sus lámparas de aceite y salieron a recibir al novio. **2** Cinco de ellas eran descuidadas, y las otras cinco, responsables. **3** Las cinco descuidadas no llevaron aceite suficiente, **4** pero las cinco responsables llevaron aceite para llenar sus lámparas de nuevo.

5 »Como el novio tardó mucho en llegar, a las diez muchachas les dio sueño y se durmieron. **6** Como a la media noche, se oyeron gritos: "¡Ya viene el novio, salgan a recibirlo!"

7 »Las muchachas se levantaron y comenzaron a preparar sus lámparas. **8** Entonces las cinco muchachas descuidadas dijeron a las responsables: "Dennos aceite del que ustedes traen, porque nuestras lámparas se están apagando".

9 »Las cinco responsables contestaron: "No tenemos bastante aceite para darles también a ustedes. Es mejor que vayan a comprarlo".

10 »Mientras las cinco muchachas descuidadas fueron a comprar aceite, llegó el novio. Entonces, las cinco muchachas responsables entraron con él a la fiesta de bodas y la puerta se cerró. **11** Cuando las cinco descuidadas volvieron, encontraron todo cerrado y gritaron: "¡Señor! ¡Señor! Ábranos la puerta".

12 »Pero el novio les contestó: "No sé quiénes son ustedes. No las conozco".

13 »Por eso ustedes, mis discípulos, deben estar siempre alerta, porque no saben ni el día ni la hora en que yo volveré.

Los tres empleados

14 »En el reino de Dios pasará lo mismo que sucedió cierta vez con un hombre que decidió irse de viaje. Llamó a sus empleados y les encargó su dinero. **15** El hombre sabía muy bien lo que cada uno podía hacer. Por eso, a uno de ellos le entregó cinco mil monedas, a otro dos mil y a otro mil. Luego se fue de viaje.

16 »El empleado que había recibido cinco mil monedas hizo negocios con ellas y logró ganar otras cinco mil. **17** El que recibió dos mil monedas ganó otras dos mil. **18** Pero el que recibió mil monedas fue y las escondió bajo tierra.

19 »Mucho tiempo después, el hombre que se había ido de viaje regresó y quiso arreglar cuentas con sus empleados. **20** Llegó el que había recibido cinco mil monedas, se las entregó junto con otras cinco mil y le dijo: "Señor, usted me dio cinco mil monedas y aquí tiene otras cinco mil que yo gané".

21 »El hombre le dijo: "¡Excelente! Eres un empleado bueno y se puede confiar en ti. Ya que cuidaste bien lo poco que te di, ahora voy a encargarte cosas más importantes. Vamos a celebrarlo".

22 »Después llegó el empleado que había recibido dos mil monedas y le dijo: "Señor, usted me dio dos mil monedas y aquí tiene otras dos mil que yo gané".

23 »El hombre le contestó: "¡Excelente! Eres un empleado bueno y se puede confiar en ti. Ya que cuidaste bien lo poco que te di, ahora voy a encargarte cosas más importantes. Vamos a celebrarlo".

24 »Por último, llegó el empleado que había recibido mil monedas y dijo: "Señor, yo sabía que usted es un hombre muy exigente, que pide hasta lo imposible. **25** Me dio miedo y escondí el dinero bajo tierra. Aquí le devuelvo exactamente sus mil monedas".

26 »El hombre le respondió: "Eres un empleado malo y perezoso. Si sabías que soy muy exigente, **27** ¿por qué no llevaste el dinero al banco? Al volver, yo recibiría el dinero que te di, más los intereses".

28 »Entonces, el hombre dijo a sus ayudantes: "Quítenle a este las mil monedas y dénselas al que tiene diez mil. **29** Porque al que tiene mucho se le dará más, y le sobrará; pero al que no tiene nada, hasta lo poco que tiene se le quitará. **30** Y a este empleado inútil, échenlo afuera, a la oscuridad; allí tendrá tanto miedo que llorará y rechinará los dientes".

El juicio final

31 »Cuando yo, el Hijo del hombre, regrese, vendré como un rey poderoso, rodeado de mis ángeles, y me sentaré en mi trono. **32** Gente de todos los países se presentará delante de mí, y apartaré a los malos de los buenos, como el pastor que aparta las cabras de las ovejas. **33** A los buenos los pondré a mi derecha, y a los malos a mi izquierda. **34** Entonces yo, el Rey, les diré a los buenos: "¡Mi Padre los ha bendecido! ¡Vengan, participen del reino que mi Padre preparó desde antes de la creación del mundo! **35** Porque cuando tuve hambre, ustedes me dieron de comer; cuando tuve sed, me dieron de beber; cuando tuve que salir de mi país, ustedes me recibieron en su casa; **36** cuando no tuve ropa, ustedes me la dieron; cuando estuve enfermo, me visitaron; cuando estuve en la cárcel, ustedes fueron a verme".

37 »Y los buenos me preguntarán: "Señor, ¿cuándo te vimos con hambre y te dimos de comer? ¿Cuándo tuviste sed y te dimos de beber? **38** ¿Alguna vez tuviste que salir de tu país y te recibimos en nuestra casa, o te vimos sin ropa y te dimos qué ponerte? **39** No recordamos que estuvieras enfermo o en la cárcel, y que te hayamos visitado".

40 »Yo, el Rey, les diré: "Lo que ustedes hicieron para ayudar a uno de mis seguidores menos importantes, es como si me lo hubieran hecho a mí".

41 »Luego les diré a los malos: "¡Aléjense de mí! Dios tiene solo cosas malas para ustedes. Váyanse al fuego que nunca se apaga, al fuego que Dios preparó para el diablo y sus ayudantes. **42** Porque cuando tuve hambre, ustedes no me dieron de comer; tuve sed, y no me dieron de beber; **43** cuando tuve que salir de mi país, ustedes no me recibieron en sus casas; cuando no tuve ropa, ustedes tampoco me dieron qué ponerme; estuve enfermo y en la cárcel, y no fueron a verme".

44 »Ellos me responderán: "Señor, nunca te vimos con hambre o con sed. Nunca supimos que tuviste que salir de tu país, ni te vimos sin ropa. Tampoco supimos que estuviste enfermo o en la cárcel. Por eso no te ayudamos".

45 »Entonces les contestaré: "Como ustedes no ayudaron ni a uno de mis seguidores menos importantes, yo considero que tampoco me ayudaron a mí".

46 »Esta gente malvada recibirá un castigo interminable, pero los que obedecen a Dios recibirán la vida eterna.

Un plan contra Jesús

26 **1** Cuando Jesús terminó de enseñar, dijo a sus discípulos: **2** «Ustedes saben que dentro de dos días se celebrará la fiesta de la Pascua. Durante la fiesta, yo, el Hijo del hombre, seré apresado y moriré clavado en una cruz».

3 En esos días, los sacerdotes principales y los líderes del país se reunieron en el palacio del jefe de los sacerdotes, llamado Caifás. **4** Todos se pusieron de acuerdo para ponerle una trampa a Jesús, apresarlo y matarlo. **5** Pero algunos decían: «No lo hagamos durante la fiesta, para que la gente no se enoje contra nosotros ni se arme un gran alboroto».

Una mujer perfuma a Jesús

6 Jesús estaba en el pueblo de Betania, en casa de Simón, el que había tenido lepra. **7** Mientras Jesús comía, llegó una mujer con un frasco de perfume muy caro. Se acercó a él y le echó el perfume sobre la cabeza.

8 Los discípulos se enojaron y dijeron:

—¡Qué desperdicio! **9** Ese perfume pudo haberse vendido, y con el dinero hubiéramos ayudado a muchos pobres.

10 Jesús los escuchó y enseguida les dijo:

—No critiquen a esta mujer. Ella me ha tratado con bondad. **11** Siempre habrá gente pobre cerca de ustedes, pero muy pronto ya no estaré aquí con ustedes. **12** Esta mujer echó perfume sobre mi cabeza, sin saber que estaba preparando mi cuerpo para mi entierro. **13** Les aseguro que esto que ella hizo se recordará en todos los lugares donde se anuncien las buenas noticias de Dios.

Judas traiciona a Jesús

14 Ese mismo día, Judas Iscariote, uno de los doce discípulos de Jesús, fue a ver a los sacerdotes principales **15** y les dijo:

«¿Cuánto me pagarán si les ayudo a atrapar a Jesús?»

Ellos le ofrecieron treinta monedas de plata. **16** Y desde ese momento, Judas buscó una buena oportunidad para entregarles a Jesús.

Una cena inolvidable

17 El primer día de la fiesta de los Panes sin levadura, los discípulos se acercaron a Jesús y le dijeron:

—¿Dónde quieres que preparemos la cena de Pascua?

18 Jesús les respondió:

—Vayan a la ciudad, busquen al amigo que ustedes ya conocen, y denle este mensaje: "El Maestro dice: yo sé que pronto moriré; por eso quiero celebrar la Pascua en tu casa, con mis discípulos".

19 Los discípulos fueron y prepararon todo, tal y como Jesús les mandó.

20 Al anochecer, mientras Jesús y sus discípulos comían, **21** él les dijo:

—Uno de ustedes me va a entregar a mis enemigos.

22 Los discípulos se pusieron muy tristes, y cada uno le dijo:

—Señor, no estarás acusándome a mí, ¿verdad?

23 Jesús respondió:

—El que ha mojado su pan en el mismo plato que yo, ese va a traicionarme. **24** La Biblia dice claramente que yo, el Hijo del hombre, tengo que morir. Sin embargo, al que me traiciona va a pasarle algo muy terrible. ¡Más le valdría no haber nacido!

25 Judas, el que después entregó a Jesús, también le preguntó:

—Maestro, ¿soy yo?

Jesús le contestó:

—Tú lo has dicho.

26 Mientras estaban comiendo, Jesús tomó un pan y dio gracias a Dios. Luego lo partió, lo dio a sus discípulos y les dijo:

«Tomen y coman; esto es mi cuerpo».

27 Después tomó una copa llena de vino y dio gracias a Dios. Luego la pasó a sus discípulos y les dijo:

«Beban todos ustedes de este vino. **28** Esto es mi sangre, y con ella Dios hace un trato con todos ustedes. Esa sangre servirá para perdonar los pecados de mucha gente. **29** Esta es la última vez que bebo de este vino con ustedes. Pero cuando estemos juntos otra vez en el reino de mi Padre, entonces beberemos del vino nuevo».

30 Después cantaron un himno y se fueron al Monte de los Olivos.

Pedro promete no dejar a Jesús

31 Cuando llegaron al Monte de los Olivos, Jesús les dijo a los discípulos:

—Esta noche ustedes van a perder su confianza en mí. Porque la Biblia dice:

"Heriré al pastor
y las ovejas huirán
por todos lados".

32 »Pero cuando Dios me devuelva la vida, iré a Galilea antes que ustedes.

33 Entonces Pedro le dijo:

—Aunque todos te abandonen, yo no te abandonaré.

34 Jesús le respondió:

—Pedro, no estés muy seguro de eso; antes de que el gallo cante, tres veces dirás que no me conoces.

35 Pedro le contestó:

—Aunque tenga que morir contigo, yo nunca diré que no te conozco.

Los demás discípulos dijeron lo mismo.

Jesús ora con mucha tristeza

36 Después, Jesús fue con sus discípulos a un lugar llamado Getsemaní, y les dijo: «Quédense aquí, mientras yo voy allí a orar».

37 Jesús invitó a Pedro, a Santiago y a Juan para que lo acompañaran. Luego empezó a sentirse muy, pero muy triste, **38** y les dijo: «Estoy muy triste, y siento que me voy a morir; quédense aquí conmigo y no se duerman».

39 Jesús se alejó un poco de ellos, se arrodilló y se inclinó hasta tocar el suelo con la frente, y oró a Dios: «Padre, ¡cómo deseo que me libres de este sufrimiento! Pero que no suceda lo que yo quiero, sino lo que quieras tú».

40 Jesús regresó a donde estaban los tres discípulos, y los encontró durmiendo. Entonces le dijo a Pedro: «¿No han podido quedarse despiertos conmigo ni una hora? **41** No se duerman; oren para que puedan resistir la prueba que se acerca. Ustedes están dispuestos a hacer lo bueno, pero no pueden hacerlo con sus propias fuerzas».

42 Jesús se fue a orar otra vez, y decía:

—Padre, si tengo que pasar por este sufrimiento, estoy dispuesto a obedecerte.

43 Jesús regresó de nuevo a donde estaban los tres discípulos, y otra vez los encontró bien dormidos, pues estaban muy cansados. **44** Nuevamente se apartó de ellos y oró por tercera vez, repitiendo las mismas palabras con que había orado antes.

45 Luego volvió Jesús a donde estaban los tres discípulos y les dijo: «¿Siguen descansando y durmiendo? Ya vienen los malvados para apresarme a mí, el Hijo del hombre.
46 ¡Levántense y vengan conmigo, que allí viene el que me va a entregar!»

Los enemigos apresan a Jesús

47 Todavía estaba hablando Jesús cuando llegó Judas, uno de los doce discípulos. Con él venían muchos hombres armados con cuchillos y palos. Los sacerdotes principales y los líderes del país los habían enviado. **48** Judas ya les había dicho: «Al que yo bese, ese es Jesús; ¡arréstenlo!»

49 Judas se acercó a Jesús y le dijo:

—¡Hola, Maestro!

Y lo besó.

50 Jesús le dijo:

—Amigo, ya que estás aquí, haz pronto lo que tienes que hacer.

Los hombres arrestaron a Jesús. **51** Entonces uno de los que acompañaban a Jesús sacó su espada y le cortó una oreja al sirviente del jefe de los sacerdotes. **52** Pero Jesús le dijo:

«Guarda tu espada, porque al que mata con espada, con espada lo matarán. **53** ¿No sabes que yo puedo pedirle ayuda a mi Padre, y de inmediato me enviaría más de doce ejércitos de ángeles para defenderme? **54** Deja que las cosas pasen como están sucediendo ahora; solo así puede cumplirse lo que dice la Biblia».

55 Jesús se volvió a la gente y le preguntó:

«¿Por qué han venido con cuchillos y palos, como si yo fuera un criminal? Todos los días estuve enseñando en el templo, y allí nunca me apresaron. **56** Pero todo esto debe suceder para que se cumpla lo que anunciaron los profetas».

En ese momento, todos los discípulos abandonaron a Jesús y huyeron.

MATEO

El juicio contra Jesús

57-58 Pedro siguió a Jesús desde lejos y llegó hasta el patio del palacio. Allí se sentó con los guardias para no perderse de nada. Los que arrestaron a Jesús lo llevaron al palacio de Caifás, el jefe de los sacerdotes. Allí estaban reunidos los maestros de la Ley y los líderes del pueblo.

59 Los sacerdotes principales y todos los de la Junta Suprema buscaban gente que mintiera contra Jesús, para poder condenarlo a muerte. **60** Sin embargo, aunque muchos vinieron con mentiras, no pudieron condenarlo.

61 Por fin, hubo dos que dijeron: «Este hombre dijo que es capaz de destruir el templo de Dios, y de construirlo de nuevo en tres días».

62 El jefe de los sacerdotes dijo a Jesús:

—¿Oíste bien de qué te acusan? ¿Qué puedes decir para defenderte?

63 Pero Jesús no respondió nada. Entonces el jefe de los sacerdotes le dijo:

—Dinos por Dios, quien vive para siempre, si eres tú el Mesías, el Hijo de Dios.

64 Jesús le respondió:

—Tú lo has dicho. Y déjame decirte que dentro de poco tiempo ustedes verán cuando yo, el Hijo del hombre, venga en las nubes del cielo con el poder y la autoridad que me da Dios todopoderoso.

65 Al escuchar esto, el jefe de los sacerdotes rompió sus ropas para mostrar su enojo, y dijo:

—¡Ha insultado a Dios! Ya no necesitamos más pruebas. Dice que él es Dios. **66** ¿Qué les parece?

—¡Que muera! —contestaron todos.

67 Entonces algunos le escupieron en la cara y otros lo golpearon. Aun otros le pegaban en la cara, **68** y le decían: «Mesías, ¡adivina quién te pegó!»

Pedro niega conocer a Jesús

69 Mientras sucedía todo esto, Pedro estaba sentado en el patio del palacio. De pronto, una sirvienta se le acercó y le dijo:

—Tú siempre estabas con Jesús, el de Galilea.

70 Y delante de todos, Pedro le contestó:

—Eso no es cierto; ¡no sé de qué me hablas!

71 Pedro salió por la puerta del patio, pero otra sirvienta lo vio y dijo a los que estaban allí:

—Este también estaba con Jesús, el que vino de Nazaret.

72 Pedro lo negó de nuevo y dijo:

—¡Les juro que no conozco a ese hombre!

73 Un poco más tarde, algunos de los que estaban por allí se acercaron a Pedro y le dijeron:

—Estamos seguros de que tú eres uno de los seguidores de Jesús; hablas como los de Galilea.

74 Pedro les contestó con más fuerza:

—¡Ya les dije que no conozco a ese hombre! ¡Que Dios me castigue si no estoy diciendo la verdad!

En ese momento un gallo cantó, **75** y Pedro se acordó de lo que Jesús le había dicho: «Antes de que el gallo cante, vas a decir tres veces que no me conoces». Pedro salió de aquel lugar y se puso a llorar con mucha tristeza.

Jesús en el palacio de Pilato

27 **1** Al amanecer, todos los sacerdotes principales y los líderes del país hicieron juntos un plan para matar a Jesús. **2** Lo ataron, lo sacaron del palacio de Caifás y lo entregaron a Poncio Pilato, el gobernador romano.

Judas muere

3 Cuando Judas supo que habían condenado a muerte a Jesús, se sintió muy mal por haberlo traicionado. Entonces fue a donde estaban los sacerdotes principales y los líderes del país, les devolvió las treinta monedas de plata, **4** y les dijo:

—He pecado contra Dios porque entregué a Jesús, y él es inocente.

Ellos le contestaron:

—¡Y eso qué nos importa! ¡Es problema tuyo!

5 Entonces Judas tiró las monedas en el templo, y fue y se ahorcó. **6** Los sacerdotes principales recogieron las monedas y dijeron: «Con estas monedas pagamos para que se mate a un hombre; la ley no nos permite que las pongamos en la caja de las ofrendas».

7 Entonces decidieron comprar con ese dinero el terreno llamado «Campo del Alfarero», para enterrar allí a los extranjeros. **8** Por eso, aquel terreno se conoce con el nombre de «Campo de Sangre». **9** Así se cumplió lo que había dicho el profeta Jeremías:

«La gente de Israel puso el precio
que se pagó por la vida de aquel hombre:
¡Treinta monedas de plata!
10 Y ellos tomaron ese dinero,
para comprar
el Campo del Alfarero,
tal como Dios me lo había
ordenado».

Jesús y Pilato

11 Cuando Jesús estaba ante Pilato, este le preguntó:

—¿Eres en verdad el rey de los judíos?

Jesús respondió:

—Tú lo dices.

12 Los sacerdotes principales y los líderes del país acusaban a Jesús delante de Pilato, pero Jesús no respondía nada. **13** Pilato le preguntó:

—¿No oyes todo lo que dicen contra ti?

14 Y como Jesús no respondió nada, el gobernador se quedó muy asombrado.

¡Que lo claven en una cruz!

15 Durante la fiesta de la Pascua, el gobernador tenía la costumbre de poner en libertad a uno de los presos; el que el pueblo quisiera. **16** En ese tiempo estaba encarcelado un bandido muy famoso que se llamaba Jesús Barrabás. **17** Pilato le preguntó a la gente que estaba allí: «¿A quién quieren ustedes que ponga en libertad: a Jesús Barrabás o a Jesús, a quien llaman el Mesías?»

18 Pilato preguntó esto porque sabía que los sacerdotes principales y los líderes acusaban a Jesús porque le tenían envidia.

19 Mientras Pilato estaba juzgando el caso, su esposa le mandó este mensaje: «No te metas con ese hombre, porque es inocente. Anoche tuve un sueño horrible por causa de él».

20 Mientras tanto, los sacerdotes principales y los líderes convencieron a los que estaban allí para que pidieran la libertad de Barrabás y la muerte de Jesús.

21 El gobernador volvió a preguntarle al pueblo:

—¿A cuál de los dos quieren que ponga en libertad?

Y todos respondieron:

—¡A Barrabás!

22 Entonces Pilato les dijo:

—¿Y qué quieren que haga con Jesús, llamado el Mesías?

—¡Que muera en una cruz! —respondieron a coro.

23 El gobernador les preguntó:

—Díganme, ¿qué mal ha hecho este hombre?

Pero la multitud gritó con más fuerza:

—¡Que muera en una cruz!

24 Pilato vio que ya no le hacían caso, y que aquello podía terminar en un alboroto muy peligroso. Entonces mandó que le llevaran agua, se lavó las manos delante de la gente y dijo:

—Yo no soy culpable de la muerte de este hombre. Los culpables son ustedes.

25 Y la gente le contestó:

—¡Nosotros y nuestros hijos seremos responsables por la muerte de este hombre!

26 Pilato puso en libertad a Barrabás. Luego ordenó que golpearan a Jesús en la espalda con un látigo, y que después lo clavaran en una cruz.

Todos se burlaron de Jesús

27 Los soldados de Pilato llevaron a Jesús al patio del cuartel y llamaron al resto de la tropa. **28** Allí desvistieron a Jesús y le pusieron un manto rojo, **29** le colocaron en la cabeza una corona hecha con ramas de espinos, y le pusieron una vara en la mano derecha. Luego se arrodillaron ante él, y en son de burla le decían: «¡Viva el rey de los judíos!»

30 Lo escupían y, con la misma vara que le habían dado, le pegaban en la cabeza. **31** Cuando se cansaron de burlarse de él, le quitaron el manto, le pusieron su propia ropa y se lo llevaron para clavarlo en la cruz.

32 Los soldados salieron con Jesús. En el camino encontraron a un hombre llamado Simón, que era del pueblo de Cirene, y obligaron a ese hombre a cargar la cruz de Jesús.

33 Llegaron a un lugar llamado Gólgota, que quiere decir «La Calavera». **34** Allí le dieron vino mezclado con una hierba amarga que servía para aliviar los dolores. Jesús lo probó, pero no quiso beberlo.

35-38 Los soldados clavaron a Jesús en la cruz y luego hicieron apuestas para ver quién de ellos se quedaría con su ropa. También colocaron un letrero por encima de la cabeza de Jesús, para explicar por qué lo habían clavado en la cruz. El letrero decía: «Este es Jesús, el Rey de los judíos».

Junto con Jesús clavaron también a dos bandidos, y los pusieron uno a su derecha y el otro a su izquierda. Luego, los soldados se sentaron para vigilarlos.

39 La gente que pasaba por allí insultaba a Jesús y se burlaba de él, haciéndole muecas **40** y diciéndole: «Tú dijiste que podías destruir el templo y construirlo de nuevo en tres días. ¡Si tienes tanto poder, sálvate a ti mismo! ¡Si eres el Hijo de Dios, baja de la cruz!»

41 También los sacerdotes principales, los maestros de la Ley y los líderes del pueblo se burlaban de él. Decían: **42** «Salvó a otros, pero no puede salvarse él mismo. Dice que es el rey de Israel. ¡Pues que baje de la cruz y creeremos en él! **43** Dijo que confiaba en Dios, y que era el Hijo de Dios. ¡Pues si en verdad Dios lo ama, que lo salve ahora!»

44 También los bandidos que fueron clavados junto a Jesús lo insultaban.

Jesús muere

45 El cielo se puso oscuro desde el mediodía hasta las tres de la tarde. **46** A esa hora, Jesús gritó con mucha fuerza: «¡Elí, Elí!, ¿lemá sabactani?»

Eso quiere decir: «¡Dios mío, Dios mío! ¿Por qué me has abandonado?»

47 Algunos de los que estaban allí lo oyeron y dijeron: «Está llamando al profeta Elías».

48 Uno de ellos consiguió de inmediato una esponja, la empapó con vinagre, la ató en el extremo de un palo largo y se la acercó a Jesús para que bebiera. **49** Los demás que observaban le dijeron: «Déjalo, vamos a ver si Elías viene a salvarlo».

50 Jesús dio otro fuerte grito y murió. **51** En aquel momento, la cortina del templo se partió en dos pedazos de arriba abajo, la tierra tembló y las rocas se partieron; **52** las tumbas se abrieron, y muchos de los que confiaban en Dios y ya habían muerto, volvieron a vivir. **53** Después de que Jesús resucitó, esas personas entraron en Jerusalén y mucha gente las vio.

54 El oficial romano y los soldados que vigilaban a Jesús sintieron el terremoto y vieron todo lo que pasaba. Temblando de miedo dijeron: «¡Es verdad, este hombre era el Hijo de Dios!»

55 Había allí muchas mujeres que miraban desde lejos. Ellas habían seguido y ayudado a Jesús durante su viaje desde Galilea. **56** Entre esas mujeres estaban María Magdalena, María la madre de Santiago y de José, y la esposa de Zebedeo.

El entierro de Jesús

⁵⁷ Al anochecer, un hombre rico llamado José se acercó al lugar. Era del pueblo de Arimatea y se había hecho seguidor de Jesús. **⁵⁸** José le pidió a Pilato que le permitiera llevarse el cuerpo de Jesús para enterrarlo. Pilato ordenó que se lo dieran.

⁵⁹ José tomó el cuerpo de Jesús, lo envolvió en una sábana limpia **⁶⁰** y lo puso en una tumba. Era una tumba nueva, que hacía poco tiempo él había ordenado construir en una gran roca. José tapó la entrada de la tumba con una piedra muy grande, y se fue.

⁶¹ Frente a la tumba se quedaron sentadas María Magdalena y la otra María.

⁶² El día siguiente era sábado, el día de descanso de los judíos. Los sacerdotes principales y los fariseos fueron a ver a Pilato **⁶³** y le dijeron:

—Señor, nos acordamos que cuando ese mentiroso de Jesús aún vivía, dijo: "Tres días después de que me maten volveré a vivir". **⁶⁴** Ahora sus discípulos pueden robar el cuerpo y empezar a decir a la gente que Jesús resucitó. Ese engaño sería peor que cuando él dijo que era el Mesías. Para que no pase esto, ordene usted que unos guardias vigilen cuidadosamente la tumba hasta después del tercer día.

⁶⁵ Pilato les dijo:

—Ustedes tienen soldados a su servicio; vayan y protejan la tumba lo mejor que puedan.

⁶⁶ Entonces ellos fueron a la tumba y ataron la piedra que tapaba la entrada para que no se moviera. También dejaron allí a los soldados para que vigilaran.

¡Él está vivo!

28 **¹** El domingo al amanecer, cuando ya había pasado el tiempo del descanso obligatorio, María Magdalena y la otra María fueron a ver la tumba de Jesús.

2 De pronto, hubo un gran temblor; un ángel de Dios bajó del cielo, movió la piedra que cerraba la tumba, y se sentó sobre ella. **3** El ángel brillaba como un relámpago, y su ropa era blanca como la nieve. **4** Al verlo, los guardias se asustaron tanto que empezaron a temblar y se quedaron como muertos. **5** El ángel les dijo a las mujeres:

«No se asusten. Yo sé que están buscando a Jesús, el que murió en la cruz. **6** No está aquí; volvió a vivir, como lo había anunciado. Vengan, vean el lugar donde habían puesto su cuerpo. **7** Y ahora vayan de inmediato a contarles a sus discípulos que él ya resucitó, y que va a Galilea para llegar antes que ellos. Allí podrán verlo. Este es el mensaje que les doy».

8 Las mujeres se asustaron mucho, pero también se pusieron muy alegres; y enseguida corrieron a dar la noticia a los discípulos. **9** En eso, Jesús les salió al encuentro y las saludó. Ellas se acercaron a él, le abrazaron los pies y lo adoraron. **10** Entonces Jesús les dijo: «No tengan miedo. Corran a avisarles a mis discípulos, para que vayan a Galilea; allí me verán».

La mentira que contaron los soldados

11 Las mujeres fueron a buscar a los discípulos. Mientras tanto, algunos de los soldados que habían cuidado la tumba regresaron a la ciudad. Allí les contaron a los sacerdotes principales todo lo que había pasado. **12** Entonces los sacerdotes y los líderes del país decidieron pagar mucho dinero a los soldados para que no dijeran lo que en verdad había sucedido. **13** Les dijeron:

«Cuéntenle a la gente que los discípulos de Jesús vinieron por la noche, cuando ustedes estaban dormidos, y se robaron el cuerpo de Jesús. **14** Si el gobernador llega a saber esto, nosotros hablaremos con él, y a ustedes no se les culpará de nada».

15 Los soldados aceptaron el dinero y le contaron a la gente lo que los sacerdotes principales les habían indicado. Esta misma mentira es la que se sigue contando entre los judíos hasta el momento de escribir esta historia.

La misión de los discípulos

16 Los once discípulos se fueron a Galilea, al monte que Jesús les había indicado. **17** Cuando se encontraron con él, lo adoraron, aunque algunos de ellos todavía dudaban de que realmente fuera Jesús.

18 Él se acercó y les dijo:

«Dios me ha dado todo el poder para que gobierne en todo el universo. **19** Ustedes vayan y hagan más discípulos míos en todos los países de la tierra. Bautícenlos en el nombre del Padre, del Hijo y del Espíritu Santo. **20** Enséñenles a obedecer todo lo que yo les he enseñado. Yo estaré siempre con ustedes hasta el fin del mundo».

MARCOS
Marcos comparte las buenas noticias

Juan el Bautista

1 Esta es la historia de cómo empezaron a anunciarse las buenas noticias acerca de Jesús, que es el Hijo de Dios y el Mesías. **2** Todo comenzó tal y como Dios lo había anunciado por medio del profeta Isaías:

«Yo envío a mi mensajero delante de ti
para que te preparare el camino.

3 Alguien grita en el desierto:
"¡Prepárenle el camino al Señor!
¡Ábranle paso!
¡Que no encuentre estorbos!"»

4-8 Por esos días, Juan el Bautista apareció en el desierto. Se vestía con ropa hecha de pelo de camello y usaba un cinturón de cuero. Comía saltamontes y miel silvestre.

Juan le decía a la gente: «¡Bautícense y demuestren que ya no quieren hacer lo malo! Solo así Dios los perdonará». También decía: «Después de mí viene alguien más poderoso que yo. ¡Ni siquiera merezco ser su esclavo! Yo los he bautizado a ustedes con agua, pero él los bautizará con el Espíritu Santo».

Todos los que vivían en la región de Judea, y en Jerusalén, iban al desierto para oír a Juan. Muchos confesaban sus pecados y Juan los bautizaba en el río Jordán.

Juan bautiza a Jesús

9 En esos días, Jesús estaba en la región de Galilea, en un pueblo llamado Nazaret. Desde allí viajó hasta el río Jordán, donde Juan lo bautizó. **10** Cuando Jesús salió del agua, vio que se abría el cielo, y que el Espíritu de Dios bajaba sobre él en forma de paloma. **11** En ese momento, una voz que venía del cielo le dijo: «Tú eres mi Hijo, a quien quiero mucho. Estoy muy contento contigo».

Jesús vence al diablo

12 De inmediato, el Espíritu de Dios llevó a Jesús al desierto. **13** Y Jesús estuvo allí cuarenta días, viviendo entre los animales salvajes. Satanás trataba de hacerlo caer en sus trampas, pero los ángeles de Dios cuidaban a Jesús.

Jesús comienza su trabajo

14 Después de que a Juan lo metieron en la cárcel, Jesús fue a la región de Galilea. Allí anunciaba las buenas noticias acerca de Dios: **15** «¡Ya está cercano el día en que Dios comience a reinar! Vuélvanse a Dios y crean en la buena noticia».

Jesús elige a cuatro pescadores

16 Jesús pasaba por la orilla del Lago de Galilea cuando vio a Simón y a Andrés, dos pescadores que eran hermanos, y estaban pescando con sus redes. **17** Jesús les dijo: «Síganme. En lugar de pescar peces, les voy a enseñar a ganar seguidores para mí».

18 En ese mismo instante, Simón y Andrés dejaron sus redes y siguieron a Jesús.

19 Un poco más adelante, Jesús vio a Santiago y a Juan, hijos de Zebedeo. Ellos también eran pescadores, y estaban en una barca arreglando las redes. **20** Jesús los llamó, y ellos lo siguieron, dejando a su padre en la barca, con los empleados.

El hombre con un espíritu malo

21 Jesús y sus discípulos fueron al pueblo de Cafarnaúm. El sábado, Jesús fue a la sinagoga y comenzó a enseñar. **22** Todos estaban admirados de sus enseñanzas, pues cuando les hablaba lo hacía con autoridad, y no como los maestros de la Ley.

MARCOS

23 En la sinagoga, había un hombre que tenía un espíritu malo. **24** El espíritu le gritó a Jesús:

—¡Jesús de Nazaret! ¿Qué tienes contra nosotros? ¿Acaso vienes a destruirnos? Yo te conozco. ¡Tú eres el Hijo de Dios!

25 Jesús reprendió al espíritu malo y le dijo:

—¡Cállate! ¡Sal de este hombre!

26 El espíritu malo salió gritando y haciendo que el hombre se pusiera a temblar muy fuerte.

27 La gente se quedó muy asombrada, y se preguntaba: «¿Qué es esto? ¿Una nueva enseñanza? ¿Qué clase de poder tiene este hombre? Con autoridad y poder ordena a los espíritus malos que salgan, ¡y ellos le obedecen!»

28 Y Jesús se hizo famoso en toda la región de Galilea.

Jesús sana a mucha gente

29 Luego Jesús salió de la sinagoga y se fue con Santiago y Juan a la casa de Simón y Andrés. **30** Cuando entró en la casa, le dijeron que la suegra de Simón estaba enferma y con fiebre. **31** Jesús fue a verla, la tomó de la mano y la levantó. En ese mismo instante la fiebre se le quitó, y la suegra de Simón les sirvió de comer.

32 Al anochecer, la gente le llevó a Jesús todos los enfermos y todos los que tenían demonios. **33** Todo el pueblo se reunió a la puerta de la casa de Simón. **34** Allí Jesús sanó a mucha gente que tenía diferentes enfermedades, y también expulsó muchos demonios. Pero no los dejaba hablar, porque ellos lo conocían.

Jesús anuncia las buenas noticias

35 En la madrugada, Jesús se levantó y fue a un lugar solitario para orar. **36** Más tarde, Simón y sus compañeros salieron a buscarlo. **37** Cuando lo encontraron, le dijeron:

—Todos te andan buscando.

38 Pero Jesús les dijo:

—Vamos a otros pueblos cercanos. También allí debo anunciar estas buenas noticias, pues para eso vine al mundo.

39 Jesús recorrió toda la región de Galilea anunciando las buenas noticias en las sinagogas de cada pueblo, y expulsando a los demonios.

Jesús sana a un leproso

40 Un hombre que tenía la piel enferma se acercó a Jesús, se arrodilló ante él y le dijo:

—Señor, yo sé que tú puedes sanarme. ¿Quieres hacerlo?

41 Jesús tuvo compasión de él, extendió la mano, tocó al enfermo y le dijo:

—¡Sí quiero! ¡Queda sano!

42 De inmediato, aquel hombre quedó completamente sano. **43** Pero Jesús lo despidió con una seria advertencia:

44 —No le digas a nadie lo que te sucedió. Solo ve con el sacerdote para que te examine, y lleva la ofrenda que Moisés ordenó. Así los sacerdotes verán que ya no tienes esa enfermedad.

45 Pero el hombre empezó a contarles a todos cómo había sido sanado. Por eso Jesús no podía entrar libremente en los pueblos. Tenía que quedarse en las afueras, donde no había gente. De todos modos, la gente iba a verlo.

Jesús y el paralítico

2 **1** Después de varios días, Jesús regresó al pueblo de Cafarnaúm. Apenas supieron que Jesús estaba en casa, **2** mucha gente fue a verlo. Eran tantos que ya no cabía nadie más frente a la puerta. Jesús comenzó a anunciarles las buenas noticias.

3 De pronto, llegaron a la casa cuatro personas. Llevaban en una camilla a un hombre que nunca había podido caminar. **4** Como había tanta gente, subieron al techo y abrieron un agujero. Por allí bajaron al enfermo en la camilla donde estaba acostado.

5 Cuando Jesús vio la gran confianza que tenían en él aquellos hombres, le dijo al paralítico: «Amigo, te perdono tus pecados».

6 Al oír lo que Jesús le dijo al paralítico, unos maestros de la ley que allí estaban pensaron: **7** «¿Cómo se atreve este a hablar así? ¡Lo que dice es una ofensa contra Dios! Solo Dios puede perdonar pecados».

8 Pero Jesús se dio cuenta de lo que estaban pensando, y les dijo: «¿Por qué piensan así? **9** Díganme, ¿qué es más fácil: perdonar a este enfermo, o sanarlo? **10** Pues voy a demostrarles que yo, el Hijo del hombre, tengo autoridad aquí en la tierra para perdonar pecados».

Entonces le dijo al que no podía caminar: **11** «Levántate, toma tu camilla y vete a tu casa».

12 En ese mismo instante, y ante la mirada de todos, aquel hombre se levantó, tomó la camilla y salió de allí. Al verlo, todos se quedaron admirados y comenzaron a alabar a Dios diciendo: «¡Nunca habíamos visto nada como esto!»

Jesús llama a Mateo

13 Después de esto, Jesús fue otra vez a la orilla del Lago de Galilea. Mucha gente se reunió a su alrededor, y él se puso a enseñarles.

14 Luego, mientras caminaban, Jesús vio a Mateo, el hijo de Alfeo, sentado en el lugar donde cobraba los impuestos para Roma. Jesús le dijo: «Sígueme».

Mateo se levantó enseguida y lo siguió.

15 Más tarde, Jesús y sus discípulos estaban cenando en la casa de Mateo. Muchos de los que cobraban impuestos, y otras personas de mala fama que ahora seguían a Jesús, también fueron invitados a la cena.

16 Cuando algunos maestros de la Ley, que eran fariseos, vieron a Jesús comiendo con toda esa gente, les preguntaron a los discípulos:

—¿Por qué su maestro come con cobradores de impuestos y con gente de mala fama?

17 Jesús los oyó y les contestó:

—Los que necesitan al médico son los enfermos, no los sanos. Y yo vine a invitar a los pecadores para que regresen a Dios, no a los que se creen buenos.

Jesús enseña sobre el ayuno

18 Una vez, los discípulos de Juan el Bautista y los discípulos de los fariseos estaban ayunando. Algunas personas fueron adonde estaba Jesús y le preguntaron:

—¿Por qué tus discípulos no ayunan? Los discípulos de Juan y los discípulos de los fariseos sí lo hacen.

19 Jesús les respondió:

—Los invitados a una fiesta de bodas no ayunan mientras el novio está con ellos. **20** Pero llegará el momento en que se lleven al novio, y entonces los invitados ayunarán.

21 »Si un vestido viejo se rompe, nadie le pone un remiendo de tela nueva. Porque al lavarse el vestido, la tela nueva se encoge y el hueco se hace más grande.

22 »Tampoco se echa vino nuevo en recipientes de cuero viejo. Porque al fermentar el vino nuevo, hace que se reviente el cuero viejo. Así el vino nuevo se pierde, y los recipientes también. Por eso hay que echar vino nuevo en recipientes nuevos.

Los discípulos arrancan espigas de trigo

23 Un sábado, Jesús y sus discípulos iban por un campo sembrado de trigo. Los discípulos comenzaron a arrancar espigas. **24** Cuando los fariseos vieron esto, le dijeron a Jesús:

—¡Mira lo que hacen tus discípulos! ¿Acaso no saben que está prohibido arrancar espigas en el día de descanso?

25-26 Jesús les respondió:

—¿No han leído ustedes en la Biblia lo que hizo el rey David cuando Abiatar era el jefe de los sacerdotes? David y sus compañeros sufrían gran necesidad y tenían mucha hambre. Entonces David entró en la casa de Dios y comió del pan especial que solo a los sacerdotes les estaba permitido comer, y lo compartió con sus compañeros.

Además les dijo:

27 —El sábado se hizo para el bien de los seres humanos, y no los seres humanos para el bien del sábado. **28** Yo, el Hijo del hombre, soy quien decide qué puede hacerse y qué no puede hacerse en el día de descanso.

Jesús sana a un hombre en sábado

3 **1** Jesús volvió a entrar en la sinagoga. Allí había un hombre que tenía una mano tullida.

2 Los fariseos estaban vigilando a Jesús para ver si sanaba a ese hombre en día sábado, y poder así acusarlo de trabajar en ese día de descanso.

3 Jesús le dijo al enfermo: «Levántate y ponte en medio de todos».

4 Luego, les preguntó a los que estaban allí: «¿Qué es correcto hacer en sábado: el bien o el mal? ¿Salvar una vida o destruirla?»

Pero nadie le contestó. **5** Jesús miró con enojo a los que lo rodeaban y, al ver que eran muy tercos y no tenían amor, se puso muy triste. Entonces le dijo al enfermo: «Extiende la mano».

El hombre extendió la mano, y le quedó sana.

6 Los fariseos salieron de la sinagoga y enseguida se reunieron con los partidarios del rey Herodes; y juntos comenzaron a hacer planes para matar a Jesús.

Jesús enseña y sana

7-8 Jesús se fue con sus discípulos a la orilla del lago. Los seguía mucha gente que había oído hablar de las cosas que él hacía. Era gente de las regiones de Galilea y de Judea, de la ciudad de Jerusalén y de Idumea. Algunos venían también del otro lado del río Jordán, y de los alrededores de las ciudades de Tiro y de Sidón.

9 Como había tanta gente, Jesús les pidió a sus discípulos que prepararan una barca, para que la gente no lo apretujara.

10 Aunque Jesús había sanado a muchos, todavía quedaba una gran cantidad de enfermos que lo rodeaba y que quería tocarlo para quedar sanos.

11 Cuando los espíritus malos veían a Jesús, caían al suelo y gritaban: «¡Tú eres el Hijo de Dios!»

12 Pero Jesús les advertía muy seriamente que no dijeran a la gente quién era él.

Jesús elige a doce apóstoles

13 Después, Jesús invitó a algunos de sus seguidores para que subieran con él a un cerro. Cuando ya todos estaban juntos, **14** eligió a doce de ellos para que lo acompañaran siempre y para enviarlos a anunciar las buenas noticias. A esos doce los llamó apóstoles **15** y les dio poder para expulsar de la gente a los demonios.

16 Estos son los doce que eligió: Simón, a quien llamó Pedro; **17** Santiago y Juan, hijos de Zebedeo, y a quienes llamó Boanerges, que quiere decir "hijos del trueno"; **18** Andrés, Felipe, Bartolomé, Mateo, Tomás, Santiago hijo de Alfeo, Tadeo, Simón el patriota y **19** Judas Iscariote, que después traicionó a Jesús.

Jesús y el jefe de los demonios

20 Después de esto Jesús regresó a la casa. Y era tanta la gente que volvió a reunirse, que ni él ni sus discípulos podían siquiera comer. **21** Cuando los familiares de Jesús supieron lo que hacía, fueron para llevárselo, porque decían que se había vuelto loco.

22 Pero los maestros de la Ley que habían llegado de Jerusalén decían: «Este hombre tiene a Beelzebú, el jefe de los demonios. Solo por el poder que Beelzebú le da, puede expulsarlos».

23 Entonces Jesús los llamó y les puso este ejemplo:

«¿Cómo puede Satanás expulsarse a sí mismo? **24** Si los habitantes de un país se pelean entre sí, el país acaba por destruirse. **25** Si los miembros de una familia se pelean unos con otros, la familia también acabará por destruirse. **26** Y si Satanás lucha contra sí mismo, acabará con su propio reino.

27 »Si alguien quiere robar todo lo que hay en la casa de un hombre fuerte, primero tiene que atar a ese hombre.

28 »Les aseguro que Dios le perdonará a la gente cualquier pecado que haga, y todo lo malo que diga. **29** Pero jamás perdonará a quien hable en contra del Espíritu Santo. ¡Eso nunca le será perdonado!»

30 Jesús dijo esto porque los maestros de la Ley pensaban que él tenía un espíritu malo.

La madre y los hermanos de Jesús

31-32 Mientras tanto, llegaron la madre y los hermanos de Jesús a la casa donde él estaba, pero prefirieron quedarse afuera y mandarlo llamar. La gente que estaba sentada alrededor de Jesús le dijo:

—Tu madre, tus hermanos y tus hermanas están allá afuera, y quieren hablar contigo.

33 Pero Jesús les preguntó:

—¿Quiénes son en verdad mi madre y mis hermanos?

34 Luego miró a todos los que estaban sentados a su alrededor y dijo:

—¡Estos son mi madre y mis hermanos! **35** Porque, en verdad, cualquiera que obedece a Dios es mi hermano, mi hermana y mi madre.

El ejemplo de las semillas

4 **1** Otro día, Jesús estaba enseñando en la orilla del Lago de Galilea. Como se reunió tanta gente para escucharlo, Jesús tuvo que subirse a una barca y sentarse para hablar desde allí. La gente se quedó de pie en la playa.

2 Jesús les enseñó muchas cosas por medio de ejemplos y comparaciones. Les puso esta comparación:

3 «Escuchen bien esto: Un agricultor salió a sembrar trigo. **4** Mientras sembraba, algunas semillas cayeron en el camino. Poco después vinieron unos pájaros y se las comieron.

5 »Otras semillas cayeron en un terreno con muchas piedras y poca tierra. Como la tierra era poco profunda, pronto brotaron plantas de trigo. **6** Pero como las plantas no tenían buenas raíces, no duraron mucho tiempo, pues al salir el sol se quemaron.

7 »Otras semillas cayeron entre espinos. Cuando los espinos crecieron, ahogaron el trigo y no lo dejaron crecer. Por eso, las semillas no produjeron nada.

8 »En cambio, otras semillas cayeron en buena tierra y dieron espigas que crecieron muy bien y produjeron una excelente cosecha. Algunas espigas produjeron treinta semillas, otras sesenta, y otras cien».

9 Luego Jesús dijo: «¡Si en verdad tienen oídos, presten mucha atención!»

¿Por qué Jesús enseña con ejemplos?

10 Después, cuando ya se había ido casi toda la gente, los que se quedaron con Jesús y los doce discípulos le preguntaron qué significaba el ejemplo del agricultor. **11** Jesús les respondió:

«A ustedes les he explicado los secretos del reino de Dios, pero no a los demás. A ellos les enseño por medio de ejemplos. **12** Así, aunque miren, no verán, y aunque oigan, no entenderán. Por eso no se vuelven a Dios ni reciben el perdón de sus pecados».

Jesús explica el ejemplo de las semillas

13 Jesús les dijo:

«Si no entienden el ejemplo de las semillas, ¿cómo entenderán los otros ejemplos y comparaciones?

14 »El agricultor representa al que anuncia las buenas noticias. **15** Las semillas que cayeron en el camino representan a los que escuchan las buenas noticias; pero cuando viene Satanás, hace que olviden todo lo que oyeron.

16 »Las semillas que cayeron entre piedras representan a quienes oyen el mensaje del reino de Dios y rápidamente lo aceptan con gran alegría. **17** Pero como no entienden muy bien el mensaje, la alegría les dura muy poco. Tan pronto tienen problemas, o son maltratados por ser obedientes a Dios, se olvidan del mensaje.

18 »Hay otros que son como las semillas que cayeron entre los espinos. Oyen el mensaje, **19** pero no dejan que el mensaje cambie su vida. Solo piensan en las cosas que necesitan, en cómo ganar dinero, y en cómo disfrutar de esta vida.

20 »Finalmente, las semillas que cayeron en buena tierra representan a los que escuchan el mensaje y lo aceptan. Esas personas cambian su vida y hacen lo bueno. Son como las semillas que produjeron espigas con treinta, sesenta y hasta cien semillas».

El ejemplo de la luz

21 Después de esto, Jesús les dijo:

«¿Se enciende una lámpara para ponerla debajo de un cajón o debajo de la cama? ¡Claro que no! La lámpara se pone en un lugar alto, para que alumbre bien. **22** Porque todo lo que esté escondido se descubrirá, y todo lo que se mantenga en secreto llegará a saberse.

23 »¡Si en verdad tienen oídos, presten mucha atención!»

24 También les dijo:

«¡Presten mucha atención! Dios les dará a ustedes la misma cantidad que ustedes den a los demás, y mucho más todavía. **25** Porque al que tenga algo, se le dará más; pero al que no tenga nada, se le quitará aun lo poquito que tenga».

La comparación de la semilla que crece

26 Jesús también les puso esta otra comparación:

«Con el reino de Dios pasa algo parecido a lo que sucede cuando un hombre siembra una semilla en la tierra. **27** No importa si está dormido o despierto, o si es de noche o de día; la semilla siempre nace y crece sin que el agricultor entienda cómo. **28** La tierra produce primero el tallo, después la espiga, y finalmente las semillas. **29** Y cuando llega el tiempo de la cosecha el agricultor recoge las semillas».

La semilla de mostaza

30 Jesús también dijo:

«¿Con qué puede compararse el reino de Dios? ¿A qué se parece? **31** Es como la semilla de mostaza que el agricultor siembra en la tierra. A pesar de ser la más pequeña de todas las semillas del mundo, **32** cuando crece se hace la más grande de las plantas del huerto. ¡Tiene ramas bien grandes, y hasta los pájaros pueden hacer nidos bajo su sombra!»

Las comparaciones que usaba Jesús

33 Jesús enseñó el mensaje del reino de Dios por medio de muchas comparaciones, de acuerdo con lo que la gente podía entender. **34** Solo hablaba por medio de comparaciones y ejemplos, aunque cuando estaba solo con sus discípulos les explicaba todo con claridad.

La gran tormenta

35 Ese mismo día, cuando llegó la noche, Jesús les dijo a sus discípulos: «Vamos al otro lado del lago».

36 Entonces dejaron a la gente y atravesaron el lago en una barca. Algunos fueron también en otras barcas.

37 De pronto se desató una tormenta. El viento soplaba tan fuerte que las olas se metían en la barca, y esta empezó a llenarse de agua.

38 Entre tanto, Jesús se había quedado dormido en la parte de atrás de la barca, recostado sobre una almohada. Los discípulos lo despertaron y le gritaron:

—Maestro, ¿no te importa que nos estemos hundiendo?

39 Jesús se levantó y ordenó al viento y al mar que se calmaran. Enseguida el viento se calmó, y

todo quedó completamente tranquilo.

40 Entonces Jesús dijo a sus discípulos:

—¿Por qué estaban tan asustados? ¿Todavía no confían en mí?

41 Pero ellos estaban muy asombrados, y se decían unos a otros: «¿Quién es este hombre, que hasta el viento y el mar le obedecen?»

El hombre con muchos espíritus malos

5 **1** Jesús y sus discípulos cruzaron el Lago de Galilea y llegaron a un lugar cerca del pueblo de Gerasa. **2-6** Allí había un cementerio, donde vivía un hombre que tenía un espíritu malo. Nadie podía sujetarlo, ni siquiera con cadenas. ¡Cuántas veces lo habían encadenado y le habían sujetado los pies con gruesos aros de hierro! Pero él rompía las cadenas y despedazaba los aros. ¡Nadie podía con su terrible fuerza! Día y noche andaba en el cementerio y por los cerros, dando gritos y lastimándose con piedras.

En el momento en que Jesús bajaba de la barca, el hombre salía del cementerio, y al ver a Jesús a lo lejos, corrió y se puso de rodillas delante de él.

7-8 Jesús ordenó al espíritu malo:

—¡Espíritu malo, sal de este hombre!

Entonces el espíritu malo le contestó a gritos:

—¿Qué tengo que ver contigo, Jesús, Hijo del Dios altísimo? ¡No me hagas sufrir! ¡Por Dios, te pido que no me hagas sufrir!

9 Jesús le preguntó:

—¿Cómo te llamas?

Él respondió:

—Me llamo Ejército, porque somos muchos los malos espíritus que estamos dentro de este hombre. **10** Por favor, te ruego que no nos mandes a otra parte.

11 En una colina, cerca de donde estaban, había unos dos mil cerdos comiendo. **12** Entonces los malos espíritus le rogaron a Jesús:

—¡Déjanos entrar en esos cerdos!

13 Jesús les dio permiso, y ellos salieron del hombre y entraron en los cerdos. Los animales echaron a correr cuesta abajo, hasta que cayeron en el lago y se ahogaron.

14 Los que cuidaban los cerdos corrieron al pueblo y contaron a todos lo que había sucedido. La gente fue a ver qué había pasado. **15** Cuando llegaron a donde estaba Jesús, vieron al hombre que antes estaba endemoniado, y lo encontraron sentado, vestido y portándose normalmente. Los que estaban allí temblaban de miedo.

16 Las personas que vieron cómo Jesús había sanado a aquel hombre empezaron a contárselo a todo el mundo. **17** Pero la gente le pidió a Jesús que se fuera a otro lugar.

18 Cuando Jesús estaba subiendo a la barca, el hombre que ahora estaba sano le rogó que lo dejara ir con él. **19** Pero Jesús le dijo:

—Vuelve a tu casa y cuéntales a tu familia y a tus amigos todo lo que Dios ha hecho por ti, y lo bueno que ha sido contigo.

20 El hombre se fue, y en todos los pueblos de la región de Decápolis contaba lo que Jesús había hecho por él. La gente escuchaba y se quedaba asombrada.

Una niña muerta y una mujer enferma

21 Jesús llegó en la barca al otro lado del lago y se quedó en la orilla, porque mucha gente se juntó a su alrededor.

22 En ese momento llegó un hombre llamado Jairo, que era uno de los jefes de la sinagoga. Cuando Jairo vio a Jesús, se inclinó hasta el suelo **23** y le rogó:

—Mi hijita está a punto de morir. ¡Por favor, venga usted a mi casa a poner sus manos sobre ella, para que sane y pueda vivir!

24 Jesús se fue con Jairo. Mucha gente se juntó alrededor de Jesús y lo acompañaron. **25** Entre la gente iba una mujer que había estado enferma durante doce años, pues perdía mucha sangre. **26** Había gastado en médicos todo el dinero que tenía, pero ellos no habían podido sanarla; más bien, la maltrataron más. Cada día se ponía más enferma.

27-28 La mujer había oído hablar de Jesús, y pensaba: «Si tan solo pudiera tocar su ropa, sanaría». Por eso, cuando vio a Jesús, se abrió paso entre la gente, se le acercó por detrás y le tocó la ropa. **29** Inmediatamente dejó de sangrar y supo que ya estaba sana.

30 Jesús se dio cuenta de que había salido poder de él. Entonces miró a la gente y preguntó:

—¿Quién me tocó la ropa?

31 Sus discípulos le respondieron:

—¡Mira cómo se amontona la gente sobre ti! ¿Y todavía preguntas quién te tocó la ropa?

32 Pero Jesús miraba y miraba a la gente para descubrir quién lo había tocado. **33** La mujer, sabiendo lo que le había pasado, fue y se arrodilló delante de él, y temblando de miedo le contó toda la verdad.

34 Jesús le dijo:

—Hija, has sido sanada porque confiaste en Dios. Vete tranquila.

35 Jesús no había terminado de hablar cuando llegaron unas personas de la casa de Jairo y le dijeron:

—¡Su hija ha muerto! ¿Para qué molestar más al Maestro?

36 Jesús no hizo caso de lo que ellos dijeron, sino que le dijo a Jairo:

—No tengas miedo; solamente confía.

37 Y solo permitió que lo acompañaran Pedro y los dos hermanos Santiago y Juan. **38** Cuando llegaron a la casa de Jairo, vieron el alboroto y que la gente lloraba y gritaba. **39** Entonces Jesús entró a la casa y les dijo:

—¿Por qué lloran y hacen tanto escándalo? La niña no está muerta; solo está dormida.

40 La gente se burló de Jesús. Entonces él hizo que todos salieran de allí. Luego, junto con los padres de la niña y los tres discípulos, entró al cuarto donde ella estaba. **41** La tomó por la mano y le dijo en idioma arameo:

—¡Talitá, cum!

Eso quiere decir: «Niña, levántate». **42** En ese mismo instante la niña, que tenía doce años, se levantó y comenzó a caminar. Cuando la gente la vio, se quedó muy asombrada.

43 Jesús ordenó que no le contaran a nadie lo que había pasado. Después mandó que le dieran de comer a la niña.

Jesús en Nazaret

6 **1** De allí Jesús se fue a Nazaret, que era su propio pueblo, y sus discípulos lo acompañaron.

2 Cuando llegó el sábado, Jesús empezó a enseñar en la sinagoga. Al escucharlo, los que estaban presentes se preguntaban admirados:

—¿Dónde aprendió este tantas cosas? ¿De dónde ha sacado tantos conocimientos? ¿De dónde saca el poder para hacer los milagros que hace? **3** ¿Acaso no es este el carpintero, el hijo de María y hermano de Santiago, José, Judas y Simón? ¿Y no es verdad que sus hermanas viven en este mismo pueblo?

Y Jesús los dejaba sin saber qué hacer. **4** Entonces él les contestó:

—A un profeta se le reconoce y se le acepta en todas partes, menos en su propio pueblo, en su propia familia y en su propia casa.

5 Y poniendo las manos sobre los enfermos, Jesús sanó a algunos de ellos; pero no pudo hacer ningún otro milagro, **6** pues se sorprendió mucho de que aquella gente no creyera en él.

Jesús envía a los doce apóstoles

Jesús iba por todos los pueblos cercanos enseñando las buenas noticias. **7** Reunió a los doce apóstoles y los envió de dos en dos.

Les dio poder para expulsar de la gente a los espíritus malos, **8** y también les ordenó:

«Lleven un bastón para el camino; pero no lleven comida, ni bolsa, ni dinero. **9** Pónganse sandalias, pero no lleven ropa de más. **10** Cuando entren en un pueblo, quédense en una sola casa hasta que salgan de ese pueblo. **11** Si en algún lugar no quieren recibirlos, ni escucharlos, váyanse de allí y sacúdanse el polvo de los pies. Eso le servirá de advertencia a esa gente».

12 Los discípulos partieron y comenzaron a decirle a la gente que dejara de pecar y se volviera a Dios. **13** También expulsaron muchos demonios, y sanaron a muchos enfermos frotándoles aceite de oliva.

La muerte de Juan el Bautista

14 Jesús era tan conocido que hasta el rey Herodes Antipas oyó hablar de él. Algunos decían que Jesús era Juan el Bautista, que había vuelto a vivir y hacía muchos milagros. **15** Otros decían que era el profeta Elías, o alguno de los profetas que habían vivido hacía mucho tiempo.

16 Cuando el rey Herodes oyó hablar de Jesús, estaba seguro de que se trataba de Juan, y decía: «Jesús es Juan. Yo mismo ordené que le cortaran la cabeza, pero ha resucitado».

17-19 Resulta que Herodes Antipas se había casado con Herodías, la esposa de su hermano Filipo, y Juan lo había reprendido, diciéndole: «No te está permitido tener a la esposa de tu hermano».

Esto enfureció a Herodías, la cual decidió matar a Juan a como diera lugar. Pero Herodes solo mandó que lo arrestaran y lo metieran en la cárcel. **20** Herodes le tenía miedo a Juan y lo protegía, porque sabía que Juan era un hombre justo y santo. Y aunque Herodes no sabía qué hacer cuando lo oía hablar, lo escuchaba de buena gana.

21 El día de su cumpleaños, el rey Herodes Antipas organizó una gran fiesta. Invitó a los jefes, a los comandantes y a la gente más importante de la región de Galilea. Herodías vio que esa era su gran oportunidad para matar a Juan. **22** Mientras cenaban, la hija de Herodías entró al salón y bailó delante de todos. Tanto le gustó el baile al rey Herodes y a todos los que estaban allí, que el rey le dijo a la muchacha:

—Pídeme lo que quieras, y yo te lo daré. **23** Aun si me pides la mitad de mi reino, te juro que te lo daré.

24 La muchacha salió del salón, fue adonde estaba Herodías, su madre, y le preguntó:

—¿Qué podría pedir?

Herodías le respondió:

—Pide la cabeza de Juan el Bautista.

25 La muchacha entró de prisa al salón y le dijo al rey:

—Quiero que ahora mismo me des en un plato la cabeza de Juan el Bautista.

26 El rey se puso muy triste, pero no quiso negarle a la muchacha lo que pedía, porque se lo había jurado delante de sus invitados. **27** Enseguida ordenó a un soldado que le trajera la cabeza de Juan. El soldado fue a la cárcel, le cortó a Juan la cabeza **28** y se la llevó en un plato a la muchacha. Después, ella se la entregó a su madre.

29 Cuando los discípulos de Juan supieron esto, fueron a recoger el cuerpo de Juan y lo enterraron.

Jesús da de comer a mucha gente

30 Los apóstoles volvieron a reunirse con Jesús, y le contaron todo lo que habían hecho y enseñado. **31** Pero eran tantos los que iban y venían que ni tiempo tenían para comer. Entonces Jesús les dijo: «Vengan, vamos a un lugar tranquilo para descansar a solas».

32 Él y los apóstoles se fueron en una barca a un lugar apartado. **33** Pero la gente que los vio partir adivinó hacia donde iban. Así, la gente de todos los pueblos cercanos se fue a ese lugar, y llegó antes que Jesús y sus discípulos.

34 Cuando Jesús bajó de la barca, vio la gran cantidad de gente que se había reunido y les tuvo compasión, porque parecían ovejas sin pastor. Entonces empezó a enseñarles muchas cosas.

35 Por la tarde, los discípulos se acercaron a Jesús y le dijeron:

—Este lugar está muy solitario, y ya está haciéndose tarde.
36 Despide a la gente, para que vaya a buscar comida por los campos y los pueblos cercanos.

37 Jesús les dijo:

—Denles ustedes de comer.

Ellos respondieron:

—¿Cómo vamos a comprar pan para toda esta gente? ¡Se necesitaría el salario de casi todo un año para poder comprar tanto pan!

38 Jesús les dijo:

—Vayan a ver cuántos panes tienen ustedes.

Ellos fueron, y al rato regresaron diciendo:

—Tenemos cinco panes y dos pescados.

39 Entonces Jesús ordenó que todos se sentaran en grupos sobre el pasto verde. **40** La gente se sentó en grupos de cien y de cincuenta. **41** Luego Jesús tomó los cinco panes y los dos pescados, miró al cielo y dio gracias a Dios. Después partió los panes y los dio a los discípulos para que los repartieran entre toda la gente; lo mismo hizo con los dos pescados.

42 Todos comieron hasta quedar satisfechos. **43** Luego los discípulos llenaron doce canastas con los pedazos de pan y de pescado que habían sobrado. **44** ¡Y fueron más de cinco mil los que comieron de aquellos panes y pescados!

Jesús camina sobre el agua

45 Después Jesús ordenó a sus discípulos que subieran a la barca y cruzaran el lago, en dirección al pueblo de Betsaida, pero él se quedó en la orilla para despedir a toda la gente.
46 Luego de despedirla se fue a un monte a orar.

47 Cuando llegó la noche, la barca ya estaba en medio del lago, pero Jesús aún permanecía en tierra. **48** Desde allí pudo ver que los discípulos remaban con mucha dificultad, pues navegaban contra el viento. Poco antes del amanecer, Jesús fue hacia ellos caminando sobre el agua. Cuando ya estaba cerca, hizo como que pasaría de largo. **⁴⁹** Al verlo caminar sobre el agua, los discípulos creyeron que era un fantasma y se pusieron a gritar. **⁵⁰** Estaban muy asustados, pero enseguida Jesús les dijo: «Tranquilos; no tengan miedo. Soy yo».

⁵¹ Entonces Jesús se subió a la barca y el viento se calmó. Los discípulos estaban muy asombrados. **⁵²** Tenían la mente cerrada, pues no habían entendido el verdadero significado del milagro de los panes.

Jesús en Genesaret

⁵³ Después de cruzar el lago, llegaron al pueblo de Genesaret y ataron la barca en la orilla. **⁵⁴** Tan pronto salieron, la gente reconoció a Jesús y **⁵⁵** corrió por toda aquella región para llevarle enfermos. Cuando oían que Jesús estaba en un lugar, ponían a los enfermos en camillas y los llevaban ante él. **⁵⁶** A donde quiera que iba Jesús, ya fuera por aldeas, pueblos o campos, la gente ponía a los enfermos en las calles. Y cuando él pasaba, le rogaban que dejara que los enfermos tocaran aunque fuera el borde de su ropa. Y todos los que lo tocaban quedaban sanos.

Lo que realmente ensucia

7 **¹⁻⁴** Los judíos, y en especial los fariseos, siguiendo la costumbre de sus antepasados, no comen sin antes lavarse las manos debidamente. Cuando llegan a sus casas después de haber ido al mercado, no comen nada de lo que compran allí sin antes lavarlo bien.

Cierto día, se acercaron a Jesús algunos fariseos y maestros de la Ley que habían venido de Jerusalén. Al ver que los discípulos de Jesús comían sin lavarse las manos, comenzaron a criticarlos. **⁵** Y le preguntaron a Jesús:

—¿Por qué tus discípulos no siguen las costumbres que desde hace tiempo han practicado nuestros antepasados? ¿Por qué comen sin haberse lavado las manos?

⁶ Jesús les respondió:

—¡Ustedes son unos hipócritas! Dios tenía razón cuando dijo por medio del profeta Isaías:

"Este pueblo dice que me obedece,
pero en verdad nunca piensa en mí.

⁷ De nada sirve que ustedes me alaben,
pues inventan reglas y luego
las enseñan diciendo
que yo las ordené".

⁸ »Ustedes desobedecen los mandamientos de Dios para poder seguir enseñanzas humanas. ⁹ Han aprendido muy bien la manera de rechazar los mandamientos de Dios para seguir sus propias enseñanzas. ¹⁰ Porque Moisés dijo: "Respeta a tu padre y a tu madre". Y también dijo: "El que maldiga a su padre o a su madre tendrá que morir". ¹¹⁻¹² Sin embargo, ustedes enseñan que un hijo no tiene la obligación de ayudar a sus padres si les dice: "No puedo ayudarlos, porque todo lo que tengo se lo he ofrecido a Dios". ¹³ De esa manera, desobedecen los mandamientos de Dios para seguir sus propias enseñanzas. Y hacen muchas otras cosas parecidas a esta.

¹⁴ Luego Jesús llamó a la gente y le dijo: «Escúchenme todos, y entiendan bien: ¹⁵⁻¹⁶ La comida que entra por su boca no los hace impuros delante de Dios. Lo que los hace impuros son los insultos y malas palabras que salen de su boca».

¹⁷ Cuando Jesús dejó a la gente y entró en la casa, los discípulos le preguntaron qué significaba esa enseñanza. ¹⁸ Él les respondió: «¿Tampoco ustedes entienden? Nada de lo que entra en la persona la hace impura delante de Dios. ¹⁹ Lo que se come no va a la mente sino al estómago, y después el cuerpo lo expulsa».

Jesús dijo eso para que supieran que ningún alimento es impuro. ²⁰ Y también dijo:

«Lo que hace impura delante de Dios a la gente, es lo que la gente dice y hace. **21-23** Porque si alguien dice cosas malas, es porque es malo y siempre está pensando en el mal y en cómo hacer cosas indecentes, robar, matar a otros, ser infieles en el matrimonio, vivir sólo pensando en cómo hacerse ricos, hacer maldades, engañar, ser envidiosos, insultar y maldecir a otros, ser necios y orgullosos».

Una mujer no judía confía en Dios

24 Después, Jesús salió de allí y fue hasta la región de la ciudad de Tiro. En ese lugar, se quedó unos días en una casa, y no quería que nadie supiera dónde estaba. Pero no pudo esconderse.

25-26 Una mujer supo que Jesús estaba en el lugar, y fue a buscarlo, pues su hija tenía un espíritu malo. Esta mujer no era judía; era de la región de Fenicia, que está en Siria. Cuando encontró a Jesús, se arrodilló delante de él y le rogó que librara del espíritu malo a su hija. **27** Pero Jesús le dijo:

—Deja que primero coman los hijos, pues no está bien quitarles la comida para echársela a los perros.

28 Y ella le contestó:

—¡Señor, eso es cierto! Pero aun los perros comen las sobras que se les caen a los hijos debajo de la mesa.

29 Jesús le dijo:

—¡Mujer, es muy cierto lo que dices! Vete tranquila a tu casa, pues el demonio ya salió de tu hija.

30 La mujer regresó a su casa, y cuando llegó, encontró a su hija acostada en la cama. El demonio ya había salido de ella.

Jesús sana a un hombre sordo y tartamudo

31 Jesús volvió a salir de la región de Tiro. Pasó por la región de Sidón y llegó al Lago de Galilea, en el territorio de Decápolis. **32** Allí le llevaron a Jesús un hombre sordo y tartamudo, y le rogaron que pusiera las manos sobre él para sanarlo. **33** Jesús tomó al hombre y lo llevó aparte, lejos de la gente. Luego puso

sus dedos en los oídos del hombre y le puso saliva en la lengua.
34 Después miró al cielo, suspiró y dijo: «¡Efatá!» Esta palabra
significa «¡Ábrete!» **35** En ese momento el hombre pudo oír y
hablar normalmente.

36 Jesús le ordenó a la gente que no se lo contara a nadie.
Pero cuanto más lo ordenaba, más lo contaba la gente,
37 porque estaba muy admirada y decía: «Jesús todo lo hace
bien. ¡Hasta puede hacer que los sordos oigan y que los mudos
hablen!»

Jesús alimenta a mucha gente

8 **1** Un día se volvió a reunir mucha gente junto a Jesús, y
como no tenían nada para comer, él llamó a sus discípulos
y les dijo:

2 —Siento compasión de toda esta gente. Ya han estado
conmigo tres días y no tienen nada que comer. **3** Algunos han
venido desde muy lejos; si los mando a sus casas sin comer,
pueden desmayarse en el camino.

4 Sus discípulos le respondieron:

—Pero en este lugar no vive nadie. ¿Dónde vamos a conseguir
comida para tanta gente?

5 Jesús les preguntó:

—¿Cuántos panes tienen?

—Siete —contestaron los discípulos.

6 Jesús le ordenó a la gente que se sentara en el suelo. Luego
tomó los siete panes y dio gracias a Dios. Partió los panes en
pedazos y se los entregó a sus discípulos para que los repartieran
entre la gente. Ellos hicieron lo que Jesús les había mandado.

7 Como también tenían unos cuantos pescaditos, Jesús dio
gracias y mandó que los repartieran.

8 Todos los que estaban allí comieron hasta quedar satisfechos,
y con los pedazos que sobraron llenaron siete canastas. **9** Los que
comieron eran como cuatro mil personas.

Luego Jesús los despidió, **10** subió a la barca y se fue con sus
discípulos a la región de Dalmanuta.

Una señal milagrosa

11 Los fariseos llegaron adonde estaba Jesús y comenzaron a discutir con él. Para ponerle una trampa, le pidieron que con alguna señal milagrosa demostrara que él venía de parte de Dios.

12 Jesús se molestó mucho por esto, y dijo: «¿Por qué siempre piden ustedes una señal? Les aseguro que no se les dará ninguna».

13 Entonces Jesús los dejó, volvió a subir a la barca, y se fue al otro lado del lago.

Las enseñanzas de los fariseos

14 Los discípulos se habían olvidado de llevar comida, y solo tenían un pan en la barca. **15** Jesús les advirtió:

—Les recomiendo que se cuiden de la levadura de los fariseos y de la levadura de Herodes Antipas.

16 Los discípulos comenzaron a hablar entre ellos y decían:

—Seguramente dijo eso porque no trajimos pan.

17 Jesús se dio cuenta de lo que hablaban y les dijo:

—¿Por qué hablan de pan? ¿Todavía no comprenden? ¿Tienen la mente cerrada? **18** Si tienen ojos, ¿cómo es que no ven? Si tienen oídos, ¿por qué no oyen? ¿No se acuerdan **19** de aquella vez, cuando repartí cinco panes entre cinco mil hombres? ¿Cuántas canastas llenaron entonces con lo que sobró?

Los discípulos respondieron:

—Doce canastas.

20 Jesús les preguntó:

—Y cuando repartí siete panes entre cuatro mil, ¿cuántas canastas llenaron?

—Siete —contestaron los discípulos.

21 Jesús les dijo entonces:

—¿Y todavía no entienden?

Jesús sana a un ciego en Betsaida

22 Cuando llegaron al pueblo de Betsaida, unas personas guiaron a un ciego hasta Jesús y le pidieron que lo tocara.

23 Jesús tomó al ciego de la mano y lo llevó fuera del pueblo. Después le mojó los ojos con saliva, colocó las manos sobre él, y le preguntó si veía algo. **24** El ciego respondió:

—Veo gente, pero parecen árboles que caminan.

25 Entonces Jesús volvió a ponerle las manos sobre los ojos. El hombre miró de nuevo con cuidado, y vio todo claramente, porque ya estaba sano.

26 Jesús le mandó que volviera a su casa, y le dijo:

—No regreses al pueblo.

¿Quién es Jesús?

27 Después de esto, Jesús y sus discípulos fueron a los caseríos cercanos al pueblo de Cesarea de Filipo. En el camino, Jesús les preguntó:

—¿Qué dice la gente acerca de mí?

28 Los discípulos contestaron:

—Algunos dicen que eres Juan el Bautista; otros dicen que eres el profeta Elías. Hay otros que piensan que eres alguno de los profetas.

29 Entonces Jesús les preguntó:

—Y ustedes, ¿qué opinan? ¿Quién soy yo?

Y Pedro contestó:

—Tú eres el Mesías.

30 Jesús les ordenó que no le contaran a nadie que él era el Mesías.

Jesús habla de su muerte

31 Jesús comenzó a anunciar a sus discípulos lo que le iba a pasar:

«Yo, el Hijo del hombre, voy a sufrir mucho. Seré rechazado por los líderes del pueblo, por los sacerdotes principales y por los maestros de la Ley. Me van a matar, pero tres días después volveré a vivir».

32 Como Jesús habló tan claro de su muerte, Pedro lo llevó aparte y lo reprendió por hablar de eso. **33** Pero Jesús se volvió, y frente a todos sus discípulos regañó a Pedro: «¡Pedro, estás hablando como Satanás! ¡Apártate de mí, pues no entiendes los planes de Dios! Te comportas como cualquier ser humano».

34 Después, Jesús llamó a sus discípulos y a la gente, y les dijo: «Si ustedes quieren ser mis discípulos, tienen que olvidarse de hacer su propia voluntad. Tienen que estar dispuestos a morir en una cruz y a hacer lo que yo les diga. **35** Porque si solo les preocupa salvar la vida, la van a perder. Pero si deciden dar su vida por mí y por anunciar las buenas noticias, entonces se salvarán. **36** De nada sirve que una persona gane todo lo que quiera en el mundo, si a fin de cuentas pierde su vida. **37** Y no hay nada que una persona pueda dar para salvar su vida.

38 »Delante de esta gente malvada que rechaza a Dios, no se avergüencen de mí ni de mis palabras. Si lo hacen, yo, el Hijo del hombre, me avergonzaré de ustedes cuando venga con el poder de mi Padre y con sus ángeles».

9 **1** Jesús también les dijo:

—Les aseguro que algunos de los que están aquí no morirán hasta que vean llegar el reino de Dios con poder.

Jesús se transforma

2 Seis días después, Jesús llevó a Pedro, a Santiago y a Juan hasta un monte alto, para estar solos. Frente a ellos, Jesús se transformó: **3** Su ropa se puso tan blanca y brillante, como jamás aquí en la tierra podría blanquearse. **4** Luego, los tres discípulos vieron aparecer al profeta Elías y a Moisés conversando con Jesús.

5 Entonces Pedro le dijo a Jesús: «Maestro, ¡qué bueno que estemos aquí! Vamos a hacer tres chozas: una para ti, otra para Moisés y otra más para Elías».

6 Los discípulos estaban muy asustados, y Pedro se puso a hablar sin pensar en lo que decía.

7 De pronto bajó una nube y se detuvo sobre ellos. Desde la nube se oyó una voz que decía: «Este es mi Hijo, yo lo amo mucho. Ustedes deben obedecerlo».

⁸ En seguida, miraron a su alrededor y ya no había nadie con ellos. Solo estaba Jesús.

⁹ Mientras bajaban del monte, Jesús les ordenó que no le contaran a nadie lo que habían visto hasta que él, el Hijo del hombre, volviera a vivir. ¹⁰ Pedro, Santiago y Juan guardaron el secreto, pero se preguntaban qué significaba aquello de volver a vivir. ¹¹ Entonces le preguntaron:

—¿Por qué dicen los maestros de la Ley que el profeta Elías va a venir antes que el Mesías?

¹² Jesús les respondió:

—Eso es verdad. Elías viene primero a preparar todas las cosas. Aunque también es cierto que la Biblia dice que el Hijo del hombre debe sufrir mucho y ser despreciado. ¹³ Pero yo les aseguro que Elías ya vino, y muchos lo trataron muy mal. Así se anunciaba ya en la Biblia.

Jesús sana a un muchacho

¹⁴ Cuando llegaron adonde estaban los otros discípulos, vieron que había mucha gente a su alrededor, y que los maestros de la Ley estaban discutiendo con ellos.

¹⁵ Al ver a Jesús, la gente se puso muy contenta, pues no esperaba verlo. Todos corrieron a saludarlo.

¹⁶ Jesús les preguntó:

—¿Qué es lo que discuten entre ustedes?

¹⁷ Uno de los que estaban allí le dijo:

—Maestro, te traje a mi hijo, pues tiene un espíritu malo que no lo deja hablar. ¹⁸ Cuando el espíritu entra en él, mi hijo se cae al suelo y empieza a echar espuma por la boca. Sus dientes empiezan a rechinar y se pone tieso. Les pedí a tus discípulos que expulsaran de mi hijo a ese espíritu malo, pero no han podido.

¹⁹ Jesús les dijo:

—¿Por qué no han aprendido a confiar en Dios? ¿Acaso no pueden hacer nada sin mí? ¿Cuándo van a aprender? ¡Tráiganme aquí al muchacho!

20 Enseguida se lo llevaron. Cuando el espíritu malo vio a Jesús, empezó a sacudir al muchacho con gran fuerza. El joven cayó al suelo y empezó a echar espuma por la boca.

21 Jesús le preguntó al padre:

—¿Desde cuándo le pasa esto?

El padre respondió:

—Desde que era pequeño. **22** Desde entonces, el espíritu malo siempre ha querido matarlo, lanzándolo al fuego o al agua. Por favor, haz algo para ayudarnos. ¡Ten compasión de nosotros!

23 Jesús le preguntó:

—¿Puedes confiar en Dios? Para el que confía en él, todo es posible.

24 Enseguida el padre gritó:

—Sí, confío en Dios. ¡Ayúdame a confiar más en él!

25 Cuando Jesús vio que se estaba juntando mucha gente a su alrededor, reprendió al espíritu malo y le dijo:

—Espíritu malvado, que impides hablar a este joven, ¡te ordeno que salgas y no vuelvas a entrar en él!

26 El espíritu malo gritó, e hizo que el muchacho sufriera otro ataque. Luego salió y lo dejó como muerto. Mucha gente decía: «¡Está muerto!» **27** Pero Jesús tomó al joven por la mano y lo ayudó a levantarse.

28 Tiempo después, cuando Jesús regresó a casa, los discípulos lo llevaron aparte y le preguntaron:

—¿Por qué nosotros no pudimos expulsar a ese espíritu?

29 Jesús les contestó:

—Esta clase de espíritu malo solo se puede expulsar por medio de la oración.

Jesús habla otra vez de su muerte

30 Jesús y sus discípulos se fueron de ese lugar, y viajaron por la región de Galilea. En su camino, Jesús no quiso que la gente supiera que él pasaba por allí, **31** pues quería dedicarse a enseñar a sus discípulos. Les decía: «Yo, el Hijo del hombre, seré entregado en manos de los que me han de matar. Pero tres días después volveré a vivir».

32 Los discípulos no entendían lo que Jesús les quería decir, pero tenían miedo de preguntarle.

¿Quién es el más importante?

33 Jesús y sus discípulos llegaron al pueblo de Cafarnaúm. Cuando ya estaban en la casa, él les preguntó: «¿De qué estaban hablando cuando venían por el camino?»

34 Los discípulos no contestaron nada, porque habían estado discutiendo cuál de ellos era el más importante.

35 Entonces Jesús se sentó, llamó a los doce discípulos y les dijo: «Si alguno de ustedes quiere ser el más importante, deberá ocupar el último lugar y ser el servidor de todos los demás».

36 Luego llamó a un niño y lo puso frente a ellos. Lo tomó en sus brazos y les dijo: **37** «Si ustedes aceptan a un niño como este, me aceptan a mí. Y si me aceptan a mí, aceptan a Dios, que fue quien me envió».

Los que están a favor de Jesús

38 Juan, uno de los doce discípulos, le dijo a Jesús:

—Maestro, vimos a alguien que usaba tu nombre para sacar demonios de las personas. Pero nosotros le dijimos que no lo hiciera, porque él no es de nuestro grupo.

39 Pero Jesús dijo:

—No se lo prohíban, porque nadie podría maldecirme después de haber hecho un milagro usando mi nombre. **40** Quien no está contra nosotros, realmente está a nuestro favor.

41 »Les aseguro que Dios no se olvidará de premiar a quien les dé un vaso de agua solo porque ustedes son míos.

Las tentaciones

42 »Si alguien hace que uno de estos pequeños seguidores míos deje de confiar en mí, mejor le sería que le ataran al cuello una piedra enorme y lo tiraran al mar.

43-44 »Si lo que haces con tu mano te hace desobedecer a Dios, mejor córtatela. Es mejor quedarse para siempre sin una mano, que tener las dos manos y ser echado al infierno, donde el fuego nunca se apaga.

45-46 »Si lo que haces con tu pie te hace desobedecer a Dios, mejor córtatelo. Es mejor quedarse para siempre sin un pie, que tener los dos pies y ser echado al infierno.

47 »Si lo que ves con tu ojo te hace desobedecer a Dios, mejor sácatelo. Es mejor que entres al reino de Dios con un solo ojo, que tener los dos ojos y ser echado al infierno, **48** donde hay gusanos que nunca mueren, y donde el fuego nunca se apaga.

49 »Dios va a purificar a todos como cuando purificamos las cosas con la sal o con el fuego. **50** La sal es buena. Pero si deja de estar salada, ¿cómo podrán ustedes devolverle su sabor? Por eso, sean buenos como la sal: hagan el bien y vivan en paz con todos.

Jesús enseña sobre el divorcio

10 **1** Jesús salió del pueblo de Cafarnaúm, y se fue a la región de Judea y a los lugares que están al este del río Jordán. Mucha gente se reunió otra vez a su alrededor y, como siempre, Jesús empezó a enseñar.

2 Unos fariseos se acercaron a él para ponerle una trampa, y le preguntaron:

—¿Puede un hombre divorciarse de su esposa?

3 Jesús les respondió:

—¿Qué les mandó Moisés?

4 Ellos dijeron:

—Moisés permitió escribir un certificado de divorcio y separarse de ella.

5 Entonces Jesús dijo:

—Moisés les dejó escrito ese mandamiento porque ustedes son muy tercos. **6** Pero desde el principio Dios hizo al hombre y a la mujer para que vivieran juntos. **7** Por eso el hombre tiene que dejar a su padre y a su madre para casarse y vivir con su mujer.

8 Los dos vivirán como si fueran una sola persona. Así, los que se casan ya no viven como dos personas separadas, sino como si fueran una sola. **9** Si Dios ha unido a un hombre y a una mujer, nadie debe separarlos.

10 Más tarde, cuando ya estaban en casa, los discípulos preguntaron de nuevo a Jesús sobre el divorcio. **11** Él les respondió: «Si un hombre se divorcia de su esposa y se casa con otra mujer, comete pecado, pues sería infiel a su matrimonio. **12** Y si la mujer deja a su esposo y se casa con otro hombre, también comete el mismo pecado».

Jesús bendice a los niños

13 Algunas madres llevaron a sus niños para que Jesús colocara su mano sobre sus cabezas y los bendijera. Pero los discípulos las regañaron.

14 Al ver Jesús lo que estaban haciendo sus discípulos, se enojó con ellos y les dijo:

«Dejen que los niños se acerquen a mí. No se lo impidan; porque el reino de Dios es de los que son como ellos. **15** Les aseguro que si alguien no confía en Dios como lo hace un niñito, no podrá ser parte del reino de Dios».

16 Jesús tomó en sus brazos a los niños, y poniendo sus manos sobre ellos los bendijo.

El hombre rico

17 Mientras Jesús iba de camino, un hombre llegó corriendo, se arrodilló delante de él y le preguntó:

—Maestro bueno, dime, ¿qué debo hacer para tener vida eterna?

¹⁸ Jesús le contestó:

—¿Por qué dices que soy bueno? Solo Dios es bueno. **¹⁹** Tú conoces bien los mandamientos: No mates; no seas infiel en el matrimonio; no robes; no mientas para hacerle daño a otra persona; no hagas trampas; respeta a tu padre y a tu madre.

²⁰ El hombre le dijo:

—Maestro, todos esos mandamientos los he obedecido desde que era niño.

²¹ Jesús lo miró con amor y le dijo:

—Solo te falta hacer una cosa. Ve y vende todo lo que tienes, y da el dinero a los pobres. Así, Dios te dará un gran premio en el cielo. Luego ven y conviértete en uno de mis seguidores.

²² Al oír esto, el hombre se puso muy triste y se fue desanimado, porque era muy rico.

²³ Jesús miró a su alrededor y dijo a sus discípulos:

—¡Es muy difícil que una persona rica acepte a Dios como su rey!

²⁴ Los discípulos se sorprendieron al oír eso, pero Jesús volvió a decirles:

—Amigos, ¡es muy difícil entrar al reino de Dios! **²⁵** Es más fácil que un camello pase por el ojo de una aguja, a que una persona rica entre en el reino de Dios.

²⁶ Los discípulos se sorprendieron mucho al oír lo que Jesús dijo, y comentaban entre ellos:

—Entonces, ¿quién podrá salvarse?

²⁷ Jesús los miró y les dijo:

—Para los seres humanos eso es imposible. Pero todo es posible para Dios.

²⁸ Pedro le dijo:

—Recuerda que nosotros hemos dejado todo lo que teníamos y te hemos seguido.

²⁹ Jesús les respondió:

—Les aseguro que si alguno ha dejado algo por seguirme y por anunciar las buenas noticias, recibirá su premio. Si ha dejado a sus hermanos o hermanas, a su padre o a su madre, a sus hijos, su casa o algún terreno, **³⁰** recibirá en esta vida cien veces más casas, terrenos y familiares, aunque también será maltratado por sus enemigos. Y cuando muera, vivirá con Dios para siempre. **31** Pero muchos que ahora son importantes, serán los menos importantes; y muchos que ahora no son importantes, serán los más importantes.

Jesús habla otra vez de su muerte

32 Los discípulos iban confundidos, mientras Jesús caminaba delante de ellos hacia Jerusalén. Por su parte, los otros seguidores, estaban llenos de miedo. Jesús volvió a reunirse a solas con los doce discípulos y les contó lo que le iba a pasar:

33 «Como pueden ver, ahora vamos a Jerusalén. Y a mí, el Hijo del hombre, me entregarán a los sacerdotes principales y a los maestros de la Ley. Me condenarán a muerte y me entregarán a los extranjeros **34** para que se burlen de mí, me escupan en la cara y me maten. Pero después de tres días volveré a vivir».

La petición de Santiago y de Juan

35 Santiago y Juan, hijos de Zebedeo, que eran dos de sus discípulos, se acercaron a Jesús y le dijeron:

—Maestro, queremos que nos hagas un favor.

36 Jesús les preguntó:

—¿Qué es lo que quieren?

37 Ellos le contestaron:

—Por favor, cuando estés en tu reino poderoso, déjanos sentarnos a tu lado, uno a tu derecha y el otro a tu izquierda.

38 Jesús respondió:

—Ustedes no saben lo que piden. ¿Están dispuestos a sufrir todo lo malo que va a pasarme?

39 Ellos dijeron:

—Sí, lo estamos.

Jesús les dijo:

—Les aseguro que ustedes sufrirán mucho, igual que yo.

40 Pero solo Dios decide quiénes serán los más importantes en mi reino. Eso no lo decido yo.

41 Cuando los otros diez discípulos supieron lo que Santiago y Juan habían pedido, se enojaron con ellos. **42** Entonces Jesús los llamó a todos y les dijo:

—En este mundo, como ustedes bien saben, los jefes de las naciones gobiernan sobre sus pueblos y no los dejan hacer nada sin su permiso. Además, los líderes más importantes de un país imponen su autoridad sobre cada uno de sus habitantes. **43** Pero entre ustedes no debe ser así. Al contrario, si alguien quiere ser importante, tendrá que servir a los demás. **44** Si alguno quiere ser el primero, deberá ser el esclavo de todos. **45** Yo, el Hijo del hombre, soy así. No vine a este mundo para que me sirvan, sino para servir a los demás. Vine para liberar a la gente que es esclava del pecado, y para lograrlo pagaré con mi vida.

Jesús y el ciego Bartimeo

46 Jesús y sus discípulos pasaron por la ciudad de Jericó, y al salir de allí mucha gente los siguió. Junto al camino estaba sentado un ciego pidiendo limosna. Se llamaba Bartimeo. **47** Cuando oyó que Jesús de Nazaret estaba pasando por allí, empezó a gritar:

—Jesús, tú que eres el Mesías, iten compasión de mí y ayúdame!

48 La gente comenzó a reprender al ciego para que se callara, pero él gritaba con más fuerza todavía:

—Señor, tú que eres el Mesías, iten compasión de mí y ayúdame!

49 Entonces Jesús se detuvo y dijo:

—Llámenlo.

Llamaron al ciego diciéndole:

—¡No tengas miedo! Ven, que él te llama.

50 El ciego tiró su manto, y de un salto se puso de pie y se acercó a Jesús. **51** Jesús le dijo:

—¿Qué quieres que haga por ti?

El ciego respondió:

—Maestro, haz que pueda yo ver de nuevo.

52 Jesús le dijo:

—Puedes irte; estás sano porque confiaste en Dios.

En ese momento, el ciego pudo ver de nuevo, y siguió a Jesús por el camino.

Jesús entra en Jerusalén

11 **1** Jesús y sus discípulos llegaron al monte de los olivos, cerca de los pueblos de Betfagé y Betania, y de la ciudad de Jerusalén. **2** Allí, Jesús dijo a dos de sus discípulos:

«Vayan a ese pueblo que se ve desde aquí. Tan pronto como entren van a encontrar a un burro atado, que nunca ha sido montado. Desátenlo y tráiganlo. **3** Si alguien les pregunta por qué lo están desatando, respondan: "El Señor lo necesita y pronto lo devolverá"».

4 Los discípulos fueron al pueblo. Allí encontraron un burro atado en la calle, y lo desataron.

5 Algunas personas que estaban por allí les preguntaron: «¿Qué están haciendo? ¿Por qué desatan al burro?»

6 Los discípulos contestaron lo que Jesús les dijo. Y entonces aquellos los dejaron ir. **7** Luego pusieron sus mantos sobre el burro, lo llevaron adonde estaba Jesús, y él se montó.

8 Mucha gente empezó a extender sus mantos sobre el camino por donde iba a pasar Jesús. Algunos cortaban ramas de los árboles del campo, y también las ponían en el suelo como alfombra. **9** Y toda la gente, tanto la que iba delante de Jesús como la que iba detrás, gritaba:

«¡Sálvanos!

¡Bendito tú, que vienes de parte de Dios!

10 ¡Que Dios bendiga el futuro reinado de nuestro antepasado David!

Por favor, ¡sálvanos, Dios altísimo!»

11 Cuando Jesús entró en Jerusalén, fue al templo y se puso a ver cómo estaba todo. Pero como ya era tarde, se fue con sus discípulos al pueblo de Betania.

Jesús y la higuera

12 Al día siguiente, Jesús y sus discípulos salieron de Betania. En el camino, Jesús tuvo hambre, y **13** vio a lo lejos una higuera que tenía hojas. Pero cuando se acercó, no encontró ningún higo para comer. El árbol solo tenía hojas, porque todavía no era época de higos. **14** Entonces Jesús le dijo al árbol: «¡Que nadie vuelva a comer de tus higos!» Y sus discípulos lo oyeron.

Jesús y los comerciantes del templo

15 Cuando llegaron a Jerusalén, Jesús entró en el templo y empezó a sacar a los que estaban vendiendo y comprando. Tiró las mesas de los que cambiaban dinero de otros países por dinero del templo, y también derribó los cajones de los que vendían palomas. **16** Y no dejaba que nadie caminara por el templo llevando cosas. **17** Luego se puso a enseñar a la gente y le dijo: «Dios dice en la Biblia: "Este templo es mi casa; aquí viene gente de todo el mundo para orar". Pero ustedes lo han convertido en cueva de ladrones».

18 Cuando los sacerdotes principales y los maestros de la Ley escucharon a Jesús, empezaron a buscar la manera de matarlo. Y es que le tenían miedo, pues toda la gente estaba asombrada por lo que enseñaba.

19 Al llegar la noche, Jesús y sus discípulos salieron de la ciudad.

La lección de la higuera

20 A la mañana siguiente, Jesús y sus discípulos pasaron junto a la higuera, y vieron que se había secado hasta la raíz.

21 Pedro recordó lo que había pasado el día anterior, y le dijo a Jesús:

—Maestro, ¡mira! El árbol que maldijiste está seco.

22 Jesús les dijo:

—Confíen en Dios. **23-24** Les aseguro que si tienen confianza y no dudan del poder de Dios, todo lo que pidan en sus oraciones sucederá. Si le dijeran a esta montaña: "Quítate de aquí y échate en el mar", así sucedería. Solo deben creer que ya está hecho lo que han pedido.

25-26 »Cuando oren, perdonen todo lo malo que otra persona les haya hecho. Así, Dios, su Padre que está en el cielo, les perdonará a ustedes todos sus pecados.

La autoridad de Jesús

27 Después volvieron a entrar en Jerusalén. Y mientras Jesús caminaba por el templo, se le acercaron los sacerdotes principales, los maestros de la Ley y los líderes del país, **28** para preguntarle:

—¿Quién te dio autoridad para hacer todo esto?

29-30 Jesús les dijo:

—Yo también voy a preguntarles algo: ¿Quién le dio autoridad a Juan el Bautista para bautizar? ¿Dios o alguna otra persona? Si me contestan eso, yo les diré quién me dio autoridad para hacer todo lo que han visto.

31 Ellos comenzaron a discutir, y se decían unos a otros: «Si contestamos que Dios le dio autoridad a Juan, Jesús nos preguntará por qué no le creímos. **32** Pero tampoco podemos decir que fue un ser humano quien se la dio».

No querían decir eso, porque tenían miedo de la gente; pues todos creían que Juan era un profeta enviado por Dios. **33** Por eso le respondieron a Jesús:

—No lo sabemos.

Entonces Jesús les dijo:

—Pues yo tampoco les diré quién me da autoridad para hacer todo esto.

La viña alquilada

12 **1** Este es uno de los ejemplos que Jesús usaba cuando le hablaba a la gente:

«Un hombre sembró una viña y construyó un cerco alrededor de ella. También preparó un lugar para hacer vino con las uvas que cosechara, y construyó una torre para vigilar el terreno. Luego, alquiló la viña a unos hombres y se fue de viaje.

2 »Cuando llegó el tiempo de la cosecha, el dueño de la viña envió a un sirviente para pedir la parte de la cosecha que le correspondía. **3** Pero los que alquilaron la viña golpearon al sirviente y lo enviaron con las manos vacías.

4 »El dueño volvió a enviar a otro sirviente, pero los hombres lo insultaron y lo golpearon en la cabeza.

5 »Envió luego a un tercer sirviente, y a ese lo mataron. Después envió a muchos otros sirvientes; a unos los golpearon y a otros los mataron.

6 »Solo le quedaba su hijo, a quien amaba mucho. Finalmente decidió enviarlo, pues pensó: "A mi hijo sí lo respetarán".

7 »Pero los hombres que alquilaron la viña se dijeron unos a otros: "Este muchacho es el que heredará la viña cuando el dueño muera. Vamos a matarlo; así nos quedaremos con todo".

8 »Entonces los hombres agarraron al muchacho, lo mataron y arrojaron su cuerpo fuera del terreno.

9 »¿Qué piensan ustedes que hará el dueño de la viña? Yo se lo voy a decir: irá a la viña, matará a esos hombres y luego dará la viña a otras personas.

10 »¿No recuerdan lo que dice la Biblia?:

"La piedra despreciada
por los constructores
ahora es la más importante.

11 Así lo hizo Dios,
y es algo maravilloso"».

12 Los sacerdotes principales, los maestros de la Ley y los líderes del país se dieron cuenta de que Jesús había hecho esa comparación para hablar de ellos, y quisieron arrestarlo. Pero no

se atrevieron a hacerlo porque tenían miedo de la gente.
Entonces lo dejaron y se fueron.

Una trampa para Jesús

13 Después mandaron a algunos de los fariseos y a unos
partidarios del rey Herodes, para ponerle a Jesús una trampa.
14 Ellos fueron y le dijeron:

—Maestro, sabemos que siempre dices la verdad. No te
importa lo que digan los demás acerca de tus enseñanzas,
porque siempre insistes en que debemos obedecer a Dios en
todo. Dinos qué opinas. ¿Está bien que le paguemos impuestos
al emperador de Roma?

15 Como Jesús sabía que ellos eran unos hipócritas, les
respondió:

—¿Por qué quieren ponerme una trampa? Tráiganme una de
las monedas que se usan para pagar el impuesto.

16 Entonces le llevaron una moneda de plata, y Jesús les
preguntó:

—¿De quién es la cara dibujada en la moneda? ¿De quién es
el nombre escrito en ella?

Ellos contestaron:

—Del emperador de Roma.

17 Jesús les dijo:

—Denle entonces al Emperador lo que es del Emperador, y a
Dios lo que es de Dios.

Al escuchar la respuesta de Jesús, todos quedaron muy
sorprendidos.

Los saduceos hablan con Jesús

18 Unos saduceos fueron a ver a Jesús y, como no creían que
los muertos pueden volver a vivir, le preguntaron:

19 —Maestro, Moisés escribió que si un hombre muere sin tener
hijos con su esposa, el hermano de ese hombre debe casarse
con la viuda y tener hijos con ella. De acuerdo con la ley, esos
hijos son del hermano muerto y llevan su nombre.

20 »Pues bien, aquí vivían siete hermanos. El mayor se casó, y tiempo después murió sin tener hijos. **21** Entonces el segundo hermano se casó con la mujer que dejó el mayor, pero al poco tiempo también él murió sin tener hijos. Con el tercer hermano pasó lo mismo. **22** Y así pasó con los siete hermanos. Finalmente, murió la mujer.

23 »Ahora bien, cuando Dios haga que todos los muertos vuelvan a vivir, ¿de quién será esposa esta mujer, si estuvo casada con los siete?

24 Jesús les contestó:

—Ustedes están equivocados. No saben lo que dice la Biblia, ni conocen el poder de Dios. **25** Porque cuando Dios haga que los muertos vuelvan a vivir, nadie se va a casar, porque todos serán como los ángeles del cielo. **26** Y en cuanto a si los muertos vuelven a vivir, ustedes pueden leer en la Biblia la historia de la zarza. Allí, Dios le dijo a Moisés: "Yo soy el Dios de Abraham, de Isaac y de Jacob, tus antepasados". **27** Por tanto, Dios no es Dios de muertos, sino de vivos, pues para Dios todos ellos están vivos. ¡Qué equivocados están ustedes!

Los dos mandamientos más importantes

28 Uno de los maestros de la Ley escuchó la conversación entre Jesús y los saduceos. Al ver que Jesús les respondió muy bien, se acercó y le preguntó:

—¿Cuál es el mandamiento más importante de todos?

29 Jesús le contestó:

—El primero y más importante de los mandamientos es el que dice así: "Pueblo de Israel, escucha: Solo Dios es nuestro dueño; él es nuestro único Dios. **30** Ama a tu Dios con todo tu ser, es decir,

con todo tu corazón, con toda tu mente y con todas tus fuerzas".
31 Y el segundo mandamiento en importancia es: "Ama a tu prójimo como te amas a ti mismo". Ningún otro mandamiento es más importante que estos dos.

32 El maestro de la Ley le dijo:

—Muy bien, Maestro. Lo que dices es cierto: solo Dios es nuestro dueño, y no hay otro como él. **33** Debemos amarlo con todo nuestro ser, y amar a los demás como nos amamos a nosotros mismos. Estos mandamientos son más importantes que cumplir todos los ritos y deberes religiosos.

34 Como Jesús vio que el maestro de la Ley le dio una buena respuesta, le dijo:

—No estás lejos del reino de Dios.

Y nadie se atrevió a hacerle más preguntas.

La pregunta acerca del Mesías

35 Mientras enseñaba en el templo, Jesús preguntó:

«¿Por qué dicen los maestros de la Ley que el Mesías será de la familia del rey David? **36** Recuerden que el Espíritu Santo dijo lo siguiente a través de David:

Dios le dijo a mi Señor el Mesías:
"Siéntate a la derecha de mi trono,
hasta que yo derrote a tus enemigos".

37 »A ver, explíquenme: ¿Por qué el rey David llama Señor al Mesías? ¿Cómo puede el Mesías ser su descendiente? ¡Hasta David lo considera más importante que él mismo!»

Había allí mucha gente, y todos escuchaban a Jesús con agrado.

Jesús advierte a la gente y a sus discípulos

38 Jesús siguió enseñando y les dijo:

«¡Cuídense de los maestros de la Ley! A ellos les gusta vestirse como gente importante, y que en el mercado los saluden con mucho respeto. **39** Cuando van a una fiesta o a la sinagoga, les gusta ocupar los mejores asientos. **40** ¡Y son ellos los que roban las casas de las viudas, y luego hacen oraciones muy largas! Pero Dios los castigará más duro que a los demás».

La ofrenda de la viuda pobre

41 Un día, Jesús estaba en el templo, y se sentó frente a las cajas de las ofrendas. Allí veía cómo la gente echaba dinero en ellas. Mucha gente rica echaba grandes cantidades de dinero. **42** En eso llegó una viuda pobre, y echó en una de las cajas dos moneditas de poquísimo valor. **43** Entonces Jesús dijo a sus discípulos:

—Les aseguro que esta viuda pobre dio más que todos los ricos. **44** Porque todos ellos dieron de lo que les sobraba, pero ella, que es tan pobre, dio todo lo que tenía para vivir.

El templo será destruido

13 **1** Al salir del templo, uno de los discípulos le dijo a Jesús:

—Maestro, ¡mira qué piedras y qué edificios más hermosos!

2 Jesús le respondió:

—¿Ves estos grandes edificios? Pues de ellos no va a quedar en pie ni una pared. Todo será destruido.

Prepárense para el fin

3 Después, Jesús y sus discípulos se fueron al Monte de los Olivos, que está frente al templo. Jesús se sentó y, cuando estaban solos, Pedro, Santiago, Juan y Andrés le preguntaron:

4 —¿Cuándo será destruido el templo? ¿Qué cosas servirán de señal para indicar que todo eso está por suceder?

5 Jesús les respondió:

—¡Cuidado! No se dejen engañar. **6** Muchos vendrán y se harán pasar por mí, y le dirán a la gente: "Yo soy el Mesías". Usarán mi nombre y lograrán engañar a muchos.

7 »Ustedes oirán que hay guerras en algunos países, y que otros países están a punto de pelearse. No se asusten; esas cosas pasarán, pero todavía no será el fin del mundo. **8** Porque los países pelearán unos contra otros, la gente no tendrá qué comer y habrá terremotos en muchos lugares. Eso será solo el principio de todo lo que el mundo sufrirá.

9 »Tengan cuidado, porque los entregarán a las autoridades y los golpearán en las sinagogas. Los llevarán ante los gobernadores y los reyes para que hablen de mí ante ellos, porque son mis discípulos. **10** Antes de que llegue el fin del mundo, en todos los países de la tierra deberán anunciarse las buenas noticias del reino.

11 »Cuando los entreguen a las autoridades y los lleven a juicio, no se preocupen por lo que van a decir para defenderse. En ese momento, Dios les indicará lo que deben decir. Ustedes no son los que van a hablar, sino que el Espíritu Santo hablará por ustedes.

12 »Los hermanos se traicionarán unos a otros. Cada uno entregará al otro para que lo maten. Los padres traicionarán a sus hijos, y los hijos atacarán a sus padres y los matarán. **13** ¡Todo el mundo los odiará a ustedes por ser mis discípulos! Pero yo salvaré al que confíe en mí hasta el final.

Una señal para huir

14 »El que lea esto debe tratar de entender lo que digo. Cuando vean el ídolo horrible en el lugar donde no debe estar, huyan de inmediato. Los que estén en la región de Judea, que corran hacia las montañas; **15** el que esté en la azotea de su casa, que no baje a sacar nada; **16** y el que esté en el campo, que no vaya a su casa a buscar ropa. **17** Las mujeres que en ese momento estén embarazadas van a sufrir mucho. ¡Pobres de las que tengan hijos recién nacidos! **18** Oren a Dios y pídanle que esto no suceda en el invierno, **19** porque la gente sufrirá muchísimo en esos días. Desde que Dios creó el mundo hasta ahora, la gente nunca ha sufrido tanto como sufrirá ese día, ni jamás volverá a sufrir así. **20** Dios ama a las personas que él ha elegido, y por eso el tiempo de sufrimiento no será muy largo. Si no fuera así, todos morirían.

²¹ »Si en esos días alguien les dice: "Miren, aquí está el Mesías" o "allí está el Mesías", no le crean. ²² Porque vendrán falsos Mesías y falsos profetas, y harán cosas tan maravillosas que engañarán a la gente. Si pueden, engañarán también a los que Dios ha llamado a seguirlo. ²³ ¡Tengan cuidado! Ya les he advertido de todo esto antes de que pase.

El regreso del Hijo del hombre

²⁴ »Cuando pase ese tiempo de sufrimiento,

el sol se pondrá oscuro;
la luna dejará de brillar.
²⁵ Las estrellas caerán;
y temblarán los poderes del cielo.

²⁶ »Entonces me verán a mí, el Hijo del hombre, venir en las nubes del cielo con mucho poder y gloria. ²⁷ Y enviaré por todo el mundo a mis ángeles para que reúnan a mis seguidores.

La lección de la higuera

²⁸ »Aprendan la enseñanza que da la higuera. Cuando a este árbol le salen ramas tiernas y hojas nuevas, ustedes saben que ya se acerca el verano. ²⁹ Del mismo modo, cuando vean que todo está pasando como les he dicho, sabrán que pronto vendré de nuevo. ³⁰ Les aseguro que todo esto pasará antes de que mueran algunos de los que ahora están vivos. ³¹ El cielo y la tierra dejarán de existir, pero mis palabras permanecerán para siempre.

³² »Nadie sabe el día ni la hora en que yo vendré; ni siquiera los ángeles del cielo lo saben. Es más, ni yo lo sé. Dios es el único que lo sabe.

³³ »Por eso, tengan cuidado y estén alerta, porque no saben cuándo volveré.

³⁴ »Sucede lo mismo que cuando un hombre decide irse de viaje. Llama a sus empleados y les encarga que le cuiden la

casa. A cada uno le encarga un trabajo, y al portero le ordena que vigile. **35** Ellos se mantienen alerta porque no saben si el dueño de la casa va a llegar en la tarde o en la mañana, a media noche o en la madrugada. De igual modo, ustedes deben estar alerta, **36** pues yo podría venir de repente y encontrarlos durmiendo. **37** Lo que les digo a ustedes se lo digo a todo el mundo: ¡Estén siempre alerta, vigilen todo el tiempo!

Un plan contra Jesús

14 **1** Faltaban dos días para que se celebrara la fiesta de la Pascua. A esta fiesta también se le llamaba fiesta de los Panes sin levadura. En esos días, los sacerdotes principales y los maestros de la Ley buscaban la manera de engañar a Jesús, para poder arrestarlo y matarlo. **2** Decían entre ellos: «Lo haremos, pero no durante la fiesta, para que la gente no se alborote y se ponga en contra de nosotros».

Una mujer derrama perfume sobre Jesús

3 Jesús estaba en el pueblo de Betania, en casa de Simón, el que había tenido lepra. Mientras Jesús comía, llegó una mujer con un frasco de perfume muy caro. Se acercó a él, rompió el frasco y derramó el perfume sobre la cabeza de Jesús.

4 Algunos de los que estaban allí se enojaron y dijeron: «¡Qué desperdicio tan grande! **5** Ese perfume se hubiera podido vender por trescientas monedas de plata, y con el dinero podríamos haber ayudado a muchos pobres».

Y se pusieron a criticar a la mujer, **6** pero Jesús les dijo: «¡Déjenla tranquila! ¿Por qué la molestan? Ella hizo una cosa buena para mí. **7** Siempre habrá gente pobre cerca de ustedes, y podrán ayudarlos cuando lo deseen. Pero muy pronto ya no estaré con ustedes. **8** Esta mujer hizo lo único que podía hacer: echó perfume sobre mi cabeza, sin saber que estaba preparando mi cuerpo para mi entierro. **9** Les aseguro que esto que ella hizo se recordará en todos los lugares donde se anuncien las buenas noticias de Dios».

Judas traiciona a Jesús

10 Judas Iscariote, uno de los doce discípulos, fue a ver a los sacerdotes principales y les prometió ayudarlos a arrestar a Jesús. **11** Ellos se alegraron al oír esto, y le ofrecieron dinero. Y desde ese momento, Judas buscaba una buena oportunidad para entregarles a Jesús.

Una cena inolvidable

12 En el primer día de la fiesta de los Panes sin levadura se sacrificaba el cordero de la Pascua. Ese día, los discípulos le preguntaron a Jesús:

—¿Dónde quieres que preparemos la cena de la Pascua?

13 Jesús les dijo a dos de ellos:

—Vayan a Jerusalén; allí verán a un hombre que lleva un jarrón de agua. Síganlo **14** hasta la casa donde entre, y díganle al dueño de la casa: "El Maestro quiere saber dónde está la sala en la que va a comer con sus discípulos en la noche de Pascua". **15** Él les mostrará una sala grande y arreglada en el piso de arriba. Preparen allí todo.

16 Los dos discípulos fueron a la ciudad y encontraron todo tal como Jesús les había dicho, y prepararon la cena de la Pascua.

17 Al anochecer, Jesús y los doce discípulos fueron al salón. **18** Mientras cenaban, Jesús dijo:

—El que va a entregarme a mis enemigos, está aquí cenando conmigo.

19 Los discípulos se pusieron muy tristes, y cada uno le dijo:

—No estarás acusándome a mí, ¿verdad?

20 Jesús respondió:

—Es uno de ustedes, y ahora mismo está mojando su pan en el mismo plato que yo. **21** La Biblia dice claramente que yo, el Hijo del hombre, tengo que morir. Sin embargo, al que me traiciona va a pasarle algo muy terrible. ¡Más le valdría no haber nacido!

22 Mientras estaban comiendo, Jesús tomó un pan y dio gracias a Dios. Luego lo partió, lo dio a sus discípulos y les dijo:

«Tomen, esto es mi cuerpo».

23 Después tomó una copa llena de vino y dio gracias a Dios. Luego la pasó a los discípulos y todos bebieron de ella. **24** Jesús les dijo:

«Esto es mi sangre, y con ella Dios hace un trato con todos ustedes. Esta sangre servirá para que muchos puedan ser salvos. **25** Será la última vez que beba este vino con ustedes. Pero cuando estemos juntos otra vez en el reino de Dios, entonces beberemos del vino nuevo».

26 Después cantaron un himno y se fueron al Monte de los Olivos.

Pedro promete no dejar a Jesús

27 Cuando llegaron al Monte de los Olivos, Jesús dijo a sus discípulos:

—Todos ustedes van a perder su confianza en mí. Porque la Biblia dice:

"Heriré al pastor
y las ovejas huirán
por todos lados".

28 »Pero después de que Dios me devuelva la vida, iré a Galilea antes que ustedes.

29 Entonces Pedro le dijo:

—Aunque todos te abandonen, yo no lo haré.

30 Jesús le respondió:

—Pedro, no estés muy seguro de eso; antes de que el gallo cante dos veces, tú dirás tres veces que no me conoces.

31 Pero Pedro insistió:

—Aunque tenga que morir, nunca diré que no te conozco.

Los demás discípulos decían lo mismo.

Jesús ora con mucha tristeza

32 Jesús y sus discípulos fueron a un lugar llamado Getsemaní, y él les dijo: «Quédense aquí mientras yo voy a orar».

33 Jesús invitó a Pedro, a Santiago y a Juan, para que lo acompañaran. Empezó a sentirse muy, pero muy triste, **34** y les dijo a los tres: «Estoy muy triste, y siento que me voy a morir; quédense aquí y no se duerman».

35-36 Jesús se alejó un poco de ellos, se arrodilló y oró a Dios: «¡Padre!, ¡papá!, si fuera posible, no me dejes sufrir. Para ti todo es posible. ¡Cómo deseo que me libres de este sufrimiento! Pero que no suceda lo que yo quiero, sino lo que quieras tú».

37 Jesús regresó adonde estaban los tres discípulos, y los encontró durmiendo. Entonces le dijo a Pedro:

«Simón, ¿te has quedado dormido? ¿No pudiste quedarte despierto ni una hora? **38** No se duerman; oren para que puedan resistir la prueba que se acerca. Ustedes quieren hacer lo bueno, pero no pueden hacerlo con sus propias fuerzas».

39 Jesús se apartó otra vez, y repitió la misma oración. **40** Regresó de nuevo adonde estaban los tres discípulos, y otra vez los encontró dormidos, pues estaban muy cansados. Jesús los despertó, pero ellos no sabían qué decir. **41** Luego fue a orar por tercera vez, y cuando volvió les dijo: «¿Siguen descansando y durmiendo? ¡Levántense! Ya vienen los hombres malvados para arrestarme a mí, el Hijo del hombre. **42** Levántense y vengan conmigo, que allí viene el que me va a entregar».

Los enemigos apresan a Jesús

43 Todavía estaba hablando Jesús cuando llegó Judas, uno de los doce discípulos. Con él venían muchos hombres armados con cuchillos y palos. Los sacerdotes principales, los maestros de la Ley y los líderes judíos los habían enviado. **44** Judas ya les había dicho: «Al que yo bese, ese es Jesús. Arréstenlo y llévenselo bien atado».

45 Judas se acercó a Jesús y le dijo: «¡Maestro!» Y lo besó.

46 Los hombres arrestaron a Jesús. **47** Pero uno de los que estaban allí sacó su espada y le cortó una oreja al sirviente del jefe de los sacerdotes.

48 Luego Jesús preguntó a la gente:

—¿Por qué han venido con cuchillos y palos, como si fuera yo un criminal? **49** Todos los días estuve enseñando en el templo, y allí nunca me apresaron. Pero todo esto debe suceder así para que se cumpla lo que dice la Biblia.

50 En ese momento, todos los discípulos abandonaron a Jesús y huyeron. **51** Uno de ellos era un joven que estaba cubierto solo con una sábana. Cuando los soldados lo apresaron, **52** él dejó tirada la sábana y escapó desnudo.

El juicio contra Jesús

53-54 Pedro siguió a Jesús desde lejos, y llegó hasta el patio del palacio del jefe de los sacerdotes. Allí se sentó con los guardias junto al fuego, para calentarse.

Mientras tanto, los que habían arrestado a Jesús lo llevaron ante el jefe de los sacerdotes. Allí estaban reunidos los sacerdotes principales, los líderes judíos y los maestros de la Ley.

55 Los sacerdotes principales y todos los miembros de la Junta Suprema buscaban a alguien que acusara a Jesús, para poder condenarlo a muerte; pero no lo encontraban. **56** Muchos vinieron con mentiras en contra de Jesús, pero se contradecían entre ellos. **57** Algunos se pusieron en pie y mintieron diciendo: **58** «Nosotros oímos a Jesús decir que él iba a destruir este templo que nosotros hicimos. Él mismo dijo que en tres días iba a construir otro templo, sin la ayuda de nadie». **59** Pero ni en eso se ponían de acuerdo los que acusaban a Jesús.

60 Entonces el jefe de los sacerdotes se puso de pie y le preguntó a Jesús:

—¿Oíste bien de qué te acusan? ¿Qué puedes decir para defenderte?

61 Pero Jesús no respondió nada, sino que se quedó callado.

El jefe de los sacerdotes volvió a preguntarle:

—¿Eres tú el Mesías, el Hijo del Dios que todos adoran?

62 Jesús le respondió:

—Sí, lo soy. Y ustedes me verán a mí, el Hijo del hombre, venir en las nubes del cielo con el poder y la autoridad que Dios todopoderoso me da.

63 Al escuchar esto, el jefe de los sacerdotes rompió sus ropas para mostrar su enojo, y dijo:

—Ya no necesitamos más pruebas. **64** Dice que él es Dios. ¿Qué les parece? ¿Qué deciden?

Y todos estuvieron de acuerdo en que Jesús debía morir.
65 Algunos empezaron a escupir a Jesús. Le tapaban los ojos, lo golpeaban y le decían: «¡Adivina quién te pegó!»

Luego, los soldados del templo se hicieron cargo de Jesús y lo recibieron a bofetadas.

Pedro niega que conoce a Jesús

66 Mientras pasaba todo esto, Pedro estaba en el patio del palacio. De pronto llegó una sirvienta del jefe de los sacerdotes, **67** y vio a Pedro calentándose junto al fuego; lo miró fijamente y le dijo:

—Tú siempre estabas con Jesús, el hombre de Nazaret.

68 Pedro respondió:

—Eso no es cierto; ¡no sé de qué me hablas!

Y se fue a la entrada del patio. En ese momento el gallo cantó.
69 Un poco más tarde, la sirvienta volvió a ver a Pedro, y dijo a los que estaban allí:

—Este hombre es uno de los seguidores de Jesús.

70 Pedro volvió a negarlo.

Un poco más tarde, algunos de los que estaban por allí le dijeron a Pedro:

—Estamos seguros de que tú eres uno de los seguidores de Jesús; tú también eres de la región de Galilea.

71 Pedro les contestó con más fuerza:

—¡Ya les dije que no conozco a ese hombre! ¡Que Dios me castigue si no estoy diciendo la verdad!

72 En ese momento, el gallo cantó por segunda vez, y Pedro se acordó de lo que Jesús le había dicho: «Antes de que el gallo cante dos veces, tú dirás tres veces que no me conoces». Y Pedro se puso a llorar con mucha tristeza.

Jesús y Pilato

15 ¹ Al amanecer, los sacerdotes principales, los líderes del país y los maestros de la Ley se reunieron con los miembros de la Junta Suprema. Terminada la reunión, ataron a Jesús, lo sacaron del palacio de Caifás y lo entregaron a Poncio Pilato, el gobernador romano.

² Pilato le preguntó a Jesús:

—¿Eres en verdad el rey de los judíos?

Jesús respondió:

—Tú lo dices.

³ Los sacerdotes principales presentaban muchas acusaciones contra Jesús. ⁴ Por eso, Pilato volvió a preguntarle:

—Mira, te acusan de muchas cosas. ¿No vas a defenderte?

⁵ Y como Jesús no le respondía, el gobernador se quedó asombrado.

¡Que lo claven en una cruz!

⁶ Durante la fiesta de la Pascua, Pilato tenía la costumbre de poner en libertad a alguno de los presos, el que el pueblo quisiera. ⁷ En ese tiempo estaba encarcelado un bandido muy famoso, que se llamaba Barrabás. Junto con otros había matado a alguien durante un gran pleito que se armó en contra del gobierno de Roma.

⁸ La gente fue a ver a Pilato y empezó a pedirle que dejara libre a un prisionero, como era su costumbre. ⁹⁻¹⁰ Y como Pilato sabía que los sacerdotes principales habían entregado a Jesús sólo por envidia, le preguntó a la gente:

—¿Quieren que deje libre al rey de los judíos?

¹¹ Pero los sacerdotes principales alborotaron a la gente para que pidiera la liberación de Barrabás.

¹² Pilato volvió a preguntar:

—¿Y qué quieren que haga con el hombre que ustedes llaman el rey de los judíos?

¹³ —¡Clávalo en una cruz! —contestaron a coro.

¹⁴ Pilato les preguntó:

—Díganme, ¿qué mal ha hecho este hombre?

Pero la multitud gritó con más fuerza:

—¡Clávalo en una cruz!

15 Pilato quería quedar bien con la gente, así que dejó en libertad a Barrabás. Luego ordenó que azotaran a Jesús con un látigo y que lo clavaran en una cruz.

Todos se burlan de Jesús

16 Los soldados romanos llevaron a Jesús al patio del cuartel y llamaron al resto de la tropa. **17** Luego le pusieron a Jesús un manto de color rojo oscuro, y le colocaron en la cabeza una corona hecha con ramas de espinos. **18** Entonces comenzaron a burlarse de él y gritaban: «¡Viva el rey de los judíos!»

19 Lo golpeaban en la cabeza con una vara y lo escupían, y arrodillándose delante de él le hacían reverencias. **20** Cuando se cansaron de burlarse de él, le quitaron el manto rojo y le pusieron su propia ropa. Después se lo llevaron para clavarlo en la cruz.

21 Los soldados salieron con Jesús, y en el camino encontraron a un hombre llamado Simón, que era del pueblo de Cirene. Simón era padre de Alejandro y de Rufo; regresaba del campo y los soldados lo obligaron a cargar la cruz de Jesús.

22 Así llevaron a Jesús a un lugar llamado Gólgota, que quiere decir «La Calavera». **23** Allí le ofrecieron vino mezclado con mirra, para calmar sus dolores; pero Jesús no quiso beberlo.

24-28 Eran las nueve de la mañana cuando los soldados romanos clavaron a Jesús en la cruz. Luego hicieron apuestas para ver quién de ellos se quedaría con su ropa. Además, colocaron un letrero para explicar por qué lo habían clavado en la cruz. El letrero decía: «El Rey de los judíos».

Junto a Jesús clavaron a dos bandidos, uno a su derecha y el otro a su izquierda. **29** La gente que pasaba por allí insultaba a Jesús y se burlaba de él, haciéndole muecas y diciéndole: «¡Hey! Tú dijiste que podías destruir el templo y construirlo de nuevo en tres días. **30** ¡Si tienes tanto poder, sálvate a ti mismo! ¡Baja de la cruz!»

31 También los sacerdotes principales y los maestros de la Ley se burlaban de él, y se decían entre sí: «Salvó a otros, pero no puede salvarse a sí mismo. **32** Dice que es el Mesías, el rey de Israel. ¡Pues que baje de la cruz y creeremos en él!»

También los bandidos que habían sido clavados junto a Jesús lo insultaban.

Jesús muere

33 El cielo se puso oscuro desde el mediodía hasta las tres de la tarde. **34** A esa hora, Jesús gritó con mucha fuerza: «Eloí, Eloí, ¿lemá sabactani?» Eso quiere decir: «¡Dios mío, Dios mío! ¿Por qué me has abandonado?»

35 Algunos de los que estaban allí lo oyeron y dijeron: «Oigan, está llamando al profeta Elías».

36 Uno de ellos consiguió una esponja, la empapó con vinagre, la ató en el extremo de un palo largo y se la acercó a Jesús para que bebiera. Entonces dijo: «Vamos a ver si Elías viene a bajarlo de la cruz».

37 Jesús lanzó un fuerte grito y murió. **38** En aquel momento, la cortina del templo se partió en dos pedazos de arriba abajo.

39 El oficial romano que estaba frente a Jesús lo vio morir, y dijo:

—En verdad este hombre era el Hijo de Dios.

40 Había allí muchas mujeres mirando desde lejos. Entre ellas estaban María Magdalena, Salomé y María la madre de José y de Santiago el menor. **41** Ellas habían seguido y ayudado a Jesús en Galilea. Además, estaban allí muchas otras mujeres que habían acompañado a Jesús en su viaje a Jerusalén.

El entierro de Jesús

42 Ya era viernes por la tarde, y los judíos se estaban preparando para las celebraciones especiales del día sábado. **43** Un hombre llamado José, del pueblo de Arimatea, no tuvo miedo de pedirle a Pilato el cuerpo de Jesús. José era un miembro muy importante de la Junta Suprema. Además, él oraba para que el reinado de Dios empezara pronto.

44 Pilato se sorprendió mucho al oír que Jesús ya había muerto. Por eso, llamó al oficial romano para ver si era cierto, y para averiguar cuándo había sucedido. **45** Cuando el oficial regresó con el informe, Pilato dio permiso para que le entregaran a José el cuerpo de Jesús.

46 José compró entonces una sábana de tela muy fina y cara. Bajó a Jesús de la cruz, lo envolvió en la sábana y lo puso en una tumba. Hacía poco tiempo que José la había mandado construir en una gran roca. Luego tapó la entrada de la tumba con una piedra muy grande. **47** Mientras tanto, María Magdalena y María la madre de José, miraban dónde ponían el cuerpo de Jesús.

¡Él está vivo!

16 **1** Cuando terminó el descanso obligatorio de los judíos, María Magdalena, Salomé y María la madre de Santiago compraron perfumes para untárselos al cuerpo de Jesús. **2** Así que, el domingo en la mañana, cuando el sol apenas había salido, fueron a la tumba de Jesús. **3-4** Mientras caminaban, se decían unas a otras: «¿Quién quitará la piedra que tapa la entrada de la tumba? ¡Esa piedra es muy grande!» Pero, al mirar la tumba, vieron que la piedra ya no tapaba la entrada.

5 Cuando entraron, vieron a un joven vestido con ropa blanca y larga, sentado al lado derecho de la tumba. Ellas se asustaron, **6** pero el joven les dijo:

«No se asusten. Ustedes están buscando a Jesús, el de Nazaret, el que murió en la cruz. No está aquí; ha vuelto a vivir. Vean el lugar donde habían puesto su cuerpo. **7** Y ahora, vayan y cuenten a sus discípulos y a Pedro que Jesús va a Galilea para llegar antes que ellos. Allí podrán verlo, tal como les dijo antes de morir».

8 Las mujeres, temblando de miedo, huyeron de la tumba. Pero no le dijeron nada a nadie en el camino porque estaban muy asustadas.

Jesús se le aparece a María Magdalena

9 El domingo muy temprano, después de que Jesús resucitó, se le apareció a María Magdalena. Tiempo atrás, Jesús había expulsado de ella a siete demonios.

10 Mientras los discípulos estaban tristes y llorando por la muerte de Jesús, ella llegó y les contó que Jesús estaba vivo.
11 Pero ellos no creyeron que Jesús estuviera vivo ni que María lo había visto.

Jesús se les aparece a dos discípulos

12 Después Jesús se les apareció a dos discípulos que iban por el campo. **13** Estos dos discípulos fueron y les avisaron a los demás, pero tampoco les creyeron.

La misión de los discípulos

14 Luego, Jesús se les apareció a los once discípulos mientras ellos comían. Los reprendió por su falta de confianza y por su

terquedad; ellos no habían creído a los que lo habían visto resucitado. **15** Jesús les dijo:

«Vayan por todos los países del mundo y anuncien las buenas noticias a todas las personas. **16** Los que crean en mí y se bauticen serán salvos. Pero a los que no crean en mí, yo los voy a rechazar. **17** Los que confíen en mí y usen mi nombre podrán hacer cosas maravillosas: Podrán expulsar demonios; podrán hablar idiomas nuevos y extraños; **18** podrán agarrar serpientes o beber algo venenoso, y nada les pasará. Además, pondrán las manos sobre los enfermos y los sanarán».

Jesús sube al cielo

19 Cuando el Señor Jesús terminó de hablar con sus discípulos, Dios lo subió al cielo. Allí, Jesús se sentó en el lugar de honor, al lado derecho de Dios.

20 Y los discípulos, por su parte, salieron a anunciar por todas partes las buenas noticias del reino. El Señor Jesús los acompañaba y los ayudaba por medio de señales milagrosas, y así Dios demostraba que los discípulos predicaban el mensaje verdadero. Amén.

MARCOS

LUCAS

Lucas comparte las buenas noticias

1 **1-4** Muy distinguido amigo Teófilo:

Usted sabe que muchos se han puesto a escribir informes acerca de las cosas que han pasado entre nosotros. Las escribieron tal como nos las contaron quienes estuvieron con Jesús desde el principio. A ellos, Jesús los mandó a anunciar su mensaje.

Yo también he estudiado con mucho cuidado todo lo sucedido, y creo conveniente ponerlo por escrito, tal y como sucedió. Así, usted podrá saber si le han contado la verdad.

El ángel Gabriel y Zacarías

5 Zacarías fue un sacerdote que vivió cuando Herodes el Grande era rey de los judíos. Prestaba servicio en el templo con el grupo del sacerdote Abías. Su esposa se llamaba Isabel y era descendiente del sacerdote Aarón. **6** Isabel y Zacarías eran muy buenos y obedecían todos los mandamientos de Dios. **7** No tenían hijos, pues Isabel no había podido quedar embarazada y, además, los dos eran muy viejos.

8 Cierto día, le tocó al grupo de sacerdotes de Zacarías el turno de servir a Dios en el templo. **9** Los sacerdotes acostumbraban nombrar a uno del grupo para que entrara al templo de Dios y quemara incienso en el altar. Esta vez le tocó a Zacarías entrar a quemar el incienso, **10** mientras el pueblo se quedaba afuera orando.

11 De pronto, un ángel de Dios se le apareció a Zacarías al lado derecho del altar. **12** Cuando Zacarías vio al ángel, tuvo mucho miedo y no supo qué hacer. **13** Pero el ángel le dijo:

—¡No tengas miedo, Zacarías! Dios ha escuchado tus oraciones. Tu esposa Isabel tendrá un hijo, y lo llamarás Juan. **14** Su nacimiento te va a hacer muy feliz, y muchos también se alegrarán. **15** Tu hijo va a ser muy importante ante Dios. No tomará vino ni cerveza, y el Espíritu Santo estará con él desde antes de que nazca.

16 »Este niño hará que muchos en Israel dejen de hacer lo malo y obedezcan a Dios. **17** Llegará antes que el Mesías, con el mismo poder y el mismo espíritu que antes tuvo el profeta Elías. Su mensaje hará que los padres amen a sus hijos, y que los desobedientes comprendan su error y sigan el ejemplo de los que sí obedecen. Además, preparará al pueblo de Israel para recibir al Mesías.

18 Zacarías le dijo al ángel:

—Mi esposa y yo somos ya muy viejos. ¿Cómo sabré que todo pasará tal como dices?

19 El ángel le respondió:

—Yo soy Gabriel, ayudante especial de Dios. Él me envió a darte esta buena noticia. **20** Pero como no me creíste, no vas a poder hablar hasta que suceda lo que te dije.

21 Toda la gente estaba afuera, esperando a Zacarías, y se preguntaba por qué no salía del templo.

22 Cuando Zacarías salió, no podía hablar y solo hacía señas con las manos. Entonces la gente comprendió que Zacarías había tenido una visión.

23 Al terminar su turno en el templo, Zacarías regresó a su casa. **24** Poco tiempo después, su esposa quedó embarazada, y durante cinco meses no salió de la casa, pues pensaba: **25** «¡Dios ha hecho esto conmigo para que la gente ya no me desprecie!»

El ángel Gabriel y María

26 Isabel ya tenía seis meses de embarazo cuando Dios mandó al ángel Gabriel a Nazaret, un pueblo de la región de Galilea. **27** Llevaba un mensaje para una joven llamada María. Ella estaba comprometida para casarse con José, quien era descendiente del rey David.

28 El ángel entró al lugar donde estaba María, la saludó y le dijo:

—¡Dios te ha bendecido de manera especial! El Señor está contigo.

29 María se sorprendió mucho al oír un saludo tan extraño, y se preguntaba qué significaba eso.

30 Entonces el ángel le dijo:

—No tengas miedo, María, porque Dios te ha dado un gran privilegio. **31** Vas a quedar embarazada y tendrás un hijo, a quien le pondrás por nombre Jesús. **32** Este niño llegará a ser muy importante y lo llamarán "Hijo del Dios altísimo". Dios lo hará rey, como hizo con su antepasado David; **33** gobernará a la nación de Israel para siempre, y su reinado no terminará nunca.

34 María le preguntó al ángel:

—¿Cómo pasará esto, si aún no me he casado?

35 El ángel le contestó:

—El Espíritu Santo se acercará a ti; el Dios altísimo te cubrirá con su poder. Por eso, el niño vivirá completamente dedicado a Dios y será llamado "Hijo de Dios". **36** Tu prima Isabel, aunque ya es muy vieja, también va a tener un hijo. La gente pensaba que ella nunca podría tener hijos, pero hace ya seis meses que está embarazada. **37** Eso demuestra que para Dios no hay nada imposible.

38 María respondió:

—Yo soy la esclava del Señor. Que suceda todo tal como me lo has dicho.

Y el ángel se fue.

María visita a Isabel

39 A los pocos días, María fue de prisa a un pueblo de la región montañosa de Judea. **40** Entró en la casa de Zacarías y saludó a Isabel. **41** Cuando Isabel oyó el saludo, el niño saltó de alegría dentro de ella.

Isabel, llena del Espíritu Santo, **42** dijo en voz alta a María:

—¡Dios te ha bendecido más que a todas las mujeres! Y también ha bendecido al hijo que tendrás. **43** ¿Por qué has venido a visitarme, tú que eres la madre de mi Señor? **44** Tan pronto como oí tu saludo, el bebé saltó de alegría dentro de mí. **45** ¡Dios te ha bendecido porque confiaste en sus promesas!

María alaba a Dios

46 María respondió:

«¡Le doy gracias a Dios
con todo mi corazón,
47 y estoy alegre
porque él es mi Salvador!

48 Dios tiene especial cuidado de mí,
su humilde esclava.

Desde ahora todos me dirán:
"¡María, Dios te ha bendecido!"

49 El Dios todopoderoso ha hecho
grandes cosas conmigo.
¡Su nombre es santo!

50 Él nunca deja de amar
a todos los que lo adoran.

51 Dios actúa con poder
y hace huir a los orgullosos.

52 Quita a los poderosos de sus tronos,
y da poder a los pobres.

53 Da cosas buenas
a los hambrientos,
pero despide a los ricos
con las manos vacías.

54 Ayuda a los israelitas,
sus servidores,
y nunca deja de ser
bondadoso con ellos.

55 Así lo prometió
a nuestros antepasados,
a Abraham y a sus descendientes,
para siempre».

56 Y María se quedó tres meses con Isabel. Después, regresó a su casa.

El nacimiento de Juan el Bautista

57 Cuando nació el hijo de Isabel, **58** todos sus vecinos y familiares se alegraron mucho, pues vieron que Dios había sido muy bondadoso.

59 A los ocho días, vinieron a circuncidar al niño. Los que estaban allí querían ponerle Zacarías, que era el nombre de su padre. **60** Pero Isabel dijo:

—¡No! Va a llamarse Juan.

61 Ellos le dijeron:

—Ningún familiar tuyo se llama así.

62 Y le preguntaron por señas a Zacarías cómo quería llamar al niño. **63** Zacarías pidió una tabla y escribió: «Juan». Todos quedaron sorprendidos. **64** En ese mismo momento, Zacarías empezó a hablar y alabó a Dios.

65 Todos los vecinos se quedaron impresionados, y en toda la región montañosa de Judea no se hablaba de otra cosa. **66** Los que oían hablar del asunto se preguntaban: «¿Qué será de este niño cuando crezca?» Porque todos sabían que Dios estaba con él.

Zacarías alaba a Dios

67 Zacarías, lleno del Espíritu Santo, dio este mensaje:

68 «¡Alabemos al Dios de Israel,
porque ha venido a salvarnos!

69 Nos ha dado un Salvador muy poderoso,
descendiente del rey David, su servidor.

70 Esto lo había prometido
hace mucho tiempo,
por medio de sus
santos profetas:
71 que él iba a salvarnos
de nuestros enemigos
y de todos aquellos
que nos odian.

72 Él dijo que sería bondadoso con su pueblo,
y que cumpliría su santa promesa.

73 Él prometió a nuestro
antepasado Abraham,
74 que iba a salvarnos
de nuestros enemigos.

Así podríamos servirle
sin ningún temor,
75 y vivir solo para él,
practicando la justicia
todos los días de nuestra vida.

76 Y tú, hijo mío, serás llamado:
"Profeta del Dios altísimo".

Tú irás delante del Mesías,
preparando a la gente para su llegada.

⁷⁷ Le dirás a su pueblo
que ya tiene salvación,
pues Dios perdona sus pecados.

⁷⁸ Dios nos ama tanto,
que desde el cielo
nos envió un Salvador,
como si fuera el sol
de un nuevo día.

⁷⁹ Él salvará a los que viven
en peligro de muerte.

Será como una luz
que alumbra en la oscuridad,
para guiarnos hacia
el camino de la paz».

⁸⁰ El niño Juan crecía en estatura y con mucho poder espiritual. Vivió en el desierto hasta el día en que Dios lo mandó a llevar su mensaje al pueblo de Israel.

El nacimiento de Jesús

2 **¹** Poco antes de que Jesús naciera, Augusto, emperador de Roma, mandó hacer un censo, es decir, una lista de toda la gente que vivía en el Imperio Romano. **²** En ese tiempo Quirinio era el gobernador de Siria, y fue el responsable de hacer este primer censo en la región de Palestina.

³ Todos tenían que ir al pueblo de donde era su familia, para que anotaran sus nombres en esa lista. **⁴** José pertenecía a la familia de David. Y como vivía en Nazaret, tuvo que ir a Belén para que lo anotaran, porque allí había nacido mucho tiempo antes el rey David. **⁵** Lo acompañó María, su esposa, que estaba embarazada.

6 Mientras estaban en Belén, a María le llegó la hora de tener **7** su primer hijo. Como no encontraron un lugar apropiado para pasar la noche, tuvieron que quedarse en un establo. Cuando el niño nació, María lo envolvió en pañales y lo acostó en un pesebre.

8 Esa misma noche, unos pastores estaban cuidando sus ovejas cerca de Belén. **9** De pronto, un ángel de Dios se les apareció, y la gloria de Dios brilló alrededor de ellos. Los pastores se asustaron mucho, **10** pero el ángel les dijo: «No tengan miedo. Les traigo una buena noticia que los dejará muy contentos: **11** ¡Su Salvador acaba de nacer en Belén! ¡Es el Mesías, el Señor! **12** Lo reconocerán porque está durmiendo en un pesebre, envuelto en pañales».

13 De pronto, muchos ángeles aparecieron en el cielo y alababan a Dios cantando:

14 «¡Gloria a Dios en el cielo,
   y paz en la tierra
   para todos los que Dios ama!»

15 Después de que los ángeles volvieron al cielo, los pastores se dijeron unos a otros: «¡Vayamos corriendo a Belén para ver esto que Dios nos ha anunciado!»

16 Los pastores fueron de prisa a Belén y encontraron a María y a José, y al niño acostado en el pesebre. **17** Luego salieron y contaron lo que el ángel les había dicho acerca del niño. **18** Todos los que estaban allí se admiraron al oírlos.

19 María quedó muy impresionada por todo lo que estaba sucediendo, y no dejaba de pensar en eso.

20 Finalmente, los pastores regresaron a cuidar sus ovejas. Por el camino iban alabando a Dios y dándole gracias por lo que habían visto y oído. Todo había pasado tal y como el ángel les había dicho.

21 Cuando Jesús cumplió ocho días de nacido, lo circuncidaron y le pusieron por nombre Jesús. Así lo había pedido el ángel cuando le anunció a María que iba a tener un hijo.

Jesús y Simeón

22 Cuarenta días después de que Jesús nació, sus padres lo llevaron al templo de Jerusalén para presentarlo delante de Dios. **23** Así lo ordenaba la ley que dio Moisés: «Cuando el primer niño que nace es un varón, hay que dedicárselo a Dios». **24** La ley también decía que debían presentar como ofrenda a Dios dos pichones de paloma o dos tórtolas.

25 En ese tiempo había en Jerusalén un hombre llamado Simeón, que obedecía a Dios y lo amaba mucho. Vivía esperando que Dios libertara al pueblo de Israel. El Espíritu Santo estaba sobre Simeón, **26** y le había dicho que no iba a morir sin ver antes al Mesías que Dios les había prometido.

27 Ese día, el Espíritu Santo le ordenó a Simeón que fuera al templo.

Cuando los padres de Jesús entraron al templo con el niño, para cumplir lo que mandaba la ley, **28** Simeón lo tomó en sus brazos y alabó a Dios diciendo:

29 «Ahora, Dios mío, puedes
dejarme morir en paz.

¡Ya cumpliste tu promesa!

30 Con mis propios ojos
he visto al Salvador,
31 a quien tú enviaste
y al que todos los pueblos verán.

32 Él será una luz
que alumbrará
a todas las naciones,
y será la honra
de tu pueblo Israel».

33 José y María quedaron maravillados por las cosas que Simeón decía del niño.

34 Simeón los bendijo, y le dijo a María: «Dios envió a este niño para que muchos en Israel se salven, y para que otros sean castigados. Él será una señal de advertencia, y muchos estarán en su contra. **35** Así se sabrá lo que en verdad piensa cada uno. Y a ti, María, esto te hará sufrir como si te clavaran una espada en el corazón».

Jesús y la profetisa Ana

36 En el templo estaba también una mujer muy anciana, que era profetisa. Se llamaba Ana, era hija de Penuel y pertenecía a la tribu de Aser. Cuando Ana era joven, estuvo casada durante siete años, **37** pero ahora era viuda y tenía ochenta y cuatro años de edad. Se pasaba noche y día en el templo ayunando, orando y adorando a Dios.

38 Cuando Simeón terminó de hablar, Ana se acercó y comenzó a alabar a Dios, y a hablar acerca del niño Jesús a todos los que esperaban que Dios liberara a Jerusalén.

39 Por su parte, José y María cumplieron con todo lo que mandaba la ley de Dios y volvieron a su pueblo Nazaret, en la región de Galilea.

40 El niño Jesús crecía en estatura y con poder espiritual. Estaba lleno de sabiduría, y Dios estaba muy contento con él.

Jesús en el templo

41 José y María iban todos los años a la ciudad de Jerusalén para celebrar la fiesta de la Pascua. **42** Cuando Jesús cumplió doce años, los acompañó a Jerusalén.

43 Al terminar los días de la fiesta, sus padres regresaron a su casa; pero, sin que se dieran cuenta, Jesús se quedó en Jerusalén. **44** José y María caminaron un día entero, pensando que Jesús iba entre los compañeros de viaje. Después lo buscaron entre los familiares y conocidos, **45** pero no lo encontraron. Entonces volvieron a Jerusalén para buscarlo.

46 Al día siguiente encontraron a Jesús en el templo, en medio de los maestros de la Ley. Él los escuchaba con atención y les hacía preguntas. **47** Todos estaban admirados de su inteligencia y de las respuestas que daba a las preguntas que le hacían.

48 Sus padres se sorprendieron al verlo, y su madre le reclamó:

—¡Hijo! ¿Por qué nos has hecho esto? Tu padre y yo hemos estado muy preocupados buscándote.

49 Pero Jesús les respondió:

—¿Y por qué me buscaban? ¿No sabían que yo debo estar en la casa de mi Padre?

50 Ellos no entendieron lo que quiso decirles.

51 Entonces Jesús volvió con sus padres a Nazaret, y los obedecía en todo.

Su madre pensaba mucho en todo lo que había pasado. **52** Mientras tanto, Jesús seguía creciendo en sabiduría y en estatura. Dios y toda la gente del pueblo estaban muy contentos con él, y lo querían mucho.

Juan el Bautista

3 **1-2** Juan el Bautista, el hijo de Zacarías, vivía en el desierto. Dios le habló allí en el desierto cuando Tiberio tenía ya quince años de ser el emperador romano, y Poncio Pilato era el gobernador de la región de Judea. En ese tiempo Herodes Antipas gobernaba en la región de Galilea; por su parte Filipo, el hermano de Herodes, gobernaba en las regiones de Iturea y Traconítide; Lisanias gobernaba en la región de Abilene. Anás y Caifás eran los jefes de los sacerdotes del pueblo judío.

3 Juan fue entonces a la región cercana al río Jordán. Allí le decía a la gente: «¡Bautícense y vuélvanse a Dios! Solo así los perdonará».

4 Mucho tiempo atrás, el profeta Isaías había escrito acerca de Juan:

«Alguien grita en el desierto:
"Preparen el camino para el Señor.
¡Ábranle paso! ¡Que no encuentre estorbos!

⁵ Rellenen los valles,
y nivelen las montañas.
Enderecen los caminos torcidos.
⁶ ¡Todo el mundo verá
al Salvador que Dios envía!"»

⁷ Mucha gente venía para que Juan los bautizara, y él les decía:

—¡Ustedes son unas víboras! ¿Creen que van a escaparse del castigo que Dios les enviará? ⁸ Muestren con su conducta que realmente han dejado de pecar. No piensen que solo por ser descendientes de Abraham van a salvarse. Si Dios así lo quiere, hasta estas piedras las puede convertir en familiares de Abraham. ⁹ Cuando un árbol no produce buenos frutos, su dueño lo corta de raíz y lo quema. Dios ya está listo para destruir a los que no hacen lo que es bueno.

¹⁰ La gente le preguntaba:

—¿Qué podemos hacer para salvarnos?

¹¹ Él les respondía:

—El que tenga dos mantos, comparta uno con quien no tenga qué ponerse. El que tenga comida, compártala con quien no tenga qué comer.

¹² Vinieron también unos cobradores de impuestos y le preguntaron a Juan:

—Maestro, ¿qué podemos hacer para salvarnos?

¹³ Juan les contestó:

—No le cobren a la gente más dinero del que debe pagar.

¹⁴ Unos soldados preguntaron:

—Juan, ¿qué podemos hacer nosotros?

Él les contestó:

—Ustedes amenazan a la gente y la obligan a que les dé dinero. Solo así le prometen dejarla en paz. ¡No lo vuelvan a hacer, y quédense satisfechos con su salario!

¹⁵ Todos se admiraban y querían saber si Juan era el Mesías que esperaban. ¹⁶ Pero Juan les respondió:

—Yo los bautizo a ustedes con agua. Pero hay alguien que viene después de mí, y que es más poderoso que yo. Él los bautizará con el Espíritu Santo y con fuego. ¡Yo ni siquiera merezco ser su esclavo! **17** El que viene después de mí separará a los buenos de los malos. A los buenos los pondrá a salvo, y a los malos los echará en un fuego que nunca se apaga.

18 De este modo, y de otras maneras, Juan anunciaba las buenas noticias a la gente. **19** Además, reprendió a Herodes Antipas porque vivía con Herodías, la esposa de su hermano Filipo, y por todo lo malo que había hecho. **20** Pero a toda su maldad Herodes añadió otra mala acción: puso a Juan en la cárcel.

Juan bautiza a Jesús

21 Cuando todos habían sido bautizados, Jesús vino y también se bautizó. Mientras Jesús oraba, el cielo se abrió **22** y el Espíritu Santo bajó sobre él en forma de paloma. Luego se oyó una voz que desde el cielo decía: «Tú eres mi Hijo a quien quiero mucho. Estoy muy contento contigo».

Los antepasados de Jesús

23 Jesús comenzó a predicar cuando tenía unos treinta años y, según la gente, era hijo de José. Esta es la lista de sus antepasados: José, Elí, **24** Matat, Leví, Melquí, Janai, José, **25** Matatías, Amós, Nahúm, Eslí, Nagai, **26** Máhat, Matatías, Semeí, Josec, Joiadá, **27** Johanán, Resá, Zorobabel, Salatiel, Nerí, **28** Melquí, Adí, Cosam, Elmadam, Er, **29** Jesús, Eliézer, Jorim, Matat, **30** Leví, Simeón, Judá, José, Jonam, Eliaquim, **31** Meleá, Mená, Matatá, Natán, **32** David, Jesé, Obed, Booz, Sélah, Nahasón, **33** Aminadab, Admín, Arní, Hersón, Fares, Judá, **34** Jacob, Isaac, Abraham, Térah, Nahor, **35** Serug, Ragau, Péleg, Éber, Sélah, **36** Cainán, Arfaxad, Sem, Noé, Lámec, **37** Matusalén, Henoc, Jéred, Mahalaleel, Cainán, **38** Enós, Set, Adán y Dios mismo.

Jesús vence al diablo

4 **1** El Espíritu de Dios llenó a Jesús con su poder. Y cuando Jesús se alejó del río Jordán, el Espíritu lo guió al desierto.

2 Allí, durante cuarenta días, el diablo trató de hacerlo caer en sus trampas, y en todo ese tiempo Jesús no comió nada. Cuando pasaron los cuarenta días, Jesús sintió hambre.

3 El diablo le dijo:

—Si en verdad eres el Hijo de Dios, ordena que estas piedras se conviertan en pan.

4 Jesús le contestó:

—La Biblia dice: "No solo de pan vive la gente".

5 Después el diablo llevó a Jesús a un lugar alto. Desde allí le mostró en un momento todos los países más ricos y poderosos del mundo, **6** y le dijo:

—Todos estos países me los dieron a mí, y puedo dárselos a quien yo quiera. **7** Te haré dueño de todos ellos si te arrodillas delante de mí y me adoras.

8 Jesús le respondió:

—La Biblia dice: "Adora al Señor tu Dios, y sírvele solo a él".

9 Finalmente, el diablo llevó a Jesús a la ciudad de Jerusalén, a la parte más alta del templo, y le dijo:

—Si en verdad eres el Hijo de Dios, tírate desde aquí, **10** pues la Biblia dice:

"Dios mandará a sus ángeles
para que te cuiden.

11 Ellos te sostendrán,
para que no te lastimes los pies
contra ninguna piedra".

12 Jesús le contestó:

—La Biblia también dice: "Nunca trates de hacer caer a Dios en una trampa".

13 El diablo le puso a Jesús todas las trampas posibles, y como ya no encontró más qué decir, se alejó por algún tiempo.

Jesús comienza su trabajo

14-15 Jesús regresó a la región de Galilea lleno del poder del Espíritu de Dios. Iba de lugar en lugar enseñando en las sinagogas, y todas las personas hablaban bien de él. Pronto llegó a ser muy conocido en toda la región. **16** Después volvió a Nazaret, el pueblo donde había crecido.

Un sábado, como era su costumbre, fue a la sinagoga. Cuando se levantó a leer, **17** le dieron el libro del profeta Isaías. Jesús lo abrió y leyó:

18 «El Espíritu de Dios
está sobre mí,
porque me ha elegido para dar
buenas noticias a los pobres.

Dios me ha enviado
a anunciar libertad
a los prisioneros,
a devolver la vista
a los ciegos,
a rescatar
a los que son maltratados
19 y a decir: "¡Este es el tiempo
que Dios eligió
para dar salvación!"»

20 Jesús cerró el libro, lo devolvió al encargado y se sentó. Todos los que estaban en la sinagoga se quedaron mirándolo. **21** Entonces Jesús les dijo: «Hoy se ha cumplido esto que he leído».

22 Todos hablaban bien de Jesús, pues se admiraban de las cosas tan bonitas que decía. La gente preguntaba:

—¿No es este el hijo de José?

23 Jesús les dijo:

—Sin duda ustedes me recitarán este dicho: "¡Médico, primero cúrate a ti mismo!"

»Ustedes saben todo lo que hice en Cafarnaúm, y por eso ahora me pedirán que haga aquí lo mismo. **24** Pero les aseguro que ningún profeta es bien recibido en su propio pueblo. **25** Hace muchos años, cuando aún vivía el profeta Elías, no llovió durante tres años y medio, y la gente se moría de hambre. En Israel había muchas viudas; **26** sin embargo, Dios no envió a Elías para ayudarlas a todas. El profeta solo ayudó a una viuda del pueblo de Sarepta, cerca de la ciudad de Sidón. **27** En ese tiempo, también había en Israel muchas personas enfermas de lepra, pero Eliseo sanó solo a Naamán, que era del país de Siria.

28 Al oír eso, los que estaban en la sinagoga se enojaron muchísimo. **29** Entonces sacaron de allí a Jesús, y lo llevaron a lo alto de la colina donde estaba el pueblo, pues querían arrojarlo por el precipicio. **30** Pero Jesús pasó en medio de ellos, y se fue de Nazaret.

El hombre con un espíritu malo

31 Jesús se fue al pueblo de Cafarnaúm, en la región de Galilea. Allí se puso a enseñar un día sábado. **32** Todos estaban admirados de sus enseñanzas, porque les hablaba con autoridad.

33 En la sinagoga había un hombre que tenía un espíritu malo. El espíritu le gritó a Jesús:

34 —¡Jesús de Nazaret! ¿Qué quieres hacer con nosotros? ¿Acaso vienes a destruirnos? Yo sé quien eres tú. ¡Eres el Hijo de Dios!

35 Jesús reprendió al espíritu malo y le dijo:

—¡Cállate! ¡Sal de este hombre!

El espíritu malo lanzó al hombre al suelo, delante de todos, y salió de él sin hacerle daño.

36 La gente se asombró mucho, y decía: «¿Qué clase de poder tiene este hombre? Con autoridad y poder les ordena a los espíritus malos que salgan, y ellos le obedecen».

37 En toda aquella región se hablaba de Jesús y de lo que él hacía.

Jesús sana a mucha gente

38 Jesús salió de la sinagoga y fue a la casa de Simón.

Cuando entró en la casa, le contaron que la suegra de Simón estaba enferma, con mucha fiebre. **39** Jesús fue a verla y ordenó que la fiebre se le quitara. La fiebre se le quitó, y la suegra de Simón se levantó y les dio de comer a los que estaban en la casa.

40 Al anochecer, la gente le trajo a Jesús muchas personas con diferentes enfermedades. Jesús puso sus manos sobre los enfermos, y los sanó. **41** Los demonios que salían de la gente gritaban:

—¡Tú eres el Hijo de Dios!

Pero Jesús reprendía a los demonios y no los dejaba hablar, porque ellos sabían que él era el Mesías.

Jesús anuncia las buenas noticias

42 Al amanecer, Jesús salió de la ciudad y fue a un lugar solitario. Sin embargo, la gente lo buscaba y le pedía que no se fuera del pueblo. **43** Pero Jesús les dijo: «Dios me ha enviado a anunciar a todos las buenas noticias de su reino. Por eso debo ir a otros poblados».

44 Entonces Jesús fue a las sinagogas de todo el país, anunciando las buenas noticias.

Una pesca milagrosa

5 **1** Una vez, Jesús estaba a la orilla del Lago de Galilea y la gente se amontonaba alrededor de él para escuchar el mensaje de Dios. **2** Jesús vio dos barcas en la playa. Estaban vacías porque los pescadores estaban lavando sus redes. **3** Una de esas barcas era de Simón Pedro. Jesús subió a ella y le pidió a Pedro que la alejara un poco de la orilla. Luego se sentó en la barca, y desde allí comenzó a enseñar a la gente.

4 Cuando Jesús terminó de enseñarles, le dijo a Pedro:

—Lleva la barca a la parte honda y lanza las redes para pescar.

5 Pedro respondió:

—Maestro, toda la noche estuvimos trabajando muy duro y no pescamos nada. Pero, si tú lo mandas, voy a echar las redes.

6 Hicieron lo que Jesús les dijo, y fueron tantos los pescados que recogieron, que las redes estaban a punto de romperse.

7 Entonces hicieron señas a los compañeros de la otra barca para que fueran enseguida a ayudarles. Entre todos llenaron las dos barcas. Eran tantos los pescados, que las barcas estaban a punto de hundirse.

8 Al ver esto, Pedro se arrodilló delante de Jesús y le dijo:

—¡Señor, apártate de mí, porque soy un pecador!

9-10 Pedro, Santiago y Juan, que eran hijos de Zebedeo, y todos los demás, estaban muy asombrados por la gran pesca que habían hecho. Pero Jesús le dijo a Pedro:

—No tengas miedo. De hoy en adelante, en lugar de pescar peces, voy a enseñarte a ganar seguidores para mí.

11 Luego llevaron las barcas a la orilla, dejaron todo lo que llevaban, y se fueron con Jesús.

Jesús sana a un hombre

12 Un día, Jesús estaba en un pueblo. De pronto, llegó un hombre que estaba enfermo de lepra; se inclinó delante de Jesús hasta tocar el suelo con su frente, y le suplicó:

—Señor, yo sé que tú puedes sanarme. ¿Quieres hacerlo?

13 Jesús extendió la mano, tocó al enfermo y le dijo:

—¡Sí quiero! ¡Queda sano!

De inmediato, el hombre quedó completamente sano.

14 Después, Jesús le dijo:

—No le digas a nadie lo que sucedió. Ve con el sacerdote y lleva la ofrenda que Moisés ordenó; así los sacerdotes verán que ya no estás enfermo.

15 Jesús se hacía cada vez más famoso. Mucha gente se reunía para escuchar su mensaje, y otros venían para que él los sanara. **16** Pero Jesús siempre buscaba un lugar para estar solo y orar.

El hombre que no podía caminar

17 En cierta ocasión Jesús estaba enseñando en una casa. Allí estaban sentados algunos fariseos y algunos maestros de la Ley. Habían venido de todos los pueblos de Galilea, de Judea, y de la ciudad de Jerusalén, para oír a Jesús.

Y como Jesús tenía el poder de Dios para sanar enfermos, **18** llegaron unas personas con una camilla, en la que llevaban a un hombre que no podía caminar. Querían poner al enfermo delante de Jesús, **19** pero no podían entrar en la casa porque en la puerta había mucha gente. Entonces subieron al techo y abrieron un agujero. Por allí bajaron al enfermo en la camilla, hasta ponerlo en medio de la gente, delante de Jesús.

20 Cuando Jesús vio la gran confianza que aquellos hombres tenían en él, le dijo al enfermo: «¡Amigo, te perdono tus pecados!»

21 Los maestros de la Ley y los fariseos pensaron: «¿Y este quién se cree que es? ¡Qué barbaridades dice contra Dios! ¡Solo Dios puede perdonar pecados!»

22 Jesús se dio cuenta de lo que estaban pensando y les preguntó: «¿Por qué piensan esas cosas? **23** Díganme: ¿Qué es más fácil: perdonar a este enfermo, o sanarlo? **24** Pues voy a demostrarles que yo, el Hijo del hombre, tengo autoridad aquí en la tierra para perdonar pecados».

Entonces le dijo al hombre que no podía caminar: «Levántate, toma tu camilla y vete a tu casa».

25 En ese mismo instante, y ante la mirada de todos, el hombre se levantó, tomó la camilla y se fue a su casa alabando a Dios.

26 Todos quedaron admirados y llenos de temor, y comenzaron a alabar a Dios diciendo: «¡Qué cosas tan maravillosas hemos visto hoy!»

Jesús llama a Mateo

27 Después de esto, Jesús se fue de aquel lugar. En el camino vio a un hombre llamado Mateo, que estaba cobrando impuestos para el gobierno de Roma. Jesús le dijo: «Sígueme».

28 Mateo se levantó, dejó todo lo que tenía, y lo siguió.

29 Ese mismo día, Mateo ofreció en su casa una gran fiesta en honor de Jesús. Allí estaban comiendo muchos cobradores de impuestos y otras personas. **30** Algunos fariseos y maestros de la Ley comenzaron a hablar contra los discípulos de Jesús, y les dijeron:

—¿Por qué comen ustedes con los cobradores de impuestos y con toda esta gente mala?

31 Jesús les respondió:

—Los que necesitan del médico son los enfermos, no los que están sanos. **32** Yo vine a invitar a los pecadores para que regresen a Dios, no a los que se creen buenos.

Jesús enseña sobre el ayuno

33 Algunas personas le dijeron a Jesús:

—Los discípulos de Juan el Bautista y los seguidores de los fariseos siempre dedican tiempo para ayunar y para orar. Tus discípulos, en cambio, nunca dejan de comer y de beber.

34 Jesús les respondió:

—Los invitados a una fiesta de bodas no ayunan mientras el novio está con ellos. **35** Pero llegará el momento en que se lleven al novio, y entonces los invitados ayunarán.

36 Jesús también les puso esta comparación:

«Si un vestido viejo se rompe, nadie corta un pedazo de un vestido nuevo para remendar el viejo. Si lo hace, echa a perder el vestido nuevo. Además, el remiendo nuevo se verá feo en el vestido viejo.

37 »Tampoco se echa vino nuevo en recipientes viejos. Porque cuando el vino nuevo fermente, hará que reviente el cuero viejo. Entonces se perderá el vino nuevo, y los recipientes se destruirán. **38** Por eso, hay que echar vino nuevo en recipientes de cuero nuevo.

39 »Además, si una persona prueba el vino viejo, ya no quiere beber vino nuevo, porque habrá aprendido que el viejo es mejor».

Los discípulos arrancan espigas de trigo

6 **1** Un sábado, Jesús y sus discípulos caminaban por un campo sembrado de trigo. Los discípulos comenzaron a arrancar espigas y a frotarlas entre las manos para sacar el trigo y comérselo.

2 Los fariseos vieron a los discípulos hacer esto, y dijeron:

—¿Por qué desobedecen la ley? Está prohibido hacer eso en el día de descanso.

3 Jesús les respondió:

—¿No han leído ustedes en la Biblia lo que hizo el rey David cuando él y sus compañeros tuvieron hambre? **4** David entró en la casa de Dios, tomó el pan sagrado que solo los sacerdotes tenían permiso de comer, y comieron él y sus compañeros. **5** Yo, el Hijo del hombre, soy quien decide lo que puede hacerse y lo que no puede hacerse en el día de descanso.

Jesús sana a un hombre en sábado

6 Otro sábado, Jesús fue a la sinagoga para enseñar. Allí estaba un hombre que tenía tullida la mano derecha.

7 Los fariseos y los maestros de la Ley estaban vigilando a Jesús para ver si sanaba la mano de aquel hombre. Si lo hacía, podrían acusarlo de trabajar en el día de descanso.

8 Jesús se dio cuenta de lo que ellos estaban pensando; entonces llamó al hombre que no podía mover la mano, y le dijo: «Levántate y párate en medio de todos».

El hombre se levantó y se paró en el centro.

⁹ Luego Jesús dijo a todos los que estaban allí: «Voy a hacerles una pregunta: "¿Qué es correcto hacer en día sábado, el bien o el mal? ¿Salvar una vida o destruirla?"»

¹⁰ Y después de mirar a todos, Jesús le dijo al hombre: «Extiende la mano».

El hombre extendió la mano, y le quedó sana.

¹¹ Aquellos hombres se enojaron muchísimo y comenzaron a hacer planes contra Jesús.

Jesús elige a doce apóstoles

¹² En aquellos días Jesús subió a una montaña para orar. Allí pasó toda la noche hablando con Dios. ¹³ Al día siguiente llamó a sus seguidores, y eligió a doce de ellos. A estos doce Jesús los llamó apóstoles: ¹⁴ Simón, a quien llamó Pedro, y su hermano Andrés; Santiago, Juan, Felipe, Bartolomé, ¹⁵ Mateo y Tomás; Santiago hijo de Alfeo, y Simón, que era miembro del partido de los patriotas; ¹⁶ Judas, que era hijo de Santiago, y Judas Iscariote, que después traicionó a Jesús.

Jesús enseña y sana

¹⁷ Jesús y los doce apóstoles bajaron de la montaña y se fueron a una llanura. Allí se habían reunido muchos de sus seguidores. También estaban allí muchas personas de la región de Judea, de Jerusalén y de las ciudades de Tiro y Sidón. ¹⁸ Habían llegado para escuchar a Jesús y para que los sanara de sus enfermedades. Los que tenían espíritus malos también quedaron sanos. ¹⁹ Todos querían tocar a Jesús, porque sabían que el poder que salía de él los sanaría.

Bendiciones

²⁰ Jesús miró fijamente a sus discípulos y les dijo:

«Dios los bendecirá a ustedes,
los que son pobres,

porque el reino de Dios
les pertenece.

21 Dios los bendecirá a ustedes,
los que ahora pasan hambre,
porque tendrán comida suficiente.

Dios los bendecirá a ustedes,
los que ahora están tristes,
porque después vivirán alegres.

22 »Dios los bendecirá a ustedes cuando la gente los odie o los insulte, o cuando sean rechazados y nadie quiera convivir con ustedes. La gente los tratará así solo porque me obedecen a mí, el Hijo del hombre. **23** Siéntanse felices, salten de alegría, porque Dios ya les tiene preparado un premio muy grande. Hace mucho tiempo, su propia gente también trató muy mal a los profetas».

Maldiciones

24 Jesús miró a los otros y les dijo:

«¡Qué mal les va a ir a ustedes,
los que son ricos,
pues ahora viven cómodos y tranquilos!

25 ¡Qué mal les va a ir a ustedes,
los que tienen mucho que comer,
porque pasarán hambre!

¡Qué mal les va a ir a ustedes,
los que ahora ríen,
porque sabrán lo que es llorar
y estar tristes!

26 »¡Qué mal les va a ir a ustedes, los que siempre reciben halagos! Hace mucho tiempo, su propia gente también halagó a los profetas mentirosos.

Amar a los enemigos

27 »¡Escuchen bien lo que tengo que decirles!: Amen a sus enemigos, y traten bien a quienes los maltraten. **28** A quienes los insulten, respóndanles con buenas palabras. Si alguien los rechaza, oren por esa persona. **29** Si alguien les da una bofetada en una mejilla, pídanle que les pegue en la otra. Si alguien quiere quitarles el abrigo, dejen que también se lleve la camisa. **30** Si alguien les pide algo, dénselo. Si alguien les quita algo, no le pidan que lo devuelva. **31** Traten a los demás como les gustaría que los demás los trataran a ustedes.

32 »Si solo aman a la gente que los ama, no hacen nada extraordinario. ¡Hasta los pecadores hacen eso! **33** Y si solo tratan bien a la gente que los trata bien, tampoco hacen nada extraordinario. ¡Hasta los pecadores hacen eso! **34** Si ustedes les prestan cosas solo a los que pueden darles algo, no hacen nada que merezca premio. Los pecadores también se prestan unos a otros, esperando recibir muchas ganancias.

35 »Amen a sus enemigos, hagan el bien y presten sin esperar nada a cambio. Si lo hacen, el Dios altísimo les dará un gran premio, y serán sus hijos. Dios es bueno hasta con la gente mala y desagradecida. **36** Ustedes deben ser compasivos con todas las personas, así como Dios, su Padre, es compasivo con todos».

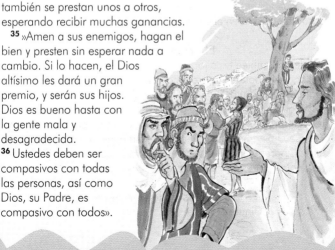

No juzguen a los demás

37 Jesús también les dijo:

«No se conviertan en jueces de los demás, y Dios no los juzgará a ustedes. No sean duros con los demás, y Dios no será duro con ustedes. Perdonen a los demás y Dios los perdonará a ustedes. **38** Denles a otros lo necesario, y Dios les dará a ustedes lo que necesiten. En verdad, Dios les dará la misma medida que den a los demás. Si dan trigo, recibirán una bolsa llena de trigo, bien apretada y repleta, sin que tengan que ir a buscarla».

39 Jesús también les puso esta comparación:

«Un ciego no puede guiar a otro ciego, porque los dos caerían en el mismo hueco. **40** El alumno no sabe más que su maestro, pero cuando termine sus estudios sabrá lo mismo que él.

41 »¿Por qué te fijas en lo malo que hacen otros, y no te das cuenta de las muchas cosas malas que haces tú? Es como si te fijaras que en el ojo de alguien hay una basurita, y no te dieras cuenta de que en el tuyo hay una rama. **42** ¿Cómo te atreves a decirle al otro: "Déjame sacarte la basurita que tienes en el ojo", si tú tienes una rama en el tuyo? ¡Hipócrita! Saca primero la rama que tienes en tu ojo, y así podrás ver bien para sacar la basurita que está en el ojo del otro».

El árbol y su fruto

43 Jesús también les dijo:

«Ningún árbol bueno produce frutos malos, y ningún árbol malo produce frutos buenos. **44** Cada árbol se conoce por los frutos que produce. De una planta de espinos no se pueden recoger ni higos ni uvas. **45** La gente buena siempre hace el bien, porque el bien habita en su corazón. La gente mala siempre hace el mal, porque en su corazón está el mal. Las palabras que salen de tu boca muestran lo que está en tu corazón».

Dos clases de personas

46 Jesús continuó diciendo:

«Ustedes dicen que yo soy su Señor y su dueño, pero no hacen lo que yo les ordeno. **47** Si alguien se acerca a mí, y escucha lo que yo enseño y me obedece, **48** es como el que construyó su casa sobre la roca. Hizo un hoyo profundo, hasta encontrar la roca, y allí puso las bases. Cuando vino una inundación, la corriente de agua pegó muy fuerte contra la casa. Pero la casa no se movió, porque estaba bien construida.

49 »En cambio, el que escucha lo que yo enseño y no me obedece, es como el que construyó su casa sobre terreno blando. Vino la corriente de agua y pegó muy fuerte contra la casa; la casa enseguida se vino abajo y se hizo pedazos».

Un capitán romano

7 **1** Jesús terminó de enseñar a la gente y se fue al pueblo de Cafarnaúm. **2** Allí vivía un capitán del ejército romano, que tenía un sirviente a quien amaba mucho. Ese sirviente estaba muy enfermo y a punto de morir.

3 Cuando el capitán oyó hablar de Jesús, mandó a unos jefes de los judíos para que lo buscaran y le dijeran: «Por favor, venga a mi casa y sane a mi sirviente».

4 Ellos fueron a ver a Jesús y le dieron el mensaje. Además le rogaron: «Por favor, haz lo que te pide este capitán romano. Merece que lo ayudes, porque es un hombre bueno. **5** A los judíos nos trata bien; ¡hasta mandó construir una sinagoga para nosotros!»

6 Jesús fue con ellos, y cuando estaban cerca de la casa, el capitán romano mandó a unos amigos para que le dijeran a Jesús: «Señor, no se moleste usted por mí; yo no merezco que entre en mi casa. **7** Tampoco me siento digno de ir a verlo yo mismo. Solamente le ruego que ordene que mi sirviente se sane; yo sé que él quedará completamente sano. **8** Yo estoy acostumbrado a dar órdenes y a obedecerlas. Cuando le digo a uno de mis soldados: "¡Ve!", me obedece y va. Si le digo a otro: "¡Ven!", me obedece y viene. Y si le digo a uno de mis sirvientes: "¡Haz esto!", lo hace».

9 Al escuchar las palabras del capitán, Jesús se admiró y le dijo a la gente que lo seguía: «En todo Israel no he encontrado a nadie que confíe tanto en mí como este capitán romano».

10 Cuando los mensajeros regresaron a la casa, encontraron al sirviente completamente sano.

El hijo de una viuda

11 Poco después, Jesús y sus discípulos fueron al pueblo de Naín. Mucha gente iba con ellos. **12** Cuando llegaron a la entrada del pueblo, vieron a unos hombres que llevaban a enterrar a un muchacho. El muerto era el único hijo de una viuda. Mucha gente del pueblo iba acompañando a esa pobre mujer.

13 Cuando Jesús la vio, sintió compasión por ella y le dijo: «No llores». **14** Entonces se acercó y tocó la camilla. Los hombres dejaron de caminar, y Jesús le dijo al muerto: «¡Joven, te ordeno que te levantes!» **15** El muchacho se levantó y empezó a hablar. Entonces Jesús llevó al muchacho a donde estaba su madre.

16 Al ver eso, la gente tuvo mucho miedo y comenzó a alabar a Dios. Todos decían: «¡Hay un profeta entre nosotros! ¡Ahora Dios va a ayudarnos!»

17 La gente de la región de Judea y de sus alrededores pronto supo lo que Jesús había hecho.

Juan el Bautista

18 Los discípulos de Juan el Bautista fueron a contarle todo lo que Jesús hacía. Por eso, Juan envió a dos de sus discípulos **19** para que le preguntaran a Jesús si él era el Mesías, o si debían esperar a otro.

20 Cuando llegaron a donde estaba Jesús, le dijeron:

—Juan el Bautista nos envió a preguntarte si eres el Mesías, o si debemos esperar a otro.

21 En ese momento, Jesús sanó a muchos que estaban enfermos y que sufrían mucho. También sanó a los que tenían espíritus malos, y a muchos ciegos les devolvió la vista. **22** Luego les respondió a los dos hombres:

—Vayan y díganle a Juan todo lo que ustedes han visto y oído:

Ahora los ciegos pueden ver
y los cojos caminan bien.

Los leprosos quedan sanos,
y los sordos ya pueden oír.

Los que estaban muertos
han vuelto a la vida,
y a los pobres se les anuncia
la buena noticia de salvación.

23 »¡Dios bendecirá a los que no me abandonan porque hago esas cosas!

24 Cuando los discípulos de Juan se fueron, Jesús comenzó a hablarle a la gente acerca de Juan y le dijo:

«¿A quién fueron a ver al desierto? ¿Era acaso un hombre doblado como las cañas que dobla el viento? **25** ¿Se trataba de alguien vestido con ropa muy lujosa? Recuerden que los que se visten así viven en el palacio de los reyes. **26** ¿A quién fueron a ver entonces? ¿Fueron a ver a un profeta? Por supuesto que sí. En realidad, Juan era más que profeta; **27** era el mensajero de quien Dios había hablado cuando dijo:

"Yo envío un mensajero
delante de ti,
a preparar todo
para tu llegada".

28 »Les aseguro que en este mundo no ha nacido un hombre más importante que Juan el Bautista. Sin embargo, el menos importante en el reino de Dios es superior a Juan».

29 Los que habían escuchado a Juan le pidieron que los bautizara, y hasta los cobradores de impuestos hicieron lo mismo. Así obedecieron lo que Dios había mandado. **30** Pero los fariseos y los maestros de la Ley no quisieron obedecer a Dios ni que Juan los bautizara.

31-32 Jesús siguió diciendo:

«Ustedes, los que viven en esta época, son como los niños que se sientan a jugar en las plazas, y gritan a otros niños:

"Tocamos la flauta,
pero ustedes no bailaron.

Cantamos canciones tristes,
pero ustedes no lloraron".

33 »Porque Juan el Bautista ayunaba y no bebía vino, y ustedes decían que tenía un demonio. **34** Luego, vine yo, el Hijo del hombre, que como y bebo, y ustedes dicen que soy un glotón y un borracho; que soy amigo de gente de mala fama y de los que cobran impuestos para Roma. **35** Pero recuerden que la sabiduría de Dios se prueba por sus resultados».

Simón el fariseo

36 Un fariseo llamado Simón invitó a Jesús a comer en su casa. Jesús aceptó y se sentó a la mesa.

37 Una mujer de mala fama que vivía en aquel pueblo supo que Jesús estaba comiendo en casa de Simón. Tomó un frasco de perfume muy fino, y fue a ver a Jesús.

38 La mujer entró y se arrodilló a sus pies, y tanto lloraba que sus lágrimas caían sobre los pies de Jesús. Después le secó los pies con sus propios cabellos, se los besó y les puso el perfume que llevaba.

39 Al ver esto, Simón pensó: «Si de veras este hombre fuera profeta, sabría que lo está tocando una mujer de mala fama».

40 Jesús dijo:

—Simón, tengo algo que decirte.

—Te escucho, Maestro —dijo él.

41 Jesús le puso este ejemplo:

—Dos personas le debían dinero a un señor. Una le debía quinientas monedas de plata, y la otra solo cincuenta. **42** Como ninguna tenía con qué pagar, el señor les perdonó a las dos lo que le debían. ¿Qué opinas tú? ¿Cuál de las dos estará más agradecida con ese señor?

43 Simón contestó:

—La que debía más.

—¡Muy bien! —dijo Jesús.

44 Luego Jesús miró a la mujer y le dijo a Simón:

—¿Ves a esta mujer? Cuando entré en tu casa, tú no me diste agua para lavarme los pies. Ella, en cambio, me los ha lavado con sus lágrimas y los ha secado con sus cabellos. **45** Tú no me saludaste con un beso. Ella, en cambio, desde que llegué a tu casa no ha dejado de besarme los pies. **46** Tú no me pusiste aceite sobre la cabeza. Ella, en cambio, me ha perfumado los pies. **47** Me ama mucho porque sabe que sus muchos pecados ya están perdonados. En cambio, al que se le perdonan pocos pecados, ama poco.

48 Después Jesús le dijo a la mujer: «Tus pecados están perdonados».

49 Los otros invitados comenzaron a preguntarse: «¿Cómo se atreve este a perdonar pecados?»

50 Pero Jesús le dijo a la mujer: «Tú confías en mí y por eso te has salvado. Vete tranquila».

Algunas mujeres ayudan a Jesús

8 ¹ Los días siguientes, Jesús fue por muchos pueblos y ciudades anunciando las buenas noticias del reino de Dios. Con Jesús andaban también sus doce discípulos **2-3** y muchas mujeres. Estas mujeres ayudaban con dinero a Jesús y a sus discípulos. A algunas de ellas, Jesús las había sanado de diferentes enfermedades y de los espíritus malos. Entre esas mujeres estaba María, a la que llamaban Magdalena, que antes había tenido siete demonios. También estaban Juana y Susana. Juana era la esposa de Cuza, el administrador del rey Herodes Antipas.

El ejemplo de las semillas

⁴ Mucha gente había venido de distintos pueblos para ver a Jesús. Él les puso este ejemplo:

⁵ «Un agricultor salió a sembrar trigo. Mientras sembraba, unas semillas cayeron en el camino. La gente que pasaba por allí las pisoteaba, y los pájaros se las comían. ⁶ Otras semillas cayeron en un lugar donde había muchas piedras. Las plantas nacieron, pero pronto se secaron porque no tenían agua. ⁷ Otras semillas cayeron entre espinos. Las plantas brotaron, pero los espinos las ahogaron y no las dejaron crecer. ⁸ El resto de las semillas cayó en buena tierra. Las plantas nacieron, crecieron y produjeron espigas que tenían hasta cien semillas».

Después, Jesús dijo con voz muy fuerte: «¡Si ustedes en verdad tienen oídos, pongan mucha atención!»

¿Por qué Jesús enseña con ejemplos?

⁹ Luego, los discípulos le preguntaron:

—¿Qué significa ese ejemplo que contaste?

¹⁰ Jesús les respondió:

—A ustedes les he explicado los secretos acerca del reino de Dios. Pero a los demás solo les enseño por medio de ejemplos. Así, aunque miren, no verán, y aunque oigan, no entenderán.

Jesús explica el ejemplo de las semillas

11 »El ejemplo significa lo siguiente: Las semillas representan el mensaje de Dios. **12** Las que cayeron en el camino representan a los que oyen el mensaje; pero cuando viene el diablo los hace olvidar el mensaje, para que ya no crean y no reciban la salvación que Dios les ofrece. **13** Las semillas que cayeron entre piedras representan a los que reciben el mensaje con alegría; pero, como no lo entienden muy bien, cuando tienen problemas pronto dejan de confiar en Dios. **14** Las semillas que cayeron entre espinos representan a los que oyen el mensaje, pero no dejan que el mensaje cambie sus vidas, pues viven preocupados por tener más dinero y por divertirse. **15** Las semillas que cayeron en buena tierra representan a los que oyen el mensaje de Dios y lo aceptan con una actitud obediente y sincera. Estos últimos se mantienen firmes y sus acciones son buenas.

El ejemplo de la luz

16 »Nadie enciende una lámpara para taparla con una olla, o para ponerla debajo de la cama. Más bien, la pone en un lugar alto para que alumbre a todos los que entran en la casa. **17** Porque todo lo que esté escondido se descubrirá, y todo lo que se mantenga en secreto llegará a conocerse.

18 »Por eso, presten mucha atención, porque a los que saben algo acerca de los secretos del reino se les contarán muchísimas cosas más. Pero a los que no saben de los secretos del reino, Dios los hará olvidar lo que creen saber.

La madre y los hermanos de Jesús

19 La madre y los hermanos de Jesús fueron a verlo, pero no podían llegar hasta donde él estaba porque mucha gente lo rodeaba. **20** Entonces alguien le dijo a Jesús:

—Tu madre y tus hermanos están afuera, y quieren hablar contigo.

21 Jesús contestó:

—Mi madre y mis hermanos son todos aquellos que escuchan y obedecen el mensaje de Dios.

La gran tormenta

22 Un día, Jesús subió a una barca con sus discípulos y les dijo: «Vamos al otro lado del lago». Partieron, **23-24** y mientras navegaban, Jesús se quedó dormido. De pronto se desató una tormenta sobre el lago, y el agua empezó a meterse en la barca. Los discípulos vieron el grave peligro que corrían, así que, a gritos, despertaron a Jesús:

—¡Maestro, Maestro, nos hundimos!

Jesús se levantó, y ordenó al viento y a las olas que se calmaran. Y así fue; todo quedó tranquilo. **25** Luego les dijo a los discípulos:

—¡Ustedes no confían en mí!

Pero ellos estaban tan asustados y asombrados que se decían: «¿Quién es este hombre, que hasta el viento y las olas le obedecen?»

El hombre con muchos demonios

26 Jesús y sus discípulos llegaron a la otra orilla del lago, a la región de Gerasa. **27** Cuando Jesús bajó de la barca, le salió al encuentro un hombre de ese lugar, que tenía muchos demonios.

Este hombre no vivía en una casa, sino en el cementerio, y hacía ya mucho tiempo que andaba desnudo. **28-29** Como los demonios lo atacaban muchas veces, la gente le ponía cadenas en las manos y en los pies, y lo mantenían vigilado. Pero él rompía las cadenas, y los demonios lo hacían huir a lugares solitarios.

Cuando este hombre vio a Jesús, lanzó un grito y cayó de rodillas ante él. Entonces Jesús ordenó a los demonios que salieran del hombre, pero ellos gritaron:

—¡Jesús, Hijo del Dios altísimo! ¿Qué vas a hacer con nosotros? Te rogamos que no nos hagas sufrir.

30 Jesús le preguntó al hombre:

—¿Cómo te llamas?

Él contestó:

—Me llamo Ejército.

Dijo eso porque eran muchos los demonios que habían entrado en él.

31 Los demonios le rogaron a Jesús que no los mandara al abismo, donde castigan a los demonios.

32 Cerca de allí, en un cerro, había muchos cerdos comiendo. Los demonios le suplicaron a Jesús que los dejara entrar en esos animales, y él les dio permiso. **33** Los demonios salieron del hombre y se metieron dentro de los cerdos. Los cerdos corrieron cuesta abajo, y cayeron en el lago y se ahogaron.

34 Cuando los hombres que cuidaban los cerdos vieron lo que había pasado, corrieron al pueblo y les contaron a todos lo sucedido.

35 La gente fue a ver qué había pasado. Al llegar, vieron sentado a los pies de Jesús al hombre que antes tenía los demonios. El hombre estaba vestido y se comportaba normalmente, y los que estaban allí temblaban de miedo.

36 Los que vieron cómo Jesús había sanado a aquel hombre empezaron a contárselo a todo el mundo. **37** Entonces los habitantes de la región de Gerasa le rogaron a Jesús que se fuera de allí, porque tenían mucho miedo.

Cuando Jesús subió a la barca para regresar a Galilea, **38** el hombre que ahora estaba sano le rogó a Jesús que lo dejara ir con él. Pero Jesús le dijo: **39** «Vuelve a tu casa y cuéntales a todos lo que Dios ha hecho por ti».

El hombre se fue al pueblo y contó todo lo que Jesús había hecho por él.

Una niña muerta y una mujer enferma

40 Cuando Jesús regresó a Galilea, la gente lo recibió con mucha alegría, pues lo había estado esperando. **41** En ese momento llegó un hombre llamado Jairo, que era jefe de la sinagoga. Se acercó a Jesús, se inclinó hasta el suelo y le suplicó que fuera a su casa, **42** porque su única hija, que tenía doce años, se estaba muriendo.

Jesús se fue con Jairo. Mucha gente los siguió y se amontonó alrededor de Jesús. **43** Entre esa gente estaba una mujer que desde hacía doce años tenía una enfermedad que le hacía perder mucha sangre. Había gastado mucho dinero en médicos, pero ninguno había podido sanarla. **44** Ella se acercó a Jesús por detrás, tocó levemente su manto y enseguida quedó sana.
45 Entonces Jesús le preguntó a la gente:

—¿Quién me tocó?

Como todos decían que no habían sido ellos, Pedro le dijo:

—Maestro, ¿no ves que todos se amontonan a tu alrededor y te empujan?

46 Pero Jesús volvió a decirles:

—Estoy seguro de que alguien me ha tocado, pues sentí que de mí salió poder.

47 Cuando la mujer vio que ya no podía esconderse, temblando de miedo fue y se arrodilló delante de Jesús. Luego, frente a todos los que estaban allí, contó por qué había tocado el manto de Jesús y cómo de inmediato había quedado sana.

48 Jesús entonces le dijo a la mujer:

—Hija, fuiste sanada porque confiaste en mí. Puedes irte en paz.

49 Jesús no había terminado de hablar cuando llegó un mensajero, que venía de la casa de Jairo, y le dijo:

—Ya murió su hija. No moleste usted más al Maestro.

50 Al oír esto, Jesús le dijo a Jairo:

—No tengas miedo. Confía en mí y ella se pondrá bien.

51-53 Cuando llegaron a la casa, todos lloraban y lamentaban la muerte de la niña, pero Jesús les dijo: «¡No lloren! La niña no está muerta; solo está dormida». La gente empezó a burlarse de Jesús, pues sabían que la niña estaba muerta. Entonces Jesús entró con Pedro, Santiago, Juan, Jairo y la madre de la niña, y no dejó que nadie más entrara. **54** Tomó de la mano a la niña y le dijo: «¡Niña, levántate!»

55 La niña volvió a vivir y al instante se levantó. Jesús mandó entonces que le dieran a la niña algo de comer. **56** Los padres estaban muy asombrados, pero Jesús les pidió que no le contaran a nadie lo que había pasado.

Jesús envía a los doce discípulos

9 **1** Jesús reunió a sus doce discípulos y les dio poder para sanar enfermedades y autoridad sobre todos los demonios. **2** Luego los envió a anunciar las buenas noticias del reino de Dios y a sanar a los enfermos. **3** Jesús les dijo:

«No lleven nada para el viaje. No lleven bastón, ni mochila, ni comida, ni dinero. Tampoco lleven ropa de más. **4** Cuando lleguen a una casa, quédense a vivir allí hasta que se vayan del lugar. **5** Si en alguna parte no quieren recibirlos, cuando salgan de allí sacúdanse el polvo de los pies en señal de rechazo».

6 Entonces los discípulos salieron y fueron por todos los pueblos de la región, anunciando las buenas noticias y sanando a los enfermos.

Herodes no sabe quién es Jesús

7 El rey Herodes Antipas se enteró de todo lo que estaba sucediendo, y se preocupó mucho porque algunas personas decían que Juan el Bautista había resucitado. **8** Otros decían que había aparecido el profeta Elías, o que había resucitado alguno de los antiguos profetas. **9** Pero Herodes dijo: «¿Quién será este hombre del que tanto se oye hablar? No puede ser Juan el Bautista, porque yo mismo ordené que lo mataran».

Por eso, Herodes tenía mucho interés en conocer a Jesús.

Jesús da de comer a mucha gente

10 Cuando los doce apóstoles regresaron, le contaron a Jesús todo lo que habían hecho. Luego Jesús los llevó al pueblo de Betsaida, pues quería estar a solas con ellos. **11** Pero tan pronto como la gente se dio cuenta de que Jesús se había ido a Betsaida, lo siguió.

Jesús recibió a toda la gente amablemente y empezó a hablarles acerca del reino de Dios. También sanó a los enfermos.

12 Cuando ya empezaba a oscurecer, los doce apóstoles fueron a decirle a Jesús:

—Envía a esta gente a los pueblos y caseríos cercanos, a buscar un lugar donde puedan pasar la noche y comprar comida. ¡Aquí no hay nada!

13 Jesús les dijo:

—Denles ustedes de comer.

Pero ellos respondieron:

—Solo tenemos cinco panes y dos pescados. Si fuéramos a dar de comer a toda esta gente, tendríamos que ir a comprar comida, **14** pues hay más de cinco mil personas.

Pero Jesús les dijo:

—Hagan que la gente se siente en grupos de cincuenta.

15 Y los discípulos hicieron lo que Jesús les ordenó.

16 Jesús tomó los cinco panes y los dos pescados, miró al cielo y los bendijo. Luego los partió y dio los pedazos a los discípulos para que los repartieran entre la gente.

17 Todos comieron y quedaron satisfechos. Y con los pedazos que sobraron se llenaron doce canastas.

¿Quién es Jesús?

18 En una ocasión, Jesús estaba orando solo, y sus discípulos llegaron al lugar donde él estaba. Jesús les preguntó:

—¿Qué dice la gente acerca de mí?

19 Los discípulos contestaron:

—Algunos dicen que eres Juan el Bautista; otros dicen que eres el profeta Elías; otros dicen que eres alguno de los profetas antiguos, que ha resucitado.

20 Después Jesús les preguntó:

—¿Y ustedes qué opinan? ¿Quién soy yo?

Pedro contestó:

—Tú eres el Mesías que Dios envió.

21 Pero Jesús les ordenó a todos que no le contaran a nadie que él era el Mesías.

Jesús habla de su muerte

22 Jesús también les dijo a sus discípulos: «Yo, el Hijo del hombre, voy a sufrir mucho. Los líderes del país, los sacerdotes principales y los maestros de la Ley me rechazarán y me matarán. Pero tres días después resucitaré».

23 Después Jesús les dijo a todos los que estaban allí:

«Si alguno quiere ser mi discípulo, tiene que olvidarse de hacer lo que quiera. Tiene que estar siempre dispuesto a morir y hacer lo que yo mando. **24** Porque si alguno piensa que su vida es más importante que seguirme, entonces la perderá para siempre. Pero el que prefiera seguirme y elija morir por mí, ese se salvará. **25** De nada sirve que una persona sea dueña de todo el mundo, si al final se destruye a sí misma y se pierde para siempre.

26 »Si alguno se avergüenza de mí y de mis enseñanzas, entonces yo, el Hijo del hombre, me avergonzaré de esa persona cuando venga con todo mi poder, y con el poder de mi Padre y de los santos ángeles. **27** Les aseguro que algunos de ustedes, que están aquí conmigo, no morirán hasta que vean el reino de Dios».

Jesús se transforma

28 Ocho días después, Jesús llevó a Pedro, a Juan y a Santiago hasta un cerro alto, para orar. **29** Mientras Jesús oraba, su cara cambió de aspecto y su ropa se puso blanca y brillante. **30** De pronto aparecieron Moisés y el profeta Elías, **31** rodeados de una luz hermosa. Los dos hablaban con Jesús acerca de su muerte en Jerusalén, y de su resurrección y partida al cielo.

32 Pedro y los otros dos discípulos ya se habían dormido. Pero enseguida se despertaron y vieron a Jesús rodeado de su gloria; Moisés y Elías estaban con él. **33** Cuando Moisés y Elías estaban a punto de irse, Pedro le dijo a Jesús: «Maestro, ¡qué bueno que estamos aquí! Si quieres, voy a construir tres chozas: una para ti, otra para Moisés y otra para Elías».

Pedro estaba hablando sin pensar en lo que decía. **34** Mientras hablaba, una nube bajó y se detuvo encima de todos ellos. Los tres discípulos tuvieron mucho miedo. **35** Luego, desde la nube se oyó una voz que decía: «¡Este es mi Hijo, el Mesías que yo elegí! Ustedes deben obedecerlo».

36 Después de oír la voz, los discípulos vieron que Jesús había quedado solo. Y durante algún tiempo no le contaron a nadie lo que habían visto.

Jesús sana a un muchacho

37 Al día siguiente, cuando Jesús y sus tres discípulos bajaron del cerro, mucha gente les salió al encuentro. **38** Un hombre que estaba entre esa gente se acercó y le dijo a Jesús:

—Maestro, te ruego que ayudes a mi único hijo. **39** Un espíritu lo ataca de repente y lo hace gritar. También lo hace temblar terriblemente y echar espuma por la boca. Cuando por fin deja de atacarlo, el muchacho queda todo maltratado. **40** Le pedí a tus discípulos que sacaran al espíritu, pero no pudieron.

41 Jesús miró a sus seguidores y les dijo:

—¿No pueden hacer nada sin mí? ¿Hasta cuándo voy a tener que soportarlos? Ustedes están confundidos y no confían en Dios.

Entonces Jesús le dijo al hombre:

—Trae a tu hijo.

42 Cuando el muchacho se acercaba, el demonio lo atacó, lo tiró al suelo y lo hizo temblar muy fuerte. Entonces Jesús reprendió al espíritu malvado, sanó al muchacho y lo entregó a su padre.

43 Toda la gente estaba asombrada del gran poder de Dios.

Jesús habla otra vez de su muerte

Mientras la gente seguía asombrada por todo lo que Jesús hacía, él les dijo a sus discípulos: **44** «Pongan mucha atención en lo que voy a decirles. Yo, el Hijo del hombre, seré entregado a mis enemigos».

45 Los discípulos no entendieron lo que Jesús decía, pues aún no había llegado el momento de comprenderlo. Además, ellos tuvieron miedo de preguntarle qué quiso decir.

¿Quién es el más importante?

46 En cierta ocasión, los discípulos discutían acerca de cuál de ellos era el más importante de todos.

47 Cuando Jesús se dio cuenta de lo que ellos pensaban, llamó a un niño, lo puso junto a él, **48** y les dijo: «Si alguno acepta a un niño como este, me acepta a mí. Y si alguno me acepta a mí, acepta a Dios, que fue quien me envió. El más humilde de todos ustedes es la persona más importante».

Los que están a favor de Jesús

49 Juan, uno de los doce discípulos, le dijo a Jesús:

—Maestro, vimos a alguien que usaba tu nombre para echar demonios fuera de la gente. Pero nosotros le dijimos que no lo hiciera, porque él no es parte de nuestro grupo.

50 Pero Jesús le dijo:

—No se lo prohíban, porque quien no está en contra de ustedes, realmente está a favor de ustedes.

Jesús regaña a Santiago y a Juan

51 Cuando ya se acercaba el tiempo en que Jesús debía subir al cielo, decidió ir hacia Jerusalén. **52** Envió a unos mensajeros a un pueblo de Samaria para que le buscaran un lugar donde pasar la noche. **53** Pero la gente de esa región no quiso recibir a Jesús, porque sabían que él viajaba a Jerusalén.

54 Cuando sus discípulos Santiago y Juan vieron lo que había pasado, le dijeron a Jesús: «Señor, permítenos orar para que caiga fuego del cielo y destruya a todos los que viven aquí».

55 Pero Jesús se volvió hacia ellos y los reprendió. **56** Después, se fueron a otro pueblo.

Los que querían seguir a Jesús

57 Cuando iban por el camino, alguien le dijo a Jesús:

—Te seguiré a cualquier sitio que vayas.

58 Jesús le contestó:

—Las zorras tienen sus cuevas y las aves tienen nidos, pero yo, el Hijo del hombre, no tengo ni siquiera un sitio donde descansar.

59 Después Jesús le dijo a otro:

—¡Sígueme!

Pero él respondió:

—Señor, primero déjame ir a enterrar a mi padre.

60 Jesús le dijo:

—Lo importante es que tú vayas ahora mismo a anunciar las buenas noticias del reino de Dios. ¡Deja que los muertos entierren a sus muertos!

61 Luego vino otra persona y le dijo a Jesús:

—Señor, quiero seguirte, pero primero déjame ir a despedirme de mi familia.

62 Jesús le dijo:

—No se puede pertenecer al reino de Dios y hacer lo mismo que hace un mal agricultor. Al que se pone a arar el terreno y vuelve la vista atrás, los surcos le salen torcidos.

Jesús envía a setenta y dos discípulos

10 **1** Después, Jesús eligió a setenta y dos discípulos, y los envió en grupos de dos en dos a los pueblos y lugares por donde él iba a pasar. **2** Jesús les dijo:

«Son muchos los que necesitan entrar en el reino de Dios, pero son muy pocos los que hay para anunciarles las buenas noticias. Por eso, pídanle a Dios que envíe más seguidores míos para compartir las buenas noticias con toda esa gente. **3** Vayan ahora; pero tengan cuidado, porque yo los envío como quien manda corderos a una cueva de lobos.

4 »No lleven dinero, ni mochila, ni zapatos. No se detengan a saludar a nadie por el camino. **5** Cuando lleguen a alguna casa, saluden a todos los que vivan allí, deseando que les vaya bien. **6** Si la gente merece el bien, el deseo de ustedes se cumplirá. Pero si no lo merece, no se cumplirá su deseo. **7** No anden de casa en casa. Quédense con una sola familia, y coman y beban lo que allí les den, porque el trabajador merece que le paguen.

8 »Si entran en un pueblo y los reciben bien, coman lo que les sirvan, **9** sanen a los enfermos, y díganles que el reino de Dios ya está por llegar. **10** Pero si entran en un pueblo y no los reciben bien, salgan a la calle y protesten, diciendo: **11** "No tenemos nada que ver con ustedes. Por eso, hasta el polvo de su pueblo lo sacudimos de nuestros pies. Pero sepan esto: ya está por llegar el reino de Dios". **12** Les aseguro que, en el día del juicio, Dios castigará más duramente a la gente de ese pueblo que a la de Sodoma».

La gente que no cree

13 Jesús también dijo:

«Habitantes del pueblo de Corazín, ¡qué mal les va a ir a ustedes! ¡Y también les va a ir mal a los que viven en el pueblo de Betsaida! Si los milagros que hice entre ustedes los hubiera hecho entre los que viven en las ciudades de Tiro y de Sidón, hace tiempo que ellos habrían cambiado su modo de vivir. Se habrían vestido de ropas ásperas y se habrían echado ceniza en la cabeza para mostrar su arrepentimiento. **14** Les aseguro que en el día del juicio final ustedes van a recibir un castigo mayor que el de ellos.

15 »Habitantes del pueblo de Cafarnaúm, ¿creen que van a ser bien recibidos en el cielo? No, sino que van a ser enviados a lo más profundo del infierno».

16 Luego Jesús les dijo a sus discípulos: «Cualquiera que los escuche a ustedes, me escucha a mí. Cualquiera que los rechace, a mí me rechaza; y la persona que me rechaza, rechaza también a Dios, que fue quien me envió».

Los setenta y dos discípulos regresan

17 Los setenta y dos discípulos que Jesús había enviado regresaron muy contentos y le dijeron:

—¡Señor, hasta los demonios nos obedecen cuando los reprendemos en tu nombre!

18 Jesús les dijo:

—Yo vi que Satanás caía del cielo como un rayo. **19** Yo les he dado poder para que ni las serpientes ni los escorpiones les hagan daño, y para que derroten a Satanás, su enemigo. **20** Sin embargo, no se alegren de que los malos espíritus los obedezcan. Alégrense más bien de que sus nombres estén escritos en el libro del cielo.

Jesús alaba a Dios

21 En ese mismo momento, el Espíritu Santo hizo que Jesús sintiera mucha alegría. Entonces Jesús dijo:

«Padre mío, que gobiernas el cielo y la tierra, te alabo porque has mostrado estas cosas a los niños y a los que son como ellos. En cambio, no se las mostraste a los que conocen mucho y son sabios, porque así lo has querido, Padre mío».

22 Luego Jesús le dijo a la gente que estaba con él: «Mi Padre me ha entregado todo, y nadie me conoce mejor que él. Y yo, que soy su Hijo, conozco mejor que nadie a Dios, mi Padre; y elijo a las personas que lo conocerán como yo».

23 Cuando Jesús se quedó a solas con sus discípulos, les dijo: «Dichosos ustedes, que pueden ver todo lo que sucede ahora. **24** A muchos profetas y reyes les habría gustado ver y oír lo que ustedes ven y oyen ahora, pero no pudieron».

Un extranjero compasivo

25 Un maestro de la Ley se acercó para ver si Jesús podía responder a una pregunta difícil, y le dijo:

—Maestro, ¿qué debo hacer para tener la vida eterna?

26 Jesús le respondió:

—¿Sabes lo que dicen los libros de la Ley?

27 El maestro de la Ley respondió:

—"Ama al Señor tu Dios con todo tu corazón, con toda tu mente y con todas tus fuerzas", y "Ama a tu prójimo como te amas a ti mismo".

28 —¡Muy bien! —respondió Jesús—. Haz todo eso y tendrás la vida eterna.

29 Pero el maestro de la Ley no quedó satisfecho con la respuesta de Jesús e insistió:

—¿Y quién es mi prójimo?

30 Entonces Jesús le puso este ejemplo:

«Un día, un hombre iba de Jerusalén a Jericó. En el camino lo asaltaron unos ladrones que, después de golpearlo, le robaron todo lo que llevaba y lo dejaron medio muerto.

31 »Por casualidad, por el mismo camino pasaba un sacerdote judío. Al ver a aquel hombre, el sacerdote se hizo a un lado y siguió su camino. **32** Luego pasó por ese lugar otro judío, que ayudaba en el culto del templo; cuando aquel otro vio al hombre, se hizo a un lado y siguió su camino.

33 »Pero también pasó por allí un extranjero, de la región de Samaria, y al ver a aquel hombre tirado en el suelo, le tuvo compasión. **34** Se acercó, sanó sus heridas con vino y aceite, y le puso vendas. Lo subió sobre su burro, lo llevó a una posada y allí lo cuidó.

35 »Al día siguiente, el extranjero le dio dinero al encargado de la posada y le dijo: "Cuídeme bien a este hombre. Si el dinero que le dejo no alcanza para todos los gastos, yo le pagaré lo que falte cuando regrese"».

36 Jesús terminó el relato y le dijo al maestro de la Ley:

—A ver, dime. De los tres hombres que pasaron por el camino, ¿cuál fue el prójimo del que maltrataron los ladrones?

37 —El que se preocupó por él y lo cuidó —contestó el maestro de la Ley.

Jesús entonces le dijo:

—Anda y haz tú lo mismo.

Marta y María

38 En su viaje hacia Jerusalén, Jesús y sus discípulos pasaron por un pueblo. Allí, una mujer llamada Marta recibió a Jesús en su casa. **39** En la casa también estaba María, que era hermana de Marta. María se sentó junto a Jesús y escuchaba atentamente lo que él decía. **40** Marta, en cambio, estaba ocupada en preparar la comida y en los quehaceres de la casa. Por eso, se acercó a Jesús y le dijo:

—Señor, ¿no te importa que mi hermana me deje sola haciendo todo el trabajo de la casa? Dile que me ayude.

41-42 Pero Jesús le contestó:

—Marta, Marta, ¿por qué te preocupas por tantas cosas? Hay algo más importante. María lo ha elegido, y nadie se lo va a quitar.

Jesús enseña a orar

11 ¹ Un día, Jesús fue a cierto lugar para orar. Cuando terminó, uno de sus discípulos se acercó y le pidió:

—Señor, enséñanos a orar, así como Juan el Bautista enseñó a sus seguidores.

² Jesús les dijo:

—Cuando ustedes oren, digan:

"Padre, que todos reconozcan
que tú eres el verdadero Dios.

Ven y sé nuestro único rey.

³ Danos la comida
que hoy necesitamos.

4 Perdona nuestros pecados,
   como también nosotros perdonamos
   a todos los que nos hacen mal.

   Y cuando vengan las pruebas,
   no permitas que ellas
   nos aparten de ti".

5 También les dijo:

«Supongamos que, a medianoche, uno de ustedes va a la casa de un amigo y le dice: "Vecino, por favor, préstame tres panes. **6** Un amigo mío vino de viaje; va a quedarse en mi casa y no tengo nada para darle de comer". **7** Supongamos también que el vecino le responda así: "¡No me molestes! La puerta ya está cerrada con llave, y mi familia y yo estamos acostados. No puedo levantarme a darte los panes". **8** Si el otro sigue insistiendo, de seguro el vecino le dará lo que necesite, no tanto porque aquel sea su amigo, sino porque no tuvo vergüenza de pedirle con insistencia.

9 »Por eso les digo esto: pidan a Dios y él les dará; hablen con Dios y encontrarán lo que buscan; llámenlo y él los atenderá. **10** Porque el que confía en Dios recibe lo que pide, encuentra lo que busca y, si llama, es atendido.

¹¹ »¿Alguno de ustedes le daría a su hijo una serpiente si él le pidiera un pescado? ¹² ¿O le daría un escorpión si le pidiera un huevo? ¹³ Si ustedes, que son malos, saben dar cosas buenas a sus hijos, con mayor razón Dios, su Padre que está en el cielo, dará el Espíritu Santo a quienes se lo pidan».

Jesús y el jefe de los demonios

¹⁴ Jesús expulsó a un demonio que había dejado mudo a un hombre. Cuando el demonio salió, el hombre empezó a hablar.

La gente estaba asombrada por lo que hizo Jesús, ¹⁵ pero algunas personas dijeron: «Jesús libera de los demonios a la gente porque Beelzebú, el jefe de los demonios, le da poder para hacerlo».

¹⁶ Otros querían ponerle una trampa a Jesús. Por eso le pidieron un milagro que demostrara que había sido enviado por Dios. ¹⁷ Jesús se dio cuenta de lo que pensaban y les dijo:

«Si los habitantes de un país se pelean entre ellos, el país se destruirá. Si los miembros de una familia se pelean entre sí, la familia también se destruirá. ¹⁸ Y si Satanás lucha contra sí mismo, destruirá su propio reino. Ustedes dicen que yo expulso los demonios por el poder de Satanás. ¹⁹ Si eso fuera verdad, entonces ¿quién les da poder a los discípulos de ustedes para echar fuera demonios? Si ustedes me responden que Dios les da ese poder, eso demuestra que están equivocados. ²⁰ Y si yo echo fuera los demonios con el poder de Dios, eso demuestra que el reino de Dios ya está aquí.

²¹ »Es muy difícil robar en la casa de un hombre fuerte y bien armado. ²² Pero si un hombre más fuerte que él lo vence, le quitará las armas, le robará todo y lo repartirá entre sus amigos.

²³ »Si ustedes no están de acuerdo con lo que hago, entonces están contra mí. Si no me ayudan a traer a otros para que me sigan, es como si los estuvieran ahuyentando.

El espíritu malo que regresa

²⁴ »Cuando un espíritu malo sale de una persona, viaja por el desierto buscando dónde descansar. Cuando no encuentra

ningún lugar, dice: "Mejor regresaré a mi antigua casa y me meteré de nuevo en ella". **25** Cuando regresa, la encuentra limpia y ordenada. **26** Entonces va y busca a otros siete espíritus peores que él, y todos se meten dentro de aquella persona y se quedan a vivir allí. ¡Y la pobre termina peor que cuando solo tenía un espíritu malo!»

¿Para quién es la bendición?

27 Mientras Jesús hablaba, llegó una mujer y le gritó:

—¡Dichosa la mujer que te dio a luz y te amamantó!

28 Pero Jesús le respondió:

—¡Dichosa más bien la gente que escucha el mensaje de Dios, y lo obedece!

Una señal milagrosa

29 Mucha gente se acercó para escuchar a Jesús. Entonces él les dijo:

«Ustedes me piden como prueba una señal, pero son malos y no confían en Dios. La única prueba que les daré será lo que le pasó a Jonás. **30** Así como él fue señal para los habitantes de la ciudad de Nínive, así yo, el Hijo del hombre, seré una señal para la gente de este tiempo.

31 »La reina del Sur se levantará en el día del juicio, y hablará contra ustedes para que Dios los castigue. Ella vino desde muy lejos a escuchar las sabias enseñanzas del rey Salomón. Pero ustedes no quieren escuchar mis enseñanzas, aunque soy más importante que Salomón.

32 »En el juicio final, la gente de la ciudad de Nínive también se levantará, y hablará contra ustedes. Porque esa gente sí cambió de vida cuando oyó el mensaje que le anunció Jonás. Pero ustedes oyen mi mensaje y no cambian, a pesar de que soy más importante que Jonás».

La luz del cuerpo

Jesús también les dijo:

33 «Nadie enciende una lámpara para esconderla o para ponerla debajo de un cajón. Todo lo contrario: se pone en un lugar alto, para que alumbre a todos los que entran en la casa. **34** Los ojos de una persona son como una lámpara que alumbra su cuerpo. Por eso, si miran con ojos sinceros y amables, la luz entrará en su vida. Pero si sus ojos son envidiosos y orgullosos, vivirán en completa oscuridad. **35** Así que, tengan cuidado; no dejen que se apague la luz de su vida. **36** Si todo su cuerpo está iluminado, sin que haya ninguna parte oscura, entonces la vida de ustedes alumbrará en todos lados, como cuando una lámpara los ilumina con su luz.

¡Qué mal les va a ir!

37 Cuando Jesús terminó de hablar, un fariseo lo invitó a comer en su casa. Jesús fue y se sentó a la mesa. **38** El fariseo se sorprendió mucho al ver que Jesús no se había lavado las manos antes de comer. **39** Pero Jesús le dijo:

—Ustedes los fariseos se lavan por fuera, pero por dentro son malos, no ayudan a nadie y roban a la gente. **40** ¡Tontos! Dios hizo las cosas de afuera y también las de adentro. **41** La mejor manera de estar completamente limpios es compartir lo que uno tiene con los pobres.

42 »¡Qué mal les va a ir! Ustedes se preocupan por dar como ofrenda a Dios la décima parte de las legumbres, de la menta y de la ruda que cosechan en sus terrenos. Pero no son justos con los demás, ni aman a Dios. Deben dar a Dios la décima parte de todo, pero sin dejar de amar a Dios y de ser justos.

43 »¡Qué mal les va a ir, fariseos! Cuando ustedes van a la sinagoga, les encanta que los traten como si fueran las personas más importantes. Les gusta que en el mercado la gente los salude con gran respeto.

44 »¡Qué mal les va a ir! Porque ustedes son como tumbas ocultas, que la gente pisa sin saberlo.

45 Entonces, un maestro de la Ley le dijo a Jesús:

—Maestro, todo esto que dices contra los fariseos, nos ofende también a nosotros.

46 Jesús le dijo:

—¡Qué mal les va a ir a ustedes también! Porque imponen mandamientos muy difíciles de cumplir, pero no hacen ni el más mínimo esfuerzo por cumplirlos.

47 »¡Qué mal les va a ir a ustedes, que construyen monumentos para recordar a los profetas que sus mismos antepasados mataron! **48** Así ustedes están aprobando lo que hicieron sus antepasados: ellos mataron a los profetas, y ustedes construyen sus monumentos.

49 »Por eso Dios ha dicho sabiamente acerca de ustedes: "Yo les enviaré profetas y apóstoles, pero ustedes matarán a algunos de ellos, y a otros los perseguirán por todas las ciudades". **50** Así que, ustedes se han hecho culpables de la muerte de todos los profetas del mundo, **51** comenzando por la muerte de Abel y terminando por la muerte del profeta Zacarías, a quien mataron entre el templo y el altar de los sacrificios. Les aseguro que todos ustedes serán castigados por esto.

52 »¡Qué mal les va a ir, maestros de la Ley! Ustedes saben muy bien lo que significa conocer a Dios, pero no hacen nada por conocerlo, ni dejan que otros lo hagan.

53 Cuando Jesús salió de esa casa, los maestros de la Ley y los fariseos comenzaron a seguirlo, y a hacerle muchas preguntas. **54** Pero en realidad le estaban poniendo una trampa, para ver si decía algo malo y así poder atraparlo.

Consejos

12 **1** Mientras muchísimas personas rodeaban a Jesús y se atropellaban unas a otras, él les dijo a sus discípulos: «Tengan cuidado de las mentiras que enseñan los fariseos. Ellos engañan a la gente diciéndoles cosas que parecen verdad. **2** Porque todo lo que esté escondido se descubrirá, y todo lo que se mantenga en secreto llegará a conocerse. **3** Lo que ustedes digan en la oscuridad, se sabrá a plena luz del día; lo que digan en secreto, lo llegará a saber todo el mundo.

A quién debemos tenerle miedo

4 »Amigos míos, no tengan miedo de la gente que puede quitarles la vida. Más que eso no pueden hacerles. **5** Tengan más bien temor de Dios, pues él no solo puede quitarles la vida, sino que también puede enviarlos al infierno. A él sí deben tenerle miedo.

6 »Cinco pajarillos apenas valen unas cuantas monedas. Sin embargo, Dios se preocupa por cada uno de ellos. **7** Lo mismo pasa con ustedes: Dios sabe hasta cuántos cabellos tienen. Por eso, ¡no tengan miedo! Ustedes valen más que muchos pajarillos.

Hablar de Jesús

8 »Si ustedes les dicen a otros que son mis seguidores, yo, el Hijo del hombre, les diré a los ángeles de Dios que ustedes en verdad lo son. **9** Pero si le dicen a la gente que no son mis seguidores, yo les diré a los ángeles de Dios que ustedes no lo son.

10 »Si ustedes dicen algo contra mí, que soy el Hijo del hombre, Dios los perdonará. Pero si dicen algo malo en contra del Espíritu Santo, Dios no los perdonará.

11 »Cuando los lleven a las sinagogas o ante los jueces y las autoridades para ser juzgados, no se preocupen por lo que van a decir o cómo van a defenderse. **12** Porque en el momento preciso, el Espíritu Santo les dirá lo que deben decir».

El rico tonto

13 Uno de los que estaban allí le dijo a Jesús:

—Maestro, ordénale a mi hermano que me dé la parte de la herencia que me dejó nuestro padre.

14 Jesús le respondió:

—A mí no me corresponde resolver el pleito entre tú y tu hermano.

15 Miró entonces a los que estaban allí y les dijo: «¡No vivan siempre deseando tener más y más! No por ser dueños de muchas cosas se vive una vida larga y feliz».

16 Y enseguida Jesús les puso este ejemplo:

«Las tierras de un hombre muy rico habían dado una gran cosecha. **17** Era tanto lo que se había recogido, que el rico no sabía dónde guardar los granos. **18** Pero después de pensarlo dijo: "Ya sé lo que haré. Destruiré mis viejos graneros y mandaré a construir unos mucho más grandes. Allí guardaré lo que he cosechado y todo lo que tengo. **19** Después me diré: ¡Ya tienes suficiente para vivir muchos años! ¡Come, bebe, diviértete y disfruta de la vida lo más que puedas!"

20 »Pero Dios le dijo: "¡Qué tonto eres! Esta misma noche vas a morir, y otros disfrutarán de todo esto que has guardado".

21 »Así les pasa a todos los que amontonan riquezas para sí mismos. Creen que son ricos, pero ante Dios en realidad son pobres».

Las preocupaciones

22 Después Jesús les dijo a sus discípulos:

«No se pasen la vida preocupándose de qué van a comer, qué van a beber, o qué ropa van a ponerse. **23** La vida no consiste solo en comer, ni el cuerpo existe solo para que lo vistan.

24 »Miren a los cuervos: no siembran, ni cosechan, ni tienen graneros para guardar las semillas. Sin embargo, Dios les da de comer. ¡Recuerden que ustedes son más importantes que las aves!

25 »¿Creen ustedes que por preocuparse mucho vivirán un día más? **26** Si no pueden conseguir ni siquiera esto, ¿por qué se preocupan por las demás cosas?

27 »Aprendan de las flores del campo: no trabajan para hacerse sus vestidos; sin embargo, les aseguro que ni el rey Salomón, con todas sus riquezas, se vistió tan bien como ellas.

28 »Si Dios hace tan hermosas a las flores, que viven tan poco tiempo, ¿no hará mucho más por ustedes? ¡Veo que todavía no han aprendido a confiar en Dios!

²⁹ »No se desesperen preguntándose qué van a comer, o qué van a beber. ³⁰ Solo los que no conocen a Dios se preocupan por eso. Dios, el Padre de ustedes, sabe que todo eso lo necesitan.

³¹ »Lo más importante es que reconozcan a Dios como único rey. Todo lo demás, él se lo dará a su debido tiempo.

La riqueza verdadera

³² »¡No tengan miedo, mi pequeño grupo de discípulos! Dios, el Padre de ustedes, quiere darles su reino. ³³ Vendan lo que tienen, y denle ese dinero a los pobres. Fabríquense bolsas que nunca se rompan, y guarden en el cielo lo más valioso de su vida. Allí, los ladrones no podrán robar, ni la polilla podrá destruir. ³⁴ Recuerden que siempre pondrán toda su atención en donde estén sus riquezas.

Los sirvientes

³⁵⁻³⁶ »Ustedes tienen que estar siempre listos. Deben ser como los sirvientes de aquel que va a una fiesta de bodas. Ellos se quedan despiertos, con las lámparas encendidas, esperando a que su dueño llame a la puerta para abrirle de inmediato. ³⁷⁻³⁸ ¡Qué felices serán cuando llegue el dueño a la casa, en la noche, o en la madrugada! Les aseguro que el dueño hará que sus sirvientes se sienten a la mesa, y él mismo les servirá la comida.

³⁹ »Si el dueño de una casa supiera a qué hora se va a meter un ladrón, lo esperaría para no dejarlo entrar. ⁴⁰ Ustedes deben estar listos, porque yo, el Hijo del hombre, vendré a la hora que menos lo esperen».

⁴¹ Pedro entonces le preguntó:

—Señor, ¿esa enseñanza es solo para nosotros, o para todos los que están aquí?

⁴² El Señor le respondió:

—¿Quién es el sirviente responsable y atento? Es aquel a quien el dueño de la casa deja encargado de toda su familia, para que él les sirva la comida a tiempo. **43** ¡Qué feliz es el sirviente si su dueño lo encuentra cumpliendo sus órdenes! **44** Les aseguro que el dueño hará que ese sirviente administre todas sus posesiones. **45** Pero supongamos que el sirviente piensa: "Mi amo salió de viaje y tardará mucho en volver", y entonces comienza a golpear a los otros sirvientes y sirvientas, y a comer y a beber hasta emborracharse. **46** Cuando vuelva su amo, en el día y la hora en que menos lo espere, lo castigará como se castiga a los sirvientes que no obedecen.

47 »El sirviente que conoce las órdenes de su dueño y no las cumple, recibirá un castigo severo. **48** Pero el sirviente que, sin saberlo, hace algo que merece castigo, recibirá un castigo menor. Dios es bueno con ustedes, y espera que ustedes lo sean con él. Y así como él se muestra muy generoso con ustedes, también espera que ustedes le sirvan con la misma generosidad.

Jesús advierte a sus discípulos

49 »Yo he venido para encender fuego en el mundo. ¡Y cómo me gustaría que ya estuviera ardiendo! **50** Pero primero tengo que pasar por una prueba muy difícil, y sufro mucho hasta que llegue ese momento. **51** ¿Creen ustedes que vine para establecer la paz en este mundo? ¡No! Yo no vine a eso. Vine a causar división. **52** En una familia de cinco, tres estarán en contra de los otros dos. **53** El padre y el hijo se pelearán, la madre y la hija harán lo mismo, y la suegra y la nuera serán enemigas.

Las señales de Dios

54 Jesús le dijo a la gente:

«Cuando ustedes miran hacia el oeste, y ven una nube en el cielo, dicen: "¡Va a llover!"; y en verdad llueve. **55** Y si ven que sopla viento desde el sur, dicen: "¡Va a hacer calor!"; y así pasa. **56** ¿A quién tratan de engañar? A ustedes les basta mirar el aspecto del cielo y de la tierra para saber si el tiempo será bueno o malo. ¡Pero miran las cosas que yo hago y no son capaces de entender que son señales de Dios!

Paz con el enemigo

57 »Elige hacer lo correcto. **58** Si alguien te acusa de hacer algo malo en su contra, arregla el problema con esa persona antes de que te entregue al juez. Si no, el juez le ordenará a un policía que te lleve a la cárcel. **59** Te aseguro que solo saldrás cuando hayas pagado hasta el último centavo».

Cambiar de vida

13 **1** Por aquel tiempo, algunos le dijeron a Jesús que Pilato, el gobernador romano, había mandado matar a varios hombres de la región de Galilea. Esto les había sucedido mientras ellos estaban en el templo ofreciendo sacrificios a Dios. **2** Jesús les dijo:

«¿Creen ustedes que esos hombres murieron porque eran más malos que los demás habitantes de Galilea? **3** ¡De ninguna manera! Y si ustedes no cambian su manera de vivir ni obedecen a Dios, de seguro morirán. **4** Recuerden a los dieciocho que murieron cuando se les vino encima la torre que se derrumbó en Siloé. ¿Creen ustedes que eso les pasó porque eran más malos que todos los habitantes de Jerusalén? **5** ¡De ninguna manera! Y si ustedes no cambian su manera de vivir ni obedecen a Dios, también morirán».

La higuera

6 Además, Jesús les puso este ejemplo:

«Un hombre había sembrado una higuera en su viñedo. Un día, fue a ver si el árbol tenía higos, pero no encontró ninguno. **7** Entonces le dijo al encargado del viñedo: "Tres años seguidos he venido a ver si esta higuera ya tiene higos, y nunca encuentro nada. Córtala, pues solo está ocupando terreno". **8** El encargado le dijo: "Señor, deje usted la higuera un año más. Aflojaré la tierra a su alrededor, y le pondré abono. **9** Si el próximo año da higos, la dejará vivir; si no, puede ordenar que la corten"».

Jesús sana a una mujer

10 Un sábado, Jesús estaba enseñando en una sinagoga.
11 Allí había una mujer que tenía dieciocho años de estar jorobada. Un espíritu malo la había dejado así, y no podía enderezarse para nada. **12** Cuando Jesús la vio, la llamó y le dijo: «¡Mujer, quedas libre de tu enfermedad!» **13** Jesús puso sus manos sobre ella, y en ese momento la mujer se enderezó y comenzó a alabar a Dios.

14 El jefe de la sinagoga se enojó mucho con Jesús, por lo que Jesús había hecho en un día de descanso obligatorio. Por eso, le dijo a la gente que estaba reunida: «La semana tiene seis días para trabajar, y uno para descansar. Ustedes deben venir para ser sanados en uno de esos seis días, pero no en sábado».

15 Jesús contestó: «¿A quién tratan de engañar? Ustedes llevan a su buey o a su burro a beber agua el día sábado, **16** y esta mujer vale mucho más que un buey o un burro, porque es descendiente de Abraham. Si Satanás la tuvo enferma durante dieciocho años, ¿por qué no podía ser sanada en un día sábado?»

17 Al oír esto, sus enemigos sintieron mucha vergüenza. El resto de la gente, en cambio, se puso muy feliz al ver las cosas tan maravillosas que Jesús hacía.

La semilla de mostaza

18 Jesús también les dijo:

«¿Cómo les puedo explicar qué es el reino de Dios? ¿Con qué puedo compararlo? **19** Se puede comparar con la semilla de mostaza: Cuando un hombre va y la siembra en su terreno, ella crece y se convierte en un árbol tan grande que hasta los pájaros vienen y hacen nidos en sus ramas».

La levadura

20 Jesús también les dijo:

«¿Con qué más puedo comparar el reino de Dios? **21** Se puede comparar con lo que sucede cuando una mujer pone un poquito de levadura en un montón de harina. ¡Ese poquito hace crecer toda la masa!»

La puerta estrecha

22 Durante el viaje hacia Jerusalén, Jesús pasaba por los pueblos y aldeas y enseñaba a la gente. **23** Un día, alguien le preguntó:

—Señor, ¿serán pocos los que se van a salvar?

Jesús contestó:

24 «Traten de entrar por la puerta estrecha. Porque muchos querrán entrar al reino de Dios y no podrán. **25** Cuando Dios cierre la puerta, si ustedes están afuera ya no podrán entrar. Tocarán a la puerta y dirán: "¡Señor, ábrenos!" Pero yo les diré: "No sé quiénes sean ustedes, ni de dónde vengan". **26** Y ustedes dirán: "Nosotros comimos y bebimos contigo; además, tú enseñaste en las calles de nuestro pueblo". **27** Pero yo les contestaré: "¡Ya les dije que no los conozco! ¡Aléjense de mí, malvados!"

28 »Ustedes se quedarán afuera, y llorarán y rechinarán los dientes de terror. Porque verán a sus antepasados Abraham, Isaac y Jacob, y a los profetas, en el reino de Dios. **29** De todas partes del mundo vendrán a la gran cena que Dios dará en su reino. **30** Allí, los que ahora son los menos importantes, serán los más importantes. Y los que ahora son importantes, serán los menos importantes».

Jesús y Herodes

31 En ese momento, llegaron unos fariseos y le dijeron a Jesús:

—¡Huye, porque el rey Herodes Antipas quiere matarte!

32 Jesús les dijo:

—Vayan y díganle a esa zorra que hoy y mañana estaré expulsando demonios y curando a los enfermos, y que el tercer día ya habré terminado. **33** Aunque, en verdad, hoy, mañana y pasado mañana deberé seguir mi viaje hasta llegar a Jerusalén. Después de todo, allí es donde matan a los profetas.

Jesús llora por la gente de Jerusalén

34 »¡Habitantes de Jerusalén! ¡Gente que mata a los profetas y a los mensajeros que Dios les envía! Muchas veces quise protegerlos a ustedes, como la gallina que cuida a sus pollitos debajo de sus alas; pero ustedes no me dejaron. **35** Por eso su templo quedará abandonado. Y les aseguro que ya no volverán a verme, hasta que digan: "¡Bendito sea Jesús, que viene de parte de Dios!"

Jesús sana a un enfermo

14 **1** Un sábado, Jesús estaba cenando en la casa de un jefe de los fariseos; todos los que estaban presentes lo vigilaban muy atentos. **2** De pronto, un hombre que tenía las piernas y los brazos hinchados se paró delante de él. **3** Jesús miró a los maestros de la Ley y a los fariseos, y les preguntó: «¿Se debe o no se debe sanar a un enfermo el día de descanso?» **4** Ellos se quedaron callados.

Entonces Jesús tomó de la mano al enfermo, lo sanó y lo despidió. **5** Después, les preguntó a los que estaban presentes: «¿Si uno de sus hijos, o uno de sus bueyes, se cae en un pozo, no es cierto que lo sacarían de inmediato, aunque fuera sábado?» **6** Pero ellos no pudieron decir nada.

Los invitados a la cena

7 Jesús se había dado cuenta de cómo los invitados a la cena llegaban y se sentaban en los mejores lugares. Por eso les dio este consejo:

8 «Cuando alguien te invite a una fiesta de bodas, no te sientes en el mejor lugar. Porque si llega alguien más importante que tú, **9** el que te invitó te dirá: "Dale tu puesto a este otro invitado". Eso sería muy vergonzoso para ti, y tendrías que sentarte en el último lugar.

10 »Por eso, cuando alguien te invite, busca el último puesto. Así, cuando llegue el que te invitó, te dirá: "Amigo, ven siéntate aquí; este lugar es mejor". De esa manera, recibirás honores delante de los demás invitados. **11** El que se crea superior a los demás, será puesto en el lugar menos importante. El que es humilde será puesto en un lugar más importante».

12 Luego, Jesús le dijo al hombre que lo había invitado:

«Cuando hagas una fiesta o una cena, no invites a tus amigos, ni a tus hermanos, ni a tus otros familiares, ni a tus vecinos más ricos. Si haces eso, también ellos te invitarán a ti, y de esa manera te recompensarán por haberlos invitado. **13** En el futuro, cuando hagas una fiesta, invita a los pobres, a los tullidos, a los cojos y a los ciegos. **14** Ellos no podrán darte nada a cambio, pero Dios te bendecirá. Él te dará un premio cuando resuciten todos los que practican la justicia».

La gran cena

15 Al oír esto, uno de los invitados le dijo a Jesús:

—¡La bendición más grande será participar en la gran fiesta del reino de Dios!

16 Jesús le respondió:

«En cierta ocasión, un hombre organizó una gran cena e invitó a mucha gente. **17** Cuando llegó la hora, envió a su sirviente para que llamara a los invitados y les dijera: "Vengan, ya todo está listo".

18 »Pero cada uno de los invitados dio una excusa y rechazó la invitación. Uno dijo: "Dile a tu amo que por favor me disculpe, pues acabo de comprar un terreno y necesito ir a verlo".

19 »Otro dijo: "Le ruego que me disculpe, pues hoy compré cinco yuntas de bueyes y tengo que probarlas".

20 »Otro más dijo: "Acabo de casarme; dile que no puedo ir".

21 »El sirviente regresó y le contó a su amo todo esto. El amo se enojó mucho y le dijo: "Ve enseguida a las calles y callejones de la ciudad, y trae a cenar a los pobres, a los tullidos, a los ciegos y a los cojos".

22 »Cuando el sirviente regresó, le dijo: "Señor, ya hice lo que usted me mandó; pero todavía queda lugar en la casa".

23 »El amo le ordenó: "Ve por las calles y callejones, y obliga a la gente a entrar. Quiero que mi casa se llene. **24** Pero ninguno de los que invité la primera vez probará un bocado de mi cena"».

Condiciones para ser discípulo de Jesús

25 Una gran cantidad de gente caminaba con Jesús. De pronto, él se volvió y les dijo:

26 «Si alguno de ustedes quiere ser mi discípulo, tendrá que amarme más que a su padre o a su madre, más que a su esposa o a sus hijos, y más que a sus hermanos o a sus hermanas. Ustedes no pueden seguirme, a menos que me amen más que a su propia vida. **27** Si ustedes no están dispuestos a morir en una cruz y a hacer lo que yo les diga, no pueden ser mis discípulos.

28 »Si alguno de ustedes quiere construir una torre, ¿qué es lo primero que hace? Pues se sienta a pensar cuánto va a costarle, para ver si tiene suficiente dinero. **29** Porque si empieza a construir la torre y después no tiene dinero para terminarla, la gente se burlará de él. **30** Todo el mundo le dirá: "¡Qué tonto eres! Empezaste a construir la torre, y ahora no puedes terminarla".

31 »¿Qué hace un rey, que solo tiene diez mil soldados, para defenderse de otro rey que lo va a atacar con veinte mil? Primero tendrá que ver si puede ganar la batalla con solo diez mil soldados. **32** Y si ve que no puede ganar, aprovecha que el otro rey todavía está lejos y manda mensajeros a pedir la paz.

33 »Por eso, piénsenlo bien. Si quieren ser mis discípulos, tendrán que abandonar todo lo que tienen.

La sal del mundo

34 »La sal es buena, pero cuando pierde su sabor, ya no sirve para nada, **35** ni siquiera como abono. Simplemente se tira a la basura. ¡Si en verdad tienen oídos, presten mucha atención!»

La oveja

15 [1] Mientras Jesús enseñaba, se le acercaron muchos de los que cobraban impuestos para el gobierno de Roma, y otras personas a quienes los fariseos consideraban gente de mala fama.

[2] Al ver esto, los fariseos y los maestros de la Ley comenzaron a criticar a Jesús, y decían: «Este hombre es amigo de los pecadores, y hasta come con ellos».

[3] Al oír eso, Jesús les puso este ejemplo:

[4] «Si alguno de ustedes tiene cien ovejas y se da cuenta de que ha perdido una, ¿acaso no deja las otras noventa y nueve en el campo y se va a buscar la oveja perdida? [5] Y cuando la encuentra, la pone en sus hombros [6] y vuelve muy contento con ella. Después, llama a sus amigos y vecinos y les dice: "¡Vengan a mi casa y alégrense conmigo! ¡Ya encontré la oveja que había perdido!"

[7] »De la misma manera, hay más alegría allá en el cielo por una de estas personas que se vuelve a Dios, que por noventa y nueve personas buenas que no necesitan volverse a él».

La moneda

[8] Jesús les puso otro ejemplo:

«¿Qué haría una mujer que con mucho cuidado guardó diez monedas, y de pronto se da cuenta de que ha perdido una de ellas? De inmediato prendería las luces, y se pondría a barrer la casa, buscando en todos los rincones hasta encontrarla. [9] Y cuando la encuentre, invitará a sus amigas y vecinas y les dirá: "¡Vengan a mi casa y alégrense conmigo! ¡Ya encontré la moneda que había perdido!"

[10] »De la misma manera, los ángeles de Dios hacen fiesta cuando alguien se vuelve a Dios».

El padre amoroso

[11] Jesús también les dijo:

«Un hombre tenía dos hijos. [12] Un día, el hijo más joven le dijo a su padre: "Papá, dame la parte de tu propiedad que me toca como herencia". Entonces el padre repartió la herencia entre sus dos hijos.

13 »A los pocos días, el hijo menor vendió lo que su padre le había dado y se fue lejos, a otro país. Allá se dedicó a darse gusto, haciendo lo malo y gastando todo el dinero.

14 »Ya se había quedado sin nada, cuando comenzó a faltar la comida en aquel país, y el joven empezó a pasar hambre. **15** Entonces buscó trabajo, y el hombre que lo empleó lo mandó a cuidar cerdos en su finca. **16** Al joven le daban ganas de comer aunque fuera la comida con que alimentaban a los cerdos, pero nadie se la daba.

17 »Por fin comprendió lo tonto que había sido, y pensó: "En la finca de mi padre los trabajadores tienen toda la comida que desean, y yo aquí me estoy muriendo de hambre. **18** Volveré a mi casa, y apenas llegue, le diré a mi padre que me he portado muy mal con Dios y con él. **19** Le diré que no merezco ser su hijo, pero que me dé empleo y que me trate como a cualquiera de sus trabajadores". **20** Entonces regresó a la casa de su padre.

»Cuando todavía estaba lejos, su padre corrió hacia él lleno de amor, y lo recibió con abrazos y besos. **21** El joven empezó a decirle: "¡Papá, me he portado muy mal contra Dios y contra ti! Ya no merezco ser tu hijo".

22 »Pero antes de que el muchacho terminara de hablar, el padre llamó a los sirvientes y les dijo: "¡Pronto! Traigan la mejor ropa y vístanlo. Pónganle un anillo, y también sandalias. **23** ¡Maten el ternero más gordo y hagamos una gran fiesta, **24** porque mi hijo ha regresado! Es como si hubiera muerto, y ha vuelto a vivir. Se había perdido y lo hemos encontrado".

»Y comenzó la fiesta.

25 »El hijo mayor estaba trabajando en el campo. Cuando regresó, se acercó a la casa y oyó la música y el baile. **26** Llamó a uno de los sirvientes y le preguntó: "¿Qué pasa?"

27 »El sirviente le dijo: "Es que tu hermano ha vuelto sano y salvo, y tu papá mandó matar el ternero más gordo para hacer una fiesta".

28 »Entonces el hermano mayor se enojó mucho y no quiso entrar. Su padre tuvo que salir a rogarle que entrara. **29** Pero él, muy enojado, le dijo: "He trabajado para ti desde hace muchos años, y nunca te he desobedecido. Pero a mí jamás me has dado siquiera un cabrito para que haga una fiesta con mis amigos. **30** ¡Y ahora que vuelve ese hijo tuyo, después de malgastar todo tu dinero con prostitutas, matas para él el ternero más gordo!"

31 »El padre le contestó: "¡Pero hijo! Tú siempre estás conmigo, y todo lo que tengo es tuyo. **32** ¡Cómo no íbamos a hacer una fiesta y alegrarnos por el regreso de tu hermano! Es como si hubiera muerto y vuelto a vivir; como si se hubiera perdido y lo hubiéramos encontrado"».

El empleado astuto

16 **1** Jesús también les dijo a sus discípulos: «Había una vez un hombre muy rico, que tenía un empleado encargado de cuidar todas sus riquezas. Pero llegó a saber que ese empleado malgastaba su dinero. **2** Entonces lo llamó y le dijo: "¿Qué es todo esto que me han dicho de ti? Preséntame un informe de todo mi dinero y posesiones, porque ya no vas a trabajar más para mí".

3 »El empleado pensó: "¿Qué voy a hacer ahora que mi patrón me despide del trabajo? No soy fuerte para hacer zanjas, y me da vergüenza pedir limosna. **4** ¡Ya sé lo que haré, para que algunos me reciban en sus casas cuando me despidan!"

5 »El empleado llamó a cada uno de los que le debían algo a su patrón, y al primero le preguntó: "¿Cuánto le debes a mi patrón?" **6** Aquel hombre contestó: "Le debo cien barriles de aceite de oliva". El empleado le dijo: "Aquí está tu cuenta. Rápido, siéntate y, en lugar de cien barriles, anota cincuenta". **7** Luego le preguntó a otro: "¿Y tú, cuánto le debes a mi patrón?" Ese hombre respondió: "Diez mil kilos de trigo". El empleado le dijo: "Toma tu cuenta y anota ocho mil kilos".

8 »Al saber esto, el patrón felicitó al empleado deshonesto por ser tan astuto. Y es que la gente de este mundo es más astuta para atender sus propios negocios que los hijos de Dios.

9 »Por eso, a ustedes, mis discípulos, yo les aconsejo que usen el dinero ganado deshonestamente para ganar amigos. Así, cuando se les acabe ese dinero, Dios los recibirá en el cielo.

10 »Al que cuida bien lo que vale poco, también se le puede confiar lo que vale mucho. Y el que es deshonesto con lo de poco valor, también lo será con lo de mucho valor. **11** Si a ustedes no se les puede confiar algo que vale tan poco como el dinero ganado deshonestamente, ¿quién les confiará lo que sí es valioso? **12** Y si no se les puede confiar lo que es de otra persona, ¿quién les dará lo que será de ustedes?

13 »Nadie puede ser esclavo de dos amos, porque preferirá a uno más que a otro. Y si obedece a uno, desobedecerá al otro. No se puede servir al mismo tiempo a Dios y al dinero».

Otras enseñanzas de Jesús

14 A los fariseos les gustaba mucho el dinero. Por eso, cuando escucharon todo lo que Jesús decía, se burlaron de él. **15** Entonces Jesús les dijo:

«Ustedes tratan de aparecer delante de los demás como personas muy honestas, pero Dios los conoce muy bien. Lo que la mayoría de la gente considera de mucho valor, para Dios no vale nada.

16 »Hasta la época de Juan el Bautista, la gente ha tenido que obedecer la Ley y la enseñanza de los Profetas. Desde entonces, se anuncian las buenas noticias del reino de Dios, y todos luchan por entrar en él.

17 »Sin embargo, es más fácil que desaparezcan el cielo y la tierra, a que deje de cumplirse el detalle más insignificante de la Ley.

18 »Si un hombre se divorcia de su esposa y se casa con otra mujer, comete pecado, porque es infiel en el matrimonio. Y si un hombre soltero se casa con una mujer divorciada, también comete el mismo pecado».

Lázaro y el hombre rico

Jesús también dijo:

19 «Había una vez un hombre muy rico, que vestía ropas muy lujosas. Hacía fiestas todos los días, y servía las comidas más caras. **20** En cambio, junto a la puerta de su casa había un hombre pobre, llamado Lázaro, que tenía la piel llena de llagas. Unas personas lo sentaban siempre allí, **21** y los perros venían a lamerle las llagas. Este pobre hombre tenía tanta hambre que deseaba comer, por lo menos, las sobras que caían de la mesa del hombre rico.

22 »Un día, el hombre pobre murió y los ángeles lo pusieron en el sitio de honor, junto a su antepasado Abraham. Después murió también el hombre rico. Lo enterraron **23** y se fue al infierno, donde sufría muchísimo. Desde allí vio a lo lejos a Abraham, y a Lázaro sentado junto a él.

24 »Entonces el rico llamó a Abraham y le dijo: "¡Abraham, antepasado mío, compadécete de mí! Manda a Lázaro para que moje la punta de su dedo en agua y me refresque la lengua. Sufro muchísimo con este fuego". **25** Pero Abraham le respondió: "Tú eres mi descendiente, pero recuerda que cuando ustedes vivían, a ti te iba muy bien, y a Lázaro, muy mal. Ahora, él es feliz aquí, mientras que a ti toca sufrir. **26** Además, a ustedes y a nosotros nos separa un gran abismo, y nadie puede pasar de un lado a otro". **27** El hombre rico dijo: "Abraham, te ruego entonces que mandes a Lázaro a la casa de mi familia. **28** Que avise a mis cinco hermanos que, si no dejan de hacer lo malo, vendrán a este horrible lugar". **29** Pero Abraham le contestó: "Tus hermanos tienen la Biblia. ¿Por qué no la leen? ¿Por qué no la obedecen?" **30** El hombre rico respondió: "Abraham, querido antepasado, ¡eso no basta! Pero si alguno de los muertos va y habla con ellos, te aseguro que se volverán a Dios". **31** Abraham le dijo: "Si no hacen caso de lo que dice la Biblia, tampoco le harán caso a un muerto que vuelva a vivir"».

¡Cuidado!

17 ¹ Jesús les dijo a sus discípulos:

«Muchas cosas en el mundo hacen que la gente desobedezca a Dios. Y eso siempre será así. Pero ¡qué mal le irá a quien haga que otro lo desobedezca! ² Si alguien hace que uno de estos pequeños seguidores míos desobedezca a Dios, recibirá un castigo peor que si le amarraran al cuello una piedra enorme y lo tiraran al fondo del mar. ³ Así que, ¡tengan cuidado con lo que hacen!

»Si tu amigo te hace algo malo, llámale la atención. Si te pide perdón, perdónalo. ⁴ No importa que en un solo día te haga muchas maldades; si él te pide perdón, perdónalo».

Confianza en el poder de Dios

⁵ Los apóstoles le dijeron al Señor:

—Haz que confiemos más en el poder de Dios.

⁶ El Señor les dijo:

—Si la confianza de ustedes fuera tan pequeña como una semilla de mostaza, podrían decirle a este árbol: "Levántate de aquí y plántate en el mar", y el árbol les obedecería.

Sirvientes inútiles

⁷ »Ninguno de ustedes que tenga un esclavo, le dice: "Ven, siéntate a comer", cuando este regresa de trabajar en el campo o de cuidar las ovejas. ⁸ Más bien, le dice: "Prepárame la cena. Quiero que estés atento a servirme hasta que yo termine de comer y beber. Ya después podrás comer y beber tú". ⁹ Tampoco le da las gracias por cumplir con sus órdenes. ¹⁰ De modo que, cuando ustedes hayan hecho todo lo que Dios les ordena, no esperen que él les dé las gracias. Más bien, piensen: "Nosotros somos solo sirvientes; no hemos hecho más que cumplir con nuestra obligación".

El extranjero agradecido

11 Jesús siguió su viaje hacia Jerusalén, y tomó un camino que pasaba entre la región de Samaria y la región de Galilea. **12** Cuando entró en una aldea, diez hombres que estaban enfermos de lepra fueron hacia él. Se quedaron un poco lejos de Jesús **13** y le gritaron:

—¡Jesús, Maestro, ten compasión de nosotros y sánanos!

14 Jesús los vio y les dijo:

—Vayan al templo, para que los sacerdotes los examinen y vean si ustedes están totalmente sanos.

Y mientras los diez hombres iban al templo, quedaron sanos. **15** Uno de ellos, al verse sano, regresó gritando: «¡Gracias, Dios mío! ¡Muchas gracias!» **16** Cuando llegó ante Jesús, se arrodilló hasta tocar el suelo con su frente, y le dio las gracias. Este hombre era de la región de Samaria.

17 Al ver eso, Jesús preguntó a sus discípulos: «¿No eran diez los que quedaron sanos? **18** ¿Por qué solo este extranjero volvió para dar gracias a Dios?»

19 Luego Jesús le dijo al hombre: «¡Levántate y vete! Has quedado sano porque confiaste en mí».

¿Cuándo comenzará el reino de Dios?

20 Algunos fariseos le preguntaron a Jesús:

—¿Cuándo comenzará Dios a reinar aquí?

Jesús respondió:

—El reino de Dios no es algo que pueda verse. **21** Tampoco se puede decir: "¡Aquí está!" o "¡Allí está!" Porque el reino de Dios ya está entre ustedes.

22 Luego, Jesús les dijo a sus discípulos:

«Llegará el día en que ustedes van a querer ver, por lo menos un momento, cuando yo, el Hijo del hombre, me presente con todo mi poder y gloria. **23** Algunos les dirán: "¡Allí está!" o "¡Aquí está!", pero no vayan. **24** Cuando yo, el Hijo del hombre, regrese, todos me verán. Será como un relámpago que alumbra todo el cielo. **25** Pero primero tendré que sufrir cosas terribles, y la gente de este tiempo me rechazará.

26 »Cuando yo, el Hijo del hombre, regrese, la gente estará viviendo como en los tiempos de Noé. **27** Antes de que Dios inundara toda la tierra con agua, la gente comía, se divertía y se casaba. Después Noé entró en el arca, vino la inundación, y toda esa gente murió. **28** Lo mismo pasó en los tiempos de Lot. En la ciudad de Sodoma, la gente comía y se divertía, compraba y vendía, sembraba y construía casas. **29** Pero cuando Lot salió de la ciudad, cayó fuego y azufre desde el cielo, y toda esa gente murió.

30 »Algo así pasará cuando yo, el Hijo del hombre, vuelva otra vez. **31** Si en ese momento alguien está en la azotea de su casa, que no baje a sacar sus pertenencias. El que esté trabajando en el campo, que no regrese a su casa. **32** Recuerden que la esposa de Lot se convirtió en estatua de sal por mirar hacia atrás. **33** Los que quieran salvar su vida, la perderán. Pero los que la pierdan, se salvarán.

34 »La noche en que yo regrese, si hay dos personas durmiendo en una cama, me llevaré a una y dejaré a la otra. **35-36** De igual manera, si dos mujeres estuvieran moliendo trigo, me llevaré a una y dejaré a la otra».

37 Los discípulos le preguntaron:

—Señor, ¿dónde ocurrirá eso?

Jesús les respondió:

—Todos saben bien que allí donde se juntan los buitres, hay un cuerpo muerto. Así será cuando yo venga: todos lo sabrán con seguridad.

La viuda y el juez

18 **1** Jesús les contó una historia a sus discípulos, para enseñarles que debían orar siempre y sin desanimarse. **2** Les dijo:

«En una ciudad había un juez que no le tenía miedo a Dios ni le importaba la gente. **3** Allí también vivía una viuda, que siempre lo buscaba y le decía: "Por favor, haga usted todo lo posible para que se me haga justicia en la corte". **4-5** Al principio, el juez no quería atender a la viuda. Pero luego pensó: "Esta viuda molesta mucho. Aunque no le tengo miedo a Dios ni me importa la gente, la voy a ayudar. Si no lo hago, nunca dejará de molestarme"».

6 Jesús agregó:

«Fíjense en lo que dijo ese mal juez. **7** ¿Creen ustedes que Dios no defenderá a las personas que él eligió, y que oran pidiéndole ayuda día y noche? ¿Tardará él en responderles? **8** ¡Claro que no, sino que les responderá de inmediato! Pero cuando yo, el Hijo del hombre, regrese a este mundo, ¿acaso encontraré gente que confíe en Dios?»

El hombre orgulloso y el hombre humilde

9 Una vez, Jesús estuvo hablando con unas personas, de esas que se creen muy buenas y que siempre están despreciando a los demás. A estas, Jesús les puso este ejemplo:

10 «Dos hombres fueron al templo a orar. Uno de ellos era fariseo y el otro era cobrador de impuestos.

11 »El fariseo, de pie, oraba así: "Dios, te doy gracias porque no soy como los demás hombres. Ellos son ladrones y malvados, y engañan a sus esposas con otras mujeres. ¡Tampoco soy como ese cobrador de impuestos! **12** Yo ayuno dos veces por semana y te doy la décima parte de todo lo que gano".

13 »El cobrador de impuestos, en cambio, se quedó un poco más atrás. Ni siquiera se atrevía a levantar la mirada hacia el cielo, sino que se daba golpes en el pecho y decía: "¡Dios, ten compasión de mí y perdóname por todo lo malo que he hecho!"»

14 Cuando terminó de contar esto, Jesús les dijo a aquellas personas: «Les aseguro que cuando el cobrador de impuestos regresó a su casa, Dios ya lo había perdonado, pero al fariseo no. Porque los que se creen más importantes que los demás, son los menos valiosos para Dios. En cambio, los más importantes para Dios son los humildes».

Jesús bendice a los niños

15 Algunas madres llevaron a sus niños pequeños para que Jesús pusiera su mano sobre sus cabezas y los bendijera. Pero los discípulos comenzaron a reprenderlas para que no los trajeran. **16** Entonces Jesús llamó a los niños y les dijo a sus discípulos: «Dejen que los niños se acerquen a mí. No se lo impidan, porque el reino de Dios es de los que son como ellos. **17** Les aseguro que la persona que no confía en Dios como lo hace un niño, no podrá entrar en el reino de Dios».

El hombre rico

18 Un líder de los judíos fue a ver a Jesús y le preguntó:

—Tú, que eres un maestro bueno, dime, ¿qué cosa debo hacer para tener vida eterna?

19 Jesús le contestó:

—¿Por qué dices que soy bueno? Solo Dios es bueno. **20** Tú conoces bien los mandamientos: No seas infiel en el matrimonio; no mates; no robes; no mientas para hacerle daño a otra persona; respeta a tu padre y a tu madre.

21 El líder le dijo:

—¡He obedecido todos esos mandamientos desde que era un niño!

22 Jesús le respondió:

—Solo te falta hacer una cosa: Vende todo lo que tienes y dale ese dinero a los pobres. Así, Dios te dará un gran premio en el cielo. Luego ven y conviértete en uno de mis seguidores.

23 Cuando el líder oyó esto, se puso muy triste, porque era muy rico.

24 Jesús lo miró y dijo:

—¡Qué difícil es que una persona rica entre en el reino de Dios! **25** En realidad, es más fácil para un camello pasar por el ojo de una aguja, que para una persona rica entrar en el reino de Dios.

26 La gente que estaba allí y que oyó a Jesús, preguntó:

—Entonces, ¿quién podrá salvarse?

27 Jesús les respondió:

—Para la gente eso es imposible, pero todo es posible para Dios.

28 Pedro le dijo:

—Recuerda que nosotros dejamos todo lo que teníamos y te hemos seguido.

29 Jesús les respondió:

—Les aseguro que si alguno ha dejado su casa, su esposa, sus hermanos, sus padres, o sus hijos, por ser obediente al reino de Dios, **30** sin duda recibirá aquí mucho más de lo que dejó. Además, cuando muera, vivirá con Dios para siempre.

Jesús habla otra vez de su muerte

31 Jesús se reunió a solas con los doce discípulos y les dijo: «Ahora iniciamos nuestro viaje hacia Jerusalén. Allí pasará todo lo que anunciaron los profetas acerca de mí, el Hijo del hombre. **32** Porque en Jerusalén unos hombres me entregarán a las autoridades de Roma. Los romanos se burlarán de mí, me insultarán y me escupirán en la cara. **33** Luego me golpearán y me matarán, pero después de tres días, resucitaré».

34 Los discípulos no entendieron de qué hablaba Jesús. Era algo que ellos no podían comprender.

Jesús sana a un ciego

35 Jesús iba llegando a la ciudad de Jericó. Junto al camino estaba un ciego pidiendo limosna. **36** Cuando el ciego oyó el ruido de la gente que pasaba, preguntó:

—¿Qué sucede?

37 La gente le explicó:

—Ahí viene Jesús, el del pueblo de Nazaret.

38 Entonces el ciego se puso a gritar: «¡Jesús, tú que eres el Mesías, ten compasión de mí y ayúdame!»

39 Los que iban adelante reprendían al ciego para que se callara, pero él gritó con más fuerza: «¡Mesías, ten compasión de mí y ayúdame!»

40 Jesús se detuvo y ordenó que trajeran al ciego. Cuando el ciego estuvo cerca, Jesús le preguntó:

41 —¿Qué quieres que haga por ti?

El ciego le respondió:

—Señor, ¡quiero volver a ver!

42 Jesús le dijo:

—¡Muy bien, ya puedes ver! Te has sanado porque confiaste en mí.

43 En ese mismo instante, el ciego pudo ver, y siguió a Jesús, alabando a Dios. Toda la gente que vio esto también alababa a Dios.

Zaqueo

19 **1** Jesús entró en Jericó. **2** Allí vivía Zaqueo, un hombre muy rico que era jefe de los cobradores de impuestos. **3** Zaqueo salió a la calle para conocer a Jesús, pero no podía verlo, pues era muy bajito y había mucha gente delante de él. **4** Entonces corrió a un lugar por donde Jesús tenía que pasar y, para poder verlo, se subió a un árbol de higos.

5 Cuando Jesús pasó por allí, miró hacia arriba y le dijo:

«Zaqueo, bájate ahora mismo, porque quiero hospedarme en tu casa».

6 Zaqueo se bajó rápidamente, y con mucha alegría recibió en su casa a Jesús.

7 Cuando la gente vio lo que había pasado, empezó a criticar a Jesús y a decir: «¿Cómo se le ocurre ir a la casa de ese hombre tan malo?»

8 Después de la comida, Zaqueo se levantó y le dijo a Jesús:

—Señor, voy a dar a los pobres la mitad de todo lo que tengo. Y si he robado algo, devolveré cuatro veces esa cantidad.

9 Jesús le respondió:

—Desde hoy, tú y tu familia son salvos, pues eres un verdadero descendiente de Abraham. **10** Yo, el Hijo del hombre, he venido para buscar y salvar a los que viven alejados de Dios.

Los diez empleados

11 Jesús estaba muy cerca de la ciudad de Jerusalén, y la gente que lo escuchaba creía que el reino de Dios comenzaría de inmediato. **12** Entonces Jesús les puso este ejemplo:

«Un príncipe fue nombrado rey de su país, y tuvo que hacer un largo viaje para que el Emperador lo coronara. Después de la coronación, volvería a su país. **13** Por eso llamó a diez de sus empleados, y a cada uno le dio cierta cantidad de dinero, y les dijo: "Hagan negocios con este dinero hasta que yo vuelva".

14 »Pero la gente de aquel país no quería a este príncipe, así que envió a un grupo de personas para que dieran este mensaje al Emperador: "No queremos que este hombre sea nuestro rey".

15 »Sin embargo, el príncipe fue coronado rey, y cuando regresó a su país, mandó llamar a los diez empleados encargados del dinero para ver cómo les había ido.

16 »Llegó el primero de ellos y dijo: "Señor, hice negocios con el dinero y gané diez veces más de lo que usted me dio". **17** El rey le dijo: "¡Excelente!, eres un empleado bueno. Ya que cuidaste muy bien lo poco que te di, te nombro gobernador de diez ciudades".

18 »Llegó el segundo empleado y dijo: "Señor, hice negocios con el dinero y gané cinco veces más de lo que usted me dio". **19** El rey le dijo: "Tú serás gobernador de cinco ciudades".

20-21 »Después llegó otro empleado y dijo: "Señor, yo sé que usted es un hombre muy exigente, que pide hasta lo imposible. Por eso me dio miedo, envolví el dinero en un pañuelo y lo guardé. Aquí se lo devuelvo todo". **22** El rey le respondió: "Eres un empleado malo. Tú mismo te has condenado con tus propias palabras. Si sabías que soy muy exigente, y que pido hasta lo imposible, **23** ¿por qué no llevaste el dinero al banco? Así, cuando yo volviera, recibiría el dinero que te di, más los intereses".

24 »El rey les ordenó a unos empleados que estaban allí: "Quítenle a este el dinero, y dénselo al que ganó diez veces más de lo que recibió". **25** Pero ellos le contestaron: "Señor, ¿por qué a él, si ya tiene diez veces más?"

26 »El rey les respondió: "Les aseguro que al que tiene mucho se le dará más, pero al que no tiene, hasta lo poquito que tiene se le quitará. **27** En cuanto a mis enemigos, tráiganlos y mátenlos delante de mí, porque ellos no querían que yo fuera su rey"».

Jesús entra en Jerusalén

28 Jesús terminó de hablar y siguió su camino hacia Jerusalén. **29** Cuando llegó cerca de los pueblos de Betfagé y Betania, se detuvo junto al Monte de los Olivos. Allí les dijo a dos de sus discípulos: **30** «Vayan a ese pueblo que está allá. Tan pronto entren, van a encontrar un burro atado. Nadie se ha montado en ese burro antes. Desátenlo y tráiganlo. **31** Si alguien les pregunta por qué lo desatan, respondan: "El Señor lo necesita"».

32 Los dos discípulos fueron al pueblo y encontraron el burro tal como Jesús les había dicho. **33** Cuando estaban desatándolo, los dueños preguntaron:

—¿Por qué desatan el burro?

34 Ellos contestaron:

—El Señor lo necesita.

35 Luego se llevaron el burro, pusieron sus mantos sobre él y ayudaron a Jesús para que se montara.

36 Jesús se dirigió a Jerusalén, y muchas personas empezaron a extender sus mantos en el camino por donde él iba a pasar.

37 Cuando llegaron cerca del Monte de los Olivos y empezaron a bajar a Jerusalén, todos los seguidores de Jesús se alegraron mucho. Todos gritaban, alabando a Dios por los milagros que Jesús había hecho y que ellos habían visto. **38** Decían:

> «¡Bendito el rey
> que viene de parte de Dios!
>
> ¡Que haya paz en el cielo!
>
> ¡Que todos reconozcan
> el poder de Dios!»

39 Entre la gente había también unos fariseos, y le dijeron a Jesús:

—¡Maestro, reprende a tus discípulos!

40 Jesús les contestó:

—Les aseguro que si ellos se callan, las piedras gritarán.

41 Cuando Jesús estuvo cerca de Jerusalén y vio la ciudad, lloró **42** y dijo:

«¡Habitantes de Jerusalén! ¡Cómo me gustaría que hoy ustedes pudieran entender lo que significa vivir en paz! Pero no, ustedes son incapaces de comprenderlo. **43** Llegará el momento en que sus enemigos vendrán y harán rampas alrededor de la ciudad para atacarla por todos lados. **44** La destruirán por completo y no dejarán en pie una sola pared. Todos ustedes morirán, y sufrirán todo esto, porque no quisieron reconocer que Dios me envió a salvarlos».

Jesús y los comerciantes del templo

45 Cuando Jesús entró a la ciudad de Jerusalén, fue al templo y comenzó a sacar a todos los vendedores que estaban allí, **46** y les dijo: «Dios dice en la Biblia: "Este templo es mi casa, y aquí se viene a orar". Pero ustedes la han convertido en una cueva de ladrones».

47 Jesús iba al templo todos los días para enseñar. Los sacerdotes principales, los maestros de la Ley y los líderes del pueblo planeaban cómo matarlo. **48** Pero no podían hacer nada contra él, pues la gente quería escuchar sus enseñanzas y le prestaba mucha atención.

La autoridad de Jesús

20 **1** Jesús estaba en el templo enseñando a la gente y anunciando las buenas noticias. Los sacerdotes principales, los maestros de la Ley y los líderes del país se acercaron **2** y le preguntaron:

—¿Quién te dio autoridad para hacer todo esto?

3 Jesús les contestó:

—Yo también voy a preguntarles algo: **4** ¿Quién le dio autoridad a Juan el Bautista para bautizar? ¿Dios o alguna otra persona?

5 Ellos comenzaron a discutir y se decían unos a otros: «Si contestamos que fue Dios el que le dio autoridad a Juan, Jesús nos preguntará por qué no le creímos. **6** Y si decimos que fue un ser humano, la gente nos matará a pedradas, porque creen que Juan era un profeta enviado por Dios». **7** Entonces respondieron:

—No sabemos quién le dio autoridad a Juan.

8 Jesús les dijo:

—Pues yo tampoco les diré quién me da autoridad para hacer todo esto.

La viña alquilada

9 Jesús le puso a la gente este ejemplo:

«El dueño de un terreno sembró una viña, luego la alquiló y se fue de viaje por largo tiempo. **10** Cuando llegó la época de la cosecha, envió a un sirviente para pedir la parte que le correspondía. Pero los hombres que alquilaron la viña golpearon al sirviente y lo enviaron con las manos vacías.

¹¹ »El dueño envió a otro sirviente, pero también a este lo golpearon, lo insultaron y lo enviaron sin nada. ¹² Luego envió a otro, y a este también lo hirieron y lo echaron fuera de la viña.

¹³ »Finalmente, el dueño se puso a pensar: "¿Qué puedo hacer?" Y se dijo: "Ya sé; enviaré a mi hijo que tanto quiero. Estoy seguro que a él sí lo respetarán".

¹⁴ »Cuando aquellos hombres vieron que había llegado el hijo del dueño, se dijeron unos a otros: "Este muchacho es el que recibirá la viña cuando el dueño muera. Vamos a matarlo; así nos quedaremos con el terreno".

¹⁵ »Entonces agarraron al muchacho, lo sacaron del terreno y lo mataron».

Después Jesús preguntó:

—¿Qué piensan ustedes que hará el dueño con aquellos hombres? ¹⁶ Pues bien, el dueño regresará y los matará, luego entregará la viña a otras personas.

Cuando la gente oyó eso, dijo:

—¡Qué jamás suceda tal cosa!

¹⁷ Jesús miró a todos y les dijo:

—Entonces, cuando la Biblia dice:

"La piedra que
los constructores despreciaron,
ahora es la más
importante de todas".

»¿Qué quiso decir con eso? ¹⁸ Porque todo el que caiga sobre esa piedra quedará hecho pedazos. Y si la piedra cae sobre alguien, lo dejará hecho polvo.

¹⁹ Los sacerdotes principales y los maestros de la Ley se dieron cuenta de que Jesús los estaba comparando con los hombres malos que alquilaron la viña. Entonces quisieron apresar a Jesús en ese mismo instante, pero no se atrevieron porque le tenían miedo a la gente.

Una trampa para Jesús

20 Los enemigos de Jesús querían arrestarlo y entregarlo al gobernador romano. Pero como no tenían de qué acusarlo, enviaron unos espías para que se hicieran pasar por personas buenas y vigilaran en qué momento Jesús decía algo malo.

21 Los espías le dijeron a Jesús:

—Maestro, sabemos que siempre dices la verdad. Tú enseñas que todos deben obedecer a Dios, y tratas a todos por igual. **22** Por eso te preguntamos: ¿Está bien que paguemos impuestos al emperador de Roma o no?

23 Como Jesús sabía que ellos querían ponerle una trampa, les respondió:

24 —Muéstrenme una moneda. ¿De quién es la cara dibujada en la moneda? ¿De quién es el nombre que tiene escrito?

Ellos contestaron:

—Del emperador de Roma.

25 Jesús les dijo:

—Pues denle al Emperador lo que es del Emperador, y a Dios lo que es de Dios.

26 Los espías no lograron que Jesús cayera en la trampa. Quedaron sorprendidos por su respuesta y no supieron decir nada más.

Los saduceos hablan con Jesús

27 Después, unos saduceos fueron a ver a Jesús. Como ellos no creían que los muertos pueden volver a vivir, **28** le preguntaron:

—Maestro, Moisés escribió que si un hombre muere sin tener hijos con su esposa, el hermano de ese hombre debe casarse con esa mujer y tener hijos con ella. De acuerdo con la Ley, esos hijos le pertenecen al hermano muerto y llevan su nombre.

29 »Pues bien, aquí vivían siete hermanos. El hermano mayor se casó y, tiempo más tarde, murió sin tener hijos. **30** El segundo hermano se casó con la misma mujer, pero tiempo después también él murió sin tener hijos. **31** Lo mismo sucedió con el tercer hermano y con el resto de los siete hermanos. **32** El tiempo pasó y la mujer también murió.

33 »Ahora bien, cuando Dios haga que todos los muertos vuelvan a vivir, ¿de quién será esposa esta mujer, si estuvo casada con los siete?

34 Jesús contestó:

—Ahora los hombres y las mujeres se casan. **35** Pero Dios decidirá quiénes merecen volver a vivir, y cuando eso suceda nadie se casará **36** ni morirá. Todos serán como los ángeles, y serán hijos de Dios porque han vuelto a vivir. **37** Hasta Moisés mismo nos demuestra que los muertos vuelven a vivir. En la historia del arbusto que ardía, Moisés dijo que Dios es el Dios de sus antepasados Abraham, Isaac y Jacob. **38** Con eso, Moisés estaba demostrando que Dios no es Dios de muertos, sino de vivos, pues para Dios todos ellos están vivos.

39 Algunos maestros de la Ley que estaban allí dijeron:

—¡Maestro, diste una buena respuesta!

40 Después de esto, ya nadie se atrevía a hacerle más preguntas.

La pregunta acerca del Mesías

41 Jesús preguntó a los que estaban allí:

—¿Por qué dice la gente que el Mesías será un descendiente del rey David? **42** Si en el libro de los Salmos el mismo David dice:

"Dios le dijo a mi Señor el Mesías:
'Siéntate a la derecha de mi trono,
43 hasta que yo derrote a tus enemigos' ".

44 »Si David llama Señor al Mesías, ¿cómo puede ser el Mesías descendiente de David?

Advertencia

45 Delante de toda la gente, Jesús les dijo a sus discípulos:

46 —¡Cuídense de los maestros de la Ley! A ellos les gusta vestir como gente importante, y que los saluden en el mercado con mucho respeto. Cuando van a una fiesta o a la sinagoga, les gusta ocupar los mejores puestos. **47** Ellos les quitan a las viudas sus casas, y luego hacen oraciones muy largas para que todos piensen que son gente buena. Pero Dios los castigará más duro que a los demás.

La ofrenda de la viuda pobre

21 **1** Jesús estaba en el templo y vio cómo algunos ricos ponían dinero en las cajas de las ofrendas. **2** También vio a una viuda que echó dos moneditas de muy poco valor. **3** Entonces Jesús dijo a sus discípulos:

—Les aseguro que esta viuda pobre dio más que todos los ricos. **4** Porque todos ellos dieron de lo que les sobraba; pero ella, que es tan pobre, dio todo lo que tenía para vivir.

El templo será destruido

5 Algunas personas estaban hablando de los hermosos bloques de piedra que se habían usado para construir el templo, y de los preciosos adornos colocados en sus paredes. Jesús dijo:
6 "Llegará el momento en que todo esto será destruido. ¡Ni una sola pared del templo quedará en pie!"

Prepárense para el fin

7 Los discípulos le preguntaron a Jesús:
—¿Cuándo será destruido el templo? ¿Cuál será la señal de que todo eso está por suceder?

8 Jesús les respondió:
—¡Cuidado! No se dejen engañar. Muchos vendrán y se harán pasar por mí, diciendo a la gente: "Yo soy el Mesías", o "Ya ha llegado la hora". Pero no les hagan caso. **9** Ustedes oirán que hay guerras y revoluciones en algunos países, pero no se asusten. Esas cosas pasarán, pero todavía no será el fin del mundo. **10** Los países pelearán unos contra otros, **11** y habrá grandes terremotos en muchos lugares. En otras partes, la gente no tendrá nada para comer, y muchos sufrirán de enfermedades terribles. En el

cielo aparecerán cosas muy extrañas que los harán temblar de miedo.

12 »Antes de que pase todo esto, habrá gente que los perseguirá y los tomará presos. Los entregará a las autoridades de la sinagoga y los meterá en la cárcel. Por ser mis discípulos, los llevarán ante los gobernadores y los reyes para que los castiguen.

13 »Esa será una oportunidad para que ustedes hablen de mí. **14** No se preocupen en pensar qué dirán para defenderse. **15** Yo les ayudaré a contestar con inteligencia, y ninguno de sus enemigos podrá contradecirlos ni decir que están equivocados.

16 »Sus padres, hermanos, familiares y amigos los entregarán a las autoridades. A algunos de ustedes los matarán. **17** Todo el mundo los odiará por ser mis discípulos. **18** ¡Pero no se preocupen! **19** Si ustedes se mantienen firmes hasta el fin, se salvarán.

20 »Cuando vean a los ejércitos rodear la ciudad de Jerusalén, sepan que pronto será destruida. **21** Los que estén en la ciudad, salgan de ella; los que estén en los pueblos de la región de Judea, huyan hacia las montañas; y los que estén en el campo, no regresen a la ciudad. **22** En esos días, Dios castigará a los desobedientes, tal como estaba anunciado en la Biblia. **23** Las mujeres que en ese momento estén embarazadas van a sufrir mucho. ¡Pobrecitas de las que tengan hijos recién nacidos! Porque todos en este país sufrirán mucho y serán castigados. **24** A unos los matarán con espada, y a otros los llevarán prisioneros a otros países. La ciudad de Jerusalén será destruida y conquistada por gente de otro país, hasta que llegue el momento en que también esa gente sea destruida.

El regreso del Hijo del hombre

25 »Pasarán cosas extrañas en el sol, la luna y las estrellas. En todos los países, la gente estará confundida y asustada por el terrible ruido de las olas del mar. **26** La gente vivirá en tal terror que se desmayará al pensar en el fin del mundo. ¡Todas las potencias del cielo serán derribadas! **27** Esas cosas serán una señal de que estoy por volver al mundo. Porque entonces verán que yo, el Hijo del hombre, vengo en las nubes con mucho poder y gloria. **28** Cuando suceda todo eso, estén atentos, porque Dios los salvará pronto.

La lección de la higuera

29 Jesús también les puso este ejemplo:

«Aprendan la enseñanza que les da la higuera, o cualquier otro árbol. **30** Cuando a un árbol le salen hojas nuevas, ustedes saben que ya se acerca el verano. **31** Del mismo modo, cuando vean que sucede todo lo que yo les he dicho, sepan que el reino de Dios pronto comenzará. **32** Les aseguro que todo esto sucederá antes de que mueran algunos de los que ahora están vivos. **33** El cielo y la tierra dejarán de existir, pero mis palabras permanecerán para siempre.

Jesús advierte a sus discípulos

34 »¡Tengan cuidado! No pasen el tiempo pensando en banquetes y borracheras, ni en las muchas cosas que esta vida les ofrece. Porque el fin del mundo podría sorprenderlos en el momento menos esperado. **35** Serán como un animal que, de pronto, se ve atrapado en una trampa. **36** Por eso, estén siempre alerta. Oren en todo momento, para que puedan escapar de todas las cosas terribles que van a suceder. Así podrán estar conmigo, el Hijo del hombre».

37 Jesús enseñaba en el templo todos los días, y por las noches iba al Monte de los Olivos. **38** Cada mañana, la gente iba al templo para escuchar a Jesús.

Un plan contra Jesús

22 **1** Faltaban pocos días para que los judíos celebraran la fiesta de los Panes sin levadura. A esta fiesta también se le llamaba Pascua. **2** En esos días, los sacerdotes principales y los maestros de la Ley buscaban la manera de matar a Jesús en secreto, porque le tenían miedo a la gente.

3 Entonces Satanás entró en el corazón de Judas Iscariote, uno de los doce discípulos, y le puso la idea de traicionar a Jesús. **4** Judas fue a hablar con los sacerdotes principales y con los capitanes de los guardias que cuidaban el templo, y se puso de acuerdo con ellos para entregarles a Jesús. **5** Ellos se alegraron y prometieron darle dinero. **6** Judas aceptó y empezó a buscar la oportunidad de estar a solas con Jesús para entregarlo.

Una cena inolvidable

7 Cuando llegó el día de la fiesta de los Panes sin levadura, en que se mata el cordero para la cena de Pascua, **8** Jesús llamó a Pedro y a Juan, y les dijo:

—Vayan y preparen la cena de Pascua.

9 Ellos le preguntaron:

—¿Dónde quieres que la preparemos?

10 Jesús les respondió:

—Vayan a Jerusalén, y a la entrada de la ciudad verán a un hombre que lleva un jarrón de agua. Síganlo hasta la casa donde entre, **11** y díganle al dueño de la casa: "El Maestro quiere saber dónde está la sala en la que va a comer con sus discípulos en la noche de Pascua". **12** Él les mostrará una sala grande y arreglada en el piso de arriba. Preparen allí todo lo necesario.

13 Pedro y Juan fueron y encontraron todo tal como Jesús les había dicho. Enseguida prepararon la cena de la Pascua.

14 Cuando llegó la hora, Jesús y sus discípulos se sentaron a la mesa. **15** Jesús les dijo:

«He deseado muchísimo comer con ustedes en esta Pascua, antes de que yo sufra y muera. **16** Porque les aseguro que ya no celebraré más esta cena hasta el día en que comamos todos juntos en el gran banquete del reino de Dios».

17 Luego tomó una copa con vino, le dio gracias a Dios y dijo:

«Tomen esto y compártanlo entre ustedes. **18** Porque les aseguro que desde ahora no beberé más vino, hasta que llegue el reino de Dios».

19 También tomó pan y le dio gracias a Dios; luego lo partió, lo dio a sus discípulos y les dijo:

«Esto es mi cuerpo que ahora es entregado en favor de ustedes. De ahora en adelante, celebren esta cena y acuérdense de mí cuando partan el pan».

20 Cuando terminaron de cenar, Jesús tomó otra copa con vino y dijo:

«Este vino es mi sangre derramada en favor de ustedes. Con ella, Dios hace un nuevo pacto con ustedes.

21 »El que va a traicionarme está aquí, sentado a la mesa conmigo. **22** Yo, el Hijo del hombre, moriré tal como Dios lo ha decidido. Pero al que va a traicionarme le pasará algo terrible».

23 Los discípulos empezaron a preguntarse quién de ellos se atrevería a entregar a Jesús.

El más importante de todos

24 Luego los discípulos empezaron a discutir sobre quién de ellos sería el más importante. **25** Entonces Jesús les dijo:

«En este mundo, los reyes de los países gobiernan a sus pueblos y no los dejan hacer nada sin su permiso. Además, los jefes que gobiernan dicen a la gente: "Nosotros somos sus amigos y les hacemos el bien".

26 »Pero ustedes no deberán ser como ellos. El más importante entre ustedes debe ser como el menos importante de todos; y el jefe de todos debe servir a los demás.

27 »Piensen en esto: ¿Quién es más importante: el que está sentado a la mesa o el que le sirve la comida? ¿No es cierto que se considera más importante al que está sentado a la mesa? Sin embargo, vean que yo, el Maestro, les he servido la comida a todos ustedes.

28 »Ustedes me han acompañado en los tiempos más difíciles. **29** Por eso, yo los haré reyes, así como mi Padre me hizo rey a mí. **30** En mi reino, ustedes comerán y beberán en mi mesa, se sentarán en tronos y juzgarán a las doce tribus de Israel».

¡Manténganse firmes!

31 Después, Jesús le dijo a Pedro:

—Pedro, escucha bien. Satanás ha pedido permiso a Dios para ponerles pruebas difíciles a todos ustedes, y Dios se lo ha dado. **32** Pero yo he pedido a Dios que te ayude para que te mantengas firme. Por un tiempo vas a dejarme solo, pero después cambiarás. Cuando eso pase, ayudarás a tus compañeros para que siempre se mantengan fieles a mí.

33 Enseguida Pedro le dijo:

—Señor, si tengo que ir a la cárcel contigo, iré; y si tengo que morir contigo, moriré.

34 Y Jesús le dijo:

—Pedro, hoy mismo, antes de que el gallo cante, vas a decir tres veces que no me conoces.

Los discípulos no entienden a Jesús

35 Luego, Jesús les preguntó a sus discípulos:

—¿Recuerdan cuando los envié a anunciar las buenas noticias y les dije que no llevaran dinero, ni mochila ni sandalias? Díganme, ¿les hizo falta algo?

Ellos le respondieron:

—No Señor, nada nos faltó.

36 Entonces Jesús les dijo:

—Pues bien, yo ahora les digo: el que tenga dinero, que lo traiga; y si tiene mochila, que la lleve con él. Si alguno no tiene espada, que venda su manto y se compre una.

37 »La Biblia dice acerca de mí: "A él lo considerarán un criminal". Les aseguro que pronto me pasará eso.

38 Los discípulos dijeron:

—Señor, aquí tenemos dos espadas.

Y él les contestó:

—¡Ustedes no me entienden! Pero ya no hablemos más de esto.

Jesús ora con mucha tristeza

39 Jesús salió de la ciudad y se fue al Monte de los Olivos, como era su costumbre. Los discípulos lo acompañaron.

40 Cuando llegaron al lugar, Jesús les dijo: «Oren para que puedan soportar las dificultades que tendrán».

41 Jesús se alejó un poco de los discípulos, se arrodilló y oró a Dios: **42** «Padre, ¡cómo deseo que me libres de este sufrimiento! Pero que no suceda lo que yo quiero, sino lo que tú quieres».

43 En ese momento, un ángel bajó del cielo para darle fuerzas. **44** Jesús sufría mucho, pero oraba con más fuerza que antes. Su sudor caía al suelo como grandes gotas de sangre.

45 Cuando Jesús terminó de orar, regresó adonde estaban los discípulos y los encontró durmiendo, pues estaban tan tristes que les había dado sueño. **46** Entonces les dijo: «¿Por qué duermen? ¡Levántense y oren, para que puedan soportar las dificultades que tendrán!»

Los enemigos apresan a Jesús

47 Jesús estaba hablando todavía cuando llegó Judas, uno de los doce discípulos. Con él venían muchos hombres. Judas se acercó para besar a Jesús. **48** Pero Jesús le dijo: «¡Judas! ¿Con un beso me traicionas a mí, el Hijo del hombre?»

49 Cuando los discípulos vieron lo que iba a pasar, le dijeron a Jesús:

—Señor, ¿los atacamos con la espada?

50 Entonces uno de ellos sacó su espada y le cortó una oreja al sirviente del jefe de los sacerdotes. **51** Pero Jesús dijo:

—¡Alto! ¡No peleen!

Luego, tocó la oreja del sirviente y lo sanó.

52 Los que habían llegado a arrestar a Jesús eran los sacerdotes principales, los capitanes de la guardia del templo y los líderes del pueblo. Jesús les dijo: «¿Por qué han venido con cuchillos y palos, como si yo fuera un ladrón? **53** Todos los días estuve enseñando en el templo delante de ustedes, y nunca me arrestaron. Pero bueno, el diablo los controla a ustedes y él les mandó que lo hicieran ahora, en la oscuridad. Además, Dios hasta ahora se lo permite».

Pedro niega que conoce a Jesús

54 Los que arrestaron a Jesús lo llevaron al palacio del jefe de los sacerdotes. Pedro los siguió desde lejos.

55 Allí en medio del patio del palacio, habían encendido una fogata y se sentaron alrededor de ella. Pedro también se sentó con ellos. **56** En eso, una sirvienta vio a Pedro sentado junto al fuego, se quedó viéndolo bien y dijo:

—Este también andaba con Jesús.

57 Pedro lo negó:

—¡Mujer, yo ni siquiera lo conozco!

58 Al poco rato, un hombre lo vio y dijo:

—¡Tú también eres uno de los seguidores de Jesús!

Pedro contestó:

—¡No, hombre! ¡No lo soy!

59 Como una hora después, otro hombre insistió y dijo:

—Estoy seguro de que este era uno de sus seguidores, pues también es de Galilea.

60 Pedro contestó:

—¡Hombre, ni siquiera sé de qué me hablas!

No había terminado Pedro de hablar cuando de inmediato el gallo cantó. **61** En ese momento, Jesús se volvió y miró a Pedro. Entonces Pedro se acordó de lo que Jesús le había dicho: «Hoy, antes de que el gallo cante, vas a decir tres veces que no me conoces». **62** Pedro salió de aquel lugar y se puso a llorar con mucha tristeza.

63 Los guardias que vigilaban a Jesús se burlaban de él; **64** le tapaban los ojos, le pegaban, y luego le decían: «¡Profeta, adivina quién te pegó!»

65 Luego, lo insultaron diciéndole muchas otras cosas.

El juicio contra Jesús

66 Cuando amaneció, los líderes del pueblo, los sacerdotes principales y los maestros de la Ley se reunieron y llevaron a Jesús ante la Junta Suprema. Allí le preguntaron:

67 —Dinos, ¿eres tú el Mesías?

Él les contestó:

—Si les dijera que sí, ustedes no me creerían. **68** Si les hiciera una pregunta, ustedes no me contestarían. **69** Pero de ahora en adelante yo, el Hijo del hombre, me sentaré a la derecha del trono de Dios todopoderoso.

70 Entonces todos le preguntaron:

—¿Así que tú eres el Hijo de Dios?

Jesús les dijo:

—Ustedes mismos lo han dicho.

71 Ellos dijeron:

—Ya no necesitamos más testigos. Nosotros lo hemos oído de sus propios labios.

Jesús y Pilato

23 **1** Luego, todos los de la Junta Suprema se pusieron de pie y llevaron a Jesús ante Pilato, el gobernador romano. **2** Cuando llegaron, comenzaron a acusar a Jesús y dijeron:

—Señor gobernador, encontramos a este hombre alborotando al pueblo para que se rebele contra Roma. Dice que no debemos pagar impuestos al Emperador, y que él es el Mesías. Es decir, se cree rey.

3 Pilato le preguntó a Jesús:

—¿De verdad eres el rey de los judíos?

Jesús respondió:

—Tú lo dices.

4 Entonces Pilato les dijo a los sacerdotes principales y a la gente que se había reunido:

—No hay ninguna razón para condenar a este hombre.

5 Pero los acusadores insistieron:

—Con sus enseñanzas está alborotando al pueblo. Lo ha hecho en toda la región de Judea. Comenzó en la región de Galilea y ahora ha llegado aquí.

6 Cuando Pilato oyó eso, les preguntó si Jesús era de Galilea. **7** Ellos dijeron que sí, por lo que Pilato se dio cuenta de que Jesús debía ser juzgado por Herodes Antipas, el rey de esa región. Por eso envió a Jesús ante Herodes, que en ese momento estaba en Jerusalén.

Jesús y Herodes

8 Cuando Herodes vio a Jesús, se puso muy contento, porque hacía tiempo que quería conocerlo. Había oído hablar mucho de él y esperaba verlo hacer un milagro. **9** Le hizo muchas preguntas, pero Jesús no respondió nada.

10 Los sacerdotes principales y los maestros de la Ley estaban allí y lo acusaban con insistencia.

11 Herodes y sus soldados insultaron a Jesús, y para burlarse de él lo vistieron como si fuera un rey. Luego lo enviaron a Pilato.

12 Herodes y Pilato, que antes eran enemigos, se hicieron amigos ese día.

¡Que lo claven en una cruz!

13 Pilato reunió entonces a los sacerdotes principales, al pueblo y a sus líderes, **14** y les dijo:

—Ustedes trajeron a este hombre y lo acusan de alborotar al pueblo contra Roma. Pero le he hecho muchas preguntas delante de ustedes, y no creo que sea culpable. **15** Tampoco Herodes cree que sea culpable, y por eso lo envió de vuelta. Este hombre no ha hecho nada malo y no merece morir. **16-17** Ordenaré que lo azoten como castigo, y luego lo dejaré en libertad.

18 Pero toda la gente que estaba allí gritó:

—¡Ordena que maten a Jesús! ¡Deja libre a Barrabás!

19 Este Barrabás estaba en la cárcel por haberse rebelado contra el gobierno de Roma en la ciudad de Jerusalén, y por haber matado a una persona.

20 Pilato quería dejar libre a Jesús. Por eso habló otra vez con todos los que estaban allí. **21** Pero ellos gritaron:

—¡Que lo claven en una cruz! ¡Que lo claven en una cruz!

22 Pilato habló con ellos por tercera vez, y les dijo:

—¿Por qué quieren que muera? ¿Qué mal ha hecho? Por lo que sé, este hombre no ha hecho nada malo para merecer la muerte. Ordenaré que lo azoten, y luego lo dejaré en libertad.

23 Pero ellos siguieron gritando con más fuerza, pidiendo que mataran a Jesús. Al fin, Pilato les hizo caso. **24-25** Ordenó que mataran a Jesús como ellos querían, y dejó libre a Barrabás, el rebelde y asesino.

Jesús es clavado en la cruz

26 Los soldados se llevaron a Jesús para clavarlo en una cruz. En el camino detuvieron a un hombre llamado Simón, y lo obligaron a llevar la cruz detrás de Jesús. Simón era del pueblo de Cirene, y en ese momento volvía del campo.

27 Muchas personas seguían a Jesús, y entre ellas había muchas mujeres que gritaban y lloraban de tristeza por él. **28** Jesús se volvió y les dijo:

«¡Mujeres de Jerusalén! No lloren por mí. Más bien, lloren por ustedes y por sus hijos. **29** Porque llegará el momento en que la gente dirá: "¡Dichosas las mujeres que no pueden tener hijos! ¡Dichosas las que nunca fueron madres, ni tuvieron niños que alimentar!" **30** La gente deseará que una montaña les caiga encima y las mate. **31** Porque si a mí, que no he hecho nada malo, me matan así, ¿qué le pasará a los que hacen lo malo?»

32 También llevaron a dos malvados, para matarlos junto con Jesús. **33** Cuando llegaron al lugar llamado La Calavera, los soldados clavaron a Jesús en la cruz. También clavaron a los dos criminales; uno a la derecha y el otro a la izquierda de Jesús.

34 Poco después, Jesús dijo: «¡Padre, perdona a toda esta gente! ¡Ellos no saben lo que hacen!»

Mientras los soldados echaban suertes para saber cuál de ellos se quedaría con la ropa de Jesús, **35** la gente miraba todo lo que pasaba. Los líderes del pueblo, entre tanto, se burlaban de Jesús y decían: «Él salvó a otros, y si de verdad es el Mesías que Dios eligió, que se salve a sí mismo».

36 Los soldados también se burlaban de él. Le ofrecieron vinagre para que lo bebiera **37** y le dijeron: «¡Si en verdad eres el Rey de los judíos, sálvate a ti mismo!»

38 Sobre la cabeza de Jesús había un letrero que decía: «Este es el Rey de los judíos».

39 Uno de los criminales que estaban clavados junto a Jesús también lo insultaba:

—¿No que tú eres el Mesías? Sálvate tú, y sálvanos a nosotros también.

40 Pero el otro hombre lo reprendió:

—¿No tienes miedo de Dios? ¿Acaso no estás sufriendo el mismo castigo? **41** Nosotros sí merecemos el castigo, porque hemos sido muy malos; pero este hombre no ha hecho nada malo para merecerlo.

42 Luego, le dijo a Jesús:

—Jesús, no te olvides de mí cuando comiences a reinar.

43 Jesús le dijo:

—Te aseguro que hoy estarás conmigo en el paraíso.

Jesús muere

44-45 Como a las doce del día el sol dejó de brillar, y todo el país quedó en oscuridad hasta las tres de la tarde. La cortina del templo se partió en dos, de arriba a abajo. **46** Jesús gritó con fuerza y dijo: «¡Padre, tómame en tus manos!»

Después de decir esto, murió.

47 El capitán romano vio lo que había pasado, alabó a Dios y dijo: «En verdad, este era un hombre bueno».

48 Al ver todo eso, la gente que estaba allí se fue llena de tristeza a su casa, pues se sentían culpables.

49 Todos los amigos íntimos de Jesús, y las mujeres que lo habían seguido desde Galilea, estaban a cierta distancia, mirando lo que pasaba.

El entierro de Jesús

50-51 Había un hombre llamado José, que era del pueblo de Arimatea, en la región de Judea. Era bueno y honesto, y deseaba que Dios comenzara ya a reinar en el mundo. José era miembro de la Junta Suprema, pero cuando la Junta decidió que Jesús debía morir, él no estuvo de acuerdo.

52 José fue a hablar con Pilato y le pidió el cuerpo de Jesús para enterrarlo. **53** Por eso fue y bajó de la cruz el cuerpo, lo envolvió en una tela fina, y lo puso en una tumba hecha en una gran roca. Esa tumba nunca antes había sido usada. **54** Ese día era viernes, y los judíos se preparaban para el descanso del día sábado, que estaba a punto de empezar.

55 Las mujeres que habían seguido a Jesús desde Galilea, fueron con José a la tumba y vieron cómo colocaban el cuerpo de Jesús. **56** Luego regresaron a su casa y prepararon perfumes para ponerle al cuerpo de Jesús. Pero tuvieron que descansar el día sábado, tal como lo ordenaba la ley de Moisés.

¡Él está vivo!

24 **1** El domingo, al amanecer, las mujeres fueron a la tumba de Jesús, llevando los perfumes que habían preparado. **2** Cuando llegaron, vieron que la piedra que tapaba la entrada de la tumba ya no estaba en su lugar. **3** Entonces entraron a la tumba, pero no encontraron el cuerpo de Jesús. **4** Ellas no sabían qué pensar ni qué hacer.

De pronto, dos hombres se pararon junto a ellas. Tenían ropa muy blanca y brillante. **5** Las mujeres tuvieron tanto miedo que se inclinaron hasta tocar el suelo con su frente. Los hombres les dijeron:

«¿Por qué buscan entre los muertos al que está vivo? **6-7** Recuerden lo que Jesús, el Hijo del hombre, les dijo cuando todavía estaba en la región de Galilea. Él les dijo que sería entregado a hombres malvados que lo matarían en una cruz, pero que al tercer día iba a resucitar».

8 Ellas recordaron esas palabras, **9-11** y salieron de aquel lugar. Cuando llegaron a donde estaban los once apóstoles y los otros discípulos, les contaron lo que había pasado. Pero ellos pensaron que las mujeres se habían vuelto locas y no les creyeron.

Entre las mujeres estaban María Magdalena, Juana y María, la madre del discípulo que se llamaba Santiago.

12 Sin embargo, Pedro salió corriendo hacia la tumba. Al llegar, miró adentro, pero solo vio las telas con que habían envuelto el cuerpo de Jesús. Entonces regresó a la casa, muy sorprendido de lo que había pasado.

¡Quédate con nosotros!

13 Ese mismo día, dos de los seguidores de Jesús iban a Emaús, un pueblo a once kilómetros de Jerusalén.

14 Mientras conversaban de todo lo que había pasado, **15** Jesús se les acercó y empezó a caminar con ellos, **16** pero ellos no lo reconocieron. **17** Jesús les preguntó:

—¿De qué están hablando por el camino?

Los dos hombres se detuvieron; sus caras se veían tristes, **18** y uno de ellos, llamado Cleofás, le dijo a Jesús:

—¿Eres tú el único en Jerusalén que no se ha dado cuenta de lo que ha pasado en estos días?

19 Jesús preguntó:

—¿Qué ha pasado?

Ellos le respondieron:

—¡Lo que le han hecho a Jesús, el profeta de Nazaret! Para Dios y para la gente, Jesús hablaba y actuaba con mucho poder. **20** Pero los sacerdotes principales y nuestros líderes lograron que los romanos lo mataran clavándolo en una cruz. **21** Nosotros esperábamos que él fuera el libertador de Israel. Pero ya hace tres días que murió.

22 »Esta mañana, algunas de las mujeres de nuestro grupo nos dieron un gran susto. Ellas fueron muy temprano a la tumba **23** y nos dijeron que no encontraron el cuerpo de Jesús. También nos contaron que unos ángeles se les aparecieron y les dijeron que Jesús está vivo. **24** Algunos hombres del grupo fueron a la tumba y encontraron todo tal como las mujeres habían dicho. Pero ellos tampoco vieron a Jesús.

25 Jesús les dijo:

—¿Tan tontos son ustedes que no pueden entender? ¿Por qué son tan lentos para creer todo lo que enseñaron los profetas? **26** ¿No sabían ustedes que el Mesías tenía que sufrir antes de subir al cielo para reinar?

27 Luego Jesús les explicó todo lo que la Biblia decía acerca de él. Empezó con los libros de la ley de Moisés y siguió con los libros de los profetas.

28 Cuando se acercaron al pueblo de Emaús, Jesús se despidió de ellos. **29** Pero los dos hombres insistieron:

—¡Quédate con nosotros! Ya es muy tarde, y pronto el camino estará oscuro.

Jesús se fue a la casa con ellos. **30** Cuando se sentaron a comer, Jesús tomó el pan, dio gracias a Dios, lo partió y se lo dio a ellos. **31** Entonces los dos discípulos pudieron reconocerlo, pero Jesús desapareció. **32** Los dos se dijeron: «¿No es verdad que cuando él nos hablaba en el camino y nos explicaba la Biblia, sentíamos como fuego que ardía en nuestros corazones?»

33 En ese mismo momento, regresaron a Jerusalén. Allí encontraron reunidos a los once apóstoles junto con los otros miembros del grupo. **34** Los que estaban allí les dijeron: «¡Jesús resucitó! ¡Se le apareció a Pedro!»

35 Los dos discípulos contaron a los del grupo todo lo que había pasado en el camino a Emaús, y cómo reconocieron que era Jesús cuando partió el pan.

Jesús se aparece a los discípulos

36 Los dos todavía estaban contando su historia cuando Jesús se presentó en medio de todos y los saludó: «¡Reciban la paz de Dios!»

37 Todos se asustaron muchísimo porque creyeron que era un fantasma. **38** Pero Jesús les dijo: «¿Por qué están tan asustados? ¿Por qué les cuesta tanto creer? **39** ¡Miren mis manos y mis pies! ¡Soy yo! ¡Tóquenme! ¡Mírenme! ¡Soy yo! Los fantasmas no tienen carne ni huesos; en cambio, yo sí».

40 Mientras les decía eso, Jesús les mostraba sus manos y sus pies. **41** Pero ellos, entre asustados y contentos, no podían creer lo que estaban viendo. Entonces Jesús les preguntó: «¿Tienen algo de comer?»

42 Ellos le dieron un pedazo de pescado asado, **43** y Jesús se lo comió mientras todos lo miraban. **44** Después les dijo: «Recuerden lo que les dije cuando estuve con ustedes: "Tenía que cumplirse todo lo que dicen acerca de mí los libros de la Ley de Moisés, los libros de los profetas y los Salmos"».

45 Entonces les explicó la Biblia con palabras fáciles, para que pudieran entenderla:

46 «La Biblia dice que el Mesías tenía que morir y resucitar después de tres días. **47** También dice que en todas las naciones se hablará de mí, para que todos se vuelvan a Dios y él los perdone.

»Ustedes deben hablar en Jerusalén **48** de todo esto que han visto. **49** Ahora quédense en la ciudad, porque muy pronto les enviaré a quien mi Padre prometió. No se vayan a ningún otro lado hasta que reciban el poder que Dios les enviará».

Jesús sube al cielo

50 Jesús fue con sus discípulos hasta Betania. Allí, levantó sus manos y los bendijo. **51** Y en ese mismo instante, fue llevado al cielo, **52** mientras ellos lo adoraban.

Después de esto, los discípulos regresaron muy contentos a Jerusalén. **53** Y todos los días iban al templo para adorar a Dios.

JUAN

Juan comparte las buenas noticias

La Palabra, luz y vida

1 ¹Antes de que todo comenzara
ya existía aquel que es la Palabra.

La Palabra estaba con Dios,
y era Dios.

² Cuando Dios creó todas las cosas,
allí estaba la Palabra.

³ Todo fue creado por ella,
y sin ella, nada se hizo.

⁴ De la Palabra nace la vida,
y ella, que es la vida,
es también nuestra luz.
⁵ La luz alumbra en la oscuridad,
¡nada puede destruirla!

⁶ Dios envió a un hombre llamado Juan, ⁷ para que hablara a la gente y la convenciera de creer en aquel que es la luz. ⁸ Juan no era la luz; él sólo vino para mostrar quién era la luz. ⁹ Aquel que con su vida llenaría de luz a todos, pronto llegaría a este mundo.

¹⁰ Aquel que es la Palabra
estaba en el mundo.
Dios creó el mundo
por medio de él,
pero la gente no lo reconoció.

11 Vino a vivir a este mundo,
pero su pueblo no lo aceptó.

12 Pero aquellos que lo aceptaron
y creyeron en él,
llegaron a ser hijos de Dios.

13 Son hijos de Dios
por voluntad divina,
no por voluntad humana.

14 Aquel que es la Palabra
habitó entre nosotros
y fue como uno de nosotros.

Vimos el poder que le pertenece
como Hijo único de Dios,
pues nos ha mostrado
todo el amor y toda la verdad.

15 Juan habló de aquel que era la Palabra, y anunció: «Ya les había dicho que él estaba por llegar. Él es más importante que yo, porque vive desde antes que yo naciera».

16-18 Dios nos dio a conocer sus leyes por medio de Moisés, pero por medio de Jesucristo nos hizo conocer el amor y la verdad. Nadie ha visto a Dios jamás; pero el Hijo único, que está más cerca del Padre y que es Dios mismo, nos ha enseñado cómo es Dios. Gracias a lo que el Hijo de Dios es, hemos recibido muchas bendiciones.

Juan el Bautista habla de Jesús

19-20 Los jefes de los judíos, que vivían en Jerusalén, enviaron a algunos sacerdotes y a otros ayudantes del templo, para que le preguntaran a Juan quién era él. Juan les respondió claramente:

—Yo no soy el Mesías.

21 Y ellos volvieron a preguntarle:

—¿Eres Elías?

Juan les respondió:

—No; no soy Elías.

Pero los sacerdotes y sus acompañantes insistieron:

—¿Eres tú el profeta que Dios iba a enviar?

—No —dijo Juan.

22 Finalmente, le dijeron:

—Tenemos que llevar una respuesta a los que nos enviaron. Dinos, ¿quién eres tú?

23 Juan les dijo lo mismo que el profeta Isaías había anunciado acerca de él:

—Yo soy el que grita en el desierto: "Preparen el camino para el Mesías".

24-25 Entonces los mensajeros de los fariseos le dijeron a Juan:

—Si tú no eres el Mesías, ni Elías ni el profeta, ¿por qué bautizas?

26 Juan contestó:

—Yo bautizo con agua. Pero hay entre ustedes uno a quien todavía no conocen. **27** Aunque yo llegué primero, él es más importante que yo, y ni siquiera merezco ser su esclavo.

28 Todo esto pasó en el pueblo de Betania, al otro lado del río Jordán, donde Juan bautizaba.

El Cordero de Dios

29 Al día siguiente, al ver que Jesús se acercaba, Juan le dijo a toda la gente:

«¡Aquí viene el Cordero de Dios! Por medio de él, Dios les perdonará a ustedes todos sus pecados. **30** De él hablaba cuando dije: "Después de mí viene uno que es más importante que yo, porque existe desde antes que yo naciera". **31** Yo no sabía quién era, pero Dios me mandó a bautizar con agua para que todos puedan conocerlo.

32 »Yo vi cuando el Espíritu de Dios bajó del cielo en forma de paloma y se colocó sobre él. **33** No sabía quién era él, pero Dios me dijo: "Conocerás al que bautiza con el Espíritu Santo cuando veas que mi Espíritu baja y se coloca sobre él". **34** Ahora lo he visto, y les aseguro que él es el Hijo de Dios».

Los primeros discípulos de Jesús

35 Al día siguiente, Juan estaba en el mismo lugar con dos de sus discípulos. **36** Cuando vio que Jesús pasaba por allí, les dijo: «¡Miren; aquí viene el Cordero de Dios!» **37** Al oír eso, los dos discípulos siguieron a Jesús.

38 Jesús se dio vuelta, y al ver que lo seguían les preguntó qué querían. Ellos preguntaron:

—¿Dónde vives, Maestro?

39 —Síganme y lo verán —contestó Jesús—.

Ellos fueron y vieron dónde vivía Jesús, y como eran casi las cuatro de la tarde se quedaron con él por el resto del día.

40 Uno de ellos era Andrés, el hermano de Simón Pedro. **41** Lo primero que hizo Andrés fue buscar a su hermano Simón. Cuando lo encontró, le dijo: «¡Hemos encontrado al Mesías, es decir, al Cristo!»

42 Entonces Andrés llevó a Simón a donde estaba Jesús. Cuando Jesús vio a Simón, le dijo: «Tú eres Simón, hijo de Juan, pero ahora te van a llamar Cefas, es decir, Pedro».

Jesús llama a Felipe y a Natanael

43-44 Al día siguiente, Jesús decidió ir a la región de Galilea. Allí encontró a Felipe, que era de Betsaida, el pueblo donde vivían Andrés y Pedro. Jesús le dijo a Felipe: «Sígueme».

45 Luego, Felipe fue a buscar a Natanael, y le dijo:

—Hemos encontrado a aquel de quien Moisés escribió en la Biblia, y del que también hablan los profetas. Es Jesús de Nazaret, el hijo de José.

46 Natanael preguntó:

—¿Acaso puede salir algo bueno de Nazaret?

—Ven y lo verás —contestó Felipe—.

47 Cuando Jesús vio que Natanael se acercaba, dijo:

—Aquí viene un verdadero israelita, un hombre realmente sincero.

48 Natanael le preguntó:

—¿Cómo es que me conoces?

Jesús le respondió:

—Me fijé en ti cuando estabas bajo la higuera, antes que Felipe te llamara.

49 Entonces Natanael respondió:

—Maestro, ¡tú eres el Hijo de Dios y el Rey de Israel!

50 Jesús le dijo:

—¿Crees eso solo porque dije que te vi debajo de la higuera? Pues todavía verás cosas más importantes que estas.

51 Y luego les dijo a todos: «Les aseguro que ustedes verán el cielo abierto, y también a los ángeles de Dios subir y bajar sobre mí, que soy el Hijo del hombre».

Jesús convierte agua en vino

2 **1** Tres días después María, la madre de Jesús, fue a una boda en un pueblo llamado Caná, en la región de Galilea. **2** Jesús y sus discípulos también habían sido invitados.

3 Durante la fiesta de bodas se acabó el vino. Entonces María le dijo a Jesús:

—Ya no tienen vino.

4 Jesús le respondió:

—Madre, ese no es asunto nuestro. Aún no ha llegado el momento de que yo muestre quién soy.

5 Entonces María les dijo a los sirvientes: «Hagan todo lo que Jesús les diga». **6** Allí había seis grandes tinajas para agua, de las que usan los judíos en sus ceremonias religiosas. En cada tinaja cabían unos cien litros. **7** Jesús les dijo a los sirvientes: «Llenen de agua esas tinajas».

Los sirvientes llenaron las tinajas hasta el borde. **8** Luego Jesús les dijo: «Ahora, saquen un poco y llévenselo al encargado de la fiesta, para que lo pruebe».

Así lo hicieron. **9** El encargado de la fiesta probó el agua que había sido convertida en vino, y se sorprendió, porque no sabía de dónde había salido ese vino. Pero los sirvientes sí lo sabían.

Enseguida el encargado de la fiesta llamó al novio **10** y le dijo: «Siempre se sirve primero el mejor vino, y cuando ya los invitados han bebido bastante, se sirve el vino corriente. Tú, en cambio, has dejado el mejor vino para el final».

11 Jesús hizo esta primera señal en Caná de Galilea. Así empezó a mostrar el gran poder que tenía, y sus discípulos creyeron en él.

12 Después de esto, Jesús fue con su madre, sus hermanos y sus discípulos al pueblo de Cafarnaúm, y allí se quedaron unos días.

Jesús va al templo

13 Como ya se acercaba la fiesta de los judíos llamada la Pascua, Jesús fue a la ciudad de Jerusalén. **14** Allí, en el templo, encontró algunos hombres vendiendo bueyes, ovejas y palomas; otros estaban sentados a sus mesas, cambiando monedas extranjeras por monedas judías. **15** Al ver esto, Jesús tomó unas cuerdas, hizo un látigo con ellas, y echó a todos del templo, junto con sus ovejas y bueyes. También arrojó al piso las monedas de los que cambiaban dinero, y volcó sus mesas. **16** Y a los que vendían palomas les ordenó: «Saquen esto de aquí. ¡La casa de Dios, mi Padre, no es un mercado!»

17 Al ver esto, los discípulos recordaron el pasaje de la Biblia que dice: «El amor que siento por tu casa arde como fuego en mí corazón».

18 Luego, los jefes de los judíos le preguntaron a Jesús:

—¿Qué señal vas a hacer que nos demuestre que tienes derecho de hacer esto?

19 Jesús les contestó:

—Destruyan este templo, y en solo tres días lo construiré de nuevo.

20 Los jefes respondieron:

—Se ha trabajado cuarenta y seis años en la construcción de este templo, ¡y tú crees que lo construirás de nuevo en tres días!

21 Pero Jesús estaba hablando de su propio cuerpo. **22** Por eso, cuando Jesús resucitó, los discípulos recordaron que él había dicho esto. Entonces creyeron lo que dice la Biblia y lo que Jesús había dicho.

Jesús conoce a todos

23 Mientras Jesús estaba en la ciudad de Jerusalén, durante la fiesta de la Pascua, muchos creyeron en él porque vieron los milagros que hacía. **24-25** Pero Jesús no confiaba en ellos ni necesitaba que le dijeran nada de nadie, porque los conocía a todos y sabía lo que pensaban.

Jesús y Nicodemo

3 **1-2** Una noche, un fariseo llamado Nicodemo, líder de los judíos, fue a visitar a Jesús y le dijo:

—Maestro, sabemos que Dios te ha enviado a enseñarnos, pues nadie podría hacer los milagros que tú haces si Dios no estuviera con él.

3 Jesús le dijo:

—Te aseguro que si una persona no nace de nuevo no podrá ver el reino de Dios.

4 Nicodemo le preguntó:

—¿Cómo puede alguien ya viejo volver a nacer? ¿Acaso puede entrar otra vez en el vientre de su madre?

5 Jesús le respondió:

—Te aseguro que si uno no nace del agua y del Espíritu, no puede entrar en el reino de Dios. **6** Todos nacen de padres humanos; pero los hijos de Dios solo nacen del Espíritu. **7** No te sorprendas si te digo que hay que nacer de nuevo. **8** El viento sopla por donde quiere, y aunque oyes

su sonido, no sabes de dónde viene ni a dónde va. Así también sucede con todos los que nacen del Espíritu.

9 Nicodemo volvió a preguntarle:

—¿Cómo puede suceder esto?

10 Jesús le contestó:

—Tú eres un maestro famoso en Israel, y ¿no sabes esto? **11** Te aseguro que nosotros sabemos lo que decimos, porque lo hemos visto; pero ustedes no creen lo que les decimos. **12** Si no me creen cuando les hablo de las cosas de este mundo, ¿cómo me creerán si les hablo de las cosas del cielo? **13** Nadie ha subido al cielo, sino solamente el que bajó de allí, es decir, yo, el Hijo del hombre.

14 »Moisés levantó la serpiente de bronce en el desierto, y del mismo modo yo, el Hijo del hombre, tengo que ser levantado en alto, **15** para que todo el que crea en mí tenga vida eterna.

16 »Dios amó tanto a la gente de este mundo, que me entregó a mí, que soy su único Hijo, para que todo el que crea en mí no muera, sino que tenga vida eterna. **17** Porque Dios no me envió al mundo para condenar a la gente, sino para salvar a todos.

18 »El que cree en mí, que soy el Hijo de Dios, no será condenado por Dios. Pero el que no cree ya ha sido condenado, precisamente por no haber creído en el Hijo único de Dios. **19** Y así es como Dios juzga: yo he venido al mundo, y soy la luz que brilla en la oscuridad, pero como la gente hacía lo malo prefirió más la oscuridad que la luz. **20** Todos los que hacen lo malo odian la luz, y no se acercan a ella para que no se descubra lo que están haciendo. **21** Pero los que prefieren la verdad sí se acercan a la luz, pues quieren que los demás sepan que obedecen todos los mandamientos de Dios.

Juan el Bautista y Jesús

22 Después de esto, Jesús fue con sus discípulos a la región de Judea, y estuvo allí algún tiempo con ellos bautizando a la gente. **23-24** En ese tiempo Juan el Bautista todavía no había sido encarcelado, y también estaba bautizando en el pueblo de Enón, cerca de un lugar llamado Salim. En Enón había mucha agua, y la gente buscaba a Juan para que él los bautizara.

25 Entonces algunos discípulos de Juan comenzaron a discutir con un judío acerca de una ceremonia de purificación. **26** Fueron a ver a Juan y le dijeron:

—Maestro, ¿recuerdas a aquel de quien nos hablaste, el que estaba contigo al otro lado del río Jordán? Pues bien, ahora él está bautizando y todos lo siguen.

27 Juan les contestó:

—Nadie puede hacer algo si Dios no se lo permite. **28** Ustedes mismos me escucharon decir claramente que yo no soy el Mesías, sino que fui enviado antes que él para prepararlo todo.

29 »En una boda, el que se casa es el novio, y el mejor amigo del novio se llena de alegría con solo escuchar su voz. Así de alegre estoy ahora, porque el Mesías está aquí. **30** Él debe tener cada vez más importancia, y yo tenerla menos.

31 »El Hijo de Dios viene del cielo, y es más importante que todos nosotros, los que vivimos aquí en la tierra y hablamos de las cosas que aquí suceden. Pero el que viene del cielo es más importante, **32** y habla de lo que ha visto y oído en el cielo. Sin embargo, muchos no quieren creer en lo que él dice. **33** Pero si alguien le cree, reconoce que Dios dice la verdad, **34** ya que cuando el Hijo habla, el que habla es Dios mismo, porque Dios le ha dado todo el poder de su Espíritu.

35 »Dios, el Padre, ama al Hijo, y le ha dado poder sobre todo el universo. **36** El que cree en el Hijo tiene vida eterna, pero el que no obedece al Hijo no la tiene, sino que ya sido condenado por Dios.

La samaritana y Jesús

4 **1** Los fariseos se enteraron de que el número de seguidores de Jesús aumentaba cada día más, y de que Jesús bautizaba más que Juan el Bautista. **2** En realidad, los que bautizaban eran los discípulos, y no Jesús.

3 Cuando Jesús se dio cuenta de que los fariseos se habían enterado de eso, salió de la región de Judea y regresó a Galilea. **4** En el viaje, tenía que pasar por Samaria. **5** En esa región llegó a un pueblo llamado Sicar. Cerca de allí había un pozo de agua que hacía mucho tiempo había pertenecido a Jacob. Cuando Jacob murió, el nuevo dueño del terreno donde estaba ese pozo fue su hijo José.

6 Eran como las doce del día, y Jesús estaba cansado del viaje. Por eso se sentó a la orilla del pozo, **7-8** mientras los discípulos iban al pueblo a comprar comida.

En eso, una mujer de Samaria llegó a sacar agua del pozo. Jesús le dijo a la mujer:

—Dame un poco de agua.

9 Como los judíos no se llevaban bien con los de Samaria, la mujer le preguntó:

—¡Pero si usted es judío! ¿Cómo es que me pide agua a mí, que soy samaritana?

10 Jesús le respondió:

—Tú no sabes lo que Dios quiere darte, y tampoco sabes quién soy yo. Si lo supieras, tú me pedirías agua, y yo te daría el agua que da vida.

11 La mujer le dijo:

—Señor, ni siquiera tiene usted con qué sacar agua de este pozo profundo. ¿Cómo va a darme esa agua? **12** Hace mucho tiempo nuestro antepasado Jacob nos dejó este pozo. Él, sus hijos y sus rebaños bebían agua de aquí. ¿Acaso es usted más importante que Jacob?

13 Jesús le contestó:

—Cualquiera que beba del agua de este pozo volverá a tener sed, **14** pero el que beba del agua que yo doy nunca más tendrá sed. Porque esa agua es como un manantial del que brota vida eterna.

15 Entonces la mujer le dijo:

—Señor, déme usted de esa agua, para que yo no vuelva a tener sed, ni tenga que venir aquí a sacarla.

16 Jesús le dijo:

—Ve a llamar a tu esposo y regresa aquí con él.

17 —No tengo esposo —respondió la mujer—.

Jesús le dijo:

—Es cierto, **18** porque has tenido cinco, y el hombre con el que ahora vives no es tu esposo.

19 Al oír esto, la mujer le dijo:

—Señor, me parece que usted es un profeta. **20** Desde hace mucho tiempo mis antepasados han adorado a Dios en este monte, pero ustedes los judíos dicen que se debe adorar a Dios en Jerusalén.

21 Jesús le contestó:

—Créeme, mujer, pronto llegará el tiempo cuando nadie tendrá que venir a este monte ni ir a Jerusalén para adorar a Dios. **22** Ustedes los samaritanos no saben a quién adoran. Pero nosotros los judíos sí sabemos a quién adoramos. Porque el salvador saldrá de los judíos. **23-24** Dios es espíritu, y los que le adoran deben ser guiados por el Espíritu para que lo adoren como se debe. Se acerca el tiempo en que los que adoran a Dios el Padre lo harán como se debe, guiados por el Espíritu, porque el Padre quiere ser adorado así. ¡Y ese tiempo ya ha llegado!

25 La mujer le dijo:

—Yo sé que va a venir el Mesías, a quien también llamamos el Cristo. Cuando él venga, nos explicará todas las cosas.

26 Jesús le dijo:

—Yo soy el Mesías. Yo soy, el que habla contigo.

27 En ese momento llegaron los discípulos de Jesús, y se extrañaron de verlo hablando con una mujer. Pero ninguno se atrevió a preguntarle qué quería, o de qué conversaba con ella.

28 La mujer dejó su cántaro, se fue al pueblo y le dijo a la gente: **29** «Vengan a ver a un hombre que sabe todo lo que he hecho en la vida. ¡Podría ser el Mesías!»

30 Entonces la gente salió del pueblo y fue a buscar a Jesús.

31 Mientras esto sucedía, los discípulos le rogaban a Jesús:

—Maestro, por favor, come algo.

32 Pero él les dijo:

—Yo tengo una comida que ustedes no conocen.

33 Los discípulos se preguntaban: «¿Será que alguien le trajo comida?» **34** Pero Jesús les dijo:

«Mi comida es obedecer a Dios, y completar el trabajo que él me envió a hacer.

35 »Después de sembrar el trigo, ustedes dicen: "Dentro de cuatro meses recogeremos la cosecha". Fíjense bien: toda esa gente que viene es como un campo de trigo que ya está listo para la cosecha. **36** Dios premiará a los que trabajan recogiendo toda esta cosecha de gente, pues todos tendrán vida eterna. Así, el que sembró el campo y los que recogen la cosecha se alegrarán juntos. **37** Es cierto lo que dice el refrán: "Uno es el que siembra y otro el que cosecha". **38** Yo los envío a cosechar lo que a ustedes no les costó ningún trabajo sembrar. Otros invitaron a toda esta gente a venir, y ustedes se han beneficiado del trabajo de ellos».

39 Mucha gente que vivía en ese pueblo de Samaria creyó en Jesús porque la mujer les había dicho: «Él sabe todo lo que he hecho en la vida». **40** Por eso, cuando la gente del pueblo llegó a donde estaba Jesús, le rogó que se quedara con ellos. Él se quedó allí dos días, **41** y muchas otras personas creyeron al oír lo que él decía. **42** La gente le dijo a la mujer: «Ahora creemos, no por lo que tú nos dijiste, sino porque nosotros mismos le hemos oído; y sabemos que en verdad él es el Salvador del mundo».

Jesús sana al hijo de un oficial

43-44 Algunos no trataban bien a Jesús cuando él les hablaba. Por eso Jesús dijo una vez: «A ningún profeta lo reciben bien en su propio pueblo».

Después de estar dos días en aquel pueblo de Samaria, Jesús y sus discípulos salieron **45** hacia la región de Galilea. La gente de Galilea lo recibió muy bien, porque habían estado en la ciudad de Jerusalén para la fiesta de la Pascua y habían visto todo lo que Jesús hizo en aquella ocasión.

⁴⁶ Más tarde, Jesús regresó al pueblo de Caná, en Galilea, donde había convertido el agua en vino. En ese pueblo había un oficial importante del rey Herodes Antipas. Ese oficial tenía un hijo enfermo en el pueblo de Cafarnaúm. **⁴⁷** Cuando el oficial supo que Jesús había viajado desde la región de Judea a Galilea, fue y le pidió que lo acompañara a su casa y sanara a su hijo, pues el muchacho estaba a punto de morir.

⁴⁸ Jesús le contestó:

—Ustedes solo creen en Dios si ven señales y milagros.

⁴⁹ Pero el oficial insistió:

—Señor, venga usted pronto a mi casa, antes de que muera mi hijo.

⁵⁰ Jesús le dijo:

—Regresa a tu casa. Tu hijo vive.

El hombre creyó lo que Jesús dijo, y se fue. **⁵¹** Mientras regresaba a su casa, sus criados salieron a su encuentro y le dijeron: «¡Su hijo vive!»

⁵² El oficial les preguntó a qué hora el muchacho había empezado a sentirse mejor, y ellos respondieron: «La fiebre se le quitó ayer a la una de la tarde».

⁵³ El padre del muchacho recordó que a esa misma hora Jesús le dijo: «Regresa a tu casa. Tu hijo vive». Por eso, el oficial del rey y toda su familia creyeron en Jesús.

⁵⁴ Esta fue la segunda señal que Jesús hizo en Galilea al volver de Judea.

Jesús sana a un paralítico

5 **¹** Tiempo después, Jesús regresó a la ciudad de Jerusalén para asistir a una fiesta de los judíos. **²** En Jerusalén, cerca de la entrada llamada «Puerta de las Ovejas», había una piscina con cinco puertas que en hebreo se llamaba Betzatá. **³⁻⁴** Allí se encontraban muchos enfermos acostados en el suelo: ciegos, cojos y paralíticos. **⁵** Entre ellos había un hombre que desde hacía treinta y ocho años estaba enfermo. **⁶** Cuando Jesús lo vio allí acostado, y se enteró de cuánto tenía de estar enfermo, le preguntó:

—¿Quieres que Dios te sane?

7 El enfermo contestó:

—Señor, no tengo a nadie que me meta en la piscina cuando el agua se remueve. Cada vez que trato de meterme, alguien lo hace primero.

8 Jesús le dijo:

—Levántate, alza tu camilla y camina.

9 En ese momento el hombre quedó sano, alzó su camilla y comenzó a caminar.

Esto sucedió un sábado, el día de descanso obligatorio para los judíos. **10** Por eso, unos jefes de los judíos le dijeron al hombre que había sido sanado:

—Hoy es sábado, y está prohibido que andes cargando tu camilla.

11 Pero él les contestó:

—El que me sanó me dijo: "Levántate, alza tu camilla y camina".

12 Ellos preguntaron:

—¿Quién te dijo que hicieras eso?

13 Pero el hombre no sabía quién lo había sanado, porque Jesús había desaparecido entre toda la gente que estaba allí.

14 Más tarde, Jesús encontró al hombre en el templo, y le dijo: «Ahora que estás sano, no vuelvas a pecar, porque te puede pasar algo peor».

15 El hombre fue a ver a los jefes judíos y les dijo que Jesús lo había sanado. **16** Así que empezaron a perseguir a Jesús por hacer milagros los sábados.

17 Pero Jesús les dijo: «Mi Padre nunca deja de trabajar, ni yo tampoco».

18 Los jefes judíos se molestaron tanto que tuvieron aún más ganas de matar a Jesús. No lo querían porque además de sanar a los enfermos en día sábado, decía que Dios era su Padre, y que por eso era igual a Dios.

La autoridad del Hijo de Dios

19 Jesús les dijo:

«Les aseguro que yo, el Hijo de Dios, no puedo hacer nada por mi propia cuenta. Solo hago lo que veo que hace Dios, mi Padre. **20** Él me ama y me muestra todo lo que hace. Pero me mostrará cosas aún más grandes, que a ustedes los dejarán asombrados. **21** Porque así como mi Padre hace que los muertos vuelvan a vivir, así también yo le doy vida a quien quiero. **22** Y mi Padre no juzga a nadie, sino que me ha dado a mí, su Hijo, el poder para juzgar, **23** para que todos me honren como lo honran a él. Cuando alguien no me honra, tampoco honra a mi Padre, que me envió.

24 »Les aseguro que todo el que preste atención a lo que digo, y crea en Dios, quien me envió, tendrá vida eterna. Aunque antes vivía alejado de Dios, ya no será condenado, pues ha recibido la vida eterna. **25** Una cosa es cierta, ahora es cuando los que viven alejados de Dios me oirán a mí, que soy su Hijo. Si obedecen todo lo que digo, tendrán vida eterna. **26** Porque Dios, mi Padre, tiene el poder para dar la vida, y me ha dado a mí ese poder. **27** También me ha dado autoridad para juzgar, pues yo soy el Hijo del hombre.

28 »No se sorprendan de lo que les digo, porque va a llegar el momento en que los muertos oirán mi voz **29** y saldrán de sus tumbas. Entonces los que hicieron lo bueno volverán a vivir, y estarán con Dios para siempre; pero los que hicieron lo malo volverán a vivir para ser castigados.

Pruebas de la autoridad de Jesús

30 »Yo no puedo hacer nada por mi propia cuenta. Mi Padre me envió, y él me dice cómo debo juzgar a las personas. Por eso yo juzgo correctamente, porque no hago lo que yo quiero, sino que obedezco a mi Padre.

31 »Si yo hablara bien de mí mismo, ustedes dirían que miento. **32** Pero conozco bien a alguien que confirmará que digo la verdad. **33** Cuando ustedes enviaron mensajeros a Juan, él les dijo la verdad. **34-35** Lo que Juan enseñaba era tan bueno como una lámpara encendida en la oscuridad, y por un tiempo ustedes se alegraron de oírlo.

»Pero yo no necesito que nadie hable bien de mí. Mencioné a Juan solo para que ustedes crean, y Dios los salve. **36** Yo puedo probarles que de verdad mi Padre me ha enviado. Así lo prueba todo lo que hago, y ni siquiera Juan puede ser mejor testigo. Porque yo hago las cosas que mi Padre me envió a hacer.

37 »Mi Padre me ha enviado, y él también habla bien de mí. Lo que pasa es que ustedes nunca lo han oído hablar, ni lo han visto cara a cara. **38** Ustedes no aceptan su mensaje, pues no han creído en mí, a quien él envió.

39 »Ustedes estudian la Biblia con mucho cuidado porque creen que así tendrán vida eterna. Sin embargo, a pesar de que la Biblia habla bien de mí, **40** ustedes no quieren creerme para tener vida eterna.

41 »A mí no me interesa que la gente hable bien de mí. **42** Además, a ustedes los conozco muy bien, y sé que no aman a Dios. **43** Él es mi Padre, y me ha enviado, pero ustedes no me han aceptado. Sin embargo, si alguien viene por su propia cuenta, ustedes sí lo reciben. **44** ¡Cómo van a creerme, si les gusta que sea la gente la que hable bien de ustedes, y no el Dios único!

45 »No crean que yo voy a acusarlos con mi Padre. Ustedes han confiado en lo que Moisés escribió, y será él quien los acuse. **46** Porque si le creyeran a Moisés, también creerían en mí, pues él escribió acerca de mí. **47** Si no creen en lo que él escribió, ¿cómo van a creer en lo que yo les digo?»

Jesús alimenta a más de cinco mil

6 **1** Después de esto, Jesús fue al otro lado del Lago de Galilea, también conocido como Lago de Tiberias. **2** Muchos lo seguían, pues habían visto los milagros que él hacía, sanando a los enfermos.

3-4 Se acercaba la fiesta de los judíos llamada la Pascua, y Jesús fue a un cerro con sus discípulos, y se sentó. **5** Cuando Jesús vio que mucha gente venía hacia él, le preguntó a Felipe:

—¿Dónde podemos comprar comida para tanta gente?

6 Jesús ya sabía lo que iba a hacer, pero preguntó esto para ver qué decía su discípulo. **7** Y Felipe respondió:

—Ni trabajando doscientos días ganaría uno el suficiente dinero para dar un poco de pan a tanta gente.

8 Andrés, que era hermano de Simón Pedro, y que también era discípulo, le dijo a Jesús:

9 —Aquí hay un muchacho que tiene cinco panes de cebada y dos pescados. Pero eso no alcanzará para repartirlo entre todos.

10 Jesús les dijo a sus discípulos que sentaran a la gente. Había allí unos cinco mil hombres, y todos se sentaron sobre la hierba. **11** Jesús, entonces, tomó los panes en sus manos y oró dando gracias a Dios. Después, los repartió entre toda la gente, e hizo lo mismo con los pescados. Todos comieron cuanto quisieron.

12 Una vez que todos comieron y quedaron satisfechos, Jesús les dijo a sus discípulos: «Recojan lo que sobró, para que no se desperdicie nada».

13 Ellos obedecieron, y con lo que sobró llenaron doce canastos. **14** Cuando todos vieron este milagro, dijeron: «De veras este es el profeta que tenía que venir al mundo».

15 Jesús se dio cuenta de que la

gente quería llevárselo a la fuerza para hacerlo su rey. Por eso se fue a lo alto del monte para estar solo.

Jesús camina sobre el agua

16-17 Al anochecer los discípulos de Jesús subieron a una barca y comenzaron a cruzar el lago para ir al pueblo de Cafarnaúm. Ya había oscurecido totalmente, y Jesús todavía no había regresado. **18** De pronto, empezó a soplar un fuerte viento y las olas se hicieron cada vez más grandes. **19** Los discípulos ya habían navegado cinco o seis kilómetros cuando vieron a Jesús caminar sobre el agua. Como Jesús se acercaba cada vez más a la barca, tuvieron miedo. **20** Pero él les dijo: «¡Soy yo! ¡No tengan miedo!»

21 Los discípulos querían que Jesús subiera a la barca, pero de inmediato la barca llegó al lugar a donde iban.

El pan que da vida

22 Al día siguiente, la gente que estaba al otro lado del lago se enteró de que los discípulos se habían ido en la única barca que había, y de que Jesús no se había ido con ellos. **23** Otras barcas llegaron de la ciudad de Tiberias y se detuvieron cerca del lugar donde el Señor había dado gracias por el pan con que alimentó a la gente. **24** Cuando la gente vio que ni Jesús ni sus discípulos venían en esas barcas, decidieron ir a buscarlo. Entonces subieron a las barcas y cruzaron el lago en dirección a Cafarnaúm.

25 Cuando la gente encontró a Jesús al otro lado del lago, le preguntaron:

—Maestro, ¿cuándo llegaste?

26 Jesús les respondió:

—Francamente, ustedes me buscan porque comieron hasta quedar satisfechos, y no por haber entendido los milagros que hice. **27** No se preocupen tanto por la comida que se acaba, sino por la comida que dura y que da vida eterna. Esa es la comida que yo, el Hijo del hombre, les daré, porque Dios mi Padre les ha mostrado que yo tengo autoridad.

28 La gente le preguntó:

—¿Qué es lo que Dios quiere que hagamos?

29 Jesús respondió:

—Lo único que Dios quiere es que crean en mí, pues él me envió.

30 Entonces le preguntaron:

—¿Qué milagro harás para que te creamos? ¡Danos una prueba! **31** Nuestros antepasados comieron el maná en el desierto, y según la Biblia, este es el pan del cielo.

32 Jesús les contestó:

—Les aseguro que no fue Moisés quien les dio el verdadero pan del cielo, sino Dios mi Padre. **33** El pan que da vida es el que Dios ha enviado desde el cielo.

34 Entonces la gente le dijo:

—Señor, danos siempre de ese pan.

35 Jesús les dijo:

—Yo soy ese pan que da vida. El que confía en mí nunca más volverá a tener hambre; el que cree en mí, nunca más volverá a tener sed. **36** Como les dije, aunque ustedes han podido verme, todavía no creen en mí. **37** Todos los que mi Padre ha elegido para que sean mis seguidores vendrán a buscarme, y yo no los rechazaré.

38 »No bajé del cielo para hacer lo que yo quiera, sino para obedecer a Dios mi Padre, pues él fue quien me envió. **39-40** Y mi Padre quiere estar seguro de que no se perderá ninguno de los que él eligió para ser mis seguidores. Cuando llegue el fin del mundo, haré que mis seguidores que hayan muerto vuelvan a vivir. Porque mi Padre quiere que todos los que me vean y crean en mí, que soy su Hijo, tengan vida eterna.

41 Algunos judíos empezaron a hablar mal de Jesús, porque había dicho que él era el pan que bajó del cielo. **42** Decían: «¿No es este Jesús, el hijo de José? ¡Nosotros conocemos a sus padres! ¿Cómo se atreve a decir que bajó del cielo?»

43 Jesús les respondió:

«Dejen ya de murmurar. **44** Dios mi Padre me envió, así que nadie puede ser mi seguidor si él no lo quiere. Y yo haré que, cuando llegue el fin, mis seguidores vuelvan a vivir para estar con Dios para siempre. **45** En uno de los libros de los profetas se dice: "Dios les enseñará a todos". Por eso, todos los que escuchan a mi Padre y aprenden de él, vienen y se convierten en mis seguidores.

46 »Como les he dicho, Dios mi Padre me envió, y nadie más ha visto al Padre sino solo yo. **47** Les aseguro que el que cree en mí tendrá vida eterna.

48 »Yo puedo dar vida, pues soy el pan que da vida. **49** Los antepasados de ustedes comieron el maná en el desierto, pero todos murieron. **50-51** El que cree en mí es como si comiera pan del cielo, y nunca estará separado de Dios. Yo he bajado del cielo, y puedo hacer que todos tengan vida eterna. Yo moriré para darles esa vida a los que creen en mí. Por eso les digo que mi cuerpo es ese pan que da vida; el que lo coma tendrá vida eterna».

52 Los judíos que hablaban mal de Jesús empezaron a discutir entre ellos, preguntándose: «¿Cómo puede este darnos su propio cuerpo para que lo comamos?»

53 Jesús les dijo:

«Yo soy el Hijo del hombre, y les aseguro que si ustedes no comen mi cuerpo ni beben mi sangre, no tendrán vida eterna. **54** El que come mi cuerpo y bebe mi sangre, tendrá vida eterna. Cuando llegue el fin del mundo, los resucitaré. **55** Mi cuerpo es la comida verdadera, y mi sangre es la bebida verdadera. **56** Si ustedes comen mi cuerpo, y beben mi sangre, viven unidos a mí, y yo vivo unido a ustedes.

57 »Dios mi Padre fue el que me envió, y tiene poder para dar la vida eterna, y fue él quien me dio esa vida. Por eso, todo el que crea en mí tendrá vida eterna. **58** Yo soy el pan que bajó del cielo, y el que crea en mí tendrá vida eterna. Yo no soy como el pan que comieron sus antepasados, que después de haberlo comido murieron».

59 Jesús dijo todas estas cosas en la sinagoga de Cafarnaúm.

Palabras que dan vida eterna

60 Cuando muchos de los seguidores de Jesús le oyeron enseñar esto, dijeron:

—Esto que dices es muy difícil de aceptar. ¿Quién puede estar de acuerdo contigo?

61 Pero Jesús les respondió:

—¿Esto los ofende? **62** Entonces, ¿qué sucedería si me vieran a mí, el Hijo del hombre, subir al cielo, donde antes estaba? **63** El que da vida eterna es el Espíritu de Dios; ninguna persona puede dar esa vida. Las palabras que les he dicho vienen del Espíritu que da esa vida. **64** Pero todavía hay algunos de ustedes que no creen.

Jesús dijo esto porque desde el principio sabía quiénes eran los que no creían y quién era el que lo traicionaría. **65** También les dijo que nadie puede ser su seguidor si Dios su Padre no se lo permite.

66 Desde ese momento, muchos de los que seguían a Jesús lo abandonaron. **67** Entonces Jesús les preguntó a sus doce apóstoles:

—¿También ustedes quieren irse?

68 Simón Pedro le contestó:

—¿Y a quién seguiríamos, Señor? Solo tus palabras dan vida eterna. **69** Nosotros hemos creído en ti, y sabemos que tú eres el Hijo de Dios.

70 Jesús les dijo:

—A ustedes doce yo los elegí; sin embargo, uno de ustedes es un demonio.

71 Jesús se refería a Judas, el hijo de Simón Iscariote. Porque Judas, que era uno de los doce, lo iba a traicionar.

Los hermanos de Jesús no creían en él

7 **1** Tiempo después, Jesús recorrió la región de Galilea. No quería ir a Judea porque los jefes judíos lo buscaban para matarlo. **2** Como se acercaban los días de la fiesta judía de las Enramadas, **3** sus hermanos le dijeron:

JUAN

—Debes ir a Judea, para que tus seguidores puedan ver las grandes obras que haces. **4** Cuando uno quiere que todos lo conozcan, no hace nada en secreto. ¡Deja que todo el mundo sepa lo que haces!

5 Dijeron eso porque ni siquiera ellos le creían. **6** Pero Jesús les respondió:

—Aún no ha llegado el momento para que todos sepan que soy el Hijo de Dios. Para ustedes, cualquier hora es buena. **7** La gente de este mundo no los odia a ustedes. Pero a mí me odia porque les digo que su conducta es mala. **8** Vayan ustedes a la fiesta; yo no iré, porque todavía no ha llegado el momento de que todos sepan quién soy yo.

9 Después de decir esto, Jesús se quedó en Galilea.

Jesús en la fiesta de las Enramadas

10 Después de que se fueron sus hermanos, Jesús fue en secreto a la fiesta, sin decírselo a nadie.

11 Durante la fiesta, los jefes judíos buscaban a Jesús, y decían: «¿Dónde estará ese hombre?»

12 La gente hablaba mucho de él, y algunos decían: «Jesús es un buen hombre». Pero otros decían: «De bueno no tiene nada; es un embustero».

13 Todos hablaban de él en secreto, porque tenían miedo de los jefes judíos.

14 A mediados de la fiesta, Jesús entró en el templo y empezó a enseñar. **15** Los jefes judíos estaban asombrados, y decían entre ellos: «¿Cómo es que este sabe tantas cosas, si nunca ha estudiado?»

16 Jesús les contestó:

—Yo no invento lo que enseño. Dios me envió y me ha dicho lo que debo enseñar. **17** Si alguien quiere obedecer a Dios, podrá saber si yo enseño lo que Dios ordena, o si hablo por mi propia cuenta. **18** Quien habla por su propia cuenta solo quiere que la gente lo admire. Pero yo solo deseo que mi Padre, que me envió, reciba el honor que le corresponde; por eso siempre digo la verdad. **19** Moisés les dio a ustedes la ley y, sin embargo, ninguno la obedece. ¿Por qué quieren matarme?

20 La gente le contestó:

—¡Estás loco! ¿Quién quiere matarte?

21 Jesús les dijo:

—Todos ustedes se admiran por un solo milagro que hice. **22** Moisés les mandó practicar la ceremonia de la circuncisión, y ustedes la practican aunque caiga en sábado. Esa orden no viene del tiempo de Moisés, sino de antes, cuando aún vivían Abraham, Isaac y Jacob. **23** Entonces, si para obedecer la ley de Moisés ustedes circuncidan a un niño aunque sea en sábado, ¿por qué se enojan conmigo por haber sanado a un hombre en sábado? **24** No digan que algo está mal solo porque así les parece. Antes de afirmar algo, deben estar seguros de que así es.

¿Quién es Jesús?

25 Algunos de los que vivían en Jerusalén empezaron a preguntar:

«¿No es este al que andan buscando para matarlo? **26** Pues ahí está, hablando con la gente; ¡y nadie le dice nada! ¿No será que nuestros gobernantes creen de verdad que él es el Mesías? **27** Pero ¡no puede ser! Porque, cuando venga el Mesías, nadie sabrá de dónde viene; en cambio, nosotros sabemos de dónde viene este hombre».

28 Jesús estaba enseñando en el templo y dijo con voz fuerte:

«En realidad, ustedes no saben quién soy yo, ni de dónde vengo. Yo no he venido por mi propia cuenta. He sido enviado por alguien en quien se puede confiar, y a quien ustedes no conocen. **29** Yo sí lo conozco, pues vengo de él, y él es quien me envió».

30 Algunos hombres de Jerusalén quisieron arrestar a Jesús, pero no pudieron, pues todavía no había llegado el momento de que todos supieran quién era. **31** Sin embargo, muchos creyeron en él, y decían: «Ni el Mesías podría hacer los milagros que hace este hombre».

Los fariseos quieren arrestar a Jesús

32 Los fariseos oyeron lo que la gente decía. Entonces ellos y los sacerdotes principales enviaron a unos guardias del templo para que arrestaran a Jesús. **33** Pero Jesús dijo: «Sólo estaré con ustedes un poco más de tiempo. Luego volveré a donde está el que me envió. **34** Ustedes me buscarán, pero no me encontrarán, porque no pueden ir a donde yo voy».

35 Los jefes judíos comenzaron a preguntarse entre ellos:

«¿Y a dónde podrá ir, que no podamos encontrarlo? ¿Acaso piensa ir a vivir entre los judíos de otros países, y enseñar también a los que no son judíos? **36** ¿Qué quiere decir con eso de que: "Me buscarán, pero no me encontrarán, porque no pueden ir a donde yo voy?"»

Ríos de agua viva

37 El último día de la fiesta de las Enramadas era el más importante. Ese día, Jesús se puso en pie y dijo con voz fuerte: «El que tenga sed, venga a mí. **38** Ríos de agua viva brotarán del corazón de los que creen en mí. Así lo dice la Biblia».

39 Al decir esto, Jesús estaba hablando del Espíritu de Dios que recibirían los que creyeran en él. Es que mientras Jesús no muriera y resucitara, el Espíritu no se haría presente.

¿Realmente quién es Jesús?

40 Cuando algunos de los que estaban allí oyeron esto, dijeron: «De veras que este hombre es el profeta que Dios nos iba a enviar». **41** Otros decían: «Este hombre es el Mesías». Y aun otros decían: «El Mesías no puede venir de la región de Galilea. **42** La Biblia dice que el Mesías debe ser de la misma familia del rey David, y que nacerá en Belén, el pueblo de donde era David». **43** Nadie se ponía de acuerdo a cerca de quién era Jesús. **44** Y aunque no faltaba quien quería llevárselo a la cárcel, nadie se atrevía a tocarlo.

Los jefes judíos no creían en Jesús

45 Los guardias del templo regresaron a donde estaban los sacerdotes principales y los fariseos, quienes les preguntaron:

—¿Por qué no trajeron a Jesús?

46 Los guardias contestaron:

—¡Nunca ha hablado nadie como lo hace ese hombre!

47 Los fariseos les dijeron:

—¿También ustedes se han dejado engañar? **48** ¿Acaso ha creído en él alguno de nuestros jefes, o alguno de los fariseos? **49** Los que creen en él no conocen la ley de Moisés, y por eso Dios los castigará.

50 Allí estaba Nicodemo, el fariseo que una noche fue a ver a Jesús, y les dijo:

51 —Según nuestras leyes, no podemos condenar a nadie sin antes escucharlo.

52 Ellos le respondieron:

—¿Tú también crees que de Galilea puede salir algo bueno? Estudia la Biblia y verás que ningún profeta ha venido de allá.

8 **53** Después de esto cada quien se fue a su casa, **1** pero Jesús fue al Monte de los Olivos.

¡No vuelvas a pecar!

2 Al día siguiente, al amanecer, Jesús regresó al templo. La gente se acercó, y él se sentó para enseñarles. **3** Entonces los maestros de la Ley y los fariseos llevaron al templo a una mujer. La habían sorprendido teniendo relaciones sexuales con un hombre que no era su esposo. Pusieron a la mujer en medio de toda la gente, **4** y le dijeron a Jesús:

—Maestro, encontramos a esta mujer cometiendo pecado de adulterio. **5** En nuestra ley, Moisés manda que a esta clase de mujeres las matemos a pedradas. ¿Tú qué opinas?

6 Ellos le hicieron esa pregunta para ponerle una trampa. Si él respondía mal, podrían acusarlo. Pero Jesús se inclinó y empezó a escribir en el suelo con su dedo. **7** Sin embargo, como no dejaban de hacerle preguntas, Jesús se levantó y les dijo:

—Si alguno de ustedes nunca ha pecado, tire la primera piedra.

8 Luego, volvió a inclinarse y siguió escribiendo en el suelo. **9** Al escuchar a Jesús, todos empezaron a irse, comenzando por los más viejos, hasta que Jesús se quedó solo con la mujer.

10 Entonces Jesús se puso de pie y le dijo:

—Mujer, los que te trajeron se han ido. ¡Nadie te ha condenado!

11 Ella le respondió:

—Así es, Señor. Nadie me ha condenado

Jesús le dijo:

—Tampoco yo te condeno. Puedes irte, pero no vuelvas a pecar.

Jesús es la luz

12 Jesús volvió a hablarle a la gente:

—Yo soy la luz que alumbra a todos los que viven en este mundo. Síganme y no caminarán en la oscuridad, pues tendrán la luz que les da vida.

13 Los fariseos le dijeron:

—Tú te estás alabando a ti mismo. ¿Cómo sabremos que dices la verdad?

14 Jesús les respondió:

—Aunque hable bien de mí, lo que digo es cierto. Porque yo sé de dónde vine, y a dónde voy; sin embargo, ustedes no lo saben. **15** Ustedes juzgan como todos los demás, pero yo no juzgo a nadie. **16** Si lo hiciera, juzgaría de acuerdo a la verdad, porque no juzgo yo solo. Mi Padre, quien me envió, juzga conmigo. **17** La ley de ustedes dice que se necesitan dos testigos para probar que algo es verdad. **18** Pues bien, yo hablo bien de mí mismo; y mi Padre, quien me envió, también habla bien de mí.

19 Entonces le preguntaron:

—¿Dónde está tu padre?

Jesús les respondió:

—Si me conocieran, conocerían a mi Padre. Pero como no me conocen, tampoco a él lo conocen.

20 Jesús dijo todo esto mientras enseñaba en el templo, en el lugar donde se ponen las ofrendas. Pero nadie se lo llevó preso, porque no había llegado el momento de que todos supieran quién era él realmente.

Los jefes judíos y Jesús

21 Jesús habló de nuevo:

—Yo me voy, y ustedes me buscarán. Pero no pueden ir a donde yo voy, porque morirán sin que Dios les perdone sus pecados.

22 Los jefes judíos dijeron:

—¿Estará pensando en matarse, y por eso dice que no podemos ir a donde él va?

23 Jesús les aclaró:

—Ustedes son pecadores, como todos los que viven en este mundo. Pero yo no soy de este mundo, porque vengo del cielo. **24** Por eso les dije que si no creen en mí, ni en quién soy yo, morirán sin que Dios les perdone sus pecados.

25 Le preguntaron:

—¿Y quién eres tú?

Jesús les contestó:

—¿Por qué tengo que responderles? **26** Más bien, yo tengo mucho que decir de todo lo malo que ustedes hacen. El que me envió dice la verdad, y yo solo digo lo que le escuché decir.

27 Pero ellos no entendieron que Jesús les estaba hablando de Dios su Padre. **28** Por eso les dijo:

—Ustedes sabrán quién es en realidad el Hijo del hombre cuando me cuelguen de una cruz. También sabrán que no hago nada por mi propia cuenta, sino que solo digo lo que mi Padre me ha enseñado. **29** Mi Padre nunca me ha abandonado, pues yo siempre hago lo que a él le agrada.

30 Cuando Jesús dijo esto, mucha gente creyó en él.

La verdad los hará libres

31 Jesús les dijo a los judíos que habían creído en él:

—Si ustedes obedecen mis enseñanzas, serán verdaderamente mis discípulos; **32** y conocerán la verdad, y la verdad los hará libres.

33 Ellos le contestaron:

—Nosotros somos descendientes de Abraham, y nunca hemos sido esclavos de nadie. ¿Por qué dices que seremos libres?

34-36 Jesús les respondió:

—Ningún esclavo se queda para siempre con la familia para la cual trabaja. El hijo de la familia sí se queda para siempre, y si él quiere puede dejar en libertad al esclavo. Les aseguro que cualquiera que peca es esclavo del pecado. Por eso, si yo, el Hijo de Dios, les perdono sus pecados, serán libres de verdad.

37 »Yo sé que ustedes son descendientes de Abraham, pero quieren matarme porque no aceptan mis enseñanzas. **38** Yo solo les digo lo que mi Padre me ha enseñado. Ustedes, en cambio, hacen lo que les ha enseñado su padre.

39 Ellos le dijeron:

—¡Nuestro padre es Abraham!

Entonces Jesús les contestó:

—Si en verdad ustedes fueran descendientes de Abraham, harían lo que él hizo. **40** Pero yo les he dicho la verdad que he escuchado de Dios, y ustedes quieren matarme. ¡Abraham nunca hizo algo así! **41** Pero ustedes hacen exactamente lo mismo que hace su padre.

Ellos le contestaron:

—¡No nos acuses de tener otro padre! Nuestro único Padre es Dios.

42 Jesús les respondió:

—Si en verdad Dios fuera su Padre, ustedes me amarían, porque yo vengo del cielo, donde está Dios. Yo no vine por mi propia cuenta, sino que Dios me envió. **43** Ustedes no pueden entender lo que les digo, porque no les gusta escuchar mi mensaje. **44** El padre de ustedes es el diablo, y ustedes tratan de hacer lo que él quiere. Siempre ha sido un asesino y un gran mentiroso. Todo lo que dice son solo mentiras, y hace que las personas mientan.

45 »Por eso ustedes no pueden creer que digo la verdad. **46** ¿Quién de ustedes puede acusarme de haber hecho algo malo? Y si digo la verdad, ¿por qué no me creen? **47** Los hijos de Dios escuchan con atención todo lo que Dios dice. Pero ustedes no le ponen atención porque no son sus hijos.

Jesús y Abraham

48 Entonces, algunos judíos le dijeron:

—Cuando decimos que eres un extranjero indeseable, y que tienes un demonio, no estamos equivocados.

49 Jesús les contestó:

—Yo no tengo ningún demonio. Lo que hago es hablar bien de mi Padre; pero ustedes hablan mal de mí. **50** Yo no le pido a la gente que hable bien de mí; es Dios quien lo quiere así, y es él quien juzga. **51** Les aseguro que quien obedezca mi enseñanza, vivirá para siempre con Dios.

52 Ellos le dijeron:

—Ahora sí estamos seguros de que tienes un demonio. Nuestro antepasado Abraham murió, y también murieron los profetas. Sin embargo, tú dices que el que te obedezca vivirá para siempre. **53** ¿Acaso te crees más importante que Abraham? Él y los profetas murieron. ¿Qué te estás creyendo?

54 Jesús les respondió:

—¿De qué me serviría hablar bien de mí mismo? Mi Padre es el que habla bien de mí, y ustedes dicen que él es su Dios. **55** En realidad, ustedes no lo conocen. Yo sí lo conozco. Lo conozco, y lo obedezco. Si dijera lo contrario, sería un mentiroso como ustedes. **56** Abraham, el antepasado de ustedes, se alegró mucho con solo pensar que vería el tiempo en que yo vendría al mundo; lo vio, y le causó mucha alegría.

57 Entonces le preguntaron:

—Ni siquiera has cumplido cincuenta años de edad. ¿Cómo puedes decir que has visto a Abraham?

58 Jesús les dijo:

—Les aseguro que mucho antes de que naciera Abraham ya existía yo.

59 Entonces aquellos judíos quisieron matar a Jesús a pedradas; pero él se mezcló entre la multitud y salió del templo.

Jesús sana a un ciego

9 **1** Cuando Jesús salió del templo, vio por el camino a un joven que había nacido ciego. **2** Los discípulos le preguntaron a Jesús:

—Maestro, ¿quién tiene la culpa de que este joven haya nacido ciego? ¿Fue por algo malo que hizo él mismo, o por algo malo que hicieron sus padres?

3 Jesús les respondió:

—Ni él ni sus padres tienen la culpa. Nació así para que ustedes vean cómo el poder de Dios lo sana. **4** Mientras yo esté con ustedes, hagamos el trabajo que Dios mi Padre me mandó hacer; vendrá el momento en que ya nadie podrá trabajar. **5** Mientras yo estoy en el mundo, soy la luz que alumbra a todos.

6 Enseguida Jesús escupió en el suelo, hizo un poco de lodo con la saliva, y se lo puso al joven en los ojos. **7** Entonces le dijo: «Vete a la piscina de Siloé y lávate los ojos».

El ciego fue y se lavó, y cuando regresó ya podía ver. **8** Sus vecinos y todos los que antes lo habían visto pedir limosna se preguntaban: «¿No es este el joven ciego que se sentaba a pedir dinero?» **9** Unos decían: «Sí, es él». Otros decían: «No, no es él, aunque se le parece mucho». Pero él mismo decía: «Claro que soy yo». **10** Entonces le preguntaron:

—¿Cómo es que ya puedes ver?

11 Él respondió:

—Un hombre llamado Jesús hizo lodo, me lo puso en los ojos, y me dijo que fuera a la piscina de Siloé y que me lavara. Yo fui, y cuando me lavé los ojos pude ver.

12 —¿Y dónde está Jesús? —le preguntaron.

—No lo sé —contestó él.

Los fariseos y el ciego sanado

13-14 Cuando Jesús hizo lodo y sanó al ciego era día de descanso obligatorio. Por eso, algunos llevaron ante los fariseos al joven que había sido sanado. **15** Los fariseos le preguntaron:

—¿Cómo es que ya puedes ver?

El joven les respondió:

—Jesús me puso lodo en los ojos, y ahora puedo ver.

16 Algunos fariseos dijeron: «A ese hombre no lo ha enviado Dios, pues desobedece la ley que prohíbe trabajar en sábado».

Pero otros decían: «¿Cómo puede un pecador hacer milagros como este?» Y no se ponían de acuerdo. **17** Entonces le preguntaron al que había sido ciego:

—Ya que ese hombre te dio la vista, ¿qué opinas de él?

—Yo creo que es un profeta —les contestó—.

18 Pero los jefes judíos no creían que ese joven hubiera sido ciego y que ahora pudiera ver. Entonces llamaron a los padres del joven **19** y les preguntaron:

—¿Es este su hijo? ¿Es cierto que nació ciego? ¿Cómo es que ahora puede ver?

20 Los padres respondieron:

—De que este es nuestro hijo, y de que nació ciego, no tenemos ninguna duda. **21** Pero no sabemos cómo es que ya puede ver, ni quién lo sanó. Pregúntenselo a él, pues ya es mayor de edad y puede contestar por sí mismo.

22-23 Los padres dijeron esto porque tenían miedo de los jefes judíos, ya que ellos se habían puesto de acuerdo para expulsar de la sinagoga a todo el que creyera y dijera que Jesús era el Mesías.

24 Los jefes judíos volvieron a llamar al que había sido ciego, y le dijeron:

—Júranos por Dios que nos vas a decir la verdad. Nosotros sabemos que el hombre que te sanó es un pecador.

25 Él les contestó:

—Yo no sé si es pecador. ¡Lo que sí sé es que antes yo era ciego, y ahora veo!

26 Volvieron a preguntarle:

—¿Qué hizo? ¿Cómo fue que te sanó?

27 Él les contestó:

—Ya les dije lo que hizo, pero ustedes no me hacen caso. ¿Para qué quieren que les repita lo mismo? ¿Es que también ustedes quieren ser sus seguidores?

28 Los jefes judíos lo insultaron y le dijeron:

—Seguidor de ese hombre lo serás tú. Nosotros somos seguidores de Moisés. **29** Y sabemos que Dios le habló a Moisés; pero de ese Jesús no sabemos nada.

30 El joven les respondió:

—¡Qué extraño! Ustedes no saben de dónde viene, y sin embargo, a mí me ha sanado. **31** Sabemos que Dios no escucha a los pecadores, pero sí escucha a los que le adoran y le obedecen. **32** Nunca he sabido que alguien le haya dado la vista a uno que nació ciego. **33** Si este hombre no fuera enviado por Dios, no podría hacer nada.

34 Entonces le contestaron:

—Ahora resulta, que tú siendo pecador desde que naciste nos vas a enseñar. ¡Ya no te queremos en nuestra sinagoga!

35 Jesús se enteró de esto, y cuando se encontró con el joven le preguntó:

—¿Crees en el Hijo del hombre?

36 El joven le respondió:

—Señor, dígame quién es, para que yo crea en él.

37 Jesús le dijo:

—Lo estás viendo. Soy yo, el que habla contigo.

38 Entonces el joven se arrodilló ante Jesús y le dijo:

—Señor, creo en ti.

39 Luego Jesús dijo: «Yo he venido al mundo para juzgarlos a todos. Les daré vista a los ciegos, y se la quitaré a los que ahora creen ver bien».

40 Algunos fariseos que estaban por allí le oyeron decir esto, y le preguntaron:

—¿Quieres decir que nosotros también somos ciegos?

41 Jesús les contestó:

—Si ustedes reconocieran que no ven tanto como creen, Dios no los culparía por sus pecados. Pero como creen ver muy bien, Dios sí los culpará por sus pecados.

El ejemplo del pastor de ovejas

10 **1** Jesús les dijo:

«Ustedes saben que solo los ladrones y bandidos entran al corral saltándose la cerca. **2** En cambio, el pastor de las ovejas entra por la puerta. **3** El que cuida la puerta le abre, y el pastor llama a cada una de sus ovejas por nombre, y ellas reconocen su voz. Luego el pastor las lleva fuera del corral, **4** y cuando ya han salido todas, él va delante de ellas.

»Las ovejas siguen al pastor porque reconocen su voz. **5** Pero no seguirían a un desconocido; más bien huirían de él, pues no reconocerían su voz».

6 Jesús les puso el ejemplo anterior, pero ellos no entendieron lo que les quería decir.

Jesús es el buen pastor

7 Entonces Jesús les explicó el ejemplo:

«Yo soy la puerta de las ovejas. **8** Todos los que vinieron antes que yo, eran bandidos y ladrones; por eso las ovejas no les hicieron caso. **9** Yo soy la puerta del reino de Dios: cualquiera que entre por esta puerta, se salvará; podrá salir y entrar, y siempre encontrará alimento.

10 »Cuando el ladrón llega, se dedica a robar, matar y destruir. Yo he venido para que todos ustedes tengan vida, y para que la vivan plenamente. **11** Yo soy el buen pastor. El buen pastor está dispuesto a morir por sus ovejas. **12** El que recibe un salario por cuidar a las ovejas, huye cuando ve que se acerca el lobo. Deja a las ovejas solas, porque él no es el pastor y las ovejas no son suyas. Por eso, cuando el lobo llega y ataca a las ovejas, ellas huyen por todos lados. **13** Y es que a ese no le interesan las ovejas, solo busca el dinero; por eso huye.

14-15 »Así como Dios mi Padre me conoce, yo lo conozco él; y de igual manera yo conozco a mis seguidores y ellos me conocen a mí. Yo soy su buen pastor, y ellos son mis ovejas. Así como el buen pastor está dispuesto a morir para salvar a sus ovejas, también yo estoy dispuesto a morir para salvar a mis seguidores.

16 También tengo otros seguidores que ustedes no conocen; son ovejas que traeré de otro corral, y me obedecerán. Así tendré un solo grupo de seguidores, y yo seré su único pastor.

¹⁷ »Mi Padre me ama porque estoy dispuesto a entregar mi vida para luego volver a recibirla. **¹⁸** Nadie me quita la vida, sino que yo la entrego porque así lo quiero. Tengo poder para entregar mi vida, y tengo poder para volver a recibirla, pues esto es lo que mi Padre me ha ordenado hacer».

¹⁹ Cuando aquellos judíos oyeron esto, se pusieron a discutir, pues unos pensaban una cosa y otros otra. **²⁰** Muchos decían: «Ese hombre tiene un demonio y está loco. ¿Por qué le hacen caso?» **²¹** Pero otros decían: «Nadie que tenga un demonio puede hablar así. Además, ningún demonio puede darle la vista a un ciego».

Los jefes judíos quieren matar a Jesús

²² Era invierno, y Jesús había ido a Jerusalén para participar en la fiesta del Templo. **²³** Mientras andaba por los patios del templo, cerca de la Puerta de Salomón, **²⁴** lo rodeó la gente y le preguntó:

—¿Hasta cuándo nos tendrás con esta duda? Dinos ahora mismo si eres el Mesías.

²⁵ Jesús les respondió:

—Ya les dije quién soy, pero ustedes no me lo han creído. Yo hago todo con la autoridad y el poder de mi Padre, y eso demuestra quién soy yo. **²⁶** Pero ustedes no me creen, porque no me siguen ni me obedecen. **²⁷** Mis seguidores me conocen, y yo también los conozco a ellos. Son como las ovejas, que reconocen la voz de su pastor, y él las conoce a ellas. Mis seguidores me obedecen, **²⁸** y yo les doy vida eterna; nadie me los quitará. **²⁹** Dios mi Padre me los ha dado; él es más poderoso que todos, y nadie puede quitárselos. **³⁰** Mi Padre y yo somos uno solo.

³¹ Otra vez, los jefes judíos quisieron apedrear a Jesús, **³²** pero él les dijo:

—Ustedes me han visto hacer muchas cosas buenas con el poder que mi Padre me ha dado. A ver, díganme, ¿por cuál de ellas merezco morir?

33 Ellos le respondieron:

—No queremos matarte por lo bueno que hayas hecho, sino por haber ofendido a Dios. Tú no eres más que un hombre, y dices que eres igual a Dios.

34-35 Jesús les dijo:

—¡Pero en la Biblia Dios dice que somos dioses! Y ella siempre dice la verdad. **36** Y si Dios me envió al mundo, ¿por qué dicen ustedes que ofendo a Dios diciendo que soy su Hijo? **37** Si no hago lo que mi Padre quiere, entonces no me crean. **38** Pero si yo lo obedezco, crean en lo que hago, aunque no crean en lo que digo. Así, de una vez por todas, sabrán que mi Padre y yo somos uno solo.

39 De nuevo intentaron encarcelar a Jesús. Pero él se les escapó, **40** y se fue de nuevo al otro lado del río Jordán, al lugar donde Juan el Bautista había estado bautizando. Mientras estaba allí, **41** muchas personas fueron a verlo, y decían: «Juan el Bautista no hizo ningún milagro, pero todo lo que dijo de Jesús era verdad».

42 Y mucha gente de aquel lugar creyó en Jesús.

La muerte de Lázaro

11 **1-2** Lázaro y sus hermanas Marta y María vivían en el pueblo de Betania. María fue la que derramó perfume en los pies de Jesús y luego los secó con sus cabellos.

Un día, Lázaro se enfermó **3** y sus hermanas le mandaron este mensaje a Jesús: «Señor, tu querido amigo Lázaro está enfermo».

4 Cuando Jesús recibió el mensaje, dijo: «Esta enfermedad no terminará en muerte. Servirá para mostrar el poder de Dios, y el poder que tengo yo, el Hijo de Dios».

5 Jesús amaba a Marta, a María y a Lázaro. **6** Pero cuando recibió la noticia de que Lázaro estaba enfermo, decidió quedarse dos días más en donde estaba. **7** Al tercer día les dijo a sus discípulos:

—Regresemos a la región de Judea.

8 Los discípulos le dijeron:

—Maestro, algunos de los judíos de esa región trataron de matarte hace poco. ¿Aún así quieres regresar allá?

9 Jesús les respondió:

—Cada día, el sol brilla durante doce horas. Si uno camina de día, no tropieza con nada, porque la luz del sol le alumbra el camino. **10-11** Pero si camina de noche tropieza, porque le hace falta la luz. Nuestro amigo Lázaro está dormido, y yo voy a despertarlo.

12 Los discípulos le dijeron:

—Señor, si Lázaro está dormido para qué te preocupas.

13 Lo que Jesús quería darles a entender era que Lázaro había muerto, pero los discípulos entendieron que estaba descansando. **14** Por eso Jesús les explicó:

—Lázaro ha muerto, **15** y me alegro de no haber estado allí, porque ahora ustedes tendrán oportunidad de confiar en mí. Vayamos adonde está él.

16 Entonces Tomás, al que llamaban el Gemelo, les dijo a los otros discípulos: «Vayamos también nosotros, para morir con Jesús».

Jesús es la vida

17-19 Como el pueblo de Betania estaba a unos tres kilómetros de la ciudad de Jerusalén, muchos de los judíos que vivían cerca fueron a visitar a Marta y a María, para consolarlas por la muerte de su hermano. Cuando Jesús llegó a Betania, se enteró de que habían sepultado a Lázaro cuatro días antes.

20 Al enterarse Marta de que Jesús había llegado, salió a recibirlo, y María se quedó en la casa. **21** Entonces Marta le dijo a Jesús:

—Señor, si tú hubieras estado aquí, mi hermano no habría muerto. **22** Pero a pesar de todo lo que ha pasado, Dios hará lo que tú le pidas. De eso estoy segura.

23 Jesús le contestó:

—Tu hermano volverá a vivir.

24 Y Marta le dijo:

—Claro que sí, cuando llegue el fin, todos los muertos volverán a vivir.

25 A esto Jesús respondió:

—Yo soy el que da la vida y el que hace que los muertos vuelvan a vivir. Quien pone su confianza en mí, aunque muera, vivirá. **26** Los que todavía viven y confían en mí, nunca morirán para siempre. ¿Puedes creer esto?

27 Marta le respondió:

—Sí, Señor. Yo creo que tú eres el Mesías, el Hijo de Dios, que debía venir al mundo.

Jesús llora por su amigo
28 Después de decir esto, Marta llamó a María y le dijo en secreto: «El Maestro ha llegado, y te llama».

29 María se levantó enseguida y fue a verlo. **30** Jesús no había llegado todavía a la casa, sino que estaba en el lugar donde Marta lo había encontrado.

31 Al ver que María se levantó y salió rápidamente, los judíos que estaban consolándola en su casa la siguieron. Ellos pensaban que María iba a llorar ante la tumba de su hermano.

32 Cuando María llegó adonde estaba Jesús, se arrodilló delante de él y le dijo:

—Señor, si hubieras estado aquí, mi hermano no habría muerto.

33 Cuando Jesús vio que María y los judíos que habían ido con ella lloraban mucho, se sintió muy triste y les tuvo compasión. **34** Les preguntó:

—¿Dónde sepultaron a Lázaro?

Ellos le dijeron:

—Ven Señor; aquí está.

35 Jesús se puso a llorar, **36** y los judíos que estaban allí dijeron: «Se ve que Jesús amaba mucho a su amigo Lázaro». **37** Pero otros decían: «Jesús hizo que el ciego pudiera ver. También pudo haber hecho algo para que Lázaro no muriera».

Lázaro vuelve a vivir

38-39 Todavía con lágrimas en los ojos, Jesús se acercó a la cueva donde habían puesto el cuerpo de Lázaro, y ordenó que quitaran la piedra que cubría la entrada. Pero Marta le dijo:

—Señor, hace cuatro días que murió Lázaro. Seguramente ya huele mal.

40 Jesús le contestó:

—¿No te dije que si confías en mí verás el poder de Dios?

41 La gente quitó la piedra de la entrada. Luego, Jesús miró al cielo y dijo:

«Padre, te doy gracias porque me has escuchado. **42** Yo sé que siempre me escuchas, pero lo digo por el bien de todos los que están aquí, para que crean que tú me enviaste».

43 Después de decir esto, Jesús gritó: «¡Lázaro, sal de ahí!» **44** Lázaro salió de la cueva envuelto totalmente en las vendas de lino con que lo habían sepultado. Su cara estaba envuelta con un pañuelo. Por eso Jesús le dijo a los que estaban allí: «Quítenle todas las vendas, y déjenlo libre».

El plan para matar a Jesús

45 Muchos de los judíos que habían ido al pueblo de Betania para acompañar a María vieron lo que Jesús hizo, y creyeron en él. **46** Pero otros fueron a ver a los fariseos, y les contaron lo que Jesús había hecho. **47** Los sacerdotes principales y los fariseos reunieron a la Junta Suprema, y dijeron:

—¿Qué vamos a hacer con este hombre que hace tantos milagros? **48** Si lo dejamos, todos van a creer que él es el Mesías. Entonces vendrán los romanos y destruirán nuestro templo y a todo el país.

49 Pero Caifás, que ese año era el jefe de los sacerdotes, les dijo:

—Ustedes sí que son tontos. **50** ¿No se dan cuenta de que es mejor que muera un solo hombre por el pueblo, y no que sea destruida toda la nación?

51 Caifás no dijo esto por su propia cuenta, sino que Dios se lo hizo saber porque era el jefe de los sacerdotes. **52** En realidad, Jesús no iba a morir para salvar solo a los judíos, sino también para reunir a todos los hijos de Dios que hay en el mundo.

53 A partir de ese momento, la Junta Suprema tomó la decisión de matar a Jesús. **54** Sin embargo, Jesús no dejó que ninguno de los judíos de la región de Judea supiera dónde estaba él. Salió de esa región y se fue a un pueblo llamado Efraín, que estaba cerca del desierto. Allí se quedó con sus discípulos.

55 Como ya faltaba poco tiempo para que se celebrara la fiesta de la Pascua, mucha gente iba desde sus pueblos a la ciudad de Jerusalén a prepararse para la fiesta. **56** Buscaban a Jesús, y cuando llegaron al templo se preguntaron unos a otros: «¿Qué creen ustedes? ¿Vendrá Jesús a celebrar la fiesta?»

57 Los sacerdotes principales y los fariseos habían ordenado que, si alguien veía a Jesús, fuera a avisarles, pues querían arrestarlo.

Una mujer perfuma los pies de Jesús

12 **1** Seis días antes de que se celebrara la fiesta de la Pascua, Jesús fue al pueblo de Betania. Allí vivía Lázaro, el hombre a quien Jesús había resucitado.

2 En ese pueblo, unos amigos de Jesús hicieron una cena para él. Lázaro estaba sentado a la mesa con Jesús, y su hermana Marta servía la comida. **3** María, su otra hermana, tomó una botella de un perfume muy caro y perfumó los pies de Jesús. Después los secó con sus cabellos, y toda la casa se llenó con el olor del perfume.

4 Pero uno de los discípulos, llamado Judas Iscariote, el que después traicionaría a Jesús, dijo:

5 —¿Por qué no se vendió este perfume? Nos habrían dado el dinero de trescientos días de trabajo, y con él podríamos haber ayudado a los pobres.

6-8 Entonces Jesús le dijo a Judas:

—¡Déjala tranquila! Ella estaba guardando ese perfume para el día de mi entierro. En cuanto a los pobres, siempre los tendrán cerca de ustedes, pero a mí no siempre me tendrán.

En realidad, a Judas no le importaban los pobres; dijo eso porque era un ladrón. Como él era el encargado de cuidar el dinero de Jesús y de los discípulos, a veces se lo robaba.

El plan para matar a Lázaro

9 Muchos de los judíos que vivían en Jerusalén se enteraron de que Jesús estaba en Betania; así que fueron allá, no solo para verlo sino para ver también a Lázaro, a quien Jesús había resucitado.

10 Cuando los sacerdotes principales se enteraron de esto, planearon matar también a Lázaro, **11** pues por su culpa muchos judíos ya no querían nada con los sacerdotes y se habían vuelto seguidores de Jesús.

Jesús entra en Jerusalén

12 Mucha gente había ido a la ciudad de Jerusalén para la fiesta de la Pascua. Al día siguiente, cuando algunos escucharon que Jesús iba a llegar a la ciudad, **13** cortaron ramas de palmera y salieron a encontrarlo, gritando:

«¡Sálvanos, oh Dios!
¡Bendito el que viene de parte de Dios!
¡Bendito sea el Rey de Israel!»

14 Jesús, por su parte se montó en un burrito que encontró en el camino. Así cumplió con lo que anunciaba la Biblia:

15 «¡No tengan miedo
habitantes de Jerusalén!

»¡Ya viene su Rey!
¡Viene montado en un burrito!»

16-19 Los que estuvieron presentes en Betania cuando Jesús resucitó a Lázaro habían contado en Jerusalén este milagro. Por eso la gente salió al encuentro de Jesús. Pero los fariseos se decían unos a otros: «Miren, ¡todos lo siguen! No vamos a poder hacer nada».

Al principio, los discípulos de Jesús no entendían lo que estaba pasando; pero después de que Jesús murió y resucitó, se acordaron de que todo lo que le habían hecho a Jesús ya estaba anunciado en la Biblia.

Jesús anuncia su muerte

20 Entre las personas que habían ido a Jerusalén para la fiesta de la Pascua, había unos griegos. **21** Ellos fueron a un pueblo de Galilea para ver a Felipe, uno de los discípulos de Jesús, y le dijeron:

—Señor, queremos ver a Jesús.

Felipe, que era de Betsaida, **22** fue a contárselo a Andrés, y los dos fueron a decírselo a Jesús. **23** Él les dijo:

—Ha llegado el momento de que todos sepan de verdad quién es el Hijo del hombre. **24** Ustedes saben que si un grano de trigo cae en la tierra y no muere, no produce nada. Pero si muere, da una cosecha abundante. **25** Si ustedes consideran que su vida es más importante que obedecerme, no tendrán vida eterna. Pero si consideran que su vida en este mundo no es importante y me obedecen, entonces tendrán vida eterna. **26** Si alguno de ustedes quiere servirme, tiene que obedecerme. Donde yo esté, ahí también estarán los que me sirven, y mi Padre los premiará.

27 »En este momento estoy sufriendo mucho y me encuentro confundido. Quisiera decirle a mi Padre que no me deje sufrir así. Pero no lo haré, porque yo vine al mundo precisamente para hacer lo que él me mandó. **28** Más bien le diré a mi Padre: "Muéstrale al mundo tu poder".

Luego, desde el cielo se oyó una voz que decía: «Ya he mostrado mi poder, y volveré a hacerlo de nuevo».

29 Los que estaban allí decían que habían oído un trueno. Otros decían: «Un ángel le ha hablado a Jesús». **30** Pero Jesús les dijo:

«El propósito de la voz que ustedes oyeron es para ayudarlos a confiar en mí. **31** Ahora es cuando la gente de este mundo va a ser juzgada; y el que manda en este mundo, que es el diablo, será echado fuera. **32** Pero, cuando me cuelguen en la cruz, haré que todos crean en mí».

33 Cuando Jesús dijo que lo colgarían en la cruz, se refería al modo en que iba a morir.

34 La gente le preguntó:

—¿Por qué dices tú que al Hijo del hombre lo van colgar en una cruz? ¿Quién es este Hijo del hombre? La Biblia dice que el Mesías vivirá para siempre.

35-36 Jesús les contestó:

—Yo soy la luz, y estaré con ustedes poco tiempo. Crean en mí mientras aún estoy aquí. Creer en mí significa andar por el camino mientras todavía hay luz, para no ser sorprendido por la noche; porque el que camina en la oscuridad no sabe por dónde va.

Después de decir esto, Jesús se apartó de todos y se fue a un lugar donde no lo pudieran encontrar.

La gente no creía en Jesús

37 Jesús había hecho muchos milagros delante de esa gente, pero aun así nadie creía en él. **38** Esto sucedió porque tenía que cumplirse lo que había escrito el profeta Isaías:

«Dios mío, ¿quién ha creído
en nuestro mensaje?
¿A quién le has mostrado tu poder?»

39 Por eso no podían creer, pues Isaías también escribió:

40 «Dios los ha hecho tercos,
y no los deja entender,
para que no se arrepientan
ni crean en él,
ni se salven».

41 Isaías escribió esto porque ya había visto el poder y la fama que Jesús habría de tener. **42** Sin embargo, muchos judíos y algunos de sus líderes creyeron en Jesús, pero no se lo decían a nadie porque tenían miedo de que los fariseos los expulsaran de la sinagoga. **43** Ellos preferían quedar bien con la gente y no con Dios.

Jesús vino a salvar al mundo

44 Jesús dijo con voz fuerte:

«Si alguien cree en mí, también cree en Dios, que me envió. **45** Y si alguien me ve a mí, también ve al que me envió. **46** Yo soy la luz que ha venido para alumbrar este mundo. El que cree en mí no vivirá en la oscuridad.

47 »Yo no vine para juzgar a los que oyen mis enseñanzas y no las obedecen. No vine para condenar a la gente de este mundo, sino para salvarla. **48** El que me rechaza y no obedece lo que enseño, será condenado cuando llegue el fin, por no obedecer mi enseñanza. **49** Porque yo no hablo por mi propia cuenta, sino que mi Padre me envió y me dijo todo lo que debo enseñar. **50** Y sé que los que obedecen los mandamientos de mi Padre tendrán vida eterna. Por eso les he dicho todo lo que mi Padre me ordenó enseñarles».

Jesús lava los pies de sus discípulos

13 **1** Faltaba muy poco para que empezara la fiesta de la Pascua, y Jesús sabía que se acercaba el momento de dejar este mundo para ir a reunirse con Dios su Padre. Él siempre había amado a sus seguidores que estaban en el mundo, y los amó de la misma manera hasta el fin.

2 Aun antes de empezar la cena, el diablo ya había hecho que Judas, el hijo de Simón Iscariote, se decidiera traicionar a Jesús.

3 Dios había enviado a Jesús, y Jesús lo sabía; y también sabía que regresaría para estar con Dios, pues Dios era su Padre y le había dado todo el poder. **4** Por eso, mientras estaban cenando, Jesús se levantó de la mesa, se quitó su manto y se ató una toalla a la cintura. **5** Luego echó agua en una palangana y comenzó a enjuagar los pies de sus discípulos y a secárselos con la toalla.

6 Cuando le tocó el turno a Pedro, le dijo a Jesús:

—Señor, no creo que tú debas lavarme los pies.

7 Jesús le respondió:

—Ahora no entiendes lo que estoy haciendo, pero después lo entenderás.

8 Pedro le dijo:

—¡Nunca dejaré que me laves los pies!

Jesús le contestó:

—Si no te lavo los pies, ya no podrás ser mi seguidor.

9 Simón Pedro dijo:

—¡Señor, entonces no me laves solo los pies, sino lávame también las manos y la cabeza!

10 Jesús le dijo:

—El que está recién bañado está totalmente limpio, y no necesita lavarse más que los pies. Y ustedes están limpios, aunque no todos.

11 Jesús ya sabía quién iba a traicionarlo; por eso dijo que no todos estaban limpios.

12 Después de lavarles los pies, Jesús se puso otra vez el manto y volvió a sentarse a la mesa. Les preguntó:

«¿Entienden ustedes lo que acabo de hacer? **13** Ustedes me llaman Maestro y Señor; y tienen razón, porque soy Maestro y Señor. **14** Pues si yo, su Señor y Maestro, les he lavado los pies, también ustedes deben lavarse los pies unos a otros. **15** Yo les he dado el ejemplo, para que ustedes hagan lo mismo. **16** Ustedes saben que ningún esclavo es más importante que su amo, y que ningún mensajero es más importante que quien lo envía. **17** Si entienden estas cosas, háganlas, y así Dios los bendecirá.

18 »No estoy hablando de todos ustedes. Yo sé a quiénes elegí. Pero debe cumplirse lo que la Biblia anunció:

"El que come conmigo
se volvió mi enemigo".

19 »Les digo esto desde ahora para que, cuando suceda, ustedes crean que Yo Soy. **20** Si alguien recibe al que yo envío, me recibe a mí. Y el que me recibe a mí, recibe también al que me envió».

Jesús anuncia que será traicionado

21 Después de decir esto, Jesús se sintió muy preocupado, y dijo: «Yo sé que uno de ustedes me va a traicionar».

22 Los discípulos comenzaron a verse unos a otros, sin saber de quién estaba hablando.

23 El discípulo favorito de Jesús estaba sentado junto a él mientras cenaban. **24** Simón Pedro le hizo señas para que le preguntara a Jesús de quién estaba hablando. **25** Ese discípulo se acercó más a Jesús y le preguntó:

—Señor, ¿quién te va a traicionar?

26 Jesús le respondió:

—Es el que va a recibir el pedazo de pan que voy a mojar en la salsa.

Jesús mojó el pan y se lo entregó a Judas, el hijo de Simón Iscariote. **27** En ese mismo instante, Satanás se metió en el corazón de Judas.

Jesús le dijo: «Judas, apúrate a hacer lo que has planeado».

28 Pero ninguno de los que estaban allí entendió lo que Jesús había dicho. **29** Como Judas era el encargado de guardar el dinero del grupo, algunos pensaron que Jesús le había pedido que comprara lo necesario para la fiesta de la Pascua, o que repartiera dinero a los pobres.

30 Después de recibir el pan, Judas salió inmediatamente. Para entonces, ya estaba oscuro.

El nuevo mandamiento

31 Después de que Judas salió, Jesús les dijo a los otros discípulos:

—Ahora la gente podrá ver lo grande y poderoso que soy yo, el Hijo del hombre. Gracias a mí también podrán ver lo poderoso y grande que es Dios. **32** Si yo hago que la gente vea lo grande y poderoso que es Dios, entonces Dios hará que la gente también vea lo poderoso y grande que soy yo. Y Dios hará esto pronto.

33 »Mis amados amigos, dentro de poco ya no estaré más con ustedes. Me buscarán, pero no me encontrarán. Les digo a ustedes lo mismo que les dije a los jefes judíos: No pueden ir a donde yo voy.

34 »Les doy un mandamiento nuevo: Ámense unos a otros.

»Ustedes deben amarse de la misma manera que yo los amo. **35** Si se aman de verdad, entonces todos sabrán que ustedes son mis seguidores.

Pedro niega conocer a Jesús

36 Simón Pedro le preguntó a Jesús:

—Señor, ¿a dónde vas a ir?

Jesús le respondió:

—Ahora no puedes venir conmigo. Pero después sí vendrás.

37 Pero Pedro insistió:

—¿Por qué no puedo acompañarte ahora, Señor? ¡Estoy dispuesto a morir por ti!

38 Jesús le contestó:

—¿En verdad estás dispuesto para morir por mí? Te aseguro que antes de que el gallo cante, tres veces dirás que no me conoces.

14 **1** Poco después, Jesús les dijo a sus discípulos:

—No se preocupen. Confíen en Dios y confíen también en mí. **2** En la casa de mi Padre hay lugar para todos. Si no fuera cierto, no les habría dicho que voy allá a prepararles un lugar. **3** Después de esto, volveré para llevarlos conmigo. Así estaremos juntos. **4** Ustedes conocen el camino para ir a donde yo voy.

5 Pero Tomás le dijo:

—Señor, si no sabemos a dónde vas, ¿cómo vamos a saber el camino?

6 Jesús le respondió:

—Yo soy el camino, la verdad y la vida. Sin mí, nadie puede llegar a Dios el Padre. **7** Si ustedes me conocen a mí, también

JUAN

conocerán a mi Padre. Y desde ahora lo conocen, porque lo están viendo.

8 Entonces Felipe le dijo:

—Señor, déjanos ver al Padre. Eso es todo lo que necesitamos.

9 Jesús le contestó:

—Felipe, ya hace mucho tiempo que estoy con ustedes, ¿y todavía no me conoces? El que me ha visto a mí, también ha visto al Padre. ¿Por qué me dices "Déjanos ver al Padre"? **10** ¿No crees que yo y el Padre somos uno?

Y a los discípulos les dijo:

—Lo que les he dicho, no lo dije por mi propia cuenta. Yo solo hago lo que el Padre quiere que haga. Él hace sus propias obras por medio de mí. **11** Créanme cuando les digo que mi Padre y yo somos uno solo. Y si no, al menos crean en mí por lo que hago. **12** Les aseguro que el que confía en mí hará lo mismo que yo hago. Y, como yo voy a donde está mi Padre, ustedes harán cosas todavía mayores de las que yo he hecho. **13** Yo haré todo lo que ustedes me pidan. De ese modo haré que la gente vea, a través de mí, el poder que tiene Dios el Padre. **14** Yo haré todo lo que ustedes me pidan.

Jesús promete enviar al Espíritu Santo

15 »Ustedes demostrarán que me aman si obedecen lo que les mando. **16** Y yo le pediré a Dios el Padre que les envíe al Espíritu Santo, para que siempre los ayude y siempre esté con ustedes. **17** Él les enseñará lo que es la verdad.

»Los que no creen en Dios y solo se preocupan por lo que pasa en este mundo, no pueden recibir al Espíritu, porque no lo ven ni lo conocen. Pero ustedes sí lo conocen, porque está con ustedes, y siempre estará en medio de ustedes.

18 »No voy a dejarlos solos; volveré a estar con ustedes.

19 Dentro de poco, la gente de este mundo no podrá verme, pero ustedes sí me verán. Porque aunque yo moriré, resucitaré, y haré que ustedes también vuelvan a vivir. **20** Cuando yo regrese a donde estén ustedes, se darán cuenta de que el Padre y yo somos uno; y ustedes y yo también seremos uno.

21 »El que me obedece y hace lo que yo mando, demuestra que me ama de verdad. Al que me ame así, mi Padre lo amará, y yo también lo amaré y le mostraré cómo soy en realidad.

22 Entonces el otro Judas, no Judas Iscariote, le preguntó:

—Señor, ¿por qué solo te vas a mostrar a nosotros, y no a los demás?

23 Jesús le contestó:

—Si alguien me ama, también me obedece. Dios mi Padre lo amará, y vendremos a vivir con él. **24** Los que no me aman, no me obedecen. Pero yo solo les he dicho lo que mi Padre me envió a decirles, no lo que a mí se me ocurrió.

25 »Les digo esto mientras todavía estoy con ustedes. **26** El Espíritu Santo vendrá y los ayudará, porque el Padre lo enviará para tomar mi lugar. El Espíritu Santo les enseñará todas las cosas, y les recordará todo lo que les he enseñado.

27 »Les doy la paz. Pero no una paz como la que se desea en el mundo; lo que les doy es mi propia paz. No se preocupen ni tengan miedo por lo que va a pasar pronto. **28** Ustedes me oyeron decir que me voy, pero regresaré por ustedes. Y si me aman de verdad, deberían estar alegres de esto, porque voy a regresar a donde está mi Padre, y él es mayor que yo.

29 »Les digo todo esto desde ahora para que, cuando suceda, confíen en mí. **30** Ya no puedo hablarles de otras cosas porque se está acercando el diablo, que manda en este mundo. Él no tiene poder para vencerme, **31** pero yo tengo que obedecer a mi Padre, para que todos sepan que lo amo.

Y para terminar, Jesús les dijo:

—Levántense; vámonos de aquí.

Jesús, Dios y nosotros

15 **1** Jesús continuó diciendo a sus discípulos:
«Yo soy la vid verdadera, y Dios mi Padre es el que la cuida. **2** Si una de mis ramas no da uvas, mi Padre la corta; pero limpia las ramas que dan fruto para que den más fruto. **3** Ustedes ya están limpios, gracias al mensaje que les he anunciado.

⁴»Si ustedes siguen unidos a mí, yo seguiré unido a ustedes. Ya saben que una rama no puede producir uvas si no está unida a la planta. Del mismo modo, ustedes no podrán hacer nada si no están unidos a mí.

⁵»El discípulo que sigue unido a mí, y yo unido a él, es como una rama que da mucho fruto; pero si uno de ustedes se separa de mí, no podrá hacer nada. ⁶Si alguno no sigue unido a mí, le pasará lo mismo que a las ramas que no dan fruto: las cortan, las tiran y cuando se secan les prenden fuego.

⁷»Si ustedes siguen unidos a mí y obedecen todo lo que les he enseñado, mi Padre les dará todo lo que pidan. ⁸Él se sentirá orgulloso si ustedes dan mucho fruto y viven realmente como discípulos míos. ⁹Así como el Padre me ama a mí, también yo los amo a ustedes. No se alejen de mi amor. ¹⁰Si obedecen todo lo que yo les he mandado, los amaré siempre, así como mi Padre me ama, porque yo lo obedezco en todo.

¹¹»Les digo todo esto para que sean tan felices como yo. ¹²Y esto es lo que les mando: que se amen unos a otros, así como yo los amo a ustedes. ¹³Nadie muestra más amor que quien da la vida por sus amigos. ¹⁴Ustedes son mis amigos, si hacen lo que les mando. ¹⁵Ya no los llamo sirvientes, porque un sirviente no sabe lo que hace su jefe. Los llamo amigos, porque les he contado todo lo que me enseñó mi Padre.

¹⁶»Ustedes no fueron los que me eligieron a mí, sino que fui yo quien los eligió a ustedes. Les he mandado que vayan y sean como ramas que siempre dan mucho fruto. Así, mi Padre les dará lo que ustedes le pidan en mi nombre. ¹⁷Esto les ordeno: Que se amen unos a otros.

El odio de la gente

¹⁸»Los que se interesan solo por las cosas de este mundo los odian a ustedes, pero recuerden que primero me odiaron a mí. ¹⁹Ellos los amarían a ustedes si ustedes fueran como ellos. Pero ustedes ya no son así, porque yo los elegí para que no fueran como esa gente. Por eso los odian.

20 »¿Recuerdan que les dije que ningún sirviente es más importante que su jefe? Por eso, si la gente que solo ama este mundo me ha maltratado a mí, también los maltratará a ustedes. Y si hace caso de lo que yo digo, también hará caso de lo que ustedes digan. **21** Todo esto les va a pasar por ser mis discípulos, y porque los de este mundo no conocen a Dios, que me envió.

22-24 »Esa gente no sería culpable por sus pecados si yo no hubiera venido a hablarles, y si delante de ellos no hubiera hecho yo cosas que nadie jamás ha hecho. Pero aun así me odian a mí, y también a mi Padre. Porque el que me odia, también odia a mi Padre. **25** Pero todo esto debe suceder para que se cumpla lo que está escrito en los libros de la ley: «Me odiaron sin motivo».

26 »Yo les enviaré al Espíritu que viene del Padre, y que les enseñará lo que es la verdad. El Espíritu los ayudará y les hablará bien de mí. **27** Y ustedes también hablarán bien de mí, porque han estado conmigo desde el principio.

16 **1** »Les he dicho todo esto para que no dejen de confiar en mí. **2** Ustedes van a ser expulsados de las sinagogas; y llegará el día cuando cualquiera que los mate creerá que le está haciendo un favor a Dios. **3** Esa gente hará esto porque no me han conocido a mí, ni han conocido a Dios mi Padre. **4** Pero les digo esto para que, cuando suceda, recuerden que ya se lo había dicho.

El trabajo del Espíritu Santo

»Yo no les dije esto desde un principio porque estaba con ustedes, **5** pero ahora que regreso para estar con Dios mi Padre, ninguno de ustedes me pregunta a dónde voy. **6** Sin embargo, se han puesto muy tristes por lo que les dije. **7** En realidad, a ustedes les conviene que me vaya. Porque si no me voy, el Espíritu que los ayudará y consolará no vendrá; en cambio, si me voy, yo lo enviaré.

8-11 »Cuando el Espíritu venga, les hará ver a los de este mundo que no creer en mí es pecado. También les hará ver que yo no he hecho nada malo, y que soy inocente. Finalmente, el Espíritu mostrará que Dios ya ha juzgado al que gobierna este mundo, y lo castigará. Yo, por mi parte, regreso a mi Padre, y ustedes ya no me verán.

12 »Tengo mucho que decirles, pero ahora no podrían entenderlo. **13** Cuando venga el Espíritu Santo, él les dirá lo que es la verdad y los guiará para que siempre vivan en la verdad. Él no hablará por su propia cuenta, sino que les dirá lo que oiga de Dios el Padre, y les enseñará lo que van a pasar. **14** También les hará saber todo a cerca de mí, y así me honrará. **15** Todo lo que es del Padre, también es mío; por eso dije que el Espíritu les hará saber todo a cerca de mí.

16 »Dentro de poco tiempo ustedes ya no me verán. Pero un poco después volverán a verme».

Serán muy felices

17 Algunos de los discípulos empezaron a preguntarse:

«¿Qué significa esto? Nos dice que dentro de poco ya no lo veremos, pero que un poco más tarde volveremos a verlo. Y también dice que todo eso sucede porque va a regresar a donde está Dios el Padre. **18** ¿Y qué quiere decir con "dentro de poco"? No entendemos nada de lo que está diciendo».

19 Jesús se dio cuenta de que los discípulos querían hacerle preguntas. Entonces les dijo:

—¿Se están preguntando qué significa lo que les dije? **20** Les aseguro que ustedes se pondrán muy tristes y llorarán; en cambio, la gente que solo piensa en las cosas del mundo se alegrará. Ustedes estarán tristes, pero luego se pondrán muy alegres.

21 »Cuando una mujer embarazada está dando a luz, sufre en ese momento. Pero una vez que nace el bebé, la madre olvida todo el sufrimiento, y se alegra porque ha traído un niño al mundo. **22** Del mismo modo, ustedes ahora están tristes, pero yo volveré a verlos, y se pondrán tan felices que ya nadie les quitará esa alegría.

23 »Cuando venga ese día, ustedes ya no me preguntarán nada. Les aseguro que, por ser mis discípulos, mi Padre les dará todo lo que pidan. **24** Hasta ahora ustedes no han pedido nada en mi nombre. Háganlo, y Dios les dará lo que pidan; así serán completamente felices.

Jesús ha vencido al mundo

25 »Hasta ahora les he hablado por medio de ejemplos y comparaciones. Pero se acerca el momento en que hablaré claramente acerca de Dios el Padre, y ya no usaré más comparaciones. **26** Ya no hará falta que le ruegue a mi Padre por ustedes, sino que ustedes mismos le rogarán a él, porque son mis seguidores. **27** Dios los ama, porque ustedes me aman, y porque han creído que el Padre me envió. **28** Yo vine al mundo enviado por mi Padre, y ahora dejo el mundo para volver a estar con él.

29 Los discípulos le dijeron:

—¡Ahora sí que estás hablando claramente, y no usas comparaciones! **30** No necesitas esperar a que alguien te pregunte, porque tú ya sabes lo que está pensando. Por eso creemos que Dios te ha enviado.

31 Entonces Jesús les respondió:

—¿Así que ahora creen? **32** Pronto, muy pronto, todos ustedes huirán, cada uno por su lado, y me dejarán solo. Pero no estaré solo, porque Dios mi Padre está conmigo. **33** Les digo estas cosas para que estén unidos a mí y así sean felices de verdad. Pero tengan valor: yo he vencido a los poderes que gobiernan este mundo.

Jesús ora por sus discípulos

17 **1** Después de que Jesús terminó de hablar con sus discípulos, miró al cielo y dijo:

«Padre mío, ha llegado el momento de que muestres a la gente lo grande y poderoso que soy. De ese modo yo también les mostraré lo grandioso y maravilloso que eres tú.

2 »Tú me diste autoridad sobre todos los que viven en el mundo, y también poder para dar vida eterna a todos los que me diste como mis seguidores. **3** Esta vida eterna la reciben cuando creen en ti y en mí; en ti, porque eres el único Dios verdadero, y en mí, porque soy el Mesías que tú enviaste al mundo.

4 »A todo el mundo le he mostrado lo grande y poderoso que eres tú, porque cumplí con todo lo que me ordenaste. **5** Y ahora, Padre, dame el poder y la grandeza que tenía cuando estaba contigo, antes de que existiera el mundo.

6 »A los seguidores que me diste les he mostrado quién eres. Ellos eran tuyos, y tú me los diste, y a través de mí han obedecido todo lo que les ordenaste. **7** Ahora saben que tú me diste todo lo que tengo, **8** porque les he dado el mensaje que me diste, y ellos lo han aceptado. Saben que tú me enviaste, y lo han creído.

9 »Ruego por ellos. No pido por la gente que no me acepta y que solo piensa en las cosas de este mundo. Más bien pido por los seguidores que me diste y que son tuyos. **10** Todo lo que tengo es tuyo, y todo lo que tú tienes es mío. Y en todo esto se muestra lo grande y poderoso que soy.

11 »Padre celestial, dentro de poco ya no estaré en el mundo, pues voy a donde tú estás. Pero mis seguidores van a permanecer en este mundo. Por eso te pido que los cuides, y que uses el poder que me diste para que se mantengan unidos como tú y yo lo estamos. **12** Mientras yo estaba con ellos, los cuidé con el poder que me diste, y ninguno dejó de confiar en mí. El único que nunca creyó en mí fue Judas. Así se cumplió lo que dice la Biblia.

13 »Ahora regreso adonde tú estás. Pero digo esto mientras estoy en el mundo, para que mis seguidores sean tan felices como yo. **14** Les he dado tu mensaje, y por eso los de este mundo los odian, pues ellos ya no son como esa gente, y tampoco yo soy así. **15** No te pido que los quites del mundo, sino que los protejas de Satanás. **16** Yo no soy de este mundo, y tampoco ellos lo son. **17** Tu mensaje es verdad; haz que al escucharlo, ellos se entreguen totalmente a ti. **18** Los envío a dar tu mensaje a la gente de este mundo, así como tú me enviaste a mí. **19** Toda mi vida te la he entregado, y lo mismo espero que hagan mis seguidores.

20 »No pido solo por ellos, sino también por los que creerán en mí cuando escuchen su mensaje. **21** Te pido que se mantengan unidos entre ellos, y que así como tú y yo estamos unidos, también ellos se mantengan unidos a nosotros. Así la gente de este mundo creerá que tú me enviaste. **22-23** Yo les he dado a mis seguidores el mismo poder que tú me diste, con el propósito de que se mantengan unidos. Para eso deberán permanecer unidos a mí, como yo estoy unido a ti. Así la unidad entre ellos será perfecta, y los de este mundo entenderán que tú me enviaste, y que los amas tanto como me amas tú.

24 »Padre, los seguidores que tengo me los diste tú, y quiero que estén donde yo voy a estar, para que vean todo el poder que me has dado, pues me has amado desde antes de que existiera el mundo.

25 »Padre, tú eres justo, pero los de este mundo no conocen tu justicia. Yo sí te conozco, y los que me diste saben que tú me enviaste. **26** Les he dicho quién eres, y no dejaré de hacerlo, para que se mantengan unidos a mí, y amen a los demás como tú y yo nos amamos».

Traición y arresto

18 **1** Después de que Jesús terminó de orar, fue con sus discípulos a un jardín que estaba junto al arroyo de Cedrón. **2-5** Judas Iscariote había prometido traicionar a Jesús. Conocía bien el lugar donde estaban Jesús y los otros discípulos, porque allí se habían reunido muchas veces. Entonces, llegó Judas al jardín con una tropa de soldados romanos. Los acompañaban unos guardias del templo que habían sido enviados por los sacerdotes principales y por los fariseos. Iban armados, y llevaban lámparas y antorchas.

Jesús ya sabía lo que iba a suceder, y cuando los vio venir, salió a su encuentro y les preguntó:

—¿A quién buscan?

—A Jesús de Nazaret —respondieron ellos—.

Jesús les dijo:

—Yo soy.

6 Los soldados y los guardias del templo cayeron de espaldas al suelo. **7** Entonces, Jesús volvió a preguntarles:

—¿A quién buscan?

—A Jesús de Nazaret —respondieron de nuevo—.

8 —Ya les dije que soy yo —contestó Jesús—. Así que, si me buscan a mí, dejen ir a mis seguidores.

9 Esto sucedió para que se cumpliera lo que el mismo Jesús había dicho: «No se perdió ninguno de los que me diste».

10 En ese momento, Simón Pedro sacó su espada y le cortó la oreja derecha a Malco, que era uno de los sirvientes del jefe de los sacerdotes. **11** De inmediato, Jesús le dijo a Pedro:

—Guarda tu espada. Si mi Padre me ha ordenado que sufra, ¿crees que no estoy dispuesto a sufrir?

12 Los soldados de la tropa, con su capitán y los guardias del templo, arrestaron a Jesús y lo ataron. **13** Primero lo llevaron ante Anás, el suegro de Caifás que ese año era el jefe de los sacerdotes. **14** Tiempo atrás, Caifás les había dicho a los jefes judíos que les convenía más la muerte de un solo hombre, con tal de salvar a todo el pueblo.

Pedro asegura no conocer a Jesús

15 Simón Pedro y otro discípulo siguieron a Jesús. Como el otro discípulo conocía al jefe de los sacerdotes, entró con Jesús en el palacio de Anás. **16** Pero al ver que Pedro se quedó afuera, salió y habló con la muchacha que cuidaba la entrada, para que lo dejara entrar. **17** Ella le preguntó a Pedro:

—¿No eres tú uno de los seguidores de ese hombre?

—No, no lo soy —respondió Pedro—.

18 Como hacía mucho frío, los sirvientes del jefe de los sacerdotes y los guardias del templo hicieron una fogata para calentarse. También Pedro se acercó a ellos para hacer lo mismo.

Jesús y el jefe de los sacerdotes

19 El jefe de los sacerdotes empezó a preguntarle a Jesús acerca de sus discípulos y de lo que enseñaba. **20-21** Jesús le dijo:

—¿Por qué me preguntas a mí? Yo he hablado delante de todo el mundo. Siempre he enseñado en las sinagogas y en el templo, y nunca he dicho nada en secreto. Pregúntales a los que me han escuchado. Ellos les dirán lo que he dicho.

22 Cuando Jesús dijo esto, uno de los guardias del templo lo golpeó en la cara y le dijo:

—¡Esa no es manera de contestarle al jefe de los sacerdotes!

23 Jesús le respondió:

—Si dije algo malo, dime qué fue. Pero si lo que dije está bien, ¿por qué me golpeas?

24 Luego Anás envió a Jesús, todavía atado, a Caifás, el jefe de los sacerdotes.

Pedro insiste en no conocer a Jesús

25 Mientras tanto, Pedro seguía calentándose junto a la fogata, y alguien le preguntó:

—¿No eres tú uno de los seguidores de Jesús?

—No, no lo soy —insistió Pedro—.

26 Luego un sirviente del jefe de los sacerdotes, familiar del hombre al que Pedro le cortó la oreja, le dijo:

—¡Yo te vi en el jardín cuando arrestaron a ese hombre!

27 Pedro volvió a decir que no. En ese mismo momento, el gallo cantó.

Jesús y Pilato

28 Muy de mañana, llevaron a Jesús de la casa de Caifás al palacio del gobernador romano. Los jefes de los judíos no entraron al palacio porque la ley no les permitía entrar a la casa de un extranjero antes de la cena de la Pascua. **29** Por eso Pilato, el gobernador romano, salió y les dijo:

—¿De qué acusan a este hombre?

30 Ellos le contestaron:

—No lo habríamos traído si no fuera un criminal.

31 Pilato les dijo:

—Llévenselo y júzguenlo de acuerdo con sus propias leyes.

Los jefes judíos respondieron:

—Nosotros no tenemos autoridad para enviar a nadie a la muerte.

32 Así se cumplió lo que el mismo Jesús había dicho sobre el modo en que iba a morir.

33 Pilato, entonces, entró de nuevo al palacio, llamó a Jesús y le preguntó:

—¿Acaso eres tú el rey de los judíos?

34 Jesús le contestó con otra pregunta:

—¿Se te ocurrió a ti esa idea, o alguien te ha hablado de mí?

35 Pilato le contestó:

—¿Me ves cara de judío? La gente de tu mismo país y los sacerdotes principales son los que te han entregado. ¿Qué fue lo que hiciste?

36 Jesús le respondió:

—Yo no soy como los reyes de este mundo. Si lo fuera, mis ayudantes habrían luchado para que yo no fuera entregado a los jefes de los judíos.

37 —Entonces sí eres rey —replicó Pilato—.

Y Jesús le contestó:

—Si tú lo dices... Yo por mi parte vine al mundo para hablar acerca de la verdad. Y todos los que conocen y dicen la verdad me escuchan.

38 —¿Y qué es la verdad? —preguntó Pilato—.

Pilato permite la muerte de Jesús

Después de decir esto, Pilato regresó a donde estaba la gente, y le dijo:

«No encuentro ninguna razón para castigar a este hombre. **39** Ustedes tienen la costumbre de que yo libere a un preso durante la Pascua. ¿Quieren que deje libre al rey de los judíos?»

40 Hacía algún tiempo, Pilato había arrestado a un bandido llamado Barrabás. Por eso, cuando Pilato preguntó si querían que soltara al rey de los judíos, algunos de ellos gritaron: «¡No, a ese no! ¡Deja libre a Barrabás!»

19 **1** Entonces Pilato ordenó que le dieran azotes a Jesús.
2 Luego, los soldados romanos hicieron una corona de espinas y se la pusieron a Jesús. También le pusieron un manto de color rojo oscuro **3** y, acercándose a él, dijeron: «¡Viva el rey de los judíos!» Y le pegaban en la cara.

4 Pilato volvió a salir, y dijo a la gente: «¡Escuchen! Ordené que traigan a Jesús de nuevo. Yo no creo que sea culpable de nada malo».

5 Cuando sacaron a Jesús, llevaba puesta la corona de espinas y vestía el manto rojo. Pilato dijo:

—¡Aquí está el hombre!

6 Cuando los jefes de los sacerdotes y los guardias del templo vieron a Jesús, comenzaron a gritar:

—¡Clávenlo en una cruz! ¡Clávenlo en una cruz!

Pilato les dijo:

—Yo no creo que sea culpable de nada. Así que llévenselo y clávenlo en la cruz ustedes mismos.

7 La gente respondió:

—De acuerdo a nuestra ley este hombre tiene que morir, porque dice ser el Hijo de Dios.

8 Cuando Pilato oyó lo que decían, sintió más miedo. **9** Volvió a entrar en el palacio, llamó a Jesús y le preguntó:

—¿De dónde eres?

Pero Jesús no le contestó. **10** Entonces Pilato le dijo:

—¿No me vas a contestar? ¿Acaso no sabes que tengo poder para mandar que te dejen libre, o para que mueras clavado en una cruz?

11 Jesús le respondió:

—No tendrías ningún poder sobre mí si Dios no te lo hubiera dado. El hombre que me entregó es más culpable de pecado que tú.

JUAN

12 A partir de ese momento, Pilato buscó la manera de dejar libre a Jesús, pero la gente gritó:

—¡Si dejas libre a ese hombre, no eres amigo del emperador romano! ¡Cualquiera que quiera hacerse rey, es enemigo del emperador!

13 Al oír esto, Pilato mandó que sacaran a Jesús del palacio. Luego se sentó en el asiento del tribunal, en un lugar llamado Gabatá, que en hebreo significa El Empedrado. **14** Faltaba un día para la fiesta de la Pascua, y eran como las doce del día. Entonces Pilato dijo a los judíos:

—¡Aquí tienen a su rey!

15 Pero la gente gritó:

—¡Clávalo en una cruz! ¡Clávalo en una cruz!

Pilato les preguntó:

—¿De veras quieren que mate a su rey?

Y los sacerdotes principales le respondieron:

—¡Nosotros no tenemos más rey que el emperador de Roma!

16 Entonces Pilato les entregó a Jesús para que lo mataran en una cruz, y ellos se lo llevaron.

Jesús es clavado en una cruz

17 Jesús salió de allí cargando su propia cruz, y fue al lugar que en hebreo se llama Gólgota, que significa «Lugar de la Calavera». **18** Allí clavaron a Jesús en la cruz. También crucificaron a otros dos hombres, uno a cada lado de Jesús.

19-20 Pilato ordenó que escribieran un letrero que explicara por qué habían matado a Jesús. El letrero fue escrito en tres idiomas: hebreo, latín y griego; y decía: «Jesús de Nazaret, Rey de los judíos». Colocaron el letrero en la cruz, por encima de la cabeza de Jesús.

Como el lugar donde clavaron a Jesús estaba cerca de la ciudad, muchos judíos leyeron el letrero. **21** Por eso los sacerdotes principales le dijeron a Pilato:

—No escribas: "Rey de los judíos". Más bien debes escribir: "Este hombre afirma ser el Rey de los judíos".

22 Pilato les dijo:

—Lo que he escrito así se queda.

23 Después de que los soldados romanos clavaron a Jesús en la cruz, recogieron su ropa y la partieron en cuatro pedazos, una para cada soldado. También tomaron el manto de Jesús, pero como era un tejido de una sola pieza y sin costuras, **24** decidieron no romperlo sino echarlo a la suerte para ver a quien le tocaba. Así se cumplió lo que dice la Biblia:

«Se repartieron entre ellos mi ropa;
echaron suertes sobre mi manto».

25 Cerca de la cruz estaban María la madre de Jesús, María la esposa de Cleofás y tía de Jesús, y María Magdalena. **26** Cuando Jesús vio a su madre junto al discípulo preferido, le dijo a ella: «Madre, ahí tienes a tu hijo». **27** Después le dijo al discípulo: «Ahí tienes a tu madre». Desde ese momento, el discípulo llevó a María a su propia casa.

La muerte de Jesús

28 Jesús sabía que ya había hecho todo lo que Dios le había ordenado. Por eso, y para que se cumpliera lo que dice la Biblia, dijo: «Tengo sed».

29 Había allí un jarro lleno de vinagre. Entonces empaparon una esponja en el vinagre, la ataron a una rama, y la acercaron a la boca de Jesús. **30** Él probó el vinagre y dijo: «Todo está cumplido». Luego inclinó su cabeza y murió.

La lanza en el costado de Jesús

31 Era viernes, y al día siguiente sería la fiesta de la Pascua. Los jefes judíos no querían que en el día sábado siguieran los tres hombres colgados en las cruces, porque ese sería un sábado muy especial. Por eso le pidieron a Pilato ordenar que se les quebraran las piernas a los tres hombres. Así los harían morir más rápido y podrían quitar los cuerpos.

32 Los soldados fueron y les quebraron las piernas a los dos que habían sido clavados junto a Jesús. **33** Cuando llegaron a Jesús, se dieron cuenta de que ya había muerto. Por eso no le quebraron las piernas.

34 Sin embargo, uno de los soldados atravesó con una lanza el costado de Jesús, y enseguida salió sangre y agua.

35-37 Todo esto sucedió para que se cumpliera lo que dice la Biblia: «No le quebrarán ningún hueso». En otra parte la Biblia también dice: «Mirarán al que atravesaron con una lanza».

El que dice esto, también vio lo que pasó, y sabe que todo esto es cierto. Él cuenta la verdad para que ustedes crean.

Jesús es sepultado

38 Después de esto, José, de la ciudad de Arimatea, le pidió permiso a Pilato para llevarse el cuerpo de Jesús. José era seguidor de Jesús, pero no se lo había dicho a nadie porque tenía miedo de los líderes judíos. Pilato le dio permiso, y José se llevó el cuerpo.

39 También Nicodemo, el que una noche había ido a hablar con Jesús, llegó con unos treinta kilos de perfume a donde estaba José. **40** Los dos tomaron el cuerpo de Jesús y lo envolvieron en vendas de una tela muy cara. Luego empaparon las vendas con el perfume que había llevado Nicodemo. Los judíos acostumbraban sepultar así a los muertos.

41 En el lugar donde Jesús murió había un jardín con una tumba nueva. Allí no habían puesto a nadie todavía. **42** Como ya iba a empezar el sábado, que era el día de descanso obligatorio para los judíos, y esa era la tumba más cercana, pusieron el cuerpo de Jesús allí.

20

1 El domingo muy temprano, cuando todavía estaba oscuro, María Magdalena fue a la tumba donde habían puesto a Jesús. Al acercarse, se dio cuenta de que habían movido la piedra que tapaba la entrada de la tumba. **2** Entonces fue corriendo a donde estaban Simón Pedro y el discípulo favorito de Jesús, y les dijo: «¡Se han llevado de la tumba al Señor, y no sabemos dónde lo habrán puesto!»

3-4 Pedro y el otro discípulo salieron corriendo hacia la tumba. El otro discípulo corrió más rápido que Pedro, y llegó primero. **5** Se inclinó para ver dentro de la tumba, y vio las vendas, pero no entró. **6** Al rato llegó Simón Pedro y entró en la tumba. También él vio las vendas, **7** y vio además que la tela que había servido para envolver la cabeza de Jesús no estaba con las vendas, sino que la habían enrollado y puesto aparte. **8** Luego el otro discípulo entró en la tumba. Cuando vio lo que había pasado, creyó. **9** Antes de eso, los discípulos no habían entendido lo que dice la Biblia acerca de que Jesús tenía que volver a vivir. **10** Entonces Pedro y el otro discípulo regresaron a sus casas.

Jesús se aparece a María Magdalena

11 María se quedó afuera de la tumba, llorando. Mientras lloraba, se inclinó para ver dentro de la tumba, **12** y vio a dos ángeles vestidos de blanco. Estaban sentados, uno donde había estado la cabeza de Jesús y el otro donde habían estado sus pies. **13** Los ángeles le preguntaron:

—Mujer, ¿por qué estás llorando?

Ella les respondió:

—Porque alguien se ha llevado el cuerpo de mi Señor, y no sé dónde lo habrá puesto.

14 Apenas dijo esto, volvió la cara y vio a Jesús allí, pero no sabía que era él. **15** Jesús le dijo:

—Mujer, ¿por qué lloras? ¿A quién buscas?

María pensó que estaba hablando con el que cuidaba el jardín donde estaba la tumba. Por eso le dijo:

—Señor, si usted se ha llevado el cuerpo que estaba en esta tumba, dígame dónde lo puso y yo iré a buscarlo.

16 Jesús le dijo:

—María.

Ella se volvió y le dijo:

—¡Maestro!

17 Jesús le dijo:

—No me detengas, pues todavía no he ido a reunirme con mi Padre. Pero ve y dile a mis discípulos que voy a reunirme con él, pues también es Padre de ustedes. Él es mi Dios, y también es Dios de ustedes.

18 María Magdalena fue y les contó a los discípulos que había visto al Señor, y les contó todo lo que él había dicho.

Jesús aparece a sus discípulos

19 En la noche de ese mismo domingo, los discípulos se reunieron en una casa. Las puertas de la casa estaban bien cerradas, porque los discípulos tenían miedo de los líderes judíos. Jesús entró, se puso en medio de ellos, y los saludó diciendo: «¡Que Dios los bendiga y les dé paz!»

20 Después les mostró las heridas de sus manos y de su costado, y los discípulos se alegraron de ver al Señor. **21** Jesús los volvió a saludar de la misma manera, y les dijo: «Como mi Padre me envió, así también yo los envío a ustedes».

22 Luego sopló sobre ellos, y les dijo: «Reciban al Espíritu Santo. **23** Si ustedes perdonan los pecados de alguien, Dios también se los perdonará. Y si no se los perdonan, Dios tampoco se los perdonará».

Jesús y Tomás

24 Tomás, uno de los doce discípulos, al que le decían el Gemelo, no estaba con los otros cuando Jesús se les apareció. **25** Cuando Tomás llegó, los otros discípulos le dijeron:

—¡Hemos visto al Señor!

Pero él les contestó:

—No creeré nada de lo que me dicen hasta que vea las marcas de los clavos en sus manos y meta mi dedo en ellas, y ponga mi mano en la herida de su costado.

26 Ocho días después, los discípulos estaban reunidos otra vez en la casa. Tomás estaba con ellos. Las puertas de la casa estaban bien cerradas, pero Jesús entró, se puso en medio de ellos, y los saludó diciendo: «¡Que Dios los bendiga y les dé paz!»

27 Luego le dijo a Tomás:

—Mira mis manos y mi costado, y mete tus dedos en las heridas. Y en vez de dudar, debes creer.

28 Tomás contestó:

—¡Tú eres mi dueño y mi Dios!

29 Jesús le dijo:

—¿Creíste porque me viste? ¡Felices los que confían en mí sin haberme visto!

La razón por la que se escribió este libro

30 Delante de sus discípulos, Jesús hizo muchas otras cosas que no están escritas en este libro. **31** Pero las cosas que aquí se dicen se escribieron para que ustedes crean que Jesús es el Mesías, el Hijo de Dios, y para que así, por medio de su poder reciban la vida eterna.

Jesús se aparece a siete de sus discípulos

21 **1** Poco tiempo después, Jesús se apareció a los discípulos a la orilla del Lago de Tiberias. Esto fue lo que sucedió: **2** Estaban juntos Simón Pedro, Tomás el Gemelo, Natanael, que era del pueblo de Caná de Galilea, Santiago y Juan, hijos de Zebedeo, y otros dos discípulos de Jesús. **3** Pedro les dijo:

—Voy a pescar.

—Nosotros vamos contigo —dijeron ellos—.

Todos subieron a una barca y se fueron a pescar. Pero esa noche no pudieron pescar nada. **4** En la madrugada, Jesús estaba de pie a la orilla del lago, pero los discípulos no sabían que era él. **5** Jesús les preguntó:

—Amigos, ¿pescaron algo?

—No —respondieron ellos—.

6 Jesús les dijo:

—Echen la red por el lado derecho de la barca, y pescarán algo.

JUAN

Los discípulos obedecieron, y después no podían sacar la red del agua, pues eran muchos los pescados.

7 Entonces el discípulo favorito de Jesús le dijo a Pedro: «¡Es el Señor!»

Cuando Simón Pedro oyó que se trataba del Señor, se puso la ropa que se había quitado para trabajar, y se tiró al agua. **8** Los otros discípulos llegaron a la orilla en la barca, arrastrando la red llena de pescados, pues estaban como a cien metros de la playa.

9 Cuando llegaron a tierra firme, vieron una fogata, con un pescado encima, y pan. **10** Jesús les dijo: «Traigan algunos de los pescados que acaban de sacar».

11 Simón Pedro subió a la barca y arrastró la red hasta la playa. Estaba repleta, pues tenía ciento cincuenta y tres pescados grandes. A pesar de tantos pescados, la red no se rompió.

12 Jesús les dijo: «Vengan a desayunar».

Ninguno de los discípulos se atrevía a preguntarle quién era; ¡bien sabían que era el Señor! **13** Jesús se acercó, tomó el pan y se lo dio a ellos, y también les dio el pescado.

14 Esa era la tercera vez que Jesús se aparecía a sus discípulos después de haber resucitado.

Jesús y Pedro

15 Cuando terminaron de desayunar, Jesús le preguntó a Pedro:

—Simón, hijo de Juan, ¿me quieres más que estos?

Él le respondió:

—Sí, Señor. Tú sabes que te quiero.

Jesús le dijo:

—Entonces cuida de mis seguidores, pues son como corderos.

16 Jesús volvió a preguntarle:

—Simón, hijo de Juan, ¿me quieres?

Pedro le contestó:

—Sí, Señor. Tú sabes que te quiero.

Jesús le dijo:

—Entonces cuida de mis seguidores, pues son como ovejas. **17** Por tercera vez le dijo:

—Simón, hijo de Juan, ¿me quieres?

Pedro se puso muy triste de que tres veces le había preguntado si lo quería. Entonces le contestó:

—Señor, tú lo sabes todo; tú sabes que te quiero.

Jesús le dijo:

—Cuida de mis ovejas. **18** Cuando eras joven, te vestías e ibas a donde querías. Pero te aseguro que, cuando seas viejo, extenderás los brazos y otra persona te vestirá y te llevará a donde no quieras ir.

19 Jesús se refería a cómo iba a morir Pedro, y cómo de esa manera iba a honrar a Dios.

Después le dijo a Pedro:

—Sígueme.

Jesús y el discípulo favorito

20 El discípulo preferido de Jesús estaba siguiendo a Jesús y a Pedro. Ese discípulo era el mismo que estaba cerca de Jesús en la cena de la Pascua, antes de que Jesús fuera clavado en la cruz, y él fue quien le preguntó a Jesús quién era el que iba a traicionarlo. **21** Cuando Pedro lo vio, le preguntó a Jesús:

—Señor, ¿qué va a pasar con este?

22 Jesús le contestó:

—Si yo quiero que él viva hasta que yo regrese, ¿qué te importa a ti? Tú sígueme.

23 Por eso, entre los seguidores de Jesús corrió el rumor de que este discípulo no iba a morir. Pero eso no fue lo que dijo Jesús. Lo que dijo fue: «Si quiero que él viva hasta que yo regrese, ¿qué te importa a ti?»

24 Este es el mismo discípulo que ha dicho todas estas cosas. Él las escribió, y sabemos que lo que dice es verdad.

25 Jesús hizo muchas otras cosas, tantas que, si se escribiera cada una de ellas, creo que no cabrían en el mundo todos los libros que serían escritos.

JUAN

HECHOS
de los apóstoles

Jesús anuncia la venida del Espíritu Santo

1 Muy distinguido amigo Teófilo:

En mi primer libro le escribí a usted acerca de todo lo que Jesús hizo y enseñó, desde el principio **2-4** hasta el día en que subió al cielo.

Jesús murió en una cruz, pero resucitó y luego se apareció a los apóstoles que había elegido. Durante cuarenta días les demostró que realmente estaba vivo, y siguió hablándoles del reino de Dios.

Un día en que estaban todos juntos, Jesús, con el poder del Espíritu Santo, les ordenó: «No salgan de Jerusalén. Esperen aquí, hasta que Dios mi Padre cumpla su promesa, de la cual yo les hablé. **5** Juan bautizaba con agua, pero dentro de poco tiempo Dios los bautizará con el Espíritu Santo».

6 Cierto día, estando reunidos, los apóstoles le preguntaron a Jesús:

—Señor, ¿no crees que éste es un buen momento para que les des a los israelitas su propio rey?

7 Pero Jesús les respondió:

—Sólo Dios decide cuándo llevar a cabo lo que piensa hacer. **8** Pero quiero que sepan que el Espíritu Santo vendrá sobre ustedes, y que recibirán poder para hablar de mí en Jerusalén, en todo el territorio

de Judea y de Samaria, y hasta en los lugares más lejanos del mundo.

Jesús sube al cielo

9 Después de esto, los apóstoles vieron cómo Jesús era llevado al cielo, hasta que una nube lo cubrió y ya no volvieron a verlo. **10** Mientras tanto, dos hombres se aparecieron junto a los apóstoles. Estaban vestidos con ropas muy blancas, pero los apóstoles no los vieron porque estaban asombrados mirando al cielo. **11** Entonces aquellos dos les dijeron: «Hombres de Galilea, ¿qué hacen ahí, de pie y mirando al cielo? ¡Alégrense! Acaban de ver que Jesús fue llevado al cielo, pero así como se ha ido, un día volverá».

Matías ocupa el lugar de Judas

12-13 Los apóstoles que vieron a Jesús subir al cielo eran Pedro, Juan, Santiago, Andrés, Felipe, Tomás, Bartolomé, Mateo, Santiago el hijo de Alfeo, Simón el Celote y Judas el hijo de Santiago. Todos ellos se alejaron del Monte de los Olivos y caminaron como un kilómetro, hasta llegar de nuevo a Jerusalén. Cuando llegaron a la casa donde se estaban quedando, subieron a su cuarto. **14-15** Estos seguidores de Jesús eran un grupo muy unido, y siempre oraban juntos. Con ellos se reunían los hermanos de Jesús y algunas mujeres, entre las que se encontraba María, la madre de Jesús. Todos los de este grupo eran como ciento veinte personas. Un día en que todos ellos estaban juntos, Pedro se levantó de pronto y les dijo:

16 «Queridos amigos, todos sabemos que a Jesús lo arrestaron porque Judas llevó a los enemigos de Jesús hasta donde él estaba. Eso ya lo había anunciado el Espíritu Santo por medio de David. Así lo dice la Biblia, y así sucedió.

17 »No hay que olvidar que Judas era uno de los nuestros, y que trabajaba con nosotros. **18** Cuando traicionó a Jesús, fue y compró un terreno con el dinero que le dieron. Pero luego se cayó de cabeza, estrellándose contra el suelo. **19** Todos en

Jerusalén lo supieron, y desde entonces, a ese lugar se le conoce como "Campo de sangre". **20** Ahora tiene que suceder lo que dice el libro de los Salmos:

"Que su casa se quede vacía;
que nadie viva en ella...
Que otro haga su trabajo".

21-22 »Por eso, es necesario que otro ocupe el lugar de Judas, para que junto con nosotros anuncie a todo el mundo que Jesús resucitó. Tiene que ser uno que desde el principio haya andado con Jesús y con nosotros, desde que Juan bautizó a Jesús hasta el día en que Jesús subió al cielo».

23 Los candidatos presentados para ocupar el puesto de Judas fueron dos. Uno de ellos se llamaba José Barsabás, más conocido como «el Justo», y el otro se llamaba Matías. **24** Luego todos oraron:

«Señor, tú sabes lo que nosotros pensamos y sentimos. Por eso te rogamos que nos muestres cuál de estos dos **25** debe hacer el trabajo que a Judas le correspondía».

26 Después de eso se hizo un sorteo, y Matías resultó elegido. Desde ese día, Matías se agregó al grupo de los apóstoles.

Jesús cumple su promesa

2 **1** El día de la fiesta de Pentecostés, los seguidores de Jesús estaban reunidos en un mismo lugar. **2** De pronto, oyeron un ruido muy fuerte que venía del cielo. Parecía el estruendo de una tormenta, y llenó todo el salón. **3** Luego vieron que algo parecido a llamas de fuego, se colocaba sobre cada uno de ellos. **4** Fue así como el Espíritu Santo los llenó de poder a todos ellos, y en seguida empezaron a hablar en otros idiomas. Cada uno hablaba según lo que el Espíritu Santo le indicaba.

5 En aquel tiempo vivían en Jerusalén muchos judíos que amaban a Dios y que habían llegado de todos los países del Imperio Romano. **6** Al oír el ruido, muchos de ellos se acercaron al salón, y **7** se sorprendieron de que podían entender lo que decían los seguidores de Jesús. Tan admirados estaban que se decían unos a otros:

«Pero estos que están hablando, ¿acaso no son de la región de Galilea? **8** ¿Cómo es que los oímos hablar en nuestro propio idioma? **9** Los que estamos aquí somos de diferentes países. Algunos somos de Partia, Media y Elam. Otros vinimos de Mesopotamia, Judea, Capadocia, Ponto, Asia, **10** Frigia, Panfilia y Egipto, y de las regiones de Libia cercanas al pueblo de Cirene. Muchos han venido de Roma, otros han viajado desde la isla de Creta y desde la península de Arabia. **11-12** Algunos somos judíos de nacimiento, y otros nos hemos convertido a la religión judía. ¡Es increíble que en nuestro propio idioma los oigamos hablar de las maravillas de Dios!»

Y no salían de su asombro, ni dejaban de preguntarse: «¿Y esto qué significa?»

13 Pero algunos comenzaron a burlarse de los apóstoles, y los acusaban de estar borrachos. **14** Pero los apóstoles se pusieron de pie, y con fuerte voz Pedro dijo:

«Israelitas y habitantes de Jerusalén, escuchen bien lo que les voy a decir. **15** Se equivocan si creen que estamos borrachos. ¡Apenas son las nueve de la mañana! **16** Lo que pasa es que hoy Dios ha cumplido lo que nos prometió por medio del profeta Joel, cuando dijo:

17 "En los últimos tiempos,
les daré de mi Espíritu
a hombres y mujeres.

Y muchachos y muchachas
hablarán en el nombre de Dios.
Los niños tendrán visiones
y los ancianos tendrán sueños.

18 También en esos tiempos
les daré de mi Espíritu

a quienes estén a mi servicio,
hombres y mujeres,
para que hablen en mi nombre.

19 En el cielo y en la tierra
haré grandes maravillas.
Y habrá sangre, fuego y humo.
20 El sol dejará de alumbrar,
y la luna se pondrá
roja como la sangre.

Esto pasará antes de que llegue
el maravilloso día
en que mi Hijo juzgue al mundo.
21 Pero yo salvaré
a todos los que me obedezcan
y a todos los que me pidan ayuda".

22 »Escúchenme bien, porque voy a hablarles de Jesús, el que vivía en Nazaret. Todos nosotros sabemos que Dios envió a Jesús. También sabemos que Dios le dio grandes poderes porque lo vimos hacer grandes maravillas y señales.

23 »Desde el principio, Dios ya había decidido que Jesús sufriera y fuera entregado a sus enemigos. Ustedes lo ataron y lo entregaron a los romanos para que lo mataran. **24** ¡Pero Dios hizo que Jesús volviera a vivir! ¡Y es que la muerte no tenía ningún poder sobre él! **25** Hace mucho tiempo el rey David dijo lo siguiente, refiriéndose a Jesús:

"Veo siempre a Dios delante de mí;
con él a mi derecha
no tengo nada qué temer.
26 Por eso estoy contento
y canto de alegría.
Por eso estoy tranquilo:
porque siempre confío en Dios.

27 Dios no me dejará en la tumba;
Dios no dejará que me muera,
pues soy su fiel servidor.
28 Él me ha enseñado a vivir.
Con él a mi lado
soy verdaderamente feliz".

29 »Amigos israelitas, hablemos claro. Cuando David murió, fue enterrado, y todos sabemos dónde está su tumba. **30** Y como David era profeta, Dios le prometió que un familiar suyo sería rey de Israel.

31 »David sabía que Dios cumpliría su promesa. Por eso dijo que el Mesías no moriría para siempre, sino que volvería a vivir. **32** Y todos nosotros somos testigos de que Dios resucitó a Jesús, **33** y de que luego lo llevó al cielo y lo sentó a su derecha.

»Dios le dio a Jesús el Espíritu Santo. Y ahora Jesús nos ha dado ese mismo Espíritu, pues nos lo había prometido. ¡Y esto es lo que ustedes están viendo y oyendo!

34 »Sabemos que quien subió al cielo no fue David, pues él mismo dice:

"Dios le dijo a mi Señor el Mesías:
'Siéntate a la derecha de mi trono
35 hasta que yo derrote a tus enemigos' ".

36 »Israelitas, ustedes tienen que reconocer, de una vez por todas, que a este mismo Jesús, a quien ustedes mataron en una cruz, Dios le ha dado poder y autoridad sobre toda la humanidad».

37 Todos los que oyeron estas palabras se pusieron muy tristes y preocupados. Entonces les preguntaron a Pedro y a los demás apóstoles:

—Amigos israelitas, ¿y qué debemos hacer?

38 Pedro les contestó:

—Pídanle perdón a Dios, vuelvan a obedecerlo, y dejen que nosotros los bauticemos en el nombre de Jesucristo. Así Dios los perdonará y les dará el Espíritu Santo. **39** Esta promesa es para ustedes y para sus hijos, y para todos los que nuestro Dios quiera salvar en otras partes del mundo.

Los primeros cristianos

40 Pedro siguió hablando a la gente con mucho entusiasmo. Les dijo: «Sálvense del castigo que les espera a todos los malvados».

41 Ese día, unas tres mil personas creyeron en el mensaje de Pedro. Tan pronto como los apóstoles los bautizaron, todas esas personas se unieron al grupo de los seguidores de Jesús **42** y decidieron vivir como una gran familia. Y cada día los apóstoles compartían con ellos las enseñanzas acerca de Dios y de Jesús. También celebraban la Cena del Señor y oraban juntos.

43 Al ver los milagros y las maravillas que hacían los apóstoles, la gente se quedaba asombrada.

44 Los seguidores de Jesús compartían unos con otros lo que tenían. **45** Vendían sus propiedades y repartían el dinero entre todos. A cada uno le daban según lo que necesitaba. **46** Además, todos los días iban al templo, y celebraban la Cena del Señor y compartían la comida con cariño y alegría. **47** Juntos alababan a Dios, y todos en la ciudad los querían. Cada día el Señor hacía que muchos creyeran en él y se salvaran. De ese modo el grupo de sus seguidores se iba haciendo cada vez más grande.

Pedro sana a un hombre que no podía caminar

3 **1** Un día, como a las tres de la tarde, Pedro y Juan fueron al templo. A esa hora los judíos acostumbraban orar. **2** Un hombre que nunca había podido caminar, era llevado todos los días a una de las entradas del templo, conocida como Puerta Hermosa. Ese hombre pedía limosna a la gente que entraba en el templo. **3** Tan pronto como aquel hombre vio a Pedro y a Juan, les pidió dinero. **4** Ellos se le quedaron mirando, y Pedro le dijo: «Préstanos atención».

5 Aquel hombre los miró atentamente, pensando que iban a darle algo. **6** Sin embargo, Pedro le dijo: «No tengo oro ni plata, pero te voy a dar lo que sí tengo: En el nombre de Jesucristo de Nazaret, te ordeno que te levantes y camines».

7 En seguida, Pedro lo tomó de la mano derecha y lo levantó. En ese mismo instante, las piernas y los pies de aquel hombre se hicieron fuertes, **8** y de un salto, se puso en pie y empezó a caminar. Alegremente, y sin pensarlo dos veces, entró al templo con Pedro y Juan, caminando y saltando y alabando a Dios.

9-10 Todos los que lo veían caminar y alabar a Dios estaban realmente sorprendidos, pues no entendían lo que había pasado. Sabían, sin embargo, que era el mismo hombre que antes se sentaba a pedir dinero junto a la Puerta Hermosa.

Pedro habla frente al templo

11 Sin separarse de Pedro ni de Juan, el hombre siguió caminando. La gente corrió asombrada tras ellos hasta otra puerta, conocida como Puerta de Salomón, y los rodeó. **12** Al ver eso, Pedro les dijo:

«Amigos israelitas, ¿qué les sorprende? ¿Por qué nos miran así? ¿Acaso creen que nosotros sanamos a este hombre con nuestro propio poder? **13** Nuestros antepasados Abraham, Isaac y Jacob adoraron a Dios. Y ese mismo Dios es quien nos ha enviado a Jesús como Mesías, y nos ha mostrado lo maravilloso y poderoso que es Jesús. Pero ustedes lo entregaron a los gobernantes romanos, y aunque Pilato quiso soltarlo, ustedes no se lo permitieron.

14 »Jesús solo obedecía a Dios y siempre hacía lo bueno. Pero ustedes lo rechazaron y le pidieron a Pilato que dejara libre a un asesino. **15** Fue así como mataron a Jesús, el único que podía darles vida eterna. Pero Dios ha hecho que Jesús vuelva a vivir, y de eso nosotros somos testigos.

16 »Nosotros confiamos en el poder de Jesús, y como todos ustedes vieron, esa confianza es la que ha sanado completamente a este hombre.

17 »Israelitas, ni ustedes ni sus líderes se dieron cuenta del mal que estaban haciendo. **18** Pero Dios ya había anunciado, por medio de sus profetas, que el Mesías tendría que sufrir, y así ocurrió. **19** Por eso, dejen de pecar y vuelvan a obedecer a Dios. Así él olvidará todo lo malo que ustedes han hecho, les dará nuevas fuerzas **20** y les enviará a Jesús, que es el Mesías que desde un principio Dios había decidido enviarles. **21** Por ahora Jesús tiene que quedarse en el cielo, hasta que Dios vuelva a hacer nuevas todas las cosas. Esto también lo anunciaron hace mucho los santos profetas.

22 »Uno de esos profetas fue Moisés, quien dijo: "Dios elegirá a uno de nuestro pueblo, para que sea un profeta como yo. Ustedes harán todo lo que él les diga. **23** El que no lo obedezca, dejará de ser parte de nuestro pueblo".

24 »Samuel y todos los demás profetas también anunciaron las cosas que están pasando ahora. **25** Hace mucho tiempo Dios hizo un pacto con los antepasados de ustedes, y les hizo una promesa. Pues todo lo que Dios les prometió por medio de los profetas, ahora lo cumplirá con ustedes. Y ésta es la promesa que Dios le hizo a Abraham, uno de nuestros antepasados:

"Todos los pueblos de la tierra
recibirán mis bendiciones
por medio de uno
de tus descendientes".

26 »Ahora que Dios ha resucitado a su hijo Jesús, lo primero que hizo fue enviarlo a ustedes, para bendecirlos y para que dejen de hacer lo malo».

Pedro y Juan hablan ante la Junta Suprema

4 **1** Todavía Pedro y Juan estaban hablando con la gente cuando se acercaron algunos sacerdotes y saduceos, y el jefe de los guardias del templo. **2** Estaban muy enojados porque Pedro y Juan enseñaban que los muertos podían resucitar, así como Jesús había sido resucitado. **³** Entonces apresaron a Pedro y a Juan, pero como ya estaba anocheciendo, los encerraron en la cárcel hasta el día siguiente.

⁴ Sin embargo, cuando escucharon el mensaje que daban los apóstoles, muchos creyeron en Jesús. Ese mismo día, el grupo de los seguidores de Jesús llegó como a cinco mil personas.

⁵ Al día siguiente, la Junta Suprema se reunió en Jerusalén. En la Junta estaban los líderes del país, con sus consejeros y los maestros de la Ley. **⁶** Allí estaba Anás, que era el jefe de los sacerdotes, acompañado de Caifás, Juan, Alejandro y los otros sacerdotes principales. **⁷** Pedro y Juan fueron llevados a la presencia de todos ellos, y ellos empezaron a preguntarles:

—¿Quién les ha dado permiso para enseñar a la gente? ¿Quién les dio poder para hacer milagros?

⁸ Entonces Pedro, lleno del poder del Espíritu Santo, les dijo a los líderes y a sus consejeros:

—Señores, **⁹** ustedes nos preguntan acerca del hombre que estaba enfermo y que ahora está sano. **¹⁰** Ustedes y toda la gente de Israel deben saber que este hombre está aquí, completamente sano, gracias al poder de Jesús de Nazaret, el Mesías. Ustedes ordenaron que lo mataran en una cruz, pero Dios lo ha resucitado. **¹¹** Ustedes han actuado como los que, al construir una casa, rechazan una piedra, y luego resulta que esa piedra llega a ser la piedra principal que sostiene todo el edificio. **¹²** Solo Jesús tiene poder para salvar. Solo él fue enviado por Dios, y en este mundo solo él tiene poder para salvarnos.

¹³ Todos los de la Junta Suprema se sorprendieron de oír a Pedro y Juan hablar sin ningún temor, a pesar de que eran hombres sencillos y de poca educación. Se dieron cuenta entonces de que ellos habían andado con Jesús. **¹⁴** Y no podían acusarlos de nada porque allí, de pie junto a ellos, estaba el hombre que había sido sanado.

¹⁵ Los de la Junta ordenaron sacar de la sala a los acusados y se pusieron a discutir entre ellos. **¹⁶** «¿Qué vamos a hacer?», se decían. «No podemos acusarlos de mentirosos, pues lo que

HECHOS

hicieron por ese hombre es realmente un milagro, y todos en Jerusalén lo saben».

Otros decían: **17** «Debemos impedir que lo sepa más gente. Tenemos que amenazarlos para que dejen de hablar del poder de Jesús».

18 Así que los llamaron y les ordenaron:

—No le digan a nadie lo que ha pasado, y dejen de enseñar a la gente acerca del poder de Jesús.

19 Pero Pedro y Juan les respondieron:

—Díganos, entonces: ¿debemos obedecerlos a ustedes antes que a Dios? **20** ¡Nosotros no podemos dejar de hablar de todo lo que hemos visto y oído!

21-22 Los jefes de la Junta Suprema les advirtieron que tenían que dejar de hablar de Jesús. Luego los soltaron, porque no podían castigarlos, pues todo el pueblo alababa a Dios por haber sanado milagrosamente a ese hombre, que tenía más de cuarenta años de edad.

Los seguidores de Jesús oran a Dios

23 En cuanto Pedro y Juan fueron puestos en libertad, se reunieron con los otros apóstoles y les contaron lo que habían dicho los de la Junta Suprema. **24** Luego de escucharlos, todos juntos oraron:

«Señor, tú hiciste el cielo y la tierra, y el mar y todo lo que hay en ellos. **25** Tú, por medio del Espíritu Santo, le hablaste al rey David, nuestro antepasado. Por medio de él, que estaba a tu servicio, dijiste:

"¿Por qué se enoja tanto
la gente de otros países?
¿Por qué hacen planes tan tontos?

26 Los reyes de la tierra se reunieron;
los jefes se pusieron de acuerdo
para rechazar a Dios

y despreciar al Mesías,
el rey que yo elegí".

27 »Es verdad que en esta ciudad se unieron Herodes Antipas, Poncio Pilato, el pueblo romano y el pueblo de Israel, para matar a Jesús, a quien tú elegiste para que fuera nuestro rey. **28** Pero ellos solo estaban haciendo lo que tú, desde el principio, habías decidido hacer.

29 »Ahora, Señor, mira cómo nos han amenazado. Ayúdanos a no tener miedo de hablar de ti ante nadie. **30** Ayúdanos a sanar a los enfermos, y a hacer milagros y señales maravillosas. Así harás que la gente vea el poder de Jesús, a quien tú llamaste a tu servicio».

31 Cuando terminaron de orar, el lugar donde estaban reunidos tembló, y todos quedaron llenos del Espíritu Santo. A partir de ese momento, todos hablaban acerca de Jesús sin ningún temor.

La vida de los seguidores de Jesús

32 Todos los seguidores de Jesús tenían una misma manera de pensar y de sentir. Todo lo que tenían, lo compartían entre ellos, y nadie se sentía dueño de nada.

33 Llenos de gran poder, los apóstoles enseñaban que Jesús había resucitado. Dios los bendecía mucho, **34** y no les hacía falta nada, porque los que tenían alguna casa o terreno lo vendían **35** y entregaban el dinero a los apóstoles. Entonces ellos lo repartían y le daban a cada uno lo que necesitaba.

HECHOS

36 Esto también lo hizo un hombre de la tribu de Leví, que había nacido en la isla de Chipre. Se llamaba José, pero los apóstoles le decían Bernabé, que significa «El que consuela a otros». **37** Bernabé vendió un terreno suyo, y todo el dinero de la venta se lo entregó a los apóstoles.

Ananías y Safira

5 **1** Algo muy diferente pasó con un hombre llamado Ananías. Este hombre se puso de acuerdo con su esposa, que se llamaba Safira, y vendieron un terreno, **2** pero se quedaron con parte del dinero de la venta. El resto se lo entregaron a los apóstoles. **3** Entonces Pedro le dijo a Ananías:

—¿Por qué le hiciste caso a Satanás? Te quedaste con parte del dinero, creyendo que podrías engañar al Espíritu Santo. **4** Antes de vender el terreno, era todo tuyo y de tu esposa. Y cuando lo vendiste, todo el dinero también era de ustedes. ¿Por qué lo hiciste? No nos has mentido a nosotros, sino a Dios.

5-6 Al oír esto, Ananías cayó muerto allí mismo. Entonces unos muchachos envolvieron el cuerpo de Ananías y lo llevaron a enterrar. Y todos los que estaban en ese lugar sintieron mucho miedo.

7 Como tres horas más tarde llegó Safira, sin saber lo que había pasado. **8** Entonces Pedro le preguntó:

—Dime, ¿vendieron ustedes el terreno en este precio?

—Así es —respondió ella—. Ese fue el precio.

Entonces Pedro le dijo:

9 —¿Por qué se pusieron de acuerdo para engañar al Espíritu del Señor? Mira, ahí vienen los muchachos que acaban de enterrar a tu esposo, y ellos mismos te enterrarán a ti.

10 Al instante, Safira cayó muerta, así que los muchachos entraron y se la llevaron para enterrarla junto a su esposo. **11** Todos los que pertenecían a la iglesia, y todos los que se enteraron de lo sucedido, sintieron mucho miedo.

Dios hace cosas maravillosas

12 Por medio de los apóstoles, Dios seguía haciendo milagros y señales maravillosas entre la gente. Todos los días, los seguidores de Jesús se reunían en la Puerta de Salomón, **13** y los que no eran del grupo no se atrevían a acercarse, aunque todo el mundo los respetaba y hablaba bien de ellos.

14 Cada día se agregaban al grupo más hombres y mujeres que creían en Jesús. **15** La gente sacaba a los enfermos en camas y en camillas, y los ponía en las calles por donde Pedro iba a pasar, esperando que por lo menos su sombra cayera sobre alguno y lo sanara.

16 Mucha gente de los pueblos cercanos a Jerusalén también llevaba enfermos y gente con espíritus malos. Y todos eran sanados.

Los apóstoles y la Junta Suprema

17 El jefe de los sacerdotes y todos los saduceos que lo acompañaban sintieron mucha envidia de los apóstoles. **18** Por eso mandaron que los arrestaran y los pusieran en la cárcel de la ciudad.

19 Pero en la noche un ángel del Señor se les apareció, abrió las puertas de la cárcel, y los liberó. Luego les dijo: **20** «Vayan al templo y compartan con la gente el mensaje de salvación».

21 Ya estaba por amanecer cuando los apóstoles llegaron frente al templo y empezaron a hablarle a la gente.

Mientras tanto, el jefe de los sacerdotes y sus ayudantes reunieron a toda la Junta Suprema y a los líderes del pueblo. Después mandaron traer a los apóstoles, **22** pero los guardias llegaron a la cárcel y no los encontraron. Así que regresaron y dijeron: **23** «La cárcel estaba bien cerrada, y los soldados vigilaban las puertas, pero cuando abrimos la celda no encontramos a nadie».

24 Cuando el jefe de los guardias del templo y los sacerdotes principales oyeron eso, no sabían qué pensar, y ni siquiera podían imaginarse lo que había sucedido.

25 De pronto, llegó alguien y dijo: «¡Los hombres que ustedes encerraron en la cárcel están frente al templo, hablándole a la gente!»

26 Entonces el jefe de los guardias y sus ayudantes fueron y arrestaron de nuevo a los apóstoles, pero no los maltrataron porque tenían miedo de que la gente se enojara y los apedreara. **27** Cuando llegaron ante la Junta Suprema, el jefe de los sacerdotes les dijo:

28 —Ya les habíamos advertido que no enseñaran más acerca de ese hombre Jesús, pero no nos obedecieron. A todos en Jerusalén les han hablado de Jesús, y hasta nos acusan a nosotros de haberlo matado.

29 Pedro y los demás apóstoles respondieron:

—Nosotros primero obedecemos a Dios antes que a los humanos. **30** Ustedes mataron a Jesús en una cruz, pero el Dios a quien adoraron nuestros antepasados lo resucitó. **31** Dios ha hecho que Jesús se siente a la derecha de su trono, y lo ha nombrado Jefe y Salvador, para que el pueblo de Israel deje de pecar y Dios le perdone sus pecados. **32** Nosotros somos testigos de estas cosas, y también el Espíritu Santo. Porque Dios da su Espíritu Santo a todos los que le obedecen.

Un buen consejo

33 La Junta Suprema los escuchó, y sus miembros se enojaron tanto que querían matarlos. **34** Pero un fariseo llamado Gamaliel ordenó que sacaran a los apóstoles por un momento. Gamaliel era maestro de la Ley, y los judíos lo respetaban mucho, **35** así que les dijo a sus compañeros:

—Israelitas, piensen bien lo que van a hacer con estos hombres. **36** Recuerden que hace algún tiempo apareció un hombre llamado Teudas, quien se creía muy importante, y como cuatrocientos hombres le creyeron. Luego alguien lo mató, y todos sus seguidores huyeron, y no se volvió a hablar de él. **37** Después apareció un tal Judas, de la región de Galilea, y muchos le hicieron caso. Eso fue en los días en que se estaba haciendo la lista de todos los habitantes de Israel. A ese también lo mataron, y sus seguidores huyeron.

38 »En este caso, yo les aconsejo que dejen en libertad a estos hombres, y que no se preocupen. Si lo que están haciendo lo planearon ellos mismos, esto no durará mucho. **39** Pero si es un plan de Dios, nada ni nadie podrá detenerlos, y ustedes se encontrarán luchando contra Dios.

A todos les pareció bueno el consejo. **40** En seguida mandaron traer a los apóstoles, y ordenaron que los azotaran en la espalda con un látigo. Luego les prohibieron hablar de Jesús, y los dejaron en libertad. **41** Y los apóstoles salieron de allí muy contentos, porque Dios les había permitido sufrir por obedecer a Jesús.

42 Los seguidores de Jesús iban al templo todos los días, y también se reunían en las casas. Los apóstoles, por su parte, no dejaban de enseñar y de anunciar la buena noticia acerca de Jesús, el rey elegido por Dios.

Los siete servidores

6 **1** Cada vez había más y más seguidores de Jesús, y comenzó a haber problemas entre los seguidores judíos que hablaban griego y los que hablaban arameo. Y es que los que hablaban griego decían que las viudas de su grupo no recibían suficiente ayuda para sus necesidades de cada día.

2 Entonces los apóstoles llamaron a todos a una reunión, y allí dijeron:

—Nuestro deber principal es anunciar el mensaje de Dios. No está bien que sigamos siendo los encargados de repartir el dinero y la comida. **3** Por eso, elijan con cuidado a siete hombres para que se encarguen de ese trabajo. Tienen que ser personas en las que todos ustedes confíen, que hagan lo bueno y sean muy sabios, y que tengan el poder del Espíritu Santo. **4** Nosotros nos dedicaremos entonces a servir a Dios por medio de la oración, y a anunciar el mensaje de salvación.

5 A todo el grupo le pareció buena la idea, y eligieron a Esteban, un hombre que confiaba mucho en Dios y que tenía el poder del Espíritu Santo. También eligieron a otros seis: Felipe, Prócoro, Nicanor, Timón, Pármenas y Nicolás. Este Nicolás era de la región de Antioquía, y antes se había convertido a la religión judía. **6** Luego los llevaron ante los apóstoles, y estos pusieron sus manos sobre la cabeza de cada uno y oraron.

7 Los apóstoles siguieron anunciando el mensaje de Dios. Por eso, más y más personas se convirtieron en seguidores de Jesús, y muchos sacerdotes judíos también creyeron en él.

Arresto de Esteban

8 Dios le dio a un joven llamado Esteban un poder especial para hacer milagros y señales maravillosas entre la gente. **9** Sin embargo, algunos judíos del pueblo de Cirene se pusieron a discutir con él, junto con otros judíos de la ciudad de Alejandría, que pertenecían a la Sinagoga de los Hombres Libres. También discutieron con Esteban otros que venían de la región de Cilicia y de la provincia de Asia. **10** Pero ninguno de ellos pudo vencerlo, porque él hablaba con la sabiduría que le daba el Espíritu Santo. **11** Entonces aquellos judíos les dieron dinero a otros para que mintieran. Tenían que decir: «Esteban ha insultado a Dios y a nuestro antepasado Moisés. Nosotros mismos lo hemos oído».

12 Fue así como alborotaron al pueblo, a los líderes del país y a los maestros de la Ley. Luego apresaron a Esteban, y lo llevaron ante la Junta Suprema, **13** y llamaron a algunos hombres para que dijeran más mentiras. Uno de ellos dijo: «Este hombre anda diciendo cosas terribles contra el santo templo y contra la Ley de Moisés. **14** Lo hemos oído decir que Jesús de Nazaret destruirá el templo, y que cambiará las costumbres que Moisés nos enseñó».

15 Cuando todos los de la Junta Suprema se fijaron en Esteban, vieron que su cara parecía la de un ángel.

Esteban ante la Junta Suprema

7 **1** El jefe de los sacerdotes le preguntó a Esteban:

—¿Es verdad todo eso que dicen de ti?

2 Y Esteban respondió:

—Amigos israelitas y líderes del país: escúchenme. Nuestro poderoso Dios se le apareció a nuestro antepasado Abraham en Mesopotamia, antes de que fuera a vivir en Harán. **3** Y le dijo:

"Deja tu país y a la familia de tus padres, y ve al lugar que yo te mostraré".

4 »Abraham salió del país de Caldea y se fue a vivir a Harán. Tiempo después murió su padre, y Dios le dijo a Abraham que viniera a este lugar donde ustedes viven ahora. **5** Aunque Abraham vivió aquí, Dios nunca le permitió ser dueño ni del pedazo de tierra que tenía bajo sus pies. Sin embargo, le prometió que le daría este territorio a sus descendientes después de que él muriera.

Cuando Dios le hizo esa promesa, Abraham no tenía hijos. **6** Dios le dijo: "Tus descendientes vivirán como extranjeros en otro país. Allí serán esclavos y los tratarán muy mal durante cuatrocientos años. **7** Pero yo castigaré a los habitantes de ese país, y tus descendientes saldrán libres y me adorarán en este lugar".

8 »Con esta promesa, Dios hizo un pacto con Abraham. Le ordenó que, a partir de ese día, todos los hombres israelitas debían circuncidarse para indicar que Dios los aceptaba como parte de su pueblo. Por eso, cuando nació su hijo Isaac, Abraham esperó ocho días y lo circuncidó. De la misma manera, Isaac circuncidó a su hijo Jacob, y Jacob a sus doce hijos.

9 »José fue uno de los doce hijos de Jacob. Como sus hermanos le tenían envidia, lo vendieron como esclavo a unos comerciantes que lo llevaron a Egipto. Sin embargo, Dios amaba a José, **10** así que lo ayudó en todos sus problemas; le dio sabiduría y lo hizo una persona muy agradable. Por eso el rey de Egipto lo tomó en cuenta, y lo nombró gobernador de todo Egipto y jefe de su palacio.

11 »Tiempo después, hubo pocas cosechas de trigo en toda la región de Egipto y Canaán. Nuestros antepasados no tenían nada qué comer, ni nada qué comprar. **12** Pero Jacob se enteró de que en Egipto había bastante trigo, y envió a sus hijos para que compraran. Los hijos de Jacob fueron allá una primera vez. **13** Cuando fueron la segunda vez, José permitió que sus hermanos lo reconocieran. Así el rey de Egipto conoció más de cerca a la familia de José.

14 »Al final, José ordenó que vinieran a Egipto su padre Jacob y todos sus familiares. Eran en total setenta y cinco personas, **15** que vivieron en Egipto hasta que murieron. **16** Todos ellos fueron enterrados en Siquem, en la misma tumba que Abraham había comprado a los hijos de Hamor.

17 »Pasó el tiempo, y a Dios le pareció bien cumplir la promesa que le había hecho a Abraham. Mientras tanto, en Egipto, cada vez había más y más israelitas.

18 »Comenzó a gobernar en Egipto un nuevo rey que no había oído hablar de José. **19** Este rey fue muy malo con los israelitas y los engañó. Además, los obligó a abandonar a los niños recién nacidos para que murieran.

20 »En ese tiempo nació Moisés. Era un niño muy hermoso, a quien sus padres cuidaron durante tres meses, sin que nadie se diera cuenta. **21** Luego tuvieron que abandonarlo, pero la hija del rey lo rescató y lo crió como si fuera su propio hijo. **22** Moisés recibió la mejor educación que se daba a los jóvenes egipcios, y llegó a ser un hombre muy importante por lo que decía y hacía.

23 »Cuando Moisés tenía cuarenta años, decidió ir a visitar a los israelitas, porque eran de su propia nación. **24** De pronto, vio que un egipcio maltrataba a un israelita. Sin pensarlo mucho, defendió al israelita y mató al egipcio.

25 »Moisés pensó que los israelitas entenderían que Dios los libraría de la esclavitud por medio de él. Pero ellos no pensaron lo mismo. **26** Al día siguiente, Moisés vio que dos israelitas se estaban peleando. Trató de calmarlos y les dijo: "Ustedes son de la misma nación. ¿Por qué se pelean?"

27 »Pero el que estaba maltratando al otro se dio vuelta, empujó a Moisés y le respondió: "¡Y a ti qué te importa! ¿Quién te ha dicho que tú eres nuestro jefe o nuestro juez? **28** ¿Acaso piensas matarme como al egipcio?"

29 »Al oír eso, Moisés huyó de Egipto tan pronto como pudo, y se fue a vivir a Madián. En ese país vivió como extranjero, y allí nacieron dos de sus hijos.

30 »Pasaron cuarenta años. Pero un día en que Moisés estaba en el desierto, cerca del monte Sinaí, un ángel se le apareció entre un arbusto que ardía en llamas. **31** Moisés tuvo mucho miedo, pero se acercó para ver mejor lo que pasaba. Entonces Dios, con voz muy fuerte le dijo: **32** "Yo soy el Dios de tus antepasados. Soy el Dios de Abraham, de Isaac y de Jacob".

»Moisés empezó a temblar, y ya no se atrevió a mirar más. **33** Pero Dios le dijo: "Quítate las sandalias, porque el lugar donde estás es sagrado. **34** He visto que mi pueblo en Egipto sufre mucho. Ellos se han quejado conmigo, y yo los he escuchado. Por eso he bajado a librarlos. Ven y escúchame con atención, porque voy a enviarte de regreso a Egipto".

35 »Los israelitas rechazaron a Moisés al decirle: "¿Quién te ha dicho que eres nuestro jefe o nuestro juez?" Pero Dios mismo lo convirtió en jefe y libertador de su pueblo. Esto lo hizo por medio del ángel que se le apareció a Moisés en el arbusto.

36 »Con milagros y señales maravillosas, Moisés sacó de Egipto a su pueblo. Lo llevó a través del Mar Rojo, y durante cuarenta años lo guió por el desierto. **37** Y fue él mismo quien les anunció a los israelitas: "Así como Dios me eligió a mí, también va a elegir a uno de ustedes para que sea profeta".

38 »Moisés estuvo con nuestros antepasados en el desierto, y les comunicó todos los mensajes que el ángel de Dios le dio en el monte Sinaí. Esos mensajes son palabras que dan vida.

39 »Pero los israelitas fueron rebeldes. No quisieron obedecer a Moisés y, en cambio, deseaban volver a Egipto.

40 »Un día, los israelitas le dijeron a Aarón, el hermano de Moisés: "Fabrícanos unos dioses para que nos guíen en el camino. Porque Moisés nos sacó de Egipto, pero ahora no sabemos qué le ha pasado".

41 »Hicieron entonces una estatua con forma de becerro y sacrificaron animales para adorarla. Luego hicieron una gran fiesta en honor de la estatua, y estaban muy orgullosos de lo que habían hecho. **42** Por eso Dios decidió olvidarse de ellos, pues se pusieron a adorar a las estrellas del cielo.

»En el libro del profeta Amós dice: "Pueblo de Israel: Durante los cuarenta años que ustedes estuvieron en el desierto, nunca me sacrificaron animales ni me dieron ofrendas para adorarme. **43** En cambio, sí llevaron en sus hombros la tienda con el altar del dios Moloc y la imagen de la estrella del dios Refán. Ustedes se hicieron esos ídolos y los adoraron. Por eso, yo haré que a ustedes se los lleven lejos, más allá de Babilonia".

44 »Allí, en el desierto, nuestros antepasados tenían el santuario del pacto, que Moisés construyó según el modelo que Dios le había mostrado. **45** El santuario pasó de padres a hijos, hasta el tiempo en que Josué llegó a ser el nuevo jefe de Israel. Entonces los israelitas llevaron consigo el santuario para ocupar el territorio que Dios estaba quitándoles a otros pueblos. Y el santuario estuvo allí hasta el tiempo del rey David.

46 »Como Dios quería mucho a David, este le pidió permiso para construirle un templo donde el pueblo de Israel pudiera adorarlo. **47** Sin embargo, fue su hijo Salomón quien se lo construyó.

48 »Pero como el Dios todopoderoso no vive en lugares hechos por seres humanos, dijo por medio de un profeta:

49 "El cielo es mi trono,
es mi silla real,
y sobre la tierra
apoyo mis pies.

¿Qué casa podrían construirme?
¿Dónde podría yo descansar
50 si yo fui quien hizo todo esto?"

51 Antes de terminar su discurso, Esteban les dijo a los de la Junta Suprema:

—¡Ustedes son muy tercos! ¡No entienden el mensaje de Dios! Son igual que sus antepasados. Siempre han desobedecido al Espíritu Santo. **52** Ellos trataron mal a todos los profetas, y mataron a los que habían anunciado la venida de Jesús, el Mesías. Y ustedes lo traicionaron y lo mataron. **53** Por medio de los ángeles, todos ustedes recibieron la Ley de Dios, pero no la han obedecido.

Esteban muere apedreado

54 Al escuchar esto, los de la Junta Suprema se enfurecieron mucho contra Esteban. **55** Pero como tenía el poder del Espíritu Santo, Esteban miró al cielo y vio a Dios en todo su poder. Al lado derecho de Dios estaba Jesús, de pie. **56** Entonces Esteban dijo: «Veo el cielo abierto. Y veo también a Jesús, el Hijo del hombre, de pie en el lugar de honor».

57 Los de la Junta Suprema se taparon los oídos y gritaron. Luego todos juntos atacaron a Esteban, **58** lo arrastraron fuera de la ciudad, y empezaron a apedrearlo. Los que lo habían acusado falsamente se quitaron sus mantos, y los dejaron a los pies de un joven llamado Saulo.

59 Mientras le tiraban piedras, Esteban oraba así: «Señor Jesús, recíbeme en el cielo». **60** Luego cayó de rodillas y gritó con todas sus fuerzas: «Señor, no los castigues por este pecado que cometen conmigo».

Y con estas palabras en sus labios, murió.

8 **1-2** Saulo vio cómo mataban a Esteban, y le pareció muy bien. Más tarde, unos hombres que amaban mucho al Señor recogieron el cuerpo de Esteban, lo enterraron, y durante varios días lloraron su muerte.

La iglesia empieza a sufrir

A partir de ese día, mucha gente comenzó a maltratar a los seguidores de Jesús que vivían en Jerusalén. Así que todos tuvieron que separarse y huir a las regiones de Judea y de Samaria. Solamente los apóstoles se quedaron en Jerusalén.

3 Mientras tanto, Saulo seguía maltratando a los miembros de la iglesia. Entraba a las casas, sacaba por la fuerza a hombres y mujeres, y los encerraba en la cárcel.

Felipe en Samaria

4 Pero los que habían huido de la ciudad de Jerusalén, seguían anunciando las buenas noticias de salvación en los lugares por donde pasaban.

5 Felipe fue a la ciudad de Samaria y allí se puso a hablar acerca de Jesús, el Mesías. Felipe era uno de los siete ayudantes de la iglesia. **6** Toda la gente se reunía para escucharlo con atención y para ver los milagros que hacía. **7** Muchos de los que fueron a verlo tenían espíritus impuros, pero Felipe los expulsaba, y los espíritus salían dando gritos. Además, muchos cojos y paralíticos volvían a caminar. **8** Y todos en la ciudad estaban muy alegres.

9 Desde hacía algún tiempo, un hombre llamado Simón andaba por ahí, asombrando a la gente de Samaria con sus trucos de magia y haciéndose pasar por gente importante. **10** Ricos y pobres le prestaban atención, y decían: «Este hombre tiene lo que se llama el gran poder de Dios».

11 Toda la gente prestaba mucha atención a los trucos mágicos que realizaba. **12** Pero llegó Felipe y les anunció las buenas noticias del reino de Dios. Les habló sobre Jesús, el Mesías, y todos en Samaria le creyeron. Y así Felipe bautizó a muchos hombres y mujeres.

13 También Simón creyó en el mensaje de Felipe, y Felipe lo bautizó. Tan asombrado estaba Simón de los milagros y las maravillas que Felipe hacía, que no se apartaba de él.

Pedro y Juan viajan a Samaria

14 Los apóstoles estaban en Jerusalén. En cuanto supieron que la gente de Samaria había aceptado el mensaje de Dios, mandaron allá a Pedro y a Juan. **15** Cuando estos llegaron, oraron para que los nuevos seguidores recibieran el Espíritu Santo, **16** porque todavía no lo habían recibido. Y es que sólo los habían bautizado en el nombre de Jesús. **17** Entonces Pedro y Juan pusieron sus manos sobre la cabeza de cada uno, y todos recibieron el Espíritu Santo.

18 Al ver Simón que la gente recibía el Espíritu Santo cuando los apóstoles les ponían las manos sobre la cabeza, les ofreció dinero a los apóstoles y les dijo:

19 —Denme ese mismo poder que tienen ustedes. Así yo también podré darle el Espíritu Santo a quien le imponga las manos.

20 Pero Pedro le respondió:

—¡Vete al infierno con todo y tu dinero! ¡Lo que Dios da como regalo, no se compra con dinero! **21** Tú no tienes parte con nosotros, pues bien sabe Dios que tus intenciones no son buenas. **22-23** Claramente veo que tienes envidia y que no puedes dejar de hacer lo malo. Tienes que dejar de hacerlo. Si le pides perdón a Dios por tus malas intenciones, tal vez te perdone.

24 Simón les suplicó:

—¡Por favor, pídanle a Dios que me perdone, para que no me vaya al infierno!

25 Antes de irse de Samaria, Pedro y Juan le contaron a la gente todo lo que había pasado mientras estuvieron con Jesús y compartieron el mensaje del Señor. Después regresaron a la ciudad de Jerusalén, pero en el camino iban anunciando a los samaritanos las buenas noticias del reino de Dios.

Felipe y un oficial etíope

26 Un ángel del Señor se le apareció a Felipe y le dijo: «Prepárate y cruza el desierto, dirígete al sur por el camino que va de la ciudad de Jerusalén a la ciudad de Gaza».

27-28 Felipe obedeció. En el camino se encontró con un oficial de Etiopía, país en donde era muy importante, pues era el tesorero de la reina. Este oficial había ido a Jerusalén a adorar a Dios, y ahora volvía a su país.

El oficial iba sentado en su carruaje, leyendo el libro del profeta Isaías. **29** Entonces el Espíritu de Dios le dijo a Felipe: «Acércate al carruaje, y camina junto a él».

30 Felipe corrió a alcanzar el carruaje. Cuando ya estuvo cerca, escuchó que el oficial leía el libro del profeta Isaías. Entonces le preguntó:

—¿Entiende usted lo que está leyendo?

31 Y el oficial etíope le respondió:

—¿Y cómo voy a entenderlo, si no hay quien me lo explique?

Dicho esto, el oficial invitó a Felipe a que subiera a su carruaje y se sentara a su lado. **32** En ese momento el oficial leía el pasaje que dice:

«Se portó como una oveja
que llevan al matadero:
se quedó en silencio.
Se portó como un cordero
al que le cortan la lana:
no dijo nada.

33 Era tan pobre
que nadie lo defendió.
No llegó a tener hijos
porque le quitaron la vida».

34 El oficial le preguntó a Felipe:

—Dígame usted, por favor: ¿está hablando el profeta de él mismo, o de otra persona?

35 Partiendo entonces de ese pasaje de Isaías, Felipe le explicó las buenas noticias acerca de Jesús. **36-37** En el camino, al pasar por un lugar donde había agua, el oficial dijo de pronto: «¡Allí hay agua! ¿No podría usted bautizarme ahora?»

38 En seguida el oficial mandó parar el carruaje, bajó con Felipe al agua, y Felipe lo bautizó. **39** Pero cuando salieron del agua, el Espíritu del Señor se llevó a Felipe, y aunque el oficial ya no volvió a verlo, siguió su viaje muy contento.

40 Más tarde, Felipe apareció en la ciudad de Azoto y se dirigió a la ciudad de Cesarea. Y en todos los pueblos por donde pasaba, anunciaba las buenas noticias acerca de Jesús.

Saulo, seguidor de Jesús

9 **1-2** Saulo estaba furioso y amenazaba con matar a todos los seguidores del Señor. Por eso fue a pedirle al jefe de los sacerdotes unas cartas con un permiso especial. Quería ir a la ciudad de Damasco y sacar de las sinagogas a todos los que siguieran las enseñanzas de Jesús, para llevarlos presos a la cárcel de Jerusalén.

3 Ya estaba Saulo por llegar a Damasco cuando, de pronto, desde el cielo lo rodeó un gran resplandor, como de un rayo. **4** Saulo cayó al suelo, y una voz le dijo:

—¡Saulo, Saulo! ¿Por qué me persigues?

5 —¿Quién eres, Señor? —preguntó Saulo.

—Yo soy Jesús —respondió la voz—. Es a mí a quien estás persiguiendo. **6** Pero levántate y entra en la ciudad, que allí sabrás lo que tienes que hacer.

7 Los hombres que iban con Saulo se quedaron muy asustados, pues oyeron la voz, pero no vieron a nadie. **8** Por fin, Saulo se puso de pie pero, aunque tenía los ojos abiertos, no podía ver nada. Entonces lo tomaron de la mano y lo llevaron a la ciudad. **9** Allí Saulo estuvo ciego durante tres días, y no quiso comer ni beber nada.

10 En Damasco vivía un seguidor de Jesús llamado Ananías. En una visión que tuvo, oyó que el Señor lo llamaba:

—¡Ananías! ¡Ananías!

—Señor, aquí estoy —respondió.

Y el Señor le dijo:

11 —Levántate y ve a la Calle Recta. En la casa de Judas, busca a un hombre de la ciudad de Tarso. Se llama Saulo, y está orando allí. **12** Yo le he mostrado a un hombre llamado Ananías, el cual llegará a poner sus manos sobre él para que pueda ver de nuevo.

13 —Señor —respondió Ananías—, me han contado muchas cosas terribles que este hombre les ha hecho a tus seguidores en Jerusalén. **14** ¡Hasta el jefe de los sacerdotes le ha dado permiso para que atrape aquí en Damasco a todos los que te adoran!

15 Sin embargo, el Señor le dijo:

—Ve, porque yo he elegido a ese hombre para que me sirva. Él hablará de mí ante extranjeros y reyes, y ante el pueblo de Israel. **16** Yo le voy a mostrar lo mucho que va a sufrir por mí.

17 Ananías fue y entró en la casa donde estaba Saulo. Al llegar, le puso las manos sobre la cabeza y le dijo: «Amigo Saulo, el Señor Jesús se te apareció cuando venías hacia Damasco. Él mismo me mandó que viniera aquí, para que puedas ver de nuevo y para que recibas al Espíritu Santo».

18 Al instante, algo duro, parecido a las escamas de pescado, cayó de los ojos de Saulo, y este pudo volver a ver. Entonces se puso de pie y fue bautizado. **19** Después de eso, comió y tuvo nuevas fuerzas.

Saulo huye de Damasco

Saulo pasó algunos días allí en Damasco, con los seguidores de Jesús, **20** y muy pronto empezó a ir a las sinagogas para anunciar a los judíos que Jesús era el Hijo de Dios. **21** Todos los que lo oían, decían asombrados: «¡Pero si es el mismo que allá en Jerusalén perseguía y maltrataba a los seguidores de Jesús! ¡Precisamente vino a Damasco a buscar más, para llevarlos atados ante los sacerdotes principales!»

22 Y cada día Saulo hablaba con más poder del Espíritu Santo, y les probaba que Jesús era el Mesías. Sin embargo, los judíos que vivían en Damasco lo escuchaban pero no entendían nada. **23** Tiempo después se pusieron de acuerdo para matarlo, **24** pero Saulo se dio cuenta de ese plan. Supo que la entrada de la ciudad era vigilada de día y de noche, y que habían puesto hombres dispuestos a matarlo. **25** Así que, una noche los seguidores de Jesús lo escondieron dentro de un canasto y lo bajaron por la muralla de la ciudad.

Saulo en Jerusalén

26 Saulo se fue a la ciudad de Jerusalén, y allí trató de unirse a los seguidores de Jesús. Pero estos tenían miedo de Saulo, pues no estaban seguros de que en verdad él creyera en Jesús.

27 Bernabé sí lo ayudó, y lo llevó ante los apóstoles. Allí Bernabé les contó cómo Saulo se había encontrado con el Señor Jesús en el camino a Damasco, y cómo le había hablado. También les contó que allí, en Damasco, Saulo había anunciado sin miedo la buena noticia acerca de Jesús.

28 Desde entonces Saulo andaba con los demás seguidores de Jesús en toda la ciudad de Jerusalén, y hablaba sin miedo acerca de Jesús el Señor. **29** También trataba de convencer a los judíos de habla griega, pero ellos empezaron a hacer planes para matarlo. **30** Cuando los seguidores de Jesús se enteraron, llevaron a Saulo hasta la ciudad de Cesarea, y de allí lo enviaron a la ciudad de Tarso.

31 Los miembros de la iglesia en las regiones de Judea, Galilea y Samaria, vivían sin miedo de ser maltratados. Seguían adorando al Señor y cada día confiaban más en él. Con la ayuda del Espíritu Santo, cada vez se unían más y más personas al grupo de seguidores del Señor.

Pedro sana a Eneas

32 Pedro viajaba por muchos lugares, para visitar a los seguidores del Señor Jesús. En cierta ocasión, pasó a visitar a los miembros de la iglesia en la ciudad de Lida. **33** Allí conoció a un hombre llamado Eneas, que desde hacía ocho años estaba enfermo y no podía levantarse de su cama.

34 Pedro le dijo: «Eneas, Jesús el Mesías te ha sanado. Levántate y arregla tu cama».

Al instante, Eneas se levantó. **35** Y cuando todos los que vivían en Lida y en la región de Sarón vieron ese milagro, creyeron en el Señor Jesús.

Tabitá vuelve a vivir

36 En el puerto de Jope vivía una seguidora de Jesús llamada Tabitá. Su nombre griego era Dorcas, que significa «Gacela». Tabitá siempre servía a los demás y ayudaba mucho a los pobres. **37** Por esos días Tabitá se enfermó y murió. Entonces, lavaron su cuerpo y lo pusieron en un cuarto del piso superior de la casa, según era la costumbre.

38 Pedro estaba en Lida, ciudad cercana al puerto de Jope. Cuando los seguidores de Jesús que vivían en Jope lo supieron, en seguida enviaron a dos hombres con este mensaje urgente: «Por favor, venga tan pronto como pueda».

39 De inmediato, Pedro se fue a Jope con ellos. Al llegar, lo llevaron adonde estaba el cuerpo de Tabitá. Muchas viudas se acercaron llorosas a Pedro, y todas le mostraban los vestidos y los mantos que Tabitá les había hecho cuando aún vivía.

40 Pedro mandó que toda la gente saliera del lugar. Luego se arrodilló y oró al Señor. Después de eso, se dio vuelta hacia donde estaba el cuerpo de Tabitá y le ordenó: «¡Tabitá, levántate!»

Ella abrió los ojos, miró a Pedro y se sentó. **41** Pedro le dio la mano para ayudarla a ponerse de pie; luego llamó a los seguidores de Jesús y a las viudas, y les presentó a Tabitá viva.

42 Todos los que vivían en Jope se enteraron de esto, y muchos creyeron en el Señor. **43** Así que Pedro se quedó un tiempo en Jope, en la casa de un hombre llamado Simón, que trabajaba curtiendo pieles.

Cornelio recibe un mensaje especial

10 **1** En la ciudad de Cesarea vivía un hombre llamado Cornelio. Era capitán de un grupo de cien soldados romanos, al que se conocía como Regimiento Italiano. **2** Cornelio y todos los de su casa amaban y adoraban a Dios. Además, Cornelio ayudaba mucho a los judíos pobres, y siempre oraba a Dios.

3 Un día, a eso de las tres de la tarde, Cornelio tuvo una visión, en la que claramente veía que un ángel de Dios llegaba adonde él estaba y lo llamaba por su nombre. **4** Cornelio sintió miedo, pero miró fijamente al ángel y le respondió: «¿Qué desea mi Señor?»

El ángel le dijo:

«Dios ha escuchado tus oraciones, y está contento con todo lo que haces para ayudar a los pobres. **5** Envía ahora mismo dos hombres al puerto de Jope. Diles que busquen allí a un hombre llamado Pedro, **6** que está viviendo en casa de un curtidor de pieles llamado Simón. La casa está junto al mar».

7 Tan pronto como el ángel se fue, Cornelio llamó a dos de sus sirvientes y a un soldado de su confianza que amaba a Dios, **8** y les contó lo que le había pasado y los envió a Jope.

Pedro recibe un mensaje especial

9 Al día siguiente, mientras el soldado y los sirvientes se acercaban al puerto de Jope, Pedro subió a la azotea de la casa para orar. Era como el mediodía. **10** De pronto, sintió hambre y quiso comer algo.

Mientras le preparaban la comida, Pedro tuvo una visión. **11** Vio que el cielo se abría, y que algo como un gran manto bajaba a la tierra colgado de las cuatro puntas. **12** En el manto había toda clase de animales, hasta reptiles y aves. **13** Pedro oyó la voz de Dios, que le decía: «¡Pedro, mata y come de estos animales!»

14 Pedro respondió: «¡No, Señor, de ninguna manera! Nuestra ley no nos permite comer carne de esos animales, y yo jamás he comido nada que esté prohibido».

15 Dios le dijo: «Pedro, si yo digo que puedes comer de estos animales, no digas tú que son malos».

16 Esto ocurrió tres veces. Luego, Dios retiró el manto y lo subió al cielo. **17** Mientras tanto, Pedro se quedó admirado, pensando en el significado de esa visión.

En eso, los hombres que Cornelio había enviado llegaron a la casa de Simón **18** y preguntaron: «¿Es aquí donde vive un hombre llamado Pedro?»

19 Pedro seguía pensando en lo que había visto, pero el Espíritu del Señor le dijo: «Mira, unos hombres te buscan. **20** Baja y vete con ellos. No te preocupes, porque yo los he enviado».

21 Entonces Pedro bajó y les dijo a los hombres:

—Yo soy Pedro. ¿Para qué me buscan?

22 Ellos respondieron:

—Nos envía el capitán Cornelio, que es un hombre bueno y obedece a Dios. Todos los judíos lo respetan mucho. Un ángel del Señor se le apareció y le dijo: "Haz que Pedro venga a tu casa, y escucha bien lo que va a decirte".

23 Pedro les dijo:

—Entren en la casa, y pasen aquí la noche.

Al amanecer, Pedro y aquellos hombres se prepararon y salieron hacia la ciudad de Cesarea. Con ellos fueron algunos miembros de la iglesia del puerto de Jope.

Pedro habla en la casa de Cornelio

24 Un día después llegaron a Cesarea. Cornelio estaba esperándolos, junto con sus familiares y un grupo de sus mejores amigos, a quienes él había invitado. **25** Cuando Pedro estuvo frente a la casa, Cornelio salió a recibirlo, y con mucho respeto se arrodilló ante él. **26** Pedro le dijo: «Levántate Cornelio, que no soy ningún dios».

27 Luego se pusieron a conversar, y entraron juntos en la casa. Allí Pedro encontró a toda la gente que se había reunido para recibirlo, **28** y les dijo:

—Ustedes deben saber que a nosotros, los judíos, la ley no nos permite visitar a personas de otra raza ni estar con ellas. Pero Dios me ha mostrado que yo no debo rechazar a nadie. **29** Por eso he aceptado venir a esta casa. Díganme, ¿para qué me han hecho venir?

30 Cornelio le respondió:

—Hace cuatro días, como a las tres de la tarde, yo estaba aquí en mi casa, orando. De pronto se me apareció un hombre con ropa muy brillante, **31** y me dijo: "Cornelio, Dios ha escuchado tus oraciones y ha tomado en cuenta todo lo que has hecho para ayudar a los pobres. **32** Envía unos mensajeros a Jope, para que busquen a un hombre llamado Pedro, que está viviendo en casa de un curtidor de pieles llamado Simón. La casa está junto al mar".

33 »En seguida envié a mis mensajeros, y tú has aceptado muy amablemente mi invitación. Todos estamos aquí, listos para oír lo que Dios te ha ordenado que nos digas, y estamos seguros de que él nos está viendo en este momento.

34 Entonces Pedro comenzó a decirles:

—Ahora comprendo que para Dios todos somos iguales.
35 Dios ama a todos los que le obedecen, y también a los que tratan bien a los demás y se dedican a hacer lo bueno, sin importar de qué país sean. **36** Este es el mismo mensaje que Dios enseñó a los israelitas cuando envió a Jesús, el Mesías y Señor que manda sobre todos; para que por medio de él todos vivan en paz con Dios.

37 »Ustedes ya saben lo que ha pasado en toda la región de Judea. Todo comenzó en Galilea, después de que Juan bautizó a **38** Jesús de Nazaret y Dios le dio el poder del Espíritu Santo. Como Dios estaba con él, Jesús hizo siempre lo bueno y sanó a todos los que vivían bajo el poder del diablo. **39** Nosotros vimos todas las cosas que Jesús hizo en la ciudad de Jerusalén y en todo el territorio judío. Y también vimos cuando lo mataron clavándolo en una cruz. **40** Pero tres días después Dios lo resucitó y nos permitió verlo de nuevo, **41** y comer y beber con él. Dios no permitió que todos lo vieran. Solo nos lo permitió a nosotros, porque ya nos había elegido para anunciar que Jesús vive.

42 »Jesús nos ha encargado anunciar que Dios lo ha nombrado juez de todo el mundo, y que él juzgará a los que aún viven y a los que ya han muerto.

43 »Los profetas hablaron acerca de Jesús, y dijeron que Dios perdonará a todos los que confíen en él. Solo por medio de él podemos alcanzar el perdón de Dios.

44 Todavía estaba hablándoles Pedro cuando, de repente, el Espíritu Santo vino sobre todos los que estaban escuchando el mensaje. **45** Los que habían venido de Jope con Pedro se quedaron sorprendidos al ver que el Espíritu Santo había venido también sobre los que no eran judíos. **46** Y los oían hablar y alabar a Dios en idiomas desconocidos.

47 Pedro les dijo a sus compañeros: «Dios ha enviado el Espíritu Santo para dirigir la vida de gente de otros países, así como nos lo envió a nosotros, los judíos. Ahora nadie puede impedir que también los bauticemos».

48 Habiendo dicho esto, Pedro ordenó que todos fueran bautizados en el nombre de Jesús, el Mesías. Luego, ellos le rogaron a Pedro que se quedara en su casa algunos días más.

Pedro regresa a Jerusalén

11 **1-2** En toda la región de Judea se supo que también los que no eran judíos habían recibido el mensaje de Dios. Así que cuando Pedro regresó a Jerusalén, los apóstoles y los seguidores judíos se pusieron a discutir con él. **3** Y le reclamaron:

—¡Tú entraste en la casa de gente que no es judía, y hasta comiste con ellos!

4 Pedro empezó a explicarles todo lo que había pasado:

5 —Un día, yo estaba orando en el puerto de Jope. De pronto, tuve una visión: Vi que del cielo bajaba algo como un gran manto colgado de las cuatro puntas. **6** Miré con atención, y en el manto había toda clase de animales domésticos y salvajes, y también serpientes y aves. **7** Luego oí la voz de Dios que me dijo: "Pedro, levántate; mata y come de estos animales".

8 »Yo le respondí: "¡No, Señor, de ninguna manera! Nuestra ley no nos permite comer carne de esos animales. Yo jamás he comido cosas prohibidas".

9 »Pero Dios me dijo: "Si yo digo que puedes comer de estos animales, no digas que eso es malo".

10 »Esto ocurrió tres veces. Luego Dios retiró el manto y lo devolvió al cielo. **11** Poco después llegaron tres hombres que fueron a buscarme desde Cesarea. **12** El Espíritu Santo me dijo que fuera con ellos y que no tuviera miedo. Seis miembros de la iglesia de Jope fueron conmigo.

»Al llegar a Cesarea, entramos en la casa de Cornelio. **13** Él nos contó que un ángel del Señor se le apareció y le dijo: "Envía unos mensajeros a Jope para que hagan venir a un hombre llamado Pedro. **14** El mensaje que él te va a dar, hará que se salven tú y toda tu familia".

15 »Yo empecé a hablarles, y de pronto el Espíritu Santo vino sobre todos ellos, así como nos ocurrió a nosotros al principio. **16** Y me acordé de que el Señor nos había dicho: "Juan bautizó con agua, pero a ustedes Dios los va a bautizar con el Espíritu Santo".

17 »Entonces pensé: "Dios le ha dado a esta gente el mismo regalo que nos dio a nosotros los judíos, porque creímos en Jesús, el Mesías y Señor". Y yo no soy más poderoso que Dios para ponerme en contra de lo que él ha decidido hacer.

18 Cuando los hermanos judíos oyeron esto, dejaron de discutir y se pusieron a alabar a Dios. Y decían muy admirados: «¡Así que también a los que no son judíos Dios les ha permitido arrepentirse y tener vida eterna!»

La buena noticia llega a Antioquía

19 Después de la muerte de Esteban, los seguidores de Jesús fueron perseguidos y maltratados. Por eso muchos de ellos huyeron a la región de Fenicia y a la isla de Chipre, y hasta al puerto de Antioquía. En todos esos lugares, ellos anunciaron las buenas noticias de Jesús solamente a la gente judía. **20** Sin embargo, algunos de Chipre y otros de Cirene fueron a Antioquía y anunciaron el mensaje del Señor Jesús también a los que no eran judíos. **21** Y Dios les dio poder y los ayudó para que muchos aceptaran el mensaje y creyeran en Jesús.

22 Los de la iglesia de Jerusalén supieron lo que estaba pasando en Antioquía, y en seguida mandaron para allá a Bernabé. **23-24** Bernabé era un hombre bueno, que tenía el poder del Espíritu Santo y confiaba solamente en el Señor. Cuando Bernabé llegó y vio que Dios había bendecido a toda esa gente, se alegró mucho y los animó para que siguieran siendo fieles y obedientes al Señor. Y fueron muchos los que escucharon a Bernabé y obedecieron el mensaje de Dios.

25 De allí, Bernabé se fue a la ciudad de Tarso para buscar a Saulo. **26** Cuando lo encontró, lo llevó a Antioquía. Allí

HECHOS

estuvieron un año con toda la gente de la iglesia, y enseñaron a muchas personas. Fue allí, en Antioquía, donde por primera vez la gente comenzó a llamar cristianos a los seguidores de Jesús.

27 En ese tiempo, unos profetas fueron de Jerusalén a Antioquía. **28** Uno de ellos, llamado Agabo, recibió la ayuda del Espíritu Santo y anunció que mucha gente en el mundo no tendría nada para comer. Y esto ocurrió en verdad cuando gobernaba en Roma el emperador Claudio.

29 Los seguidores de Jesús en Antioquía se pusieron de acuerdo para ayudar a los cristianos en la región de Judea. Cada uno dio según lo que podía. **30** Bernabé y Saulo llevaron el dinero a Jerusalén y lo entregaron a los líderes de la iglesia.

Matan a Santiago y encarcelan a Pedro

12 **1** En aquel tiempo, Herodes Agripa, que gobernaba a los judíos, empezó a maltratar a algunos miembros de la iglesia. **2** Mandó que mataran a Santiago, el hermano de Juan. **3-4** Y como vio que esto les agradó a los judíos, mandó que apresaran a Pedro y que lo encerraran hasta que pasara la Fiesta de la Pascua. Además, ordenó que cuatro grupos de soldados vigilaran la cárcel.

Herodes planeaba acusar a Pedro delante del pueblo judío y ordenar que lo mataran, pero no quería hacerlo en esos días, porque los judíos estaban celebrando la fiesta de los Panes sin levadura.

El Señor libera a Pedro

5 Mientras Pedro estaba en la cárcel, todos los miembros de la iglesia oraban a Dios por él en todo momento.

6 Una noche, Pedro estaba durmiendo en medio de dos soldados y atado con dos cadenas. Afuera, los demás soldados seguían vigilando la entrada de la cárcel.

Era un día antes de que Herodes Agripa presentara a Pedro ante el pueblo.

7 De repente, un ángel de Dios se presentó, y una luz brilló en la cárcel. El ángel tocó a Pedro para despertarlo y le dijo: «Levántate, date prisa».

En ese momento las cadenas se cayeron de las manos de Pedro, **8** y el ángel le ordenó: «Ponte el cinturón y amárrate las sandalias».

Pedro obedeció. Luego el ángel le dijo: «Cúbrete con tu manto y sígueme».

9 Pedro siguió al ángel, sin saber si todo eso realmente estaba sucediendo, o si era solo un sueño. **10** Pasaron frente a los soldados y, cuando llegaron a la salida principal, la gran puerta de hierro se abrió sola. Caminaron juntos por una calle y, de pronto, el ángel desapareció. **11** Pedro entendió entonces lo que le había pasado, y dijo: «Sí, es verdad. Dios envió a un ángel para librarme de todo lo malo que Herodes Agripa y los judíos querían hacerme».

12 En seguida Pedro se fue a la casa de María, la madre de Juan Marcos, pues muchos de los seguidores de Jesús estaban orando allí. **13** Pedro llegó a la entrada de la casa y llamó a la puerta. Una muchacha llamada Rode salió a ver quién llamaba, **14** y fue tanta su alegría al reconocer la voz de Pedro que, en vez de abrir la puerta, se fue corriendo a avisarles a los demás.

15 Todos le decían que estaba loca, pero como ella insistía en que Pedro estaba a la puerta, pensaron entonces que tal vez había visto a un ángel.

16 Mientras tanto, Pedro seguía llamando a la puerta. Cuando finalmente le

abrieron, todos se quedaron sorprendidos de verlo allí.

17 Pedro les hizo señas para que se callaran, y empezó a contarles cómo Dios lo había sacado de la cárcel.

También les dijo: «Vayan y cuenten esto a Jacobo y a los demás seguidores de Jesús». Luego se despidió de todos, y se fue a otro pueblo.

18 Al amanecer hubo un gran alboroto entre los soldados. Ninguno sabía lo que había pasado, pero todos preguntaban: «¿Dónde está Pedro?»

19 El rey Herodes Agripa ordenó a sus soldados que buscaran a Pedro, pero ellos no pudieron encontrarlo. Entonces Herodes les echó la culpa y mandó que los mataran.

Después de esto, Herodes salió de Judea y se fue a vivir por un tiempo en Cesarea.

Dios castiga a Herodes Agripa

20 Herodes Agripa estaba muy enojado con la gente de los puertos de Tiro y de Sidón. Por eso un grupo de gente de esos puertos fue a ver a Blasto, un oficial muy importante en el palacio de Herodes Agripa, y le dijeron: «Nosotros no queremos pelear con Herodes, porque nuestra gente recibe alimentos a través de su país».

Entonces Blasto convenció a Herodes para que los recibiera.
21 El día en que iba a recibirlos, Herodes se vistió con sus ropas de rey y se sentó en su trono. Luego, lleno de orgullo, les habló.
22 Entonces la gente empezó a gritar: «¡Herodes Agripa, tú no hablas como un hombre sino como un dios!»

23 En ese momento, un ángel de Dios hizo que Herodes se pusiera muy enfermo, porque Herodes se había creído Dios. Más tarde murió comido por los gusanos.

24 Los cristianos siguieron anunciando el mensaje de Dios.
25 Bernabé y Saulo terminaron su trabajo en Jerusalén y regresaron a Antioquía. Con ellos se llevaron a Juan Marcos.

Una misión especial

13 **1** En la iglesia de Antioquía estaban Bernabé, Simeón «el Negro», Lucio el del pueblo de Cirene, Menahem y Saulo. Menahem había crecido con el rey Herodes Antipas. Todos ellos eran profetas y maestros.

2 Un día, mientras ellos estaban adorando al Señor y ayunando, el Espíritu Santo les dijo: «Prepárenme a Bernabé y a Saulo. Yo los he elegido para un trabajo especial».

3 Todos siguieron orando y ayunando; después oraron por Bernabé y Saulo, les pusieron las manos sobre la cabeza, y los despidieron.

Bernabé y Saulo en Chipre

4 El Espíritu Santo envió a Bernabé y a Saulo a anunciar el mensaje de Dios. Primero fueron a la región de Seleucia, y allí tomaron un barco que los llevó a la isla de Chipre. **5** Cuando llegaron al puerto de Salamina, en seguida comenzaron a anunciar el mensaje de Dios en las sinagogas de los judíos. Juan Marcos fue con ellos como ayudante.

6 Después atravesaron toda la isla y llegaron al puerto de Pafos. Allí encontraron a Barjesús, un judío que hacía brujerías y decía que hablaba de parte de Dios. **7-8** Barjesús era amigo del gobernador de Chipre, que era un hombre inteligente. El gobernador, que se llamaba Sergio Paulo, mandó llamar a Bernabé y a Saulo, pues tenía muchos deseos de oír el mensaje de Dios. Pero el brujo Barjesús, al que en griego lo llamaban Elimas, se puso frente a ellos para no dejarlos pasar. Elimas no quería que el gobernador los escuchara y creyera en el Señor.

9 Entonces Saulo, que también se llamaba Pablo y tenía el poder del Espíritu Santo, miró fijamente al brujo y le dijo: **10** «Tú eres un hijo del diablo, un mentiroso y un malvado. A ti no te

HECHOS

gusta hacer lo bueno. ¡Deja ya de mentir diciendo que hablas de parte de Dios! **11** Ahora Dios te va a castigar: te quedarás ciego por algún tiempo y no podrás ver la luz del sol».

En ese mismo instante, Elimas sintió como si una nube oscura le hubiera cubierto los ojos, y andaba como perdido, buscando que alguien le diera la mano para guiarlo. Estaba completamente ciego.

12 Al ver esto el gobernador, se quedó muy admirado de la enseñanza acerca del Señor Jesús y creyó verdaderamente en él.

Pablo y Bernabé en Pisidia

13 En Pafos, Pablo y sus compañeros subieron a un barco, y se fueron a la ciudad de Perge, en la región de Panfilia. Allí, Juan Marcos se separó del grupo y regresó a la ciudad de Jerusalén. **14** Pablo y los demás siguieron el viaje a pie hasta la ciudad de Antioquía, en la región de Pisidia.

Un sábado fueron a la sinagoga de la ciudad, y se sentaron allí. **15** Alguien leyó un pasaje de la Biblia y, al terminar, los jefes de la sinagoga mandaron a decir a Pablo y a los demás: «Amigos israelitas, si tienen algún mensaje para darle ánimo a la gente, pasen a decírnoslo».

16 Pablo se puso de pie, levantó la mano para pedir silencio, y dijo:

«Israelitas, y todos ustedes, los que aman y obedecen a Dios, escúchenme. **17** El Dios de Israel eligió a nuestros antepasados para hacer de ellos un gran pueblo. Y Dios lo hizo cuando ellos estuvieron en Egipto. Luego los egipcios los hicieron esclavos, pero Dios, con su gran poder, los sacó de allí. **18** El pueblo anduvo en el desierto unos cuarenta años, y durante todo ese tiempo Dios los cuidó. **19** Después Dios destruyó a siete países en el territorio de Canaán, y le dio ese territorio al pueblo de Israel. **20** Todo esto sucedió en unos cuatrocientos cincuenta años.

»Luego Dios envió unos hombres para que fueran los líderes de la nación. Dios continuó enviando líderes hasta que llegó el profeta Samuel. **21** Pero todos le pidieron a Dios que los dejara tener un rey que los gobernara. Dios nombró entonces a Saúl rey de la nación.

»Saúl era hijo de un hombre llamado Quis, que era de la tribu de Benjamín. Y gobernó Saúl durante cuarenta años. **22** Luego, Dios lo quitó del trono y puso como nuevo rey a David. Acerca de David, Dios dijo: "Yo quiero mucho a David el hijo de Jesé, pues siempre me obedece en todo".

23 »Dios prometió que un descendiente de David vendría a salvar al pueblo israelita. Pues bien, ese descendiente de David es Jesús. **24** Antes de que él llegara, Juan el Bautista vino y le dijo a los israelitas que debían arrepentirse de sus pecados y ser bautizados. **25** Cuando Juan estaba a punto de morir, les dijo a los israelitas: "Yo no soy el Mesías que Dios les prometió. Él vendrá después, y yo ni siquiera merezco ser su esclavo".

26 »Pónganme atención, amigos israelitas descendientes de Abraham. Y pónganme atención también ustedes, los que obedecen a Dios aunque no son israelitas. Este mensaje de salvación es para todos nosotros. **27** Sabemos que los habitantes de Jerusalén y los líderes del país no se dieron cuenta de quién era Jesús. Todos los sábados leían los libros de los profetas, pero no se dieron cuenta de que esos libros se referían a Jesús. Entonces ordenaron matar a Jesús y, sin saberlo, cumplieron así lo que los profetas habían anunciado. **28** Aunque no tenían nada de qué acusarlo, le pidieron a Pilato que lo matara. **29** Luego, cuando hicieron todo lo que los profetas habían anunciado, bajaron de la cruz el cuerpo de Jesús y lo pusieron en una tumba. **30** Pero Dios hizo que Jesús volviera a vivir, **31** y durante muchos días, Jesús se apareció a todos los discípulos. Estos habían viajado con él desde la región de Galilea hasta la ciudad de Jerusalén. Ahora ellos les cuentan a todos quién es Jesús.

32 »Dios prometió a nuestros antepasados que enviaría a un salvador, y nosotros les estamos dando esa buena noticia: **33** Dios ya cumplió su promesa, pues resucitó a Jesús. Todo sucedió como dice en el segundo salmo:

"Tú eres mi Hijo.
Hoy te he dado la vida".

34 »Dios ya había anunciado en la Biblia que Jesús volvería a vivir, y que no dejaría que el cuerpo de Jesús se descompusiera en la tumba. Así lo había anunciado cuando le dijo:

"Te haré las mismas promesas
que hice a David;
promesas especiales,
¡promesas que se cumplirán!"

35 »Por eso, en otro salmo dice:

"No dejarás mi cuerpo en la tumba;
no dejarás que tu amigo fiel
sufra la muerte".

36 »La verdad es que David obedeció todo lo que Dios le ordenó. Pero luego murió y fue enterrado en la tumba de sus antepasados, y su cuerpo se descompuso. **37** En cambio, Dios resucitó a Jesús, y su cuerpo no se descompuso.
38 »Amigos israelitas, este es el mensaje que anunciamos: ¡Jesús puede perdonarles sus pecados! La ley de Moisés no puede librarlos de todos sus pecados, **39** pero Dios perdona a todo aquel que cree en Jesús. **40** Tengan cuidado, para que no reciban el castigo que anunciaron los profetas cuando dijeron:

41 "Ustedes se burlan de Dios,
pero asómbrense ahora y huyan.
Tan terribles serán los castigos
que les daré a los desobedientes,
que no van a creerlo
si alguien se los cuenta".

42 Cuando Pablo y sus amigos salieron de la sinagoga, la gente les rogó que volvieran el siguiente sábado y les hablara más de todo esto. **43** Muchos judíos y algunos extranjeros que habían seguido la religión judía, se fueron con ellos. A estos, Pablo y Bernabé les pidieron que nunca dejaran de confiar en el amor de Dios.

44 Al sábado siguiente, casi toda la gente de la ciudad se reunió en la sinagoga para oír el mensaje de Dios que iban a dar Pablo y Bernabé. **45** Pero cuando los judíos vieron reunida a tanta gente, tuvieron envidia. Entonces comenzaron a decir que Pablo estaba equivocado en todo lo que decía, y también lo insultaron. **46** Pero Pablo y Bernabé les contestaron con mucha valentía:

«Nuestra primera obligación era darles el mensaje de Dios a ustedes los judíos. Pero como ustedes lo rechazan y no creen merecer la vida eterna, ahora les anunciaremos el mensaje a los que no son judíos. **47** Porque así nos lo ordenó Dios:

"Yo te he puesto, Israel,
para que seas luz de las naciones;
para que anuncies mi salvación
hasta el último rincón del mundo"».

48 Cuando los que no eran judíos oyeron eso, se pusieron muy contentos y decían que el mensaje de Dios era bueno. Y todos los que Dios había elegido para recibir la vida eterna creyeron en él.

49 El mensaje de Dios se anunciaba por todos los lugares de aquella región. **50** Pero los judíos hablaron con las mujeres más respetadas y religiosas de la ciudad, y también con los hombres más importantes, y los convencieron de perseguir a Pablo y a Bernabé para echarlos fuera de esa región.

51 Por eso Pablo y Bernabé, en señal de rechazo contra ellos, se sacudieron los pies para quitarse el polvo de ese lugar, y se fueron a Iconio.

52 Los seguidores de Jesús que quedaron en Antioquía estaban muy alegres, y recibieron todo el poder del Espíritu Santo.

Pablo y Bernabé en Iconio

14 **1** Cuando Pablo y Bernabé llegaron a la ciudad de Iconio, entraron juntos en la sinagoga de los judíos. Allí hablaron a la gente acerca de Jesús, y muchos judíos y gente de otros pueblos creyeron en él. **2** Pero los judíos que no creyeron en Jesús hicieron que se enojaran los que no eran judíos. Los pusieron en contra de los seguidores de Jesús.

3 Pablo y Bernabé se quedaron en Iconio por algún tiempo. Confiaban mucho en Dios y le contaban a la gente toda la verdad acerca del amor de Dios. El Señor les daba poder para hacer milagros y maravillas, para que así la gente creyera todo lo que decían.

4 La gente de Iconio no sabía qué hacer, pues unos apoyaban a los judíos, y otros a Pablo y a Bernabé. **5** Entonces, los judíos y los que no eran judíos se pusieron de acuerdo con los líderes de Iconio para maltratar a Pablo y a Bernabé, y matarlos a pedradas. **6-7** Pero Pablo y Bernabé se dieron cuenta y huyeron a la región de Licaonia y sus alrededores. Allí anunciaron las buenas noticias en los pueblos de Listra y Derbe.

Problemas en Listra

8 En el pueblo de Listra había un hombre que nunca había podido caminar. Era cojo desde el día en que nació. Este hombre estaba sentado, **9** escuchando a Pablo, quien lo miró fijamente, y se dio cuenta de que el hombre confiaba en que él podía sanarlo. **10** Entonces le dijo en voz alta: «¡Levántate y camina!»

Aquel hombre dio un salto y comenzó a caminar. **11** Al ver lo que Pablo hizo, los allí presentes comenzaron a gritar en el idioma licaonio: «¡Los dioses han tomado forma humana y han venido a visitarnos!»

12-13 Y el sacerdote y la gente querían ofrecer sacrificios en honor de Bernabé y de Pablo. Pensaban que Bernabé era el dios

Zeus, y que Pablo era el dios Hermes, porque él era el que hablaba. Y como el templo del dios Zeus estaba a la entrada del pueblo, el sacerdote llevó al templo toros y adornos de flores.

14 Cuando Bernabé y Pablo se dieron cuenta de lo que pasaba, se rasgaron la ropa para mostrar su horror por lo que la gente hacía. Luego se pusieron en medio de todos, y gritaron:

15 «¡Oigan! ¿Por qué hacen esto? Nosotros no somos dioses, somos simples hombres, como ustedes. Por favor, ya no hagan estas tonterías, sino pídanle perdón a Dios. Él es quien hizo el cielo, la tierra, el mar y todo lo que hay en ellos. **16** Y aunque en otro tiempo permitió que todos hicieran lo que quisieran, **17** siempre ha mostrado quién es él, pues busca el bien de todos. Él hace que llueva y que las plantas den a tiempo sus frutos, para que todos tengan qué comer y estén siempre alegres».

18 A pesar de lo que Bernabé y Pablo dijeron, les fue muy difícil convencer a la gente de no ofrecerles sacrificios. **19** Pero llegaron unos judíos de Iconio y Antioquía, y convencieron a la gente para que se pusiera en contra de Pablo. Entonces la gente lo apedreó y, pensando que estaba muerto, lo arrastró fuera del pueblo. **20** Pero Pablo, rodeado de los seguidores de Jesús, se levantó y entró de nuevo al pueblo. Al día siguiente, se fue con Bernabé al pueblo de Derbe.

Pablo y Bernabé vuelven a Antioquía

21 Pablo y Bernabé anunciaron las buenas noticias en Derbe, y mucha gente creyó en Jesús. Después volvieron a los pueblos de Listra, Iconio y Antioquía. **22** Allí visitaron a los que habían creído en Jesús, y les recomendaron que siguieran confiando en él. También les dijeron: «Debemos sufrir mucho antes de entrar en el reino de Dios».

23 En cada iglesia, Pablo y Bernabé nombraron líderes para que ayudaran a los seguidores de Jesús. Después de orar y ayunar, ponían las manos sobre esos líderes y le pedían a Dios que los ayudara, pues ellos habían creído en él.

24 Pablo y Bernabé continuaron su viaje, y pasaron por la región de Pisidia hasta llegar a la región de Panfilia. **25** Allí anunciaron las buenas noticias, primero a los del pueblo de Perge y luego a los de Atalía. **26** Después tomaron un barco y se fueron a la ciudad de Antioquía, en la región de Siria. En esa ciudad, los miembros de la iglesia le habían pedido a Dios con mucho amor que cuidara a Pablo y a Bernabé, para que no tuvieran problemas al anunciar las buenas noticias.

27 Cuando Pablo y Bernabé llegaron a Antioquía, se reunieron con los miembros de la iglesia y les contaron todo lo que Dios había hecho por medio de ellos. Les contaron también cómo el Señor les había ayudado a anunciar las buenas noticias a los que no eran judíos, para que también ellos pudieran creer en Jesús. **28** Pablo y Bernabé se quedaron allí mucho tiempo, con los miembros de la iglesia.

Una decisión bien pensada

15 **1** Por esos días llegaron a Antioquía algunos hombres de la región de Judea. Ellos les enseñaban a los seguidores de Jesús que debían circuncidarse porque así lo ordenaba la ley de Moisés, y que si no lo hacían, Dios no los salvaría. **2** Pablo y Bernabé no estaban de acuerdo con eso, y discutieron con ellos. Por esa razón, los de la iglesia de Antioquía les pidieron a Pablo y a Bernabé que fueran a Jerusalén, y trataran de resolver ese problema con los apóstoles y los líderes de la iglesia en esa ciudad. Pablo y Bernabé se pusieron en camino, y los acompañaron algunos otros seguidores.

3 En su camino a Jerusalén pasaron por las regiones de Fenicia y Samaria. Allí les contaron a los cristianos judíos que mucha gente no judía había decidido seguir a Dios. Al oír esta noticia, los cristianos judíos se alegraron mucho.

4 Pablo y Bernabé llegaron a Jerusalén. Allí fueron recibidos por los miembros de la iglesia, los apóstoles y los líderes. Luego Pablo y Bernabé les contaron todo lo que Dios había hecho por medio de ellos. **5** Pero algunos fariseos que se habían convertido en seguidores de Jesús, dijeron: «A los no judíos que han creído en Jesús debemos exigirles que obedezcan la ley de Moisés y se circunciden».

6 Los apóstoles y los líderes de la iglesia se reunieron para tomar una decisión bien pensada. **7** Luego de una larga discusión, Pedro les dijo:

«Amigos míos, como ustedes saben, hace algún tiempo Dios me eligió para anunciar las buenas noticias de Jesús a los que no son judíos, para que ellos crean en él. **8** Y Dios, que conoce nuestros pensamientos, ha demostrado que también ama a los que no son judíos, pues les ha dado el Espíritu Santo lo mismo que a nosotros. **9** Dios no ha hecho ninguna diferencia entre ellos y nosotros, pues también a ellos les perdonó sus pecados cuando creyeron en Jesús.

10 »¿Por qué quieren ir en contra de lo que Dios ha hecho? ¿Por qué quieren obligar a esos seguidores de Jesús a obedecer leyes que ni nuestros antepasados ni nosotros hemos podido obedecer? **11** Más bien, nosotros creemos que somos salvos gracias a que Jesús nos amó mucho, y también ellos lo creen».

12 Todos se quedaron callados. Luego, escucharon también a Bernabé y a Pablo, quienes contaron las maravillas y los milagros que Dios había hecho por medio de ellos entre los no judíos.

13 Cuando terminaron de hablar, Santiago, el hermano de Jesús, les dijo a todos:

«Amigos míos, escúchenme. **14** Simón Pedro nos ha contado cómo Dios, desde un principio, trató bien a los que no son judíos, y los eligió para que también formaran parte de su pueblo. **15** Esto es lo mismo que Dios anunció en la Biblia por medio de los profetas:

16 "Yo soy el Señor su Dios,
y volveré de nuevo.
Haré que vuelva a reinar
un descendiente de David.

17 Cuando eso pase,
gente de otros países
vendrá a mí,
y serán mis elegidos.

18 Yo soy el Señor su Dios.
Yo había prometido esto
desde hace mucho tiempo".

19 »Los que no son judíos han decidido ser seguidores de Dios. Yo creo que no debemos obligarlos a obedecer leyes innecesarias. **20** Solo debemos escribirles una carta y pedirles que no coman ninguna comida que haya sido ofrecida a los ídolos. Que tampoco coman carne de animales que hayan muerto ahogados, ni carne que todavía tenga sangre. Además, deberán evitar las relaciones sexuales que la ley de Moisés prohíbe. **21** Hay que recordar que desde hace mucho tiempo, en esos mismos pueblos y ciudades, se ha estado enseñando y predicando la ley de Moisés. Esto pasa cada sábado en nuestras sinagogas».

La carta

22 Los apóstoles, los líderes y todos los miembros de la iglesia decidieron elegir a algunos de ellos y enviarlos a Antioquía junto con Pablo y Bernabé. Eligieron a Judas, a quien la gente también llamaba Barsabás, y a Silas. Estos dos eran líderes de la iglesia. **23** Con ellos mandaron esta carta:

«Nosotros, los apóstoles y líderes de la iglesia en Jerusalén, les enviamos un cariñoso saludo a todos ustedes, los que viven en las regiones de Antioquía, Siria y Cilicia, y que no son judíos pero creen en Jesús. **24** Hemos sabido que algunos de aquí han ido a verlos, sin nuestro permiso, y los han confundido con sus enseñanzas. **25** Por eso hemos decidido enviarles a algunos de nuestra iglesia. Ellos acompañarán a nuestros queridos compañeros Bernabé y Pablo, **26** los cuales han puesto su vida en peligro por ser obedientes a nuestro Señor Jesucristo. **27** También les enviamos a Judas y a Silas. Ellos personalmente les explicarán el acuerdo a que hemos llegado.

28 »Al Espíritu Santo y a nosotros nos ha parecido bien no obligarlos a obedecer más que las siguientes reglas, que no podemos dejar de cumplir: **29** No coman carne de animales que hayan sido sacrificados en honor a los ídolos; no coman sangre, ni carne de animales que todavía tengan sangre adentro, y eviten las relaciones sexuales que la ley de Moisés prohíbe. Si cumplen con esto, harán muy bien. Reciban nuestro cariñoso saludo».

30 Entonces Bernabé, Pablo, Judas y Silas se fueron a Antioquía. Cuando llegaron allá, se reunieron con los miembros de la iglesia y les entregaron la carta. **31** Cuando la carta se leyó, todos en la iglesia se pusieron muy alegres, pues lo que decía los tranquilizaba. **32** Además, como Judas y Silas eran profetas, hablaron con los seguidores de Jesús. Los tranquilizaron y los animaron mucho.

33 Después de pasar algún tiempo con los de la iglesia en Antioquía, los que habían venido de Jerusalén fueron despedidos con mucho cariño. **34-35** Pero Silas, Pablo y Bernabé se quedaron en Antioquía y, junto con muchos otros seguidores, enseñaban y anunciaban las buenas noticias del Señor Jesucristo.

Pablo y Bernabé se separan

36 Tiempo después, Pablo le dijo a Bernabé: «Regresemos a todos los pueblos y ciudades donde hemos anunciado las buenas noticias, para ver cómo están los seguidores de Jesús».

37 Bernabé quería que Juan Marcos los acompañara. **38** Pero Pablo no estuvo de acuerdo. Hacía algún tiempo, Juan Marcos los había abandonado en la región de Panfilia, pues no quiso seguir trabajando con ellos.

39 Pablo y Bernabé no pudieron ponerse de acuerdo, y terminaron por separarse. Bernabé y Marcos tomaron un barco y se fueron a la isla de Chipre. **40** Pablo eligió a Silas como compañero. Luego, los miembros de la iglesia de Antioquía los despidieron, rogándole a Dios que no dejara de amarlos y cuidarlos. Entonces Pablo y Silas salieron de allí **41** y pasaron por las regiones de Siria y Cilicia, animando a los miembros de las iglesias a seguir confiando en el Señor.

Timoteo acompaña a Pablo y a Silas

16 **1** Pablo siguió su viaje y llegó a los pueblos de Derbe y de Listra. Allí vivía un joven llamado Timoteo, que era seguidor de Jesús. La madre de Timoteo era una judía cristiana, y su padre era griego. **2** Los miembros de la iglesia en Listra y en Iconio hablaban muy bien de Timoteo. **3** Por eso Pablo quiso que Timoteo lo acompañara en su viaje. Pero como todos los judíos de esos lugares sabían que el padre de Timoteo era griego, Pablo llevó a Timoteo para que lo circuncidaran.

4 Pablo y sus compañeros continuaron el viaje. En todos los pueblos por donde pasaban, informaban a los seguidores de Jesús de lo que se había decidido en Jerusalén.

5 Los miembros de las iglesias de todos esos lugares confiaban cada vez más en Jesús, y cada día más y más personas se unían a ellos.

Pablo tiene una visión

6 Pablo y sus compañeros intentaron anunciar el mensaje de Dios en la provincia de Asia, pero el Espíritu Santo no se lo permitió. Entonces viajaron por la región de Frigia y Galacia, **7** y llegaron a la frontera con la región de Misia. Luego intentaron pasar a la región de Bitinia, pero el Espíritu de Jesús tampoco les permitió hacerlo.

8 Entonces siguieron su viaje por la región de Misia, y llegaron al puerto de Tróade. **9** Al caer la noche, Pablo tuvo allí una visión. Vio a un hombre de la región de Macedonia, que le rogaba: «¡Por favor, venga a Macedonia y ayúdenos!» **10** Cuando Pablo vio eso, todos nos preparamos de inmediato para viajar a la región de Macedonia. Estábamos seguros de que Dios nos ordenaba ir a ese lugar, para anunciar las buenas noticias a la gente que allí vivía.

Pablo en Filipos

11 Salimos de Tróade en barco, y fuimos directamente a la isla de Samotracia. Al día siguiente, fuimos al puerto de Neápolis, **12** y de allí a la ciudad de Filipos. Esta era la ciudad más importante de la región de Macedonia, y también una colonia de Roma. En Filipos nos quedamos durante algunos días.

13 Un sábado, fuimos a la orilla del río, en las afueras de la ciudad. Pensábamos que por allí se reunían los judíos para orar. Al llegar, nos sentamos y hablamos con las mujeres que se reunían en el lugar. **14** Una de las que nos escuchaba se llamaba Lidia. Era de la ciudad de Tiatira, vendía telas muy finas de color púrpura, y honraba a Dios. El Señor hizo que Lidia pusiera mucha atención a Pablo, **15** así que cuando ella y toda su familia fueron bautizados, nos invitó con mucha insistencia a quedarnos en su casa, y así lo hicimos.

Pablo y Silas en la cárcel

16 Un día que íbamos con Pablo al lugar de oración, en el camino nos encontramos con una esclava. Esta muchacha tenía un espíritu que le daba poder para anunciar lo que iba a suceder en el futuro. De esa manera, los dueños de la muchacha ganaban mucho dinero. **17** La muchacha nos seguía y gritaba a la gente: «¡Estos hombres trabajan para el Dios Altísimo, y han venido a decirles que Dios puede salvarlos!»

18 La muchacha hizo eso durante varios días, hasta que Pablo no aguantó más y, muy enojado, le dijo al espíritu: «¡En el nombre de Jesucristo, te ordeno que salgas de esta muchacha!»

Al instante, el espíritu salió de ella. **19** Pero los dueños de la muchacha, al ver que se les había acabado la oportunidad de ganar más dinero, llevaron a Pablo y a Silas ante las autoridades, en la plaza principal. **20** Allí les dijeron a los jueces: «Estos judíos están causando problemas en nuestra ciudad. **21** Enseñan costumbres que nosotros los romanos no podemos aceptar ni seguir».

HECHOS

²² También la gente comenzó a atacar a Pablo y a Silas. Los jueces ordenaron que les quitaran la ropa y los golpearan en la espalda. ²³ Después de golpearlos bastante, los soldados los metieron en la cárcel y le ordenaron al carcelero que los vigilara muy bien. ²⁴ El carcelero los puso en la parte más escondida de la prisión, y les sujetó los pies con unas piezas de madera grandes y pesadas.

²⁵ Cerca de la media noche, Pablo y Silas oraban y cantaban alabanzas a Dios, mientras los otros prisioneros escuchaban. ²⁶ De repente, un fuerte temblor sacudió con violencia las paredes y los cimientos de la cárcel. En ese mismo instante, todas las puertas de la cárcel se abrieron y las cadenas de los prisioneros se soltaron.

²⁷ Cuando el carcelero despertó y vio las puertas abiertas, pensó que los prisioneros se habían escapado. Sacó entonces su espada para matarse, ²⁸ pero Pablo le gritó: «¡No te mates! Todos estamos aquí».

²⁹ El carcelero pidió que le trajeran una lámpara, y entró corriendo en la cárcel. Cuando llegó junto a Pablo y Silas, se arrodilló temblando de miedo. ³⁰ Luego sacó a los dos de la cárcel y les preguntó:

—Señores, ¿qué tengo que hacer para salvarme?

³¹ Ellos le respondieron:

—Cree en el Señor Jesús, y tú y tu familia se salvarán.

³² Pablo y Silas compartieron el mensaje del Señor con el carcelero y con todos los que estaban en su casa. ³³ Después, cuando todavía era de noche, el carcelero llevó a Pablo y a Silas a otro lugar y les lavó las heridas. Luego, Pablo y Silas bautizaron al carcelero y a toda su familia. ³⁴ El carcelero les llevó de nuevo a su casa y les dio de comer. Él y su familia estaban muy felices de haber creído en Dios.

³⁵ Por la mañana, los jueces enviaron unos guardias a decirle al carcelero que dejara libres a Pablo y a Silas. ³⁶ El carcelero le dijo a Pablo: «Ya pueden irse tranquilos, pues los jueces me ordenaron dejarlos en libertad».

37 Pero Pablo les dijo a los guardias:

«Nosotros somos ciudadanos romanos. Los jueces ordenaron que nos golpearan delante de toda la gente de la ciudad, y nos pusieron en la cárcel, sin averiguar primero si éramos culpables o inocentes. ¿Y ahora quieren dejarnos ir sin que digamos nada, y sin que nadie se dé cuenta? ¡Pues no! No nos iremos; ¡que vengan a sacarnos ellos mismos!»

38 Los guardias fueron y les contaron todo eso a los jueces. Al oír los jueces que Pablo y Silas eran ciudadanos romanos, se asustaron mucho. **39** Entonces fueron a disculparse con ellos, los sacaron de la cárcel y les pidieron que salieran de la ciudad.

40 En cuanto Pablo y Silas salieron de la cárcel, se fueron a la casa de Lidia. Allí vieron a los miembros de la iglesia y los animaron a seguir confiando en Jesús. Luego, Pablo y Silas se fueron de la ciudad.

Alboroto en Tesalónica

17 **1** Pablo y Silas continuaron su viaje. Pasaron por las ciudades de Anfípolis y Apolonia, y llegaron a la ciudad de Tesalónica, donde había una sinagoga de los judíos. **2** Como siempre, Pablo fue a la sinagoga, y durante tres sábados seguidos habló con los judíos de ese lugar. Les leía la Biblia, **3** y les probaba con ella que el Mesías tenía que morir y resucitar. Les decía: «Jesús, de quien yo les he hablado, es el Mesías».

4 Algunos judíos creyeron en lo que Pablo decía y llegaron a ser seguidores de Jesús, uniéndose al grupo de Pablo y Silas. También creyeron en Jesús muchos griegos que amaban y obedecían a Dios, y muchas mujeres importantes de la ciudad. **5** Pero los demás judíos tuvieron envidia. Buscaron a unos vagos que andaban por allí, y les pidieron que alborotaran al pueblo en contra de Pablo y Silas. Esos malvados reunieron a muchos más, y fueron a la casa de Jasón a sacar de allí a Pablo y a Silas, para que el pueblo los maltratara. **6** Como no los encontraron en la casa, apresaron a Jasón y a otros miembros de la iglesia, y los llevaron ante las autoridades de la ciudad. Los acusaron diciendo:

HECHOS

«Pablo y Silas andan por todas partes causando problemas entre la gente. Ahora han venido aquí, **7** y Jasón los ha recibido en su casa. Desobedecen las leyes del emperador de Roma, y dicen que tienen otro rey que se llama Jesús».

8 Al oír todo eso, la gente de la ciudad y las autoridades se pusieron muy inquietas y nerviosas. **9** Pero les pidieron a Jasón y a los otros hermanos que pagaran una fianza, y los dejaron ir.

Pablo y Silas en Berea

10 Al llegar la noche, los seguidores de Jesús enviaron a Pablo y a Silas a la ciudad de Berea. Cuando ellos llegaron allí, fueron a la sinagoga. **11** Los judíos que vivían en esa ciudad eran más buenos que los judíos de Tesalónica. Escucharon muy contentos las buenas noticias acerca de Jesús, y todos los días leían la Biblia para ver si todo lo que les enseñaban era cierto. **12** Muchos de esos judíos creyeron en Jesús, y también muchos griegos, tanto hombres como mujeres. Estos griegos eran personas muy importantes en la ciudad.

13 En cuanto los judíos de Tesalónica supieron que Pablo estaba en Berea, anunciando las buenas noticias, fueron y alborotaron a la gente en contra de Pablo. **14** Los seguidores de Jesús enviaron de inmediato a Pablo hacia la costa, pero Silas y Timoteo se quedaron allí. **15** Los que se llevaron a Pablo lo acompañaron hasta la ciudad de Atenas, pero Pablo les pidió que, cuando regresaran a Berea, les avisaran a Silas y a Timoteo que fueran a Atenas lo más pronto posible.

Pablo en Atenas

16 Mientras Pablo esperaba a Silas y a Timoteo en Atenas, le dio mucha tristeza ver que la ciudad estaba llena de ídolos. **17** En la sinagoga hablaba con los judíos y con los no judíos que amaban a Dios. También iba todos los días al mercado y hablaba con los que encontraba allí. **18** Algunos eran filósofos, de los que pensaban que lo más importante en la vida es ser feliz. Otros eran filósofos que enseñaban que la gente tiene que controlarse a sí misma para no hacer lo malo. Algunos de ellos preguntaban: «¿De qué habla este charlatán?» Otros decían: «Parece que habla de dioses de otros países, pues habla de Jesús y de la diosa Resurrección».

19-21 En Atenas, llamaban Areópago a la Junta que gobernaba la ciudad. A la gente y a los extranjeros que vivían allí, les gustaba mucho escuchar y hablar de cosas nuevas. Llevaron a Pablo ante los gobernantes de la ciudad, y estos le dijeron: «Lo que tú enseñas es nuevo y extraño para nosotros. ¿Podrías explicarnos un poco mejor de qué se trata?»

22 Pablo se puso de pie ante los de la Junta, y les dijo:

«Habitantes de Atenas: He notado que ustedes son muy religiosos. **23** Mientras caminaba por la ciudad, vi que ustedes adoran a muchos dioses, y hasta encontré un altar dedicado "al Dios desconocido". Pues ese Dios, que ustedes honran sin conocerlo, es el Dios del que yo les hablo. **24** Es el Dios que hizo el mundo y todo lo que hay en él; es el dueño del cielo y de la tierra, y no vive en templos hechos por seres humanos. **25** Tampoco necesita la ayuda de nadie. Al contrario, él es quien da la vida, el aire y todo lo que la gente necesita. **26** A partir de una sola persona, hizo a toda la gente del mundo, y a cada nación le dijo cuándo y dónde debía vivir.

27 »Dios hizo esto para que todos lo busquen y puedan encontrarlo. Aunque lo cierto es que no está lejos de nosotros. **28** Él nos da poder para vivir y movernos, y para ser lo que somos. Así lo dice uno de los poetas de este país: "Realmente somos hijos de Dios".

29 »Así que, si somos hijos de Dios, no es posible que él sea como una de esas estatuas de oro, de plata o de piedra. No hay quien pueda imaginarse cómo es Dios, y hacer una estatua o pintura de él. **30** Durante mucho tiempo Dios perdonó a los que hacían todo eso, porque no sabían lo que hacían; pero ahora Dios ordena que todos los que habitan este mundo se arrepientan y solo a él lo obedezcan. **31** Porque ya él decidió en qué día juzgará a todo el mundo, y será justo con todos. Él eligió a Jesús para que sea el juez de todos, y nos demostró que esto es cierto cuando hizo que Jesús resucitara».

32 Cuando oyeron que Jesús murió y resucitó, algunos comenzaron a burlarse de Pablo, pero otros dijeron: «Mejor hablamos de esto otro día».

33 Pablo salió de allí, **34** pero algunos creyeron en Jesús y se fueron con Pablo. Entre esas personas estaba una mujer llamada Dámaris, y también Dionisio, que era miembro del Areópago.

Pablo en Corinto

18 **1** Pablo salió de Atenas y se fue a la ciudad de Corinto. **2** Allí encontró a un judío llamado Áquila, que era de la región de Ponto. Hacía poco tiempo que Áquila y su esposa Priscila habían salido de Italia, pues Claudio, el emperador de Roma, había ordenado que todos los judíos salieran del país. Pablo fue a visitar a Áquila y a Priscila, **3** y al ver que ellos se dedicaban a fabricar tiendas de campaña, se quedó a trabajar con ellos, pues también él sabía cómo hacerlas.

4 Todos los sábados Pablo iba a la sinagoga, y hablaba con judíos y griegos para tratar de convencerlos de hacerse seguidores de Jesús.

5 Silas y Timoteo viajaron desde la región de Macedonia hasta Corinto. Cuando llegaron, Pablo estaba dando a los judíos las buenas noticias de que Jesús era el Mesías. **6** Pero los judíos se pusieron en contra de Pablo y lo insultaron. Entonces Pablo se sacudió el polvo de su ropa en señal de rechazo, y les dijo: «Si Dios los castiga, la culpa será de ustedes y no mía. De ahora en adelante les hablaré a los que no son judíos».

7 De allí Pablo se fue a la casa de un hombre llamado Ticio Justo, que adoraba a Dios. La casa de Ticio estaba junto a la sinagoga. **8** El encargado de la sinagoga se llamaba Crispo, y él y toda su familia creyeron en el Señor Jesús. También muchos de los habitantes de Corinto que escucharon a Pablo creyeron y fueron bautizados.

9 Una noche, el Señor habló con Pablo por medio de una visión, y le dijo: «No tengas miedo de hablar de mí a la gente; ¡nunca te calles! **10** Yo te ayudaré en todo, y nadie te hará daño. En esta ciudad hay mucha gente que me pertenece».

11 Pablo se quedó un año y medio en Corinto, enseñando a la gente el mensaje de Dios.

12 Tiempo después, en los días en que Galión era gobernador de la provincia de Acaya, los judíos de Corinto atacaron a Pablo y lo llevaron ante el tribunal. **13** Les dijeron a las autoridades:

—Este hombre hace que la gente adore a Dios en una manera que está prohibida por la ley.

14 Pablo estaba a punto de decir algo, cuando el gobernador Galión dijo a los judíos:

—Yo no tengo por qué tratar estos asuntos con ustedes, porque no se trata de ningún crimen. **15** Este es un asunto de palabras, de nombres y de la ley de ustedes. Así que ustedes arréglenlo. Yo, en estas cuestiones, no me meto.

16 Galión ordenó que sacaran del tribunal a todos. **17** Entonces los judíos agarraron a Sóstenes, el encargado de la sinagoga, y lo golpearon frente al edificio del tribunal. Pero esto a Galión no le importó nada.

Pablo regresa a Antioquía

18 Pablo se quedó algún tiempo en la ciudad de Corinto. Después se despidió de los miembros de la iglesia y decidió irse a la región de Siria. Priscila y Áquila lo acompañaron. Cuando llegaron a Cencreas, que es el puerto de la ciudad de Corinto, Pablo se cortó todo el pelo porque le había hecho una promesa a Dios. Luego, se subieron en un barco y salieron rumbo a Siria.

19 Cuando llegaron al puerto de Éfeso, Pablo se separó de Priscila y Áquila. Fue a la sinagoga, y allí habló con los judíos acerca de Jesús. **20** Los judíos de ese lugar le pidieron que se quedara unos días más, pero Pablo no quiso. **21** Se despidió de ellos y les dijo: «Si Dios quiere, regresaré a verlos».

Luego partió en barco y continuó su viaje hacia Siria.

²² Cuando llegó al puerto de Cesarea, fue a visitar a los miembros de la iglesia y los saludó. Después salió hacia la ciudad de Antioquía.

²³ Pablo se quedó en Antioquía solo algunos días, y después se fue a visitar varios lugares de las regiones de Galacia y de Frigia, donde animó a los seguidores a mantenerse fieles a Jesús.

Apolo anuncia la buena noticia en Éfeso

²⁴ Por aquel tiempo llegó a la ciudad de Éfeso un hombre de la ciudad de Alejandría, que se llamaba Apolo. Sabía convencer a la gente con sus palabras, y conocía mucho de la Biblia. ²⁵ Apolo sabía también bastante acerca de Jesús, y hablaba con entusiasmo a la gente y le explicaba muy bien lo que sabía acerca de Jesús. Sin embargo, del bautismo solo sabía lo que Juan el Bautista había enseñado.

²⁶ Un día Apolo, confiado en sus conocimientos, comenzó a hablarle a la gente que estaba en la sinagoga. Pero cuando Priscila y Áquila lo escucharon, lo llamaron aparte y lo ayudaron a entender mejor el mensaje de Dios.

²⁷ Como Apolo quería recorrer la región de Acaya, los miembros de la iglesia escribieron una carta a los cristianos de la región, para que fuera bien recibido por todos. Cuando Apolo llegó a Acaya, ayudó mucho a los que, gracias al amor de Dios, habían creído en Jesús. ²⁸ Apolo se enfrentaba a los judíos que no creían en Jesús, y con las enseñanzas de la Biblia les probaba que Jesús era el Mesías.

Pablo va a Éfeso

19 ¹ Mientras Apolo estaba en Corinto, Pablo cruzó la región montañosa y llegó a la ciudad de Éfeso. Allí encontró a algunos que habían creído en el Mesías, ² y les preguntó:

—¿Recibieron el Espíritu Santo cuando creyeron?

Ellos contestaron:

—No. Ni siquiera sabemos nada acerca del Espíritu Santo.

³ Pablo les dijo:

—¿Por qué se bautizaron ustedes?

Ellos contestaron:

—Nos bautizamos por lo que Juan el Bautista nos enseñó.

⁴ Pablo les dijo:

—Juan bautizaba a la gente que le pedía perdón a Dios. Pero también le dijo a la gente que tenía que creer en Jesús, quien vendría después de él.

⁵ Cuando ellos oyeron eso, se bautizaron aceptando a Jesús como su Señor. ⁶⁻⁷ Pablo puso sus manos sobre la cabeza de esos doce hombres y, en ese momento, el Espíritu Santo vino sobre ellos. Entonces comenzaron a hablar en idiomas extraños y dieron mensajes de parte de Dios.

⁸ Durante tres meses, Pablo estuvo yendo a la sinagoga todos los sábados. Sin ningún temor hablaba a la gente acerca del reino de Dios, y trataba de convencerla para que creyera en Jesús. ⁹ Pero algunos judíos se pusieron tercos y no quisieron creer. Al contrario, comenzaron a decirle a la gente cosas terribles acerca de los seguidores de Jesús. Al ver esto, Pablo dejó de reunirse con ellos y, acompañado de los nuevos seguidores, comenzó a reunirse todos los días en la escuela de un hombre llamado Tirano.

¹⁰ Durante dos años Pablo fue a ese lugar para hablar de Jesús. Fue así como muchos de los que vivían en toda la provincia de Asia escucharon el mensaje del Señor Jesús. Algunos de ellos eran judíos, y otros no lo eran.

Los hijos de Esceva

¹¹ En Éfeso, Dios hizo grandes milagros por medio de Pablo. ¹² La gente llevaba los pañuelos o la ropa que Pablo había tocado, y los ponían sobre los enfermos, y ellos se sanaban. También ponían pañuelos sobre los que tenían espíritus malos, y los espíritus salían.

¹³ Algunos judíos andaban por la ciudad de Éfeso expulsando de la gente espíritus malos, y usaban el poder del Señor Jesús

para expulsarlos. Les decían a los espíritus: «Por el poder de Jesús, de quien Pablo habla, les ordeno que salgan».

14 Esto es lo que hacían los siete hijos de un sacerdote judío llamado Esceva. **15** Pero una vez, un espíritu malo les contestó: «Conozco a Jesús, y también conozco a Pablo, pero ustedes ¿quiénes son?»

16 En seguida el hombre que tenía el espíritu malo saltó sobre ellos y comenzó a golpearlos. Tanto los maltrató, que tuvieron que huir del lugar completamente desnudos y lastimados. **17** Los judíos y los no judíos que vivían en Éfeso se dieron cuenta de lo que pasó, y tuvieron mucho miedo. Y por todos lados se respetaba el nombre del Señor Jesús.

18 Muchos de los que habían creído en Jesús le contaban a la gente todo lo malo que antes habían hecho. **19** Otros, que habían sido brujos, traían sus libros de brujería y los quemaban delante de la gente. Y el valor de los libros quemados era como de cincuenta mil monedas de plata.

20 El mensaje del Señor Jesús se anunciaba en más y más lugares, y cada vez más personas creían en él, porque veían el gran poder que tenía.

Alboroto en Éfeso

21 Después de todo eso, Pablo decidió ir a la ciudad de Jerusalén, pasando por las regiones de Macedonia y Acaya. Luego pensó ir de Jerusalén a la ciudad de Roma, **22** así que envió a Timoteo y Erasto, que eran dos de sus ayudantes, a la región de Macedonia, mientras él se quedaba unos días más en Asia.

23 Por aquel tiempo los seguidores de Jesús tuvieron un gran problema, **24** provocado por un hombre llamado Demetrio. Este hombre se dedicaba a fabricar figuras de plata, y él y sus ayudantes ganaban mucho dinero haciendo la figura del templo de la diosa Artemisa. **25** Demetrio se reunió con sus ayudantes y con otros hombres que trabajaban haciendo cosas parecidas, y les dijo:

«Amigos, ustedes saben cuánto necesitamos de este trabajo para vivir bien. **26** Pero, según hemos visto y oído, este hombre llamado Pablo ha estado alborotando a la gente de Éfeso y de toda la provincia de Asia. Les ha dicho que los dioses que nosotros hacemos no son dioses de verdad, y mucha gente le ha creído. **27** Pablo no solo está dañando nuestro negocio, sino que también le está quitando fama al templo de la gran diosa Artemisa. Hasta el momento, ella es amada y respetada en toda la provincia de Asia y en el mundo entero, pero muy pronto nadie va a querer saber nada de ella».

28 Cuando aquellos hombres oyeron eso, se enojaron mucho y gritaron: «¡Viva Artemisa, la diosa de los efesios!» **29** Entonces toda la gente de la ciudad se alborotó, y algunos fueron y apresaron a Gayo y a Aristarco, los dos compañeros de Pablo que habían venido de Macedonia, y los arrastraron hasta el teatro. **30** Pablo quiso entrar para hablar con la gente, pero los seguidores de Jesús no se lo aconsejaron. **31** Además, algunos amigos de Pablo, autoridades del lugar, le mandaron a decir que no debía entrar.

32 Mientras tanto, en el teatro todo era confusión. La gente se puso a gritar, aunque algunos ni siquiera sabían para qué estaban allí. **33** Varios de los líderes judíos empujaron a un hombre, llamado Alejandro, para que pasara al frente y viera lo que pasaba. Alejandro levantó la mano y pidió silencio para defender a los judíos. **34** Pero, cuando se dieron cuenta de que Alejandro también era judío, todos se pusieron a gritar durante casi dos horas: «¡Viva Artemisa, la diosa de los efesios!»

35 Finalmente, el secretario de la ciudad los hizo callar, y les dijo:

«Habitantes de Éfeso, nosotros somos los encargados de cuidar el templo de la gran diosa Artemisa y su estatua, la cual bajó del cielo. **36** Esto, todos lo sabemos muy bien, así que no hay razón para este alboroto. Cálmense y piensen bien las cosas. **37** Estos hombres que ustedes han traído no han hecho nada en contra del templo de la diosa Artemisa, ni han hablado mal de ella. **38** Si

Demetrio y sus ayudantes tienen alguna queja en contra de ellos, que vayan ante los tribunales y hablen con los jueces. Allí cada uno podrá defenderse. **39** Y si aún tuvieran alguna otra cosa de qué hablar, deberán tratar el asunto cuando las autoridades de la ciudad se reúnan. **40** No tenemos ningún motivo para causar todo este alboroto, y más bien se nos podría acusar ante los jueces de alborotar a la gente».

Cuando el secretario terminó de hablar, les pidió a todos que se marcharan.

Pablo en Macedonia y Grecia

20 **1** Cuando todo aquel alboroto terminó, Pablo mandó llamar a los que habían creído y les pidió que no dejaran de confiar en Jesús. Luego se despidió de ellos y fue a la provincia de Macedonia. **2** Iba de lugar en lugar, animando a los miembros de las iglesias de esa región. De allí se fue a Grecia, **3** país donde se quedó tres meses.

Estaba Pablo a punto de salir en barco hacia la provincia de Siria, cuando supo que algunos judíos planeaban atacarlo. Entonces decidió volver por Macedonia. **4** Varios hombres lo acompañaron: Sópatro, que era hijo de Pirro y vivía en la ciudad de Berea; Aristarco y Segundo, que eran de la ciudad de Tesalónica; Gayo, del pueblo de Derbe; y Timoteo, Tíquico y Trófimo, que eran de la provincia de Asia. **5** Todos ellos viajaron antes que nosotros y nos esperaron en la ciudad de Tróade.

6 Cuando terminó la fiesta de los Panes sin levadura, Pablo y los que estábamos con él salimos en barco, desde el puerto de Filipos hacia la ciudad de Tróade. Después de cinco días de viaje, llegamos y encontramos a aquellos hombres, y nos quedamos allí siete días.

Pablo viaja a Tróade

7-8 El domingo nos reunimos en uno de los pisos altos de una casa, para celebrar la Cena del Señor. Había muchas lámparas encendidas. Como Pablo saldría de viaje al día siguiente, estuvo hablando de Jesús hasta la media noche. **9** Mientras Pablo hablaba, un joven llamado Eutico, que estaba sentado en el marco de la ventana, se quedó profundamente dormido y se cayó desde el tercer piso. Cuando fueron a levantarlo, ya estaba muerto. **10** Pero Pablo bajó, se inclinó sobre él, y tomándolo en sus brazos dijo: «¡No se preocupen! Está vivo».

11 Pablo volvió luego al piso alto, celebró la Cena del Señor y siguió hablándoles hasta que salió el sol. Después continuó su viaje.

12 En cuanto a Eutico, los miembros de la iglesia lo llevaron sano y salvo a su casa, y eso los animó mucho.

Pablo en Mileto

13 Pablo había decidido ir por tierra hasta Aso, pero nosotros tomamos un barco para recogerlo allá. **14** Cuando llegamos, él se nos unió en el barco y nos fuimos al puerto de Mitilene. **15-16** Al día siguiente, el barco pasó frente a la isla Quío, y un día más tarde llegamos al puerto de Samos, porque Pablo no quería pasar a Éfeso ni perder mucho tiempo en la provincia de Asia. Lo que deseaba era llegar lo más pronto posible a la ciudad de Jerusalén, para estar allá en el día de Pentecostés. Seguimos navegando, y un día después llegamos al puerto de Mileto.

Pablo y los líderes de Éfeso

17 Estando en la ciudad de Mileto, Pablo mandó llamar a los líderes de la iglesia de Éfeso para hablar con ellos. **18** Cuando llegaron, les dijo:

«Ustedes saben muy bien cómo me he portado desde el primer día que llegué a la provincia de Asia. **19** Aunque he sufrido mucho por los problemas que me han causado algunos judíos, con toda humildad he cumplido con lo que el Señor Jesús me ha ordenado. **20** Nunca he dejado de anunciarles a ustedes todas las cosas que les ayudarían a vivir mejor, ni de enseñarles en las calles y en sus casas. **21** A los judíos y a los que no son judíos les he dicho que le pidan perdón a Dios y crean en nuestro Señor Jesucristo.

22 »Ahora debo ir a Jerusalén, pues el Espíritu Santo me lo ordena. No sé lo que me va a pasar allá. **23** A donde quiera que voy, el Espíritu Santo me dice que en Jerusalén van a meterme a la cárcel, y que van a maltratarme mucho. **24** No me preocupa si tengo que morir. Lo que sí quiero es tener la satisfacción de haber anunciado la buena noticia del amor de Dios, como me lo ordenó el Señor Jesús.

25 »Estoy seguro de que no me volverá a ver ninguno de ustedes, a los que he anunciado el mensaje del reino de Dios. **26** Por eso quiero decirles que no me siento responsable por ninguno de ustedes, **27** pues ya les he anunciado los planes de Dios. No les he ocultado nada.

28 »Ustedes deben cuidarse a sí mismos, y cuidar a los miembros de la iglesia. Recuerden que el Espíritu Santo los puso como líderes de la iglesia de Dios, para que cuiden a todos los que Dios salvó por medio de la sangre de su propio Hijo.

29 »Cuando yo muera, vendrán otros que atacarán a todos los de la iglesia como si fueran lobos feroces. **30** También algunos de los que ahora son seguidores de Jesús comenzarán a enseñar mentiras, para que todos en la iglesia los sigan y los obedezcan.

31 »Por eso, tengan mucho cuidado. Recuerden los consejos que les he dado durante tres años, a pesar de tantos problemas y dificultades.

32 »Ahora le pido a Dios que los cuide con mucho amor. Su amoroso mensaje puede ayudarles a ser cada día mejores. Si lo obedecen, Dios cumplirá las promesas que ha hecho a todos los que ha elegido para ser su pueblo.

33 »Nunca he querido que me den dinero ni ropa. **34** Ustedes bien saben que con mis propias manos he trabajado para conseguir todo lo que mis ayudantes y yo hemos necesitado para vivir. **35** Les he enseñado que deben trabajar y ayudar a los que nada tienen. Recuerden lo que nos dijo el Señor Jesús: "Dios bendice más al que da que al que recibe"».

36 Cuando Pablo terminó de hablar, se arrodilló con todos los líderes y oró por ellos. **37** Todos comenzaron a llorar, y abrazaron y besaron a Pablo. **38** Estaban muy tristes porque Pablo les había dicho que jamás lo volverían a ver. Después, todos acompañaron a Pablo hasta el barco.

Pablo viaja a Jerusalén

21 **1** Cuando nos despedimos de los líderes de la iglesia de Éfeso, subimos al barco y fuimos directamente a la isla de Cos. Al día siguiente, salimos de allí hacia la isla de Rodas, y de allí hacia el puerto de Pátara. **2** En Pátara encontramos un barco que iba hacia Fenicia, y nos fuimos en él.

3 En el viaje, vimos la costa sur de la isla de Chipre. Seguimos hacia la región de Siria y llegamos al puerto de Tiro, pues los marineros tenían que descargar algo. **4** Allí encontramos a unos seguidores del Señor Jesús, y nos quedamos con ellos siete días. Como el Espíritu Santo les había dicho que Pablo no debía ir a Jerusalén, ellos le rogaban que no siguiera su viaje.

5 Pasados los siete días decidimos seguir nuestro viaje. Todos los hombres, las mujeres y los niños nos acompañaron hasta salir del poblado. Al llegar a la playa, nos arrodillamos y oramos. **6** Luego nos despedimos de todos y subimos al barco, y ellos regresaron a sus casas.

7 Seguimos nuestro viaje desde Tiro hasta el puerto de Tolemaida. Allí saludamos a los miembros de la iglesia, y ese día nos quedamos con ellos.

8 Al día siguiente, fuimos por tierra hasta la ciudad de Cesarea. Allí nos quedamos con Felipe, quien anunciaba las buenas noticias y era uno de los siete ayudantes de los apóstoles. **9** Felipe tenía cuatro hijas solteras, que eran profetisas.

10 Teníamos varios días de estar en Cesarea cuando llegó un profeta llamado Agabo, que venía de la región de Judea. **11** Se acercó a nosotros y, tomando el cinturón de Pablo, se ató las manos y los pies. Luego dijo: «El Espíritu Santo dice que así atarán los judíos en Jerusalén al dueño de este cinturón, para entregarlo a las autoridades de Roma».

12 Cuando los que acompañábamos a Pablo escuchamos eso, le rogamos que no fuera a Jerusalén. También los de la iglesia de Cesarea le rogaban lo mismo. **13** Pero Pablo nos contestó: «¡No lloren, pues me ponen muy triste! Tanto amo al Señor Jesús, que estoy dispuesto a ir a la cárcel, y también a morir en Jerusalén».

14 Hicimos todo lo posible para evitar que Pablo fuera a Jerusalén, pero él no quiso escucharnos. Así que dijimos: «¡Señor Jesús, enséñanos a hacer lo que nos ordenas!»

15 Pocos días después, nos preparamos y fuimos a Jerusalén, **16** acompañados de algunos de los miembros de la iglesia de Cesarea. Nos llevaron a la casa de un hombre llamado Mnasón, que nos invitaba a quedarnos con él. Mnasón había creído en Jesús hacía mucho tiempo, y era de la isla de Chipre.

Pablo visita a Santiago

17 Cuando llegamos a la ciudad de Jerusalén, los miembros de la iglesia nos recibieron con mucha alegría. **18** Al día siguiente, fuimos con Pablo a visitar a Santiago, el hermano de Jesús. Cuando llegamos, también encontramos allí a los líderes de la iglesia. **19** Pablo los saludó y les contó todo lo que Dios había hecho por medio de él entre los que no eran judíos. **20** Cuando los miembros de la iglesia oyeron eso, dieron gracias a Dios y le dijeron a Pablo:

«Bueno, querido amigo Pablo, como has podido ver, muchos judíos han creído en Jesús. Pero todos ellos dicen que deben seguir obedeciendo las leyes de Moisés. **21** Ellos se han enterado de que, a los judíos que viven en el extranjero, tú los enseñas a no obedecer la ley de Moisés, y que les dices que no deben circuncidar a sus hijos ni hacer lo que todos los judíos hacemos. **22** ¿Qué vamos a decir cuando la gente se dé cuenta de que tú has venido? **23** Mejor haz lo siguiente. Hay entre nosotros cuatro hombres que han hecho una promesa a Dios, y tienen que cumplirla en estos días. **24** Llévalos al templo y celebra con ellos la ceremonia de purificación. Paga tú los gastos de ellos para que puedan cortarse todo el pelo. Si haces eso, los hermanos sabrán que no es cierto lo que les han contado acerca de ti. Más bien, verán que tú también obedeces la Ley.

25 »En cuanto a los que no son judíos y han creído en Jesús, ya les habíamos mandado una carta. En ella les hicimos saber que no deben comer carne de animales que se hayan sacrificado a los ídolos, ni sangre, ni carne de animales que todavía tengan sangre adentro. Tampoco deben practicar las relaciones sexuales prohibidas por nuestra ley».

Pablo en la cárcel

26 Entonces Pablo se llevó a los cuatro hombres que habían hecho la promesa, y con ellos celebró al día siguiente la ceremonia de purificación. Después entró al templo para avisarles cuándo terminarían de cumplir la promesa, y así llevar la ofrenda que cada uno debía presentar.

27 Cuando estaban por cumplirse los siete días de la promesa, unos judíos de la provincia de Asia vieron a Pablo en el templo. En seguida alborotaron a la gente **28** y gritaron:

«¡Israelitas, ayúdennos! ¡Este es el hombre que anda por todas partes, hablando en contra de nuestro país, en contra de la ley de Moisés, y en contra de este templo! ¡Hasta extranjeros ha metido en el templo! ¡No respeta ni este lugar santo!»

29 Dijeron eso porque en la ciudad habían visto a Pablo con Trófimo, que era de Éfeso, y pensaron que Pablo lo había llevado al templo.

30 Toda la gente de la ciudad se alborotó, y pronto se reunió una gran multitud. Agarraron a Pablo, lo sacaron del templo, y de inmediato cerraron las puertas. **31** Estaban a punto de matar a Pablo cuando el jefe del batallón de soldados romanos supo que la gente estaba alborotada. **32** Tomó entonces un grupo de soldados y oficiales, y fue al lugar.

Cuando la gente vio llegar al jefe y a sus soldados, dejó de golpear a Pablo. **33** El jefe arrestó a Pablo y ordenó que le pusieran dos cadenas. Luego le preguntó a la gente: «¿Quién es este hombre, y qué ha hecho?»

34 Pero unos gritaban una cosa y otros otra. Y era tanto el escándalo que hacían, que el comandante no pudo averiguar lo que pasaba. Entonces les ordenó a los soldados: «¡Llévense al prisionero al cuartel!»

35 Cuando llegaron a las gradas del cuartel, los soldados tuvieron que llevar alzado a Pablo, **36** pues la gente estaba furiosa y gritaba: «¡Que muera!»

Pablo habla en Jerusalén

37 Los soldados ya iban a meter a Pablo a la cárcel, cuando él le preguntó al jefe de ellos:

—¿Podría hablar con usted un momento?

El jefe, extrañado, le dijo:

—No sabía que tú hablaras griego. **38** Hace algún tiempo, un egipcio inició una rebelión contra el gobierno de Roma y se fue al desierto con cuatro mil guerrilleros. ¡Yo pensé que ese eras tú!

39 Pablo contestó:

—No. Yo soy judío y nací en Tarso, una ciudad muy importante de la provincia de Cilicia. ¿Me permitiría usted hablar con la gente?

40 El jefe le dio permiso. Entonces Pablo se puso de pie en las gradas del cuartel y levantó su mano pidiendo silencio. Cuando la gente se calló, Pablo les habló en arameo y les dijo:

22 **1** «Amigos israelitas y líderes del país, déjenme defenderme y escúchenme».

2 Cuando la gente oyó que Pablo les hablaba en arameo, guardaron más silencio. Pablo entonces les dijo:

3 «Yo soy judío. Nací en la ciudad de Tarso, en la provincia de Cilicia, pero crecí aquí en Jerusalén. Cuando estudié, mi maestro fue Gamaliel, y me enseñó a obedecer la ley de nuestros antepasados. Siempre he tratado de obedecer a Dios con mucho entusiasmo, así como lo hacen ustedes. **4** Antes buscaba por todas partes a los seguidores del Señor Jesús, para matarlos. A muchos de ellos, hombres y mujeres, los atrapé y los metí en la cárcel. **5** El jefe de los sacerdotes y todos los líderes del país saben bien que esto es cierto. Ellos mismos me dieron cartas para que mis amigos judíos de la ciudad de Damasco me ayudaran a atrapar más seguidores de Jesús. Yo fui a Damasco para traerlos a Jerusalén y castigarlos.

6 »Todavía estábamos en el camino, ya muy cerca de Damasco, cuando de repente, como a las doce del día, vino del cielo una fuerte luz y todo a mi alrededor se iluminó. **7** Caí al suelo, y escuché una voz que me decía: "¡Saulo! ¡Saulo! ¿Por qué me persigues?"

8 »Yo pregunté: "¿Quién eres, Señor?"

»La voz me dijo: "Yo soy Jesús de Nazaret. Es a mí a quien estás persiguiendo".

9 »Los amigos que me acompañaban vieron la luz, pero no oyeron la voz. **10** Entonces pregunté: "Señor, ¿qué debo hacer?"

»El Señor me dijo: "Levántate y entra en la ciudad de Damasco. Allí te dirán lo que debes hacer".

11 »Mis amigos me llevaron de la mano a Damasco, porque la luz me había dejado ciego. **12** Allí había un hombre llamado Ananías, que amaba a Dios y obedecía la ley de Moisés. La gente de Damasco hablaba muy bien de él. **13** Ananías fue a verme y me dijo: "Saulo, amigo, ahora puedes ver de nuevo".

»De inmediato recobré la vista y vi a Ananías. **14** Y él me dijo: "El Dios de nuestros antepasados te ha elegido para que conozcas sus planes. Él quiere que veas a Jesús, quien es justo, y que oigas su voz. **15** Porque tú le anunciarás a todo el mundo lo que has visto y lo que has oído. **16** Así que, no esperes más; levántate, bautízate y pídele al Señor que perdone tus pecados".

17 »Cuando regresé a Jerusalén, fui al templo a orar, y allí tuve una visión. **18** Vi al Señor que me decía: "Vete enseguida de Jerusalén, porque la gente de aquí no creerá lo que digas de mí".

19 »Yo contesté: "Señor, esta gente sabe que yo iba a todas las sinagogas para atrapar a los que creían en ti. Los llevaba a la cárcel, y los maltrataba mucho. **20** Cuando mataron a Esteban, yo estaba allí, y estuve de acuerdo en que lo mataran porque hablaba de ti. ¡Hasta cuidé la ropa de los que lo mataron!"

²¹ »Pero el Señor me dijo: "Vete ya, pues voy a enviarte a países que están muy lejos de aquí"».

²² La gente ya no quiso escuchar más y comenzó a gritar: «¡Ese hombre no merece vivir! ¡Que muera! ¡No queremos volver a verlo en este mundo!»

²³ La gente siguió gritando y sacudiéndose el polvo de sus ropas en señal de rechazo, y lanzaba tierra al aire.

Pablo y el jefe de los soldados

²⁴ El jefe de los soldados ordenó que metieran a Pablo en el cuartel, y que lo golpearan. Quería saber por qué la gente gritaba en contra suya. ²⁵ Pero cuando los soldados lo ataron para pegarle, Pablo le preguntó al capitán de los soldados:

—¿Tienen ustedes permiso para golpear a un ciudadano romano, sin saber siquiera si es culpable o inocente?

²⁶ El capitán fue y le contó esto al jefe de los soldados. Le dijo:

—¿Qué va a hacer usted? ¡Este hombre es ciudadano romano!

²⁷ El jefe fue a ver a Pablo y le preguntó:

—¿De veras eres ciudadano romano?

—Sí —contestó Pablo.

²⁸ El jefe le dijo:

—Yo compré el derecho de ser ciudadano romano, y me costó mucho dinero.

—¡Pero yo no lo compré! —le contestó Pablo—. Yo nací en una ciudad romana. Por eso soy ciudadano romano.

²⁹ Los que iban a golpear a Pablo para que hablara, se apartaron de él. El jefe de los soldados también tuvo mucho miedo, pues había ordenado sujetar con cadenas a un ciudadano romano.

Pablo y la Junta Suprema

³⁰ Al día siguiente, el jefe de los soldados romanos mandó a reunir a los sacerdotes principales y a los judíos de la Junta Suprema, pues quería saber exactamente de qué acusaban a

Pablo. Luego ordenó que le quitaran las cadenas, que lo sacaran de la cárcel y que lo pusieran delante de todos ellos.

23 ¹ Pablo miró a todos los de la Junta Suprema y les dijo:
—Amigos israelitas, yo tengo la conciencia tranquila, porque hasta ahora he obedecido a Dios en todo.

² Entonces Ananías, el jefe de los sacerdotes, ordenó que golpearan a Pablo en la boca. ³ Pero Pablo le dijo:
—Dios lo va a golpear a usted, ¡hipócrita! Usted tiene que juzgarme de acuerdo con la Ley, entonces ¿por qué la desobedece ordenando que me golpeen?

⁴ Los demás judíos de la Junta le dijeron:
—¿Por qué insultas al jefe de los sacerdotes de Dios?

⁵ Pablo contestó:
—Amigos, yo no sabía que él era el jefe de los sacerdotes. La Biblia dice que no debemos hablar mal del jefe de nuestro pueblo.

⁶ Cuando Pablo vio que algunos de los judíos de la Junta eran saduceos, y que otros eran fariseos, dijo en voz alta:
—Amigos israelitas, yo soy fariseo, y muchos en mi familia también lo han sido. ¿Por qué se me juzga? ¿Por creer que los muertos pueden volver a vivir?

⁷ Apenas Pablo dijo eso, los fariseos y los saduceos comenzaron a discutir. La reunión no pudo continuar en paz, pues unos pensaban una cosa y otros otra. ⁸ Los saduceos dicen que los muertos no pueden volver a vivir, y que no existen los ángeles ni los espíritus. Pero los fariseos sí creen en todo eso. ⁹ Se armó entonces un gran alboroto, en el que todos gritaban. Algunos maestros de la Ley, que eran fariseos, dijeron: «No creemos que este hombre sea culpable de nada. Tal vez un ángel o un espíritu le ha hablado».

¹⁰ El alboroto era cada vez peor. Entonces el jefe de los soldados romanos tuvo miedo de que mataran a Pablo, y ordenó que vinieran los soldados y se lo llevaran de nuevo al cuartel.

¹¹ A la noche siguiente, el Señor se le apareció a Pablo y le dijo: «Anímate, porque así como has hablado de mí en Jerusalén, también lo harás en Roma».

Plan para matar a Pablo

12-14 Al día siguiente, unos cuarenta judíos se pusieron de acuerdo para matar a Pablo. Fueron entonces a ver a los sacerdotes principales y a los líderes del país, y les dijeron:

—Hemos jurado no comer ni beber nada hasta que hayamos matado a Pablo. Que una maldición caiga sobre nosotros si no cumplimos el juramento. **15** Ahora bien, este es nuestro plan: ustedes, y los demás judíos de la Junta Suprema, pídanle al jefe de los soldados romanos que traiga mañana a Pablo. Díganle que desean investigar más acerca de él. Nosotros, por nuestra parte, estaremos listos para matarlo antes de que llegue aquí.

16 Pero un sobrino de Pablo se dio cuenta de lo que planeaban, y fue al cuartel a avisarle. **17** Pablo llamó entonces a uno de los capitanes romanos y le dijo:

—Este muchacho tiene algo importante que decirle al jefe de usted; llévelo con él.

18 El capitán lo llevó y le dijo a su jefe:

—El prisionero Pablo me pidió que trajera a este muchacho, pues tiene algo que decirle a usted.

19 El jefe tomó de la mano al muchacho y lo llevó a un lugar aparte. Allí le preguntó:

—¿Qué vienes a decirme?

20 El muchacho le dijo:

—Unos judíos han hecho un plan para pedirle a usted que lleve mañana a Pablo ante la Junta Suprema. Van a decirle que es para investigarlo con más cuidado. **21** Pero usted no les haga caso, porque más de cuarenta hombres estarán escondidos esperando a Pablo, y han jurado que no comerán ni beberán nada hasta matarlo, y que si no lo hacen les caerá una maldición. Ellos están ahora esperando su respuesta.

22 El jefe despidió al muchacho y le ordenó:

—No le digas a nadie lo que me has dicho.

Pablo ante el gobernador Félix

23-24 El jefe de los guardias llamó a dos de sus capitanes y les dio esta orden: «Preparen a doscientos soldados para viajar a pie, setenta soldados que viajen a caballo, y doscientos que lleven lanzas. Preparen también un caballo para Pablo. Quiero que a las nueve de la noche vayan a la ciudad de Cesarea y lleven a Pablo ante el gobernador Félix. Cuiden que nada malo le pase a Pablo».

25 Además, el jefe envió con los soldados una carta que decía:

26 «De Claudio Lisias para el excelentísimo gobernador Félix. Saludos.

27 »Los líderes judíos arrestaron a este hombre y querían matarlo. Cuando supe que él es ciudadano romano, fui con mis soldados y lo rescaté. **28** Luego lo llevé ante la Junta Suprema de los judíos para saber de qué lo culpaban. **29** Así supe que lo acusaban de cuestiones que tienen que ver con la ley de ellos. Pero yo no creo que haya razón para matarlo o tenerlo en la cárcel. **30** Me he enterado también de que unos judíos planean matarlo, y por eso lo he enviado ante usted. A los judíos que lo acusan les he dicho que vayan y traten con usted el asunto que tienen contra él».

31 Los soldados cumplieron las órdenes de su jefe, y por la noche llevaron a Pablo al cuartel de Antípatris. **32** Al día siguiente, los soldados que iban a pie regresaron al cuartel de Jerusalén, y los que iban a caballo continuaron el viaje con Pablo. **33** Cuando llegaron a Cesarea, se presentaron ante el gobernador Félix, y le entregaron a Pablo junto con la carta.

34 El gobernador leyó la carta y luego preguntó de dónde era Pablo. Cuando supo que era de la región de Cilicia, **35** le dijo a Pablo: «Escucharé lo que tengas que decir cuando vengan los que te acusan».

Después, el gobernador ordenó a unos soldados que llevaran a Pablo, y que lo vigilaran bien. Los soldados lo llevaron al palacio que había construido el rey Herodes el Grande.

Pablo habla ante Félix

24 **1** Cinco días después, el jefe de los sacerdotes y unos líderes de los judíos llegaron a Cesarea, acompañados

HECHOS

por un abogado llamado Tértulo. Todos ellos se presentaron ante el gobernador Félix para acusar a Pablo. **2** Cuando trajeron a Pablo a la reunión, Tértulo comenzó a acusarlo ante Félix:

—Señor gobernador: Gracias a usted tenemos paz en nuestro país, y las cosas que usted ha mandado hacer nos han ayudado mucho. **3** Estamos muy agradecidos con todo lo que usted, excelentísimo Félix, nos ha dado. **4** No queremos hacerle perder tiempo, y por eso le pedimos que nos escuche un momento. **5** Este hombre es un verdadero problema para nosotros. Anda por todas partes haciendo que los judíos nos enojemos unos contra otros. Es uno de los jefes de un grupo de hombres y mujeres llamados nazarenos. **6-7** Además, trató de hacer algo terrible contra nuestro templo, y por eso lo metimos en la cárcel. **8** Si usted lo interroga, se dará cuenta de que todo esto es verdad.

9 Los judíos que estaban allí presentes aseguraban que todo eso era cierto. **10** Entonces el gobernador le hizo señas a Pablo para que hablara. Pablo le dijo:

—Yo sé que usted ha sido juez de este país durante muchos años. Por eso estoy contento de poder hablar ante usted para defenderme. **11** Hace algunos días llegué a Jerusalén para adorar a Dios y, si usted lo averigua, sabrá que digo la verdad. **12** La gente que me acusa no me encontró discutiendo con nadie, ni alborotando a la gente en el templo, ni en la sinagoga, ni en ninguna otra parte de la ciudad. **13** Ellos no pueden probar que sea cierto todo lo que dicen de mí.

14 »Una cosa sí es cierta: Yo estoy al servicio del Dios de mis antepasados, y soy cristiano. Ellos dicen que seguir a Jesús es malo, pero yo creo que estoy obedeciendo todo lo que está escrito en la Biblia. **15** Yo creo que Dios hará que los muertos vuelvan a vivir, no importa si fueron malos o buenos. Y los que me acusan también creen lo mismo. **16** Por eso siempre trato de obedecer a Dios y de estar en paz con los demás; así que no tengo nada de qué preocuparme.

17 »Durante muchos años anduve por otros países. Luego volví a mi país para traer dinero a los pobres y presentar una ofrenda a Dios. **18** Fui al templo para entregar las ofrendas y hacer una ceremonia de purificación. Yo no estaba haciendo ningún alboroto, y ni siquiera había mucha gente. Allí me encontraron unos judíos de la provincia de Asia, y fueron ellos los que armaron el alboroto. **19** Si es que algo tienen en contra mía, son ellos los que deberían estar aquí, acusándome delante de usted. **20** Si no es así, que los presentes digan si la Junta Suprema de los judíos pudo culparme de hacer algo malo. **21** Lo único que dije ante la Junta, fue que me estaban juzgando por creer que los muertos pueden volver a vivir.

22 Cuando Félix oyó eso, decidió terminar la reunión, pues conocía bien todo lo que se relacionaba con el mensaje de Jesús. Y les dijo a los judíos: «Cuando venga el jefe Lisias, me contará lo que pasó; y sabré más acerca de este asunto».

23 Luego, Félix le ordenó al capitán de los soldados que mantuviera preso a Pablo, pero que lo dejara hacer algunas cosas. Además, dio permiso para que Pablo recibiera a sus amigos y lo atendieran.

24 Días después, Félix fue otra vez a ver a Pablo. Lo acompañó Drusila, su esposa, que era judía. Félix llamó a Pablo y lo escuchó hablar acerca de la confianza que se debe tener en Jesús. **25** Pero Pablo también le habló de que tenía que vivir sin hacer lo malo, que tenía que controlarse para no hacer lo que quisiera, sino solo lo bueno, y que algún día Dios juzgaría a todos. Entonces Félix se asustó mucho y le dijo: «Vete ya; cuando tenga tiempo volveré a llamarte».

26 Félix llamaba mucho a Pablo para hablar con él, pero más bien quería ver si Pablo le daría algún dinero para dejarlo en libertad.

27 Dos años después, Félix dejó de ser el gobernador, y en su lugar empezó a gobernar Porcio Festo. Pero, como Félix quería quedar bien con los judíos, dejó preso a Pablo.

Pablo ante Festo

25 ¹ Festo llegó a la ciudad de Cesarea para ocupar su puesto de gobernador. Tres días después se fue a la ciudad de Jerusalén. ² Cuando llegó, los sacerdotes principales y los judíos más importantes de la ciudad hicieron una acusación formal contra Pablo. ³ También le pidieron a Festo que les hiciera el favor de ordenar que Pablo fuera llevado a Jerusalén. Ellos planeaban matar a Pablo cuando viniera de camino a la ciudad. ⁴⁻⁵ Pero Festo les dijo:

—No; Pablo seguirá preso en Cesarea, y muy pronto yo iré para allá. Si él ha hecho algo malo y las autoridades de ustedes quieren acusarlo, que vengan conmigo. Allá podrán acusarlo.

⁶ Festo se quedó ocho días en Jerusalén, y luego regresó a Cesarea. Al día siguiente fue a la corte, se sentó en la silla del juez, y mandó traer a Pablo. ⁷ Cuando Pablo entró en la corte, los judíos que habían venido desde Jerusalén comenzaron a acusarlo de hacer cosas muy malas. Pero no pudieron demostrar que todo eso fuera cierto. ⁸ Pablo entonces tomó la palabra para defenderse, y dijo:

—Yo no he hecho nada malo contra el templo de Jerusalén, ni contra el emperador de Roma. Tampoco he desobedecido las leyes judías.

⁹ Como Festo quería quedar bien con los judíos, le preguntó a Pablo:

—¿Te gustaría ir a Jerusalén para que yo te juzgue allí?

¹⁰ Pablo le contestó:

—Este es el tribunal del emperador de Roma, y aquí debo ser juzgado. Usted sabe muy bien que yo no he hecho nada malo contra los judíos. ¹¹ Si lo hubiera hecho, no me importaría si como castigo mandaran a matarme. Pero si lo que ellos dicen de mí no es cierto, nadie tiene derecho de entregarme a ellos. Yo pido que el emperador sea mi juez.

¹² Festo se reunió con sus consejeros para hablar del asunto, y luego le dijo a Pablo:

—Si quieres que el emperador sea tu juez, entonces irás a Roma.

Pablo ante el rey Agripa

13 Pasaron algunos días, y el rey Agripa y Berenice fueron a la ciudad de Cesarea para saludar al gobernador Festo. **14** Como Agripa y Berenice se quedaron allí varios días, Festo le contó al rey Agripa lo que pasaba con Pablo:

—Tenemos aquí a un hombre que Félix dejó preso. **15** Cuando fui a Jerusalén, los principales sacerdotes y los líderes judíos lo acusaron formalmente. Ellos querían que yo ordenara matarlo. **16** Pero les dije que nosotros, los romanos, no acostumbramos ordenar la muerte de nadie sin que esa persona tenga la oportunidad de ver a sus acusadores y defenderse. **17** Entonces los acusadores vinieron a Cesarea y yo, sin pensarlo mucho, al día siguiente fui al tribunal y ocupé mi puesto de juez. Ordené que trajeran al hombre, **18** pero no lo acusaron de nada terrible, como yo pensaba. **19** Lo acusaban solo de cosas que tenían que ver con su religión, y de andar diciendo que un tal Jesús, que murió, ha vuelto a vivir. **20** Yo no sabía qué hacer, así que le pregunté a Pablo si quería ir a Jerusalén para ser juzgado allá. **21** Pero él contestó que prefería quedarse preso hasta que el emperador lo juzgue. Entonces ordené que lo dejaran preso hasta que yo pueda enviarlo a Roma.

22 Agripa le dijo a Festo:

—Me gustaría escuchar a ese hombre.

—Mañana mismo podrás oírlo —le contestó Festo.

23 Al día siguiente, Agripa y Berenice llegaron al tribunal, y con mucha pompa entraron a la sala. Iban acompañados de los jefes del ejército y de los hombres más importantes de la ciudad. Festo ordenó que trajeran a Pablo, **24** y luego dijo:

—Rey Agripa, y señores que hoy nos acompañan. Aquí está el hombre. Muchos judíos han venido a verme aquí, en Cesarea, y allá en Jerusalén, para acusarlo de muchas cosas. Ellos quieren que yo ordene matarlo, **25** pero no creo que haya hecho algo tan malo como para merecer la muerte. Sin embargo, él ha pedido que sea el emperador quien lo juzgue, y yo he decidido enviarlo a Roma. **26** Pero no sé qué decirle al emperador acerca de él. Por eso lo he traído hoy aquí, para que ustedes, y sobre todo usted, rey Agripa, le hagan preguntas. Así sabré lo que puedo escribir en la carta que enviaré al emperador. **27** Porque no tendría sentido enviar a un preso sin decir de qué se le acusa.

Pablo ante el rey Agripa

26 **1** El rey Agripa le dijo a Pablo:

—Puedes hablar para defenderte.

Pablo levantó su mano en alto y dijo:

2 —Me alegra poder hablar hoy delante de Su Majestad, el rey Agripa. Estoy contento porque podré defenderme de todas las acusaciones que hacen contra mí esos judíos. **3** Yo sé que Su Majestad conoce bien las costumbres judías, y sabe también acerca de las cosas que discutimos. Por eso le pido ahora que me escuche con paciencia.

4 »Todos los judíos me conocen desde que yo era niño. Saben cómo he vivido en mi país y en Jerusalén. **5** Siempre he sido un fariseo. Si ellos quisieran, podrían asegurarlo, pues lo saben.

»Los fariseos somos el grupo más exigente de nuestra religión. **6** Ahora me están juzgando aquí solo porque creo en la promesa que Dios les hizo a nuestros antepasados. **7** Nuestras doce tribus de Israel esperan que Dios cumpla esa promesa. Por eso aman y adoran a Dios día y noche. Gran rey Agripa, los judíos que me acusan no creen en esa promesa. **8** ¿Por qué ninguno de ustedes cree que Dios puede hacer que los muertos vuelvan a vivir?

9 »Antes, yo pensaba que debía hacer todo lo posible por destruir a los que creían en Jesús de Nazaret. **10** Eso hice en la ciudad de Jerusalén, y con el permiso de los sacerdotes principales metí en la cárcel a muchos de los que creían en él. Cuando los mataban, yo estaba de acuerdo. **11** Muchas veces los castigué en las sinagogas para que dejaran de creer en Jesús. Tanto los odiaba que hasta los perseguí en otras ciudades.

12 »Para eso mismo fui a la ciudad de Damasco, con el permiso y la autorización de los sacerdotes principales. **13** Pero en el camino, gran rey Agripa, cuando eran las doce del día, vi una luz muy fuerte que brilló alrededor de todos los que íbamos. **14** Todos caímos al suelo. Luego oí una voz que venía del cielo, y que me dijo en arameo: "Saulo, Saulo, ¿por qué me persigues? ¡Solo los tontos pelean contra mí!"

15 »Entonces respondí: "¿Quién eres, Señor?"

»Él me contestó: "Yo soy Jesús. Es a mí a quien estás persiguiendo. **16** Levántate, porque me he aparecido ante ti para nombrarte como uno de mis servidores. Quiero que anuncies lo que ahora sabes de mí, y también lo que sabrás después. **17** Te enviaré a hablar con los judíos y con los que no son judíos, y no dejaré que ninguno de ellos te haga daño. **18** Quiero que hables con ellos para que se den cuenta de todo lo malo que hacen, y para que comiencen a obedecer a Dios. Ellos ahora caminan como si estuvieran ciegos, pero tú les abrirás los ojos. Así dejarán de obedecer a Satanás y obedecerán a Dios. Podrán creer en mí, y Dios les perdonará sus pecados. Así serán parte del santo pueblo de Dios".

19 »Gran rey Agripa, yo no desobedecí esa visión que Dios puso ante mí. **20** Por eso, primero anuncié el mensaje a la gente de Damasco, y luego a la de Jerusalén y a la de toda la región de Judea. También hablé con los que no eran judíos, y les dije que debían pedirle perdón a Dios y obedecerle, y hacer lo bueno para demostrar que en verdad se habían arrepentido.

21 »¡Por eso algunos judíos me tomaron prisionero en el templo, y quisieron matarme! **22** Pero todavía sigo hablando de Jesús a todo el mundo, a ricos y a pobres, pues Dios me ayuda y me da fuerzas para seguir adelante. Siempre les hablo de lo que la Biblia ha dicho sobre todo esto: **23** que el Mesías tenía que morir, pero que después de tres días volvería a vivir, y que sería como una luz en la oscuridad, para salvar a los judíos y a los no judíos.

Agripa le responde a Pablo

24 Cuando Pablo terminó de defenderse, Festo le gritó:

—¡Pablo, estás loco! De tanto estudiar te has vuelto loco.

25 Pablo contestó:

—Excelentísimo Festo, yo no estoy loco. Lo que he dicho es la verdad y no una locura. **26** El rey Agripa sabe mucho acerca de todo esto, y por eso hablo con tanta confianza delante de él. Estoy seguro de que él sabe todo esto, porque no se trata de cosas que hayan pasado en secreto.

27 Luego Pablo se dirigió al rey Agripa y le dijo:

—Majestad, ¿acepta usted lo que dijeron los profetas en la Biblia? Yo sé que sí lo acepta.

28 Agripa le contestó:

—¿En tan poco tiempo piensas que puedes convencerme de ser cristiano?

29 Pablo le dijo:

—Me gustaría que en poco tiempo, o en mucho tiempo, su Majestad y todos los que están aquí fueran como yo. Pero claro, sin estas cadenas.

30 Entonces el rey Agripa, Festo y Berenice, y todos los que estaban allí, se levantaron **31** y salieron para conversar a solas. Decían: «Este hombre no ha hecho nada malo como para merecer la muerte. Tampoco debería estar en la cárcel».

32 Agripa le dijo a Festo:

—Este hombre podría ser puesto en libertad, si no hubiera pedido que el emperador lo juzgue.

Pablo es llevado a Roma

27 **1** Cuando por fin decidieron mandarnos a Italia, Pablo y los demás prisioneros fueron entregados a un capitán romano llamado Julio, que estaba a cargo de un grupo especial de soldados al servicio del emperador. **2** Fuimos llevados al puerto de Adramitio. Allí, un barco estaba a punto de salir para hacer un recorrido por los puertos de la provincia de Asia. Con nosotros estaba también Aristarco, que era de la ciudad de Tesalónica, en la provincia de Macedonia.

Subimos al barco y salimos. **3** Al día siguiente llegamos al puerto de Sidón. El capitán Julio trató bien a Pablo, pues lo dejó visitar a sus amigos en Sidón, y también permitió que ellos lo atendieran.

4 Cuando salimos de Sidón, navegamos con el viento en contra. Entonces nos acercamos a la costa de la isla de Chipre para protegernos del viento. **5** Luego pasamos por la costa de las provincias de Cilicia y de Panfilia, y así llegamos a una ciudad llamada Mira, en la provincia de Licia.

6 El capitán Julio encontró allí un barco de Alejandría que iba hacia Italia, y nos ordenó subir al barco para continuar nuestro viaje. **7-8** Viajamos despacio durante varios días, y nos costó trabajo llegar frente al puerto de Cnido. El viento todavía soplaba en contra nuestra, por lo que pasamos frente a la isla de Salmona y, con mucha dificultad, navegamos por la costa sur de la isla de Creta. Por fin llegamos a un lugar llamado Buenos Puertos, que está cerca de la ciudad de Lasea, en la misma isla de Creta.

9 Era peligroso seguir navegando, pues habíamos perdido mucho tiempo y ya casi llegaba el invierno. Entonces Pablo les dijo a todos en el barco: **10** «Señores, este viaje va a ser peligroso. No solo puede destruirse la carga y el barco, sino que hasta podemos morir».

11 Pero el capitán de los soldados no le hizo caso a Pablo, sino que decidió seguir el viaje, como insistían el dueño y el capitán del barco. **12** Buenos Puertos no era un buen lugar para pasar el invierno. Por eso, todos creían que lo mejor era seguir y tratar de llegar al puerto de Fenice para pasar allí el invierno. Fenice estaba en la misma isla de Creta, y desde allí se podía salir hacia el noroeste y el sudoeste.

Tempestad en el mar

13 De pronto, comenzó a soplar un viento suave que venía del sur. Por eso, el capitán y los demás pensaron que podían seguir el viaje, y salimos navegando junto a la costa de la isla de Creta. **14** Al poco tiempo, un huracán vino desde el noreste, y el fuerte viento comenzó a pegar contra el barco. **15** Como no podíamos navegar en contra del viento, tuvimos que dejarnos llevar por él. **16** Pasamos frente a la costa sur de una pequeña isla llamada

Cauda, la cual nos protegió del viento. Allí pudimos subir el bote salvavidas, aunque con mucha dificultad. **17** Después, los marineros usaron cuerdas, tratando de sujetar el casco del barco para que no se rompiera. Todos tenían miedo de que el barco quedara atrapado en los depósitos de arena llamados Sirte. Bajaron las velas y dejaron que el viento nos llevara a donde quisiera. **18** Al día siguiente la tempestad empeoró, por lo que todos comenzaron a echar al mar la carga del barco. **19** Tres días después también echaron al mar todas las cuerdas que usaban para manejar el barco. **20** Durante muchos días no vimos ni el sol ni las estrellas. La tempestad era tan fuerte que habíamos perdido la esperanza de salvarnos.

21 Como habíamos pasado mucho tiempo sin comer, Pablo se levantó y les dijo a todos:

«Señores, habría sido mejor que me hubieran hecho caso, y que no hubiéramos salido de la isla de Creta. Así no le habría pasado nada al barco, ni a nosotros. **22** Pero no se pongan tristes, porque ninguno de ustedes va a morir. Solo se perderá el barco. **23** Anoche se me apareció un ángel, enviado por el Dios a quien sirvo y pertenezco. **24** El ángel me dijo: "Pablo, no tengas miedo, porque tienes que presentarte delante del emperador de Roma. Gracias a ti, Dios no dejará que muera ninguno de los que están en el barco". **25-26** Así que, aunque el barco se quedará atascado en una isla, alégrense, pues yo confío en Dios y estoy seguro de que todo pasará como me dijo el ángel».

27 El viento nos llevaba de un lugar a otro. Una noche, como a las doce, después de viajar dos semanas por el mar Adriático, los marineros vieron que estábamos cerca de tierra firme. **28** Midieron y se dieron cuenta de que el agua tenía treinta y seis metros de profundidad. Más adelante volvieron a medir, y estaba a veintisiete metros. **29** Esto asustó a los marineros, pues quería decir que el barco podía chocar contra las rocas. Echaron cuatro anclas por la parte trasera del barco, y le pidieron a Dios que pronto amaneciera. **30** Pero aun así, los marineros querían escapar del barco. Comenzaron a bajar el bote salvavidas, haciendo como que iban a echar más anclas en la parte delantera del barco. **31** Pablo se dio cuenta de sus planes, y les dijo al capitán y a los soldados: «Si esos marineros se van, ustedes no podrán salvarse».

32 Entonces los soldados cortaron las cuerdas que sostenían el bote y lo dejaron caer al mar.

33 A la madrugada, Pablo pensó que todos debían comer algo y les dijo: «Hace dos semanas que solo se preocupan por ver qué va a pasar, y no comen nada. **34** Por favor, coman algo. Es necesario que tengan fuerzas, pues nadie va a morir por causa de este problema».

35 Luego Pablo tomó un pan y oró delante de todos. Dando gracias a Dios, partió el pan y empezó a comer. **36** Todos se animaron y también comieron. **37** En el barco había doscientas setenta y seis personas, **38** y todos comimos lo que quisimos. Luego los marineros tiraron el trigo al mar, para que el barco quedara más liviano.

El barco se hace pedazos

39 Al amanecer, los marineros no sabían dónde estábamos, pero vieron una bahía con playa y trataron de arrimar el barco hasta allá. **40** Cortaron las cuerdas de las anclas y las dejaron en el mar. También aflojaron los remos que guiaban el barco, y levantaron la vela delantera. El viento empujó el barco, y este comenzó a moverse hacia la playa, **41** pero poco después quedó atrapado en un montón de arena. La parte delantera no se podía mover, pues quedó enterrada en la arena, y las olas comenzaron a golpear con tanta fuerza la parte trasera, que la despedazaron toda.

42 Los soldados querían matar a los prisioneros para que no se escaparan nadando. **43** Pero el capitán no los dejó, porque quería salvar a Pablo. Ordenó que todos los que supieran nadar se tiraran al agua y llegaran a la playa, **44** y que los que no supieran se agarraran de tablas o pedazos del barco. Todos llegamos a la playa sanos y salvos.

Pablo en la isla de Malta

28 ¹ Cuando todos estuvimos a salvo, nos dimos cuenta de que nos encontrábamos en una isla llamada Malta. ² Los habitantes de la isla nos trataron muy bien, y encendieron un fuego para que nos calentáramos, porque estaba lloviendo y hacía mucho frío. ³ Pablo había recogido leña y la estaba echando al fuego. De repente, una serpiente salió huyendo del fuego y le mordió la mano a Pablo. ⁴ Cuando los que vivían en la isla vieron a la serpiente colgando de la mano de Pablo, dijeron: «Este hombre debe ser un asesino porque, aunque se salvó de morir ahogado en el mar, la diosa de la justicia no lo deja vivir».

⁵ Pablo arrojó la serpiente al fuego. ⁶ Todos esperaban que Pablo se hinchara, o que cayera muerto en cualquier momento. Pero se cansaron de esperar, porque a Pablo no le pasó nada. Entonces cambiaron de idea y pensaron que Pablo era un dios.

⁷ Cerca de donde estábamos había unos terrenos. Pertenecían a un hombre llamado Publio, que era la persona más importante de la isla. Publio nos recibió y nos atendió muy bien tres días. ⁸ El padre de Publio estaba muy enfermo de diarrea, y con mucha fiebre. Entonces Pablo fue a verlo, y oró por él; luego puso las manos sobre él, y lo sanó. ⁹ Cuando los otros enfermos de la isla se enteraron de eso, fueron a buscar a Pablo para que también los sanara, y Pablo los sanó.

Pablo llega a Roma

¹⁰-¹¹ En esa isla pasamos tres meses. La gente de allí nos atendió muy bien y nos dio de todo. Luego, cuando subimos a otro barco para irnos, nos dieron todo lo necesario para el viaje. El barco en que íbamos a viajar era de Alejandría, y había pasado el invierno en la isla. Estaba cargado de trigo, y por la parte delantera tenía la figura de los dioses Cástor y Pólux.

¹² Salimos en el barco y llegamos al puerto de Siracusa, donde pasamos tres días. ¹³ Luego, salimos de allí y fuimos a la ciudad de Regio. Al día siguiente el viento soplaba desde el sur, y en un

día de viaje llegamos a Puerto Pozzuoli. **¹⁴** Allí encontramos a algunos miembros de la iglesia, que nos invitaron a quedarnos una semana. Finalmente, llegamos a Roma. **¹⁵** Los de la iglesia ya sabían que nosotros íbamos a llegar, y por eso fueron a recibirnos al Foro de Apio y a un lugar llamado Tres Tabernas. Cuando los vimos, Pablo dio gracias a Dios y se sintió contento. **¹⁶** Al llegar a la ciudad, las autoridades permitieron que Pablo viviera aparte y no en la cárcel. Solo dejaron a un soldado para que lo vigilara.

Pablo en Roma

¹⁷ Tres días después, Pablo invitó a los líderes judíos que vivían en Roma para que lo visitaran en la casa donde él estaba. Cuando ya todos estaban juntos, Pablo les dijo:

—Amigos israelitas, yo no he hecho nada contra nuestro pueblo, ni contra nuestras costumbres. Sin embargo, algunos judíos de Jerusalén me entregaron a las autoridades romanas. **¹⁸** Los romanos me hicieron muchas preguntas y, como vieron que yo era inocente, quisieron dejarme libre. **¹⁹** Pero como los judíos que me acusaban querían matarme, tuve que pedir que el emperador de Roma se hiciera cargo de mi situación. En realidad, no quiero causarle ningún problema a mi pueblo. **²⁰** Yo los he invitado a ustedes porque quería decirles que me encuentro preso por tener la misma esperanza que tienen todos los judíos.

²¹ Los líderes contestaron:

—Nosotros no hemos recibido ninguna carta de Judea que hable acerca de ti. Ninguno de los que han llegado de allá te ha acusado de nada malo. **²²** Sin embargo, sí queremos que nos digas lo que tú piensas, porque hemos sabido que en todas partes se habla en contra de este nuevo grupo al que tú perteneces.

²³ Entonces los líderes pusieron una fecha para reunirse de nuevo. Cuando llegó el día acordado, muchos judíos llegaron a la casa de Pablo. Y desde la mañana hasta la tarde, Pablo estuvo hablándoles acerca del reino de Dios. Usó la Biblia, porque quería que ellos aceptaran a Jesús como su salvador.

24 Algunos aceptaron lo que Pablo decía, pero otros no. **25** Y como no pudieron ponerse de acuerdo, decidieron retirarse. Pero antes de hacerlo, Pablo les dijo:

«El Espíritu Santo dijo lo correcto cuando, por medio del profeta Isaías, les habló a los antepasados de ustedes:

26 "Ve y dile a los israelitas:
Por más que ustedes escuchen,
nada entenderán;
por más que miren,
nada verán.

27 Tienen el corazón endurecido,
tapados están sus oídos
y cubiertos sus ojos.

Por eso no pueden entender,
ni ver ni escuchar.

No quieren volverse a mí,
ni quieren que yo los sane"».

28-29 Finalmente, Pablo les dijo: «¡Les aseguro que Dios quiere salvar a los que no son judíos! ¡Ellos sí escucharán!»

30 Pablo se quedó dos años en la casa que había alquilado, y allí recibía a todas las personas que querían visitarlo. **31** Nunca tuvo miedo de hablar del reino de Dios, ni de enseñar acerca del Señor Jesús, el Mesías, ni nadie se atrevió a impedírselo.

ROMANOS
La carta de Pablo a los romanos

Pablo saluda a los hermanos en Roma

1 ¹ Queridos hermanos de la iglesia en Roma:

Yo soy servidor y apóstol de Jesucristo porque Dios me eligió para anunciar las buenas noticias que él tiene para nosotros. **2-4** Dios había prometido enviarnos a su Hijo. Así lo habían anunciado sus profetas en la Biblia.

Esas buenas noticias nos dicen que su hijo Jesucristo vino al mundo como descendiente del rey David. Jesucristo murió, pero Dios lo resucitó, y con eso demostró que Jesucristo es el poderoso Hijo de Dios.

⁵ Jesús me demostró su amor y me eligió para que le sirva como apóstol, pues quiere que todo el mundo le obedezca y crea en él.

⁶ Ustedes, que viven en Roma, son algunos de los que han creído en Jesucristo. ⁷ Dios los ama y los ha elegido para formar parte de su pueblo. Le pido a Dios, nuestro Padre, y al Señor Jesucristo, que también ellos les demuestren su amor y les den su paz.

Agradecimiento

⁸ En primer lugar, doy gracias a mi Dios por cada uno de ustedes, en nombre de Jesucristo. En todas partes se habla bien de ustedes y se sabe que confían en Dios y le obedecen.

⁹ Yo sirvo a Dios anunciando las buenas noticias acerca de su Hijo, y lo hago de todo corazón. Dios es testigo de que siempre oro por ustedes, ¹⁰ y de que siempre le pido que, si él así lo quiere, me permita ir por fin a visitarlos. ¹¹ Tengo muchos deseos de ir a verlos y darles ayuda espiritual. Así su confianza en Dios será permanente, ¹² y podremos ayudarnos unos a otros gracias a la fuerza de esa confianza que tenemos en Dios.

13 Hermanos en Cristo, quiero que sepan que muchas veces he tratado de ir a Roma para verlos, pero nunca ha faltado algo que me lo impida. Me gustaría ir allá para anunciar esta buena noticia, como ya lo he hecho en otros lugares, para que muchos crean en Jesús. **14-15** Tengo que anunciar esta buena noticia a todo el mundo, no importa que sepan mucho o no sepan nada, ni que sean humildes o importantes. Por eso tengo tantos deseos de ir a Roma.

La buena noticia es poderosa

16 No me da vergüenza anunciar esta buena noticia. Gracias al poder de Dios, todos los que la escuchan y creen en Jesús son salvados; no importa si son judíos o no lo son. **17** La buena noticia nos enseña que Dios acepta a los que creen en Jesús. Como dice la Biblia: «Aquellos a quienes Dios ha aceptado y confían en él, vivirán para siempre».

Todos somos culpables

18 Pero hay gente malvada que no deja que otros conozcan la verdad acerca de Dios. Y Dios, que vive en el cielo, está muy enojado con ellos. **19** Esa gente sabe todo lo que se puede saber acerca de Dios, pues Dios mismo se lo ha mostrado.

20 Por medio de lo que Dios ha creado, todos podemos conocerlo, y también podemos ver su poder. Así que esa gente no tiene excusa, **21** pues saben de Dios, pero no lo respetan ni le dan las gracias. No piensan más que en puras tonterías y en hacer lo malo. **22** Creen que lo saben todo, pero en realidad no saben nada. **23** En vez de adorar al único y poderoso Dios que vive para siempre, adoran a ídolos que ellos mismos se han hecho: ídolos con forma de seres humanos, mortales al fin y al cabo, o con forma de pájaros, de animales de cuatro patas y de serpientes.

24 Por eso Dios los ha dejado hacer lo que quieran, y sus malos pensamientos los han llevado a hacer con sus cuerpos cosas vergonzosas. **25** En vez de adorar al Dios verdadero, adoran dioses falsos; adoran las cosas que Dios ha creado, en vez de adorar al Dios que las creó y que merece ser adorado por siempre. Amén.

26 Por esa razón, Dios ha dejado que esa gente haga todo lo malo que quiera. Por ejemplo, entre ellos hay mujeres que no quieren tener relaciones sexuales con los hombres, sino con otras mujeres. **27** Y también hay hombres que se comportan así, pues no volvieron a tener relaciones sexuales con sus mujeres y se dejaron dominar por sus deseos de tener relaciones con otros hombres. De este modo, hicieron cosas vergonzosas los unos con los otros, y ahora sufren en carne propia el castigo que se buscaron.

28 Como no han querido tener en cuenta a Dios, Dios los ha dejado hacer todo lo malo que su inútil mente los lleva hacer. **29** Son gente injusta, malvada y codiciosa. Son envidiosos, asesinos, peleoneros, tramposos y chismosos. **30** Hablan mal de los demás, odian a Dios, son insolentes y orgullosos, y se creen muy importantes. Siempre están inventando nuevas maneras de hacer el mal, y no obedecen a sus padres. **31** No quieren entender la verdad, ni se puede confiar en ellos. No aman a nadie ni se compadecen de nadie. **32** Saben que Dios ha dicho que quienes hacen esto merecen la muerte, pero no solo siguen haciéndolo sino que felicitan a quienes también lo hacen.

Dios es justo

2 **1** Cuando alguno de ustedes acusa a otro de hacer algo malo, él solo se acusa porque también hace lo mismo. Así que, no tiene ninguna razón de acusar y juzgar a otro, **2** aunque todos sabemos que, cuando Dios juzga a quienes hacen lo malo, los juzga correctamente.

3 Si acusan y juzgan a los demás, pero hacen lo mismo que ellos, están muy equivocados si creen que Dios no los va a castigar. **4** Dios es muy bueno, y tiene mucha paciencia y soporta todo lo malo que hacen. Pero no vayan a pensar que lo que hacen no tiene importancia. Dios los trata con bondad, para que se arrepientan de su maldad. **5** Pero si insisten en desobedecerlo, y no se arrepienten, harán que Dios les dé un castigo peor. Llegará el día del juicio final, cuando Dios juzgará a todos, y muy enojado, los castigará a ustedes. **6** Porque a cada uno Dios le dará lo que se merece: **7** a los que hicieron lo bueno, con la esperanza de recibir de parte de Dios reconocimiento, honor y vida eterna, Dios los dejará vivir para siempre con él. **8** Pero a los egoístas y malvados, que no quieren hacer lo bueno, los castigará con todo su enojo. **9** Todos los malvados serán castigados con dolor y sufrimiento; en primer lugar, los judíos, pero también los que no son judíos. **10** A los que hayan hecho el bien, Dios les dará un lugar muy especial, y también honor y paz; en primer lugar, a los judíos, pero también a los que no son judíos. **11** ¡Dios no tiene favoritos!

12-13 Dios acepta a los que obedecen la ley de Moisés, pero rechaza a quienes solamente la escuchan y no la obedecen. Los que conocen la ley serán juzgados de acuerdo con esa misma ley. Los que no la conocen, y pecan, serán castigados aunque no conozcan esa ley. **14** Porque los que no son judíos obedecen los mandatos de la ley de Dios aunque no la conozcan, pues ellos mismos saben qué es lo bueno y qué es lo malo. **15-16** Es como si tuvieran la ley escrita en su mente. Su conducta así lo demuestra, pues cuando piensan en algo, ya saben si eso está bien o mal.

La buena noticia que yo anuncio enseña que Dios juzgará a toda la humanidad por medio de Cristo Jesús. En ese día, Dios juzgará hasta los pensamientos más secretos.

Los judíos y la Ley

17 Algunos de ustedes dicen con orgullo que son judíos. Se sienten muy seguros porque tienen la ley de Moisés y están orgullosos de su Dios. **18** Creen saber lo que Dios quiere, y cuando estudian la Biblia aprenden a conocer qué es lo mejor. **19** Se sienten muy seguros al decirles a los pecadores lo que deben hacer para ser salvos. **20** Y como tienen la Biblia en la mano, se creen maestros de los ignorantes y de los inexpertos, dueños de la verdad y del conocimiento.

21 Pero, ¿cómo pueden enseñar a otros si ustedes mismos no aprenden primero? ¿Cómo pueden enseñar que no se debe robar, si ustedes mismos roban? **22** Dicen que todos deben ser fieles en el matrimonio, pero ustedes mismos son infieles. Odian a los ídolos, pero roban en los templos de esos ídolos. **23** Están orgullosos de tener la Biblia, pero no la obedecen y son una vergüenza para Dios.

24 Tiene razón la Biblia cuando dice: «La gente de otros países habla mal de Dios por culpa de ustedes mismos».

25 De nada sirve que alguien se circuncide, si no obedece la ley. Si la desobedece, es como si nunca se hubiera circuncidado. **26** En cambio, los que no están circuncidados, pero obedecen la ley, son aceptados por Dios, aunque no estén circuncidados. **27** Así que los que obedecen la ley, los juzgarán a ustedes, aunque ellos nunca hayan sido circuncidados. Porque ustedes, aunque se circuncidaron y tuvieron la ley, nunca la obedecieron.

28 No crean que ustedes son judíos solo por vivir como judíos y por estar circuncidados. **29** El verdadero judío es el que obedece a Dios y no a leyes humanas. A este Dios lo acepta aunque la gente lo rechace.

3 **1** Vamos a ver: ¿Vale la pena ser judío? ¿Conviene circuncidarse? **2** ¡Claro que sí! Porque el mensaje de Dios se les dio a los judíos antes que a nadie. **3** Y aunque es verdad que algunos de ellos no hicieron caso del mensaje, eso no significa que Dios dejará de cumplirles todo lo que les prometió. **4** ¡De ninguna manera! Aunque todo el mundo miente, Dios siempre dice la verdad. Así lo dice la Biblia:

«Todos reconocerán,
que siempre dices la verdad.
Por eso ganarás el pleito
cuando te acusen ante los jueces».

5 Todo lo malo que hacemos demuestra que Dios es justo cuando se enoja y nos castiga. No por eso vamos a decir que

ROMANOS

Dios es injusto. **6** ¡De ninguna manera! Si Dios no fuera justo, ¿cómo podría decidir quiénes son malos y quiénes son buenos? **7-8** Alguien podría pensar que no merece ser castigado, ya que sus mentiras hacen que la verdad de Dios se vea con mayor claridad. En tal caso podría alegarse que es mejor hacer lo malo, ya que Dios convierte lo malo en bueno. Pero no se equivoquen. Pensar así es un error. Además, no es eso lo que quiero enseñar, aunque algunos me acusan de hacerlo. En todo caso, Dios es justo y castigará a esos mentirosos.

Nadie es justo

9 ¿Quiere decir todo esto que nosotros los judíos somos mejores que los demás? ¡Claro que no! Como ya les dije, seamos judíos o no lo seamos, todos somos pecadores. **10** La Biblia nos lo dice:

«Nadie es justo.
11 Nadie entiende nada,
ni quiere buscar a Dios.

12 Todos se han alejado de él;
todos se han vuelto malos.

Nadie, absolutamente nadie,
quiere hacer lo bueno.

13 Solo dicen cosas malas;
solo saben decir mentiras.

Hacen tanto daño
con sus palabras,
como una serpiente
con su veneno.

14 Hablan con amargura
y maldicen a la gente.

15 Fácilmente se enojan
 y matan a cualquiera.

16 A donde quiera que van,
 todo lo destruyen
 y lo dejan destrozado.

17 No saben vivir en paz,
18 ni respetan a Dios».

19 Sabemos que la ley de Moisés tiene valor para los que se someten a ella. Y lo que la ley dice es para que nadie pueda declararse inocente; es para que todo el mundo se reconozca culpable ante Dios. **20** El cumplimiento de la ley no nos hace inocentes ante Dios; la ley solo sirve para que reconozcamos que somos pecadores.

La confianza en Jesucristo

21 La Biblia misma nos enseña claramente que ahora Dios nos acepta sin necesidad de cumplir la ley. **22** Dios acepta a todos los que creen y confían en Jesucristo, sin importar si son judíos o no lo son. **23** Todos hemos pecado, y por eso estamos lejos de Dios. **24** Pero él nos ama mucho y nos declara inocentes sin pedirnos nada a cambio. Por medio de Jesús nos ha librado del castigo que merecían nuestros pecados. **25-26** Dios envió a Jesucristo para morir por nosotros. Si confiamos en que Jesús murió por nosotros, Dios nos perdonará. Con esto Dios demuestra que es justo y que, gracias a su paciencia, ahora nos perdona todo lo malo que antes hicimos. Él es justo, y solo acepta a los que confían en Jesús.

27-28 Ante Dios, no tenemos nada de qué estar orgullosos. Pues Dios nos acepta porque confiamos en Jesucristo, y no por obedecer la ley de Moisés. **29** Dios no es solamente Dios de los judíos; en realidad, él es Dios de todos, sean o no judíos. **30** Hay un solo Dios, y es el Dios que acepta a todos los que confían en

Jesucristo, sean judíos o no lo sean. **31** Pero si confiamos en Jesús, eso no quiere decir que la ley ya no sirva. Al contrario, si confiamos en él, la ley cobra más valor.

El ejemplo de Abraham

4 **1** Pensemos en lo que le pasó a Abraham, nuestro antepasado. **2** Si Dios lo hubiera aceptado por todo lo que hizo, entonces podría sentirse orgulloso ante nosotros. Pero ante Dios no podía sentirse orgulloso de nada. **3** La Biblia dice:

«Dios aceptó a Abraham
porque Abraham confió en Dios».

4 Ahora bien, el dinero que se le paga a alguien por un trabajo no es ningún regalo, sino algo que se le debe. **5** En cambio, Dios declara inocente al pecador, aunque el pecador no haya hecho nada para merecerlo, porque Dios le toma en cuenta su confianza en él. **6** David nos habla de la felicidad de aquellos a los que, sin hacer nada para merecerlo, Dios declara inocentes por confiar en él. Así lo dice en la Biblia:

7 «¡Qué felices son aquellos
a los que Dios perdona!
¡Dios ya se ha olvidado
de los pecados que cometieron!

8 »¡Qué felices son aquellos
a los que Dios perdona
de todo lo malo que han hecho!»

9 Pero esta felicidad, ¿es solo de los que están circuncidados, o también de los que no lo están? Ya dijimos que Dios aceptó a Abraham porque él confió en Dios. **10** Y no hay duda de que Dios aceptó a Abraham antes de que fuera circuncidado. **11** En realidad, Abraham fue circuncidado para demostrar que Dios ya lo había aceptado por confiar en él. Fue así como Abraham se convirtió en el padre de todos los que confían en Dios, aunque no estén circuncidados. **12** Pero Abraham es también el padre de los que están circuncidados, y que a la vez confían en Dios. Pues con esto siguen el ejemplo de Abraham antes de que fuera circuncidado.

Promesa a los que confían en Dios

13 Dios le prometió a Abraham que a él y a sus descendientes les daría el mundo. Se lo prometió, no porque Abraham hubiera obedecido la ley sino porque confió en Dios; esto hizo que Dios lo aceptara. **14** Si la promesa de Dios fuera para los que obedecen la ley, entonces de nada serviría confiar en Dios, y su promesa no valdría de nada.

15 Dios castiga a los que desobedecen la ley. Pero cuando no hay ley, nadie es culpable de desobedecerla. **16** Por eso, para que la promesa de Dios tuviera valor para los descendientes de Abraham, Dios no pidió nada a cambio. Hizo la promesa para todos los que confiaran en él. No solo para los que obedecen la ley, sino también para los que confían como Abraham. Por eso Abraham es el padre de todos nosotros. **17** En la Biblia, Dios le dijo a Abraham que llegaría a ser el antepasado de gente de muchos países. Esta promesa Dios se la hizo a Abraham porque creyó en él, que es el único Dios con poder para resucitar a los muertos y para crear cosas nuevas.

18 Cuando Dios le prometió a Abraham que tendría muchísimos descendientes, esto parecía imposible. Sin embargo, por su esperanza y confianza en Dios, Abraham llegó a ser el antepasado de gente de muchos países que también confían en Dios. **19** Aunque ya tenía casi cien años y sabía que pronto moriría, Abraham nunca dejó de confiar en Dios. Y aunque sabía que su esposa Sara no podía tener hijos, **20** nunca dudó de que Dios cumpliría su promesa. Al contrario, su confianza era cada vez más firme, y daba gracias a Dios.

21 Abraham estaba completamente seguro de que Dios tenía poder para cumplir su promesa. **22** Por eso Dios lo aceptó.

23 Y cuando la Biblia dice que Dios aceptó a Abraham, no se refiere solo a él **24** sino también a nosotros. Dios es el mismo Dios que resucitó a Jesús nuestro Señor, y nos acepta si confiamos en él. **25** Dios entregó a Jesús para que muriera por nuestros pecados, y lo resucitó para que fuéramos declarados inocentes.

Vivimos en paz con Dios

5 **1** Dios nos ha aceptado porque confiamos en él. Esto lo hizo posible nuestro Señor Jesucristo. Por eso ahora vivimos en paz con Dios. **2** Nos alegra saber que por confiar en Jesucristo, ahora podemos disfrutar del amor de Dios y un día compartiremos con él toda su grandeza. **3** Pero también nos alegra tener que sufrir, porque sabemos que así aprenderemos a soportar el sufrimiento. **4-5** Y si aprendemos a soportarlo, seremos aprobados por Dios. Y si él nos aprueba podremos estar seguros de nuestra salvación. De eso estamos seguros: Dios cumplirá su promesa, porque él nos ha llenado el corazón con su amor, por medio del Espíritu Santo que nos ha dado.

6 Cuando nosotros los pecadores no podíamos salvarnos, Cristo murió por nosotros. Murió en el tiempo escogido por Dios. **7** En realidad, no es fácil que alguien esté dispuesto a morir en lugar de otra persona, aunque sea buena y honrada. Tal vez podríamos encontrar a alguien que diera su vida por alguna persona realmente buena. **8** Pero aunque nosotros todavía éramos pecadores, Dios nos demostró su gran amor al enviar a Jesucristo a morir por nosotros.

9 Si Dios nos declaró inocentes por medio de la muerte de Cristo, con mayor razón gracias a Cristo nos librará del castigo final. **10** Si cuando todavía éramos sus enemigos, Dios hizo las paces con nosotros por medio de la muerte de su Hijo, con mayor razón nos salvará ahora que su Hijo vive y nosotros estamos en paz con Dios. **11** Además, Dios nos ha hecho muy felices, pues ahora vivimos en paz con él por medio de nuestro Señor Jesucristo.

¹² El primer pecado en el mundo fue la desobediencia de Adán. Así, en castigo por el pecado, apareció la muerte en el mundo. Y como todos han pecado, todos tienen que morir. **¹³** Antes de que Dios diera la ley, todos pecaban. Pero cuando no hay ley, no se puede acusar a nadie de desobedecerla. **¹⁴** Sin embargo, los que vivieron desde Adán hasta Moisés tuvieron que morir porque pecaron, aunque su pecado no fue la desobediencia a un mandato específico de Dios, como en el caso de Adán.

En algunas cosas, Adán se parece a Cristo. **¹⁵** Sin embargo, no hay comparación entre el pecado de Adán y el regalo que Dios nos ha dado. Por culpa de Adán, muchos murieron; pero por medio de Jesucristo Dios nos dio un regalo mucho más importante, y para el bien de muchas personas. **¹⁶** El pecado de Adán no puede compararse con el regalo de Dios. El pecado de Adán hizo que Dios lo declarara culpable. Pero gracias al regalo de Dios, ahora él declara inocentes a los pecadores, aunque no lo merezcan. **¹⁷** Si por el pecado de Adán, la muerte reina en el mundo, con mayor razón, por medio de Jesucristo, nosotros reinaremos en la nueva vida. Pues Dios nos ama, y nos ha aceptado sin pedirnos nada a cambio.

¹⁸ Por el pecado de Adán, Dios declaró que todos merecemos morir. Pero gracias a Jesucristo, que murió por nosotros, Dios nos declara inocentes y nos da vida eterna. **¹⁹** O sea, que la desobediencia de uno solo, hizo que muchos desobedecieran, pero por la obediencia de Jesús, Dios declaró inocentes a muchos.

²⁰ La ley apareció para que el pecado se hiciera fuerte. Pero si bien el pecado se hizo fuerte, el amor de Dios lo superó. **²¹** Y si el pecado reinó sobre la muerte, el amor de Dios reinó sobre la vida. Por eso Dios nos ha declarado inocentes, y nos ha dado vida eterna por medio de nuestro Señor Jesucristo.

Vivimos gracias a Cristo

6 **¹** ¿Qué más podemos decir? ¿Seguiremos pecando para que Dios nos ame más todavía? **²** ¡Por supuesto que no!

Nosotros ya no tenemos nada que ver con el pecado, así que ya no podemos seguir pecando. ³ Ustedes bien saben, que por medio del bautismo, nos unimos a Cristo en su muerte. ⁴ Al ser bautizados, morimos y somos sepultados con él. Pero morimos para nacer a una vida totalmente diferente. Eso mismo pasó con Jesús, cuando Dios el Padre lo resucitó con gran poder.

⁵ Si al bautizarnos participamos en la muerte de Cristo, también participaremos de su nueva vida. ⁶ Una cosa es clara: antes éramos pecadores, pero cuando Cristo murió en la cruz, nosotros morimos con él. Así que el pecado ya no nos gobierna. ⁷ Cuando morimos, el pecado ya no tiene poder sobre uno.

⁸ Si por medio del bautismo morimos con Cristo, estamos seguros de que también viviremos con él. ⁹ Sabemos que Jesucristo resucitó y nunca más volverá a morir, pues la muerte ya no tiene poder sobre él. ¹⁰ Cuando Jesucristo murió, el pecado perdió para siempre su poder sobre él. La vida que ahora vive, es para agradar a Dios.

¹¹ De igual manera, el pecado ya no tiene poder sobre ustedes, sino que Cristo les ha dado vida, y ahora viven para agradar a Dios. ¹² Algún día sus cuerpos serán destruidos, así que no dejen que el pecado los obligue a obedecer los deseos de su cuerpo. ¹³ Ustedes ya han muerto al pecado, pero ahora han vuelto a vivir. Así que no dejen que el pecado los use para hacer lo malo. Más bien, entréguense a Dios, y hagan lo que a él le agrada. ¹⁴ Así el pecado ya no tendrá poder sobre ustedes, porque ya no son esclavos de la ley. Ahora están al servicio del amor de Dios.

Al servicio de Dios

¹⁵ Alguien podría decir que como ya no somos esclavos de la ley, sino que estamos al servicio del amor de Dios, podemos seguir pecando. Pero eso no es posible. ¹⁶ Ustedes saben que quien siempre obedece a una persona, llega a ser su esclavo. Nosotros podemos servir al pecado y morir, o bien obedecer a Dios y recibir su perdón. ¹⁷ Antes, ustedes eran esclavos del pecado. Pero gracias a Dios que obedecieron de todo corazón

la enseñanza que se les dio. **18** Ahora son libres del pecado, y están al servicio de Dios para hacer el bien.

19 Como a ustedes todavía les cuesta entender esto, se lo explico con palabras sencillas y bien conocidas. Antes ustedes eran esclavos del mal, y cometían pecados sexuales y toda clase de maldades. Pero ahora tienen que dedicarse completamente al servicio de Dios.

20 Cuando ustedes eran esclavos del pecado, no tenían que vivir como a Dios le agrada. **21** ¿Y qué provecho sacaron? Tan solo la vergüenza de vivir separados de Dios para siempre. **22** Pero ustedes ya no son esclavos del pecado. Ahora son servidores de Dios. Y esto sí que es bueno, pues el vivir solo para Dios les asegura que tendrán la vida eterna. **23** Quien solo vive para pecar, recibirá como castigo la muerte. Pero Dios nos regala la vida eterna por medio de Cristo Jesús, nuestro Señor.

Ahora pertenecemos a Cristo

7 **1** Hermanos en Cristo, ustedes conocen la ley de Moisés y saben que debemos obedecerla solo mientras vivamos. **2** Por ejemplo, la ley dice que la mujer casada será esposa de su marido solo mientras él viva. Pero si su esposo muere, ella quedará libre de la ley que la unía a su esposo. **3** Si ella se va a vivir con otro hombre mientras su esposo vive todavía, se le podrá culpar de ser infiel a su esposo. Pero si su esposo muere, ella quedará libre de esa ley y podrá volver a casarse sin que se le culpe de haber sido infiel.

4 Algo parecido sucede con ustedes, mis hermanos. Por medio de la muerte de Cristo, ustedes ya no están bajo el control de la ley. Ahora ustedes son de Cristo, a quien Dios resucitó. De modo que podemos servir a Dios haciendo el bien. **5** Cuando vivíamos sin poder dominar nuestros deseos de hacer lo malo, la ley solo servía para que deseáramos hacerlo más. Así que todo lo que hacíamos nos separaba más de Dios. **6** Pero ahora la ley ya no puede controlarnos. Es como si estuviéramos muertos. Somos libres y podemos servir a Dios de manera distinta. Ya no lo hacemos como antes, cuando obedecíamos la antigua ley, sino que ahora obedecemos al Espíritu Santo.

La lucha contra el pecado

7 ¿Quiere decir esto que la ley es pecado? ¡Claro que no! Pero si no hubiera sido por la ley, yo no habría entendido lo que es el pecado. Por ejemplo, si la ley no dijera: «Nunca deseen nada que le pertenezca a otra persona», yo no sabría que eso es malo. **8** Cuando no hay ley, el pecado no tiene ningún poder. Pero el pecado usó ese mandamiento de la ley, y me hizo desear toda clase de mal.

9 Cuando yo todavía no conocía la ley, vivía tranquilo. Pero, cuando conocí la ley, me di cuenta de que era un gran pecador **10** y de que vivía alejado de Dios. Así, pues, la ley que debió haberme dado la vida eterna, más bien me dio la muerte eterna. **11** Porque el pecado usó la ley para engañarme, y con esa misma ley me alejó de Dios.

12 Así que podemos decir que la ley viene de Dios. Cada uno de sus mandatos, es bueno y justo. **13** Con esto no estoy diciendo que la ley, que es buena, me llevó a la muerte. ¡De ninguna manera! El que hizo esto fue el pecado, que usó un mandato bueno. Así, por medio de un mandato bueno todos podemos saber lo realmente terrible y malo que es el pecado. **14** Nosotros sabemos que la ley viene de Dios. Pero yo no soy más que un simple hombre, y no puedo controlar mis malos deseos. Soy un esclavo del pecado. **15** La verdad es que no entiendo nada de lo que hago, pues en vez de lo bueno que quiero hacer, hago lo malo que no quiero hacer. **16** Pero, aunque hago lo que no quiero hacer, reconozco que la ley es buena. **17** Así que no soy yo quien hace lo malo, sino el pecado que está dentro de mí. **18** Yo sé que mis deseos egoístas no me permiten hacer lo bueno, pues aunque quiero hacerlo, no puedo hacerlo. **19** En vez de lo bueno que quiero hacer, hago lo malo que no quiero hacer. **20** Pero si hago lo que no quiero hacer, en realidad no soy yo quien lo hace, sino el pecado que está dentro de mí.

21 Me doy cuenta entonces de que, aunque quiero hacer lo bueno, solo puedo hacer lo malo. **22** En lo más profundo de mi corazón amo la ley de Dios. **23-25** Pero también me sucede otra cosa: Hay algo dentro de mí que lucha contra lo que creo que es bueno. Trato de obedecer la ley de Dios, pero me siento como en una cárcel, donde lo único que puedo hacer es pecar. Sinceramente, deseo obedecer la ley de Dios, pero no puedo dejar de pecar porque mi cuerpo es débil para obedecerla. ¡Pobre de mí! ¿Quién me librará de este cuerpo que me hace pecar y me separa de Dios? ¡Le doy gracias a Dios, porque sé que Jesucristo me ha librado!

El Espíritu de Dios nos da vida

8 **1** Por lo tanto, los que vivimos unidos a Jesucristo no seremos castigados. **2** Ahora, por estar unidos a él, el Espíritu Santo nos controla y nos da vida, y nos ha librado del pecado y de la muerte. **3** Dios ha hecho lo que la ley de Moisés no era capaz de hacer, ni podría haber hecho, porque nadie puede controlar sus deseos de hacer lo malo. Dios envió a su propio Hijo, y lo envió tan débil como nosotros, los pecadores. Lo envió para que muriera por nuestros pecados. Así, por medio de él, Dios destruyó al pecado. **4** Lo hizo para que ya no vivamos de acuerdo con nuestros malos deseos, sino conforme a todos los justos mandamientos de la ley, con la ayuda del Espíritu Santo.

5 Los que viven sin controlar sus malos deseos, solo piensan en hacer lo malo. Pero los que viven obedeciendo al Espíritu Santo, solo piensan en hacer lo que desea el Espíritu. **6** Si vivimos pensando en todo lo malo que nuestros cuerpos desean, entonces quedaremos separados de Dios. Pero si pensamos solo en lo que desea el Espíritu Santo, entonces tendremos vida eterna y paz. **7** Los que no controlan sus malos deseos solo piensan en hacer lo malo. Son enemigos de Dios, porque no quieren ni pueden obedecer la ley de Dios. **8** Por eso, los que viven obedeciendo sus malos deseos no pueden agradarlo.

⁹ Pero, si el Espíritu de Dios vive en ustedes, ya no tienen que seguir sus malos deseos, sino obedecer al Espíritu de Dios. El que no tiene al Espíritu de Cristo, no es de Cristo. ¹⁰ Por culpa del pecado, sus cuerpos tienen que morir. Pero si Cristo vive en ustedes, también el espíritu de ustedes vivirá, porque Dios los habrá declarado inocentes. ¹¹ Dios resucitó a Jesús, y él también hará que los cuerpos muertos de ustedes vuelvan a vivir, si el Espíritu de Dios vive en ustedes. Esto Dios lo hará por medio de su Espíritu, que vive en ustedes.

¹² Por eso, hermanos, ya no estamos obligados a vivir de acuerdo con nuestros propios deseos. ¹³ Si ustedes viven de acuerdo a esos deseos, morirán para siempre; pero si por medio del Espíritu Santo ponen fin a esos malos deseos, tendrán vida eterna. ¹⁴ Todos los que viven en obediencia al Espíritu de Dios, son hijos de Dios. ¹⁵ Porque el Espíritu que Dios les ha dado no los esclaviza ni les hace tener miedo. Por el contrario, el Espíritu nos convierte en hijos de Dios y nos permite decirle a Dios: «¡Papá!» ¹⁶ El Espíritu de Dios se une a nuestro espíritu y nos asegura que somos hijos de Dios. ¹⁷ Y como somos sus hijos, tenemos derecho a todo lo bueno que él ha preparado para nosotros. Todo eso lo compartiremos con Cristo. Y si de alguna manera sufrimos como él sufrió, seguramente también compartiremos con él la honra que recibirá.

Un futuro maravilloso

¹⁸ Estoy seguro de que los sufrimientos por los que ahora pasamos no son nada, si los comparamos con la gloriosa vida que Dios nos dará junto a él. ¹⁹ El mundo entero espera impaciente que Dios muestre a todos que nosotros somos sus hijos. ²⁰ Pues todo el mundo está confundido, y no por su culpa, sino porque Dios así lo decidió. Pero al mundo le queda todavía la esperanza ²¹ de ser liberado de su destrucción. Tiene la esperanza de compartir la maravillosa libertad de los hijos de Dios.
²² Nosotros sabemos que este mundo se queja y sufre de dolor, como cuando una mujer embarazada está a punto de dar a luz.

23 Y no solo sufre el mundo, sino que también sufrimos nosotros, los que tenemos al Espíritu Santo como anticipo de todo lo que Dios nos dará después. Mientras esperamos que Dios nos adopte definitivamente como sus hijos, y nos libere del todo, sufrimos en silencio. **24** Dios nos salvó porque tenemos la confianza de que así sucederá. Pero esperar lo que ya se está viendo no es esperanza, pues ¿quién sigue esperando algo que ya tiene? **25** Sin embargo, si esperamos recibir algo que todavía no vemos, tenemos que esperarlo con paciencia.

26 Del mismo modo, y puesto que nuestra confianza en Dios es débil, el Espíritu Santo nos ayuda. Porque no sabemos cómo debemos orar a Dios, pero el Espíritu mismo ruega por nosotros, y lo hace de modo tan especial que no hay palabras para expresarlo. **27** Y Dios, que conoce todos nuestros pensamientos, sabe lo que el Espíritu Santo quiere decir. Porque el Espíritu ruega a Dios por su pueblo especial, y sus ruegos van de acuerdo con lo que Dios quiere.

28 Sabemos que Dios va preparando todo para el bien de los que le aman, es decir, de los que él ha llamado de acuerdo con su plan. **29** Desde el principio, Dios ya sabía a quiénes iba a elegir, y ya había decidido que fueran semejantes a su Hijo, para que este sea el Hijo mayor. **30** A los que él ya había elegido, los llamó; y a los que llamó también los aceptó; y a los que aceptó les dio un lugar de honor.

Cuánto nos ama Dios

31 Solo nos queda decir que si Dios está de nuestra parte, nadie podrá ponerse en contra nuestra. **32** Dios no nos negó ni siquiera a su propio Hijo, sino que lo entregó por nosotros, así que también nos dará junto con él todas las cosas. **33** ¿Quién puede acusar de algo malo a los que Dios ha elegido? ¡Si Dios mismo los ha declarado inocentes! **34** ¿Puede alguien castigarlos? ¡De ninguna manera, pues Jesucristo murió por ellos! Es más, Jesucristo resucitó, y ahora está a la derecha de Dios, rogando por nosotros. **35** ¿Quién podrá separarnos del amor de Jesucristo?

Nada ni nadie. Ni los problemas, ni los sufrimientos, ni las dificultades. Tampoco podrán hacerlo el hambre ni el frío, ni los peligros ni la muerte. **36** Como dice la Biblia:

«Por ti nos enfrentamos
a la muerte todo el día.
Somos como las ovejas
que se llevan al matadero».

37 En medio de todos nuestros problemas, estamos seguros de que Jesucristo, quien nos amó, nos dará la victoria total. **38** Yo estoy seguro de que nada podrá separarnos del amor de Dios: ni la vida, ni la muerte, ni los ángeles, ni los espíritus, ni lo presente, ni lo futuro, **39** ni los poderes del cielo, ni los del infierno, ni nada de lo creado por Dios. ¡Nada, absolutamente nada, podrá separarnos del amor que Dios nos ha mostrado por medio de nuestro Señor Jesucristo!

El pueblo de Dios

9 **1** Yo creo en Jesucristo, y por eso digo la verdad. El Espíritu Santo me guía, y en lo más profundo de mi ser me asegura que no miento. **2** Es verdad que estoy muy triste, y que en mi corazón siento un dolor que no me deja. **3** Sufro por los judíos, que son mi pueblo, y quisiera ayudarlos. Yo estaría dispuesto a caer bajo la maldición de Dios, y a quedar separado de Cristo, si eso los ayudara a estar cerca de Dios. **4** Ellos son el pueblo que Dios ha elegido. A ellos Dios les dio el derecho de ser sus hijos. Dios ha estado con ellos y les ha mostrado su gran poder. Hizo pactos con ellos, y les dio su ley. Les enseñó a adorarlo de verdad, y también les hizo promesas. **5** Ellos pertenecen al pueblo de Dios. Y el Mesías, como hombre, pertenece a ese mismo pueblo. Él gobierna sobre todas las cosas, y es Dios. ¡Alabado sea Dios por siempre! Amén.

6 No estoy diciendo que Dios no haya cumplido sus promesas con el pueblo de Israel. Pero no todos los judíos son realmente parte del pueblo de Israel. **7** Ni todos los descendientes de

Abraham son verdaderos hijos de Abraham, pues Dios le había dicho: «Solo serán tus descendientes los que procedan de tu hijo Isaac». **8-9** Esto significa que nadie es hijo de Dios solo por pertenecer a cierta familia o raza. Al contrario, la verdadera familia de Abraham la forman todos los descendientes de Isaac. Porque Isaac fue quien nació para cumplir la promesa que Dios le hizo a Abraham: «Dentro de un año volveré, y para entonces Sara ya tendrá un hijo».

10-12 Pero eso no es todo. Aun cuando los dos hijos de Rebeca eran de nuestro antepasado Isaac, Dios eligió solo a uno de ellos para formar su pueblo. Antes de nacer, ninguno de los niños había hecho nada, ni bueno ni malo. Sin embargo, Dios le dijo a Rebeca que el mayor serviría al menor. Con esto Dios demostró que él elige a quien él quiere, de acuerdo con su plan. Así que la elección de Dios no depende de lo que hagamos. **13** Como dice la Biblia: «Escogí a Jacob, pero rechacé a Esaú».

14 ¿Y por eso vamos a decir que Dios es injusto? ¡Claro que no! **15** Porque Dios le dijo a Moisés: «Yo tendré compasión de quien yo quiera tenerla». **16** Así que la elección de Dios no depende de que las personas quieran ser elegidas o se esfuercen por serlo, sino de que Dios les tenga compasión.

17 En la Biblia leemos que Dios le dijo al rey de Egipto: «Te hice rey, precisamente para mostrar mi poder por medio de todo lo que haré contigo, y para que todo el mundo me conozca». **18** Así que todo depende de lo que Dios decida hacer: él se compadece de quien quiere, y a quien quiere lo vuelve terco.

El enojo y la compasión de Dios

19 Si alguien me dijera: «¿De qué nos va a culpar Dios, si nadie puede oponerse a sus deseos?», **20** yo le contestaría: «Amigo mío, tú no eres nadie para cuestionar las decisiones de Dios». La olla de barro no puede quejarse con el que la hizo, de haberle dado esa forma. **21** El alfarero puede hacer con el barro lo que quiera. Con el mismo barro puede hacer una vasija para usarla en ocasiones especiales, y también una vasija de uso diario.

22 Algo parecido ha hecho Dios. Ha querido dar un ejemplo de castigo, para que todo el mundo conozca su poder. Por eso tuvo mucha paciencia con los que merecían ser castigados y destruidos. **23** Al mismo tiempo, demostró su gran amor y poder para salvarnos. Desde un principio nos tuvo compasión y nos eligió para vivir con él. **24** Y no le importó que fuéramos judíos o no lo fuéramos. **25** Como dice Dios en el libro del profeta Oseas:

«A un pueblo que no me pertenece,
lo llamaré mi pueblo.
A un pueblo que no amo,
le mostraré mi amor.

26 Y allí donde se les dijo:
"Ustedes no son mi pueblo",
se les llamará
"hijos del Dios vivo"».

27 Además, el profeta Isaías dijo acerca de los israelitas:

«Aunque los israelitas sean tantos
como los granos de arena en la playa,
solo unos cuantos serán salvados.

28 Muy pronto el Señor juzgará
a todos los habitantes de la tierra».

29 Y, como el mismo Isaías dijo:

«Si el Señor todopoderoso
no hubiera salvado
a algunos de nuestros familiares,
ahora mismo estaríamos
como las ciudades de Sodoma y Gomorra».

Israel y Cristo

30 ¿Qué más les puedo decir? Que aunque la gente de otros pueblos no estaba haciendo nada para que Dios los aceptara, él los aceptó porque confiaron en él. **31** En cambio, los israelitas fueron rechazados, porque trataban de cumplir la ley para que Dios los aceptara. **32** ¿Y por qué no fueron aceptados? Porque querían que Dios los aceptara por lo que hacían, y no por confiar solo en él. Por eso Cristo fue para ellos como una piedra en la que tropezaron. **33** En la Biblia Dios dijo:

«Yo pongo en Jerusalén
una roca con la cual
muchos tropezarán y caerán.
Pero Dios no defraudará
a los que confíen en él».

10 **1** Hermanos en Cristo, con todo mi corazón deseo y pido a Dios que él salve del castigo a los israelitas. **2** Estoy seguro de que ellos tienen muchos deseos de servir a Dios, pero no saben cómo hacerlo. **3** No comprenden que solo Dios nos puede declarar inocentes. Por eso han tratado de hacer algo para que Dios los acepte. En realidad, han rechazado la manera en que Dios quiere aceptarlos. **4** Dios ya no nos acepta por obedecer la ley; ahora solo acepta a los que confían en Cristo. Con Cristo, la ley llegó a su cumplimiento.

Todos pueden ser salvos

5 Al referirse a los que obedecen la ley para que Dios los acepte, Moisés escribió lo siguiente: «La persona que obedezca la ley se salvará si la cumple». **6** Al contrario, esto es lo que dice de los que confían en Dios para que él los acepte: «Nunca te preguntes: "¿Quién subirá al cielo?"», es decir, subir al cielo para pedirle a Cristo que baje. **7** «Tampoco te preguntes: "¿Quién bajará al mundo de los muertos?"», es decir, bajar allá para pedirle a Cristo que vuelva a vivir.

8 Más bien, la Biblia dice: «El mensaje de Dios está cerca de ti; está en tu boca y en tu corazón». Y ese mismo mensaje es el que les traemos: que debemos confiar en Dios. **9** Pues si ustedes reconocen con su propia boca que Jesús es el Señor, y si creen de corazón que Dios lo resucitó, entonces se librarán del castigo que merecen. **10** Pues si creemos de todo corazón, seremos aceptados por Dios; y si con nuestra boca reconocemos que Jesús es el Señor, Dios nos salvará.

11 La Biblia dice: «Dios no deja en vergüenza a los que confían en él». **12** No importa si son judíos o no lo son, porque todos tienen el mismo Dios, y él es muy bueno con todos los que le piden ayuda. **13** Pues la Biblia también dice: «Dios salvará a todos los que lo llamen». **14** Pero, ¿cómo van a llamarlo, si no confían en él? ¿Y cómo van a confiar en él, si nada saben de él? ¿Y cómo van a saberlo, si nadie les habla acerca del Señor Jesucristo? **15** ¿Y cómo hablarán de Jesucristo, si Dios no los envía? Como dice la Biblia: «¡Qué hermoso es ver llegar a los que traen buenas noticias!»

16 Sin embargo, no todos han aceptado estas buenas noticias. Como dijo el profeta Isaías: «Señor, ¿quién ha creído a nuestro mensaje?» **17** Así que las personas llegan a confiar en Dios cuando oyen el mensaje acerca de Jesucristo.

18 Pero yo pregunto: ¿Será que no han tenido oportunidad de oír el mensaje? ¡Claro que lo han oído! Porque la Biblia dice:

«El mensaje fue anunciado
por todas partes;
las voces de los mensajeros
se oyeron por todo el mundo».

19 Vuelvo entonces a preguntar: ¿Será que los israelitas no se han dado cuenta? ¡Claro que sí se han dado cuenta! Pues, en primer lugar, Dios dijo por medio de Moisés:

«Haré que los israelitas se pongan celosos
de un pueblo sin importancia.

Haré que se enojen
con gente de poco entendimiento».

20 Después, Isaías se atrevió a recordar algo que Dios había dicho:

«Me encontraron aquellos
que no me buscaban.
Me aparecí a gente
que no preguntaba por mí».

21 Pero del pueblo de Israel, Dios dijo por medio de Isaías:

«Todo el día le ofrecí ayuda
a un pueblo terco y desobediente».

Dios no ha rechazado a su pueblo

11 **1-2** Entonces me pregunto: ¿Será que Dios ha rechazado al pueblo que él mismo eligió? ¡Claro que no! Dios no ha rechazado a los judíos, a quienes eligió desde el principio de la creación. Yo mismo soy israelita; soy descendiente de Abraham y pertenezco a la tribu de Benjamín.

Como ustedes bien saben, hay en la Biblia un relato en donde Elías se queja con Dios acerca del pueblo de Israel. **3** Allí Elías le dice a Dios: «Señor, han matado a tus profetas y han destruido tus altares. Yo soy el único profeta que queda con vida, y también me quieren matar». **4** Pero Dios le contesta: «Todavía tengo siete mil israelitas que no han adorado al falso dios Baal».

5 Lo mismo pasa ahora. Dios es bueno y ha elegido a un pequeño grupo de judíos que aún confían en él. **6** Pero Dios los eligió porque él es bueno, y no porque ellos hayan hecho algo para merecerlo. Esto solo puede suceder así porque Dios es bueno de verdad.

7 Realmente, solo el pequeño grupo elegido por Dios logró encontrar lo que todos los demás buscaban. Y es que los demás eran muy tercos. **8** Como dice la Biblia:

«Dios les cerró la mente,
los ojos y los oídos,
hasta el día de hoy».

9 También leemos que David dijo:

«¡Que sus fiestas se conviertan
en trampas y redes,
para que desagraden a Dios
y sean castigados!

10 »¡Que se nublen sus ojos
para que no puedan ver!
¡Que para siempre sus espaldas
se doblen de tanto sufrir!»

La salvación de los no judíos

11 Sin embargo, aunque los judíos no pudieron agradar a Dios, tampoco fallaron del todo. Más bien, por la desobediencia de los judíos, los que no son judíos pueden ser salvados por Dios. Y esto hará que los judíos se pongan celosos. **12** Ahora bien, si por la desobediencia de los judíos el resto del mundo recibió ayuda, ¡con más razón la recibirá cuando todos los judíos sean aceptados por Dios!

13 Lo que voy a decir ahora es para ustedes, los que no son judíos. Dios me ha enviado para trabajar entre ustedes, y para mí esa tarea es muy importante. **14** Espero que con esto algunos de mi país se pongan celosos de ustedes, y así Dios pueda salvarlos también a ellos. **15** Pues si Dios, al rechazar a los judíos, aceptó al resto de la humanidad, ¡cómo será cuando los judíos sean aceptados! ¡Sucederá que los que viven como muertos tendrán vida eterna!

16 Si alguien le ofrece a Dios el primer pan que hornea, en realidad le está ofreciendo toda la masa con que hizo el pan. Si a Dios se le ofrecen las raíces de un árbol, entonces también las ramas del árbol le pertenecen.

17 Cuando Dios rechazó a algunos judíos y los aceptó a ustedes en su lugar, ustedes llegaron a formar parte del pueblo de Dios, y así recibieron la vida eterna. **18** Pero no vayan a creerse mejores que los judíos que fueron rechazados. Recuerden que ustedes han recibido esa vida gracias a ellos, y no ellos gracias a ustedes.

19 Tal vez piensen que ellos fueron rechazados para que ustedes fueran aceptados en el pueblo de Dios. **20** Y es verdad. Pero ellos fueron rechazados por no confiar en Dios, y ustedes fueron aceptados solamente por confiar en él. Así que no se pongan orgullosos; más bien, tengan cuidado. **21** Si Dios rechazó a los judíos en general, también podría hacer lo mismo con ustedes.

22 Fíjense en lo bueno que es Dios, pero también tomen en cuenta que es muy estricto. Es estricto con los que han pecado, pero ha sido bueno con ustedes. Y seguirá siéndolo, si ustedes le son agradecidos y se portan bien. De lo contrario, también a ustedes los rechazará.

23 Si los judíos cambian y confían en Dios, volverán a formar parte de su pueblo, pues Dios tiene poder para hacerlo.
24 Después de todo, no es lógico tomar algo de buena calidad y mezclarlo con algo de mala calidad. Si Dios los aceptó a ustedes, que no eran parte de su pueblo, con más razón volverá a aceptar a los judíos, que sí lo son.

Dios salvará a su pueblo

25 Hermanos en Cristo, hay mucho que ustedes todavía no saben. Por eso voy a explicarles el plan que Dios tenía en secreto. Algunos de los judíos se han vuelto muy tercos y no quieren creer en Jesucristo. Pero solo se portarán así hasta que los no judíos pasen a formar parte de su pueblo. **26** Después de esto, Dios salvará a todo el pueblo de Israel. Como lo dice en la Biblia:

«El Salvador vendrá de Jerusalén,
y limpiará toda la maldad
del pueblo de Israel.
27 Yo he prometido hacer esto
cuando les perdone sus pecados».

28 Por ahora, Dios actúa con los judíos como si fueran sus enemigos. Pero lo hace solo para darles a ustedes la oportunidad de creer en la buena noticia. Dios sigue amando a los judíos, pues eligió a sus antepasados para formar su pueblo. **29** Dios no da regalos para luego quitarlos, ni se olvida de las personas que ha elegido.

30 En el pasado, ustedes desobedecieron a Dios. Pero ahora que los judíos no han querido obedecerlo, Dios se ha compadecido de ustedes. **31** Y así como Dios les ha mostrado a ustedes su compasión, también lo hará con ellos. **32** Pues Dios hizo que todos fueran desobedientes, para así tenerles compasión a todos.

Dios merece nuestra alabanza

33 ¡Dios es inmensamente rico! ¡Su inteligencia y su conocimiento son tan grandes que no se pueden medir! Nadie es capaz de entender sus decisiones, ni de explicar sus hechos. **34** Como dice la Biblia:

«¿Sabe alguien cómo piensa Dios?
¿Puede alguien darle consejos?

35 »¿Puede acaso alguien
regalarle algo a Dios,
para que él esté obligado
a darle algo a cambio?»

36 En realidad, todo fue creado por Dios, y existe por él y para él. Así que, ¡alabemos a Dios por siempre! Amén.

La nueva vida

12 [1] Por eso, hermanos míos, ya que Dios es tan bueno con ustedes, les ruego que dediquen toda su vida a servirle y a hacer todo lo que a él le agrada. Así es como se debe adorarlo. [2] Y no vivan ya como vive todo el mundo. Al contrario, cambien de manera de ser y de pensar. Así podrán saber qué es lo que Dios quiere, es decir, todo lo que es bueno, agradable y perfecto.

[3] Dios en su bondad me nombró apóstol, y por eso les pido que no se crean mejores de lo que realmente son. Más bien, véanse ustedes mismos según la capacidad que Dios les ha dado como seguidores de Cristo. [4] El cuerpo humano está compuesto de muchas partes, pero no todas ellas tienen la misma función. [5] Algo parecido pasa con nosotros como iglesia: aunque somos muchos, todos juntos formamos el cuerpo de Cristo.

[6] Dios nos ha dado a todos diferentes capacidades, según lo que él quiso darle a cada uno. Por eso, si Dios nos autoriza para hablar en su nombre, hagámoslo como corresponde a un seguidor de Cristo. [7] Si nos pone a servir a otros, sirvámosles bien. Si nos da la capacidad de enseñar, dediquémonos a enseñar. [8] Si nos pide animar a los demás, debemos animarlos. Si de compartir nuestros bienes se trata, no seamos tacaños. Si debemos dirigir a los demás, pongamos todo nuestro empeño. Y si nos toca ayudar a los necesitados, hagámoslo con alegría.

Cómo vivir la vida cristiana

[9] Amen a los demás con sinceridad. Rechacen todo lo que sea malo, y no se aparten de lo que sea bueno. [10] Ámense unos a otros como hermanos, y respétense siempre.

[11] Trabajen con mucho ánimo, y no sean perezosos. Trabajen para Dios con mucho entusiasmo.

[12] Mientras esperan al Señor, muéstrense alegres; cuando sufran por el Señor, muestren paciencia; cuando oren al Señor, muéstrense constantes.

13 Compartan lo que tengan con los pobres de la iglesia. Reciban en sus hogares a los que vengan de otras ciudades y países.

14 No maldigan a sus perseguidores; más bien, pídanle a Dios que los bendiga.

15 Si alguno está alegre, alégrense con él; si alguno está triste, acompáñenlo en su tristeza.

16 Vivan siempre en armonía. Y no sean orgullosos, sino traten como iguales a la gente humilde. No se crean más inteligentes que los demás.

17 Si alguien los trata mal, no le paguen con la misma moneda. Al contrario, busquen siempre hacerle el bien a todos.

18 Hagan todo lo posible por vivir en paz con todo el mundo.

19 Queridos hermanos, no busquen venganza, sino dejen que Dios se encargue de castigar a los malos. Pues en la Biblia Dios dice: «A mí me toca vengarme. Yo le daré a cada cual su merecido». **20** Y también dice: «Si tu enemigo tiene hambre, dale de comer; si tiene sed, dale de beber. Así harás que se ponga rojo de vergüenza».

21 No se dejen vencer por el mal. Al contrario, triunfen sobre el mal, haciendo el bien.

Dios y las autoridades

13 **1** Solo Dios puede darle autoridad a una persona, y es él quien les ha dado poder a los gobernantes que tenemos. Por lo tanto, debemos obedecer las autoridades del gobierno. **2** Quien no obedece a los gobernantes, se está oponiendo a lo que Dios ordena. Y quien se oponga será castigado, **3** porque los que gobiernan no están para meterles miedo a los que se portan bien, sino a los que se portan mal. Si ustedes no quieren tenerles miedo a los gobernantes, hagan lo que es bueno, y los gobernantes hablarán bien de ustedes. **4** Porque ellos están para servir a Dios y para beneficiarlos a ustedes. Pero si se portan mal, ¡pónganse a temblar!, porque la espada que llevan no es de adorno. Ellos están para servir a Dios, pero también para castigar a los que hacen lo malo. **5** Así que ustedes deben obedecer a los gobernantes, no solo para que no los castiguen, sino porque eso es lo correcto.

6 Los gobernantes están al servicio de Dios y están cumpliendo un deber. Por eso pagan ustedes sus impuestos. **7** Así que páguenle a cada uno lo que deban pagarle, ya sea que se trate de impuestos, contribuciones, respeto o estimación.

El amor

8 No le deban nada a nadie. La única deuda que deben tener es la de amarse unos a otros. El que ama a los demás ya ha cumplido con todo lo que la ley exige. **9** En la ley hay mandatos como estos: «No sean infieles en el matrimonio. No maten. No roben. No se mueran de ganas por tener lo que otros tienen». Estos mandamientos, y todos los demás, pueden resumirse en uno solo: «Amen a los demás así como se aman a ustedes mismos». **10** El amor no causa daño a nadie. Cuando amamos a los demás, estamos cumpliendo toda la ley.

El regreso de Cristo

11 Estamos viviendo tiempos muy importantes, y ustedes han vivido como si estuvieran dormidos. ¡Ya es hora de que despierten! Ya está muy cerca el día en que Dios nos salvará; mucho más cerca que cuando empezamos a creer en Jesús. **12-14** ¡Ya casi llega el momento! Así que dejemos de pecar, porque pecar es como vivir en la oscuridad. Hagamos el bien, que es como vivir en la luz. Controlemos nuestros deseos de hacer lo malo, y comportémonos correctamente, como si todo el tiempo anduviéramos a plena luz del día. No vayamos a fiestas donde haya desórdenes, ni nos emborrachemos, ni seamos vulgares, ni tengamos ninguna clase de vicios. No busquemos pelea ni seamos celosos. Más bien, dejemos que Jesucristo nos proteja.

No critiquen a los demás

14 ¹ Reciban bien a los cristianos débiles, es decir, a los que todavía no entienden bien qué es lo que Dios ordena. Si en algo no están de acuerdo con ellos, no discutan. ² Por ejemplo, hay quienes se sienten fuertes y creen que está bien comer de todo, mientras que los débiles solo comen verduras. ³ Pero los que comen de todo no deben despreciar a los otros. De igual manera, los que solo comen verduras no deben criticar a los que comen de todo, pues Dios los ha aceptado por igual.

⁴ Ustedes no tienen derecho de criticar al esclavo de otro. Es el dueño del esclavo quien decide si su esclavo trabaja bien o no. Así también, Dios es el único que tiene poder para ayudar a cada uno a cumplir bien su trabajo.

⁵ Permítanme darles otro ejemplo. Hay algunos que piensan que ciertos días son especiales, mientras que para otras personas todos los días son iguales. Cada uno debe estar seguro de que piensa lo correcto. ⁶ Los que piensan que cierto día es especial, lo hacen para honrar a Dios. Y los que comen de todo, lo hacen también para honrar a Dios, y le dan las gracias. Igual sucede con los que solo comen verduras, pues lo hacen para honrar a Dios, y también le dan las gracias.

⁷ Nuestra vida y nuestra muerte ya no son nuestras, sino que son de Dios. ⁸ Si vivimos o morimos, es para honrar al Señor Jesucristo. Ya sea que estemos vivos, o que estemos muertos, somos de él. ⁹ En realidad, Jesucristo murió y resucitó para tener autoridad sobre los vivos y los muertos.

¹⁰ Por eso no deben ustedes criticar a los otros hermanos de la iglesia, ni despreciarlos, porque todos seremos juzgados por Dios. ¹¹ En la Biblia Dios dice:

«Juro por mi vida
que, en mi presencia,
todos se arrodillarán
y me alabarán».

12 Así que todos tendremos que presentarnos delante de Dios para que él nos juzgue.

No hagan daño a otros

13 Ya no debemos criticarnos unos a otros. Al contrario, no hagamos que por culpa nuestra un seguidor de Cristo peque o pierda su confianza en Dios. **14** A mí, nuestro Señor Jesús me ha enseñado que ningún alimento es malo en sí mismo. Pero si alguien piensa que alguna comida no se debe comer, entonces no debe comerla. **15** Si algún hermano se ofende por lo que ustedes comen, es porque no le están mostrando amor. No permitan que, por insistir en comer ciertos alimentos, acabe en el infierno alguien por quien Cristo murió. **16** No permitan que se hable mal de la libertad que Cristo les ha dado. **17** En el reino de Dios no importa lo que se come ni lo que se bebe. Más bien, lo que importa es hacer el bien, y vivir en paz y con alegría. Y todo esto puede hacerse por medio del Espíritu Santo. **18** Si servimos a Jesucristo de esta manera, agradaremos a Dios y la gente nos respetará.

19 Por lo tanto, vivamos en paz unos con otros, y ayudémonos a crecer más en la nueva vida que Cristo nos ha dado. **20** No permitan que por insistir en lo que se debe o no se debe comer, se arruine todo lo bueno que Dios ha hecho en la vida del hermano débil. La verdad es que toda comida es buena; lo malo es que por comer algo, se haga que otro hermano deje de creer en Dios. **21** Más vale no comer carne, ni beber vino, ni hacer nada que pueda causarle problemas a otros hermanos. **22** Lo que ustedes decidan sobre estas cosas es algo entre Dios y ustedes. ¡Dichosos los que se sienten libres para hacer algo, y no se sienten mal de haberlo hecho! **23** Pero si alguien no está seguro si debe o no comer algo, y lo come, hace mal, porque no está actuando de acuerdo con lo que cree. Y ustedes bien saben que eso es malo, pues todo lo que se hace en contra de lo que uno cree, es pecado.

Ayudar a los más débiles

15 ¹ Nosotros, los que sí sabemos lo que Dios quiere, no debemos pensar solo en lo que es bueno para nosotros mismos. Más bien, debemos ayudar a los que todavía no tienen esa seguridad. ² Todos debemos apoyar a los demás, y buscar su bien. Así los ayudaremos a confiar más en Dios. ³ Porque ni aun Cristo pensaba sólo en lo que le agradaba a él. Como Dios dice en la Biblia: «Cuando la gente los insultaba a ustedes, en realidad me insultaba a mí». ⁴ Todo lo que está escrito en la Biblia es para enseñarnos. Lo que ella nos dice nos ayuda a tener ánimo y paciencia, y nos da seguridad en lo que hemos creído. ⁵ Aunque, en realidad, es Dios quien nos da paciencia y nos anima. A él le pido que los ayude a ustedes a llevarse bien con todos, siguiendo el ejemplo de Jesucristo. ⁶ Así, todos juntos podrán alabar a Dios el Padre.

La buena noticia es para todos

⁷ Por eso es necesario que se acepten unos a otros tal y como son, así como Cristo los aceptó a ustedes. Así, todos alabarán a Dios. ⁸ Pues Cristo vino y sirvió a los judíos, para mostrar que Dios es fiel y cumple las promesas que les hizo a nuestros antepasados. ⁹ También vino para que los que no son judíos den gracias a Dios por su bondad. Pues así dice la Biblia:

«Por eso te alabaré
en todos los países,
y te cantaré himnos».

¹⁰ También leemos:

«Que se alegren todas las naciones,
junto con el pueblo de Dios».

11 En otra parte, la Biblia dice:

«Que todas las naciones del mundo
alaben y adoren a Dios».

12 Y también el profeta Isaías escribió:

«Un descendiente de Jesé
se levantará con poder.

Él gobernará a las naciones,
y ellas confiarán solo en él».

13 Que Dios, quien nos da seguridad, los llene de alegría. Que les dé la paz que trae el confiar en él. Y que, por el poder del Espíritu Santo, los llene de esperanza.

El trabajo de Pablo como apóstol

14 Hermanos en Cristo, estoy seguro de que ustedes son muy buenos y están llenos de conocimientos, pues saben aconsejarse unos a otros. **15** Sin embargo, me he atrevido a escribirles abiertamente acerca de algunas cosas, para que no las olviden. Lo hago porque Dios ha sido bueno conmigo, **16** y porque me eligió para servir a Jesucristo y ayudar a los que no son judíos. Debo ser para ellos como un sacerdote que les anuncie la buena noticia de Dios y los lleve a su presencia como una ofrenda agradable, dedicada solo para él por medio del Espíritu Santo.

17 Por lo que Jesucristo ha hecho en mí, puedo sentirme orgulloso de mi servicio a Dios. **18** En realidad, solo hablaré de lo que Cristo hizo a través de mí, para lograr que los no judíos obedezcan a Dios. Y lo he logrado, no solo por medio de mis palabras, sino también por mis hechos. **19** Por el poder del Espíritu Santo he hecho muchos milagros y maravillas, y he anunciado la buena noticia por todas partes, desde Jerusalén hasta la región de Iliria. **20** Siempre he tratado de anunciar a Cristo en regiones donde nadie antes hubiera oído hablar de él. Así, al anunciar la buena noticia, no me he aprovechado del trabajo anterior de otros apóstoles. **21** Más bien, he querido hacer lo que dice la Biblia:

> «Lo verán y lo comprenderán
> aquellos que nunca antes
> habían oído hablar de él».

Pablo piensa visitar Roma

22-23 Hermanos míos, muchas veces he querido ir a Roma, para visitarlos. No he podido hacerlo porque el anunciar las buenas noticias me ha mantenido muy ocupado. Pero, como ya terminé mi trabajo en esta región, y como ya hace tiempo he querido verlos, **24** pienso pasar por allí cuando vaya a España. No podré quedarme mucho tiempo con ustedes, pero sé que disfrutaré de su compañía, y espero que me ayuden a seguir mi viaje.

25 Ahora voy a Jerusalén, a llevar un dinero para los seguidores de Cristo que viven allí. **26** Ese dinero lo recogieron las iglesias de las regiones de Macedonia y Acaya, para ayudar a los cristianos pobres de Jerusalén. **27** Lo hicieron de manera voluntaria, aunque en realidad estaban obligados a hacerlo. Porque si los cristianos judíos compartieron sus riquezas espirituales con los cristianos que no son judíos, también los no judíos deben compartir con los judíos sus riquezas materiales. **28** En cuanto yo termine con este asunto y haya entregado el dinero a los cristianos de Jerusalén, saldré hacia España, y de paso los visitaré a ustedes. **29** Estoy seguro de que, cuando llegue a la ciudad de Roma, compartiré con ustedes todo lo bueno que hemos recibido de Cristo.

30 Yo les ruego, hermanos míos, por nuestro Señor Jesucristo y por el amor que nos da el Espíritu Santo, que oren mucho a Dios por mí. **31** Pídanle que en la región de Judea me proteja de los que no creen en él, y que el dinero que llevo a los hermanos de Jerusalén sea bien recibido. **32** Entonces podré visitarlos lleno de alegría, y disfrutar de un tiempo de descanso con ustedes, si es que Dios así lo permite. **33** Que Dios, quien nos da paz, esté con cada uno de ustedes. Amén.

Saludos personales

16 ¹ Tengo muchas cosas buenas que decir acerca de Febe. Ella es una cristiana muy activa en la iglesia de Puerto Cencreas. ² Ella ha entregado su vida al servicio del Señor Jesucristo. Recíbanla bien, como debe recibirse a todos los que pertenecen a la gran familia de Dios, y ayúdenla en todo lo que necesite, porque ella ha ayudado a muchos, y a mí también.

³ Les mando saludos a Priscila y a Áquila, que han trabajado conmigo sirviendo a Jesucristo. ⁴ Por ayudarme, pusieron en peligro sus vidas, así que les estoy muy agradecido, como lo están las iglesias de los cristianos no judíos. ⁵ Saluden de mi parte a los miembros de la iglesia que se reúne en la casa de ellos.

Saluden a mi querido amigo Epéneto, que fue el primero en la provincia de Asia que aceptó a Cristo como su salvador.

⁶ Saluden a María, que ha trabajado mucho por ustedes.

⁷ Saluden a Andrónico y a Junias, que son judíos como yo, y que estuvieron en la cárcel conmigo. Son apóstoles muy bien conocidos, y llegaron a creer en Cristo antes que yo.

⁸ Saluden a Ampliato, quien gracias a nuestro Señor Jesucristo, es un querido amigo mío.

⁹ Saluden a Urbano, que es un compañero de trabajo en el servicio a Cristo, y también a mi querido amigo Estaquis.

¹⁰ Saluden a Apeles, que tantas veces ha demostrado ser fiel a Cristo. Saluden también a todos los de la familia de Aristóbulo. ¹¹ También a Herodión, judío como yo, y a los de la familia de Narciso, que confía mucho en Dios.

¹² Saluden a Trifena y Trifosa, que trabajan para Dios. Saluden a mi querida amiga Pérside, que también ha trabajado mucho para Dios.

¹³ Les mando saludos a Rufo, que es un distinguido servidor de Cristo, y a su madre, que me ha tratado como a un hijo.

¹⁴ Saluden a Asíncrito, Flegonte, Hermes, Patrobas y Hermas, y a todos los hermanos que están con ellos. ¹⁵ Saluden a Filólogo y a Julia, a Nereo y a su hermana, a Olimpas y a todos los hermanos que están con ellos.

16 Salúdense entre ustedes con mucho cariño y afecto. Todas las iglesias de Cristo les envían sus saludos.

Instrucciones finales

17 Queridos hermanos, les ruego que se fijen en los que causan pleitos en la iglesia. Ellos están en contra de todo lo que a ustedes se les ha enseñado. Apártense de esa gente, **18** porque no sirven a Cristo, nuestro Señor, sino que buscan su propio bien. Hablan a la gente con palabras bonitas, pero son unos mentirosos y engañan a los que no entienden.

19 Todo el mundo sabe que ustedes obedecen a Dios, y eso me hace muy feliz. Quiero que demuestren su inteligencia haciendo lo bueno, y no lo malo. **20** Así el Dios de paz pronto vencerá a Satanás y lo pondrá bajo el dominio de ustedes. ¡Que Jesús, nuestro Señor, siga mostrándoles su amor!

21 Les envía saludos Timoteo, que trabaja conmigo. También les envían saludos Lucio, Jasón y Sosípatro, que son judíos como yo.

22-24 Los saluda Gayo, quien me ha recibido en su casa, donde también se reúne la iglesia. También los saludan Erasto, tesorero de la ciudad, y nuestro hermano Cuarto.

También yo les envío saludos en el amor de Cristo. Me llamo Tercio, y Pablo me dictó esta carta.

Oración final

25 Dios puede hacer que ustedes se mantengan firmes en la vida que Jesucristo nos ha dado. ¡Alabémoslo! Así lo dije cuando les anuncié la buena noticia y les hablé de Jesucristo. Esto va de acuerdo con el plan que Dios nos dio a conocer, y que mantuvo en secreto desde antes de crear el mundo. **26** Ahora conocemos ese plan por medio de lo que escribieron los profetas. Además, Dios, que vive para siempre, así lo ordenó, para que todo el mundo crea y obedezca al Señor.

27 Y ahora, por medio de Jesucristo, alabemos por siempre al único y sabio Dios. Amén.

1 CORINTIOS
Primera carta de Pablo a los corintios

Saludo

1 **1-3** Queridos hermanos de la iglesia de Dios en Corinto: Reciban saludos míos, y de nuestro hermano Sóstenes.

Yo, Pablo, deseo de todo corazón que nuestro Padre Dios y el Señor Jesucristo les den mucho amor y paz.

Dios me eligió para ser apóstol de Jesucristo, y también los eligió a ustedes para que vivan unidos a él y formen parte de su pueblo especial. Así estarán unidos a nosotros y a todos los que adoran y alaban a nuestro Señor Jesucristo en todo el mundo.

La oración de Pablo

4 Siempre le doy gracias a Dios por ustedes. Dios fue bueno y les dio a Jesucristo, **5** y además los ayudó a que comprendieran su mensaje y lo comunicaran mejor. **6** Ustedes creyeron completamente en el mensaje de Jesucristo. **7** Por eso, mientras esperan que Jesucristo vuelva, no les faltará ninguna bendición de Dios. **8** De ese modo no dejarán de confiar en él, y cuando Jesús llegue nadie los acusará de haber hecho algo malo. **9** Dios los eligió a ustedes para que compartan todo con su Hijo Jesucristo, nuestro Señor, y él siempre cumple su palabra.

¡Vivamos unidos!

10-11 Hermanos míos, yo les ruego, de parte de nuestro Señor Jesucristo, que se pongan todos de acuerdo y que no haya divisiones entre ustedes. Al contrario, vivan unidos y traten de ponerse de acuerdo en lo que piensan.

Algunos de la familia de Cloé me dijeron que hay asuntos por los que ustedes están discutiendo mucho. **12** Mientras que algunos dicen: «Yo soy seguidor de Pablo», otros dicen: «Yo no, yo soy seguidor de Apolo». Y hay otros que responden: «Pues yo soy seguidor de Pedro», y aun otros dicen: «Yo sigo a Cristo». **13** ¡Pero no hay tal cosa como un Cristo dividido! Además, no fui yo el que murió en la cruz para salvarlos a ustedes. Así que no tienen por qué formar un grupo de seguidores míos. Por otra parte, ustedes no fueron bautizados en mi nombre. **14-16** Gracias a Dios, solo bauticé a Crispo, a Gayo y a la familia de Estéfanas. No recuerdo haber bautizado a nadie más. En todo caso, nadie puede decir que fue bautizado en mi nombre. **17** Y es que Cristo no me mandó a bautizar, sino a anunciar la buena noticia. Y no me mandó a anunciarla con palabras elegantes. Si yo hago que la gente se fije más en mí que en Cristo, su muerte en la cruz no servirá de nada.

¡Cristo es poderoso!

18 Algunos piensan que hablar de la muerte de Cristo en la cruz es una tontería. Pero los que así piensan no se salvarán, pues viven haciendo el mal. Sin embargo, para los que sí van a salvarse, es decir, para nosotros, ese mensaje tiene el poder de Dios. **19** En la Biblia Dios dice:

«¡Dejaré confundidos a los que creen que saben mucho!»

20 Dios ha demostrado que la gente de este mundo es tonta, pues cree saberlo todo. En realidad, nada saben los sabios, ni los expertos en la Biblia, ni los que creen tener todas las respuestas. **21** Dios es tan sabio que no permitió que la gente de este mundo lo conociera mediante el conocimiento humano. En lugar de eso, decidió salvar a los que creyeran en el mensaje que anunciamos, aun cuando este mensaje parezca una tontería.

22 Los judíos quieren ver milagros para creer en el mensaje que les anunciamos, y los griegos quieren oír un mensaje que suene razonable e inteligente. **23** Sin embargo, nosotros les anunciamos que Jesús es el Mesías, ¡y que murió en la cruz! Para la mayoría de los judíos, esto es un insulto; y para los que no son judíos, es una tontería. **24** En cambio, para los que fueron elegidos por Dios, sean judíos o no, el poder y la sabiduría de Dios se han manifestado en la muerte del Mesías que Dios envió. **25** Así que lo que parece una tontería de Dios, es algo mucho más sabio de lo que cualquiera pueda pensar. Podría pensarse que Dios es débil, pero en realidad es más fuerte que cualquiera.

26 Recuerden lo que ustedes eran cuando Dios los eligió. De acuerdo a la gente, muy pocos de ustedes eran sabios, muy pocos de ustedes ocupaban puestos de poder, y muy pocos pertenecían a familias importantes. **27-28** Y aunque la gente de este mundo piensa que ustedes son tontos y no tienen importancia, Dios los eligió para que los que se creen sabios entiendan que no saben nada. Dios eligió a los que, desde el punto de vista humano, son débiles, despreciables y de poca importancia, para que los que se creen muy importantes se den cuenta de que en realidad no lo son. Así, Dios ha demostrado que, en realidad, esa gente no vale nada. **29** Por eso ante Dios nadie tiene de qué sentirse orgulloso. **30** Dios los ha unido a ustedes con Cristo, y gracias a esa unión ahora son sabios; Dios los ha aceptado como parte del pueblo de Dios, y han recibido la vida eterna. **31** Por lo tanto, como dice la Biblia, si alguien quiere sentirse orgulloso de algo, que se sienta orgulloso de Jesucristo, el Señor.

Los planes secretos de Dios

2 **1** Hermanos en Cristo, cuando fui a hablarles de los planes que Dios tenía en secreto, no lo hice con palabras difíciles, ni traté de impresionarlos. **2** Al contrario, decidí hablarles solo de Cristo, y principalmente de su muerte en la cruz. **3** Cuando me acerqué para enseñarles y anunciarles el mensaje, me sentía poco importante y temblaba de miedo. **4** No fui como un sabelotodo, ni usé palabras elegantes. Solo dejé que el Espíritu de Dios mostrara su poder y los convenciera. **5** Y así, ustedes creyeron en Dios, no por medio de la sabiduría humana sino por el poder de Dios.

Dios da a conocer sus planes

6 Sin embargo, cuando hablamos con los que ya entienden mejor el mensaje de Dios, hablamos con sabiduría. Pero no empleamos la sabiduría humana como la emplean la gente y los gobernantes de este mundo. El poder que ellos tienen está condenado a desaparecer. **7** Nosotros enseñamos el mensaje con palabras inteligentes que vienen de Dios. Ese mensaje habla de los planes que Dios tenía en secreto desde antes de crear el mundo, y que él quiso manifestarnos para que podamos compartir su gloria. **8** Claro que este plan inteligente de Dios no lo entendió ninguno de los gobernantes del mundo. Si lo hubieran entendido, no habrían matado en la cruz a nuestro Señor, quien es el dueño de la vida. **9** Como dice la Biblia:

«Para aquellos que lo aman,
Dios ha preparado cosas
que nadie jamás pudo ver,
ni escuchar ni imaginar».

10 Dios nos dio a conocer todo esto por medio de su Espíritu, porque el Espíritu de Dios lo examina todo, hasta los secretos más profundos de Dios.

11 Nadie puede saber lo que piensa otra persona. Solo el espíritu de esa persona sabe lo que ella está pensando. De la misma manera, solo el Espíritu de Dios sabe lo que piensa Dios. **12** Pero como Dios nos dio su Espíritu, nosotros podemos darnos cuenta de lo que Dios, en su bondad, ha hecho por nosotros.

13 Cuando hablamos de lo que Dios ha hecho por nosotros, no usamos las palabras que nos dicta la inteligencia humana, sino que usamos el lenguaje espiritual que nos enseña el Espíritu de Dios.

14 Los que no tienen el Espíritu de Dios no aceptan las enseñanzas espirituales, pues las consideran una tontería. Y tampoco pueden entenderlas, porque no tienen el Espíritu de

Dios. **15** Los que tienen el Espíritu de Dios, todo lo examinan y todo lo entienden. En cambio, los que no tienen el Espíritu, no pueden examinar ni entender a los que sí lo tienen. **16** Como dice la Biblia: «¿Quién sabe lo que piensa el Señor? ¿Quién puede darle consejos?» Pero nosotros tenemos el Espíritu de Dios, y por eso pensamos como Cristo.

Servidores de Dios

3 **1** Hermanos míos, antes de ahora no les pude hablar como a quienes ya tienen el Espíritu de Dios, porque ustedes se comportaban como la gente pecadora de este mundo. Por eso tuve que hablarles como si apenas comenzaran a creer en Cristo. **2** En vez de enseñarles cosas difíciles, les enseñé cosas sencillas, porque ustedes parecen niños pequeños, que apenas pueden tomar leche y no alimentos fuertes. En aquel entonces no estaban preparados para entender cosas más difíciles. Y todavía no lo están, **3-4** pues siguen viviendo como la gente pecadora de este mundo. Tienen celos los unos de los otros, y se pelean entre sí. Porque cuando uno dice: «Yo soy seguidor de Pablo», y otro contesta: «Yo soy seguidor de Apolo», están actuando como la gente de este mundo. ¿No se dan cuenta de que así se comportan los pecadores?

5 Después de todo, Apolo y yo solo somos servidores de Dios para ayudarlos a creer en Jesucristo. Cada uno de nosotros hizo lo que el Señor nos mandó hacer: **6** yo les anuncié a ustedes la buena noticia de Jesucristo, y Apolo les enseñó a seguir confiando en él. Pero fue Dios quien les hizo sentirse cada vez más seguros en Cristo. **7** Así que lo importante no es quién anuncia la noticia, ni quién la enseña. El único importante es Dios, pues él es quien nos hace crecer. **8** Tanta importancia tienen los que anuncian la noticia como los que la enseñan. Cada uno de ellos recibirá su premio, según el trabajo que haya hecho. **9** Apolo y yo somos servidores de Dios. Ustedes son como un campo de trigo, y Dios es el dueño; son como un edificio construido por él. **10** Dios, por su bondad, me permitió actuar como si yo fuera el arquitecto de ese edificio. Y yo, como buen arquitecto, puse una base firme: les di la buena noticia de Jesucristo. Luego otros construyeron sobre esa base, y les enseñaron a seguir confiando en él. Pero cada uno debe tener cuidado de la manera en que construye. **11** Nadie puede poner una base distinta de la que ya está puesta, y esa base es Jesucristo. **12** A partir de esa base podemos seguir construyendo con oro, plata, piedras preciosas, madera, paja o caña. **13** Pero, cuando llegue el fin del mundo, Dios pondrá a prueba lo que cada uno enseñó. Será como probar con fuego los materiales que usamos para la construcción. **14** Si lo que uno enseñó resulta ser como un material que no se quema, recibirá un premio. **15** En cambio, si es como un material que se quema, perderá todo, aunque él mismo se salvará como si escapara del fuego.

16 ¿Acaso no saben que ustedes son un templo de Dios, y que el Espíritu de Dios vive en ustedes? **17** Ustedes son el templo santo de Dios, y a cualquiera que destruya su templo Dios también lo destruirá.

18 ¡No se engañen a ustedes mismos! Si alguno cree que es muy sabio y que sabe mucho de las cosas de este mundo, para ser sabio de verdad debe comportarse como un ignorante. **19** Porque, para Dios, la sabiduría de este mundo es una tontería. Como dice la Biblia: «Dios les pone trampas a los sabios, cuando creen que pueden engañarlo con sus muchos conocimientos». **20** Y también dice: «Dios sabe que los sabios solo piensan tonterías». **21** Por lo tanto, nadie se llene de orgullo por lo que hacen simples seres humanos. En realidad todo es de ustedes: **22** Pablo, Apolo, Pedro, el mundo, la vida, la muerte, el presente y el futuro. Todo es de ustedes, **23** y ustedes son de Cristo y Cristo es de Dios.

Servidores de Cristo

4 **1** Ustedes deben considerarnos como simples servidores de Cristo, encargados de enseñar los planes que Dios tenía en secreto. **2** Los que están encargados de alguna tarea deben demostrar que se puede confiar en ellos. **3** A mí, en lo personal, no me importa si ustedes o un tribunal de justicia de este mundo se ponen a averiguar si hago bien o mal. Ni siquiera me juzgo a mí mismo. **4** No recuerdo haber hecho nada malo, pero eso no significa que esté totalmente libre de culpa. Dios es el único que tiene derecho a juzgarme. **5** Por eso, no culpen a nadie antes de que Jesucristo vuelva. Cuando él venga, mostrará todo lo que está oculto y lo que piensa cada uno. Entonces Dios le dará a cada uno el premio que se merezca.

6 Hablé de Apolo, y de mí mismo, para que aprendan de nuestro ejemplo lo que significa el dicho: «No hay que hacer ni decir más de lo que dice la Biblia». Así que no anden presumiendo de que un servidor de Dios es mejor que otro. **7** No hay nada que los haga a ustedes más importantes que otros. Todo lo que tienen, lo han recibido de Dios. Y si todo se lo deben a él, ¿por qué presumen, como si ustedes solos lo hubieran conseguido?

8 Ustedes tienen ahora todo lo que desean: ya son ricos, y actúan como reyes, como si no necesitaran de nosotros. ¡Ojalá de veras fueran reyes! ¡Así nosotros podríamos reinar junto con ustedes! **9** Pero me parece que a nosotros, los apóstoles, Dios nos ha dejado en el último lugar. Parecemos prisioneros condenados a muerte. Somos la diversión del mundo entero, ¡y hasta de los ángeles! **10** Por obedecer a Cristo, la gente nos considera tontos. En cambio, gracias a Cristo, a ustedes los consideran sabios. Nosotros somos los débiles, y ustedes los fuertes. A ustedes los respetan, y a nosotros no. **11** Ahora mismo tenemos hambre y sed, andamos casi desnudos, la gente nos maltrata, y no tenemos ni dónde vivir. **12** Nos cansamos trabajando con nuestras manos. Bendecimos a los que nos insultan. Cuando sufrimos, lo soportamos con paciencia. **13** Cuando hablan mal de nosotros, contestamos con palabras amables. Hasta ahora, se nos ha tratado como si fuéramos la basura del mundo.

14 No les escribo esto para avergonzarlos. Al contrario, lo que quiero es darles una enseñanza, pues los amo como si fueran mis hijos. **15** Podrán tener diez mil maestros que los instruyan acerca de Cristo, pero padres no tienen muchos. El único padre que tienen soy yo, pues cuando les anuncié la buena noticia de Jesucristo, ustedes llegaron a ser mis hijos. **16** Por lo tanto, les ruego que sigan mi ejemplo.

17 Por eso les envié a Timoteo, a quien amo como a un hijo y quien es fiel al Señor. Por eso confío en él. Timoteo les recordará mis enseñanzas, que son las mismas de Cristo. Eso es lo que yo enseño en todas las iglesias. **18** Algunos de ustedes se sienten muy valientes, pues creen que no iré a verlos. **19** Sin embargo, si Dios quiere, muy pronto iré a visitarlos, y sabré si esos valentones, además de hablar, hacen lo que dicen. **20** Cuando alguien pertenece al reino de Dios, lo demuestra por lo que hace, y no solo por lo que dice. **21** ¿Cómo quieren que vaya a visitarlos? ¿Con un palo en la mano, o con mucho cariño y ternura?

Disciplina en la iglesia

5 **1** Ya todo el mundo sabe que uno de ustedes está viviendo con su madrastra como si fuera su esposa. ¡Muy mal! ¡Eso no lo hacen ni los no cristianos! **2** Y ustedes presumen de esto, cuando deberían estar tristes y echar de la iglesia a ese hombre. **3-4** Yo, aunque estoy lejos, siempre me preocupo y pienso en ustedes. Así que, cuando se reúnan, imagínense que estoy con ustedes, y recuerden que tienen el poder y la autoridad del Señor Jesús. Por eso, de parte de Jesucristo les digo que ese hombre es culpable, **5** y que deben entregarlo a Satanás. De ese modo, aunque Satanás destruya su cuerpo, su espíritu se salvará cuando vuelva el Señor Jesús.

6 No está bien que ustedes se sientan orgullosos de esto. Seguramente saben que con un poco de levadura se infla toda la masa. **7-8** Por lo tanto, dejen de pecar. El pecado es como levadura vieja, que a todos echa a perder. Si dejan de pecar, serán personas nuevas, como los panes nuevos y sin levadura que se comen en la Pascua. Nuestra nueva vida es como una Fiesta de Pascua. Nuestro cordero de la Pascua es Cristo, que fue sacrificado en la cruz. Nosotros somos como el pan de la fiesta, y debemos ser como el pan sin levadura, es decir, sinceros y honestos. No seamos malos ni hagamos daño a nadie, pues seríamos como el pan que se hace con levadura vieja.

9 En la carta que les escribí antes, les ordené que no tuvieran nada que ver con las personas que tienen relaciones sexuales prohibidas. **10** No quise decir que se aparten totalmente de ellas, pues para no juntarse con personas así tendrían que salir de este mundo. No podrían apartarse totalmente de los que siempre desean más de lo que tienen, ni de los ladrones, ni de los que adoran a los ídolos, ni de los borrachos o de los que hablan mal de los demás. **11** Lo que quise decir fue que no deben tener amistad con los que dicen que son cristianos pero hacen esas cosas. Con personas así, ni siquiera deben sentarse a comer. **12-13** A mí no me toca juzgar a los que no son de la iglesia. Ya Dios los juzgará. Pero ustedes sí deben juzgar a los de la iglesia, y hacer lo que dice la Biblia: «Echen lejos de ustedes al pecador».

Arreglemos los problemas entre nosotros

6 **1** Cuando alguno de ustedes tenga un problema serio con otro miembro de la iglesia, no debe pedirle a un juez de este mundo que lo solucione. Más bien debe pedírselo a un juez de la iglesia. **2** Porque en el juicio final el pueblo de Dios juzgará al mundo. Y si ustedes van a juzgar al mundo, también pueden juzgar los problemas menos importantes. **3** ¡Si vamos juzgar a los mismos ángeles, con mayor razón podemos juzgar los problemas de esta vida! **4** ¿Por qué tratan de resolver esos problemas con jueces que no pertenecen a la iglesia? **5** Les digo esto para que les dé vergüenza. Entre ustedes hay gente sabia que puede juzgar y solucionar los problemas. **6** Pero ustedes no solo pelean el uno contra el otro, ¡sino que buscan jueces que no creen en Jesús para solucionar sus pleitos!

7 En sus peleas, los únicos que salen perdiendo son ustedes mismos. Vale más ser maltratado y robado, **8** que robar y maltratar. Pero ustedes hacen lo contrario: ¡se maltratan y se roban entre ustedes mismos!

9-10 No se dejen engañar. Ustedes bien saben que los que hacen lo malo no participarán en el reino de Dios. Me refiero a los que tienen relaciones sexuales prohibidas, a los que adoran a los ídolos, a los que son infieles en el matrimonio, a los hombres que se comportan como mujeres, a los homosexuales, a los ladrones, a los que siempre quieren más de lo que tienen, a los borrachos, a los que hablan mal de los demás, y a los tramposos. Ninguno de ellos participará del reino de Dios. **11** Y algunos de ustedes eran así. Pero Dios les perdonó esos pecados, los limpió y los hizo parte de su pueblo. Todo esto fue posible por el poder del Señor Jesucristo y del Espíritu de nuestro Dios.

Agrademos a Dios con todo lo que somos

12 Algunos de ustedes dicen: «Soy libre de hacer lo que quiera». ¡Claro que sí! Pero no todo lo que uno quiere conviene, y por eso no permito que nada me domine. **13** También dicen: «La comida es para el estómago, y el estómago es para la comida». ¡Claro que sí! Pero Dios va a destruir las dos cosas. En cambio, el cuerpo no es para que lo usemos en relaciones sexuales prohibidas. Al contrario, debemos usarlo para servir al Señor, pues nuestro cuerpo es de él. **14** Y así como Dios hizo que Jesucristo volviera a vivir, así también a nosotros nos dará vida después de la muerte, pues tiene el poder para hacerlo.

15 Ustedes saben que cada uno de ustedes forma parte de la iglesia, que es el cuerpo de Cristo. No está bien que una parte de ese cuerpo de la iglesia de Cristo se junte con una prostituta, **16** pues al tener relaciones sexuales con ella, se hace uno con ella. Así lo dice la Biblia: «Los dos serán una sola persona». **17** En cambio, quien se une con el Señor se hace un solo cuerpo espiritual con él.

18 No tengan relaciones sexuales prohibidas. Ese pecado le hace más daño al cuerpo que cualquier otro pecado. **19** El cuerpo de ustedes es como un templo, y en ese templo vive el Espíritu Santo que Dios les ha dado. Ustedes no son sus propios dueños. **20** Cuando Dios los salvó, en realidad los compró, y el precio que pagó por ustedes fue muy alto. Por eso deben dedicar su cuerpo a honrar y agradar a Dios.

Consejos para los casados

7 **1** En la carta que recibí de ustedes me preguntan si está bien que la gente no se case. **2** Claro que sí. Pero lo mejor es que cada hombre tenga su propia esposa, y que cada mujer tenga su propio esposo, para que no caigan en relaciones sexuales prohibidas. **3** El esposo debe tener relaciones sexuales solo con su esposa, y la esposa debe tenerlas solo con su esposo. **4** Ni él ni ella son dueños de su propio cuerpo, sino que son el uno del otro. **5** Por eso, ninguno de los dos debe decirle al otro que no desea tener relaciones sexuales. Sin embargo, pueden ponerse de acuerdo los dos y dejar de tener relaciones por un tiempo, para dedicarse a orar. Pero después deben volver a tener relaciones; no vaya a ser que, al no poder controlar sus deseos, Satanás los haga caer en una trampa. **6** Por supuesto, les estoy dando un consejo, no una orden. **7-8** Yo preferiría que tanto los solteros como las viudas se quedaran sin casarse; pero a cada uno Dios le ha dado capacidades distintas. Unos hacen esto, y otros aquello.

9 Pero si no pueden dominar sus deseos sexuales, es mejor que se casen. Como dice el dicho: «Vale más casarse que quemarse».

10-11 A los que están casados, Dios les da esta orden: No deben separarse. Si una mujer se separa de su esposo, no debe volver a casarse. Lo mejor sería que arreglara el problema que tenga con su esposo. Pero tampoco el esposo debe abandonar a su esposa. Y esto no lo ordeno yo, sino Dios.

12 A los demás les aconsejo lo siguiente: Si alguno de la iglesia está casado con una mujer que no es cristiana, pero ella quiere seguir viviendo con él, no deben separarse. **13** Del mismo modo, si una mujer de la iglesia está casada con un hombre que no es cristiano, pero él quiere seguir viviendo con ella, tampoco deben separarse. **14** Porque el esposo que no cree en Cristo, puede ser aceptado por Dios si está unido a una mujer cristiana. Del mismo modo, una esposa que no cree en Cristo, puede ser aceptada por Dios si está unida a un hombre que sí cree en Cristo. Además, los hijos de ellos serán aceptados por Dios como parte de su pueblo, y Dios no los rechazará como si fueran algo sucio. **15** Pero si el esposo o la esposa no cristianos insisten en separarse, que lo hagan. En estos casos, la esposa o el esposo cristianos no están obligados a mantener ese matrimonio, pues Dios quiere que vivamos en paz. **16** Por otra parte, la esposa o el esposo que son cristianos podrían ayudar a que el esposo o la esposa que no son cristianos se salven.

Lo importante es obedecer a Dios

17 Una cosa quiero dejar bien clara para todas las iglesias: Todo hombre y toda mujer deben permanecer en la condición en que estaban cuando Dios los invitó a formar parte de su pueblo. **18** Si algunos de ustedes creyeron en Cristo después de haberse circuncidado, no traten de ocultar la circuncisión. Si los otros creyeron sin estar circuncidados, no tienen por qué circuncidarse. **19** Lo importante no es que uno se circuncide o no, sino que obedezca lo que Dios manda. **20** Cada uno debe quedarse como estaba cuando creyó en Cristo. **21** Si eras esclavo, no te preocupes. Pero si puedes conseguir tu libertad, aprovecha la oportunidad. **22** Porque si alguien es esclavo y cree en el Señor, él le dará la libertad. Del mismo modo, el que era libre se convierte en esclavo del Señor. **23** Cuando Dios nos hizo libres por medio de la muerte de Cristo, pagó un precio muy alto. Por eso, no debemos hacernos esclavos de nadie. **24** Ante Dios, cada uno debe quedarse como estaba cuando creyó en Cristo.

Consejos para los solteros

25 Para las viudas y las solteras, no tengo ninguna orden del Señor. Sólo les doy mi opinión, y pueden confiar en mí gracias al amor con que Dios me ha tratado. **26-27** Me parece que los que están casados no deben separarse, y que si están solteros no deben casarse. Estamos viviendo momentos difíciles. Por eso creo que es mejor que cada uno se quede como está. **28** Sin embargo, quien se casa no comete ningún pecado. Y si una mujer soltera se casa, tampoco peca. Pero los casados van a tener problemas, y me gustaría evitárselos.

29 Lo que quiero decirles es que ya no hay tiempo que perder. Los que están casados deben vivir como si no lo estuvieran; **30** los que están tristes, como si estuvieran alegres; los que están alegres, como si estuvieran tristes; los que compran, como si no tuvieran nada; **31** los que están sacándole provecho a este mundo, como si no se lo sacaran. Porque este mundo que conocemos pronto dejará de existir.

32-34 Yo quisiera no verlos preocupados. Los solteros se preocupan de las cosas de Dios y de cómo agradarle. También las viudas y las solteras se preocupan por agradar a Dios en todo lo que hacen y piensan. En cambio, los casados se preocupan por las cosas de este mundo y por agradar a su propia esposa. Del mismo modo, las casadas se preocupan por las cosas de este mundo y por agradar a su propio esposo. Por eso tienen que pensar en distintas cosas a la vez.

35 No les digo todo esto para complicarles la vida, sino para ayudarlos a vivir correctamente y para que amen a Dios por encima de todo. **36** Sin embargo, si un hombre está comprometido con su novia y piensa que lo mejor es casarse con ella porque ya tiene edad para hacerlo, que se casen, pues no están pecando. **37** Pero si alguno no se siente obligado a casarse y puede controlar sus deseos, hará bien en no casarse. **38** Así que, quien se casa hace bien, y quien no se casa, hace mejor.

39 La casada está unida a su esposo mientras el esposo vive. Pero si el esposo muere, ella queda en libertad de casarse con cualquier hombre cristiano. **40** Sin embargo, creo que sería más feliz si no volviera a casarse. Me permito opinar, pues creo que yo también tengo el Espíritu de Dios.

No hagamos pecar a los más débiles

8 **1** Ahora quiero responder a lo que me preguntaron acerca de los alimentos ofrecidos a los ídolos. Todos nosotros sabemos algo acerca de esto. Sin embargo, debemos reconocer que el conocimiento nos vuelve orgullosos, mientras que el amor fortalece nuestra vida cristiana. **2** Sin duda, el que cree que sabe mucho, en realidad no sabe nada. **3** Pero Dios reconoce a todo aquel que lo ama.

4 En cuanto a esto de comer alimentos ofrecidos a los ídolos, bien sabemos que los ídolos no tienen vida, y que solamente hay un Dios. **5** Algunos llaman dioses o señores a muchas cosas que hay en el cielo y en la tierra. **6** Sin embargo, para nosotros solo hay un Dios, que es el Padre. Él creó todas las cosas, y nosotros vivimos para él. También hay solo un Señor, que es Jesucristo. Dios creó todo por medio de él, y gracias a él nosotros vivimos ahora.

7 No todos saben estas cosas. Antes de creer en Cristo, algunos de ustedes adoraban ídolos, y todavía creen que esos ídolos tienen vida. Por eso, cuando comen alimentos que fueron ofrecidos a los ídolos, les remuerde la conciencia y se sienten culpables. **8** Pero nuestra relación con Dios no va a ser mejor o peor por causa de los alimentos que comamos. **9** Sin embargo, aunque tengamos derecho a comer de todo, debemos tener cuidado de no causarles problemas a los miembros de la iglesia que todavía no están debidamente instruidos. **10-11** Supongamos que uno de ustedes va a comer a un lugar donde se adora a los ídolos, y que lo ve algún miembro de la iglesia que todavía cree que los ídolos tienen vida. Entonces, aunque bien sabemos que los ídolos no tienen vida, aquel miembro de la iglesia va a pensar que está bien adorar ídolos, y dejará de creer en Cristo, quien murió por él. **12** Cuando le hacemos daño a los miembros de la iglesia que no saben distinguir entre lo bueno y lo malo, le hacemos daño también a Cristo. **13** Por eso, yo jamás voy a comer algo, si por comerlo hago que un miembro de la iglesia peque.

Los derechos de los servidores de Dios

9 **1** Yo soy libre. Soy apóstol. He visto al Señor Jesús. Y gracias a mi trabajo, ahora ustedes son de Cristo. **2** Aunque otros piensen que no soy apóstol, para ustedes sí lo soy. El hecho de que ustedes sean cristianos demuestra que realmente soy un apóstol.

3 A los que discuten conmigo, yo les respondo **4** que también Bernabé y yo tenemos derecho a recibir comida y bebida por el trabajo que hacemos. **5** También tenemos derecho a que nuestra esposa nos acompañe en nuestros viajes. Así lo hacen Pedro y los otros apóstoles y los hermanos de Jesucristo. **6** ¿Acaso solo Bernabé y yo estamos obligados a trabajar para vivir? **7** En el ejército ningún soldado paga sus gastos. Los que cultivan uvas, comen de las uvas que recogen. Y los que cuidan cabras, toman de la leche que ordeñan. **8** Esta no es una opinión mía, sino que así lo enseña la Biblia. **9** Porque en los libros que escribió Moisés leemos: «No le impidas al buey comer mientras desgrana el trigo». Y si la Biblia dice eso, no es porque Dios se preocupe de los bueyes, **10** sino porque se preocupa por nosotros. Tanto los que preparan el terreno como los que desgranan el trigo lo hacen con la esperanza de recibir parte de la cosecha. **11** De la misma manera, cuando nosotros les comunicamos a ustedes la buena noticia, es como si sembráramos en ustedes una semilla espiritual. Por eso, como recompensa por nuestro trabajo, tenemos derecho a que ustedes nos den lo necesario para vivir. **12** Si otros tienen ese derecho, con más razón nosotros. Pero no hemos hecho valer ese derecho, sino que todo lo hemos soportado con tal de no crear problemas al anunciar la buena noticia de Cristo.

¹³ Ustedes saben que los que trabajan en el templo viven de lo que hay en el templo. Es decir, que los que trabajan en el altar del templo, comen de los animales que allí se sacrifican como ofrenda a Dios. ¹⁴ De la misma manera, el Señor mandó que los que anuncian la buena noticia vivan de ese mismo trabajo. ¹⁵ Sin embargo, yo nunca he reclamado ese derecho. Tampoco les escribo esto para que me den algo. ¡Prefiero morirme antes de que alguien me quite la satisfacción de ser apóstol sin sueldo!

¹⁶ Yo no anuncio la buena noticia de Cristo para sentirme importante. Lo hago porque Dios así me lo ordenó. ¡Y pobre de mí si no lo hago! ¹⁷ Yo no puedo esperar que se me pague por anunciar la buena noticia, pues no se me preguntó si quería hacerlo; ¡se me ordenó hacerlo! ¹⁸ Pero entonces, ¿qué gano yo con eso? Nada menos que la satisfacción de poder anunciar la buena noticia sin recibir nada a cambio. Es decir, anunciarlo sin hacer valer mi derecho de vivir de mi trabajo como apóstol.

¡Esforcémonos!

¹⁹ Aunque soy libre, vivo como si fuera el esclavo de todos. Así ayudo al mayor número posible de personas a creer en Cristo. ²⁰ Cuando estoy con los judíos, vivo como judío para ayudarlos a creer en Cristo. Por eso cumplo con la ley de Moisés, aunque en realidad no estoy obligado a hacerlo. ²¹ Y cuando estoy con los que no obedecen la ley de Moisés, vivo como uno de ellos, para ayudarlos a creer en Cristo. Esto no significa que no obedezca yo la ley de Dios. Al contrario, la obedezco, pues sigo la ley de Cristo. ²² Cuando estoy con los que apenas empiezan a ser cristianos, me comporto como uno de ellos para poder ayudarlos. Es decir, me he hecho igual a todos, para que algunos se salven. ²³ Y todo esto lo hago porque amo la buena noticia, y porque quiero participar de sus buenos resultados.

Esforcémonos para recibir nuestro premio

²⁴ Ustedes saben que, en una carrera, no todos ganan el premio sino uno solo. Y nuestra vida como seguidores de Cristo

es como una carrera, así que vivamos bien para llevarnos el premio. **25** Los que se preparan para competir en un deporte, dejan de hacer todo lo que pueda perjudicarles. ¡Y lo hacen para ganarse un premio que no dura mucho! Nosotros, en cambio, lo hacemos para recibir un premio que dura para siempre. **26** Yo me esfuerzo por recibirlo. Así que no lucho sin un propósito. **27** Al contrario, vivo con mucha disciplina y trato de dominarme a mí mismo. Pues si anuncio a otros la buena noticia, no quiero que al final Dios me descalifique a mí.

Obedezcamos y adoremos solo a Dios

10 **1** Queridos hermanos en Cristo, tengan presente que cuando nuestros antepasados cruzaron el Mar Rojo, Dios los cubrió con una nube. **2** De ese modo, todos fueron bautizados en la nube y en el mar, y así quedaron unidos a Moisés como seguidores suyos. **3** Todos ellos comieron el alimento espiritual que Dios les dio. **4** Cristo los acompañaba, y era la roca espiritual que les dio agua para calmar su sed. Todos bebieron de esa agua espiritual. **5** Sin embargo, la mayoría de esa gente no agradó a Dios; por eso murieron y sus cuerpos quedaron tendidos en el desierto.

6 De esto que le sucedió a nuestro pueblo, nosotros tenemos que aprender nuestra lección. No debemos desear hacer lo malo como ellos. **7** Tampoco debemos adorar a los ídolos, como hicieron algunos. Así dice la Biblia: «La gente se sentó a comer y beber, y luego se puso a bailar en honor de los ídolos». **8** Ni debemos tener relaciones sexuales prohibidas, como algunos de ellos. ¡Por eso en un solo día murieron veintitrés mil! **9** No tratemos de ver cuánto podemos pecar sin que Cristo nos castigue. Algunos del pueblo lo hicieron, y murieron mordidos por serpientes. **10** Tampoco debemos quejarnos como algunos de ellos lo hicieron. Por eso el ángel de la muerte los mató.

11 Todo eso le sucedió a nuestro pueblo para darnos una lección. Y quedó escrito en la Biblia para que nos sirva de enseñanza a los que vivimos en estos últimos tiempos. **12** Por eso, que nadie se sienta seguro de que no va a pecar, pues puede ser el primero en pecar. **13** Ustedes no han pasado por ninguna tentación que otros no hayan tenido. Y pueden confiar en Dios, pues él no va a permitir que sufran más tentaciones de las que pueden soportar. Además, cuando vengan las tentaciones, Dios mismo les mostrará cómo vencerlas, y así podrán resistir.

14 Por eso, queridos hermanos, no adoren a los ídolos. **15** Ustedes son personas inteligentes, y estoy seguro de que me entienden. **16** En la Cena del Señor, cuando tomamos la copa y pedimos que Dios la bendiga, todos nosotros estamos participando de la sangre de Cristo. Y cuando partimos el pan, también participamos todos del cuerpo de Cristo. **17** Aunque somos muchos, somos un solo cuerpo, porque comemos de un solo pan.

18 Por ejemplo, en el pueblo de Israel, los que comen la carne de los animales que se sacrifican en el altar del templo, participan de ellos con Dios y con los que toman parte en el sacrificio. **19** Eso no quiere decir que tengan algún valor los ídolos que otros pueblos adoran, ni tampoco los alimentos que se les ofrecen. **20** Cuando los que no creen en Cristo ofrecen algo, se lo dan a los demonios y no a Dios. ¡Y yo no quiero que ustedes tengan nada que ver con los demonios! **21** Ustedes no pueden beber de la copa en la Cena del Señor, y al mismo tiempo beber de la copa que se usa en las ceremonias donde se honra a los demonios. Tampoco pueden participar en la Cena del Señor y al mismo tiempo en las fiestas para los demonios. **22** ¿O quieren que Dios se enoje? ¡Nosotros no somos más fuertes que Dios!

Busquemos el bien de los demás

23 Algunos de ustedes dicen: «Soy libre de hacer lo que quiera». ¡Claro que sí! Pero no todo lo que uno quiere conviene, ni todo fortalece la vida cristiana. **24** Por eso, tenemos que pensar en el bien de los demás, y no solo en nosotros mismos.

25-26 Dios es el dueño de este mundo y de todo lo que hay en él. Así que ustedes pueden comer de todo lo que se vende en la carnicería, sin tener que pensar de dónde viene esa carne.

27 Si alguien que no cree en Cristo los invita a comer, y ustedes quieren ir, vayan. Coman de todo lo que les sirvan, y no se pongan a pensar si está bien comer, o no. **28-29** Pero si alguien les dice: «Esta carne fue ofrecida a los ídolos», entonces no la coman, para evitar problemas. Tal vez tú no tengas problemas en comerla, pero otras personas sí.

A mí realmente no me gusta la idea de no poder hacer algo, solo porque otra persona piensa que está mal. **30** Si yo le doy gracias a Dios por la comida, ¿por qué me van a criticar por comerla?

31 Cuando ustedes coman, o beban, o hagan cualquier otra cosa, háganlo para honrar a Dios. **32** No le causen problemas a los judíos, ni a los que no son judíos, ni a los que son de la iglesia de Dios. **33** En todo lo que hago, yo trato de agradar a todas las personas. No busco ventajas para mí mismo, sino que busco el bien de los demás, para que se salven.

Cómo participar en las reuniones de la iglesia

11 **1** Así que sigan mi ejemplo, como yo sigo el ejemplo de Cristo.

2 Los felicito, porque ustedes siempre se acuerdan de mí y obedecen mis enseñanzas. **3** Ahora quiero que sepan esto: Cristo tiene autoridad sobre todo hombre, el hombre tiene autoridad sobre su esposa, y Dios tiene autoridad sobre Cristo.

4 Si el hombre ora a Dios o habla en su nombre con la cabeza cubierta, no le da a Cristo la honra que merece. **5** Y si la mujer ora a Dios o habla en su nombre sin cubrirse la cabeza, le falta el respeto a su esposo. Es lo mismo que si se afeitara la cabeza. **6** Si la mujer no quiere cubrirse la cabeza, entonces que se la afeite. Pero si le da vergüenza afeitársela, entonces que se la cubra.

⁷ El hombre no debe cubrirse la cabeza, pues fue hecho parecido a Dios y refleja su grandeza. La mujer, por su parte, refleja la grandeza del hombre. ⁸ Porque Dios no sacó de la mujer al hombre, sino que del hombre sacó a la mujer. ⁹ Y no creó Dios al hombre para la mujer, sino a la mujer para el hombre. ¹⁰ Por eso la mujer debe cubrirse la cabeza: para mostrar su respeto por la autoridad del hombre, y también su respeto por los ángeles.

¹¹ Sin embargo, para nosotros los cristianos, ni la mujer existe sin el hombre, ni el hombre existe sin la mujer. ¹² Es verdad que a la primera mujer Dios la sacó del primer hombre, pero también es verdad que ahora todos los hombres nacen de alguna mujer. Y el hombre, la mujer y todo lo que existe han sido creados por Dios.

¹³ Piensen ustedes mismos si está bien que la mujer ore a Dios con la cabeza descubierta. ¹⁴ Según nuestras costumbres, es una vergüenza que el hombre se deje crecer el cabello, ¹⁵ pero no lo es que la mujer se lo deje crecer. Y es que Dios le dio el cabello largo para que se cubra la cabeza. ¹⁶ En todo caso, si alguien no está de acuerdo con esto y quiere discutirlo, le digo que ni nosotros ni las iglesias de Dios conocemos otra manera de actuar.

La Cena del Señor

¹⁷ Hay algo de lo que no puedo felicitarlos, y son las reuniones que ustedes tienen. En vez de ayudarlos, les perjudica. ¹⁸ Para empezar, me han dicho que cuando ustedes se reúnen en la iglesia, no se llevan bien, sino que se dividen en grupos y se pelean entre sí. Yo creo que hay algo de verdad en esto. ¹⁹ En realidad, todo esto tiene que pasar para que se vea quiénes son los verdaderos seguidores de Cristo. ²⁰⁻²¹ Según entiendo, cuando ustedes se reúnen, cada uno se apura a comer su propia comida y no espera a los demás. Así resulta que algunos se quedan con hambre mientras que otros se emborrachan. ¡Y eso ya no es participar en la Cena del Señor! ²² Más bien, eso es una

falta de respeto a la iglesia de Dios, y es poner en vergüenza a los pobres. Si lo que quieren es comer y emborracharse, ¡mejor quédense en sus casas! ¿O esperan acaso que los felicite? ¡Pues no hay de qué felicitarlos!

23 Lo que el Señor Jesucristo me enseñó, es lo mismo que yo les he enseñado a ustedes: La noche en que el Señor Jesús fue entregado para que lo mataran en la cruz, tomó en sus manos pan, **24** dio gracias a Dios, lo partió en pedazos y dijo: «Esto es mi cuerpo, que es entregado en favor de ustedes. Cuando coman de este pan, acuérdense de mí». **25** Después de cenar, Jesús tomó en sus manos la copa y dijo: «Esta copa de vino es mi sangre. Con ella, Dios hace un nuevo compromiso con ustedes. Cada vez que beban de esta copa, acuérdense de mí». **26** Así que, cada vez que ustedes comen de ese pan o beben de esa copa, anuncian la muerte del Señor Jesús hasta el día en que él vuelva.

Cómo participar en la Cena del Señor

27 Por eso, si una persona come del pan o bebe de la copa del Señor Jesucristo sin darle la debida importancia, peca en contra del cuerpo y de la sangre de Jesucristo. **28** Por lo tanto, antes de comer del pan y beber de la copa, cada uno debe preguntarse si está actuando bien o mal. **29** Porque Dios va a castigar al que coma del pan y beba de la copa sin darse cuenta de que se trata del cuerpo de Cristo. **30** Por eso algunos de ustedes están débiles o enfermos, y otros ya han muerto.

31-32 El Señor se fija en nuestra conducta. Él nos corrige para que aprendamos, y así no tengamos que ser castigados junto con la gente de este mundo que no cree en él. Si pensamos bien lo que hacemos, no seremos castigados.

33 Por eso, hermanos míos, cuando se junten para comer, esperen a que todos estén reunidos. **34** Si alguno tiene hambre, es mejor que coma en su casa. Así Dios no tendrá que castigarlos por su comportamiento en las reuniones.

En cuanto a las otras preguntas que me hicieron, ya les daré instrucciones cuando vaya a visitarlos.

Las capacidades que da el Espíritu Santo

12 **1** Queridos hermanos, quiero que sepan acerca de las capacidades que da el Espíritu Santo. **2** Cuando ustedes aún no habían creído en Cristo, cometían el error de adorar ídolos que ni siquiera pueden hablar. **3** Por eso quiero que entiendan que ninguna persona guiada por el Espíritu Santo puede maldecir a Jesús. Y solo los que hablan guiados por el Espíritu Santo reconocen que Jesús es el Señor.

4 Los que pertenecen a la iglesia pueden tener distintas capacidades, pero todas estas las da el mismo Espíritu. **5** La gente puede servir al Señor de distintas maneras, pero todos sirven al mismo Señor. **6** Se pueden realizar distintas actividades, pero es el mismo Dios quien da a cada uno la habilidad de hacerlas. **7** Dios nos enseña que, cuando el Espíritu Santo nos da alguna capacidad especial, lo hace para que procuremos el bien de los demás. **8** A algunos, el Espíritu les da la capacidad de hablar con sabiduría, a otros les da la capacidad de hablar con mucho conocimiento, **9** a otros les da una gran confianza en Dios, y a otros les da el poder de sanar a los enfermos. **10** Algunos reciben el poder de hacer milagros, y otros reciben la autoridad de hablar de parte de Dios. Unos tienen la capacidad de reconocer al Espíritu de Dios, y de descubrir a los espíritus falsos. Algunos pueden hablar en idiomas desconocidos, y otros pueden entender lo que se dice en esos idiomas. **11** Pero es el Espíritu Santo mismo el que hace todo esto, y el que decide qué capacidad darle a cada uno.

Todos son necesarios e importantes en la iglesia

12 La iglesia de Cristo es como el cuerpo humano. Está compuesto de distintas partes, pero es un solo cuerpo. **13** Entre nosotros, unos son judíos y otros no lo son. Algunos son esclavos, y otros son personas libres. Pero todos fuimos bautizados por el mismo Espíritu Santo, para formar una sola iglesia y un solo cuerpo. A cada uno de nosotros Dios nos dio el mismo Espíritu Santo.

14 El cuerpo no está formado por una sola parte, sino por muchas. **15** Si al pie se le ocurriera decir: «Yo no soy del cuerpo porque no soy mano», todos sabemos que no por eso dejaría de ser parte del cuerpo. **16** Y si la oreja dijera: «Como yo no soy ojo, no soy del cuerpo», de todos modos seguiría siendo parte del cuerpo. **17** Si todo el cuerpo fuera ojo, no podríamos oír. Y si todo el cuerpo fuera oído, no podríamos oler. **18** Pero Dios puso cada parte del cuerpo en donde quiso ponerla. **19** Una sola parte del cuerpo no es todo el cuerpo. **20** Y aunque las partes del cuerpo pueden ser muchas, el cuerpo es uno solo.

21 El ojo no puede decirle a la mano: «No te necesito». Tampoco la cabeza puede decirle a los pies: «No los necesito». **22** Al contrario, las partes que nos parecen más débiles, son las que más necesitamos. **23** Y las partes que nos parecen menos importantes, son las que vestimos con mayor cuidado. Lo mismo hacemos con las partes del cuerpo que preferimos no mostrar. **24** En cambio, con las partes que mostramos no somos tan cuidadosos. Y es que Dios hizo el cuerpo de modo que le demos más importancia a las partes que consideramos de menos valor. **25** Así las partes del cuerpo se mantienen unidas y se preocupan las unas por las otras. **26** Cuando una parte del cuerpo sufre, también sufren todas las demás. Cuando se le da importancia a una parte del cuerpo, las partes restantes se ponen contentas.

27 Cada uno de ustedes es parte de la iglesia, y todos juntos forman el cuerpo de Cristo. **28** En la iglesia, Dios le dio una función a cada una de las partes. En primer lugar, puso apóstoles; en segundo lugar, puso profetas, y en tercer lugar, puso maestros. También hay algunos que hacen milagros, y otros que tienen la capacidad de sanar a los enfermos; algunos ayudan, otros dirigen, y aun otros hablan en idiomas desconocidos. **29** No todos son apóstoles, profetas o maestros.

Tampoco todos pueden hacer milagros **30** o curar enfermos. No todos pueden hablar idiomas desconocidos, ni todos pueden entender lo que se dice en esos idiomas. **31** Está muy bien que ustedes quieran recibir del Espíritu las mejores capacidades. Yo, por mi parte, voy a enseñarles algo más importante.

El amor verdadero

13 **1** Si no tengo amor, de nada me sirve hablar todos los idiomas del mundo, y hasta el idioma de los ángeles. Si no tengo amor, soy como un pedazo de metal ruidoso; ¡soy como una campana desafinada!

2 Si no tengo amor, de nada me sirve hablar de parte de Dios y conocer sus planes secretos. De nada me sirve que mi confianza en Dios sea capaz de mover montañas.

3 Si no tengo amor, de nada me sirve darles a los pobres todo lo que tengo. De nada me sirve dedicarme en cuerpo y alma a ayudar a los demás.

4 El que ama tiene paciencia en todo, y siempre es amable.

El que ama no es envidioso, ni se cree más que nadie.

No es orgulloso.

5 No es grosero ni egoísta.

No se enoja por cualquier cosa.

No se pasa la vida recordando lo malo que otros le han hecho.

6 No aplaude a los malvados, sino a los que hablan con la verdad.

7 El que ama es capaz de aguantarlo todo, de creerlo todo, de esperarlo todo, de soportarlo todo.

8 Solo el amor vive para siempre. Llegará el día en que ya nadie hable de parte de Dios, ni se hable en idiomas extraños, ni sea necesario conocer los planes secretos de Dios. **9** Las profecías, y todo lo que ahora conocemos, es imperfecto. **10** Cuando llegue lo que es perfecto, todo lo demás se acabará.

11 Alguna vez fui niño. Y mi modo de hablar, mi modo de entender las cosas, y mi manera de pensar eran los de un niño.

Pero ahora soy una persona adulta, y todo eso lo he dejado
atrás. **12** Ahora conocemos a Dios de manera no muy clara,
como cuando vemos nuestra imagen reflejada en un espejo a
oscuras. Pero, cuando todo sea perfecto, veremos a Dios cara a
cara. Ahora lo conozco de manera imperfecta; pero cuando todo
sea perfecto, podré conocerlo tan bien como él me conoce a mí.

13 Hay tres cosas que son permanentes: la confianza en Dios, la
seguridad de que él cumplirá sus promesas, y el amor. De estas
tres cosas, la más importante es el amor.

Las capacidades más importantes

14 **1** Procuren amar con sinceridad, y pídanle al Espíritu
Santo que los capacite de manera especial para hablar
de parte de Dios. **2-4** Cuando ustedes hablan en un idioma
extraño, se ayudan solo a ustedes mismos. Dios los entiende
porque hablan de verdades secretas que solo el Espíritu Santo
conoce. Pero aparte de él, nadie más sabe lo que ustedes
dicen. En cambio, cuando Dios les ordena hablar de su parte, la
gente sí les entiende. Además, así ustedes ayudan a todos en la
iglesia a confiar más en Cristo, a sentirse mejor y a estar
alegres.

5 Me gustaría que todos ustedes hablaran en idiomas
desconocidos, pero más me gustaría que hablaran de parte de
Dios. En realidad, es más importante hablar de parte de Dios
que hablar en idiomas que otros no entienden, a menos que
alguien pueda traducir lo que se dice. Porque así se ayuda a los
miembros de la iglesia.

6 Hermanos míos, si yo fuera a visitarlos y les hablara en
idiomas desconocidos, ¿de qué les serviría? Sólo los ayudaría si
les diera a conocer algo desconocido, o si les diera algún
conocimiento, o si les comunicara algún mensaje de parte de
Dios, o alguna enseñanza.

7 Si todos los instrumentos musicales tuvieran el mismo sonido,
¿cómo podría distinguirse una flauta de un arpa? **8** Si en una
guerra nadie pudiera distinguir el sonido de la trompeta que

anuncia la batalla, ninguno se prepararía para combatir. **9** Algo así pasa cuando ustedes hablan en idiomas desconocidos. Si nadie entiende lo que significan, es como si estuvieran hablándole al aire.

10 En el mundo hay muchos idiomas, y en todos ellos se pueden decir cosas que tienen significado. **11** Pero si alguien me habla y yo no entiendo lo que dice, esa persona pensará que soy un extranjero. Y lo mismo pensaré yo si esa persona no me entiende a mí. **12** Por eso, ya que desean las capacidades que da el Espíritu, traten de tener aquellas que ayuden a todos los de la iglesia.

13 Por lo tanto, cuando ustedes hablen en idiomas desconocidos, deben pedirle a Dios que les dé la capacidad de explicar lo que se esté diciendo. **14** Por ejemplo, si yo oro en un idioma desconocido, es mi espíritu el que ora, porque yo no entiendo lo que digo. **15** ¿Qué debo hacer entonces? Pues orar y cantar con mi espíritu, pero también orar y cantar con mi entendimiento. **16** Porque si tú das gracias a Dios con tu espíritu, y te escucha algún extraño, no podrá unirse a tu oración porque no entenderá lo que dices. No podrá hacerlo, porque no habrá comprendido nada. **17** Tu oración podrá ser muy buena, pero no estarás ayudando a nadie.

18 Yo le doy gracias a Dios porque hablo en idiomas desconocidos más que todos ustedes. **19** Sin embargo, cuando estoy en la iglesia, prefiero decir cinco palabras que se entiendan y que ayuden a otros, más que decir diez mil palabras en un idioma que nadie entiende.

20 Hermanos en Cristo, sean inocentes como niños, pero no piensen como niños. Piensen como personas maduras. **21** Dios dice en la Biblia:

> «Le hablaré a este pueblo
> por medio de extranjeros
> y en idiomas desconocidos.
> ¡Pero ni así me harán caso!»

22 Por lo tanto, hablar en idiomas desconocidos podrá probarles algo a los no cristianos, pero para los cristianos esos idiomas no prueban nada. En cambio, los mensajes de parte de Dios son para los cristianos, no para los que no creen en Dios.

23 Supongamos que todos los de la iglesia se reúnen y comienzan a hablar en idiomas desconocidos. Si en ese momento entra gente de afuera, o algunos que no creen en Cristo, van a pensar que ustedes están locos. **24** Pero si todos ustedes hablaran de parte de Dios, esa gente se daría cuenta de que es pecadora **25** y les confiaría a ustedes hasta sus pensamientos más secretos. Luego se arrodillaría delante de Dios, lo adoraría, y reconocería que de verdad Dios está entre ustedes.

Las reuniones de la iglesia

26 Hermanos míos, cuando se reúnan, todo lo que hagan debe ayudar a los demás. Unos pueden cantar, otros pueden enseñar o comunicar lo que Dios les haya mostrado, otros pueden hablar en idiomas desconocidos, o traducir lo que se dice en esos idiomas. **27** Si algunos hablan en idiomas desconocidos, que no sean más de dos o tres personas, y que cada uno espere su turno para hablar. Además, alguien debe traducir lo que estén diciendo. **28** Pero si no hay en la iglesia nadie que traduzca, entonces deben callarse. O que hablen solo para sí mismos y para Dios.

29 Y si algunos hablan de parte de Dios, que sean solo dos o tres personas. Los demás deben prestar atención para ver si el mensaje es de parte de Dios o no. **30** Pero si alguno de los que están sentados recibe un mensaje de Dios, el que está hablando debe callarse y dejar que la otra persona diga lo que tenga que decir. **31** Así todos tendrán la oportunidad de anunciar un mensaje de Dios, y todos los que escuchan podrán aprender y sentirse animados. **32** La persona que hable de parte de Dios podrá decidir cuándo hablar y cuándo callar. **33** Porque a Dios no le gusta el desorden y el alboroto, sino la paz y el orden.

Como es costumbre en nuestras iglesias, **34** no se debe permitir que las mujeres hablen en las reuniones. La ley de Moisés dice que las mujeres deben aprender en silencio. **35** Si quieren saber algo, que les pregunten a sus esposos cuando ya estén en su casa. Se ve mal que la mujer hable en la iglesia.

36 Ustedes no inventaron el mensaje de Dios, ni fueron los únicos que lo recibieron. **37** Si alguien cree que puede hablar de parte de Dios, o cree que obedece al Espíritu Santo en todo, debe reconocer que esto que les escribo es una orden de Dios. **38** Pero si no quiere reconocerlo, ustedes no deben prestarle atención.

39 Mis queridos hermanos, ustedes deben procurar hablar de parte de Dios, y no impidan que se hable en idiomas desconocidos. **40** Pero háganlo todo de manera correcta y ordenada.

¡Cristo ha resucitado!

15 **1** Queridos hermanos, quiero recordarles la buena noticia que les di. Ustedes la recibieron con gusto y confiaron en ella. **2** Si continúan confiando firmemente en esa buena noticia, serán salvos. Pero si no, de nada les servirá haberla aceptado.

3 Lo primero que les enseñé fue lo mismo que yo aprendí: que Cristo murió en lugar de nosotros, que éramos pecadores. Tal como lo enseña la Biblia, **4** fue sepultado y, después de tres días, Dios lo resucitó. **5** Primero se le apareció a Pedro, y después a los doce apóstoles. **6** Luego se les apareció a más de quinientos de sus seguidores a la vez. Algunos de ellos todavía viven, y otros ya murieron. **7** Más tarde se apareció a Santiago, y luego a todos los apóstoles. **8** Por último, se me apareció a mí; a pesar de que lo conocí mucho tiempo después que los otros apóstoles.

Por eso me considero **9** el menos importante de los apóstoles, y ni siquiera merezco que la gente me llame así, pues le hice mucho daño a la iglesia de Dios. **10** Sin embargo, Dios fue bueno conmigo, y por eso soy apóstol. No desprecié el poder especial

que me dio, y trabajé más que los otros apóstoles; aunque en realidad todo lo hice gracias a ese poder especial de Dios.
11 Pero ni yo ni los otros apóstoles importamos. Lo que sí importa es que todos nosotros hemos anunciado esa buena noticia, y que ustedes han creído en ella.

Nosotros también resucitaremos

12 Y esta es la buena noticia que anunciamos: que Dios resucitó a Cristo. Entonces, ¿cómo es que algunos de ustedes dicen que los muertos no pueden volver a vivir? **13** Porque si los muertos no pueden volver a vivir, entonces Cristo tampoco volvió a vivir. **14** Y si Cristo no volvió a vivir, esta buena noticia que anunciamos no sirve para nada, y de nada sirve tampoco que ustedes crean en Cristo. **15** Si fuera cierto que los muertos no vuelven a vivir, nosotros estaríamos diciendo una mentira acerca de Dios, pues afirmamos que él resucitó a Cristo.

16 Si en realidad los muertos no vuelven a vivir, entonces tampoco Cristo volvió a vivir. **17** Y si Cristo no volvió a vivir, de nada sirve que ustedes crean en él, y sus pecados todavía no han sido perdonados. **18** Y los que antes creyeron en Cristo y murieron, están totalmente perdidos. **19** Si nuestra esperanza es que Cristo nos ayude solamente en esta vida, no hay nadie más digno de lástima que nosotros.

20 Sin embargo, ¡Cristo volvió a vivir! Esto nos enseña que también volverán a vivir los que murieron. **21-22** Por el pecado de Adán, todos fuimos castigados con la muerte; pero, gracias a Cristo, ahora podemos volver a vivir. **23** Cada uno resucitará a su debido tiempo: primero resucitará Cristo; después, cuando él vuelva, resucitarán los que creyeron en él. **24** Luego vendrá el fin del mundo, cuando Cristo derrotará a todas las autoridades y a todos los poderes, y le entregará el reinado a Dios el Padre.

25 Cristo reinará hasta que haya vencido a todos sus enemigos. **26** El último enemigo que Cristo vencerá es la muerte. **27** Cuando la Biblia dice: «Dios puso todo bajo su dominio», la palabra «todo» no incluye a Dios, porque es Dios quien puso todo bajo la autoridad de Cristo. **28** Y cuando todo esté bajo el dominio del Hijo, él mismo se pondrá bajo la autoridad de Dios. Así, Dios estará sobre todas las cosas, pues él es quien puso todo bajo el dominio de Cristo.

29 Algunos se bautizan en lugar de alguien que ya ha muerto, y piensan que así lo salvarán. Pero si en verdad los muertos no vuelven a vivir, ¿para qué bautizarse? **30** ¿Y para qué poner en peligro nuestra vida en todo momento? **31** Ustedes bien saben que todos los días estoy en peligro de muerte. Esto es tan cierto como la satisfacción que tengo de que ustedes creen en Cristo. **32** En Éfeso luché con hombres que parecían fieras salvajes. Pero si es verdad que los muertos no vuelven a vivir, entonces ¿qué gané con eso? Mejor hagamos lo que algunos dicen: «Comamos y bebamos, pues mañana moriremos».

33 ¡No se dejen engañar! Bien dice el dicho, que «Las malas amistades echan a perder las buenas costumbres». **34** Piensen bien lo que hacen, y no desobedezcan más a Dios. Algunos de ustedes deberían sentir vergüenza de no conocerlo.

Cómo resucitarán los muertos

35 Tal vez alguien me pregunte: ¿Y cómo volverán los muertos a la vida? ¿Qué clase de cuerpo tendrán? **36** ¡Qué preguntas más tontas! Para que una planta crezca, primero tiene que morir la semilla que fue sembrada. **37** Lo que se siembra es una simple semilla de trigo o de alguna otra cosa, muy distinta de la planta que va a nacer. **38** A cada semilla Dios le da el cuerpo que él quiere darle. **39** No todos los cuerpos son iguales. Los seres humanos tenemos una clase de cuerpo, y los animales tienen otra clase. Lo mismo pasa con los pájaros y los peces. **40** Hay también cuerpos que viven en el cielo, y cuerpos que viven en la tierra. La belleza de los cuerpos del cielo no es como la de los cuerpos de la tierra. **41** El brillo del sol no es como el de la luna y las estrellas, y aun cada una de las estrellas tiene un brillo distinto.

42 Así pasará cuando los muertos vuelvan a la vida. **43** Cuando alguien muere, se entierra su cuerpo, y ese cuerpo se vuelve feo y débil. Pero cuando esa persona vuelva a la vida, su cuerpo será hermoso y fuerte, y no volverá a morir. **44** Se entierra el cuerpo físico, pero resucita un cuerpo espiritual. Así como hay cuerpos físicos, hay también cuerpos espirituales.

45 La Biblia dice que Dios hizo a Adán, que fue el primer hombre con vida. Pero Cristo, a quien podemos llamar el último Adán, es un espíritu que da vida. **46** Así que primero llegó a existir lo físico, y luego lo espiritual. **47** El primer hombre fue hecho del polvo de la tierra. El segundo hombre vino del cielo. **48** Todos los que vivimos en esta tierra tenemos un cuerpo como el de Adán, que fue hecho de tierra. Todos los que viven en el cielo tienen un cuerpo como el de Cristo. **49** Y así como nos parecemos al primer hombre, que fue sacado de la tierra, así también nos pareceremos a Cristo, que es del cielo.

50 Hermanos míos, lo que es de sangre y carne no tiene cabida en el reino de Dios, que es eterno. **51** Les voy a contar algo que Dios tenía en secreto: No todos moriremos, pero todos seremos transformados. **52** En un abrir y cerrar de ojos, cuando Cristo vuelva, se oirá el último toque de la trompeta, y los muertos volverán a vivir y no morirán jamás. Nosotros, los que creemos en Cristo y todavía estemos vivos, seremos transformados. **53** Dios cambiará estos cuerpos nuestros, que mueren y se destruyen, por cuerpos que vivirán para siempre y nunca serán destruidos. **54** Cuando esto suceda, se cumplirá lo que dice la Biblia:

«¡La muerte ha sido destruida!
55 ¿Dónde está su victoria?
¿Dónde está su poder para herirnos?»

56 El pecado produce la muerte y existe porque hay una ley. **57** ¡Pero gracias a Dios, podemos vencerlo por medio de nuestro Señor Jesucristo!

58 Por eso, mis queridos hermanos, manténganse firmes, y nunca dejen de trabajar más y más por el Señor. Y sepan que nada de lo que hacen para Dios es inútil.

Una ayuda para los hermanos de otra iglesia

16 **1** Ahora quiero hablarles acerca del dinero que van a dar para ayudar a los del pueblo de Dios en Jerusalén. Hagan lo mismo que les dije a las iglesias de la región de Galacia. **2** Es decir, que cada domingo, cada uno de ustedes debe apartar y guardar algo de dinero, según lo que haya ganado. De este modo no tendrán que recogerlo cuando yo vaya a verlos. **3** Elijan a algunos hermanos, para que lleven el dinero a Jerusalén. Cuando yo llegue, los mandaré con el dinero que ustedes hayan dado, y también con cartas, para que los hermanos de la iglesia en Jerusalén los reciban bien. **4** Si ustedes creen conveniente que yo también vaya, iré con ellos.

Los planes de Pablo

5 Después de pasar por la región de Macedonia, iré a Corinto. **6** Tal vez entonces me quede con ustedes algún tiempo, posiblemente todo el invierno. Así podrán ayudarme a pagar mi próximo viaje. **7** No quiero visitarlos poco tiempo. Si el Señor me lo permite, espero estar un buen tiempo con ustedes. **8** Me voy a quedar en la ciudad de Éfeso hasta la Fiesta de Pentecostés. **9** Aunque muchos allí están en contra mía, tengo una buena oportunidad de servir a Dios y de obtener buenos resultados.

10 Si Timoteo va a visitarlos, procuren que se sienta bien entre ustedes. Él trabaja para Dios, lo mismo que yo. **11** No lo traten mal. Ayúdenlo a continuar su viaje con tranquilidad, para que pueda venir a verme, pues lo estoy esperando junto con los otros hermanos de la iglesia.

12 Muchas veces he tratado de que Apolo vaya a visitarlos, junto con los otros hermanos de la iglesia. Por el momento no ha querido hacerlo, pero lo hará en cuanto pueda.

Consejos finales

13 Manténganse siempre alertas, confiando en Cristo. Sean fuertes y valientes. **14** Y todo lo que hagan, háganlo con amor.

15 Queridos hermanos, ustedes saben que Estéfanas y su familia fueron los primeros en aceptar la buena noticia en la región de Acaya, y que se han dedicado a servir a los miembros de la iglesia. **16** Yo les ruego que obedezcan a Estéfanas, y a todos los que trabajan y sirven a Dios como él lo hace.

17 Me alegro de que hayan venido Estéfanas, Fortunato y Acaico. Estar con ellos fue como estar con ustedes. **18** Me hicieron sentir muy bien, lo mismo que a ustedes. A personas como ellos, préstenles mucha atención.

Saludo y despedida

19 Las iglesias de la provincia de Asia les mandan saludos. También Áquila y Prisca, y la iglesia que se reúne en su casa, les mandan cariñosos saludos en el nombre del Señor. **20** Todos los hermanos de la iglesia les mandan saludos. Salúdense unos a otros con un beso de hermanos.

21 Yo, Pablo, les escribo este saludo con mi propia mano.

22 Si alguien no ama al Señor Jesucristo, que la maldición de Dios caiga sobre él. Yo, por mi parte, oro al Señor Jesucristo y le digo: «¡Ven, Señor nuestro!»

23 Que el amor del Señor Jesús los acompañe siempre. **24** Yo los amo a todos ustedes con el amor del Señor Jesús.

2 CORINTIOS

La segunda carta de Pablo a los corintios

Saludo

1 **1-2** Queridos hermanos de la iglesia de Corinto y de la región de Acaya:

Nosotros, Pablo y Timoteo, les enviamos nuestros saludos. Que Dios nuestro Padre, y el Señor Jesucristo, quien me eligió como apóstol, les den su amor y su paz.

Dios nos ayuda en las dificultades y sufrimientos

3 ¡Demos gracias a Dios, Padre de nuestro Señor Jesucristo! Él es un Padre bueno y amoroso, y siempre nos ayuda. **4** Cuando tenemos dificultades, o cuando sufrimos, Dios nos ayuda para que podamos ayudar a los que sufren o tienen problemas.

5 Nosotros sufrimos mucho, lo mismo que Cristo. Pero también, por medio de él, Dios nos consuela. **6** Sufrimos para que ustedes puedan ser consolados y reciban la salvación. Dios nos ayuda para que nosotros podamos consolarlos a ustedes. Así ustedes podrán soportar con paciencia las dificultades y sufrimientos que también nosotros afrontamos. **7** Confiamos mucho en ustedes y sabemos que, si ahora sufren, también Dios los consolará.

8 Hermanos en Cristo, queremos que conozcan los problemas y sufrimientos que tuvimos en la provincia de Asia. Fueron tan tremendos que casi no podíamos soportarlos, y hasta creímos que íbamos a morir. **9** En realidad, nos sentíamos como los condenados a muerte. Pero eso nos ayudó a no confiar en nosotros mismos, sino en Dios, que puede hacer que los muertos vuelvan a la vida. **10** Dios nos protegió de grandes peligros de muerte, y confiamos en que él seguirá cuidándonos y protegiéndonos. **11** Por favor, ayúdennos orando por nosotros. Si muchos oran, muchos también darán gracias a Dios por la ayuda y por todo lo bueno que él nos da.

Cambio de planes

12 Nos satisface saber que nos hemos comportado bien, y que hemos sido sinceros con todos, especialmente con ustedes. No lo hicimos guiados por nuestra propia sabiduría, sino con la ayuda de Dios, y gracias a su gran amor.

13 Ahora les escribimos con palabras e ideas fáciles de entender. Y espero que puedan comprender del todo **14** lo que ahora no entienden bien. Así, cuando el Señor Jesucristo vuelva, ustedes podrán estar orgullosos de nosotros, como nosotros lo estamos de ustedes.

15 Mi primera intención fue ir a verlos primero, para así poder visitarlos dos veces. **16** Tenía la idea de visitarlos en mi viaje hacia la región de Macedonia, y a mi regreso pasar otra vez por allí. Así ustedes podrían ayudarme a seguir mi viaje a la región de Judea. **17** ¿Acaso creen que esos planes los hice sin pensarlo bien? ¿O creen que soy como todos, que primero digo que sí, y luego digo que no? ¡Pues se equivocan! **18** Dios es testigo de que cumplimos nuestra palabra. **19** Timoteo, Silas y yo les anunciamos el mensaje de Jesucristo, el Hijo de Dios. Y Jesucristo no decía una cosa primero y otra después. Al contrario, siempre cumplía su palabra. **20** Y todas las promesas que Dios hizo se cumplen por medio de Jesucristo. Por eso, cuando alabamos a Dios por medio de Jesucristo, decimos «Amén».

21 Tanto a mí como a ustedes, Dios nos mantiene firmemente unidos a Cristo. Él nos eligió **22** y, para mostrar que somos suyos, nos puso una marca: Nos dio su Espíritu Santo.

23 Si no he ido a visitarlos, ha sido porque los respeto. ¡Que Dios me quite la vida si miento! **24** Nosotros no queremos decirles qué es lo que deben creer, pues de eso ustedes están ya bien seguros. Lo que sí queremos es colaborar con ustedes, para que sean más felices.

2 **1** Como no era mi intención ponerlos tristes, decidí mejor no ir a visitarlos. **2** Porque, si yo los pongo tristes, ¿quién me alegrará después a mí? Nadie más que ustedes. **3** Yo sabía muy bien que todos ustedes compartirían mi alegría. Pero tampoco era mi intención que ustedes me pusieran triste, cuando más bien deberían alegrarme. Por eso decidí escribirles en vez de ir a visitarlos. **4** Pero cuando les escribí, estaba yo tan triste y preocupado que hasta lloraba. No quería ponerlos tristes, pero sí quería que se dieran cuenta del gran amor que les tengo.

Perdonemos al que nos ofendió

5 No quiero exagerar en este asunto, pero la persona que causó mi tristeza, hasta cierto punto también causó la tristeza de todos ustedes. **6** Pero ya es suficiente con el castigo que la mayoría de ustedes le impuso. **7** Ahora deben perdonarlo y ayudarlo a sentirse bien, para que no vaya a enfermarse de tanta tristeza y remordimiento. **8** Yo les ruego que le muestren nuevamente que lo aman.

9 La carta que les escribí era para saber si realmente están dispuestos a obedecerme en todo. **10** Yo, por mi parte, estoy dispuesto a perdonar a todo el que ustedes perdonen, suponiendo que haya algo que perdonar. Lo hago pensando en ustedes, y poniendo a Cristo como testigo. **11** Así Satanás no se aprovechará de nosotros. ¡Ya conocemos sus malas intenciones!

12 Cuando fui a la ciudad de Tróade para anunciar la buena noticia de Cristo, tuve la gran oportunidad de trabajar por el Señor en aquel lugar. **13** Pero me preocupó no encontrar allí a nuestro hermano Tito. Por eso me despedí de los miembros de la iglesia en Tróade, y me fui a la región de Macedonia.

Pablo da gracias a Dios

14-16 Doy gracias a Dios porque nos hace participar del triunfo de Cristo, y porque nos permite anunciar por todas partes su mensaje, para que así todos conozcan a Cristo. Anunciar la buena noticia es como ir dejando por todas partes el rico olor de un perfume. Y nosotros somos ese suave aroma que Cristo ofrece a Dios. Somos como un perfume que da vida a los que creen en Cristo. Por el contrario, para los que no creen somos como un olor mortal.

¿Quién es capaz de cumplir con la tarea que Dios nos ha dejado? **17** Algunos anuncian el mensaje de Dios solo para ganarse la vida, pero nosotros no lo hacemos así. Al contrario, Dios es testigo de que trabajamos con sinceridad y honradez, porque Dios nos envió y porque estamos muy unidos a Cristo.

Una nueva manera de relacionarnos con Dios

3 **1** No decimos todo esto para hablar bien de nosotros mismos. Tampoco necesitamos presentarles cartas que hablen bien de nosotros, ni les pedimos que ustedes las escriban para que se las presentemos a otros. Algunos sí las necesitan, pero nosotros no. **2-3** Todos pueden ver claramente el bien que Cristo ha hecho en la vida de ustedes. Para que la gente hable bien de nosotros, solo tiene que fijarse en ustedes. Porque ustedes son como una carta que habla en nuestro favor. Cristo mismo la escribió en nuestro corazón, para que nosotros la presentemos. No la escribió en piedra, ni con tinta, sino que la escribió con el Espíritu del Dios vivo. Y esa carta está a la vista de todos los que la quieran leer.

4 Por medio de Cristo, Dios nos asegura que todo eso es cierto. **5** Pero nosotros no somos capaces de hacer algo por nosotros mismos; es Dios quien nos da la capacidad de hacerlo. **6** Ahora Dios nos ha preparado para que anunciemos a todos nuestro nuevo compromiso con él. Este nuevo compromiso no se apoya en la ley, sino en el Espíritu de Dios. Porque la ley condena al pecador a muerte, pero el Espíritu de Dios da vida.

7-9 Dios escribió la ley en tablas de piedra, y se la entregó a Moisés. Aquel momento fue tan grandioso, que la cara de Moisés resplandecía. Y el resplandor era tan fuerte que los israelitas no podían mirar a Moisés cara a cara. Sin embargo, ese brillo pronto iba a desaparecer.

Si la entrega de esa ley fue tan grandiosa, el anuncio de la salvación será más grandioso todavía. Porque esa ley dice que merecemos morir por nuestros pecados. Pero gracias a lo que el

Espíritu Santo hizo en nosotros, Dios nos declara inocentes.
10 ¡Y eso es mucho más grandioso que lo que hace la ley! **11** Y si fue grandiosa la ley que iba a desaparecer, mucho más gloriosa es la buena noticia que anuncia la salvación eterna.

12 Tan seguros estamos de todo esto, que no nos da miedo hablar. **13** No hacemos como Moisés, que se tapaba la cara con un velo para que los israelitas no vieran que el brillo de su cara se iba apagando. **14-15** Ellos nunca lo entendieron. Por eso hasta el día de hoy, cuando leen los libros de Moisés, no lo entienden. Es como si su entendimiento estuviera tapado con un velo. Solo Cristo puede ayudarles a entender.

16 Sin embargo, cuando alguien se arrepiente y pide perdón al Señor, llega a comprenderlo. Es como si le quitaran el velo a su entendimiento. **17-18** Porque el Señor y el Espíritu son uno mismo, y donde está el Espíritu del Señor hay libertad. Y nosotros no tenemos ningún velo que nos cubra la cara. Somos como un espejo que refleja la grandeza del Señor, quien cambia nuestra vida. Gracias a la acción de su Espíritu en nosotros, cada vez nos parecemos más a él.

Un tesoro en una vasija de barro

4 **1** Dios es bueno y nos permite servirle. Por eso no nos desanimamos. **2** No sentimos vergüenza de nada, ni hacemos nada a escondidas. No tratamos de engañar a la gente ni cambiamos el mensaje de Dios. Al contrario, Dios es testigo de que decimos solo la verdad. Por eso, todos pueden confiar en nosotros. **3** Los únicos que no pueden entender la buena noticia que anunciamos son los que no se salvarán.

4 La buena noticia nos habla de la grandeza de Cristo, y Cristo a su vez nos muestra la grandeza de Dios. Ese mensaje brilla como la luz; pero los que no creen no pueden verla, porque Satanás no los deja. **5** Y nosotros no nos anunciamos a nosotros mismos. Al contrario, anunciamos que Jesucristo es nuestro Señor, y que nosotros somos servidores de ustedes porque somos seguidores de Jesucristo. **6** Cuando Dios creó el mundo, dijo:

«Que brille la luz donde ahora hay oscuridad». Y cuando nos permitió entender la buena noticia, también iluminó nuestro entendimiento, para que por medio de Cristo conociéramos su grandeza.

7 Cuando Dios nos dio la buena noticia, puso, por así decirlo, un tesoro en una frágil vasija de barro. Así, cuando anunciamos la buena noticia, la gente sabe que el poder de ese mensaje viene de Dios y no de nosotros, que somos tan frágiles como el barro. **8** Por eso, aunque pasamos por muchas dificultades, no nos desanimamos. Tenemos preocupaciones, pero no perdemos la calma. **9** La gente nos persigue, pero Dios no nos abandona. Nos hacen caer, pero no nos destruyen. **10-11** A donde quiera que vamos, todos pueden ver que sufrimos lo mismo que Cristo, y que por obedecerlo estamos siempre en peligro de muerte. Pero también pueden ver, en nosotros, que Jesús tiene poder para dar vida a los muertos. **12** Y así, aunque nosotros vamos muriendo, ustedes van cobrando nueva vida.

13 La Biblia dice: «Yo confié en Dios, y por eso hablé». Nosotros también confiamos en Dios, y por eso anunciamos la buena noticia. **14** Porque sabemos que, cuando muramos, Dios nos dará vida, así como lo hizo con Jesús, y que después nos llevará con él. **15** Todo esto es por el bien de ustedes. Porque mientras más sean los que reciban el amor y la bondad de Dios, muchos más serán los que le den las gracias y reconozcan su grandeza.

16 Por eso no nos desanimamos. Aunque nuestro cuerpo se va gastando, nuestro espíritu va cobrando más fuerza. **17** Las dificultades que tenemos son pequeñas, y no van a durar siempre. Pero, gracias a ellas, Dios nos llenará de la gloria que dura para siempre: una gloria grande y maravillosa. **18** Porque nosotros no nos preocupamos por lo que nos pasa en esta vida, que pronto acabará. Al contrario, nos preocupamos por lo que nos pasará en la vida que tendremos en el cielo. Ahora no sabemos cómo será esa vida. Lo que sí sabemos es que será eterna.

¡Queremos estar en el hogar de Dios!

5 ¹ Bien sabemos que en este mundo vivimos como en una tienda de campaña que un día será destruida. Pero en el cielo tenemos una casa permanente, construida por Dios y no por humanos. ²-³ Mientras vivimos en este mundo, suspiramos por la casa donde viviremos para siempre. Sabemos que, cuando estemos allí, estaremos bien protegidos. ⁴ Mientras vivimos en esta tienda de campaña que es nuestro cuerpo, nos sentimos muy tristes y cansados. Y no es que no queramos morir. Más bien, quisiéramos que nuestros cuerpos fueran transformados, y que lo que ha de morir se cambie por lo que vivirá para siempre. ⁵ Dios nos preparó para ese cambio, y como prueba de que así lo hará nos dio el Espíritu Santo.

⁶ Por eso estamos siempre alegres. Sabemos que, mientras vivamos en este cuerpo, estaremos lejos del Señor. ⁷ Pero aunque no lo podamos ver, confiamos en él. ⁸ No nos sentimos tristes, aunque preferiríamos dejar este cuerpo para ir a vivir con el Señor. ⁹ Por eso tratamos de obedecerlo, ya sea en esta vida o en la otra. ¹⁰ Porque todos nosotros vamos a tener que presentarnos delante de Cristo, que es nuestro juez. Él juzgará lo que hicimos mientras vivíamos en este cuerpo, y decidirá si merecemos que nos premie o nos castigue.

¡Seamos amigos de Dios!

¹¹ Nosotros sabemos que hay que obedecer y adorar a Dios. Por eso tratamos de convencer a los demás para que crean en él. Dios nos conoce muy bien, y espero que también ustedes nos conozcan. ¹² No estamos tratando de impresionarlos al hablar bien de nosotros mismos. Lo que queremos es darles una razón para que se sientan orgullosos de nosotros. Así sabrán cómo responder a los que se creen importantes, pero que en realidad no lo son.

¹³ Si les parece que estamos locos, es porque queremos servir a Dios. Si les parece que no lo estamos, es para el bien de ustedes. ¹⁴ El amor de Cristo domina nuestras vidas. Sabemos que él

murió por todos, y por lo tanto todos hemos muerto. **15** Así que, si Cristo murió por nosotros, entonces ya no debemos vivir más para nosotros mismos, sino para Cristo, que murió y resucitó para darnos vida.

16 A partir de ahora, ya no vamos a valorar a los demás desde el punto de vista humano. Y aunque antes valoramos a Cristo así, ya no lo haremos más. **17-19** Ahora que estamos unidos a Cristo, somos una nueva creación. Dios ya no tiene en cuenta nuestra antigua manera de vivir, sino que nos ha hecho comenzar una vida nueva. Y todo esto viene de Dios. Antes éramos sus enemigos, pero ahora, por medio de Cristo, hemos llegado a ser sus amigos, y nos ha encargado que anunciemos a todo el mundo esta buena noticia: Por medio de Cristo, Dios perdona los pecados y hace las paces con todos. **20** Cristo nos envió para que hablemos de su parte, y Dios mismo les ruega a ustedes que escuchen nuestro mensaje. Por eso, de parte de Cristo les pedimos: hagan las paces con Dios.

21 Cristo nunca pecó. Pero Dios lo trató como si hubiera pecado, para declararnos inocentes por medio de Cristo.

6 **1** Nosotros trabajamos para Dios. Por eso les rogamos que no desaprovechen todo el amor que Dios les ha demostrado. **2** Dios dice en la Biblia:

> «Yo los escuché
> en el momento oportuno;
> llegó el momento de salvarlos,
> y lo hice».

¡Escuchen! Ese momento oportuno ha llegado. ¡Hoy es el día en que Dios puede salvarlos!

Pablo sufre por servir a Dios

3 No queremos que nadie critique nuestro trabajo. Por eso tratamos de no dar mal ejemplo. **4** En todo lo que hacemos, demostramos que somos servidores de Dios, y todo lo soportamos con paciencia. Hemos sufrido y tenido muchos problemas y necesidades. Nos han dado latigazos. **5** Nos han puesto en la cárcel, y en medio de gran alboroto nos han maltratado. Hemos trabajado mucho. Algunas veces no hemos dormido ni comido. **6** A pesar de todo eso, nuestra conducta ha sido impecable, conocemos la verdad, somos pacientes y amables. El Espíritu Santo está en nuestras vidas, y amamos de verdad. **7** Con el poder que Dios nos da, anunciamos el mensaje verdadero. Cuando tenemos dificultades, las enfrentamos, y nos defendemos haciendo y diciendo siempre lo que es correcto.

8 A veces nos respetan y nos tratan bien, pero otras veces nos desprecian y nos maltratan. Unas veces hablan bien de nosotros, y otras veces mal. Aunque decimos la verdad, nos llaman mentirosos. **9** Aunque nos conocen muy bien, nos tratan como a desconocidos. Siempre estamos en peligro de muerte, pero todavía estamos vivos. Nos castigan, pero no nos matan. **10** Parece que estamos tristes, pero en realidad estamos contentos. Parece que somos pobres, pero a muchos los hacemos ricos. Parece que no tenemos nada, pero lo tenemos todo.

11 Queridos hermanos de la iglesia de Corinto, les hemos hablado con toda sinceridad, y con el corazón abierto. **12** Nosotros los amamos mucho, pero ustedes no nos responden con el mismo amor. **13** Amor con amor se paga. Por eso, como si fuera su padre, les suplico: ¡Ámenme como los amo yo!

La unión desigual

14 No participen en nada de lo que hacen los que no son seguidores de Cristo. Lo bueno no tiene nada que ver con lo malo. Tampoco pueden estar juntas la luz y la oscuridad. **15** Ni puede haber amistad entre Cristo y el diablo. El que es seguidor de Cristo no llama hermano al que no lo es. **16** Nosotros somos el templo del Dios vivo, y si Dios está en nosotros, no tenemos nada que ver con los ídolos. Dios mismo dijo:

«Viviré con este pueblo,
y caminaré con ellos.

Yo seré su Dios
y ellos serán mi pueblo».

17 Por eso, el Señor también dice:

«Apártense de ellos.
No toquen nada
que yo considere sucio,
y yo los aceptaré.

18 Yo seré su Padre,
y ustedes serán mis hijos
y mis hijas.

Esto lo afirmo yo,
el Dios todopoderoso».

7 **1** Queridos hermanos en Cristo, Dios nos hizo esa promesa. Por eso no debemos hacer el mal, sino mantenernos libres de pecado para que Dios nos acepte. Honremos a Dios, y tratemos de ser santos como él.

Los corintios alegran a Pablo

2 ¡Hágannos un lugar en su corazón! Con nadie hemos sido injustos. A nadie hemos dañado, ni de nadie nos hemos aprovechado. **3** No les digo esto para que se sientan mal, pues ya les hemos dicho que ni la vida ni la muerte podrán impedir que los amemos. **4** Me siento orgulloso de ustedes y les tengo mucha confianza. Estoy muy contento, a pesar de todas las dificultades que hemos tenido.

5 Desde que llegamos a la región de Macedonia no hemos descansado. Al contrario, hemos sufrido mucho. Hemos luchado contra nuestros enemigos y contra nuestro miedo. **6** Pero Dios, que anima a los que sufren, nos consoló con la llegada de Tito. **7** Y no solo nos alegramos de verlo, sino también de saber que él estuvo muy contento con ustedes. Tito nos contó que desean vernos, que están tristes por lo que ha pasado, y que se preocupan por mí. Al oír esas noticias, me puse más contento todavía.

8 La carta que les escribí los entristeció, pero no lamento haberla escrito. Lo lamenté al principio, pues supe que por un tiempo esa carta los llenó de tristeza. **9** Pero ahora estoy contento, porque esa tristeza hizo que ustedes cambiaran y que le pidieran perdón a Dios. En realidad, Dios así lo quiso. Por eso no creo que hayamos hecho mal al escribirles. **10** Cuando Dios los ponga tristes, no lo lamenten, pues esa tristeza hará que ustedes cambien, y que pidan perdón y se salven. Pero la tristeza provocada por las dificultades de este mundo, los puede matar.

11 ¡Qué bueno que Dios los haya hecho ponerse tristes! ¡Vaya cambio que tuvieron! Así pudieron darse cuenta de que soy inocente, y hasta me defendieron. También se enojaron y tuvieron miedo de lo que podría suceder. Sintieron deseos de verme, y castigaron al culpable. Con todo esto, ustedes demostraron que no tenían nada que ver en el asunto. **12** Por mi parte, cuando les escribí esa carta, no estaba pensando en la persona que hizo el daño, ni a quién se lo hizo. Más bien, quería que Dios fuera testigo de lo mucho que ustedes se preocupan por nosotros. **13** Esto nos hace sentirnos mejor.

Tito está muy contento, pues ustedes lo ayudaron a seguir adelante. Eso nos alegró más todavía. **14** Ya le había dicho a Tito que yo estaba muy orgulloso de ustedes. ¡Y no me hicieron quedar mal! Al contrario, todo lo que le dijimos a Tito fue verdad, como también es verdad lo que les dijimos a ustedes. **15** Tito recuerda que todos lo obedecieron y lo respetaron mucho. Por eso los quiere más todavía. **16** ¡Me alegro de poder confiar plenamente en ustedes!

Demos con amor

8 ¹ Hermanos míos, queremos contarles cómo Dios ha mostrado su amor y su bondad a las iglesias de la región de Macedonia. ² Estas iglesias han pasado por muchas dificultades, pero están muy felices. Son muy pobres, pero han dado ofrendas como si fueran ricas. ³ Les aseguro que dieron todo lo que podían, y aún más de lo que podían. No lo hicieron por obligación, sino porque quisieron hacerlo, ⁴ y hasta nos rogaron mucho que los dejáramos colaborar en esta ayuda al pueblo de Dios. ⁵ Hicieron más de lo que esperábamos. Primero se entregaron a sí mismos al Señor, y después a nosotros. De este modo, hicieron lo que Dios esperaba de ellos.

⁶ Tito fue quien comenzó a recoger entre ustedes las ofrendas para esta bondadosa ayuda. Por eso le rogamos que siga haciéndolo. ⁷ Todos saben que ustedes son buenos en todo: su confianza en Dios es firme, hablan mejor, saben más, tienen mucho entusiasmo para servir a los demás y nos aman mucho. Ahora les toca ser los mejores, contribuyendo para esta bondadosa ayuda.

⁸ No les estoy dando una orden. Solo quiero que sepan cómo ofrendan los hermanos de otras iglesias, para que ustedes puedan demostrar que su amor es sincero. ⁹ Ustedes saben que nuestro Señor Jesucristo era rico, pero tanto los amó a ustedes que vino al mundo y se hizo pobre, para que con su pobreza ustedes llegaran a ser ricos.

¹⁰ Por el bien de ustedes les doy mi consejo acerca de esto. El año pasado ustedes fueron los primeros en dar, y además, lo hicieron con mucho entusiasmo. ¹¹ Terminen lo que empezaron a hacer, y háganlo con el mismo entusiasmo que tenían cuando comenzaron, dando lo que cada uno pueda. ¹² Si realmente desean contribuir, Dios acepta con agrado sus ofrendas, pues él no espera que demos lo que no tenemos.

¹³ Pero no queremos que, por ayudar a otros, les falte a ustedes lo necesario. Lo que deseamos es que haya igualdad. ¹⁴ Ahora ustedes tienen mucho, y deben ayudar a los que tienen poco.

Puede ser que, en otro momento, ellos tengan mucho y los ayuden a ustedes. De esta manera habrá igualdad. **15** Como dice la Biblia: «Al que juntó mucho no le sobró nada. Al que juntó poco, no le faltó nada».

Ideas para recoger la ayuda

16 ¡Gracias a Dios que Tito se preocupa por ayudarlos a ustedes tanto como yo! **17** Él estaba tan interesado en ustedes que aceptó mi encargo, y de todo corazón quiso ir a visitarlos.

18 Junto con Tito, mandamos a un hermano en Cristo que trabaja mucho anunciando la buena noticia. En todas las iglesias se habla bien de él, **19** y lo eligieron para que viaje con nosotros cuando llevemos las ofrendas. Todo esto lo hacemos para honrar a Dios, y para mostrar nuestro deseo de ayudar. **20** No queremos que alguien vaya a criticarnos por la manera en que actuamos con esta gran ofrenda. **21** Tratamos de hacerlo todo bien ante Dios y ante la gente.

22 Con ellos dos les enviamos a otro seguidor de Cristo que muchas veces, y de distintas maneras, ha mostrado su deseo de ayudar. Ahora más que nunca desea hacerlo, pues confía mucho en ustedes. **23** Recuerden que Tito es mi compañero, y que trabajamos juntos para ayudarlos. Recuerden que los otros dos seguidores que van con Tito son enviados por las iglesias y honran a Cristo. **24** Por eso, demuéstrenles su amor, para que las iglesias que los envían sepan que teníamos razón de estar orgullosos de ustedes.

9 **1** En realidad, no hace falta que siga escribiéndoles acerca de la ofrenda para ayudar a los cristianos en la región de Judea. **2** Ya sé que ustedes desean ayudarlos. Por eso con mucho orgullo les dije a los hermanos de la región de Macedonia que ustedes, los de la región de Acaya, estaban dispuestos a ayudarlos desde el año pasado. Cuando los de Macedonia oyeron esto, la mayoría de ellos decidió ayudar.

3 Sin embargo, les envío a Tito y a los dos hermanos para que los animen a preparar todo lo necesario para la ofrenda; así podrá verse que teníamos razón de estar orgullosos de ustedes. **4** Imagínense la vergüenza que pasaríamos nosotros, para no hablar de la que pasarían ustedes, si algunos hermanos de Macedonia me acompañaran y ustedes no tuvieran preparada la ofrenda. ¡Dónde quedaría nuestra confianza en ustedes! **5** Por eso he creído necesario mandar a estos hermanos antes de que yo vaya a verlos. Ellos pueden ayudarlos a juntar la ofrenda que ustedes prometieron. Así ustedes mostrarán que dan con gusto y por amor, y no por obligación.

Demos con alegría

6 Acuérdense de esto: «El que da poco, recibe poco; el que da mucho, recibe mucho». **7** Cada uno debe dar según crea que deba hacerlo. No tenemos que dar con tristeza ni por obligación. ¡Dios ama al que da con alegría! **8** Dios puede darles muchas cosas, a fin de que tengan todo lo necesario, y aun les sobre. Así podrán hacer algo en favor de otros. **9** Como dice la Biblia, refiriéndose al que es generoso:

«Reparte entre los pobres
todo lo que tiene;
sus buenas acciones
son siempre recordadas».

10 Dios da la semilla que se siembra y el pan que nos alimenta, y también les dará a ustedes todo lo necesario y hará que cada vez tengan más y más, para que puedan ayudar a otros. **11** Los hará ricos, para que puedan dar mucho. Así, serán más los que den gracias a Dios por el dinero que ustedes van a reunir y que nosotros vamos a llevar. **12** Porque la ayuda de ustedes no solo servirá para que los hermanos tengan lo que necesitan, sino que también hará que ellos den gracias a Dios. **13** Esa ayuda demostrará que ustedes han confiado en la buena noticia y obedecen su mensaje. Por eso, ellos alabarán y honrarán a Dios. **14** También orarán por ustedes con mucho cariño, porque Dios les ha mostrado su bondad. **15** ¡Gracias a Dios por lo que nos ha dado! ¡Es tan valioso que no hay palabras para describirlo!

Dios le dio autoridad a Pablo

10 **1-2** Dicen que soy muy tímido cuando estoy entre ustedes, pero muy valiente cuando estoy lejos. Yo les ruego, por el cariño y la bondad de Cristo, que cuando vaya a verlos, no me obliguen a ser duro con los que nos acusan. Ellos dicen que nosotros hacemos las cosas solo por interés, como lo hace la gente de este mundo. **3** Es verdad que vivimos en este mundo, pero no actuamos como todo el mundo, **4** ni luchamos con las armas de este mundo. Al contrario, usamos el poder de Dios para destruir las fuerzas del mal, las acusaciones **5** y el orgullo de quienes quieren impedir que todos conozcan a Dios. Con ese poder hacemos que los pecadores cambien su manera de pensar y obedezcan a Cristo. **6** Estamos dispuestos a castigar a todo el que no obedezca a Cristo, comenzando por ustedes, hasta que llegue el día en que todos lo obedezcan.

7 Ustedes solo aceptan lo que pueden ver. A los que están seguros de que son de Cristo, quiero decirles que yo también lo soy. **8** Aunque yo exagere un poco en mi autoridad, no me da vergüenza. El Señor Jesucristo me dio autoridad sobre ustedes, para ayudarlos a confiar más en él y no para destruirlos. **9** No quiero que piensen que trato de asustarlos con mis cartas. **10** Algunos dicen que mis cartas son duras y fuertes, pero que cuando hablo en persona soy débil, y que no sé hablar bien ni impresiono a nadie. **11** Esas personas tienen que entender que, cuando vaya a verlos, seré tan fuerte como lo soy en las cartas que envío desde lejos.

12 Jamás llegaré a compararme con los que hablan bien de sí mismos. Compararse con uno mismo es una tontería.

13 Tampoco voy a presumir de lo que no he hecho. Si de algo voy a sentirme orgulloso, es del trabajo que Dios me mandó hacer. ¡Y ustedes son parte de ese trabajo! **14** No voy a presumir más de lo que debo, pero fui de los primeros en llegar a Corinto y anunciarles la buena noticia de Jesucristo. **15** Tampoco voy a sentirme orgulloso del trabajo que otros hicieron. Al contrario, espero que conforme vayan aumentando su confianza en Dios, pueda yo trabajar más entre ustedes. Esa es la meta de mi trabajo. **16** También deseo anunciar la buena noticia en lugares más lejanos que Corinto, donde nadie haya trabajado antes. Así nadie podrá decir que ando presumiendo con el trabajo de otros.

17 La Biblia dice: «Si alguien quiere sentirse importante por algo, que sea por creer en el Señor». **18** La persona que merece aplausos no es la que habla bien de sí misma, sino aquella de quien el Señor habla bien.

Pablo y los falsos apóstoles

11 **1** Por favor, sopórtenme aunque parezca estar un poco loco. **2** Dios ha hecho que yo me preocupe por ustedes. Lo que yo quiero es que ustedes sean siempre fieles a Cristo, es decir, que sean como una novia ya comprometida para casarse, que le es fiel a su novio y se mantiene pura para él. **3** Pero tengo miedo de que les pase lo mismo que a Eva, que fue engañada por la astuta serpiente. También ustedes pueden ser engañados y dejar de pensar con sinceridad y pureza acerca de Cristo. **4** Y es que ustedes aceptan con gusto a cualquiera que venga y les hable de un Jesús distinto del que nosotros les hemos anunciado. Aceptan un espíritu diferente del Espíritu Santo que recibieron, y un mensaje distinto del que aceptaron. **5** Pero yo no soy menos importante que los que vinieron después, y que se creen unos superapóstoles. **6** Aunque yo no hable tan bien como ellos, sé tanto o más que ellos, y lo he demostrado una y otra vez.

7 ¿Cuál fue mi pecado? Lo único que hice fue anunciarles la buena noticia de Dios sin cobrarles nada; me resté importancia, para dársela a ustedes, **8** y para servirlos y ayudarlos, recibí dinero de otras iglesias. **9** Cuando estuve entre ustedes y necesité algo, nunca les pedí que me ayudaran. Los miembros de la iglesia en la región de Macedonia llegaron y me dieron lo que necesitaba. Traté de que ustedes no tuvieran que molestarse por mí, y así lo seguiré haciendo. **10** Así como estoy seguro de que conozco la verdad de Cristo, también estoy seguro de que en toda la región de Acaya nadie me quitará esta satisfacción. **11** Pero no digo esto porque no los quiera. ¡Dios sabe que los quiero mucho!

12-13 Voy a continuar como hasta ahora, sin recibir dinero de ustedes. Así esos falsos profetas no podrán sentirse importantes. Andan engañando a la gente diciendo que son apóstoles de Cristo y que sirven a Dios igual que nosotros. **14** Lo cual no es extraño. ¡Hasta Satanás se disfraza de ángel de luz, **15** y también sus ayudantes se disfrazan de gente que hace el bien! Pero al final recibirán el castigo que merecen por sus malas acciones.

Pablo sufre por ser apóstol

16 Vuelvo a repetirles: no quiero que me tomen por loco. Y aunque lo estuviera, acéptenme así, para que pueda sentirme un poco orgulloso. **17** Voy a decirles algo, pero no de parte de Dios. Reconozco que hablar bien de mí mismo es una locura, **18** pero ya que hay tantos que hablan bien de sí mismos, ¿por qué no voy a hacerlo yo también? **19** ¡Ustedes son tan inteligentes, que con mucho gusto soportan a los locos! **20** ¡Hasta aguantan a quienes los tratan como esclavos y se aprovechan de ustedes, a quienes los engañan y desprecian, y a quienes los golpean en la cara!

21 Me da vergüenza decirlo, pero nosotros no nos atrevimos a tratarlos así. Pero ya que otros se atreven a presumir, yo también lo voy a hacer, aunque sea una locura. **22** Si ellos son hebreos, yo también lo soy. ¿Son israelitas? Yo también. ¿Son de la familia de Abraham? Yo también. **23** ¿Son servidores de Cristo? Yo lo soy más todavía, aunque sea una locura decirlo. Yo he trabajado más que ellos, he estado preso más veces, me han azotado con látigos más que a ellos, y he estado más veces que ellos en peligro de muerte. **24** Cinco veces las autoridades judías me han dado treinta y nueve azotes con un látigo. **25** Tres veces las autoridades romanas me han golpeado con varas. Una vez me tiraron piedras. En tres ocasiones se hundió el barco en que yo viajaba. Una vez pasé una noche y un día en alta mar, hasta que me rescataron. **26** He viajado mucho. He cruzado ríos arriesgando mi vida, he estado a punto de ser asaltado, me he visto en peligro entre la gente de mi pueblo y entre los extranjeros, en la ciudad y en el campo, en el mar y entre falsos hermanos de la iglesia. **27** He trabajado mucho, y he tenido dificultades. Muchas noches las he pasado sin dormir. He sufrido hambre y sed, y por falta de ropa he pasado frío.

28 Por si esto fuera poco, nunca dejo de preocuparme por todas las iglesias. **29** Me enferma ver que alguien se enferme, y me avergüenza y me enoja ver que se haga pecar a otros.

30 Si de algo puedo estar orgulloso, es de lo débil que soy. **31** El Dios y Padre del Señor Jesús, que merece ser siempre alabado, sabe que no estoy mintiendo. **32** Cuando estuve en Damasco, el gobernador nombrado por el rey Aretas puso guardias en la ciudad para arrestarme. **33** Pero unos amigos me pusieron en un canasto y me bajaron por una ventana de la muralla de la ciudad. Así fue como escapé.

La fuerza y el orgullo de Pablo

12 **1** Nada se gana con hablar bien de uno mismo. Pero tengo que hacerlo. Así que ahora les voy a contar las visiones que tuve, y lo que el Señor Jesucristo me dio a conocer. **2-3** Conozco a un hombre que cree en Cristo, y que hace catorce años fue llevado a lo más alto del cielo. No sé si fue llevado vivo, o si se trató de una visión espiritual. Eso solo Dios lo sabe. **4** Lo que sé es que fue llevado al paraíso, y que allí escuchó cosas tan secretas que a ninguna persona le está permitido decirlas. **5** Yo podría estar orgulloso de conocer a una persona así, pero no de mí mismo, pues yo solo puedo hablar de mis debilidades. **6** Claro que hablar bien de mí no sería una locura, pues estaría diciendo la verdad. Pero no lo voy a hacer, porque no quiero que alguien piense que soy más importante de lo que en realidad soy, solo por las cosas que hago o digo, **7** o por las cosas maravillosas que Dios me ha mostrado. Por eso, para que no me llene de orgullo, padezco de algo muy grave. Es como si Satanás me clavara una espina en el cuerpo para hacerme sufrir. **8** Tres veces le he pedido a Dios que me quite este sufrimiento, **9** pero Dios me ha contestado: «Mi amor es todo lo que necesitas. Mi poder se muestra en la debilidad». Por eso, prefiero sentirme orgulloso de mi debilidad, para que el poder de Cristo se muestre en mí. **10** Me alegro de ser débil, de ser insultado y perseguido, y de tener necesidades y dificultades por ser fiel a Cristo. Pues lo que me hace fuerte es reconocer que soy débil.

Pablo se preocupa por los hermanos

11 Sé que hablar bien de mí es una locura, pero ustedes me han obligado a hacerlo. Yo soy tan capaz como esos superapóstoles, ¡así que son ustedes los que deberían hablar bien de mí! **12** La paciencia con que he trabajado por ustedes, y los milagros y las cosas maravillosas que he hecho con el poder de Dios, demuestran que soy un verdadero apóstol. **13** Solo una cosa buena les faltó, que otras iglesias sí tuvieron: ¡ustedes no me ayudaron con dinero! ¡Perdónenme! Tal vez sea mi culpa no haberles pedido ayuda.

14 Ya estoy listo para ir a visitarlos por tercera vez, pero tampoco ahora les pediré que me ayuden con dinero. Me interesan ustedes, no su dinero. Al fin de cuentas, no son los hijos los que deben juntar dinero para los padres, sino los padres los que deben juntar dinero para los hijos. Y ustedes son mis hijos. **15** Y yo con mucho gusto gastaré lo que tengo, y hasta yo mismo me gastaré, para ayudarlos a ustedes. Si yo los amo tanto, ¿por qué ustedes me aman tan poco?

16 Ustedes saben que no quise que se preocuparan por darme dinero. Sin embargo, hay quienes dicen que con mucha astucia los hice caer en una trampa. **17** Pero yo no los engañé por medio de las personas que les envié. **18** Cuando les pedí a Tito y al otro hermano de la iglesia que fueran a verlos, ellos no se aprovecharon de ustedes. ¿No es verdad que Tito y yo nos hemos portado con ustedes de la misma manera? ¿No pensamos lo mismo acerca de este asunto?

19 Tal vez crean ustedes que estamos pidiéndoles disculpas, pero no es así. Nosotros pertenecemos a Cristo, y Dios es testigo de todo lo que hablamos. Todo lo que hemos hecho, queridos hermanos, lo hicimos para ayudarlos a confiar cada vez más en Cristo. **20** Me da miedo pensar que, cuando vaya a visitarlos, no los encuentre como yo quisiera, y que tampoco yo resulte ser lo que ustedes esperan. Tengo miedo de encontrarlos peleándose, o envidiándose, o enojados unos contra otros, o que resulten ser egoístas, chismosos, murmuradores, orgullosos y alborotadores. **21** Me da miedo pensar que, cuando vaya a visitarlos, mi Dios me haga sentir tanta vergüenza que me ponga a llorar porque muchos de ustedes no han dejado de pecar ni de hacer lo malo, sino que siguen teniendo relaciones sexuales prohibidas.

Advertencia final

13 **1** Esta es la tercera vez que iré a visitarlos. Recuerden lo que la Biblia dice: para decidir cualquier cosa, se necesitan por lo menos dos o tres testigos. **2** La segunda vez que los visité, les advertí que iba a ser duro con los que habían pecado y con todos los que pecaran después. Ahora que estoy lejos de ustedes, lo vuelvo a repetir. **3** Y lo hago porque ustedes quieren que les demuestre que hablo de parte de Cristo. Cristo no es débil cuando los corrige, sino que manifiesta su poder entre ustedes. **4** Él era débil cuando fue crucificado, pero ahora está vivo por el poder de Dios. Nosotros compartimos con Cristo su debilidad, pero gracias al poder de Dios también compartimos con él la vida. Si es necesario, cuando vayamos a verlos, les daremos pruebas de ese poder.

5 Pónganse a pensar en su manera de vivir, y vean si de verdad siguen confiando en Cristo. Hagan la prueba, y si la pasan, es porque él vive en ustedes. Pero si no confían en Cristo de verdad, es porque él no está en ustedes. **6** Espero que reconozcan que nosotros sí hemos pasado la prueba. **7** No nos importa si parecemos haber fracasado. Oramos a Dios para que ustedes no hagan nada malo, y no lo pedimos para demostrar que pasamos la prueba, sino para que ustedes hagan lo bueno. **8** Solo podemos hacer lo que está a favor de la verdad, y no lo que está en contra de ella. **9** Por eso, si ustedes pueden ser fuertes, nos alegramos de ser débiles.

Oramos para que sean cada vez mejores seguidores de Cristo. **10** Y les escribo antes de ir a verlos, para que tengan tiempo de cambiar, y así no tenga yo que tratarlos con dureza cuando llegue. La autoridad que Dios me ha dado, es para ayudarlos a confiar más en él y no para destruirlos.

Despedida

11 Eso es todo, queridos hermanos. Me despido de ustedes pidiéndoles que estén alegres. Traten de ser mejores. Háganme caso. Pónganse de acuerdo unos con otros y vivan tranquilos. Y el Dios que nos ama y nos da paz, estará con ustedes. **12** Salúdense unos a otros con un beso de hermanos. Todos en la iglesia les mandan saludos.

13 ¡Que el Señor Jesucristo los bendiga!
¡Que Dios les muestre su amor!
¡Que el Espíritu Santo los acompañe siempre!

GÁLATAS
Carta de Pablo a los gálatas

Saludo

1-3 Queridos hermanos de las iglesias de la región de Galacia: Yo, Pablo, y los seguidores de Cristo que están conmigo, los saludamos. Le pido a Dios, nuestro Padre, y al Señor Jesucristo, que los amen mucho y les den su paz.

Soy un apóstol enviado a anunciar esta buena noticia: ¡Jesucristo ha resucitado! No me envió nadie de este mundo, sino Jesucristo mismo, y Dios el Padre, que lo resucitó.

4 Jesucristo siempre obedeció a nuestro Padre Dios, y se dispuso a morir para que Dios perdonara nuestros pecados y nos librara de este mundo malvado. **5** ¡Que todos lo alaben por siempre! Amén.

Un solo mensaje verdadero

6 Dios los llamó a ustedes, y por medio de Cristo les mostró su amor. Por eso casi puedo creer que, en tan poco tiempo, hayan dejado de obedecer a Dios y aceptado un mensaje diferente de esta buena noticia. **7** En realidad, no hay otro mensaje. Pero digo esto porque hay quienes quieren cambiar la buena noticia de Jesucristo, y confundirlos a ustedes. **8** De modo que si alguien viene y les dice que el mensaje de la buena noticia es diferente del que nosotros les hemos anunciado, yo le pido a Dios que lo castigue, no importa que sea un ángel del cielo o alguno de nosotros. **9** Vuelvo a repetirles lo que ya les había dicho: Si alguien les anuncia un mensaje diferente del que recibieron, ¡que Dios lo castigue!

Pablo fue llamado por Cristo

10 Yo no ando buscando que la gente apruebe lo que digo. Ni ando buscando quedar bien con nadie. Si así lo hiciera, ya no sería yo un servidor de Cristo. ¡Para mí, lo importante es que Dios me apruebe!

11 Queridos hermanos en Cristo, quiero que les quede claro que nadie en este mundo inventó la buena noticia que yo les he anunciado. **12** No me la contó ni me la enseñó cualquier ser humano, sino que fue Jesucristo mismo quien me la enseñó.

13 Ustedes ya saben cómo era yo cuando pertenecía a la religión judía. Saben también con qué violencia hacía yo sufrir a los miembros de las iglesias de Dios, y cómo hice todo lo posible por destruirlos. **14** Cumplí con la religión judía mejor que muchos de los judíos de mi edad, y me dediqué más que ellos a cumplir las enseñanzas recibidas de mis antepasados. **15-16** Pero Dios me amó mucho y, desde antes de nacer, me eligió para servirle. Además, me mostró quién era su Hijo, para que yo les anunciara a todos los países del mundo la buena noticia acerca de él. Cuando eso sucedió, no le pedí consejo a nadie, **17** ni fui a Jerusalén para pedir la opinión de aquellos que ya eran apóstoles. Más bien, me fui inmediatamente a la región de Arabia, y luego regresé a la ciudad de Damasco. **18** Tres años después fui a Jerusalén, para conocer a Pedro, y solo estuve quince días con él. **19** También vi allí al apóstol Santiago, hermano de Jesucristo nuestro Señor. Aparte de ellos, no vi a ningún otro apóstol. **20** Les estoy diciendo la verdad. ¡Dios sabe que no miento!

21 Después de eso, me fui a las regiones de Siria y Cilicia. **22** En ese tiempo las iglesias de Cristo que están en Judea no me conocían personalmente. **23** Solo habían oído decir: «Ese hombre, que antes nos hacía sufrir, está ahora anunciando la buena noticia que antes quería destruir». **24** Y alababan a Dios por el cambio que él había hecho en mí.

Pablo y los otros apóstoles

2 **1-2** Catorce años después, Dios me hizo ver que yo debía ir a Jerusalén. En esa ocasión me acompañaron Bernabé y Tito. Allí nos reunimos con los miembros de la iglesia y les explicamos el mensaje que anuncio a los que no son judíos. Luego me reuní a solas con los que eran reconocidos como líderes de la iglesia, pues quería estar seguro de que mi trabajo pasado y presente no iba a resultar un esfuerzo inútil.

3 Ellos no obligaron a nadie a circuncidarse; ni siquiera a Tito, que no era judío. **4** Tuvimos esa reunión porque hubo algunos que, a escondidas, se metieron en el grupo de la iglesia para espiarnos. Esos falsos seguidores solo querían quitarnos la libertad que Jesucristo nos dio, y obligarnos a obedecer las leyes judías. **5** Pero ni por un momento nos dejamos convencer, pues queríamos que ustedes siguieran obedeciendo el verdadero mensaje de la buena noticia.

6 Aquellos que en la iglesia eran reconocidos como líderes no agregaron nada nuevo al mensaje que yo predico. Y no me interesa saber si en verdad eran líderes o no, pues Dios no se fija en las apariencias. **7** Más bien, ellos comprendieron que a Pedro se le había encargado anunciar la buena noticia a los judíos, y que a mí se me había encargado anunciarla a todos los que no lo son. **8** Fue Dios mismo quien envió a Pedro como apóstol para los judíos, y a mí como apóstol para aquellos que no lo son. **9** Santiago, Pedro y Juan, que eran considerados los líderes más importantes de la iglesia, se dieron cuenta de ese privilegio que Dios me había dado. Entonces quedamos de acuerdo en que Bernabé y yo anunciaríamos la buena noticia a los que no son judíos, y que ellos la anunciarían a quienes sí lo son. Y para mostrarnos que estaban de acuerdo, nos dieron la mano. **10** La única condición que nos pusieron fue que no dejáramos de ayudar a los pobres de la iglesia en Jerusalén. Y eso es precisamente lo que he estado procurando hacer.

Pablo corrige a Pedro

11 Cuando Pedro vino a la ciudad de Antioquía, me enfrenté a él y le dije que no estaba bien lo que hacía. **12** Pues antes de que llegaran los judíos que Santiago envió, Pedro comía con los cristianos que no son judíos, pero en cuanto llegaron los judíos dejó de hacerlo, porque les tenía miedo. **13** Pedro y los judíos disimularon muy bien sus verdaderos sentimientos, y hasta el mismo Bernabé les creyó. **14** ¡Esa conducta iba en contra del verdadero mensaje de la buena noticia! Por eso, hablé con Pedro delante de todos los miembros de la iglesia de Antioquía, y le dije: «Tú, que eres judío, has estado viviendo como si no lo fueras. ¿Por qué, entonces, quieres obligar a los que no son judíos a vivir como si lo fueran?»

La salvación viene solo por confiar en Jesucristo

15 Todos nosotros somos judíos desde que nacimos, y no somos pecadores como los que no son judíos. **16** Sabemos muy bien que Dios solo acepta a los que confían en Jesucristo, y que nadie se salva solo por obedecer la ley. Nosotros mismos hemos confiado en Jesucristo, para que Dios nos acepte por confiar en él. Porque Dios no aceptará a nadie solo por obedecer la ley.

17 Nosotros queremos que Dios nos acepte por medio de Cristo. Pero si al hacer esto descubrimos que también nosotros somos pecadores como la gente de otros países, ¿vamos a pensar por eso que Cristo nos hizo pecar? ¡Claro que no! **18** Si yo digo que la ley no sirve, pero luego vuelvo a obedecerla, demuestro que estoy totalmente equivocado. **19** Para la ley estoy muerto, y lo estoy por causa de la ley misma. Sin embargo, ¡ahora vivo para Dios!

20 En realidad, también yo he muerto en la cruz, junto con Jesucristo. Y ya no soy yo el que vive, sino que es Jesucristo el que vive en mí. Y ahora vivo gracias a mi confianza en el Hijo de Dios, porque él me amó y quiso morir para salvarme. **21** No rechazo el amor de Dios. Porque si él nos aceptara solo porque obedecemos la ley, entonces de nada serviría que Cristo haya muerto.

Obedecer la ley o confiar en Jesucristo

3 **1** ¡Ay, gálatas, qué tontos son ustedes! ¡Hasta parece que estuvieran embrujados! Yo mismo les di una explicación clara de cómo murió Jesucristo en la cruz. **2** Solo quiero que me digan una cosa: Cuando recibieron el Espíritu de Dios ¿fue por obedecer la ley, o por aceptar la buena noticia? ¡Claro que fue por aceptar la buena noticia! **3** Y si esto fue así, ¿por qué no quieren entender? Si para comenzar esta nueva vida necesitaron la ayuda del Espíritu de Dios, ¿por qué ahora quieren terminarla mediante sus propios esfuerzos? **4** ¿Tantos sufrimientos, para nada? ¡Aunque no creo que no hayan servido de nada! **5** Dios no les ha dado el Espíritu, ni ha hecho milagros entre ustedes, solo porque ustedes obedecen la ley. ¡No! Lo hace porque ustedes aceptaron el mensaje de la buena noticia.

El ejemplo de Abraham

6 Dios aceptó a Abraham porque él confió en Dios. **7** Sepan, entonces, que los verdaderos descendientes de Abraham son todos los que confían en Dios. **8** Desde mucho antes, la Biblia decía que Dios también iba a aceptar a los que no son judíos, siempre y cuando pusieran su confianza en Jesucristo. Por eso Dios le dio a Abraham esta buena noticia: «Por medio de ti bendeciré a todas las naciones del mundo». **9** Así que Dios bendecirá, por medio de Abraham, a todos los que confían en él como Abraham lo hizo.

10 Pero corren un grave peligro los que buscan agradar a Dios obedeciendo la ley, porque la Biblia dice: «Dios maldecirá al que no obedezca todo lo que la ley ordena». **11** Nadie puede agradar a Dios solo obedeciendo la ley, pues la Biblia dice: «Los que Dios ha aceptado y confían en él, vivirán para siempre».

12 Pero para tener vida eterna por medio de la ley no haría falta confiar en Dios; solo habría que obedecer la ley. Por eso dice la Biblia: «El que obedece la ley se salvará por su obediencia». **13** Pero Cristo prefirió recibir por nosotros la maldición que cae sobre el que no obedece la ley. De ese modo nos salvó. Porque la Biblia dice: «Dios maldecirá a cualquiera que muera en una cruz». **14** Por eso, la bendición que Dios prometió darle a Abraham es también para los que no son judíos. Así que si

confiamos en Cristo, recibiremos el Espíritu que Dios nos ha
prometido.

La ley y la promesa

15 Hermanos míos, les voy a dar un ejemplo que cualquiera
puede entender. Cuando una persona hace un pacto con otra y
lo firma, nadie puede anularlo ni agregarle nada. **16** Ahora bien,
las promesas que Dios le hizo a Abraham eran para él y para su
descendiente. La Biblia no dice que las promesas eran para «sus
descendientes», sino para «su descendiente», el cual es Cristo.
17 Lo que quiero decir es esto: la promesa de Dios no puede
cambiarla ni dejarla sin valor una ley que Dios dio cuatrocientos
treinta años después. **18** Porque si Dios diera lo que prometió
solo a quien obedece la ley, entonces ya no lo daría para
cumplir su promesa. Pero lo cierto es que cuando Dios le
aseguró a Abraham que le daría lo prometido, no le pidió
nada a cambio.

19 Entonces, ¿para qué sirve la ley? Pues después de hacerle su
promesa a Abraham, Dios nos dio la ley para mostrarnos lo que
estábamos haciendo mal. Pero esa ley serviría solo hasta que
viniera el descendiente de Abraham a quien Dios le hizo la
promesa. Dios le dio la ley a Moisés por medio de los ángeles,
para que él nos la diera a nosotros. **20** Pero cuando Dios le hizo
la promesa a Abraham, no usó mensajeros sino que se la hizo
personalmente.

¿Para qué sirvió la ley?

21 Esto no significa que la ley esté en contra de las promesas de
Dios. ¡De ninguna manera! Porque si la ley pudiera darnos vida
eterna, entonces Dios nos hubiera aceptado por obedecerla.
22 La Biblia dice que el pecado nos domina a todos, de modo
que el regalo que Dios prometió es para los que confían en
Jesucristo. **23** Antes de eso, la ley fue como una cárcel, donde
estuvimos encerrados hasta que vimos que podíamos confiar en
Cristo. **24** La ley nos guió y llevó hasta Cristo, para que Dios nos

aceptara por confiar en él. Fue como el esclavo que cuida al niño hasta que este llega a ser adulto. **25** Pero ahora que ha llegado el tiempo en que podemos confiar en Jesucristo, no hace falta que la ley nos guíe y nos enseñe.

26 Ustedes han confiado en Jesucristo, y por eso todos ustedes son hijos de Dios. **27** Porque cuando fueron bautizados, también quedaron unidos a Cristo, y ahora actúan como él. **28** Así que no importa si son judíos o no lo son, si son esclavos o libres, o si son hombres o mujeres. Si están unidos a Jesucristo, todos son iguales. **29** Y si están unidos a Cristo, entonces son miembros de la gran familia de Abraham y tienen derecho a recibir las promesas que Dios le hizo.

Ahora somos hijos de Dios

4 **1-2** Lo que quiero decir es esto: Mientras el hijo es menor de edad, es igual a cualquier esclavo de la familia y depende de las personas que lo cuidan y le enseñan, hasta el día en que su padre le entregue sus propiedades y lo haga dueño de todo. **3** Algo así pasaba con nosotros cuando todavía no conocíamos a Cristo: los poderes de este mundo que controlan el universo nos trataban como si fuéramos niñitos. **4** Pero cuando llegó el día señalado por Dios, él envió a su Hijo, que nació de una mujer y se sometió a la ley de los judíos. **5** Dios lo envió para liberar a todos los que teníamos que obedecer la ley, y luego nos adoptó como hijos suyos. **6** Ahora, como ustedes son sus hijos, Dios ha enviado el Espíritu de su Hijo a vivir en ustedes. Por eso, cuando oramos a Dios, el Espíritu nos permite llamarlo: «Papá, querido Papá». **7** Ustedes ya no son como los esclavos de cualquier familia, sino que son hijos de Dios. Y como son sus hijos, gracias a él tienen derecho a sus riquezas.

Pablo se preocupa por los gálatas

8 Antes, cuando ustedes todavía no conocían a Dios, vivían como esclavos de los dioses falsos. **9** Pero ahora conocen a Dios. Mejor dicho, Dios los conoce a ustedes. Por eso no puedo entender por qué se dejan dominar de nuevo por los poderes de este mundo. ¡Si no tienen poder, ni valen nada! **10** Ustedes todavía les dan importancia a ciertos días, meses, épocas y años. **11** ¡Me asusto al pensar que de nada haya servido todo lo que he hecho por ustedes!

12-13 Hermanos míos, les ruego que hagan lo que yo hice, es decir, dejen de ser esclavos de la ley. Recuerden que yo soy judío, y aun así, me comporté como uno de ustedes. Cuando enfermé y tuve que quedarme un tiempo en Galacia, ustedes no me causaron ningún daño, y entonces aproveché para anunciarles la buena noticia por primera vez. **14** Aunque mi enfermedad les causó muchos problemas, ustedes no me despreciaron ni me rechazaron. Al contrario, me recibieron en sus hogares como si yo fuera un ángel de Dios, ¡o Jesucristo mismo! **15** Yo sé muy bien que, de haberles sido posible, hasta se hubieran sacado los ojos para dármelos. ¿Qué pasó con toda esa alegría? **16** ¡Ahora resulta que por decirles la verdad me he hecho enemigo de ustedes!

17 Los que quieren obligarlos a obedecer la ley judía se muestran ahora muy interesados en ustedes. Pero lo que en verdad quieren es hacerles daño, pues desean que se olviden de mí y que se interesen por ellos. **18** Está bien interesarse por otras personas, si lo que se desea es hacerles el bien. Si realmente se interesan por mí, háganlo siempre y no solo cuando estoy con ustedes. **19** Yo los quiero como a hijos, pero mientras no lleguen a ser como Cristo me harán sufrir mucho, como sufre una madre al nacer su hijo. **20** ¡Cómo quisiera estar con ustedes en este momento, para hablarles de otra manera! ¡Estoy muy confundido, y no sé cómo tratarlos!

El ejemplo de Agar y Sara

21 Ustedes, los que quieren obedecer la ley, díganme una cosa: ¿No han leído lo que la Biblia nos dice de Abraham? **22** Dice que él tuvo dos hijos, uno de ellos con su esclava, y el otro con su esposa, que era libre. **23** El hijo de la esclava nació como nacemos todos nosotros, pero el hijo de su esposa nació gracias a que Dios se lo prometió a Abraham. **24-25** Estos dos casos pueden servirnos de ejemplo. Las dos mujeres representan dos pactos. Agar representa el pacto del monte Sinaí, que está en Arabia, pues todos sus descendientes nacen siendo esclavos. Ese monte representa a la ciudad de Jerusalén y a todos los que viven como esclavos de la ley. **26** Pero Sara representa al nuevo pacto, por el cual pertenecemos a la Jerusalén del cielo, la ciudad de todos los que somos libres. **27** Refiriéndose a Sara, la Biblia dice:

> «¡Alégrate, mujer,
> tú que no puedes tener hijos!
>
> »¡Grita de alegría, mujer,
> tú que no los has tenido!
>
> »Y tú, que jamás los tuviste,
> ¡ahora tendrás más hijos
> que la que hace mucho se casó!»

28 Hermanos míos, ustedes son como Isaac, el hijo que Dios le prometió a Abraham. Y digo que son como él porque son los hijos que Dios le había prometido. **29** En aquel tiempo, el hijo que Abraham tuvo con Agar perseguía a Isaac, que nació gracias al poder del Espíritu. Y ahora pasa lo mismo: los que desean seguir bajo el control de la ley nos persiguen a nosotros, que somos los hijos de la promesa. **30** Pero la Biblia nos cuenta que Dios le dijo a Abraham: «Echa fuera de tu casa a la esclava y a su hijo. Porque el hijo de una esclava no tiene derecho de recibir lo que le corresponde al hijo de la esposa, la cual es libre».

31 Hermanos, nosotros no somos esclavos de la ley, sino libres. No somos como el hijo de la esclava, sino como el de la mujer libre.

Libertad por medio de Jesucristo

5 ¹ ¡Jesucristo nos ha hecho libres! ¡Él nos ha hecho libres de verdad! Así que no abandonen esa libertad, ni vuelvan nunca a ser esclavos de la ley.

² Pero quiero decirles algo: Si ustedes se circuncidan, lo que hizo Cristo ya no les sirve de nada. ³ Les advierto una vez más que cualquiera que se circuncida está obligado a obedecer la ley. ⁴ Los que quieran que Dios los acepte por obedecer la ley, rechazan el amor de Dios y dejan de estar unidos a Cristo. ⁵ En cambio, a nosotros, el Espíritu nos da la seguridad de que Dios va a aceptarnos, pues confiamos en Cristo. ⁶ Gracias a lo que Cristo hizo, ya no importa si estamos circuncidados o no. Lo que sí importa es que confiamos en Cristo, y que esa confianza nos hace amar a los demás.

⁷ ¡Ustedes iban muy bien! ¿Quién les impidió seguir obedeciendo el verdadero mensaje? ⁸ Con toda seguridad no fue Dios, pues él mismo los invitó a obedecerlo. ⁹ No hay duda de que un solo falso maestro daña toda la enseñanza. ¹⁰ Estoy seguro de que ustedes estarán de acuerdo conmigo, pues somos cristianos. Y no tengo la menor duda de que Dios castigará a quien los está molestando, no importa quién sea.

¹¹ Hermanos, si yo anunciara que todos deben circuncidarse, mis enemigos dejarían de perseguirme y el mensaje de la muerte de Cristo en la cruz no los haría enojar. ¹² ¡Ojalá que quienes los molestan no solo se circunciden sino que se corten todo de una vez!

¹³ Hermanos, Dios los llamó a ustedes a ser libres. Pero no usen esa libertad como pretexto para hacer lo malo. Al contrario, ayúdense unos a otros por amor. ¹⁴ Porque toda la ley de Dios se resume en un solo mandamiento: «Ama a los demás como te amas a ti mismo». ¹⁵ Les advierto que, si se pelean y se hacen daño, terminarán por destruirse unos a otros.

Obedecer al Espíritu de Dios

¹⁶ Por eso les digo: Obedezcan al Espíritu de Dios y así no desearán hacer lo malo. ¹⁷ Porque los malos deseos están en

contra de lo que quiere el Espíritu de Dios, y el Espíritu está en contra de los malos deseos. Por lo tanto, ustedes no pueden hacer lo que se les antoje. **18** Pero si obedecen al Espíritu de Dios, ya no están obligados a obedecer la ley.

19 Todo el mundo conoce la conducta de los que obedecen a sus malos deseos: No son fieles en el matrimonio, tienen relaciones sexuales prohibidas, muchos vicios y malos pensamientos. **20** Adoran a dioses falsos, practican la brujería y odian a los demás. Se pelean unos con otros, son celosos y se enojan por todo. Son egoístas, discuten y causan divisiones. **21** Son envidiosos, y hasta matan; se emborrachan, y en sus fiestas hacen locuras y muchas cosas malas. Les advierto, como ya lo había hecho antes, que los que hacen esto no formarán parte del reino de Dios.

22 En cambio, el Espíritu de Dios nos hace amar a los demás, estar siempre alegres y vivir en paz con todos. Nos hace ser pacientes y amables, y tratar bien a los demás, tener confianza en Dios, **23** ser humildes, y saber controlar nuestros malos deseos. No hay ley que esté en contra de todo esto. **24** Y los que somos de Jesucristo ya hemos hecho morir en su cruz nuestro egoísmo y nuestros malos deseos.

25 Si el Espíritu ha cambiado nuestra manera de vivir, debemos obedecerlo en todo. **26** No seamos orgullosos, ni provoquemos el enojo y la envidia de los demás, creyendo que somos mejores que ellos.

Ayúdense unos a otros

6 **1** Hermanos, ustedes son guiados por el Espíritu de Dios. Por lo tanto, si descubren que alguien ha pecado, deben corregirlo con buenas palabras. Pero tengan cuidado de no ser tentados a hacer lo malo. **2** Cuando tengan dificultades, ayúdense unos a otros. Esa es la manera de obedecer la ley de Cristo.

3 Si alguien se cree importante, cuando en realidad no lo es, se está engañando a sí mismo. **4** Cada uno debe examinar su propia conducta. Si es buena, podrá sentirse satisfecho de sus acciones, pero no debe compararse con los demás. **5** Cada uno es responsable ante Dios de su propia conducta.

6 El que esté siendo instruido en el mensaje de Dios debe compartir con su maestro todo lo bueno que reciba.

7 No crean ustedes que pueden engañar a Dios. Cada uno cosechará lo que haya sembrado. **8** Si seguimos nuestros malos deseos, moriremos para siempre; pero si obedecemos al Espíritu, tendremos vida eterna. **9** Así que no nos cansemos de hacer el bien porque, si seguimos haciéndolo, Dios nos premiará a su debido tiempo. **10** Siempre que nos sea posible, hagamos el bien a todos, pero especialmente a los seguidores de Cristo.

Advertencia y saludo final

11 Esta parte la escribí yo mismo. Fíjense que les escribo esto con letras bien grandes. **12** Los que quieren obligarlos a circuncidarse, solo desean quedar bien con la gente. No quieren que se les maltrate por anunciar el mensaje de la cruz de Cristo. **13** Ellos están circuncidados pero no obedecen la ley de Moisés. Lo único que desean es que ustedes se circunciden para luego decir con orgullo que ellos pudieron convencerlos de circuncidarse. **14** Yo, en cambio, solo me sentiré orgulloso de haber creído en la muerte de nuestro Señor Jesucristo. Gracias a su muerte, lo que este mundo malo piense de mí ya no me importa; es como si para este mundo yo ya hubiera muerto.

15 En realidad, no importa si uno está o no circuncidado. Lo que sí importa es ser una persona distinta. **16** Que Dios dé su paz a los que viven así, y que muestre también su bondad a los que son suyos.

17 De ahora en adelante que nadie me cause problemas, porque tengo en mi cuerpo las cicatrices que demuestran que he sufrido por pertenecer a Cristo.

18 Hermanos, que nuestro Señor Jesucristo les muestre su amor. ¡Amén!

EFESIOS

Carta de Pablo a los efesios

Saludo

1 **1** Queridos hermanos de Éfeso:

A ustedes, que pertenecen al pueblo especial de Dios, que siguen creyendo en Jesucristo y viven muy unidos a él, les envío mis saludos.

Yo, Pablo, soy apóstol de Jesucristo porque Dios así lo quiso. **2** Les pido a nuestro Padre Dios y al Señor Jesucristo que los amen mucho y les den su paz.

Pablo da gracias a Dios

3 Demos gracias al Dios y Padre de nuestro Señor Jesucristo por las bendiciones espirituales que Cristo nos trajo del cielo. **4** Desde antes de crear el mundo, Dios nos eligió por medio de Cristo para que fuéramos solo de él y viviéramos sin pecado.

Dios nos amó tanto que **5** decidió enviar a Jesucristo para adoptarnos como hijos suyos, pues así había pensado hacerlo desde un principio. **6** Dios hizo todo eso para que lo alabemos por su grande y maravilloso amor. Gracias a su amor, nos dio la salvación por medio de su amado Hijo. **7-8** Por la muerte de Cristo en la cruz, Dios perdonó nuestros pecados y nos liberó de toda culpa. Esto lo hizo por su inmenso amor. Por su gran sabiduría y conocimiento, **9** Dios nos mostró el plan que había guardado en secreto y que había decidido realizar por medio de Cristo. **10** Cuando llegue el momento preciso, completará su plan y reunirá todas las cosas del cielo y de la tierra, al frente de las cuales pondrá como jefe a Cristo.

11 Por medio de Cristo, Dios nos había elegido desde un principio para que fuéramos suyos y recibiéramos todo lo que él había prometido. Así lo había decidido Dios, quien siempre lleva a cabo sus planes. **12** Dios quiso que los judíos fuéramos los primeros en poner nuestra esperanza en Cristo, para que lo alabemos por su gran poder.

13 Ustedes oyeron y creyeron la buena noticia de su salvación, que es un mensaje verdadero, y gracias a Cristo pasaron a formar parte del pueblo de Dios y recibieron el Espíritu Santo que nos había prometido. **14** Lo recibieron como prueba de que Dios cumplirá su promesa cuando haya liberado totalmente a los que formamos su pueblo. Por eso, alabamos la grandeza de Dios.

Pablo ora por la iglesia en Éfeso

15 Me he enterado de que ustedes confían mucho en el Señor Jesús y aman a todos los del pueblo de Dios. Por eso, y por lo que antes dije, **16** me acuerdo de ustedes cuando estoy orando y le doy gracias a Dios por la confianza que en él tienen. **17** Le pido al Dios de nuestro Señor Jesucristo, es decir, al Padre maravilloso, que les dé su Espíritu para que sean sabios y puedan entender cómo es Dios. **18** También le pido a Dios que les haga comprender con claridad el gran valor de la salvación que él ha dado a los que son suyos. Que sepan cuál es la esperanza prometida. **19** Que entiendan bien el gran poder con que nos ayuda en todo. Es un poder sin límites, el mismo que Dios usó para **20** resucitar a Cristo y darle un lugar en el cielo, a la derecha de su trono. **21** Con ese gran poder, Dios le dio a Cristo dominio sobre todos los espíritus que tienen poder y autoridad, y sobre todo lo que existe en este mundo y en el nuevo mundo que vendrá. **22-23** Dios puso todas las cosas bajo el poder de Cristo; lo nombró jefe de la iglesia. Cristo es para la iglesia, lo que la cabeza es para el cuerpo. Con Cristo, que todo lo llena, la iglesia queda completa.

Dios nos da vida

2 **1** Antes, ustedes estaban muertos para Dios, pues hacían el mal y vivían en pecado. **2** Seguían el mal ejemplo de la gente de este mundo. Obedecían al poderoso espíritu en los aires que gobierna sobre los malos espíritus y domina a las personas que desobedecen a Dios.

3 Antes nosotros nos comportábamos así, y vivíamos obedeciendo a los malos deseos de nuestro cuerpo y nuestra mente. ¡Con justa razón merecíamos ser castigados por Dios, como todos los demás! **4** Pero Dios es muy compasivo, y su amor por nosotros es inmenso. **5** Por eso, aunque estábamos muertos por culpa de nuestros pecados, él nos dio vida cuando resucitó a Cristo. Nos hemos salvado gracias al amor de Dios, aunque no lo merecíamos. **6** Dios, al resucitar a Jesucristo, nos resucitó y nos dio un lugar en el cielo, junto a él. **7** Hizo esto para mostrar en el futuro la bondad y el gran amor con que nos amó por medio de Jesucristo. **8** Ustedes han sido salvados porque aceptaron el amor de Dios. Ninguno de ustedes se ganó la salvación, sino que Dios se la regaló. **9** La salvación de ustedes no es el resultado de sus propios esfuerzos. Por eso nadie puede sentirse orgulloso. **10** Nosotros somos creación de Dios. Por nuestra unión con Jesucristo, nos creó para que vivamos haciendo el bien, lo cual Dios ya había planeado desde antes.

Cristo nos une a todos

11-12 Los judíos los llaman a ustedes «los no circuncidados», y ellos a sí mismos se llaman «los circuncidados», pues se circuncidan en el cuerpo. Ustedes no son judíos, y deben recordar que antes no tenían a Cristo ni eran parte del pueblo de Israel. No formaban parte del pacto ni de la promesa que Dios hizo con su pueblo. Vivían en este mundo sin Dios y sin esperanza. **13** Pero ahora, ustedes que estaban lejos de Dios, ya han sido acercados a él, pues están unidos a Jesucristo por medio de su muerte en la cruz.

14 Cristo nos ha dado la paz. Por medio de su sacrificio en la cruz, Cristo ha derribado el muro de odio que separaba a judíos y no judíos, y de nuestros dos pueblos ha hecho uno solo. **15** Cristo ha puesto fin a los mandatos y reglas de la ley, y por medio de sí mismo ha creado, con los dos grupos, un solo pueblo amigo. **16** Por medio de su muerte en la cruz, Jesucristo puso fin a la enemistad que había entre los dos grupos; clavó en la cruz esa enemistad, y los unió para formar un solo pueblo que viviera en paz con Dios. **17** Cristo vino y anunció a todos las buenas noticias de paz: tanto a los que no son judíos y estaban lejos de Dios, como a los que son judíos y estaban cerca de él. **18** Por medio de lo que Jesucristo hizo, judíos y no judíos tenemos un mismo Espíritu y podemos acercarnos a Dios el Padre. **19** Por eso, para Dios ustedes ya no son extranjeros. Al contrario, ahora forman parte del pueblo de Dios y tienen todos los derechos; ahora son de la familia de Dios. **20** Todos los de la iglesia son como un edificio construido sobre la enseñanza de los apóstoles y los profetas, y en ese edificio Jesucristo es la piedra principal. **21** Es él quien mantiene firme todo el edificio y lo hace crecer, hasta formar un templo dedicado al Señor. **22** Por su unión con Jesucristo, ustedes también forman parte de ese edificio, donde Dios habita por medio de su Espíritu.

La misión de Pablo

3 **1** Yo, Pablo, estoy preso porque sirvo a Jesucristo y trabajo por el bien de ustedes, que no son judíos. **2** Ustedes ya saben que Dios me encargó anunciarles el plan que, gracias a su gran amor, había preparado. **3** Dios me dio a conocer el plan que tenía en secreto, y del cual ya les escribí brevemente. **4** Si leen lo que escribí, sabrán cómo entiendo ese plan que Dios ha llevado a cabo por medio de Jesucristo. **5** Tal secreto no se les dio a conocer a los que vivieron antes de nosotros; pero ahora, por medio de su Espíritu, Dios se lo ha mostrado a sus santos apóstoles y profetas. **6** Y el plan secreto es este: Por medio de Jesucristo, todos los que no son judíos también pueden recibir la salvación y las promesas dadas al pueblo de Israel, y formar con él un solo pueblo. Todo lo que tienen que hacer es aceptar esa buena noticia.

7 Dios ha sido bueno conmigo y, gracias a su gran poder, me encargó anunciar esa buena noticia, sin que yo lo mereciera. **8** Aunque soy la persona más insignificante en el pueblo de Dios, él me dio el privilegio de anunciar a los que no son judíos la buena noticia de las bendiciones de Cristo, las cuales nadie puede contar. **9** También me encargó enseñarles a todos cómo se va cumpliendo su plan. Dios, creador del universo, tuvo ese plan en secreto durante siglos. **10** Así, por medio de la iglesia, los ángeles y espíritus poderosos de los aires sabrán ahora que Dios es sabio en todo. **11** Esto era lo que Dios había planeado desde el principio, y que ha hecho realidad por medio de Jesucristo nuestro Señor. **12** Gracias a Cristo, y porque confiamos en él, tenemos libertad para acercarnos a Dios sin temor. **13** Les ruego, entonces, que no se desanimen por mis sufrimientos, pues esto es más bien un honor para ustedes.

El amor de Jesucristo

14 Por todo esto, me arrodillo a orar delante de Dios el Padre, **15** creador de todo lo que existe tanto en el cielo como en la tierra. **16** Por la inmensa riqueza de su gloria, pido a Dios que por medio de su Espíritu los haga cristianos fuertes de ánimo. **17** También le pido a Dios que Jesucristo viva en sus corazones, gracias a la confianza que tienen en él, y que vivan solo para amar a Dios y a los demás. **18** Así, con todos los que formamos el pueblo de Dios, podrán comprender ustedes el amor de Cristo en toda su plenitud. **19** Le pido a Dios que puedan conocer ese amor, que es más grande de lo que podemos entender, para que reciban todo lo que Dios tiene para darles.

20 Dios tiene poder para hacer mucho más de lo que le pedimos. ¡Ni siquiera podemos imaginarnos lo que Dios puede hacer para ayudarnos con su poder! **21** Todos los que pertenecemos a la iglesia de Cristo, debemos alabarlo por siempre. Amén.

Unidad en la iglesia

4 **1** Yo, que estoy preso por servir al Señor, les ruego que vivan como deben vivir quienes, como ustedes, han sido llamados a formar parte del pueblo de Dios. **2** Sean humildes, amables y pacientes, y con amor dense apoyo los unos a los otros. **3** Hagan todo lo posible por vivir en paz, para que no pierdan la unidad que el Espíritu les dio. **4** Solo hay una iglesia, solo hay un Espíritu, y Dios los llamó a una sola esperanza de salvación. ⁵ Solo hay un Señor, una fe y un bautismo. ⁶ Solo hay un Dios, y es Padre de todos: gobierna sobre todos, actúa por medio de todos, y está en todos.

⁷ A cada uno de nosotros Cristo nos dio las capacidades que quiso darnos. ⁸ Como dice la Biblia:

«Cuando subió al cielo,
llevó muchos prisioneros,
y dio capacidades a la gente».

⁹ Pero, ¿qué significa eso de que «subió»? Pues significa que primero bajó a las partes más profundas de la tierra. ¹⁰ Y el que bajó es el mismo que después subió a lo más alto del cielo, para llenar todo el universo. ¹¹ Él fue quien les dio a unos la capacidad de ser apóstoles; a otros, la de ser evangelistas; y a otros, la de ser pastores y maestros. ¹² Hizo esto para que todos los que formamos la iglesia, que es su cuerpo, estemos capacitados para servir y dar instrucción a los creyentes. ¹³ Así seremos un grupo muy unido y llegaremos a tener todo lo que nos falta; seremos perfectos, como lo es Cristo, porque conocemos al Hijo de Dios y hemos confiado en él. ¹⁴ Ya no seremos como niños, que ahora piensan una cosa y más tarde piensan otra, y que son fácilmente engañados por las falsas enseñanzas de gente astuta que recurre a toda clase de trampas. ¹⁵ Al contrario, el amor debe hacernos decir siempre la verdad, para que en todo lo que hagamos nos parezcamos cada vez más a Cristo, quien gobierna sobre la iglesia. ¹⁶ Cristo es quien va uniendo a cada miembro de la iglesia, según sus funciones, y hace que cada uno trabaje en armonía, para que la iglesia vaya creciendo y cobrando más fuerza por causa del amor.

Una nueva vida

¹⁷ Ahora les pido, de parte del Señor, que ya no vivan como los que no conocen a Dios, pues ellos viven de acuerdo con sus tontas ideas. ¹⁸ Son gente ignorante y terca, que no entiende

nada, y por eso no disfruta de la vida que Dios da. **19** Han perdido la vergüenza, se han entregado totalmente a los vicios, y hacen toda clase de indecencias.

20 ¡Pero esto no es lo que ustedes aprendieron acerca de Cristo! **21** Porque ustedes oyeron el mensaje acerca de él, y saben vivir como él manda, siguiendo la verdad que él enseñó. **22** Por eso, ya no vivan ni sean como antes, cuando los malos deseos dirigían su manera de vivir. **23-24** Ustedes deben cambiar completamente su manera de pensar, y ser honestos y santos de verdad, como corresponde a personas que Dios ha vuelto a crear para ser como él.

Cómo vivir ahora

25 Por eso, ya no deben mentirse los unos a los otros. Todos nosotros somos miembros de un mismo cuerpo, así que digan siempre la verdad.

26 Si se enojan, no permitan que eso los haga pecar. El enojo no debe durarles todo el día, **27** ni deben darle al diablo oportunidad de tentarlos.

28 Quien antes fue ladrón, debe dejar de robar, y ahora trabajar bien y con sus propias manos. Así tendrá dinero para ayudar a las personas necesitadas.

29 No digan malas palabras. Al contrario, digan siempre cosas buenas, que ayuden a los demás a crecer espiritualmente, pues eso es muy necesario.

30 No hagan que se ponga triste el Espíritu Santo de Dios, que es como un sello de identidad que Dios puso en ustedes, para reconocerlos cuando llegue el día en que para siempre serán liberados del pecado.

31 Dejen de estar tristes y enojados. No griten ni insulten a los demás. Dejen de hacer el mal. **32** Por el contrario, sean buenos y compasivos los unos con los otros, y perdónense, así como Dios los perdonó a ustedes por medio de Cristo.

5 **1** Ustedes son hijos de Dios, y él los ama. Por eso deben tratar de ser como él es. **2** Deben amar a los demás, así como Cristo nos amó y murió por nosotros. Su muerte es para Dios como el delicado aroma de una ofrenda.

3 Ustedes son parte del pueblo de Dios; por eso, ni siquiera deben hablar de pecados sexuales, ni de indecencias ni de ambiciones exageradas. **4** No digan malas palabras, ni tonterías, ni vulgaridades, pues eso no es correcto. Más bien, usen su boca para dar gracias a Dios. **5** Bien saben ustedes que nadie que tenga relaciones sexuales prohibidas o indecentes, o que nunca esté satisfecho con lo mucho que tiene, tendrá parte en el reino de Cristo y de Dios. Eso es tan malo como adorar a un ídolo.

Vivir obedeciendo a Dios

6 No se dejen engañar con ideas tontas, pues por cosas así Dios castigará terriblemente a quienes no le obedecen. **7** Así que, no tengan nada que ver con esa clase de gente.

8 No conocer a Dios es como vivir en la oscuridad, y antes ustedes vivían así, pues no lo conocían. Pero ahora ya lo conocen, han pasado a la luz. Así que vivan como corresponde a quienes conocen a Dios, **9** pues su Espíritu nos hace actuar con bondad, justicia y verdad. **10** Traten de hacer lo que le agrada a Dios. **11** No se hagan cómplices de los que no conocen a Dios, pues sus hechos no aprovechan de nada. Al contrario, háganles ver su error. **12** ¡La verdad es que da vergüenza hablar de lo que ellos hacen a escondidas! **13** Cuando la luz brilla, todo queda al descubierto y puede verse cómo es en realidad. **14** Por eso alguien ha escrito:

> «¡Despiértate, tú que duermes!
> Levántate de entre los muertos,
> y Cristo te alumbrará».

15 Tengan cuidado de cómo se comportan. Vivan como gente que piensa lo que hace, y no como tontos. **16** Aprovechen cada oportunidad que tengan de hacer el bien, porque estamos viviendo tiempos muy malos. **17** No sean tontos, sino traten de averiguar qué es lo que Dios quiere que hagan.

18 No se emborrachen, pues perderán el control de sus actos. Más bien, permitan que el Espíritu Santo los llene y los controle. **19** Cuando se reúnan, canten salmos, himnos y canciones sagradas; ¡alaben a Dios de todo corazón! **20** Denle siempre gracias por todo a Dios el Padre, en el nombre de nuestro Señor Jesucristo.

21 Ustedes, que honran a Cristo, deben sujetarse los unos a los otros. **22** Las esposas deben sujetarse a sus esposos, así como lo hacen con Cristo. **23** Porque el esposo es cabeza de su esposa, así como Cristo es cabeza de su iglesia, y también su Salvador. Cristo es la cabeza, y la iglesia es el cuerpo. **24** Por eso, la esposa debe sujetarse a su esposo en todo, así como la iglesia se sujeta a Cristo.

25 Los esposos deben amar a sus esposas, así como Cristo amó a la iglesia y dio su vida por ella. **26** Lo hizo para hacerla solo suya, limpiándola por medio de su mensaje y del bautismo. **27** Cristo quiso regalarse a sí mismo una iglesia gloriosa, apartada del mal y perfecta, como si fuera un vestido que no tiene una sola arruga ni una sola mancha, ni nada parecido. **28** El esposo debe amar a su esposa, así como ama a su propio cuerpo. El hombre que ama a su esposa se ama a sí mismo. **29** Porque nadie desprecia su propio cuerpo. Al contrario, lo alimenta y lo cuida, del mismo modo que Cristo cuida a la iglesia. **30** En realidad, cada uno de nosotros forma parte de la iglesia, que es el cuerpo de Cristo. **31** Dice la Biblia: «Por eso deja el hombre a su padre y a su madre, y se une a su esposa, y los dos llegan a ser como una sola persona». **32** Esa es una verdad muy grande, y yo la uso para hablar de Cristo y de la iglesia. **33** En todo caso, el esposo debe amar a su esposa como si se tratara de sí mismo, y la esposa debe respetar a su esposo.

Los padres y los hijos

6 **1** Hijos, obedezcan a sus padres, porque ustedes son de Cristo y eso es lo que les corresponde hacer. **2** El primer mandamiento que va acompañado de una promesa es el siguiente: «Respeta y obedece a tu padre y a tu madre, **3** para que todo te salga bien y tengas una larga vida en la tierra».

4 Y ustedes, padres, no hagan enojar a sus hijos. Más bien edúquenlos y denles enseñanzas cristianas.

Los esclavos y sus amos

5 Esclavos, obedezcan a los que aquí en la tierra son sus amos. Obedézcanlos con respeto, sinceridad, y de buena gana, como si estuvieran sirviendo a Cristo mismo. **6-7** Esto deben hacerlo en todo momento, y no solo cuando sus amos los estén viendo. Ustedes son esclavos de Cristo, así que deben hacer con alegría y entusiasmo lo que Dios quiere que hagan, como si lo hicieran para el Señor y no solo para sus amos. **8** Pueden estar seguros de que el Señor premiará a todos por lo bueno que hayan hecho, sin importar si eran esclavos o libres.

9 También ustedes, amos, deben tratar a sus esclavos con igual respeto y sin amenazas. Recuerden que tanto ustedes como ellos pertenecen al mismo Dueño. Ese Dueño es Dios, que está en el cielo, y él no tiene favoritos.

La armadura de Dios

10 Finalmente, dejen que el gran poder de Cristo les dé las fuerzas necesarias. **11** Protéjanse con la armadura que Dios les ha dado, y así podrán resistir los ataques del diablo. **12** Porque no luchamos contra gente como nosotros, sino contra espíritus malvados que actúan en el cielo. Ellos imponen su autoridad y su poder en el mundo actual. **13** Por lo tanto, ¡protéjanse con la armadura completa! Así, cuando llegue el día malo, podrán resistir los ataques del enemigo. Y cuando hayan peleado hasta el fin, seguirán estando firmes.

14 ¡Manténganse alerta! Que la verdad y la justicia de Dios los vistan y protejan como una armadura. **15** Compartan la buena noticia de la paz; ¡estén siempre listos a anunciarla! **16** Que su confianza en Dios sea como un escudo que apague las flechas encendidas que arroja el diablo. **17** Que la salvación los proteja como un casco, y que los defienda la Palabra de Dios, que es la espada del Espíritu Santo.

18 No se olviden de orar. Y siempre que oren a Dios, háganlo dirigidos por el Espíritu Santo. Manténganse en estado de alerta, y no se den por vencidos. Oren siempre, pidiendo por todos los que forman parte del pueblo de Dios. **19** Y oren también por mí; pídanle a Dios que me dé el valor de anunciar el plan que él había mantenido en secreto. **20** El Señor me envió a anunciar ese plan, y por eso estoy preso. Pídanle a Dios que me dé el valor de anunciar sin ningún temor la buena noticia.

Saludos finales

21-22 Les envío a Tíquico, nuestro querido compañero y fiel servidor de Cristo, para que los anime y les cuente cómo estoy y qué hago.

23 Deseo que Dios el Padre, y el Señor Jesucristo, les den paz, amor y confianza a todos los miembros de la iglesia. **24** Y espero que Dios sea bueno con todos los que nunca dejan de amar a nuestro Señor Jesucristo.

EFESIOS

FILIPENSES
Carta de Pablo a los filipenses

Saludo

1 ¹ Queridos hermanos de la iglesia de Filipos:
Nosotros, Pablo y Timoteo, que somos servidores de
Jesucristo, enviamos un saludo a todos ustedes, que pertenecen
al pueblo especial de Dios y están unidos a Jesucristo. Saludos
también para los líderes y los diáconos.

² Que Dios, nuestro Padre, y el Señor Jesucristo, los amen
mucho y les den su paz.

Pablo ora por los miembros de la iglesia

³ Siempre doy gracias a mi Dios, al acordarme de ustedes; ⁴ y
cuando oro, siempre pido con alegría por todos, ⁵ porque me
ayudaron a anunciar la buena noticia desde el primer día que la
oyeron hasta ahora. ⁶ Dios empezó el buen trabajo en ustedes, y
estoy seguro de que lo irá perfeccionando hasta el día en que
Jesucristo vuelva.

⁷ Está bien que yo piense así de todos ustedes, porque los
quiero mucho, y porque ustedes comparten conmigo el trabajo
de amor que Dios me ha encargado. En la cárcel o delante de
los jueces, ustedes siempre me apoyan para afirmar la verdad de
esta buena noticia. ⁸ Dios sabe que no miento cuando digo que
los extraño y los quiero con el tierno amor que Jesucristo me da.

⁹ Le pido a Dios que ustedes se amen cada vez más, y que todo
lo aprendan bien y lo juzguen correctamente, ¹⁰ para que sepan
cómo elegir lo mejor. Así, cuando Cristo vuelva, estarán sin
pecado y nadie podrá acusarlos de nada. ¹¹ Porque con la ayuda
de Jesucristo ustedes harán lo bueno, para que la gente alabe y
honre a Dios.

Lo que Pablo piensa de la vida

¹² Queridos hermanos, quiero que sepan que lo que me ha

pasado, más bien me ha ayudado a anunciar la buena noticia.
13 Todos los guardias del palacio, y el resto de la gente, saben que estoy preso por servir a Cristo. **14** Además, al saber que estoy preso, la mayoría de los hermanos se ha animado a anunciar el mensaje de Dios sin miedo y con más confianza en el Señor Jesucristo.

15-16 Es cierto que algunos anuncian la buena noticia porque de veras quieren ayudar: aman a Cristo y saben que Dios me ha dado la tarea de defender la buena noticia. En cambio, hay otros que lo hacen solo por competir conmigo, o porque me envidian. **17** Y esos que me envidian no la anuncian con sinceridad; lo hacen porque son egoístas y solo quieren crearme más problemas aquí en la cárcel. **18** Pero eso no importa, porque, sean sinceros o no, están anunciando el mensaje de Cristo, y eso me hace sentirme muy feliz. Y más feliz me sentiré, **19** al saber que por medio de las oraciones de ustedes, y con la ayuda del Espíritu de Jesucristo, pronto saldré de la cárcel. **20** Espero firmemente no hacer nada que pueda avergonzarme. Al contrario, ya sea que viva o que muera, quiero portarme siempre con valor para que, por medio de mí, la gente hable de lo maravilloso que es Cristo.

21 Si vivo, quiero hacerlo para servir a Cristo, pero si muero, salgo ganando. **22-23** En realidad, no sé qué es mejor, y me cuesta mucho trabajo elegir. Si sigo viviendo, puedo serle útil a Dios aquí en la tierra; pero si muero, iré a reunirme con Jesucristo, lo cual prefiero mil veces. **24-25** Pero yo sé que ustedes me necesitan vivo. Por eso estoy seguro de que me quedaré, para poder ayudarles a tener más confianza en Dios y a vivir felices. **26** Así que, cuando esté otra vez con ustedes, tendrán más motivos para alabar a Jesucristo.

Vivir confiando en Cristo

27 Solo les pido que vivan dignamente, como lo enseña la buena noticia de Cristo. Porque, ya sea que vaya a verlos o no, quiero estar seguro de que todos ustedes viven muy unidos y se ponen de acuerdo en todo, y que luchan unidos por anunciar la buena noticia.

28 No tengan miedo de sus enemigos. Si se comportan con valentía, verán cómo ellos serán destruidos y ustedes serán salvados, porque Dios les dará el triunfo. **29** Dios les ha dado a ustedes el privilegio de confiar en Cristo, y también de sufrir por él. **30** Así que pasarán por los mismos problemas que yo he tenido, y ya saben muy bien lo que he sufrido y estoy sufriendo.

Ser como Jesucristo

2 **1** Estoy seguro de que Cristo les ha dado a ustedes poder para animar a los demás. El amor que ustedes tienen los lleva a consolar a otros, y sé que todos tienen el mismo Espíritu y son compasivos. **2** Por eso les pido a todos ustedes que me hagan totalmente feliz, viviendo en armonía y amándose unos a otros. Pónganse de acuerdo en lo que piensan, deseen las mismas cosas y **3** no hagan nada por orgullo o solo por pelear. Al contrario, hagan todo con humildad y vean a los demás como mejores a ustedes mismos. **4** Nadie busque el bien solo para sí mismo, sino para todos. **5** Tengan la misma manera de pensar que tuvo Jesucristo:

6 Aunque Cristo siempre fue igual a Dios,
no insistió en esa igualdad.

7 Al contrario,
renunció a esa igualdad,
y se hizo igual a nosotros,
haciéndose esclavo de todos.

8 Como hombre, se humilló a sí mismo
y obedeció a Dios hasta la muerte:
¡murió clavado en una cruz!

9 Por eso Dios le otorgó
el más alto privilegio,

y le dio el más importante
de todos los nombres,
10 para que ante él se arrodillen
todos los que están en el cielo,
y los que están en la tierra,
y los que están debajo de la tierra;
11 para que todos reconozcan
que Jesucristo es el Señor
y den gloria a Dios el Padre.

Cómo vivir en este mundo

12 Queridos hermanos, cuando yo estaba con ustedes, siempre me obedecían. Ahora que estoy lejos, deben obedecerme más que nunca. Por eso, con respeto y devoción a Dios, dedíquense a entender lo que significa ser salvado por Dios. **13** Porque es Dios quien los motiva a hacer el bien y les ayuda a practicarlo, y lo hace porque así lo quiere.

14 Hagan todo sin hablar mal de nadie ni discutir por todo, **15** para que no pequen ni nadie pueda culparlos de nada. En este mundo lleno de gente malvada y pecadora, ustedes, como hijos de Dios, deben alejarse de la maldad y brillar por su buen comportamiento. **16** Nunca dejen de creer en el mensaje que da vida. Así yo podré estar orgulloso de ustedes el día que Cristo vuelva, y sabré que mi trabajo y mis esfuerzos no fueron inútiles.

17 Ustedes confían en Dios y le sirven, y eso es como si le presentaran una ofrenda. Tal vez a mí me maten, y entonces mi muerte será parte de esa ofrenda a Dios. Si esto llega a suceder, seré muy feliz, y quiero compartir esa alegría con ustedes. **18** ¡Alégrense, pues, conmigo!

Timoteo

19 Espero que pronto el Señor me permita enviarles a Timoteo, y me alegrará mucho recibir noticias de ustedes. **20** Timoteo es el único que se preocupa por ustedes, y que los quiere tanto como yo. **21** Los demás solo se ocupan de sus propias cosas y no de lo que le agrada a Jesucristo. **22** Pero ustedes ya conocen la buena conducta de Timoteo, y saben que él me ha ayudado como si fuera mi hijo. Juntos hemos anunciado la buena noticia.

23 Espero enviarlo a ustedes, tan pronto sepa yo si quedaré o no en libertad, **24** aunque confío que pronto Dios también me dejará ir a verlos.

Epafrodito

25 Hace algún tiempo, ustedes enviaron al hermano Epafrodito para que me ayudara en lo que me hiciera falta. Él ha trabajado y luchado conmigo para defender el mensaje de la buena noticia. Ahora me parece conveniente que él vuelva a ustedes, **26** pues tiene muchos deseos de verlos de nuevo. Está preocupado porque ustedes se enteraron de su enfermedad. **27** Y la verdad es que estuvo tan grave que casi se muere. Pero Dios fue bueno con él, y también conmigo, para que no me pusiera más triste de lo que estoy. **28** Por eso lo envío enseguida, para que ustedes se alegren al verlo y yo deje de estar triste.

29 Recíbanlo con alegría, como se lo merece un servidor del Señor. Muestren aprecio por quienes son como él, **30** pues por trabajar para Cristo casi se muere: arriesgó su propia vida para darme la ayuda que ustedes no podían darme personalmente.

Lo más importante es conocer a Cristo

3 **1** Además, hermanos, alégrense de estar unidos al Señor. A mí no me molesta repetirles lo que ya les había escrito, y a ustedes les hace bien que lo repita.

2 ¡Cuídense de esa gente despreciable y malvada, que los quiere circuncidar! **3-4** Los verdaderos circuncidados somos nosotros, los que guiados por el Espíritu adoramos a Dios y estamos orgullosos de pertenecer a Jesucristo. Nosotros no creemos que podamos hacer nada para salvarnos. Si la salvación dependiera de la circuncisión, yo podría sentirme más orgulloso que cualquiera: **5** me circuncidaron a los ocho días de nacido, pertenezco a la nación de Israel y soy de la tribu de

Benjamín; ¡soy más hebreo que muchos hebreos! En cuanto a cumplir la ley, pertenecí al grupo de los fariseos. **6** Tanto me preocupaba por cumplir la ley que perseguía a los miembros de la iglesia. ¡Nadie puede culparme de no haber cumplido la ley! **7** Pero, gracias a lo que Cristo hizo por mí, ahora pienso que no vale la pena lo que antes consideré de valor. **8-9** Todo eso lo he dejado a un lado, y lo considero basura, con tal de llegar a conocer bien a Cristo, pues no hay mejor conocimiento. Y quiero que Dios me acepte, no por haber obedecido la ley sino por confiar en Cristo, pues así es como Dios quiere aceptarnos. **10** Por eso, lo único que deseo es conocer a Cristo; es decir, sentir el poder de su resurrección, sufrir como él sufrió, y aun morir como él murió, **11** ¡y espero que Dios me conceda resucitar de los muertos!

Hacia la meta

12 Con esto no quiero decir que yo haya logrado ya hacer todo lo que les he dicho, ni tampoco que ya sea yo perfecto. Pero sí puedo decir que sigo adelante, luchando por alcanzar esa meta, pues para eso me salvó Jesucristo. **13** Hermanos, yo sé muy bien que todavía no he alcanzado la meta; pero he decidido no fijarme en lo que ya he recorrido, sino que ahora me concentro en lo que me falta por recorrer. **14** Así que sigo adelante, hacia la meta, para llevarme el premio que Dios nos llama a recibir por medio de Jesucristo.

15 Todos los que ya hemos progresado mucho en nuestra vida cristiana debemos pensar de esta manera. Y si algunos de ustedes piensan de manera diferente, hasta eso les hará ver Dios con claridad. **16** Lo importante es que todos nosotros sigamos las mismas reglas.

17 Hermanos míos, sigan mi ejemplo. Y fíjense en los que así lo hacen. **18** Hay muchos que viven como si la muerte de Cristo en la cruz no sirviera de nada. Eso ya se lo había dicho a ustedes varias veces, pero ahora vuelvo a repetirlo con lágrimas en los ojos. **19** Esa gente va a terminar en el infierno.

Vive solo para comer, y está orgullosa de lo que hace, cuando en realidad deberían sentir vergüenza. Solo piensa en las cosas malas de este mundo. **20** Nosotros, en cambio, somos ciudadanos del cielo y esperamos que de allí vuelva nuestro Salvador, el Señor Jesucristo. **21** Nuestros débiles cuerpos serán destruidos, pero él los transformará en cuerpos grandiosos como el suyo. Esto lo hará con el mismo poder con que controla todo el universo.

Instrucciones para la iglesia

4 **1** Queridos hermanos y amigos, estoy muy contento y orgulloso de ustedes. ¡Realmente los extraño! ¡No dejen de confiar en el Señor!

2 Les ruego a Evodia y a Síntique que se pongan de acuerdo, pues las dos son cristianas. **3** A ti, mi fiel compañero de trabajo, te pido que las ayudes. Porque ellas, junto con Clemente y todos mis otros compañeros de trabajo, me han ayudado mucho para anunciar la buena noticia. Los nombres de todos ellos ya están anotados en el libro de la vida eterna.

4 ¡Vivan con alegría su vida cristiana! Lo he dicho y lo repito: ¡Vivan con alegría su vida cristiana! **5** Que todo el mundo se dé cuenta de que ustedes son buenos y amables. El Señor viene pronto.

6 No se preocupen por nada. Más bien, oren y pídanle a Dios todo lo que necesiten, y sean agradecidos. **7** Así Dios les dará su paz, esa paz que la gente de este mundo no alcanza a comprender, pero que protege el corazón y el entendimiento de los que ya son de Cristo.

8 Finalmente, hermanos, piensen en todo lo que es verdadero, en todo lo que merece respeto, en todo lo que es justo y bueno; piensen en todo lo que se reconoce como una virtud, y en todo lo que es agradable y merece ser alabado.

9 Practiquen todas las enseñanzas que les he dado; hagan todo lo que me vieron hacer y me oyeron decir. Y Dios, que nos da su paz, estará con ustedes siempre.

Pablo da gracias a los filipenses

10 Me alegra mucho que, como hermanos en Cristo, al fin hayan vuelto a pensar en mí. Yo estaba seguro de que no me habían olvidado, solo que no habían tenido oportunidad de ayudarme. **11** No lo digo porque esté necesitado, pues he aprendido a estar satisfecho con lo que tengo. **12** Sé bien lo que es vivir en la pobreza, y también lo que es tener de todo. He aprendido a vivir en toda clase de circunstancias, ya sea que tenga mucho para comer, o que pase hambre; ya sea que tenga de todo o que no tenga nada. **13** Cristo me da fuerzas para enfrentarme a toda clase de situaciones. **14** Sin embargo, fue muy bueno de parte de ustedes ayudarme en mis dificultades.

15 Al principio, cuando comencé a anunciar la buena noticia y salí de Macedonia, los únicos que me ayudaron fueron ustedes, los de la iglesia en Filipos. Ninguna otra iglesia colaboró conmigo. **16** Aun cuando estuve en Tesalónica y necesité ayuda, más de una vez ustedes me enviaron lo que necesitaba. **17** No lo digo para que ustedes me den algo, sino para que Dios les tome esto en cuenta.

18 Epafrodito me entregó todo lo que ustedes me enviaron, y fue más que suficiente. La ayuda de ustedes fue tan agradable como el suave aroma de las ofrendas que Dios acepta con agrado. **19** Por eso, de sus riquezas maravillosas mi Dios les dará, por medio de Jesucristo, todo lo que les haga falta. **20** ¡Que todos alaben a Dios nuestro Padre por siempre jamás! Amén.

Saludos finales

21 Saluden de mi parte a todos los hermanos en Cristo que forman parte del pueblo de Dios.

Los hermanos que están conmigo les envían sus saludos. **22** También los saludan todos los que aquí forman parte del pueblo de Dios, especialmente los que trabajan para el emperador romano.

23 ¡Que nuestro Señor Jesucristo llene de amor sus vidas!

COLOSENSES
Carta de Pablo a los colosenses

Saludo

1 **1-2** Queridos hermanos de la iglesia de Colosas: Nosotros, Pablo y Timoteo, les enviamos nuestros saludos. Ustedes son parte del pueblo especial de Dios y han puesto su confianza en Cristo. Yo soy apóstol de Jesucristo porque Dios, nuestro Padre, así lo quiso.

Deseo de todo corazón que Dios y el Señor Jesucristo les den mucho amor y paz.

Pablo da gracias a Dios

3 Siempre que oramos por ustedes, damos gracias a Dios, el Padre de nuestro Señor Jesucristo, **4** pues hemos sabido que confían mucho en Cristo y aman a todos los que forman parte del pueblo de Dios. **5** Ustedes se comportan así porque, desde que oyeron el mensaje verdadero de la buena noticia, saben bien lo que Dios les tiene guardado en el cielo. **6** Esta buena noticia se está anunciando por todo el Imperio romano, y está produciendo resultados. Así ocurrió entre ustedes desde el día en que supieron de verdad cuánto los ama Dios. **7** Eso lo aprendieron de labios de Epafras, nuestro querido compañero de trabajo, que tan fielmente les sirve por amor a Jesucristo. **8** Él nos ha traído noticias acerca de ustedes, y de cómo el Espíritu Santo les hace amar a los demás.

Pablo pide fortaleza para la iglesia de Colosas

9 Desde el momento en que supimos de todo eso, no hemos dejado de orar por ustedes. Y siempre le pedimos a Dios que puedan conocer su voluntad y que tengan toda la sabiduría y la inteligencia que da el Espíritu Santo. **10** Así podrán vivir de acuerdo con lo que el Señor quiere, y él estará contento con ustedes porque harán toda clase de cosas buenas y sabrán más cómo es Dios; **11** por el gran poder de Dios cobrarán nuevas fuerzas y podrán soportar con paciencia todas las dificultades. Así, con gran alegría, **12** darán gracias a Dios, el Padre. Porque él nos ha preparado para que recibamos, en su reino de luz, la herencia que él ha prometido a su pueblo especial. **13** Dios nos rescató de la oscuridad en que vivíamos, y nos llevó al reino de su amado Hijo, **14** quien por su muerte nos salvó y perdonó nuestros pecados.

La obra de Cristo

15 Cristo es el Hijo de Dios, y existe desde antes de la creación del mundo; él es la imagen del Dios que no podemos ver. **16** Por medio de él, Dios creó todo lo que hay en el cielo y en la tierra, lo que puede verse y lo que no se puede ver, y también los espíritus poderosos que tienen dominio y autoridad. En pocas palabras: Dios creó todo por medio de Cristo y para Cristo.

17 Cristo existía antes de todas las cosas. Por medio de él, todo se mantiene en orden, **18** y él gobierna a su iglesia y le da vida. Él es la cabeza y la iglesia es su cuerpo.

Cristo es el principio de todas las cosas. Por eso fue el primero en resucitar, para ocupar el primer lugar en todo. **19** Y en él se encuentra todo el poder divino.

20 Por medio de Cristo, Dios hizo que todo el universo volviera a estar en paz con él. Y esto lo hizo posible por medio de la muerte de su Hijo en la cruz.

Cristo nos hace amigos de Dios

21-22 Antes, ustedes estaban lejos de Dios y eran sus enemigos, pues pensaban y hacían lo malo. Sin embargo, ahora Dios los ha hecho sus amigos por medio de la muerte de su Hijo, quien se hizo hombre. Dios lo hizo así para que ustedes pudieran presentarse ante él sin pecado y libres de culpa. **23** Pero esto será así, solo si mantienen su confianza en Cristo y siguen creyendo en lo que nos promete el mensaje de la buena noticia. Este mensaje ha sido anunciado por todo el Imperio romano, y yo colaboro anunciándolo.

El trabajo de Pablo para la Iglesia

24 Ahora me alegro de sufrir por ustedes, pues así voy completando en mi propio cuerpo los sufrimientos del cuerpo de Cristo, que es la iglesia. **25** Por el bien de ustedes, Dios me ha hecho servidor de la iglesia y me ha enviado a anunciar su mensaje. **26** Este mensaje habla del plan que desde hacía muchos siglos Dios había mantenido en secreto, pero que ahora ha revelado a su pueblo especial. **27** Él decidió darles a conocer este plan tan grande y maravilloso para todas las naciones, y que es el siguiente: Dios envió a Cristo para que habite en ustedes y les dé la seguridad de que van a compartir el poder y la gloria de Dios.

28 Nosotros anunciamos a Cristo, y con toda sabiduría aconsejamos y enseñamos a todos, para que lleguen a ser perfectos como Cristo. **29** Para esto trabajo y lucho con la fuerza y el poder que Cristo me da.

2 **1** Yo quiero que sepan que estoy luchando bastante; tanto por ustedes, los de la iglesia en el pueblo de Laodicea, como por los que no me conocen personalmente. **2** Y lucho para animarlos a todos, y para que se mantengan unidos en el amor de Cristo, y así lleguen a tener la plena seguridad de comprender todo el plan que Dios y Cristo tenían en secreto. **3** Todas las riquezas de la sabiduría y del conocimiento se encuentran presentes en Cristo. **4** Les digo esto para que nadie los engañe con frases bonitas pero falsas. **5** Porque aunque no estoy con ustedes, siempre los recuerdo y me alegro de saber que son ordenados y siguen confiando plenamente en Jesucristo.

La vida nueva que Cristo da

6 Ustedes han aceptado a Jesucristo como su dueño y Señor. Por eso deben vivir como a él le agrada. **7** Tal como se les enseñó, confíen en él cada vez más, vivan obedeciendo sus enseñanzas para ser cada vez mejores, y den siempre gracias a Dios.

8 Tengan cuidado. No presten atención a los que quieren engañarlos con ideas y razonamientos que parecen sabios, pero que solo son enseñanzas humanas. Esa gente obedece a los espíritus poderosos de este mundo y no a Cristo.

9 Cristo es completamente igual a Dios, **10** y reina sobre todos los espíritus que tienen poder y autoridad. A ustedes no les falta nada, pues están unidos a Cristo.

11 Los judíos se circuncidan en señal de que son parte del pueblo de Dios. Pero a ustedes Dios los hizo parte de su pueblo uniéndolos a Cristo, y así les quitó el deseo de seguir pecando. Esa fue la circuncisión que Dios mismo les hizo. **12** Cuando ustedes fueron bautizados, fueron sepultados con Cristo. Y resucitaron con él, porque confiaron en el poder de Dios.
13 Antes, ustedes estaban muertos, pues eran pecadores y no formaban parte del pueblo de Dios. Pero ahora Dios les ha dado vida junto con Cristo, y les ha perdonado todos sus pecados.
14 La ley escrita estaba en contra de nosotros, pero Dios le puso fin por medio de la muerte de Cristo en la cruz. **15** Dios les quitó el poder a los espíritus que tienen autoridad, y por medio de Cristo los humilló delante de todos, al pasearlos como prisioneros en su desfile victorioso.

16 No dejen que nadie los critique por lo que comen o beben, o porque no celebran ciertas fiestas ni respetan los días de luna nueva o de descanso. **17** Todo eso no era más que la sombra engañosa de lo que estaba por de venir. Lo real y verdadero es

Cristo. **18** Así que no dejen que nadie los condene, y menos esa gente que adora a los ángeles y que aparenta ser humilde. Dicen que ven visiones, pero mienten. Sus pensamientos los llenan de orgullo, pero solo piensan cosas malas. **19** Esa gente no está unida a Cristo, que es quien gobierna la iglesia y quien le da más y más fuerzas. Cristo le da a la iglesia todo lo que necesita, y une a todos sus miembros de acuerdo con el plan de Dios.

Vivir como Dios quiere

20 Ustedes están unidos a Cristo por medio de su muerte en la cruz, y ya no están sometidos a los espíritus que gobiernan este mundo. Entonces, ¿por qué se comportan como si todavía estuvieran bajo su dominio? ¿Por qué obedecen a quienes les dicen **21** «No toquen esto», «No coman eso», «No prueben aquello»? **22** Esas reglas no son más que enseñanzas humanas, que con el tiempo van perdiendo su valor. **23** No se puede negar que son útiles, porque enseñan acerca de la conducta religiosa, la humildad y el dominio del cuerpo. Pero lo cierto es que no ayudan a combatir los malos deseos de nuestra naturaleza humana.

3 **1-2** Dios les dio nueva vida, pues los resucitó juntamente con Cristo. Por eso, dediquen toda su vida a hacer lo que a Dios le agrada. Piensen en las cosas del cielo, donde Cristo gobierna a la derecha de Dios. No piensen en las cosas de este mundo. **3-4** Pues ustedes ya han muerto para el mundo, y ahora, por medio de Cristo, Dios les ha dado la verdadera vida. Cuando Cristo venga, también ustedes estarán con él y compartirán su gloriosa presencia.

Cómo deben vivir ahora

5 Por eso, den muerte a todos sus malos deseos; no tengan relaciones sexuales prohibidas, no sean indecentes, dominen sus malos deseos y no busquen amontonar dinero, pues es lo mismo que adorar a dioses falsos. **6** Todo esto hace que Dios se enoje con los desobedientes. **7** Ustedes mismos se comportaban así antes de conocer a Cristo. **8** Pero ahora tienen que dejar también todo esto: no se enojen, no busquen hacer el mal a otros, no ofendan a Dios ni insulten a sus semejantes, **9** ni se mientan unos a otros, porque ustedes ya han dejado la vida de pecado **10** y ahora viven de manera diferente.

En realidad, ustedes son personas nuevas, que cada vez se parecen más a Dios su Creador, y cada vez lo conocen mejor. **11** Por eso ya no importa si alguien es judío o no lo es, o si está circuncidado o no lo está. Tampoco tiene importancia si pertenece a un pueblo muy desarrollado o poco desarrollado, o si es esclavo o libre. Lo que importa es que Cristo lo es todo, y está en todos.

12 Dios los ama mucho a ustedes, y los ha elegido para que formen parte de su pueblo. Por eso, vivan como se espera de ustedes: amen a los demás, sean buenos, humildes, amables y pacientes. **13** Sean tolerantes los unos con los otros, y si alguien tiene alguna queja contra otro, perdónense, así como el Señor los ha perdonado a ustedes. **14** Y sobre todo, ámense unos a otros, porque el amor es el mejor lazo de unión. **15** Ustedes fueron llamados a formar un solo cuerpo, el cuerpo de Cristo. Dejen que la paz de Cristo gobierne sus corazones, y sean agradecidos.

16 No se olviden nunca de las maravillosas enseñanzas de Cristo. Y cuando se enseñen unos a otros, o se corrijan, háganlo de manera inteligente. Canten salmos, himnos y cantos espirituales, dando gracias a Dios de todo corazón. **17** Y todo lo que hagan o digan, háganlo como verdaderos seguidores del Señor Jesucristo, y denle gracias a Dios el Padre por lo que Cristo ha hecho por ustedes.

La familia cristiana

18 Ustedes, las esposas, deben sujetarse a sus esposos, pues es lo que se espera de ustedes como cristianas. **19** Y ustedes, los esposos, deben amar a sus esposas y no maltratarlas.

20 Ustedes, los hijos, deben obedecer a sus padres y a sus madres en todo, pues eso agrada al Señor. **21** y ustedes, los padres, no deben hacer enojar a sus hijos, para que no se desanimen.

22 Ustedes, los esclavos, deben obedecer en todo a sus amos aquí en la tierra. No lo hagan para quedar bien con ellos y solo cuando los estén mirando. Más bien, háganlo con sinceridad y por respeto al Señor. **23** Todo lo que hagan, háganlo de buena gana, como si estuvieran sirviendo al Señor Jesucristo y no a la gente. **24** Porque ya saben que Dios les dará en recompensa parte de la herencia que ha prometido a su pueblo. Recuerden que sirven a Cristo, que es su verdadero dueño. **25** En cambio, todo el que haga lo malo será castigado según lo que haya hecho, porque Dios no tiene favoritos.

4 **1** Los que aún tienen esclavos, deben ser amos justos y tratar bien a sus esclavos. Recuerden que en el cielo también tienen un Amo: Jesucristo el Señor.

Otras enseñanzas

2 Oren siempre, dando gracias a Dios y prestando mucha atención. **3** Oren también por nosotros. Pídanle a Dios que podamos anunciar libremente el mensaje y explicar el plan secreto de Cristo. Precisamente por anunciarlo ahora estoy preso. **4** Pídanle a Dios que yo pueda explicar ese mensaje con la claridad debida.

5 Usen su inteligencia para saber cómo deben tratar a los que no confían en Cristo. Aprovechen bien cada oportunidad que tengan **6** de conversar con ellos. Hablen siempre de cosas buenas y díganlas en manera agradable, y piensen bien cómo hay que contestar a cada uno.

Saludos finales

7 Tíquico, fiel seguidor de Cristo y compañero nuestro, les contará todo lo que tiene que ver conmigo. Él siempre me ha ayudado, y juntos hemos servido al Señor. **8** Por eso mismo lo estoy enviando a ustedes, para que les dé ánimo y les diga cómo estamos. **9** Con él va también Onésimo, miembro de la iglesia de ustedes, al que también queremos mucho y nunca deja de confiar en Cristo. Ellos les contarán todo lo que pasa por aquí.

10 Aristarco, que está preso conmigo, les envía saludos. También los saluda Marcos, el primo de Bernabé. Si él llega a visitarlos, no dejen de recibirlo. **11** Jesús, al que llaman el Justo, también les envía saludos. De todos los judíos que han confiado en Cristo, solo ellos me han ayudado en mi trabajo por el reino de Dios, y me han animado mucho.

12 Reciban saludos de Epafras, un servidor de Jesucristo que también pertenece a la iglesia de ustedes. Él siempre ora por ustedes, y pide a Dios que los ayude para que sigan confiando firmemente en Cristo y se mantengan cumpliendo la voluntad de Dios sin cometer ninguna falta. **13** Yo mismo he visto cómo Epafras se preocupa por ustedes y por los de las iglesias en Hierápolis y Laodicea.

14 También les envían saludos Demas y el médico Lucas, a quien queremos mucho.

15 Saluden de mi parte a los miembros de la iglesia en Laodicea. También a Ninfa y a los cristianos que se reúnen en su casa para adorar a Dios. **16** Cuando ustedes hayan leído esta carta, hágansela llegar a los que se reúnen en Laodicea, para que también ellos la lean, y ustedes a su vez lean la carta que yo les envié a ellos. **17** Díganle a Arquipo que trate de hacer bien el trabajo que el Señor Jesucristo le ha encargado.

18 Yo mismo, con mi propia mano les escribo esto: «Recuerden que estoy preso. Deseo de todo corazón que Dios los llene de su amor».

1 TESALONICENSES
Primera carta de Pablo a los tesalonicenses

Saludo

1 ¹ Queridos hermanos de la iglesia de Tesalónica: Nosotros, Pablo, Silvano y Timoteo, los saludamos a ustedes, que pertenecen a Dios Padre y al Señor Jesucristo.

Deseamos de todo corazón que Dios los llene de su amor y les de su paz.

Los tesalonicenses son un ejemplo

2-3 Siempre damos gracias a Dios nuestro Padre, y en nuestras oraciones pedimos que Dios los ayude. Sabemos bien que todo lo que ustedes hacen demuestra su confianza en Dios y su amor por él. Y aun cuando sufren, se mantienen firmes, esperando la salvación que nuestro Señor Jesucristo les dará. ⁴ Hermanos, Dios los ama, y nosotros sabemos que él los ha elegido para que sean parte de su pueblo. ⁵ Cuando les anunciamos la buena noticia, no lo hicimos solo con palabras. Al contrario, cuando estuvimos entre ustedes dejamos bien claro que tenemos el poder de Dios y que el Espíritu Santo actúa por medio de nosotros, para el bien de ustedes.

⁶ Ustedes siguieron nuestro ejemplo y el de nuestro Señor, y aunque sufrieron mucho, recibieron ese mensaje con la profunda alegría que da el Espíritu Santo. ⁷ Por eso llegaron a ser un ejemplo para todos los seguidores de Jesucristo que viven en las regiones de Macedonia y Acaya. ⁸ Ustedes han anunciado el mensaje de Jesucristo no solo en esas regiones sino en muchas otras partes. La gente de esos lugares ya sabe que ustedes confían mucho en Dios, y no hace falta que nosotros les digamos nada más. ⁹ Porque todos hablan de lo bien que ustedes nos recibieron, y cuentan cómo ustedes dejaron de adorar ídolos para adorar y servir al Dios vivo y verdadero. ¹⁰ Ellos saben que

ustedes esperan que Jesucristo regrese del cielo. Dios hizo que él resucitara para salvarnos del castigo que Dios dará a los pecadores en el día del juicio.

El trabajo de Pablo en Tesalónica

2 ¹ Hermanos en Cristo, ustedes saben bien que la visita que les hice no fue inútil. ² También saben que en la ciudad de Filipos nos insultaron y maltrataron. Pero aunque tuvimos muchas dificultades, Dios nos dio valor para anunciarles la buena noticia. ³ Y cuando la anunciamos, dijimos siempre la verdad: nuestras intenciones eran buenas y no tratamos de engañar a nadie. ⁴ Al contrario, Dios nos aprobó y nos encargó anunciar la buena noticia, y eso es lo que hacemos. No tratamos de agradar a nadie sino solo a Dios, pues él examina todo lo que sentimos y pensamos. ⁵ Como ustedes saben, jamás les hemos dicho cosas lindas para tratar de convencerlos, ni los hemos engañado para ganar dinero. Dios sabe que esto es cierto. ⁶ Nunca hemos querido que ustedes, ni ninguna otra persona, nos trate como a gente importante. ⁷ Como somos apóstoles de Cristo, pudimos haberles exigido que nos ayudaran, pero no lo hicimos. En vez de eso, cuando estuvimos con ustedes los tratamos con mucho cariño, con la ternura de una madre que cuida y cría a sus propios hijos. ⁸ Tanto los amamos y queremos que no solo les habríamos anunciado la buena noticia de Dios sino que, de haber sido necesario, hasta habríamos dado nuestra vida por ustedes.

⁹ Hermanos míos, ustedes seguramente se acuerdan de lo duro que trabajamos para ganarnos la vida. Mientras les anunciábamos la buena noticia de Dios, trabajábamos de día y de noche para que ninguno de ustedes tuviera que darnos dinero. ¹⁰ Ustedes confían en Dios, y nosotros nos hemos portado bien y correctamente con ustedes. Dios sabe que eso es cierto, y ustedes también. Nadie puede acusarnos de nada. ¹¹ Saben que a cada uno de ustedes lo hemos tratado como un padre trata a sus hijos. Los animamos, los consolamos, ¹² y también insistíamos

en que vivieran como deben vivir los que son de Dios, los que han sido llamados a compartir su propio reino y poder.

13 Además, siempre damos gracias a Dios porque al llevarles su mensaje, ustedes lo aceptaron como de parte de Dios y no de un ser humano. Y es verdad, ese mensaje es de Dios y hace que los que confían en él cambien su manera de vivir. **14** A ustedes, hermanos, les pasó lo mismo que a los cristianos de las iglesias de Dios en Judea: ¡su propia gente se burló de ellos y los atacó! Eso les pasó a ustedes cuando gente de su propio país los buscó para maltratarlos. **15** Los judíos mataron al Señor Jesús y a los profetas, y luego nos echaron de su país. Ellos no hacen lo que a Dios le agrada, sino que están en contra de todos, **16** y a nosotros no nos dejan anunciar el mensaje de salvación a los que no son judíos. Así añaden más pecados a los que ya han cometido. Pero al final Dios los castigará terriblemente.

Pablo deseaba visitar a los tesalonicenses

17 Sin embargo, hermanos míos, aunque nosotros nos separamos de ustedes por un tiempo, siempre los recordábamos con cariño y deseábamos mucho ir a verlos. **18** Intentamos visitarlos, y en más de una ocasión yo mismo traté de ir, pero Satanás nos lo impidió. **19** Teníamos deseos de verlos, pues cuando nuestro Señor Jesús regrese y nos pida cuentas, nos sentiremos orgullosos, felices y seguros de nuestro trabajo por ustedes. **20** ¡Ustedes son nuestro orgullo y alegría!

3 **1** Por eso, cuando ya no pudimos resistir el deseo de saber de ustedes, decidimos quedarnos solos en Atenas **2** y enviarles a Timoteo, nuestro querido amigo. Él colabora con nosotros y sirve a Dios anunciando la buena noticia de Cristo. Lo enviamos para que los animara y ayudara a confiar fuertemente en Jesucristo; **3** así las dificultades y problemas que ustedes afrontan no los harán dudar. Ustedes saben que tenemos que hacer frente a esos problemas. **4** Además, cuando todavía estábamos con ustedes les advertimos que tendríamos dificultades. Y como ustedes bien saben, así ha sido. **5** Por eso, como ya no pude resistir más, envié a Timoteo, pues necesitaba saber si ustedes seguían confiando en Dios. ¡Temía que el diablo los hubiera hecho caer en sus trampas, y que hubiera echado a perder todo lo que hicimos por ustedes!

6 Pero ahora Timoteo ha regresado de la ciudad de Tesalónica, y nos ha contado que ustedes se aman unos a otros y no han dejado de confiar en Dios. También nos dijo que ustedes nos recuerdan siempre con cariño, y que desean vernos, así como nosotros deseamos verlos a ustedes.

7 Hermanos, a pesar de todos nuestros problemas y sufrimientos, nos alegra saber que siguen confiando en el Señor. **8** Ahora que sabemos esto, sentimos nuevas fuerzas para seguir viviendo. **9** ¿Cómo podremos dar suficientes gracias a Dios por la gran alegría que ustedes nos han dado? **10** Día y noche suplicamos a Dios que nos permita verlos personalmente, para ayudarlos a confiar completamente en él.

Oración de Pablo y de sus compañeros

11 Pedimos a Dios nuestro Padre, y a nuestro Señor Jesús, que nos den la oportunidad de ir a visitarlos. **12** Le pedimos al Señor que los haga amarse más los unos a los otros, y amar también a todos por igual. Porque así los amamos nosotros a ustedes. **13** También le pedimos al Señor Jesús que les dé fuerzas para confiar plenamente en Dios, y les de también un corazón puro y sin pecado. Así, cuando él venga con todo su pueblo especial, nadie podrá acusarlos de nada delante de Dios. Amén.

Vivamos como a Dios le agrada

4 **1** Queridos hermanos en Cristo, nosotros les hemos enseñado a vivir como a Dios le agrada, y en verdad lo están haciendo. Ahora les rogamos y los animamos de parte del Señor Jesús a que se esfuercen cada vez más por vivir así.

2 Ustedes ya conocen las instrucciones que les dimos con la autoridad que recibimos del Señor Jesús. **3** Dios quiere que ustedes sean santos, que no tengan relaciones sexuales prohibidas, **4** y que cada uno de ustedes trate a su propia esposa con mucho respeto. **5** Deben dominar sus malos deseos sexuales, y no portarse como los que no creen en Dios. **6** No deben engañar a los demás miembros de la iglesia, ni aprovecharse de ellos. Ya les hemos advertido que el Señor castigará duramente a los que se comporten así. **7** Porque Dios no nos ha llamado a seguir pecando, sino a vivir una vida santa. **8** Por eso, el que rechaza esta enseñanza no nos está rechazando a nosotros, sino a Dios mismo, que les ha dado a ustedes su Espíritu Santo.

9 No hace falta que les escriba acerca del amor que debe existir entre los miembros de la iglesia, pues Dios mismo les ha enseñado a amarse unos a otros. **10** Así lo han hecho ustedes con todos los seguidores de Cristo en la región de Macedonia. Les rogamos, entonces, que se amen más y más. **11** Traten de vivir tranquilos, ocúpense de sus propios asuntos y trabajen, como ya les ordenamos antes. **12** De ese modo se ganarán el respeto de la gente que no confía en Dios, y no tendrán que pedirle nada a nadie.

El regreso del Señor

13 Hermanos míos, queremos que sepan lo que en verdad pasa con los que mueren, para que no se pongan tristes, como los que no tienen esperanza. **14** Nosotros creemos que Jesucristo murió y resucitó, y que del mismo modo Dios resucitará a los que vivieron y murieron confiando en él.

15 Por eso, de acuerdo con lo que el Señor nos enseñó, les decimos que los que aún vivamos cuando él venga, nos reuniremos con él después de que se hayan reunido con él los que estaban muertos. **16** Porque cuando Dios dé la orden por medio del jefe de los ángeles, y oigamos la trompeta anunciando que el Señor baja del cielo, los que antes de morir confiaron en él, serán los primeros en resucitar. **17** Después Dios nos llevará a nosotros, los que estemos vivos en ese momento, y nos reunirá con los demás en las nubes. Allí, todos juntos nos encontraremos con el Señor, y nos quedaremos con él para siempre. **18** Así que, anímense los unos a los otros con esta enseñanza.

5 **1** Hermanos míos, no hace falta que yo les escriba acerca del momento exacto en que todo esto ocurrirá. **2** Ustedes saben muy bien que el Señor regresará en el día menos esperado, como un ladrón en la noche. **3** Cuando la gente diga: «Todo está tranquilo y no hay por qué tener miedo», entonces todo será destruido de repente. Nadie podrá escapar, pues sucederá en el momento menos esperado, como cuando le vienen los dolores a una mujer embarazada. ¡No podrán escapar! **4** Pero ustedes, hermanos, no viven en la ignorancia, así que el regreso del Señor no los sorprenderá como un ladrón en la noche. **5** Todos ustedes confían en el Señor, y eso es como vivir a plena luz del día y no en la oscuridad. **6** Por eso, debemos mantenernos alerta, viviendo correctamente, y no tan despreocupados como viven algunos. **7** Los que no se preocupan por el regreso del Señor y viven pecando y emborrachándose, están viviendo en la oscuridad. **8** Pero nosotros no vivimos en la oscuridad, sino en la luz. Por eso debemos mantenernos alerta, y confiar en Dios y amar a toda persona. ¡Nuestra confianza y nuestro amor nos pueden proteger del pecado como una armadura! Y si no dudamos nunca de nuestra salvación, esa seguridad nos protegerá como un casco. **9** Porque Dios no nos ha llamado para castigarnos, sino para que recibamos la salvación por medio de nuestro Señor Jesucristo. **10** Porque Jesucristo murió por nosotros para que podamos vivir con él, ya sea que estemos vivos o muertos cuando él vuelva. **11** Por eso, anímense los unos a los otros, y ayúdense a fortalecer su vida cristiana, como ya lo están haciendo.

Instrucciones finales

12 Hermanos, les rogamos que respeten a los líderes de la iglesia. Ellos se esfuerzan mucho para enseñarles a vivir su vida cristiana. **13** Por eso, trátenlos con respeto y amor por todo lo que hacen, y vivan en paz los unos con los otros.

14 También les recomendamos, hermanos, que reprendan a los que no quieren hacer nada. Animen a los que son tímidos, apoyen a los que todavía dudan del Señor, y tengan paciencia con todos.

15 No permitan que ninguno tome venganza del que le hace mal. Al contrario, deben esforzarse por hacer el bien entre ustedes mismos y con todos los demás.

16 Estén siempre contentos. **17** Oren en todo momento. **18** Den gracias a Dios en cualquier circunstancia. Esto es lo que Dios espera de ustedes como cristianos que son. **19** No alejen de ustedes al Espíritu Santo. **20** Y si él les da la capacidad de profetizar, no la desprecien. **21** Pónganlo todo a prueba, pero quédense solo con lo bueno **22** y rechacen todo lo malo.

23 Que el Dios de paz los mantenga completamente dedicados a su servicio. Que los conserve sin pecado hasta que vuelva nuestro Señor Jesucristo, para que ni el espíritu, ni el alma, ni el cuerpo de ustedes sean hallados culpables delante de Dios. **24** Él los eligió para ser parte de su pueblo, y hará todo esto porque siempre cumple lo que promete.

Despedida

25 Hermanos, oren también por nosotros.

26 Saluden con un beso santo a todos los hermanos de la iglesia.

27 Con la autoridad que me da el Señor, les encargo que lean esta carta a todos los de la iglesia.

28 Pido a nuestro Señor Jesucristo que les siga mostrando su amor.

2 TESALONICENSES
Segunda carta de Pablo a los tesalonicenses

Saludo

1 **1-2** Queridos hermanos de la iglesia en Tesalónica: Nosotros, Pablo, Silvano y Timoteo, los saludamos a ustedes, que pertenecen a Dios nuestro Padre y al Señor Jesucristo, a quienes les pido de todo corazón les den su amor y su paz.

Pablo ora por los tesalonicenses

3 Hermanos míos, en todo momento tenemos que dar gracias a Dios por ustedes. Y así debe ser, pues ustedes confían cada vez más en Dios y se aman más y más los unos a los otros. **4** Por eso, nos sentimos orgullosos cuando hablamos de ustedes en las otras iglesias de Dios. Porque, aunque ustedes tienen dificultades y problemas, se mantienen firmes y siguen confiando en Dios. **5** Esto demuestra que en verdad Dios es justo, y que los está haciendo merecedores de su reino, por el que ahora sufren.

6 Dios es justo, y castigará a quienes ahora los hacen sufrir. **7** Cuando el Señor Jesús venga desde el cielo, entre llamas de fuego y acompañado de sus poderosos ángeles, Dios les dará alivio a todos ustedes, como lo ha hecho con nosotros. **8** Castigará a los que no obedecen su mensaje ni quieren reconocerlo. **9** Los destruirá para siempre y los echará lejos de su presencia, donde no podrán compartir su gloria y su poder. **10** Esto sucederá cuando el Señor Jesucristo vuelva para que todo su pueblo especial lo alabe y admire. Y ustedes son parte de ese pueblo, pues han creído en el mensaje que les dimos.

11 Por eso oramos siempre por ustedes. Le pedimos a nuestro Dios que los haga merecedores de haber sido elegidos para formar parte de su pueblo. También le pedimos que con su poder cumpla todo lo bueno que ustedes desean, y complete lo que ustedes han empezado a hacer gracias a su confianza en él. [12] De este modo ustedes honrarán a nuestro Señor Jesús, y él los honrará a ustedes, de acuerdo con el gran amor de Dios y de nuestro Señor Jesucristo.

El hombre malvado

2 [1] Cuando nuestro Señor Jesucristo regrese, nosotros nos reuniremos con él. Por eso, les rogamos, hermanos, [2] que no se dejen confundir tan fácilmente. No se asusten si alguien asegura que ya llegó el día en que el Señor volverá. Tal vez alguien les mienta diciendo que el Espíritu le dijo eso, o que nosotros le enseñamos eso personalmente o por carta. [3] No permitan que nadie los engañe. Ese día no llegará hasta que los enemigos de Dios se rebelen contra él y haya aparecido el hombre malvado, que será destruido. [4] Ese hombre está en contra de Dios y de todo lo que está dedicado a Dios. Hasta pondrá su trono en el templo de Dios y afirmará que él mismo es Dios. [5] Acuérdense de que ya les había hablado de esto cuando estuve con ustedes.

[6] Ustedes saben qué es lo que está deteniendo al hombre malvado para que no aparezca antes de lo planeado. [7] Porque su plan secreto de maldad ya está en marcha; solo falta que se quite de en medio lo que detiene a ese hombre. [8-12] Después de eso, el malvado aparecerá. Satanás lo ayudará a engañar a muchos con señales y falsos milagros. Engañará con toda clase de mentiras a los que no quisieron amar y aceptar el verdadero mensaje de Jesucristo, mensaje que podría haberlos salvado del castigo que recibirán. Dios deja que ese hombre mentiroso y malvado los engañe para que acepten lo que es falso. Así Dios castigará a todos los que no han querido creer en el verdadero mensaje y son felices haciendo el mal. Pero cuando el Señor Jesús vuelva con todo su poder y su gloria, con el soplo de su boca destruirá al hombre malvado y le quitará su poder.

Confiar en Dios

13 Pero nosotros siempre debemos darle gracias a Dios por ustedes. Dios los ama y los eligió desde un principio para que se salvaran del castigo. Los eligió por medio del Espíritu que los separó para él, y por aceptar la buena noticia. **14** Dios los llamó por medio de la buena noticia que les anunciamos, para que participen del poder y de la gloria de nuestro Señor Jesucristo.

15 Por eso, hermanos míos, sigan confiando en Dios y no se olviden de las enseñanzas que, personalmente o por carta, les hemos dado. **16** Dios nuestro Padre es bueno; por eso nos ha amado, nos ha dado el consuelo eterno y la seguridad de que seremos salvos. A él y a nuestro Señor Jesucristo les pido **17** que les den ánimo y fuerzas para que siempre digan y hagan lo bueno.

Pablo pide que oren

3 **1** Por último, hermanos, les pedimos que oren por nosotros, para que hagamos llegar a todas partes el mensaje del Señor, y para que la gente lo reciba con aprecio, así como lo hicieron ustedes. **2** Pídanle también a Dios que nos proteja de la gente malvada, porque no todos quieren confiar en Jesucristo. **3** Pero el Señor Jesucristo les dará una firme confianza y los protegerá del mal, porque él siempre cumple lo que dice. **4** Gracias al Señor Jesucristo estamos seguros de que ustedes hacen y seguirán haciendo lo que les hemos ordenado. **5** Deseamos que el Señor los ayude a amar a los demás, así como Dios ama a todos, y que les dé su fortaleza para resistir en medio del sufrimiento.

Todos tienen que trabajar

6 Hermanos míos, con la autoridad que nuestro Señor Jesucristo nos da, les ordenamos que se alejen de cualquier miembro de la iglesia que no quiera trabajar ni viva de acuerdo con la enseñanza que les dimos. **7** Ustedes saben cómo deben vivir para seguir nuestro ejemplo: nunca estuvimos entre ustedes

2 TESALONICENSES 3 538

sin hacer nada, **8** y nunca recibimos comida sin pagar por ella. Al contrario, trabajábamos de día y de noche para que ninguno de ustedes tuviera que pagar nada por nosotros. **9** En realidad, teníamos derecho a pedirles que nos ayudaran, pero preferimos trabajar para ganarnos el pan y así darles un ejemplo a seguir. **10** Cuando estábamos con ustedes les decíamos que quien no quiera trabajar tampoco tiene derecho a comer. **11** Pero nos hemos enterado de que hay entre ustedes algunos que no quieren trabajar, y que se la pasan metiéndose en asuntos ajenos. **12** A esas personas les llamamos la atención y, con la autoridad que el Señor Jesucristo nos da, les ordenamos que trabajen para ganarse la vida, y que dejen de molestar a los demás.

13 En cuanto a ustedes, hermanos, no se cansen de hacer el bien. **14** Aléjense de cualquier miembro de la iglesia que no obedezca lo que ordenamos en esta carta, para que le dé vergüenza. **15** Pero no lo traten como a un enemigo, sino repréndanlo como a un hermano.

Despedida

16 Que el Señor que da la paz, les dé paz en todo lugar y en todo tiempo, y los acompañe siempre.

17 Yo, Pablo, escribo este saludo final con mi propia mano. Así es como firmo todas mis cartas; esta es mi letra. **18** Deseo que nuestro Señor sea bueno y amoroso con todos ustedes.

1 TIMOTEO
Primera carta de Pablo a Timoteo

Saludo

1 **1-2** Querido Timoteo:
Te envío mis saludos.

Yo, Pablo, soy apóstol de Jesucristo, pues Dios nuestro Salvador, y Cristo Jesús, nuestra esperanza, me enviaron a comunicar su mensaje.

Tú eres como un hijo para mí. Por eso les pido a Dios nuestro Padre y a Jesucristo nuestro Señor que te amen mucho, que te ayuden en todo, y que te den su paz.

¡Cuidado con las falsas enseñanzas!

3 Cuando me fui a la región de Macedonia, te pedí que te quedaras en la ciudad de Éfeso. Y ahora te lo vuelvo a pedir. Allí hay ciertas personas que imparten enseñanzas falsas. Ordénales que no lo hagan más. **4** Diles que no pierdan el tiempo estudiando historias falsas y las interminables listas de sus antepasados. Los que se interesan en esas cosas discuten por nada, y eso no los ayuda a conocer los planes de Dios. Esos planes solo podemos conocerlos si confiamos en él.

5 Te pido que les enseñes a amar de verdad. Solo los que tienen la conciencia tranquila, y confían sinceramente en Dios, pueden amar así.

6 Algunos han dejado esa clase de amor y pierden su tiempo en discusiones tontas. **7** Pretenden ser maestros de la Ley, y se sienten muy seguros de lo que dicen y enseñan, pero ni ellos mismos saben de qué están hablando.

8 Todos sabemos que la ley es buena, siempre y cuando se use correctamente. **9** También sabemos que las leyes no se dan para los que hacen lo bueno, sino para los que hacen lo malo. Son para los rebeldes, los desobedientes, los pecadores y los que no respetan a Dios ni a la religión. También son para los que matan a sus semejantes, y hasta a sus propios padres. **10** Son para los que tienen relaciones sexuales prohibidas y para los homosexuales; para los secuestradores, los mentirosos y los que juran decir la verdad pero luego mienten. En fin, las leyes son para corregir a los que no están de acuerdo con la correcta enseñanza **11** del maravilloso mensaje que nuestro Dios bendito me ha encargado enseñar.

Pablo da gracias a Jesucristo

12 Le doy gracias a nuestro Señor Jesucristo, porque ha confiado en mí y me ha dado fuerzas para trabajar por él. **13** Antes yo ofendía a Jesucristo, lo perseguía y lo insultaba. Aun así, él confió en mí. Y es que Dios fue bueno conmigo y me perdonó, pues yo todavía no creía en Cristo ni sabía lo que estaba haciendo. **14** Nuestro Dios me amó mucho y me perdonó: por medio de Jesucristo me dio confianza y amor.

15-16 Esto es verdad, y todos deben creerlo: Jesucristo vino a este mundo para salvar a los pecadores del castigo que merecen, ¡y yo soy el peor pecador de todos! Pero Dios fue bueno y me salvó. Así demostró la gran paciencia que Jesucristo tuvo conmigo. Lo hizo para que otros sigan mi ejemplo y confíen en Cristo para tener vida eterna. **17** ¡Alabemos y honremos siempre al Rey eterno, al Dios único e invisible, que vive por siempre! Amén.

18 Timoteo, hijo mío, las cosas que te pido hacer están de acuerdo con las profecías que se dijeron acerca de ti. Si cumples con ellas serás como un buen soldado que sabe pelear. **19-20** Serás un soldado que confía en Dios y a quien no se le puede acusar de nada malo. Algunas personas, como Himeneo y Alejandro, dejaron de confiar en Dios. Por eso no les permití seguir en la iglesia, para que Satanás haga con ellos lo que quiera, y así aprendan a no insultar a Dios.

Cómo orar en la iglesia

2 **1** En primer lugar, recomiendo orar por todo el mundo, dando gracias a Dios por todos y pidiéndole que sea

bueno y los ayude.
2 Recomiendo que se ore por los gobernantes y por todas las autoridades, para que podamos vivir en paz y tranquilos, honrando a Dios y llevándonos bien con los demás. **3** Esta clase de oración es buena y le agrada a Dios, nuestro Salvador; **4** pues él quiere que todos se salven y conozcan la verdad.

5 Solo hay un Dios,
 y solo hay uno que puede
 ponernos en paz con Dios:
 el hombre Jesucristo.
6 Jesús dio su propia vida
 para salvar a todo el mundo.
 En el momento oportuno,
 Dios nos demostró
 que quiere salvar a todos.

7 Dios me envió a dar esta buena noticia a los que no son judíos. Debo enseñarles la verdad y lo que significa confiar en

Dios. ¡Les aseguro que no estoy mintiendo, sino que digo la verdad!

8 Deseo que en todas partes la gente deje de discutir y de enojarse, y que en vez de eso sean buenos cristianos y oren.

9 También deseo que las mujeres se vistan con decencia, sencillez y modestia. Que no llamen la atención con peinados exagerados ni poniéndose ropa muy cara, ni que usen costosas joyas de oro o adornos de perlas. **10** Al contrario, la gente debe admirarlas por las buenas cosas que hagan, como se espera de las mujeres que aman y respetan a Dios.

11 Quiero que las mujeres escuchen con respeto y en silencio lo que se les enseñe. **12** Y no permito que las mujeres enseñen en las reuniones de la iglesia, ni que les den órdenes a los hombres. **13** Porque Dios creó primero a Adán, y después a Eva.
14 Además, Adán no fue el engañado por Satanás, sino Eva. Y cuando Eva fue engañada, pecó. **15** Sin embargo, las mujeres se salvarán si tienen hijos, si confían en Jesucristo, y si aman a los demás y viven con modestia y santidad.

Los líderes de la iglesia

3 **1** Es verdad que si alguien desea dirigir una iglesia, desea un buen trabajo. **2** Pero debe ser alguien a quien no se le pueda acusar de nada malo. Debe tener una sola esposa, controlar todos sus deseos y pensar dos veces lo que va a hacer. Debe comportarse correctamente, recibir con gusto a los viajeros en su hogar y saber enseñar. **3** No debe ser borracho, ni violento, ni buscar pelea. Al contrario, debe ser amable y tranquilo, y no estar preocupado solo por el dinero.

4 Además, debe gobernar bien a su propia familia y educar a sus hijos para que sean obedientes y respetuosos. **5** Porque si no puede gobernar a su propia familia, tampoco podrá gobernar a la iglesia de Dios. **6** Y no debe ser alguien con poco tiempo de haber creído en Jesucristo, pues puede volverse orgulloso y entonces recibirá el mismo castigo que Satanás. **7** Por último, debe contar con el respeto de la gente que no cree en Jesucristo, para que nunca pase vergüenza delante de ellos ni caiga en alguna trampa de Satanás.

Los diáconos de la iglesia

8 Los diáconos deben ser gente respetable; no deben mentir ni beber mucho vino, ni estar preocupados por ganar mucho dinero. **9** Además, deben creer siempre en todo el mensaje de la buena noticia que Dios nos ha dado, y tener la conciencia tranquila. **10-12** Deben tener una sola esposa, y dirigir bien a sus hijos y a toda su familia.

Las mujeres también deben hacer bien su trabajo. No deben ser chismosas, sino saber controlarse en todo, y ser personas en las que se pueda confiar.

A los que quieran ser diáconos se les deberá poner a prueba. Si no se les puede acusar de nada malo y pasan la prueba, trabajarán en la iglesia. **13** Los que hagan bien su trabajo como diáconos tendrán buena fama y se ganarán el respeto y la confianza de todos en la iglesia de Cristo.

La gran verdad

14 Espero visitarte pronto. Pero te escribo todo esto **15** por si acaso no llego a tiempo. Así sabrás cómo debemos comportarnos los que pertenecemos a la iglesia, que es la familia del Dios vivo. La iglesia sostiene y defiende la verdad.

16 No hay duda de que es muy profunda la verdad de la religión cristiana:

> Cristo vino al mundo como hombre.
> El Espíritu lo declaró inocente.
> Los ángeles lo vieron.
> Su mensaje se anunció
> entre las naciones,
> y el mundo creyó en él.
> Fue llevado al cielo
> y Dios lo colmó de honores.

Las falsas enseñanzas

4 ¹ El Espíritu Santo ha dicho claramente que en los últimos tiempos algunas personas dejarán de confiar en Dios. Serán engañadas por espíritus mentirosos y obedecerán enseñanzas de demonios. ² Le harán caso a gente hipócrita y mentirosa, incapaz de sentir vergüenza de nada. ³ Esa gente prohíbe casarse y comer ciertos alimentos. Pero Dios creó todos los alimentos para que nosotros los comamos y le demos las gracias por ellos. Los creó para todos los que confiamos en él y conocemos la verdad. ⁴ Porque todo lo que Dios ha creado es bueno, y podemos comer de todo sin rechazar nada, si le damos las gracias. ⁵ Por tanto, podemos comerlos porque Dios así lo ha dicho, y porque nosotros hemos orado por esos alimentos.

Instrucciones para Timoteo

⁶ Si enseñas la verdad a los miembros de la iglesia, serás un buen servidor de Jesucristo. Estudiar y obedecer las enseñanzas cristianas, como tú lo haces, es lo mismo que alimentarse bien. ⁷ No prestes atención a historias falsas, inventadas por los que no creen en Cristo. Esfuérzate por ser un buen discípulo de Jesucristo. ⁸⁻⁹ Es verdad que el ejercicio físico ayuda a que todo el cuerpo esté sano. Pero esforzarse en confiar cada vez más en Dios es mucho mejor, porque nos hace bien aquí en la tierra y también cuando vivamos en el cielo. Esto es una verdad que podemos y debemos creer. ¹⁰ Por eso nos esforzamos tanto, pues confiamos firmemente en Dios. Él vive para siempre y es el Salvador de todos, especialmente de los que confían en él.

¹¹ Enseña estas cosas, y diles a todos que las obedezcan. ¹² No permitas que nadie te desprecie por ser joven. Al contrario, trata de ser un ejemplo para los demás cristianos. Que cuando todos oigan tu modo de hablar, y vean cómo vives, traten de ser puros como tú. Que todos imiten tu carácter amoroso y tu confianza en Dios.

¹³ Mientras llego a visitarte, sigue leyéndoles la Biblia a los miembros de la iglesia, y no dejes de animarlos ni de enseñarles.

14 No dejes de usar las capacidades especiales que Dios te dio cuando los líderes de la iglesia pusieron sus manos sobre tu cabeza. El Espíritu Santo habló con ellos y les ordenó hacerlo. **15** Haz todo eso y dedícales tiempo, para que todos vean que cada vez eres mejor.

16 Timoteo, compórtate como es debido, y ten cuidado de lo que enseñas. Sigue haciendo esto, y no solo te salvarás a ti mismo sino que también salvarás a los que te escuchen.

Cómo tratar a los demás

5 **1-2** Cuando corrijas a un anciano, no lo regañes; al contrario, aconséjalo como si fuera tu propio padre. Trata a la mujer anciana como si fuera tu propia madre, y a las jóvenes trátalas con todo respeto, como si fueran tus hermanas.

3 Ayuda a las viudas que no tengan familiares que las ayuden. **4** Pero si alguna viuda tiene hijos o nietos, ellos deben ser los primeros en ayudarla en todas sus necesidades, así como ella antes los cuidó y ayudó. Esto es lo que conviene hacer ante Dios, pues así quiere él que se haga.

5 La viuda que realmente está sola, confía en Dios y le pide su ayuda de día y de noche. **6** Pero la viuda que solo piensa en divertirse está muerta en vida. **7** Por eso, ordénales a todos que hagan lo que te he dicho, para que nadie pueda criticarlos. **8** Pues quien no cuida de sus parientes, y especialmente de su familia, no se porta como un cristiano; es más, tal persona es peor que quien nunca ha creído en Dios.

9 Para que una viuda esté en la lista de ayuda de la iglesia, debe tener por lo menos sesenta años de edad y haber estado casada una sola vez. **10** También debe ser conocida por sus buenas obras. Por ejemplo, tiene que haber criado bien a sus hijos e hijas, haber recibido bien a quienes visitaron su casa, haber sido humilde con los miembros de la iglesia, y haber ayudado a los que sufren. Es decir, en esa lista deben estar las que hayan hecho lo bueno.

11-12 No pongas en esa lista a las viudas de menos edad, porque más tarde quieren volver a casarse y se oponen a Cristo, dejando de cumplir su promesa de no casarse para trabajar en la iglesia. ¡Y Dios tendrá que castigarlas! **13** Además, se vuelven perezosas y se acostumbran a andar de casa en casa, llevando y trayendo chismes, y metiéndose en asuntos ajenos y hablando de lo que no deben.

14 Por eso quiero que las viudas jóvenes se vuelvan a casar, y tengan hijos y se ocupen de cuidar a su familia. Así, los que no creen en Jesucristo no podrán criticarnos. **15** Pues algunas de ellas ya han dejado de confiar en Cristo y ahora obedecen a Satanás.

16 Si alguna mujer cree en Jesucristo y en su familia hay alguna viuda, debe ayudarla. De este modo la iglesia tendrá una responsabilidad menos y podrá ayudar a las viudas que realmente lo necesiten.

17 Los líderes de la iglesia que hacen bien su trabajo merecen que se les pague el doble, especialmente los que anuncian y enseñan la buena noticia. **18** Porque la Biblia dice: «No le impidas al buey comer mientras desgrana el trigo». Y también se dice: «Quien trabaja, merece que le paguen».

19 Cuando alguien acuse a un líder, pídele que presente a dos o tres testigos. Si no lo hace, no le prestes atención. **20** Si alguno de los líderes sigue pecando, corrígelo ante toda la iglesia, para que los demás tengan miedo y no hagan lo mismo.

21 Dios, y Jesucristo, y todos los ángeles que Dios ha elegido, están escuchando lo que te voy a decir: Obedece todo lo que te he ordenado hacer y sé justo con todos, sin tener favoritos.

22 Antes de nombrar a alguien para el servicio a Dios, piénsalo bien. Porque si esa persona hace algo malo, tú serás también responsable de lo que haga. ¡Apártate más bien de todo lo que es malo!

23 Como casi siempre estás enfermo del estómago, no bebas solo agua, sino también un poco de vino.

24 Algunas veces nos damos cuenta claramente de que una

persona está pecando, aun antes de que sea juzgada. Pero otras veces no nos damos cuenta sino mucho después del juicio. **25** Lo mismo pasa con las buenas acciones. Algunas se ven con facilidad, pero otras no. Con todo, ninguna de ellas quedará oculta.

6 **1** Los miembros de la iglesia que aún sean esclavos deben respetar en todo a sus amos, para que nadie hable mal de Dios ni de las enseñanzas cristianas. **2** Y los que tengan amos que también crean en Jesucristo no deben dejar de obedecerlos solo porque ambos son cristianos. Al contrario, deben hacer bien su trabajo, y aún mejor, pues lo están haciendo para alguien a quien aprecian y que también confía en Dios.

Las falsas enseñanzas y el dinero

A los miembros de la iglesia y a sus líderes enséñales que deben obedecer lo que te voy a decir: **3** Si alguien enseña lo que no está de acuerdo con las enseñanzas de nuestro Señor Jesucristo, ni con la verdadera religión cristiana, **4** es un orgulloso que no sabe nada, y que tiene la mala costumbre de discutir sobre el significado de ciertas palabras. Con esto solo causa envidias, enojos, insultos, desconfianza **5** y peleas en todo momento. Y los que hacen eso son gente incapaz de pensar bien, que no conoce la verdad; son gente que piensa que por medio de la religión puede ganar mucho dinero. **6** Por supuesto, la religión cristiana hace que nuestra vida sea mucho mejor, pero solo cuando uno está contento con lo que tiene. **7** Porque cuando nacimos no trajimos nada al mundo, y al morir tampoco podremos llevarnos nada. **8** Así que debemos estar contentos si tenemos comida y ropa. **9** Pero los que solo piensan en ser ricos caen en las trampas de Satanás. Son tentados a hacer cosas tontas y perjudiciales, que terminan por destruirlos totalmente. **10** Porque todos los males comienzan cuando solo se piensa en el dinero. Por el deseo de amontonarlo, muchos se olvidaron de obedecer a Dios, y acabaron por tener muchos problemas y sufrimientos.

Recomendaciones y despedida

11 Pero tú, Timoteo, estás al servicio de Dios. Por eso, aléjate de todo lo malo. Trata siempre de obedecer a Dios y de ser un buen discípulo de Jesucristo. No dejes de confiar en él, y ama a todos los hermanos de la iglesia. Cuando enfrentes dificultades, ten paciencia y sé amable con los demás. **12** Imita al deportista que se esfuerza por ganar la competencia: haz todo lo posible por ser un buen discípulo de Jesucristo, y recibirás el premio de la vida eterna. Dios te llamó y te prometió esa vida cuando delante de mucha gente anunciaste que habías confiado en Dios.

13 Delante de Dios, que creó todo lo que existe, y delante de Jesucristo, que ante Pilato dio buen testimonio de su confianza en Dios, **14** te pido que obedezcas todo lo que te ordeno, para que nadie pueda acusarte de nada. Haz esto hasta que vuelva nuestro Señor Jesucristo, **15** quien vendrá en el momento oportuno, cuando nuestro maravilloso Dios así lo quiera. Porque Dios es el único que gobierna sobre todos; Dios es el más grande de los reyes y el más poderoso de los gobernantes.

16 Dios es el único que vive para siempre, y vive en una luz tan brillante que nadie puede acercarse a él. Nadie lo ha visto ni puede verlo. ¡El honor y el poder son de él para siempre! Amén.

17 Adviérteles a los ricos de este mundo que no sean orgullosos ni confíen en sus riquezas, porque es muy fácil perder todo lo que se tiene. Al contrario, diles que confíen en Dios, pues él es bueno y nos da todo lo que necesitamos para que lo disfrutemos. **18** Mándales que hagan el bien, que se hagan ricos en buenas acciones. Recuérdales que deben dar y compartir lo que tienen. **19** Así tendrán un tesoro que en el futuro seguramente les permitirá disfrutar de la vida eterna.

20 Timoteo, ¡trata de hacer bien tu trabajo! No prestes atención a lo que dicen los que no creen en Cristo, ni pongas atención a los que discuten criticando nuestras enseñanzas. Esa gente dice saber cuál es la verdad, **21** pero algunos ya han dejado de confiar en Dios por hacer caso de esas cosas.

De todo corazón le pido a Dios que los llene de su amor.

2 TIMOTEO
Segunda carta de Pablo a Timoteo

Saludos

1 **1-2** Querido hijo Timoteo:

Te envío mis saludos, y de todo corazón les pido a Dios Padre y a Jesucristo nuestro Señor que te llenen de amor, te ayuden en todo y te den su paz.

Como te dije antes, soy apóstol de Cristo. Dios me envió a comunicar su mensaje, y me prometió la vida eterna por medio de Cristo Jesús.

Oración de agradecimiento

3 Mis familiares y yo hemos servido a Dios, y nadie puede acusarnos de nada malo. Siempre que oro, ya sea de día o de noche, te recuerdo y doy gracias a Dios por ti. **4** Cada vez que me acuerdo de cómo lloraste y te pusiste triste, me dan más ganas de verte. ¡Cómo me alegraría eso! **5** Tu abuela Loida y tu madre Eunice confiaron sinceramente en Dios, y cuando me acuerdo de ti me siento seguro de que también tú tienes esa misma confianza.

No hay que avergonzarse

6 Por eso te recomiendo que no dejes de usar esa capacidad especial que Dios te dio cuando puse mis manos sobre tu cabeza. **7** Porque el Espíritu de Dios no nos hace cobardes. Al contrario, nos da poder para amar a los demás y nos fortalece para que podamos vivir una buena vida cristiana.

8 Por lo tanto, no te avergüences de hablar bien de nuestro Señor Jesús. Tampoco te avergüences de mí, que estoy preso por servir a Jesucristo. Al contrario, tienes que estar dispuesto a sufrir por anunciar la buena noticia. ¡Ya Dios te dará las fuerzas necesarias para soportar el sufrimiento!

⁹ Dios nos salvó y nos eligió para que seamos parte de su pueblo santo. No hicimos nada para merecerlo, sino que Dios, por su gran amor, así lo planeó. Dios ya nos amaba desde antes de crear el mundo, pues desde entonces ya pertenecíamos a Cristo Jesús. ¹⁰ Dios nos mostró ese gran amor por medio de lo que Jesucristo nuestro Salvador hizo por nosotros. Porque él destruyó la muerte y, por medio de la buena noticia, nos ha dado la vida eterna.

¹¹ Dios me nombró apóstol para anunciar y enseñar a las naciones la buena noticia. ¹² Por eso mismo estoy sufriendo ahora. Pero no me avergüenzo de lo que me pasa, porque yo sé bien en quién he puesto mi confianza. Estoy seguro de que él tiene poder para hacer que la buena noticia se siga anunciando hasta que llegue el fin del mundo. ¹³ Las enseñanzas que te he dado son un buen ejemplo de lo que debes hacer. No dejes de confiar en Dios y en el amor que tenemos por estar unidos a Jesucristo. ¹⁴ No permitas que nadie contradiga la buena enseñanza que recibiste. Dios te ha encargado ese trabajo, y el Espíritu Santo te ayudará a hacerlo.

¹⁵ Seguramente ya sabes que todos los cristianos de la provincia de Asia me abandonaron. ¡Hasta Figelo y Hermógenes me dejaron solo!

¹⁶ Le pido a Dios que sea bueno con la familia de Onesíforo y la ayude. Él me animó muchas veces, y no se avergonzó de que yo estuviera en la cárcel. ¹⁷ Al contrario, tan pronto llegó a Roma me buscó por todas partes, hasta que me encontró. ¹⁸ Espero que el Señor Jesús lo trate con bondad el día en que Dios juzgará a todo el mundo. Como sabes, Onesíforo nos fue de gran ayuda en la ciudad de Éfeso.

El fiel soldado de Jesucristo

2 ¹ Hijo mío, Dios te ama mucho porque has creído en Jesucristo. Pídele fuerzas para soportar cualquier cosa. ² Tú has oído lo que les he enseñado a muchas personas. Ahora quiero que enseñes eso mismo a cristianos en los que puedas confiar y que sean capaces de enseñar a otros.

3 Tú, como buen soldado de Jesucristo, debes estar dispuesto a sufrir por él. **4** Los soldados que tratan de agradar a sus jefes no se interesan por ninguna otra cosa que no sea el ejército. **5** De igual manera, el atleta que participa en una carrera no puede ganar el premio si no obedece las reglas de la competencia. **6** Y el que cultiva la tierra tiene que trabajarla antes de poder disfrutar de la cosecha. **7** Piensa en estas cosas, y el Señor Jesucristo te ayudará a entenderlo todo.

8 ¡Acuérdate de Jesucristo! Según la buena noticia que yo enseño, Jesús era de la familia del rey David; y aun cuando murió, volvió a vivir. **9** Por anunciar esa buena noticia sufro mucho y estoy en la cárcel; me tienen encadenado, como si fuera yo un criminal. Pero el mensaje de Dios no está encadenado. **10** Por eso soporto toda clase de sufrimientos, para que los que Dios ha elegido se salven y reciban la vida eterna que Cristo ofrece junto a Dios.

11 Esto es verdad:

Si morimos por Cristo,
también viviremos con él.

12 Si soportamos los sufrimientos,
compartiremos su reinado.

Si decimos que no lo conocemos,
también él dirá que no nos conoce.

13 Y aunque no seamos fieles,
Cristo permanece fiel
porque él jamás rompe su promesa.

El sirviente aprobado

14 No dejes que nadie olvide estas cosas. Pon a Dios como testigo y advierte a los miembros de la iglesia que no deben seguir discutiendo. Esas discusiones no ayudan a nadie, y dañan a quienes las oyen. **15** Haz todo lo posible por ganarte la aprobación de Dios. Así, Dios te aprobará como un trabajador que no tiene de qué avergonzarse y que enseña correctamente el mensaje verdadero.

16 No prestes atención a las discusiones de los que no creen en Dios, pues eso no sirve de nada. Los que así discuten, van de mal en peor, **17** y sus malas enseñanzas se van extendiendo, como el cáncer. Así también lo han hecho Himeneo y Fileto, **18** quienes afirman que ya hemos pasado definitivamente de la muerte a la vida. Eso no es verdad, y no hace más que confundir a los creyentes.

19 Pero podemos estar seguros de lo que hemos creído. Porque lo que Dios nos ha enseñado es como la sólida base de un edificio, en donde está escrito lo siguiente: «Dios sabe quiénes son suyos», y también dice: «Que todos los que adoran a Dios dejen de hacer el mal».

20 En la casa de un hombre rico no todo es de oro o de plata, sino que algunos objetos son de madera o de barro. Unos sirven para ocasiones especiales y otros para usarlos todos los días. **21** Algo parecido pasa con nosotros: si dejamos de hacer lo malo y nos olvidamos de las falsas enseñanzas, seremos como esos objetos útiles y muy especiales. Toda nuestra vida le será útil a Dios, que es su dueño, y estaremos preparados para hacer toda clase de bien.

22 No te dejes llevar por las tentaciones propias de tu edad. Tú eres joven, así que aléjate de esas cosas y dedícate a hacer el bien. Busca la justicia, el amor y la paz, y únete a los que con toda sinceridad adoran a Dios y confían en él. **23** No prestes atención a discusiones que no ayudan en nada. Los que así discuten siempre terminan peleando. **24** Un servidor de Dios no debe andar en peleas. Por el contrario, debe ser bueno con todos, saber enseñar, y tener mucha paciencia.

25 Y cuando corrijas a tus enemigos, hazlo con humildad. Tal vez Dios les dé la oportunidad de arrepentirse y de conocer la verdad. **26** Entonces podrán darse cuenta de que cayeron en una trampa del diablo y lograrán escapar. Por el momento, el diablo los tiene prisioneros y hace con ellos lo que quiere.

Cómo será todo antes del fin del mundo

3 [1] También debes saber que en los últimos días, antes de que llegue el fin del mundo, la gente enfrentará muchas dificultades. [2] Habrá gente egoísta, interesada solamente en ganar más y más dinero. También habrá gente orgullosa que se creerá más importante que los demás. No respetarán a Dios ni obedecerán a sus padres, sino que serán malagradecidos e insultarán a todos. [3] Serán crueles y se llenarán de odio. Dirán mentiras acerca de los demás, serán violentos e incapaces de dominar sus deseos. Odiarán todo lo que es bueno. [4] No se podrá confiar en ellos, porque esos orgullosos actuarán sin pensar. En vez de obedecer a Dios, harán solo lo que les venga en gana. [5] Dirán que aman y respetan a Dios, pero con su conducta demostrarán lo contrario.

No te hagas amigo de esa clase de gente, [6] porque tienen la costumbre de meterse en cualquier casa para engañar a mujeres tontas y pecadoras, que son incapaces de dominar sus malos deseos; [7] siempre están queriendo aprender algo nuevo, pero nunca llegan a entender la verdad. [8] Así como los brujos Janes y Jambrés estaban en contra de Moisés, también esta clase de gente es enemiga de que se dé a conocer el verdadero mensaje de Dios. Tienen la mente corrompida, y no han aprendido a confiar en Dios. [9] Pero no seguirán así por mucho tiempo, pues todos se darán cuenta de que son estúpidos, como lo eran Janes y Jambrés.

Últimas instrucciones para Timoteo

[10] Pero tú, Timoteo, sabes bien lo que yo enseño y cómo vivo. Sabes lo que pienso hacer y cuánto confío en Dios. Has visto mi paciencia, mi amor y mi fuerza para soportar las dificultades. [11] Sabes cómo me han maltratado y cómo he sufrido en las ciudades de Antioquía, Iconio y Listra. Pero el Señor Jesucristo

me libró de todo eso. **12** Bien sabemos que todo el que desee vivir obedeciendo a Jesucristo será maltratado. **13** Pero los malvados y los engañadores irán de mal en peor, y engañarán a unos pero serán engañados por otros.

14 Tú debes seguir creyendo en lo que aprendiste, y que sabes que es la verdad. Después de todo, sabes bien quiénes te lo han enseñado. **15** Recuerda que desde niño has leído la Biblia, y sus enseñanzas pueden hacerte sabio, para que aprendas a confiar más en Jesucristo y así seas salvo. **16** Todo lo que está escrito en la Biblia es el mensaje de Dios, y es útil para enseñar a la gente, para ayudarla y corregirla, y para mostrarle cómo debe vivir. **17** De ese modo, los servidores de Dios estarán completamente entrenados y preparados para hacer el bien.

4 **1** Cuando Jesucristo venga como Rey, juzgará a todos, tanto a los que estén vivos como a los que estén muertos. Por eso pongo a Dios y a Jesucristo como testigos de lo que te ordeno. **2** Quiero que anuncies el mensaje de Dios en todo momento. Insiste en anunciarlo, aunque no parezca ser el mejor momento. Muéstrale a la gente sus errores, corrígela y anímala; instrúyela con mucha paciencia. **3** Porque llegará el día en que la gente no querrá escuchar la buena enseñanza. En cambio, querrá oír enseñanzas diferentes. Por eso buscará maestros que le digan lo que quiere oír. **4** La gente no escuchará la verdadera enseñanza, sino que pondrá atención a toda clase de cuentos. **5** Pero tú, Timoteo, mantén la calma en todo momento, soporta los sufrimientos y anuncia siempre la buena noticia. Haz bien tu trabajo.

6 Ya falta poco para que yo muera, y mi muerte será mi ofrenda a Dios. **7** He luchado por obedecer a Dios en todo, y lo he logrado; he llegado a la meta, pues en ningún momento dejé de confiar y obedecer a Dios. **8** Sé que Dios es un juez justo y que, cuando juzgue a todos, me dará una corona como premio a mi obediencia. Y no solo a mí me la dará, sino también a todos los que realmente desean que él venga y con ansias esperan su regreso.

Instrucciones personales

9 Haz todo lo posible por venir a verme pronto. **10** Demas ama tanto las cosas de este mundo que me ha abandonado y se ha ido a la ciudad de Tesalónica. Crescente se fue a la región de Galacia, y Tito a la de Dalmacia. **11** El único que está conmigo es Lucas.

Marcos puede ayudarme mucho en mi trabajo, así que búscalo y tráelo contigo cuando vengas. **12** A Tíquico lo envié a la ciudad de Éfeso.

13 Cuando vengas, tráeme el abrigo que dejé en la ciudad de Tróade, en casa de Carpo. Trae también los libros, especialmente los pergaminos.

14 Alejandro, el herrero, me ha hecho mucho daño. Pero yo sé que el Señor Jesucristo habrá de castigarlo. **15** Cuídate de él, pues está muy en contra de lo que enseñamos.

16 La primera vez que tuve que presentar mi defensa ante las autoridades de Roma, nadie me ayudó. ¡Todos me abandonaron! Le pido a Dios que no los castigue por eso. **17** Pero el Señor Jesucristo sí me ayudó, y me dio valor para anunciar su mensaje a gente de otros países. Así Dios me salvó de la muerte, como si me hubiera rescatado de la boca de un león hambriento. **18** Yo sé que Dios siempre me protegerá de todo mal y me cuidará, hasta que me lleve a su reino celestial. ¡Él merece que lo alabemos por siempre! Amén.

Despedida

19 Dale mis saludos a Prisca y a Áquila, y a toda la familia de Onesíforo.

20 Erasto se quedó en la ciudad de Corinto, y a Trófimo lo dejé en la ciudad de Mileto porque estaba enfermo.

21 Haz todo lo posible por venir antes de que llegue el invierno. Eubulo, Pudente, Lino y Claudia te envían sus saludos, como también todos los hermanos de la iglesia.

22 Que el Señor Jesucristo te bendiga. Que el amor de Dios los acompañe siempre.

TITO
Carta de Pablo a Tito

Saludos

1 **1-4** Querido Tito:

Yo te ayudé a confiar en Jesucristo, y por eso eres para mí como un verdadero hijo. Tú y yo confiamos en Dios; por eso yo le pido a él, que es nuestro Padre, y a Jesucristo, nuestro Salvador, que te llenen de su amor y de su paz.

Como bien sabes, soy servidor de Dios y apóstol de Jesucristo. Fui enviado por él para que los elegidos de Dios confíen en él y lleguen a conocer la verdad que enseña nuestra religión. Así estarán seguros de recibir la vida eterna que Dios nuestro Salvador prometió desde hace mucho tiempo. Y sabemos que Dios no miente. En el momento que él consideró oportuno, me dio ese mensaje y me pidió que lo anunciara a los demás.

Lo que Tito debía hacer en Creta

5 Te dejé en la isla de Creta para que resolvieras los problemas pendientes, y para que nombraras líderes en las iglesias de cada pueblo. Tal y como te dije, **6** un líder de la iglesia debe ser alguien al que no se le pueda acusar de nada malo. Debe ser esposo de una sola mujer, y sus hijos deben creer en Jesucristo y ser obedientes. **7** Dios les ha encargado a los líderes de la iglesia que vigilen el trabajo de todos, para que todo se haga bien. Por eso, no deben ser tiranos, ni enojarse con facilidad, ni emborracharse. Tampoco deben ser violentos, ni tramposos en sus negocios. **8** Al contrario, con gusto deben recibir en su casa a quienes los visiten, y hacer siempre lo bueno. Deben pensar bien las cosas antes de hacerlas, y ser justos, santos y disciplinados en todo. **9** No deberán creer ni enseñar otro mensaje que no sea el verdadero mensaje recibido de Dios. Así podrán animar a otros por medio de la buena enseñanza y convencer a los que se oponen a ella.

10 Porque por allí andan muchos que no obedecen la verdadera enseñanza, sino que engañan a los demás con sus enseñanzas tontas. Esto pasa, sobre todo, con algunos de ustedes que insisten en seguir practicando la circuncisión. **11** No los dejes enseñar, porque confunden a familias enteras, y lo hacen solo para ganar dinero.

12 Fue uno de los propios profetas de Creta el que dijo:

> «Esa gente de Creta es mentirosa,
> glotona y perezosa.
> Se portan como animales salvajes».

13 ¡Y es verdad! Por eso tienes que reprender mucho a esta clase de gente y ayudarla, para que vuelva a confiar en Jesucristo como es debido. **14** Ayúdalos a no prestar atención a mandamientos dados por gente mentirosa, ni a cuentos inventados por los judíos.

15 Los que obedecen sinceramente a Jesucristo consideran que todo es bueno. Pero no hay nada bueno para los que no obedecen ni confían en él, pues solo piensan cosas malas y no les remuerde la conciencia. **16** Dicen que conocen a Dios pero, cuando vemos el mal que hacen, sabemos que eso no es cierto. Son odiosos y desobedientes, incapaces de hacer algo bueno.

Instrucciones para distintos grupos de personas

2 **1** Pero tú, Tito, debes enseñar lo que es correcto. **2** A los ancianos, diles que deben ser responsables, que deben controlar sus deseos y pensar bien lo que van a hacer. También deben confiar en Dios, amar a los demás, y tener siempre paciencia.

TITO

³ Diles a las ancianas que se comporten como personas que aman a Dios. No deben ser chismosas ni emborracharse sino, más bien, ser un buen ejemplo para las mujeres más jóvenes ⁴ y enseñarles a amar a sus esposos e hijos. ⁵ También deben enseñarles a pensar bien lo que van a hacer y a ser dueñas de sí mismas, a atender bien a su familia y sujetarse a su esposo. Así nadie podrá hablar mal del mensaje de Dios.

⁶ También diles a los jóvenes que aprendan a controlar sus malos deseos. ⁷ Tú mismo tienes que ser un buen ejemplo en todo. Enséñales a hacer el bien y, cuando lo hagas, hazlo con seriedad y honestidad. ⁸ Di siempre lo bueno, y así nadie podrá criticarte. Si haces lo que te digo, los que están en contra nuestra sentirán vergüenza y no podrán hablar mal de nosotros.

⁹ A los miembros de la iglesia que aún son esclavos, diles que obedezcan siempre a sus amos, y que sean amables y no discutan nada. ¹⁰ No deben robar, sino ser totalmente honestos, para que todos vean lo hermosa que es la enseñanza acerca de Dios nuestro salvador.

Dios es bueno y nos da una nueva vida

¹¹ Dios ha demostrado cuánto ama a todo el mundo, ¹² pues les ha ofrecido la posibilidad de salvarse del castigo que merecen. Ese amor de Dios nos enseña que debemos dejar de hacer el mal, y no desear lo malo de este mundo. También nos enseña que debemos vivir en este mundo siendo honestos y fieles a Dios, y pensando bien lo que hacemos. ¹³ Así debemos vivir mientras llega ese día feliz y maravilloso que todos esperamos, cuando se manifestará nuestro gran Dios y Salvador Jesucristo. ¹⁴ Él quiso morir para rescatarnos de todo lo malo y para purificarnos de nuestros pecados. Al hacerlo, nos convirtió en su pueblo, en un pueblo decidido a hacer el bien.

¹⁵ Enseña estas cosas con toda autoridad para animar y corregir a la gente. No des motivo para que te falten el respeto.

Responsabilidades de los miembros

3 ¹ Recuérdales a los hermanos de la iglesia que deben obedecer a los gobernantes y a las autoridades del país. Que sean obedientes en todo y estén siempre dispuestos a hacer el bien. ² Que no hablen mal de nadie ni discutan. Que sean amables con todos y muestren humildad en su trato con los demás.

³ Antes, nosotros mismos éramos ignorantes y desobedientes, y andábamos perdidos. Hacíamos todo lo malo que se nos ocurría para divertirnos. Fuimos esclavos de esos malos deseos. Éramos malvados y envidiosos. Todo el mundo nos odiaba, y nosotros también odiábamos a los demás. ⁴ Pero Dios, nuestro salvador, nos mostró que él es bueno y ama a todos en el mundo, ⁵ y nos salvó. Pero no porque hubiéramos hecho algo bueno, sino porque nos amaba y quiso ayudarnos. Por medio del poder del Espíritu Santo nos salvó, nos purificó de todos nuestros pecados, y nos dio nueva vida. ¡Fue como si hubiéramos nacido de nuevo! ⁶ Gracias a Jesucristo, nuestro salvador, Dios nos dio el Espíritu Santo. ⁷ No lo merecíamos, pero él nos aceptó y nos dio la seguridad de que tendremos la vida eterna tan esperada.

⁸ Esto es verdad, y quiero que insistas en enseñarlo, para que los que confían en Dios se dediquen a hacer lo que es bueno. Estas cosas ayudan a todos y son buenas. ⁹ Pero no te pongas a discutir acerca de tonterías, ni prestes atención a las leyendas que hablan de nuestros antepasados. No te enojes ni pelees con nadie solo por hablar de la ley de Moisés. Esas discusiones son inútiles y no conducen a nada.

¹⁰ A los que siempre están peleando en la iglesia, llámales la atención una o dos veces. Si no te hacen caso, apártate de ellos. ¹¹ Puedes estar seguro de que esa gente ha dejado de creer en la verdadera enseñanza, y sus propios pecados demuestran que son culpables.

TITO

Instrucciones para Tito

12 Voy a mandarte a Artemas o a Tíquico. Tan pronto uno de ellos llegue, haz todo lo posible por venir a visitarme en Nicópolis, porque allí pienso pasar el invierno.

13 Ayuda en todo al abogado Zenas, y también a Apolo. Dales todo lo que necesiten para seguir su viaje, y cuida de que no les falte nada.

14 Los nuestros deben aprender a hacer lo que es bueno, y ayudar a otros. Así vivirán como personas útiles.

Despedida

15 Todos los que están conmigo te envían saludos. Saluda a todos nuestros amigos de la iglesia.

Deseo de todo corazón que el amor de Dios los acompañe siempre.

FILEMÓN

Carta de Pablo a Filemón

Saludo

1 Filemón, querido compañero de trabajo:

Te escribe Pablo. Como bien sabes estoy preso por servir a Jesucristo.

Recibe mis saludos y los del hermano Timoteo. **2** También saludamos a toda la iglesia que se reúne en tu casa, y a la hermana Apia y al hermano Arquipo, nuestro compañero de trabajo. **3** Deseamos de todo corazón que Dios nuestro Padre, y el Señor Jesucristo, los llenen siempre de amor y paz.

Pablo ora por Filemón

4 Filemón, siempre doy gracias a mi Dios en mis oraciones, al acordarme de ti. **5** Porque me han dicho que amas al Señor Jesús y confías en él, y que sientes el mismo amor por todos los que forman parte del pueblo de Dios. **6** Tú confías en el Señor como nosotros, y le pido a Dios que sigas confiando en él hasta que conozcas todo el bien que podemos hacer gracias al amor que sentimos por Cristo.

Pablo pide un favor para Onésimo

7 Hermano Filemón, estoy muy contento y animado de saber que amas mucho a los demás, pues tú has consolado y animado a todos los que pertenecen al pueblo de Dios. **8-9** Yo ya soy viejo, y ahora estoy en la cárcel por servir a Jesucristo. Yo sé que tú me amas. Por eso, aunque te lo podría ordenar, pues Cristo me ha dado esa autoridad, prefiero pedirte que me hagas el siguiente favor: **10** Te ruego que recibas bien a Onésimo. Para mí, él es como un hijo, pues yo le anuncié la buena noticia aquí en la cárcel.

11 Antes, Onésimo fue para ti un esclavo inútil, pero ahora nos es útil a ti y a mí. **12** Por eso ahora te lo envío de vuelta, y espero que lo recibas como si me recibieras a mí. **13** Me hubiera gustado que se quedara conmigo, para que me ayudara en lugar tuyo mientras yo siga preso por anunciar la buena noticia. **14** Pero no haré nada sin que tú estés de acuerdo, para que el favor que te pido no te resulte una obligación.

15 Tal vez Onésimo se separó de ti por algún tiempo, para que ahora sea tuyo para siempre. **16** Solo que ahora ya no lo tendrás como a un esclavo, sino como a un hermano muy querido, lo cual es mucho mejor. Yo lo quiero mucho, pero tú debes quererlo aun más. Quiérelo como a un miembro de la familia del Señor, y no como a cualquier persona.

17 Si realmente me consideras tu hermano, pues ambos confiamos en el Señor, entonces te pido que lo recibas como me recibirías a mí. **18** Si Onésimo te hizo algo malo, o si te debe algo, cóbramelo a mí. **19** Con esta firma, que es de mi puño y letra, me comprometo a pagarte todo. Aunque, francamente, no deberías cobrarme nada, pues todo lo que tienes y eres me lo debes a mí.

20 Hermano Filemón, hazme este favor, pero no lo hagas por mí sino por tu amor al Señor. Tú y yo somos hermanos: ¡dame esa tranquilidad!

21 Te escribo porque estoy seguro de que harás lo que te pido, y mucho más. **22** Y aprovecho la ocasión para pedirte que me prepares un cuarto, porque espero que Dios escuche las oraciones de todos ustedes y me deje salir de la cárcel para ir a visitarlos.

Instrucciones finales

23 Epafras, que está preso conmigo por servir a Jesucristo, te envía saludos. **24** También te envían saludos mis compañeros de trabajo Marcos, Aristarco, Demas y Lucas.

25 Deseo de todo corazón que el amor del Señor Jesucristo los acompañe siempre.

HEBREOS

Carta a los hebreos

Introducción

1 ¹ Hace mucho, mucho tiempo, los profetas dieron el mensaje de Dios a nuestros antepasados. Lo hicieron muchas veces y de muchas maneras. ² Pero ahora, en estos últimos tiempos, Dios nos ha dado su mensaje por medio de su Hijo. Dios creó el universo por medio de su Hijo, y lo hizo dueño de todas las cosas. ³ El Hijo nos muestra el poder y la grandeza de Dios, porque es igual a Dios en todo, y con su gran poder hace que el universo siga existiendo. Él logró que Dios nos perdonara nuestros pecados, y después subió al cielo y se sentó a la derecha del trono de Dios.

El Hijo de Dios es superior a los ángeles

⁴ El Hijo de Dios llegó a ser superior a los ángeles, pues Dios le dio un nombre mucho más importante que el de ellos. ⁵ Porque nunca Dios le dijo a ningún ángel:

«Tú eres mi Hijo;
hoy te he dado vida».

Tampoco dijo de ningún ángel:

«Yo seré su Padre,
y él será mi Hijo».

⁶ Y cuando envió a su Hijo a este mundo, ordenó:

«Que todos mis ángeles lo adoren».

⁷ Además, cuando Dios habla acerca de los ángeles, dice:

«Yo convierto a mis ángeles en viento,
y a mis sirvientes en llamas de fuego».

8 Pero cuando habla de su Hijo dice:

«Tú eres Dios,
y reinas siempre con justicia.

9 Amas la justicia y odias la maldad.
Por eso yo, que soy tu Dios,
te elegí y te hice más feliz
que a tus amigos».

10 También dice:

«Señor,
en el principio creaste la tierra;
tú mismo hiciste los cielos.
11 Aunque todo eso dejará de existir,
tú seguirás viviendo para siempre.

El cielo y la tierra se gastarán
12 como un vestido viejo;
los guardarás y los cambiarás
como si te cambiaras de ropa.

Pero tú seguirás siendo el mismo,
y nunca morirás».

13 Dios nunca le dijo a ningún ángel:

«Siéntate a la derecha de mi trono,
hasta que derrote yo a tus enemigos».

14 Porque los ángeles son solamente espíritus que sirven a Dios,
y él los envía para ayudar a toda la gente que Dios habrá de
salvar.

La salvación es importante

2 ¹ Por eso debemos poner más interés en el mensaje de salvación que hemos oído, para no apartarnos del camino que Dios nos señala. ² Si el mensaje que anunciaron los ángeles resultó ser verdad, y quienes no lo obedecieron recibieron el castigo que merecían, ³ con más razón seremos castigados nosotros si no cuidamos una salvación tan importante. Porque el Señor mismo fue el primero en dar el mensaje de salvación, y los que oyeron ese mensaje también nos demostraron después que era verdad. ⁴ Dios también nos lo demostró por medio de muchas señales, y de acciones maravillosas, y también con milagros. Además, cuando lo hizo, les dio el Espíritu Santo a quienes él se lo quiso dar.

Jesús nos salva

⁵ Dios no ha puesto a los ángeles como jefes del mundo en que vamos a vivir en el futuro. En ese mundo ⁶ el jefe será otro. Pues la Biblia dice:

«Dios, ¿qué es el ser humano?
¿Acaso es tan importante,
como para que lo recuerdes
y te preocupes por él?

⁷ Le has dado menos importancia
que a los ángeles;
pero lo has hecho maravilloso
y respetable:
⁸ ¡le has dado poder para gobernar
sobre todas las cosas!»

Y si Dios le dio «poder para gobernar sobre todas las cosas», eso quiere decir que nada de lo creado quedó fuera de su gobierno. Claro, todavía no vemos que gobierne sobre todas las cosas. ⁹ Pero Dios nos ama y envió a Jesús a morir para salvarnos. Por eso, aunque Dios permitió que por algún tiempo Jesús fuera menos importante que los ángeles, ahora se le rinde gloria y honor.

10 Dios hizo todas las cosas para él mismo, y quiere que su gloria la compartan todos los que le aman y obedecen. Para eso, Dios tenía que hacer perfecto a Jesucristo y dejarlo morir, pues Jesucristo es el Salvador de ellos. **11** Todos los que aman y obedecen a Dios son sus hijos, y Dios es padre de todos ellos. Y como Jesús también es Hijo de Dios, no le da vergüenza tratarlos como hermanos, **12** pues en la Biblia Jesús dice:

> «Hablaré de ti a mis hermanos,
> y te cantaré alabanzas
> cuando ellos se reúnan para adorarte».

13 También dice:

> «Confiaré en Dios».

Y añade:

> «Aquí estoy, con los hijos
> que Dios me ha dado».

14 Nosotros somos seres de carne y hueso. Por eso Jesús se hizo igual a nosotros. Solo así podía morir para vencer al diablo, que tenía poder para matar a hombres y mujeres. **15** Y con su muerte, dio libertad a los que se pasaban la vida con miedo a la muerte. **16** Queda claro que Jesús no vino para ayudar a los ángeles, sino a todos los descendientes de Abraham. **17** Y para poder ayudarlos tenía que hacerse igual a ellos. Por eso, por hacerse igual a todos nosotros, pudo ser un Jefe de Sacerdotes en quien se puede confiar, lleno de amor para servir a Dios. Además, por medio de su muerte logró que Dios nos perdonara nuestros pecados. **18** Y como él mismo sufrió y el diablo le puso trampas para hacerlo pecar, ahora, cuando el diablo nos pone trampas, puede ayudarnos a todos.

Jesús y Moisés

3 ¹ Hermanos, Dios los ha elegido a ustedes para que sean su pueblo especial. Por eso, pónganse a pensar seriamente en quién es Jesús: ¡Él es nuestro apóstol y nuestro Jefe de Sacerdotes! ² Dios le encargó que nos ayudara, y él lo obedeció, así como Moisés también obedeció cuando Dios le ordenó ayudar a todo su pueblo.

³ Pero Dios le dio a Jesús más honra que a Moisés. Es como cuando se construye una casa: el que la construye es más importante que la casa misma. ⁴ Toda casa ha sido construida por alguien, pero Dios es quien hizo todo lo que existe. ⁵ Moisés sirvió a Dios y le obedeció en todo, pues ayudó al pueblo de Dios tal como se le ordenó, y anunció al pueblo lo que Dios iba a decir en el futuro. ⁶ Pero Cristo, que es el Hijo de Dios, es obediente y ayuda a este pueblo de Dios que somos nosotros. Y nosotros somos parte de ese pueblo si seguimos creyendo firmemente y con alegría en la salvación que recibiremos.

La obediencia

⁷ Por eso hay que hacer lo que el Espíritu Santo dice:

«Si hoy escuchan la voz de Dios,
⁸ no sean tercos,
como aquellos israelitas,
que no quisieron obedecerle
en el desierto.
Ellos quisieron ver hasta dónde
soportaría Dios su desobediencia».

Por eso Dios dijo:

⁹ «Aunque los traté bien

durante cuarenta años,
sus antepasados trataron de probarme
en el desierto.

10 Entonces me enojé y les dije:

"Ustedes no quieren que yo los dirija;
no quieren obedecer mis mandamientos".

11 Por eso les juré muy enojado:
"Ustedes jamás entrarán
en mi lugar de reposo"».

12 ¡Cuidado, hermanos! No piensen en lo malo ni dejen de confiar, para que no se aparten del Dios que vive para siempre. **13** Al contrario, mientras aún queda tiempo, cada uno debe animar al otro a seguir confiando. Así nadie pensará que al pecar hace el bien, ni dejará de obedecer a Dios. **14** Al principio, cuando confiamos en Cristo, nos hicimos compañeros suyos; y si no dejamos de confiar en él, seguiremos siendo sus compañeros siempre. **15** Por eso la Biblia dice:

«Si hoy escuchan la voz de Dios,
no sean tercos,
como aquellos israelitas
que no quisieron obedecerle».

16 ¿Y quiénes fueron los que escucharon a Dios y no quisieron obedecerlo? ¡Pues todos aquellos que Moisés sacó de Egipto! **17** ¿Y con quiénes estuvo Dios enojado durante cuarenta años? ¡Pues con los que pecaron y luego cayeron muertos en el desierto! **18** ¿Y a quiénes les juró Dios que no les daría descanso en la región de Canaán? ¡Pues a los que no le obedecieron! **19** Y en verdad, no pudieron entrar a Canaán y descansar porque no confiaron en Dios.

4 ¹ Por eso, mientras siga en pie la promesa de descansar con Dios, debemos tener cuidado. Sería una lástima que alguno de ustedes no pudiera recibir de Dios ese descanso. ² Porque nosotros oímos la buena noticia, igual que aquellos israelitas que salieron de Egipto. Solo que a ellos no les sirvió de nada oírla, pues no creyeron en el mensaje. ³ Nosotros, en cambio, los que sí hemos creído en la buena noticia, disfrutaremos de la paz y de la tranquilidad que Dios nos ha prometido. Pero a los que no creyeron, Dios les dijo:

«Por eso les juré muy enojado:
"Ustedes jamás entrarán
en mi lugar de reposo"».

Dios dijo esto refiriéndose a su descanso cuando terminó de crear el mundo. ⁴ Porque en alguna parte de la Biblia se habla así del día sábado:

«En el séptimo día
Dios descansó de todo su trabajo».

⁵ Y en cuanto a este punto, vuelve a decir:

«Ustedes jamás entrarán
en mi lugar de reposo».

⁶ Los primeros en oír la buena noticia desobedecieron a Dios, y por eso no pudieron recibir su descanso. Pero la promesa de Dios sigue en pie, ⁷ porque él nos dio una nueva oportunidad, como lo dijo por medio de David en el pasaje de la Biblia que ya mencionamos:

«Si hoy escuchan la voz de Dios,
no sean tan tercos».

8 Si Josué hubiera podido hacer que los israelitas descansaran realmente en paz y tranquilidad, Dios no habría hablado de otra oportunidad. **9** Pero todavía esperamos el día en que nosotros, el pueblo de Dios, recibiremos el descanso que Dios nos ha prometido. **10** En ese día, el pueblo de Dios descansará por fin de su trabajo, así como Dios descansó del suyo. **11** Por eso, hagamos todo lo posible por obedecer a Dios, para que en ese día recibamos su descanso. No sigamos el ejemplo de los que no creyeron la buena noticia.

12 Cada palabra que Dios pronuncia tiene poder y tiene vida. La Palabra de Dios es más cortante que una espada de dos filos, y penetra hasta lo más profundo de nuestro ser. Allí examina nuestros pensamientos y deseos, y deja en claro si son buenos o malos. **13** Nada de lo que Dios ha creado puede esconderse de él, pues Dios puede verlo todo con claridad, y ante él seremos responsables de todo lo que hemos hecho.

Jesús es el Jefe de Sacerdotes

14 Jesús es el Hijo de Dios, y es nuestro gran Jefe de Sacerdotes que ha subido al cielo. Por eso debemos seguir confiando en él.

15 El diablo le puso a Jesús las mismas trampas que nos pone a nosotros para hacernos pecar, solo que Jesús nunca pecó. Por eso, él puede entender que nos resulta difícil obedecer a Dios. **16** Así que, cuando tengamos alguna necesidad, acerquémonos con confianza al trono de Dios. Él nos ayudará, porque es bueno y nos ama.

5 **1** Dios elige a los jefes de los sacerdotes para que ayuden al pueblo, y para que presenten las ofrendas y sacrificios para que Dios los perdone. **2** Y como a ese sacerdote también le resulta difícil obedecer a Dios, puede mostrarse paciente de los ignorantes y pecadores. **3** Él tiene que presentar ofrendas y sacrificios para que Dios perdone los pecados del pueblo, y también los suyos, pues no le es fácil obedecer. **4** Pero nadie puede ser jefe de los sacerdotes solo porque así lo quiere, sino que Dios es quien lo elige y le da ese honor. Así lo hizo Dios cuando escogió a Aarón como jefe de los sacerdotes.

5 Cristo no llegó a ser Jefe de Sacerdotes porque así lo quiso, sino que Dios lo eligió y le dio ese honor. Fue Dios quien le dijo:

«Tú eres mi Hijo;
hoy te he dado vida».

6 En otra parte de la Biblia también le dijo:

«Tú eres sacerdote para siempre,
como también lo fue Melquisedec».

7 Cuando Cristo estuvo aquí en el mundo, oró mucho a Dios, y con lágrimas le rogó que lo librara de la muerte, pues Dios tenía poder para hacerlo. Y como Cristo siempre fue obediente, Dios contestó su oración. **8** Aunque él era Hijo de Dios, por medio del sufrimiento aprendió lo que significa obedecer siempre a Dios. **9** Así, una vez que Cristo hizo todo lo que Dios le mandó, se convirtió en el salvador que da vida eterna a todos los que lo obedecen. **10** Por eso Dios también lo nombró Jefe de Sacerdotes, como lo fue Melquisedec.

Aprendamos más acerca de Dios

11 Hay mucho más que decir acerca de este asunto, pero no es fácil explicarles a ustedes todo porque les cuesta mucho entender. **12** Con el tiempo que llevan de haber creído en la buena noticia, ya deberían ser maestros. Sin embargo, todavía necesitan que se les expliquen las enseñanzas más sencillas acerca de Dios. Parecen niños pequeños, que no pueden comer alimentos sólidos sino que solo toman leche. **13** Son como niños recién nacidos, que aún no pueden distinguir lo bueno de lo malo. **14** En cambio, los que sí saben distinguir lo que es bueno y malo, y están acostumbrados a hacerlo, son como la gente adulta que ya puede comer alimentos sólidos.

6 ¹ Por eso, sigamos aprendiendo más y más, hasta que lleguemos a ser cristianos maduros. Dejemos de ocuparnos de las primeras enseñanzas que se nos dieron acerca de Cristo, y ya no sigamos hablando de cosas simples. Dejemos de hacer lo malo, sigamos a Cristo, y dejemos de pecar para no morir. Sabemos que debemos confiar en Dios, ² y bautizarnos. También sabemos que los que creen en Cristo reciben el Espíritu Santo, que los muertos volverán a vivir, y que habrá un juicio final. ³ Claro que todo esto lo seguiremos enseñando, si Dios así nos lo permite.

⁴⁻⁶ Pero los que dejan de creer en Cristo ya no pueden volver a ser amigos de Dios. Aunque alguna vez hayan creído que el mensaje de Dios es la verdad, y con gusto lo hayan recibido como un regalo de Dios, ya no es posible hacerlos cambiar. Aunque hayan recibido el Espíritu Santo junto con los demás, y hayan sabido lo bueno que es el mensaje de Dios y lo poderoso que Dios será en el nuevo mundo, no podrán volver a él si dejan de creer. En realidad, lo que ellos hacen es volver a clavar a Cristo en la cruz y burlarse de él ante todo el mundo.

⁷ En esto la gente es como un terreno. Los que creen en Cristo son como el terreno que recibe mucha lluvia y produce una buena cosecha para el sembrador, y Dios lo bendice. ⁸ Pero los que dejan de creer son como un terreno que solo produce plantas con espinas: no sirve para nada, y Dios lo maldice. Al final, se le prende fuego.

⁹ Mis queridos hermanos, aunque les decimos estas cosas, estamos seguros de que ustedes no han dejado de creer, sino que siguen confiando en Dios. Eso es lo mejor para ustedes, pues así serán salvados. ¹⁰ Dios es justo, y nunca olvidará lo que ustedes han hecho y siguen haciendo para ayudar a su pueblo elegido. De esa manera, ustedes también demuestran que aman a Dios.

¹¹ Deseamos que sigan con ese mismo entusiasmo hasta el fin, para que reciban todo lo bueno que con tanta paciencia esperan recibir. ¹² No queremos que se vuelvan perezosos. Más bien, sin

dudar ni un instante sigan el ejemplo de los que confían en Dios,
porque así recibirán lo que Dios les ha prometido.

La promesa de Dios

13-14 Dios le hizo a Abraham esta promesa: «Yo te bendeciré
mucho y haré que tengas muchos descendientes». Cuando Dios
le juró a Abraham que cumpliría esta promesa, tuvo que jurar
por sí mismo porque no tenía a nadie más grande por quien
jurar. **15** Abraham esperó con paciencia, y Dios cumplió su
promesa.

16 Cuando alguien jura, usa el nombre de alguien más
importante, para ponerlo por testigo. **17** Por eso, cuando Dios
quiso asegurar que cumpliría su promesa, juró que daría lo
prometido sin cambiar nada.

18 Ahora bien, como Dios no miente, su promesa y su
juramento no pueden cambiar. Esto nos consuela, porque
nosotros queremos que Dios nos proteja, y confiamos en que él
nos dará lo prometido. **19** Esta confianza nos da plena seguridad;
es como el ancla de un barco, que lo mantiene firme y quieto en
el mismo lugar. Y esta confianza nos la da Jesucristo, que
traspasó la cortina del templo de Dios en el cielo y entró al lugar
más sagrado. **20** Lo hizo para dejarnos libre el camino hacia
Dios, pues Cristo es para siempre el Jefe de Sacerdotes como lo
fue Melquisedec.

Jesús y Melquisedec

7 **1** Melquisedec fue rey de Salem y sacerdote de nuestro gran
Dios. Cuando Abraham regresaba de una batalla en la que
había derrotado a unos reyes, Melquisedec salió a recibirlo y lo
bendijo. **2** Entonces Abraham le dio a Melquisedec la décima
parte de todo lo que había ganado en la batalla.

El nombre Melquisedec significa "rey justo", pero también se le
llama Rey de Salem, que significa "rey de paz". **3** Nadie sabe
quiénes fueron sus padres ni sus antepasados, ni tampoco

cuándo o dónde nació y murió. Por eso él, como sacerdote, se parece al Hijo de Dios, que es sacerdote para siempre.

4 Ahora bien, Melquisedec era tan importante que nuestro antepasado Abraham le dio la décima parte de lo que ganó en la batalla. **5** De acuerdo con la ley de Moisés, si un sacerdote pertenece a la familia de Leví, tiene derecho a recibir la décima parte de todo lo que gana el pueblo. No importa que el sacerdote sea del mismo pueblo o familia: todos por igual tienen que dar la décima parte. **6** Y aunque Melquisedec no pertenecía a la familia de Leví, recibió la décima parte de lo que había ganado Abraham, a quien Dios le había hecho promesas.

Melquisedec bendijo a Abraham **7** y, como todos sabemos, el que bendice es más importante que el que recibe la bendición. **8** Los sacerdotes que ahora reciben la décima parte de lo que ganamos son personas que algún día morirán. Melquisedec, en cambio, sigue vivo, porque la Biblia no dice que haya muerto. **9** Por eso podemos decir que los sacerdotes de ahora, que pertenecen a la familia de Leví, también le dieron a Melquisedec la décima parte, porque Abraham actuó como su representante. **10** Esto fue así porque todos ellos son descendientes de Abraham. Aunque aún no habían nacido cuando Abraham se encontró con Melquisedec, todos ellos estaban de alguna manera presentes en Abraham.

Dos clases de sacerdotes

11 Dios le dio la ley al pueblo de Israel. Esa ley se hizo pensando en que los sacerdotes de la familia de Leví ayudarían al pueblo a ser perfecto. Pero como aquellos sacerdotes no pudieron hacerlo, fue necesario que apareciera un sacerdote diferente: uno que no fuera descendiente del sacerdote Aarón, sino como Melquisedec. **12** Porque si cambia la clase de sacerdote, también cambia la ley.

13-14 Ese sacerdote tan distinto, del cual estamos hablando, es nuestro Señor Jesucristo. Como todos sabemos, él no pertenece a la familia de Aarón, sino a la de Judá. La ley de Moisés dice que de esa familia nadie puede ser sacerdote, y nunca un sacerdote ha salido de ella.

15 Todo esto es más fácil de entender si tenemos en cuenta que ese sacerdote diferente es como Melquisedec. **16** Es diferente porque no fue elegido por ser miembro de una familia determinada, sino porque vive para siempre. **17** Acerca de él, dice la Biblia:

«Tú eres sacerdote para siempre,
como también lo fue Melquisedec».

18 Así que, la ley de Moisés ha quedado anulada, porque resultó inútil. **19** Esa ley no pudo hacer perfecta a la gente. Por eso, ahora esperamos confiadamente que Dios nos dé algo mucho mejor, y eso nos permite que seamos sus amigos.

El mejor sacerdote

20 Además, Dios juró que tendríamos un sacerdote diferente. Los otros sacerdotes fueron nombrados sin que Dios jurara nada. **21** En cambio, cuando se trató de Cristo, Dios sí hizo un juramento, pues en la Biblia dice:

«Dios juró:
"Tú eres sacerdote para siempre".
Y Dios no cambia de idea».

22 Por eso, Jesús nos asegura que ahora tenemos con Dios un pacto mejor. **23** Antes tuvimos muchos sacerdotes, porque ninguno de ellos podía vivir para siempre. **24** Pero como Jesús no morirá jamás, no necesita pasarle a ningún otro su oficio de sacerdote. **25** Jesús puede salvar para siempre a los que quieren ser amigos de Dios por medio de él, pues vive para siempre y constantemente está pidiendo a Dios por ellos.

26 Jesús es el Jefe de Sacerdotes que necesitábamos, pues es santo, en él no hay maldad, y nunca ha pecado. Dios lo apartó de los pecadores, lo hizo subir al cielo, y lo puso en el lugar más importante de todos. **27** Él no es como los otros sacerdotes, que todos los días tienen que matar animales para ofrecérselos a Dios y pedirle perdón por sus propios pecados, y luego tienen que hacer lo mismo por los pecados del pueblo. Por el contrario, cuando Jesús murió por nuestros pecados, ofreció su vida una sola vez y para siempre. **28** A los sacerdotes puestos por la ley de Moisés les resulta difícil obedecer a Dios en todo. Pero después de darnos su ley, Dios juró que nos daría como Jefe de Sacerdotes a su Hijo, a quien él hizo perfecto para siempre.

Nuestro Jefe de Sacerdotes es mejor

8 **1** Lo más importante de todo esto es que tenemos un Jefe de Sacerdotes que está en el cielo, sentado a la derecha del trono de Dios. **2** Ese sacerdote es Jesucristo, que actúa como sacerdote en el verdadero santuario, es decir, en el verdadero lugar de adoración, hecho por Dios y no por nosotros los humanos.

3 Aquí en la tierra, se nombra a cada jefe de los sacerdotes para presentar a Dios las ofrendas y sacrificios del pueblo. Por eso, también Jesucristo tiene algo que ofrecer a Dios. **4** Si él estuviera aquí, no sería sacerdote, pues ya tenemos sacerdotes que presentan a Dios las ofrendas que ordena la ley de Moisés. **5** Pero el trabajo de esos sacerdotes nos da apenas una ligera idea de lo que pasa en el cielo. Por eso, cuando Moisés iba a construir el santuario, Dios le dijo: «Pon atención y construye el santuario siguiendo el modelo que te enseñé en la montaña». **6** Pero el trabajo que Dios le dio a Jesucristo, nuestro Jefe de Sacerdotes, es mucho mejor, y por medio de él tenemos también un pacto mejor, porque en él Dios nos hace mejores promesas.

El antiguo pacto

7 Si el pacto que Dios hizo antes con el pueblo de Israel hubiera sido perfecto, no habría sido necesario un nuevo pacto. **8** Pero como Dios vio que el pueblo no le obedecía como él esperaba, dijo:

«Llegará el día
en que haré un nuevo pacto
con los de Israel y de Judá.

⁹ No será como el que hice
con sus antepasados,
cuando los saqué de Egipto
y los guié por el desierto.

Como ellos no cumplieron
con lo acordado en ese pacto,
yo no me preocupé más por ellos.

¹⁰ Pero éste será el nuevo pacto
que haré con los de Israel
cuando llegue el día indicado:
Escribiré mis leyes
en su mente y corazón;
y yo seré su Dios,
y ellos serán mi pueblo.

¹¹ Ya no será necesario
que unos a otros se enseñen
a conocerme a mí, su Dios.
Porque todos me conocerán,
desde los niños hasta los adultos.

¹² Yo les perdonaré
todo lo malo que hayan hecho,
y nunca más me acordaré
de sus pecados».

¹³ Cuando Dios habla de hacer con nosotros un nuevo pacto,
es porque considera viejo el pacto anterior. Y lo que se considera
viejo e inútil ya está a punto de desaparecer.

Los antiguos sacrificios

9 ¹ En el primer pacto, Dios nos dio reglas para que supiéramos cómo adorarlo. Eran reglas para el culto aquí en la tierra. ² El santuario para ese culto se construyó de la siguiente manera: En su primera parte, llamada el Lugar Santo, estaban el candelabro y la mesa donde se ponían los panes apartados para Dios. ³ Detrás de la segunda cortina estaba la parte llamada Lugar Santísimo, ⁴ en donde estaba el altar de oro para quemar incienso, y también el cofre del pacto, que estaba totalmente recubierto de oro. En el cofre había una jarra de oro que contenía maná, el bastón de Aarón que había vuelto a florecer, y las tablas con los diez mandamientos. ⁵ Encima del cofre se pusieron las estatuas de dos seres alados, que con sus alas cubrían la tapa del cofre y representaban la presencia de Dios. Pero por el momento no hace falta entrar en detalles.

⁶ Así estaban dispuestas todas las cosas en el santuario. Los sacerdotes entraban todos los días al Lugar Santo para celebrar el culto. ⁷ Pero en el Lugar Santísimo solo podía entrar el jefe de los sacerdotes, y esto, solo una vez al año. Entraba llevando la sangre de los animales que él y el pueblo ofrecían para pedir perdón a Dios cuando pecaban sin darse cuenta. ⁸ De este modo el Espíritu Santo da a entender que, cuando aún existía el santuario, la entrada al Lugar Santísimo no le estaba permitida a cualquiera. ⁹ Todo esto se hizo así para mostrarnos lo que ahora es más importante: No podemos sentirnos perdonados solo por haber ofrecido ofrendas y sacrificios en el culto. ¹⁰ Todo esto son reglas que tienen que ver con comidas, bebidas y ceremonias de purificación que nos preparan para el culto. Las reglas indican lo que se debe hacer, pero no nos ayudan a cambiar nuestra manera de vivir. Esas reglas solo servirán hasta que Dios las cambie por algo mejor.

El nuevo sacrificio

¹¹ Pero ya Cristo vino y se ha convertido en el Jefe de Sacerdotes, y a él le debemos todo lo bueno que ahora nos

pasa. Porque el santuario donde él es sacerdote, es mejor y perfecto. No lo hizo ningún ser humano, así que no es de este mundo. **12** Cristo no entró a ese santuario para ofrecer a Dios la sangre de animales, sino para ofrecer su propia sangre. Entró una sola vez y para siempre; y, de ese modo, de una vez por todas nos libró del pecado.

13 De acuerdo con la religión judía, las personas que están impuras no pueden rendirle culto a Dios. Pero serán consideradas puras si se les rocía la sangre de chivos y toros, y las cenizas de una becerra sacrificada. **14** Y si todo eso tiene poder, más poder tiene la sangre de Cristo. Pues por medio del Espíritu que vive para siempre, Cristo se ofreció a sí mismo a Dios como sacrificio sin mancha ni pecado. Su sangre nos purifica para que estemos seguros de que hemos sido perdonados, y para que podamos servir a Dios, que vive para siempre.

El nuevo pacto

15 Así, por medio de Jesucristo, entramos en un nuevo pacto con Dios. Porque Jesucristo murió para que Dios nos perdonara todo lo malo que hicimos cuando servíamos al primer pacto. Y por medio de su muerte, también los que hemos sido elegidos por Dios recibiremos la salvación eterna que él nos ha prometido.

16-17 Este nuevo pacto es como un testamento. Si la persona que hace un testamento no ha muerto todavía, ese documento aún no sirve de nada. **18** Por eso, cuando Dios hizo el primer pacto, se mataron varios animales. **19** Primero, Moisés anunció los mandamientos de la ley a todo el pueblo. Luego tomó lana roja y una rama de hisopo, y las mojó en agua mezclada con la sangre de los becerros y los chivos. Después roció esa mezcla sobre el libro de la ley, y roció también a todo el pueblo. **20** Cuando terminó, dijo: «Esta sangre indica que ustedes se han comprometido a cumplir los mandamientos del pacto que Dios ha hecho con nosotros». **21** Moisés también roció con sangre el santuario y todas las cosas que se usaban en el culto. **22** La ley dice que la sangre quita el pecado de casi todas las cosas, y que debemos ofrecer sangre a Dios para que nos perdone nuestros pecados. **23** Por eso fue necesario matar a esos animales, para limpiar todo lo que hay en el santuario, que es una copia de lo que hay en el cielo. Pero lo que hay en el cielo necesita algo mejor que sacrificios de animales.

El mejor sacrificio

24 Porque Cristo no entró en el santuario hecho por seres humanos, que era solo una copia del santuario verdadero. Cristo entró en el cielo mismo, y allí se presenta ante Dios para pedirle que nos perdone. **25** No entró para ofrecerse como sacrificio muchas veces, como aquí en la tierra lo hace el jefe de los sacerdotes, que entra una vez al año para ofrecer una sangre que no es la suya. **26** Si Cristo tuviera que hacer lo mismo, habría tenido que morir muchas veces desde que Dios creó el mundo. Pero lo cierto es que ahora, cuando ya se acerca el fin, Cristo se ha manifestado de una vez y para siempre. Se ha manifestado para ofrecerse como el sacrificio por el cual Dios nos perdona nuestros pecados. **27** Todos nosotros moriremos una sola vez, y después vendrá el juicio. **28** De la misma manera, Cristo se ha ofrecido una sola vez para que muchos seamos perdonados de nuestros pecados. Después él volverá otra vez al mundo, pero no para morir por nuestros pecados sino para salvar a todos los que esperamos su venida.

La ley antigua ya no sirve

10 **1** La ley de Moisés era solo una muestra de lo bueno que Dios nos iba a dar, y no lo que en verdad nos daría. Por eso, la ley nunca puede hacer perfectos a los que cada año van al santuario a ofrecer a Dios los mismos sacrificios de siempre. **2** Si en verdad la ley pudiera quitarles el pecado, no se sentirían culpables y dejarían de ofrecer sacrificios a Dios. **3** Pero sucede lo contrario. Cada año, cuando ofrecen esos sacrificios, lo único que logran es recordar sus pecados. **4** Porque la sangre de los toros y de los chivos que se sacrifican no puede quitar los pecados.

5 Por eso, cuando Cristo vino a este mundo, le dijo a Dios:

«Como tú no quieres
sacrificios ni ofrendas,
me has dado un cuerpo.

6 No te gusta que te ofrezcan
animales quemados sobre el altar,
ni tampoco que te ofrezcan
sacrificios por los pecados.

7 Por eso te dije:

"Aquí me tienes,
para hacer lo que tú ordenas.
Así me lo enseña la Biblia"».

8 En primer lugar, dice que Dios no quiere sacrificios, ni ofrendas, ni animales quemados sobre el altar, y que no le gustan, aunque la ley manda que sean presentados. **9** Después de eso, dice que Cristo vino a cumplir la voluntad de Dios. Es decir, Cristo quitó aquellos sacrificios antiguos, y estableció uno nuevo. **10** Dios nos eligió porque Jesucristo obedeció sus órdenes al morir en la cruz, y ofreció su cuerpo como sacrificio una sola vez y para siempre.

11 Aunque los sacrificios de animales no quitan el pecado, los sacerdotes judíos siguen ofreciéndolos muchas veces todos los días. **12** Pero Jesucristo le ofreció a Dios un solo sacrificio para siempre, y así nos perdonó nuestros pecados. Luego se sentó a la derecha del trono de Dios, **13** y allí estará esperando hasta que Dios derrote a sus enemigos. **14** Porque, con un solo sacrificio, Jesucristo hizo que Dios hiciera perfectos a todos los que eligió para ser parte de su pueblo. **15** Así lo asegura el Espíritu Santo cuando dice:

16 «Pero este será el pacto
que haré con los israelitas
cuando llegue el día indicado:

Mis leyes estarán escritas
en sus corazones;
se las escribiré en sus mentes.
17 Y nunca más me acordaré
de sus pecados y maldades».

18 Por lo tanto, si nuestros pecados han sido perdonados, ya no es necesario darle a Dios más ofrendas para que nos perdone.

Amistad con Dios

19 Hermanos, la sangre que Jesús derramó al morir nos permite ahora tener amistad con Dios y entrar con toda libertad al lugar más santo. **20** Pues cuando Jesús murió, abrió la cortina que nos impedía el paso. Pero ahora Jesús está vivo, y por medio de él podemos acercarnos a Dios de un modo nuevo y distinto. **21** Él es nuestro gran sacerdote, encargado del santuario que está en el cielo. **22** Por eso, mantengamos una amistad sincera con Dios, teniendo la plena seguridad de que podemos confiar en él. Porque Cristo nos dejó limpios de pecado, como si nos hubiera lavado con agua pura, y ya estamos libres de culpa. **23** Sigamos confiando en que Dios nos salvará, y no dudemos ni un momento, porque él cumplirá lo que prometió. **24** Tratemos de ayudarnos unos a otros, y de amarnos y hacer lo bueno. **25** No dejemos de reunirnos, como hacen algunos. Al contrario, animémonos cada vez más a seguir confiando en Dios, y más aún cuando ya vemos que se acerca el día en que el Señor juzgará a todo el mundo.

26 Si seguimos pecando después de haber conocido la verdadera enseñanza de Dios, ningún sacrificio podrá hacer que Dios nos perdone. **27** No nos quedaría más remedio que esperar con un miedo terrible el juicio final, que es cuando los enemigos de Dios serán destruidos con fuego ardiente.

28 Si en un juicio dos testigos dijeran que alguien ha desobedecido la ley de Moisés, los jueces no tendrían compasión y ordenarían la muerte de esa persona. **29** ¡Imagínense entonces el terrible castigo que recibirán los que desprecian al Hijo de Dios y dicen que su muerte no sirve para nada! Porque al hacer eso insultan al Espíritu del Dios que los ama. También desprecian la muerte de Cristo, la cual les asegura el cumplimiento del pacto y les ha conseguido el perdón de sus pecados. **30** Además, como todos sabemos, Dios dijo que él se vengará de sus enemigos y los castigará por todo lo malo que han hecho. También dijo que juzgará a su pueblo. **31** ¡Que cosa más terrible debe ser el castigo que da el Dios que vive para siempre!

32 Recuerden todas las dificultades y sufrimientos por los que ustedes pasaron al principio, cuando aceptaron la buena noticia.

A pesar de eso, nunca dejaron de confiar. **33** A muchos de ustedes sus enemigos los insultaron y los maltrataron delante de la gente, y en otras ocasiones ustedes sufrieron con quienes eran tratados así. **34** También tuvieron compasión de los que estaban en la cárcel, y con mucha alegría ustedes dejaron que las autoridades les quitaran sus pertenencias, porque sabían que en el cielo tienen algo mucho mejor y más duradero.

35 Por eso, no dejen de confiar en Dios, porque solo así recibirán un gran premio. **36** Sean fuertes, y por ningún motivo dejen de confiar cuando estén sufriendo, para que así puedan hacer lo que Dios quiere y reciban lo que él les ha prometido. **37** Pues Dios dice en la Biblia:

«Muy pronto llegará
el que tiene que venir.
¡Ya no tarda!

38 Los que me son fieles en todo
y confían en mí
vivirán para siempre.

Pero si dejan de serme fieles,
no estaré contento con ellos».

39 Gracias a Dios, nosotros no somos de los que dejan de ser fieles y acaban siendo castigados, sino que somos de los que reciben la salvación por confiar en Dios.

La confianza en Dios

11 **1** Confiar en Dios es estar totalmente seguro de que uno va a recibir lo que espera. Es estar convencido de que algo existe, aun cuando no podamos verlo. **2** Dios aceptó a nuestros antepasados porque ellos confiaron en él. **3** Y nosotros creemos que Dios creó el universo con una sola orden suya. Lo que ahora vemos fue hecho de cosas que no podían verse.

4 Abel confió en Dios, y por eso le ofreció un sacrificio mejor que el de Caín. Por eso Dios consideró que Abel era justo, y aceptó sus ofrendas. Y aunque Abel ya está muerto, todavía podemos aprender mucho de la confianza que él tuvo en Dios.

5 Henoc confió en Dios y, por eso, en vez de morir, Dios se lo llevó de este mundo y nadie volvió a encontrarlo. La Biblia dice que, antes de que Henoc fuera llevado, fue obediente, y eso le agradó a Dios. **6** Porque a Dios no le gusta que no confiemos en él. Para ser amigos de Dios hay que creer que él existe, y que sabe premiar a los que buscan su amistad.

7 Noé confió en Dios y, por eso, cuando Dios le avisó que sucederían cosas que todavía no podían verse, obedeció y construyó un barco para salvar a su familia. Por su confianza en Dios, Noé recibió las bendiciones que Dios da a todos los que le obedecen. También por su confianza en Dios, Noé hizo que la gente de este mundo fuera condenada.

8 Abraham confió en Dios, y cuando él le ordenó que saliera de su tierra para ir al país que le daría, Abraham obedeció, aunque no sabía hacia dónde iba. **9** Abraham confió tanto en Dios que vivió como un extranjero en el país que Dios le había prometido. Vivió en tiendas de campaña, igual que Isaac y Jacob, a quienes Dios también les había prometido ese país. **10** Abraham confiaba en que algún día vería la ciudad que Dios había planeado y construido sobre bases firmes.

11 Abraham confió en Dios y, por eso, aunque su esposa Sara no podía tener hijos y él era ya muy viejo, Dios le dio fuerzas para tener un hijo. Abraham confió en que Dios cumpliría su promesa de darle un hijo. **12** Por eso Abraham, aun cuando ya iba a morir, pudo tener tantos descendientes como las estrellas del cielo y como la arena que hay a la orilla del mar. ¡Nadie puede contarlos!

13 Todas las personas que hemos mencionado murieron sin recibir las cosas que Dios les había prometido. Pero como ellos confiaban en Dios, las vieron desde lejos y se alegraron, pues sabían que en este mundo ellos eran como extranjeros que estaban de paso. **14** Queda claro, entonces, que quienes reconocen esto todavía buscan un país propio. **15** Y que no están pensando en volver al país de donde salieron, pues de otra manera hubieran regresado allá. **16** Lo que desean es tener un país mejor en el cielo. Por eso Dios no tiene vergüenza de ser su Dios, porque les ha preparado una ciudad.

17 Abraham confió en Dios cuando Dios quiso probar si le obedecía o no. Por eso Abraham tomó a su hijo Isaac para ofrecerlo como sacrificio. No le importó que fuera su único hijo, ni que Dios le hubiera prometido que **18** por medio de Isaac tendría muchos descendientes. **19** Abraham sabía que Dios tiene poder para hacer que los muertos vuelvan a vivir. Esa confianza hizo que Abraham no tuviera que matar a su hijo; y fue como si Isaac hubiera vuelto a vivir.

20 Isaac confió en Dios, y por eso le prometió a sus hijos Jacob y Esaú que Dios los iba a bendecir.

21 Jacob confió en Dios y, por eso, cuando ya estaba por morir, les prometió a los hijos de José que Dios los iba a bendecir. Luego, se apoyó en la punta de su bastón y adoró a Dios.

22 José confió en Dios y, por eso, poco antes de morir, anunció que los israelitas saldrían libres de Egipto y dejó instrucciones para que supieran qué hacer con sus huesos.

23 Los padres de Moisés confiaron en Dios y, por eso, cuando Moisés nació, lo escondieron durante tres meses. El rey de Egipto había ordenado que se matara a todos los niños israelitas, pero ellos vieron que Moisés era un niño hermoso y no tuvieron miedo, porque confiaban en Dios.

24 Moisés confió en Dios y, por eso, cuando ya fue hombre, no quiso seguir siendo hijo adoptivo de la hija del rey. **25** No quiso disfrutar de lo que podía hacer y tener junto a ella, pues era pecado. Prefirió que los egipcios lo maltrataran, como lo hacían con el pueblo de Dios. **26** En vez de disfrutar de las riquezas de Egipto, Moisés decidió que sería mejor sufrir como también iba a sufrir el Mesías. Él sabía que Dios le daría un buen premio.

27 Moisés confió en Dios y, por eso, salió de Egipto sin tenerle miedo al rey. No se rindió nunca, y actuó como si estuviera viendo a Dios, que es invisible. **28** Moisés confió en Dios, y por eso celebró la Pascua. También mandó rociar con sangre las puertas de las casas israelitas. Así, el ángel enviado a matar no le hizo daño a ningún hijo mayor de las familias israelitas.

29 Los israelitas confiaron en Dios, y por eso cruzaron el Mar Rojo como si caminaran sobre tierra seca. Pero cuando los egipcios quisieron pasar, todos ellos se ahogaron.

30 Los israelitas confiaron en Dios y, por eso, cuando marcharon alrededor de la ciudad de Jericó durante siete días, los muros de la ciudad se vinieron abajo.

31 Rahab, la prostituta, confió en Dios y, por eso, no murió junto con los que habían desobedecido a Dios en Jericó, porque ella trató bien a los espías de Israel.

32 ¿Qué más les puedo decir? No me alcanzaría el tiempo para hablarles de la confianza en Dios de Gedeón, de Barac, de Sansón, de Jefté, de David, de Samuel y de los profetas. **33** Ellos confiaron en Dios, y por eso conquistaron países; y como actuaron con justicia, recibieron lo que Dios les había prometido. Cerraron la boca de leones y **34** apagaron grandes incendios. Escaparon de que los mataran con espada, recibieron fuerzas cuando más débiles estaban, y en la guerra fueron tan poderosos que vencieron a los ejércitos enemigos.

35 Algunas mujeres confiaron en Dios y, por eso, Dios hizo que sus familiares muertos volvieran a vivir.

Algunos confiaron tanto en Dios que no quisieron que los dejaran en libertad. Al contrario, dejaron que los mataran, porque sabían que volverían a vivir y así estarían mucho mejor. **36** Mucha gente se burló de ellos y los maltrató, y hasta los metieron en la cárcel. **37** A otros los mataron a pedradas, los partieron en dos con una sierra, o los mataron con espada. Algunos anduvieron de un lugar a otro con ropas hechas de piel de oveja o de cabra. Eran pobres, estaban tristes, y habían sido maltratados. **38** La gente de este mundo no merecía personas tan buenas, que anduvieron sin rumbo fijo por el desierto, por las montañas, por las cuevas y las cavernas de la tierra.

39 Dios estaba contento con todas estas personas, pues confiaron en él. Pero ninguna de ellas recibió lo que Dios había prometido. **40** Y es que Dios tenía un plan mucho mejor, para que nosotros también recibiéramos lo prometido. Dios solo hará perfectas a esas personas cuando nos haya hecho perfectos a nosotros.

Los sufrimientos y nuestra confianza en Dios

12 **1** ¡Todas esas personas están a nuestro alrededor como testigos! Por eso, en los años que nos quedan de vida debemos dejar de pecar, y dejar también de lado lo que nos estorba para vivir confiando totalmente en Dios. Porque la vida es como una carrera, y el pecado es como un estorbo que se nos enreda en los pies y no nos deja correr.

2 Pongamos toda nuestra atención en Jesús, pues de él viene nuestra confianza, y es él quien hace que confiemos cada vez más y mejor. Jesús soportó la vergüenza de morir clavado en una cruz porque sabía que, después de tanto sufrimiento, sería muy feliz. Y ahora se ha sentado a la derecha del trono de Dios.

3 Piensen en el ejemplo de Jesús. Mucha gente pecadora lo odió y lo hizo sufrir, pero él siguió adelante. Por eso, ustedes no deben rendirse ni desanimarse, **4** pues en su lucha contra el pecado todavía no han tenido que morir como él.

5 Pero ustedes parecen haberse olvidado ya del consejo que Dios les da a sus hijos en la Biblia:

«Hijo mío,
no tomes mis correcciones
como algo sin importancia.
Ni te pongas triste
cuando yo te reprenda.

6 Porque yo corrijo y castigo
a todo aquel que amo
y que considero mi hijo».

7 Si ahora ustedes están sufriendo, es porque Dios los ama y los está corrigiendo como si fueran sus hijos. Porque no hay un padre que no corrija a su hijo. **8** Si Dios no los corrige, como lo hace con todos sus hijos, entonces ustedes no son en verdad sus hijos. **9** Cuando éramos niños, nuestros padres aquí en la tierra nos corregían, y nosotros los respetábamos. Con mayor razón debemos obedecer a Dios, que es nuestro Padre que está en el cielo, pues así tendremos vida eterna.

10 Cuando éramos niños, nuestros padres nos corregían porque pensaban que eso era lo mejor para nosotros. Pero Dios nos corrige para hacernos un verdadero bien: para hacernos santos como él. **11** Desde luego que ningún castigo nos gusta en el momento de recibirlo, pues nos duele. Pero si aprendemos la lección que Dios nos quiere dar, viviremos en paz y haremos el bien.

12 Por todo eso, no debemos dejar de confiar totalmente en Dios. Si la vida es como una carrera, y ustedes tienen ya cansadas las manos y débiles las rodillas, cobren nuevas fuerzas. **13** Corran por un camino recto y parejo, para que el pie que esté cojo se sane y no se tuerza más.

Advertencia

14 Traten de vivir en paz con todos y de obedecer a Dios, porque si no lo hacen, jamás lo verán cara a cara. **15** No dejen que nadie se aleje del amor de Dios. Tampoco permitan que nadie cause problemas en el grupo, porque eso les haría daño; ¡sería como una planta amarga que los envenenaría! **16** Ninguno debe tener relaciones sexuales prohibidas, ni despreciar a Dios. Eso fue lo que hizo Esaú, pues cambió sus derechos de hijo mayor por un plato de comida, **17** y cuando quiso que su padre le reconociera esos derechos, él no se los reconoció. Esaú lloró mucho, pero ya no había nada que hacer.

18 Ustedes no se acercaron al monte Sinaí, el cual se podía ver y tocar, y donde había fuego, oscuridad, tinieblas y tormenta. **19** Tampoco oyeron el sonido de una trompeta, ni la voz de Dios dándoles mandamientos. Los que oyeron esa voz en el monte Sinaí pedían que se callara, **20** pues no podían obedecer el mandamiento que les ordenaba: «Deberán matar a pedradas, o con una lanza, a cualquier persona o animal que ponga un pie en este monte». **21** Tan terrible era lo que ellos vieron en ese monte, que Moisés mismo dijo: «Estoy temblando de miedo».

22 Ustedes, por el contrario, se han acercado al monte Sión y a la ciudad de Dios, quien vive para siempre. Esa es la ciudad de Jerusalén, que está en el cielo. Allí hay miles de ángeles que alaban a Dios, **23** y allí están todos aquellos a quienes Dios trató como a hijos, y a quienes les dio el derecho de vivir en el cielo. Ustedes se han acercado a Dios, quien juzgará a todo el mundo. También se acercaron a los espíritus de las personas buenas que Dios hizo perfectas. **24** Se han acercado a Jesús, y recuerden que, por medio de él, Dios hizo un nuevo pacto con ustedes. Gracias a la sangre que Jesús derramó al morir, hemos sido perdonados de nuestros pecados. Por eso Jesús es mejor que Abel, pues la sangre de Abel no ofrece perdón sino pide venganza.

25-26 Tengan cuidado cuando Dios les llame la atención. No lo rechacen, porque los israelitas que en el pasado lo rechazaron, no escaparon del castigo. En aquella ocasión, cuando Dios les habló, su voz hizo temblar la tierra. Y si nosotros rechazamos a Dios, que nos llama la atención desde el cielo, tampoco escaparemos del castigo. Porque ahora él dice: «Otra vez haré temblar, no solo la tierra sino también el cielo». **27** Y cuando dice «otra vez», entendemos que él quitará las cosas creadas, las que se pueden mover, para dejar las cosas que no pueden ser movidas. **28** Gracias a Dios, el reino que él nos da no puede ser movido. Por eso debemos adorar a Dios con el amor y la honra que a él le gusta recibir. **29** Porque nuestro Dios es como un fuego destructor.

¿Cómo debe vivir el cristiano?

13 **1** No dejen de amarse unos a otros, como corresponde a todo cristiano. **2** No se olviden de recibir bien a la gente que llegue a sus casas, pues de ese modo mucha gente, sin darse cuenta, ha recibido ángeles.

3 Preocúpense por los hermanos que están en la cárcel y por los que han sido maltratados. Piensen cómo se sentirían ustedes si estuvieran en la misma situación.

4 Todos deben considerar el matrimonio como algo muy valioso. El esposo y la esposa deben ser fieles el uno al otro, porque Dios castigará a los que tengan relaciones sexuales prohibidas y sean infieles en el matrimonio.

5 No vivan preocupados por tener más dinero. Estén contentos con lo que tienen, porque Dios ha dicho en la Biblia:

«Nunca te dejaré abandonado».

6 Por eso, podemos repetir con toda confianza lo que dice la Biblia:

«No tengo miedo.
Nadie puede hacerme daño
porque Dios me ayuda».

7 Piensen en los líderes que les anunciaron el mensaje de Dios, pues ellos vivieron confiando en Dios. Piensen mucho en ellos y sigan su ejemplo.

8 Jesucristo nunca cambia: es el mismo ayer, hoy y siempre.

9 Por eso, no hagan caso de enseñanzas extrañas, que no tienen nada que ver con lo que Jesucristo nos enseñó. Es mejor que nos dé fuerzas el amor de Dios, y no esas reglas acerca de lo que se debe comer y lo que no se debe comer, pues nunca han ayudado a nadie.

10 Los sacerdotes del antiguo lugar de culto no tienen derecho a comer de lo que hay en nuestro altar. **11** El jefe de los sacerdotes lleva al antiguo lugar de culto la sangre de los animales sacrificados, para ofrecérsela a Dios y pedir el perdón por los pecados. Sin embargo, los cuerpos de esos animales se queman fuera del lugar donde vive el pueblo. **12** Del mismo modo, Jesús murió fuera de la ciudad de Jerusalén, para que por medio de su sangre, Dios perdonara a su pueblo. **13** Por eso, también nosotros debemos salir junto con Jesús y compartir con él la vergüenza que le hicieron pasar al clavarlo en una cruz.

14 Porque en este mundo no tenemos una ciudad que dure para siempre, sino que vamos al encuentro de la ciudad que está por venir. **15** Nuestra ofrenda a Dios es darle gracias siempre, por medio de Jesucristo, pues hemos dicho que él es nuestro Señor.

16 Nunca se olviden de hacer lo bueno y de compartir lo que tienen con los que no tienen nada. Esos son los sacrificios que agradan a Dios.

17 Obedezcan a sus líderes, porque ellos cuidan de ustedes sin descanso, y saben que son responsables ante Dios de lo que a ustedes les pase. Traten de no causar problemas, para que el trabajo que ellos hacen sea agradable y ustedes puedan servirles de ayuda.

18 Oren por nosotros. Estamos seguros de que Dios no tiene nada contra nosotros, pues tratamos de portarnos bien en todo. **19** Oren especialmente para que yo pueda ir pronto a visitarlos.

Despedida

20-21 Dios hizo que nuestro Señor Jesús volviera a vivir. Para Jesús, somos como un rebaño de ovejas, y él es nuestro gran Pastor. Por medio de la sangre que él derramó al morir, Dios hizo un pacto eterno con nosotros. Por eso le pido al Dios de paz que los haga a ustedes perfectos y buenos en todo. Que Jesucristo los ayude a obedecer a Dios en todo. ¡Que Jesucristo tenga gloria y honra por siempre! Amén.

22 Hermanos, les he escrito estas breves palabras para animarlos. Léanlas con paciencia. **23** Quiero decirles que nuestro hermano Timoteo ya está en libertad y, si llega pronto, me acompañará a visitarlos.

24 Saluden por favor a todos sus líderes y a todos los hermanos que forman el pueblo santo de Dios. Los hermanos que están en Italia les mandan saludos.

25 ¡Deseo de todo corazón que Dios los llene de su amor!

SANTIAGO

Carta de Santiago

Saludos

1 **1** Yo, Santiago, estoy al servicio de Dios y del Señor Jesucristo, y les envío un saludo a los cristianos que viven en todo el mundo.

Confianza en Dios

2 Hermanos en Cristo, ustedes deben sentirse muy felices cuando pasen por toda clase de dificultades. **3** Así, cuando su confianza en Dios sea puesta a prueba, ustedes aprenderán a soportar con más fuerza las dificultades. **4** Por lo tanto deben resistir la prueba hasta el final, para que sean mejores y capaces de obedecer lo que se les ordene.

5 Si alguno de ustedes no tiene sabiduría, pídasela a Dios. Él se la da a todos en abundancia sin echárselo en cara. **6** Eso sí, debe pedirla con la seguridad de que Dios se la dará. Porque los que dudan son como las olas del mar, que el viento lleva de un lado a otro. **7-8** La gente que no es confiable ni capaz de tomar buenas decisiones no recibirá nada del Señor.

Los pobres y los ricos

9 Si alguno de ustedes es pobre, debe sentirse orgulloso de lo mucho que vale ante Dios. **10** Si alguno es rico, debe sentirse feliz cuando Dios lo humille, pues las riquezas son como las flores del campo: duran muy poco. **11** Cuando el sol calienta mucho, las plantas se secan, y sus flores se marchitan y pierden su belleza. Lo mismo le pasa al rico: ni él ni sus riquezas durarán.

Las tentaciones

12 Al que soporta las dificultades Dios lo bendice. Porque cuando las supera, Dios le da el premio y el honor más grande que puede recibir: la vida eterna que ha prometido a quienes lo aman.

13 Cuando sean ustedes tentados a hacer lo malo, no le echen la culpa a Dios. Él no puede ser tentado, ni tienta a nadie a hacer lo malo. **14** Al contrario, cuando somos tentados, son nuestros propios deseos los que nos arrastran y dominan. **15** Los malos deseos nos llevan a pecar; y cuando vivimos solo para hacer lo malo, lo único que nos espera es la muerte eterna.

16 Mis queridos hermanos, no sean tontos ni se engañen a ustedes mismos. **17** Dios es quien nos da todo lo bueno y todo lo perfecto. Dios mismo creó todas las estrellas del cielo, y nunca cambia. **18** Dios quiso que fuéramos sus hijos. Por eso nos dio una vida nueva por medio de la buena noticia de salvación.

Obediencia al mensaje de Dios

19 Mis queridos hermanos, pongan atención a esto que les voy a decir: todos deben estar siempre dispuestos a escuchar a los demás, pero no dispuestos a enojarse y hablar mucho. **20** Porque la gente violenta no puede hacer lo que Dios quiere. **21** Por eso, dejen de hacer lo malo, pues ya hay mucha maldad en el mundo. No hagan lo malo; de otra manera su vida parecerá un trapo sucio. Más bien, reciban con humildad el mensaje que Dios les ha dado. Ese mensaje tiene poder para salvarlos.

22-24 ¡Obedezcan el mensaje de Dios! Si sólo lo escuchan y no lo obedecen, se engañan a ustedes mismos y les sucederá lo mismo que a quien se mira en un espejo: tan pronto como se va, se olvida de cómo era. **25** Por el contrario, si ustedes ponen toda su atención a la Palabra de Dios y la obedecen siempre, serán felices en todo lo que hagan. Porque la Palabra de Dios es perfecta y los libera del pecado.

26 Quien se cree muy santo y no cuida sus palabras, se engaña a sí mismo y de nada le sirve tanta religiosidad. **27** Creer en Dios el Padre es agradarlo y hacer el bien, ayudar a las viudas y a los huérfanos cuando sufren, y no dejarse vencer por la maldad del mundo.

¡No tengan favoritos!

2 ¹ Hermanos míos, ustedes que han confiado en nuestro poderoso Señor Jesucristo, no deben tratar a unas personas mejor que a otras. ² Imagínense que un rico, vestido con ropa cara y con un anillo de oro, entra en donde ustedes se reúnen, y que al mismo tiempo entra un pobre vestido con ropa muy gastada. ³ Si ustedes atienden mejor al rico y le dicen: «Ven, siéntate en el mejor lugar», pero al pobre le dicen: «Quédate allí de pie», o «Siéntate en el suelo», ⁴ serán como los malos jueces que favorecen a unos más que otros.

⁵ Escúchenme bien, hermanos queridos: Dios eligió a la gente pobre de este mundo para que la confianza en Dios sea su verdadera riqueza, y para que reciban el reino que él ha prometido a los que le aman. ⁶ ¡Cómo se atreven ustedes a maltratar y despreciar a los pobres! ¿Acaso no son los ricos quienes los maltratan a ustedes y los meten en la cárcel? ⁷ ¿Acaso no son los ricos los que insultan a nuestro Señor?

⁸ Si ustedes obedecen el mandamiento más importante que Dios nos ha dado, harán muy bien. Ese mandamiento dice que debemos amar a los demás, tanto como nos amamos a nosotros mismos. ⁹ Pero si ustedes les dan más importancia a unas personas y las tratan mejor que a otras, están pecando y desobedeciendo la ley de Dios.

¹⁰ Si ustedes obedecen todas las leyes menos una de ellas, es lo mismo que si desobedecieran todas. ¹¹ Porque el mismo Dios que dijo: «No seas infiel en el matrimonio», también dijo: «No matarás». Por eso, si eres fiel en el matrimonio, pero matas, eres culpable de haber desobedecido la ley de Dios.

¹² En el día del juicio, Dios nos juzgará de acuerdo con la ley que nos libera del pecado. Por eso, debemos tener mucho cuidado en todo lo que hacemos y decimos. ¹³ Porque Dios no tendrá compasión de quienes no se compadecieron de otros. Pero los que tuvieron compasión de otros, saldrán bien del juicio.

Confianza y buenas acciones

14 Hermanos en Cristo, ¿de qué sirve que algunos de ustedes digan que son fieles a Dios, si no hacen nada bueno para demostrarlo? ¡Así no se van a salvar!

15 Si alguien no tiene ropa ni comida, **16** de nada le sirve que tú le digas «Que te vaya bien, abrígate y come hasta que te llenes», si no le das lo que necesita para abrigarse y comer bien. **17** Lo mismo pasa con la fidelidad a Dios: de nada nos sirve decir que somos fieles a Dios si no hacemos nada que lo demuestre. Esa clase de fidelidad está muerta.

18 A los que dicen que son fieles a Dios, pero no hacen lo bueno, yo les podría decir: «Tú dices que eres fiel a Dios, y yo hago lo que es bueno. Demuéstrame que es posible ser fiel a Dios sin tener que hacer lo bueno, y yo te demostraré que soy fiel a Dios por medio del bien que hago. **19** Tú crees que existe un solo Dios. ¡Muy bien! Pero hasta los demonios creen en él y tiemblan de miedo. **20** No seas tonto. Debes aceptar que de nada te sirve ser fiel a Dios y confiar en él, si no haces lo bueno.

21 Nuestro antepasado Abraham agradó a Dios cuando puso a su hijo Isaac sobre el altar para sacrificarlo. Y Dios lo aceptó por eso. **22** La confianza que Abraham tuvo en Dios se demostró con todo lo que hizo, y por medio de todo lo que hizo, su confianza llegó a ser perfecta».

23 Así se cumplió lo que dice en la Biblia: «Abraham fue fiel y confió en Dios, y por eso Dios lo aceptó con agrado». Fue así como Abraham se hizo amigo de Dios.

24 Como pueden ver, Dios nos acepta por lo que hacemos, y no solo por lo que creemos.

25 Así le sucedió a Rahab, la prostituta. Dios la aceptó por haber recibido y escondido a los espías en su casa, y por ayudarlos también a escapar por otro camino.

26 Así como un cuerpo sin alma está muerto, también la confianza en Dios es una confianza muerta si no va acompañada de buenas acciones.

La lengua

3 **1** Hermanos en Cristo, no todos debemos tratar de ser maestros. Porque Dios juzgará a los maestros más estrictamente que a los demás. **2** Todos cometemos muchas faltas, pero solo quien es capaz de dominar su lengua, es una persona madura y puede dominarse a sí mismo.

3 Al caballo podemos dominarlo, y hacer que nos obedezca, si le ponemos un freno en la boca. **4** Algo parecido pasa con los barcos. Por grande que sea un barco, y por fuertes que sean los vientos que lo empujan, el navegante lo dirige con un timón muy pequeño. **5** Y lo mismo pasa con nuestra lengua. Es una de las partes más pequeñas de nuestro cuerpo, pero es capaz de hacer grandes cosas. ¡Es una llama pequeña que puede incendiar todo un bosque!

6 Las palabras que decimos con nuestra lengua son como el fuego. Nuestra lengua tiene mucho poder para hacer el mal. Puede echar a perder toda nuestra vida, y hacer que nos quememos en el infierno.

7 Podemos dominar toda clase de animales salvajes, de aves, serpientes y animales del mar, **8** pero no hemos podido controlar nuestra lengua para no decir palabras que dañen. La lengua parece un animal salvaje que nadie puede dominar, y que está lleno de veneno mortal.

9-10 Con nuestra lengua podemos bendecir o maldecir. Con ella alabamos a nuestro Dios y Padre, y también insultamos a nuestros semejantes, que Dios hizo parecidos a él mismo. Hermanos, ¡esto no debe ser así!

11 De un mismo pozo no puede salir agua dulce y agua amarga o salada. **12** Tampoco da higos un árbol de aceitunas, ni da uvas un árbol de higos.

La sabiduría que Dios da

13 Si alguno de ustedes es sabio y entendido, demuéstrelo haciendo el bien y portándose con humildad. **14** Pero si ustedes lo hacen todo por envidia y celos, vivirán tristes y amargados; no tendrán nada de qué sentirse orgullosos, y faltarán a la verdad. **15** Porque esa sabiduría no viene de Dios, sino que es de este mundo y del demonio, **16** y produce celos, peleas, problemas y todo tipo de maldad.

17 En cambio, los que tienen la sabiduría que viene de Dios, no hacen lo malo sino que buscan la paz, son obedientes y amables con los demás; se compadecen de los que sufren, y siempre hacen lo bueno. Tratan a todos de la misma manera, y son verdaderos cristianos.

18 A los que buscan la paz entre las personas, Dios los premiará con paz y justicia.

Las guerras y los pleitos

4 **1** ¿Saben por qué hay guerras y pleitos entre ustedes? ¡Pues porque no saben dominar su egoísmo y su maldad! **2** Son tan envidiosos que quisieran tenerlo todo, y cuando no lo pueden conseguir, son capaces hasta de pelear, matar y promover la guerra. ¡Pero ni así pueden conseguir lo que quisieran!

Ustedes no tienen, porque no se lo piden a Dios. **3** Y cuando piden, lo hacen mal, porque lo único que quieren es satisfacer sus malos deseos. **4** Ustedes no aman a Dios ni lo obedecen. ¿Pero acaso no saben que hacerse amigo del mundo es volverse enemigo de Dios? ¡Pues así es! Si ustedes aman lo malo del mundo, se vuelven enemigos de Dios. **5** ¿Acaso no creen lo que dice la Biblia, que «Dios nos ama mucho»? **6** En realidad, Dios nos trata con mucho más amor, como dice la Biblia:

«Dios se opone a los orgullosos,
pero trata con amor a los humildes».

7 Por eso, obedezcan a Dios. Háganle frente al diablo, y él huirá de ustedes. **8** Háganse amigos de Dios, y él se hará amigo de ustedes.

¡Pecadores, dejen de hacer el mal! Los que quieren amar a Dios, pero también quieren pecar, deben tomar una decisión: o Dios, o el mundo de pecado. **9** Pónganse tristes y lloren de dolor. Dejen de reír y pónganse a llorar, para que Dios vea su arrepentimiento. **10** Sean humildes delante del Señor y él los premiará.

No critiquen a los demás

11 Hermanos, no hablen mal de los demás. El que habla mal del otro, o lo critica, es como si estuviera criticando y hablando mal de la ley de Dios. Lo que ustedes deben hacer es obedecer la ley de Dios, no criticarla. **12** Dios es el único juez. Él nos dio la ley, y es el único que puede decir si somos inocentes o culpables. Por eso no tenemos derecho de criticar a los demás.

No sean orgullosos

13 Escúchenme, ustedes, los que dicen así: «Hoy o mañana iremos a la ciudad; allí nos quedaremos todo un año, y haremos buenos negocios y ganaremos mucho dinero». **14** ¿Cómo pueden hablar así, si ni siquiera saben lo que les va a suceder mañana? Su vida es como la niebla: aparece por un poco de tiempo, y luego desaparece. **15** Más bien deberían decir: «Si Dios quiere, viviremos y haremos esto o aquello». **16** Sin embargo, a ustedes les gusta hablar con orgullo, como si fueran dueños del futuro, y eso es muy malo. **17** Si ustedes saben hacer lo bueno y no lo hacen, ya están pecando.

¡Advertencia a los ricos!

5 **1** Ahora escúchenme ustedes, los ricos: Lloren y griten de dolor por todo lo que muy pronto van a sufrir. **2** Sus riquezas se pudrirán, y la polilla les comerá la ropa. **3** El dinero que han estado juntando en estos últimos tiempos se oxidará, y ese óxido será el testigo que los acusará en el juicio final, y que los destruirá como un fuego.

⁴ Ustedes no les han pagado el sueldo a sus trabajadores, y el Señor todopoderoso ha oído las protestas de ellos. Ese dinero que no han pagado también los acusará delante de Dios.

⁵ Ustedes los ricos han vivido con mucho lujo, y se han dado la gran vida en esta tierra. Tanto han engordado que parecen toros y vacas listos para el matadero. **⁶** Injustamente han acusado y matado a personas inocentes, que ni siquiera podían defenderse.

Paciencia y valor

7-8 Pero ustedes, hermanos, tengan paciencia y no se desesperen, pues ya pronto viene Cristo el Señor. Hagan como el campesino, que con paciencia espera la lluvia y también espera que la tierra le dé buenas cosechas. **⁹** No se quejen unos de otros, para que Dios no los castigue, pues él es nuestro juez, y ya pronto viene.

10-11 Sigan el ejemplo de los profetas que hace mucho tiempo anunciaban el mensaje de Dios. Nosotros los admiramos porque fueron pacientes y soportaron el sufrimiento. Y seguramente se acuerdan de Job, y de cómo soportó con valor los sufrimientos y, al final, Dios lo trató muy bien. Y es que Dios es muy bueno y amoroso con los que sufren.

Otros consejos

¹² Sobre todo, queridos hermanos, no juren ni por el cielo, ni por la tierra, ni por ninguna otra cosa. Cumplan más bien con su palabra. Cuando digan "sí", que sea "sí"; y cuando digan "no", que sea "no". ¡No vaya a castigarlos Dios por no cumplir con su palabra!

¹³ Si alguno de ustedes está triste, póngase a orar. Si está alegre, alabe a Dios con cánticos. **¹⁴** Si alguno está enfermo, que llame a los líderes de la iglesia, para que oren por él; entonces ellos le untarán aceite y le pedirán al Señor que lo sane. **15** Si oran con confianza, Dios les responderá y sanará al enfermo, y si ha pecado también lo perdonará.

16 Por eso, confiesen sus pecados unos a otros, y oren unos por otros, para que Dios los sane. La oración de una persona buena es muy poderosa, porque Dios la escucha. **17** Por ejemplo, el profeta Elías era en todo igual a todos nosotros; pero le pidió a Dios con mucha confianza que no lloviera, ¡y no llovió sobre la tierra durante tres años y medio! **18** Después volvió a orar, ¡y llovió y la tierra dio sus cosechas!

19 Hermanos en Cristo, si alguno de ustedes deja de confiar en la verdad que ha aprendido, y otro le devuelve la confianza, **20** quiero que sepan que quien hace que un pecador deje de pecar, lo salva de la muerte y logra que Dios le perdone sus muchos pecados.

1 PEDRO
Primera carta de Pedro

Saludo

1 **1-2** Yo Pedro, que soy enviado de Jesucristo a anunciar su mensaje, saludo a todos los cristianos que viven como extranjeros en las regiones de Ponto, Galacia, Capadocia, Asia y Bitinia.

De acuerdo con su plan, Dios el Padre decidió elegirlos a ustedes para que fueran su pueblo. Y por medio del Espíritu Santo y de la muerte de Jesucristo, Dios los ha limpiado de todo pecado, para que lo obedezcan.

Deseo que Dios los ame mucho y les permita vivir en paz.

Alabemos a Dios

3 Alabemos al Dios y Padre de nuestro Señor Jesucristo, que por medio de la resurrección de Jesucristo ha cambiado totalmente nuestra vida. Aunque no merecemos que Dios nos ame, por su gran amor cambió nuestra vida para que siempre estemos seguros de nuestra salvación, **4** y de que nos dará todo lo que nos ha prometido y que tiene guardado en el cielo. Y lo que nos ha prometido no puede destruirse, ni mancharse, ni marchitarse. **5** Ustedes confían en Dios, y por eso él los protege con su poder, para que puedan ser salvados tal y como está planeado para los últimos tiempos.

Confiar en Dios

6 Por eso, alégrense, aunque sea necesario que por algún tiempo tengan muchos problemas y dificultades. **7** Porque la confianza que ustedes tienen en Dios es como el oro: así como la calidad del oro se prueba con fuego, la confianza que ustedes tienen en Dios se prueba por medio de los problemas. Si ustedes pasan la prueba, su confianza será más valiosa que el oro, pues el oro se puede destruir. Así, cuando Jesucristo aparezca, hablará bien de la confianza que ustedes tienen en Dios, porque una confianza que se ha probado tanto merece ser muy alabada.

8 Ustedes, aunque nunca han visto a Jesucristo, lo aman y creen en él, y tienen una alegría tan grande y hermosa que no puede describirse con palabras. **9** Ustedes viven alegres porque ya saben que Dios los salvará, y por eso confían en él.

10 Los profetas estudiaron con cuidado todo acerca de esta salvación, y hablaron de lo que Dios les daría a ustedes por amor. **11** Antes de que Cristo viniera al mundo, su Espíritu les enseñaba a los profetas lo que él debería sufrir aquí en la tierra, y también les enseñaba todo lo hermoso que sucedería después. Y los profetas intentaban descubrir quién sería el Mesías y cuándo vendría al mundo. **12** Pero Dios les hizo entender que lo que ellos anunciaban no era para ellos mismos, sino para ustedes. Ese es el mensaje que les dieron a ustedes quienes les enseñaron la buena noticia. Y lo hicieron con el poder del Espíritu Santo, que fue enviado del cielo. ¡Esto es algo que los ángeles mismos hubieran querido ver!

13 Por eso, estén atentos y piensen bien lo que van a hacer, para que siempre hagan lo correcto. Confíen plenamente en que Dios los tratará bien cuando regrese Jesucristo.

Vivan como hijos obedientes

14 Antes de que ustedes conocieran la buena noticia acerca de Jesucristo, hacían todo lo malo que querían. Ahora, por el contrario, deben obedecer a Dios en todo, como buenos hijos. **15-16** Así que no hagan lo malo, sino manténganse apartados del mal, porque Dios los eligió para ser su pueblo, y en la Biblia él nos dice: «Apártense de la maldad, porque yo soy un Dios que odia la maldad».

17 Dios es un juez que no tiene favoritos. Según lo que cada uno de nosotros haya hecho, él decidirá si merecemos ser castigados o premiados. Así que, si ustedes dicen que Dios es su Padre, entonces deben honrarlo durante todos los días de su vida en este mundo. **18** Porque Dios los libró del inútil modo de vida que ustedes aprendieron de sus antepasados. Y bien saben ustedes que, para liberarlos, no pagó él con cosas que pueden destruirse, como el oro y la plata; **19** al contrario, pagó con la sangre preciosa de Cristo. Cuando Cristo murió en la cruz, fue ofrecido como sacrificio, como un cordero sin ningún defecto. **20** Esto es algo que Dios había decidido hacer desde antes de crear el mundo, y Cristo apareció en estos últimos tiempos para bien de ustedes. **21** Por medio de Cristo, ustedes creen en Dios, quien lo resucitó y le dio un lugar de honor en su reino. Por eso ustedes han puesto su confianza en Dios y están seguros de que él les dará todo lo que les ha prometido.

22 Ahora ustedes obedecen el verdadero mensaje de Dios, y por eso Dios los ha limpiado de todo pecado: para que se amen unos a otros sinceramente, como hermanos. Así que, ámense mucho unos a otros, con todo su corazón y con todas sus fuerzas. **23** Dios les ha cambiado su modo de vivir. Es como si ustedes hubieran vuelto a nacer, no de padres humanos, que finalmente mueren, sino gracias al mensaje de Dios. Y es que ese mensaje da vida y nada puede destruirlo. **24** Pues la Biblia dice:

«Todos nosotros somos como la hierba;
nuestra grandeza es como las flores:
la hierba se seca,
y las flores se caen,
25 pero la Palabra del Señor
permanece para siempre».

Y esa Palabra es la buena noticia que el Señor Jesucristo les ha enseñado.

2 **1** Por lo tanto, dejen de hacer lo malo. No se digan mentiras, no sean hipócritas, no sean envidiosos ni chismosos. **2** Más bien busquen todo lo que sea bueno y ayude a su espíritu, así como los niños recién nacidos buscan desesperadamente la leche de su madre. Si lo hacen así, serán mejores cristianos y Dios los salvará, **3** pues ustedes han comprobado que el Señor es bueno.

El nuevo pueblo de Dios

4-5 Ustedes son piedras vivas que Dios está usando para construir un templo espiritual. Así que acérquense al Señor, pues él es la piedra viva que la gente despreció, pero que Dios eligió como la piedra más valiosa. Además, ustedes son sacerdotes especiales, y por medio de Jesucristo le ofrecerán a Dios los sacrificios que a él le agradan. **6** Pues Dios dice en la Biblia:

«Yo he elegido
una piedra muy valiosa,
y la he puesto en Sión,
para que sea la piedra
más importante de todas.

El que confíe en ella
jamás será engañado».

7 Ustedes creen en Dios, y por eso consideran que esa piedra es muy valiosa. Pero los que no creen hacen lo que dice la Biblia:

«La piedra que despreciaron los constructores
es ahora la más importante de todas».

8 Y la Biblia también dice:

«Esta es la piedra
por la que muchos caerán;
en esta roca muchos tropezarán».

¡Eso es lo que se merecen! ¡Tropezarán por no aceptar el mensaje de Jesucristo!

9 Pero ustedes son miembros de la familia de Dios; son sacerdotes al servicio del Rey; son su pueblo. Fue Dios quien los sacó de la oscuridad del pecado y los hizo entrar en su luz maravillosa. Por eso, anuncien las maravillas que Dios ha hecho.

10 Antes, ustedes no eran nada,
pero ahora son el pueblo de Dios.
Antes, Dios no les tenía compasión,
pero ahora los ama mucho.

El buen ejemplo

11 Amados hermanos en Cristo, les hablo como si ustedes fueran extranjeros y estuvieran de paso por este mundo. No hagan nada que obedezca a sus malos deseos, pues esos deseos los llevarán a la perdición.

12 Pórtense bien cuando estén con gente que no cree en Dios. Así, aunque ahora hablen mal de ustedes, como si fueran unos malvados, esa gente verá el bien que ustedes hacen y alabarán a Dios el día en que él les pida cuentas a todos.

El respeto a las autoridades

13 Para que nadie hable mal de nuestro Señor Jesucristo, obedezcan a todas las autoridades del gobierno. Obedezcan al emperador romano, pues él tiene la máxima autoridad en el imperio. **14** Obedezcan también a los gobernantes que el emperador ha puesto para castigar a los que hacen lo malo y para premiar a los que hacen lo bueno. **15** Dios quiere que ustedes hagan el bien, para que la gente ignorante y tonta no tenga nada que decir en contra de ustedes.

16 Ustedes son libres por ser servidores de Dios. Pero no crean que por ser libres pueden hacer lo malo. **17** Respeten a todos, y amen de manera especial a los miembros de la iglesia. Honren a Dios y respeten al emperador romano.

Responsabilidades de los esclavos

18 A los esclavos les mando que obedezcan a sus amos y que los respeten. Pero no solo a los que son buenos y comprensivos, sino también a los que son malos. **19** Dios bendice a los que, por ser fieles a él, sufren injustamente y soportan el sufrimiento. **20** Si alguno es castigado por hacer algo malo, y soporta con paciencia el castigo, no está haciendo nada extraordinario. Pero si uno sufre y soporta el sufrimiento por haber hecho algo bueno, Dios lo bendecirá.

21 Si acaso sufren injustamente, recuerden que Dios les ha ordenado sufrir con paciencia. Y en eso Cristo les ha dado el ejemplo, para que hagan lo mismo, pues él sufrió por ustedes. **22** Cristo no pecó nunca, y jamás engañó a nadie. **23** Cuando lo insultaban, jamás contestaba con insultos, y jamás amenazó a

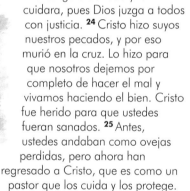

quienes lo hicieron sufrir. Más bien, dejó que Dios se encargara de todo y lo cuidara, pues Dios juzga a todos con justicia. **24** Cristo hizo suyos nuestros pecados, y por eso murió en la cruz. Lo hizo para que nosotros dejemos por completo de hacer el mal y vivamos haciendo el bien. Cristo fue herido para que ustedes fueran sanados. **25** Antes, ustedes andaban como ovejas perdidas, pero ahora han regresado a Cristo, que es como un pastor que los cuida y los protege.

El esposo y la esposa

3 **1** Ustedes, las esposas, deben obedecer a sus esposos en todo. De esa manera, si ellos no creen en el mensaje de la buena noticia, el comportamiento de ustedes podrá convencerlos. No tendrán que decirles nada, **2** porque ellos verán que ustedes son honestas y que honran a Dios.

3-4 No piensen ustedes que los peinados exagerados, las joyas de oro y los vestidos lujosos las hacen más bellas. Su belleza no depende de las apariencias, sino de lo que hay en su corazón. Así que sean ustedes personas tranquilas y amables. Esta belleza nunca desaparece, y es muy valiosa delante de Dios.

5 Así eran algunas mujeres en el pasado, que confiaban en Dios y obedecían a sus esposos. **6** Así fue Sara, pues obedecía a Abraham y lo llamaba «señor». Si ustedes hacen el bien y no tienen miedo de nada, serán como ella.

7 En cuanto a ustedes, los esposos, sean comprensivos con sus esposas, reconociendo que ellas no tienen la fuerza de ustedes, y que también a ellas Dios les ha prometido la vida eterna. Si ustedes lo hacen así, Dios escuchará sus oraciones.

Deberes cristianos

8 En fin, todos ustedes deben vivir en armonía y amarse unos a otros. Pónganse de acuerdo en todo, para que permanezcan unidos. Sean buenos y humildes. **9** Si alguien les hace algo malo, no hagan ustedes lo mismo, y si alguien los insulta, no contesten con otro insulto. Al contrario, lo que deben hacer es pedirle a Dios que bendiga a esas personas, pues él los eligió a ustedes para que reciban bendición. **10** Porque, como dice la Biblia:

«Los que de todo corazón
deseen vivir y ser felices,
deben cuidarse de no mentir
y de no hablar mal de otros;
11 deben hacer el bien,
dejar de hacer el mal
y vivir en paz con todos.

12 »Porque el Señor cuida
a los que hacen el bien,
escucha sus oraciones,
y está en contra del malvado».

13 ¿Quién puede hacerles mal si ustedes siempre insisten en hacer el bien? ¡Nadie! **14** Pero si hacen el bien, y aún así tienen que sufrir, Dios los bendecirá. No le tengan miedo a nadie, ni se asusten. **15** Honren a Cristo como Señor, y estén siempre listos para explicarle a la gente por qué ustedes confían en Cristo y en sus promesas. **16** Pero háganlo con amabilidad y respeto. Pórtense bien, como buenos seguidores de Cristo, para que no se sientan culpables de nada. Así, los que hablan mal de la buena conducta de ustedes sentirán vergüenza de lo que dicen.

17 Si Dios así lo quiere, es mejor que sufran por hacer el bien que por hacer el mal. **18** Porque Cristo murió una vez y para siempre para perdonarnos nuestros pecados. Él era bueno e inocente, y sufrió por los pecadores, para que ustedes pudieran ser amigos de Dios. Los que mataron a Cristo destruyeron su cuerpo, pero él resucitó para vivir como espíritu. **19** De este modo fue a anunciar su victoria a los espíritus que estaban presos. **20** Eran los espíritus de los que desobedecieron a Dios en los tiempos de Noé. Dios esperó con paciencia a que se arrepintieran, mientras Noé construía la barca, pero no lo hicieron. Solo unos pocos subieron a la barca y se salvaron del diluvio, pues el agua misma llevó a esas ocho personas a lugar seguro. **21** Y esa agua representaba a la que ahora usamos para el bautismo, por medio del cual Dios nos salva. El bautismo verdadero no es para limpiar nuestro cuerpo, sino para pedirle a Dios que nos limpie de pecado, para que no nos sintamos culpables de nada. Y Dios nos salva por medio del bautismo porque Jesucristo resucitó, **22** subió al cielo y está sentado a la derecha de Dios, en el lugar más importante, y gobierna a todos los ángeles y a todos los seres espirituales que tienen autoridad y poder.

Vivir como Dios quiere

4 **1** Ustedes deben estar dispuestos a sufrir así como Cristo sufrió mientras estuvo aquí en la tierra. Porque si ustedes sufren como Cristo, ya no seguirán pecando. **2** Eso demostrará que han dejado de seguir sus malos deseos, y que dedicarán el resto de su vida a hacer lo que Dios quiere. **3** Por mucho tiempo ustedes vivieron haciendo lo mismo que hacen los que no creen en Dios. Tenían vicios y malos deseos, se emborrachaban, participaban en fiestas escandalosas y, lo más terrible de todo, adoraban ídolos. **4** Pero como ustedes ya no se juntan con ellos, ahora hablan mal de ustedes. **5** ¡Pero ya tendrán ellos que darle cuentas a Dios, el Juez que está preparado para juzgar a los vivos y a los muertos! **6** Porque para eso anunció Cristo la buena noticia aun a los muertos: para que después de que Dios los juzgue por lo que hicieron en vida, sus espíritus puedan vivir con Dios.

El servicio a los demás

7 Ya se acerca el fin del mundo. Por eso, sean responsables y cuidadosos en la oración.

8 Sobre todo, ámense mucho unos a otros, porque el amor borra los pecados.

9 Reciban en sus casas a los demás, y no hablen mal de ellos sino háganlos sentirse bienvenidos.

10 Cada uno de ustedes ha recibido de Dios alguna capacidad especial. Úsenla bien en el servicio a los demás. **11** Si alguno sabe hablar bien, que anuncie el mensaje de Dios. Si alguno sabe cómo ayudar a los demás, que lo haga con la fuerza que Dios le da para hacerlo. De este modo, todo lo que hagan servirá para que los demás alaben a Dios por medio de Jesucristo, que es maravilloso y poderoso para siempre. Amén.

El sufrimiento del cristiano

12 Queridos hermanos en Cristo, no se sorprendan de tener que afrontar problemas que ponen a prueba su confianza en Dios. Eso no es nada extraño. **13** Al contrario, alégrense de poder sufrir como Cristo sufrió, para que también se alegren cuando Cristo regrese y muestre su gloria y su poder.

14 Si alguien los insulta por confiar en Cristo, consideren ese insulto como una bendición de Dios. Eso significa que el maravilloso Espíritu de Dios está siempre con ustedes. **15** Si alguno de ustedes sufre, que no sea por ser asesino, ladrón o bandido, ni por meterse en asuntos ajenos. **16** Si alguno sufre por ser cristiano, no debe sentir vergüenza, sino darle gracias a Dios por ser cristiano.

17 Ya ha llegado el momento de que Dios juzgue a todos, y de que empiece por juzgar a su propio pueblo. Y si empieza por nosotros y nos hace sufrir así, ¡imagínense lo que les espera a los que no obedecen la Palabra de Dios! **18** Y si con dificultad se salvan los que hacen el bien, ¡ya se pueden imaginar lo que les pasará a los que hacen el mal! **19** Por eso, los que sufren porque Dios así lo quiere, deben seguir haciendo el bien y dejar que Dios los cuide, pues él es su creador y cumple lo que promete.

Los líderes de la iglesia

5 **1** Quiero darles un consejo a los líderes de la iglesia. Yo también soy líder como ellos, y soy testigo de cómo sufrió Cristo. Además, cuando Cristo regrese y muestre lo maravilloso que es él, disfrutaré parte de su gloria. Mi consejo es el siguiente: **2** Cuiden ustedes de las personas que Dios dejó a su cargo, pues ellas pertenecen a Dios. Cuídenlas, como cuida el pastor a sus ovejas. Háganlo con mucho gusto, como Dios quiere, y no por obligación. No lo hagan para ganar dinero, sino con un gran deseo de servir. **3** No traten a los que Dios les encargó como si ustedes fueran sus amos; más bien, procuren ser un ejemplo para ellos. **4** Así, cuando regrese Cristo, que es el Pastor principal, ustedes recibirán un maravilloso premio que durará para siempre.

Los miembros de la iglesia

5 Del mismo modo ustedes, los jóvenes, deben obedecer la autoridad de los líderes de la iglesia. Todos deben tratarse con humildad, pues la Biblia dice:

«Dios se opone a los orgullosos,
    pero trata con amor a los humildes».

⁶ Por eso, sean humildes y acepten la autoridad de Dios, pues él es poderoso. Cuando llegue el momento oportuno, Dios los tratará como a gente importante. ⁷ Así que pongan sus preocupaciones en las manos de Dios, pues él tiene cuidado de ustedes.

⁸ Estén siempre atentos y listos para lo que venga, pues su enemigo el diablo anda buscando a quien destruir, como si fuera un león rugiente. ⁹ Resistan sus ataques confiando en Dios y sin dudar un solo momento. Ya saben que en todo el mundo otros seguidores de Cristo están sufriendo como ustedes. ¹⁰ Pero después de que ustedes hayan sufrido por un poco de tiempo, Dios hará que todo vuelva a estar bien y que ustedes nunca dejen de confiar en él; les dará fuerzas para que no se desanimen, y hará que siempre estén seguros de lo que creen. Recuerden que Dios nos ha elegido por medio de Jesucristo, para que formemos parte de su maravilloso reino. ¹¹ ¡Que Dios reine con poder para siempre! Amén.

Despedida

¹² Silvano me ha ayudado a escribirles esta breve carta. Yo lo considero un fiel seguidor de Cristo, y alguien en quien se puede confiar.

Les he escrito para darles consejos y asegurarles que todo lo bueno que Dios les ha dado demuestra que él los ama mucho. ¡Nunca duden del amor de Dios!

¹³ Los seguidores de Cristo que están en la ciudad de Roma les mandan saludos. Ellos, igual que ustedes, forman parte del pueblo que Dios ha elegido. También les manda saludos Marcos, a quien quiero como a un hijo.

¹⁴ Salúdense unos a otros con un beso de hermanos.

Le pido a Dios que les dé paz a todos ustedes, los que pertenecen a Cristo.

2 PEDRO
Segunda carta de Pedro

Saludo

1 ¹ Yo, Simón Pedro, estoy al servicio de Jesucristo, quien me envió a anunciar su mensaje. Reciban mis saludos. Jesucristo, nuestro Dios y Salvador, ha sido justo y bueno con todos ustedes, pues los hizo confiar en él, como nos hizo confiar a nosotros.

² Le pido a Dios que los ame mucho y les permita vivir en paz, y que ustedes estén siempre dispuestos a conocer más a Dios y a nuestro Señor Jesús.

Vivir como Dios quiere

³ Dios utilizó su poder para darnos todo lo que necesitamos, y para que vivamos como él quiere. Dios nos dio todo eso cuando nos hizo conocer a Jesucristo. Por medio de él nos eligió para que seamos parte de su reino maravilloso. ⁴ Además, nos ha dado todas las cosas importantes y valiosas que nos prometió. Por medio de ellas, ustedes podrán ser como Dios y no como la gente pecadora de este mundo, porque los malos deseos de esa gente destruyen a los demás.

⁵ Por eso, mi consejo es que pongan todo su empeño en:

Afirmar su confianza en Dios,
esforzarse por hacer el bien,
procurar conocer mejor a Dios,
⁶ y dominar sus malos deseos.
Además, deben ser pacientes,
entregar su vida a Dios,
⁷ estimar a sus hermanos en Cristo
y sobre todo,
amar a todos por igual.

⁸ Si ustedes conocen a Jesucristo, harán todo eso y tratarán de hacerlo cada vez mejor. Así, vivirán haciendo el bien. ⁹ Pero

quien no lo hace así es como si estuviera ciego, y olvida que Dios le ha perdonado todo lo malo que hizo. **10** Hermanos, Dios los ha elegido para formar parte de su pueblo, y si quieren serlo para siempre, deben esforzarse más por hacer todo esto. De ese modo, nunca fracasarán en su vida cristiana, **11** y Dios con gusto les dará la bienvenida en el reino de nuestro Señor y Salvador Jesucristo, quien reina para siempre.

La verdadera enseñanza

12 Por eso yo les seguiré recordando siempre todo esto, aun cuando ya lo saben y siguen creyendo en la verdad que les enseñaron. **13** Mientras yo viva, creo que es mi deber recordarles todo esto. **14** Nuestro Señor Jesucristo me ha permitido saber que pronto moriré; **15** pero yo haré todo lo posible para que ustedes recuerden estos consejos aun después de mi muerte.

16 Cuando les enseñábamos acerca del poder de nuestro Señor Jesucristo y de su regreso, no estábamos inventando una historia, sino que con nuestros propios ojos vimos el gran poder de nuestro Señor. **17-18** Nosotros estábamos allí cuando Dios el Padre trató a Jesús con mucho honor y mostró lo maravilloso que es él. Y allí mismo, en la montaña sagrada, oímos cuando nuestro grande y maravilloso Dios dijo: «Éste es mi Hijo. Yo lo amo mucho y estoy muy contento con él».

19 Por eso estoy completamente seguro de que el mensaje de Dios que anunciaron los profetas es la verdad. Por favor, préstenle atención a ese mensaje, pues les dirá cómo vivir hasta el día en que Cristo vuelva y cambie sus vidas. **20** Pero, antes que nada, deben saber que ninguna enseñanza de la Biblia se puede explicar como uno quisiera. **21** Ningún profeta habló por su propia cuenta. Al contrario, todos ellos hablaron de parte de Dios y fueron guiados por el Espíritu Santo.

Enseñanzas falsas

2 **1** En el pueblo de Israel hubo también algunos que decían ser enviados por Dios, pero no lo eran. Así también, entre ustedes, habrá quienes se crean maestros enviados por Dios, sin serlo. Ellos les darán enseñanzas falsas y peligrosas sin que ustedes se den cuenta, y hasta dirán que Jesucristo no es capaz de salvar. Por eso, cuando menos lo esperen, serán destruidos por completo. **2** Mucha gente vivirá como esos falsos maestros, haciendo todo lo malo que se les antoje. Por culpa de ellos la gente hablará mal de los cristianos y su modo de vivir. **3** Esos falsos maestros desearán tener más y más dinero, y lo ganarán enseñándoles mentiras. Pero Dios ya decidió castigarlos desde hace mucho tiempo, y no se salvarán de ese castigo.

4 Dios no perdonó a los ángeles que pecaron, sino que los mandó al infierno. Allí están, encadenados en la oscuridad, hasta que llegue el día en que Dios juzgue a todos. **5** Dios tampoco perdonó a la gente malvada que vivía en tiempos de Noé. Más bien, les envió el diluvio y todos murieron. Solo salvó a Noé, que le enseñaba a la gente a vivir haciendo el bien, y junto con Noé salvó a otras siete personas. **6** Y Dios también castigó a los que vivían en las ciudades de Sodoma y Gomorra: los quemó hasta dejarlos hechos cenizas, para que sirviera de ejemplo de lo que les pasaría a los malvados. **7** Pero a Lot no lo quemó, pues era un hombre bueno que sufría viendo la maldad de esa gente. **8** Este hombre bueno vivía en esas ciudades, y todos los días sufría mucho al ver y oír las maldades que hacía esa gente.

9 Esto nos demuestra que Dios sabe solucionar los problemas y dificultades que tienen los que le obedecen, y que también sabe castigar a los que hacen el mal. Y lo hará el día en que juzgue a todos. **10** El castigo será especialmente para los que no obedecen sus órdenes y viven haciendo todo lo malo que se les antoja.

Esos falsos maestros son tercos y orgullosos, y no tienen miedo de insultar a los ángeles buenos. **11** Sin embargo, los ángeles, aunque son más poderosos que esos falsos maestros, no se atreven a insultarlos delante de Dios.

12 Estos hombres no entienden nada, lo hacen todo por capricho, discuten acerca de lo que no entienden, y como los animales, nacen para que los atrapen y los maten. **13** Sufrirán por lo que han hecho sufrir a otros, pues creen que serán felices haciendo a plena luz del día lo malo que se les antoja. Da vergüenza ver lo malo que hacen y el escándalo que arman cuando los acompañan a ustedes en sus fiestas de la iglesia.

14 Estos hombres no pueden ver a una mujer sin desear tener relaciones sexuales con ella, y nunca se cansan de pecar. Engañan a los que no confían mucho en Cristo, y son muy buenos para conseguir lo que desean. Esta gente será castigada por Dios; ¡de eso no hay duda! **15** Andan perdidos, pues han dejado de obedecer a Dios y siguen el ejemplo de Balaam, el hijo de Beor, que quiso ganar dinero haciendo lo malo. **16** Pero precisamente por hacer lo malo, una burra lo regañó: le habló con voz humana, y no lo dejó seguir haciendo esas tonterías.

17 Esos falsos maestros son como pozos secos, sin agua; ¡como nubes llevadas por fuertes vientos! Dios los castigará echándolos para siempre a la más profunda oscuridad. **18** Porque ellos impresionan a la gente diciendo cosas bonitas, que en realidad no sirven para nada. Obligan a otros a participar en sus mismos vicios y malos deseos; engañan a los que con mucho esfuerzo apenas logran alejarse del pecado. **19** Les prometen que serán libres para hacer lo que quieran, pero ellos mismos no pueden dejar de hacer el mal. ¡Ese mismo mal acabará por destruirlos! Pues el que no puede dejar de pecar es esclavo del pecado. **20** Además, los que han conocido a nuestro Señor y Salvador Jesucristo, ya no siguen el ejemplo de los pecadores de este mundo. Pero si permiten que los vuelvan a engañar con esas cosas, y se dejan controlar por el pecado, quedan peor que antes. **21** Más les valdría nunca haber sabido de qué manera quiere Dios que vivan. Pero ahora lo saben, y si dejan de obedecer a Dios, quedarán peor que antes. **22** Así, esas personas demuestran la verdad del dicho: «El perro vuelve a su vómito», y también de este otro: «El cerdo recién bañado vuelve a revolcarse en el lodo».

El regreso del Señor

3 ¹ Amados hermanos en Cristo, esta es la segunda carta que les escribo. En las dos he querido darles consejos para que puedan pensar correctamente. ² Recuerden el mensaje que los profetas de Dios nos dieron hace mucho tiempo. No olviden el mandamiento que nos dio nuestro Señor y Salvador Jesucristo, y que los apóstoles les enseñaron a ustedes.

³ En primer lugar, tomen en cuenta que en los últimos días vendrán personas que solo pensarán en sus malos deseos. Se burlarán de ustedes ⁴ y les preguntarán: «¿Qué pasó con la promesa de que Jesucristo regresaría? Ya murieron nuestros padres, y todo sigue igual que cuando el mundo fue creado». ⁵ Esa gente no quiere darse cuenta de que, hace mucho tiempo, Dios creó los cielos y la tierra. Con solo dar una orden, Dios separó la tierra de los mares. ⁶ También usó el agua del diluvio para destruir al mundo de esa época. ⁷ Pero, con ese mismo poder, Dios ha dado la orden de que en el momento indicado, los cielos y la tierra que ahora existen sean destruidos con fuego. Serán quemados cuando llegue el día en que Dios juzgue a todos y destruya a los que hacen el mal.

⁸ Además, hermanos míos, no olviden que, para el Señor, un día es como mil años y mil años son como un día. ⁹ No es que Dios sea lento para cumplir su promesa, como algunos piensan. Lo que pasa es que Dios tiene paciencia con ustedes, porque él no quiere que nadie muera, sino que todos vuelvan a obedecerle.

¹⁰ Pero cuando el Señor regrese, vendrá como cuando un ladrón entra en una casa a robar. En ese día, los cielos desaparecerán en medio de un ruido espantoso, las estrellas serán destruidas por el fuego, y la tierra y todo lo que hay en ella desaparecerá.

¹¹ Ya que todo será destruido de esa manera, ustedes deben obedecer solo a Dios y hacer el bien, ¹² y esperar con ansias el día en que Dios juzgará a todo el mundo. Ese día, el fuego destruirá los cielos y derretirá las estrellas. ¹³ Pero nosotros

esperamos el cielo nuevo y la tierra nueva que Dios ha prometido, donde todo será bueno y justo.

14 Por eso, queridos amigos, mientras esperan a que esto suceda, hagan todo lo posible por estar en paz con Dios y porque él los encuentre sin pecado. **15** Recuerden que nuestro Señor Jesucristo nos trata con paciencia, para que podamos ser salvos. Nuestro querido compañero Pablo también les ha escrito acerca de esto, y fue Dios mismo quien se lo explicó. **16** En todas sus cartas él les ha hablado de todo esto, aunque algo de lo que dice en ellas no es fácil de entender. Por eso la gente ignorante y los que no confían en Cristo no las entienden, y luego las explican mal. Lo mismo hacen con toda la Biblia, y por eso Dios los castigará.

Conclusión

17 Queridos amigos, con esto quedan advertidos. Así que cuídense mucho, para que no los engañe la gente malvada, y ustedes dejen de creer firmemente en Dios. **18** Al contrario, dejen que el amor y el conocimiento que nos da nuestro Señor y Salvador Jesucristo los ayude a ser cada vez mejores cristianos.

¡Alabemos a Jesucristo ahora y siempre! Amén.

1 JUAN

Primera carta de Juan

La Palabra de vida

1-4 Les escribimos esta carta para anunciarles lo que hemos visto y oído acerca de la Palabra de vida que existía desde antes de que Dios creara el mundo. Lo hacemos para que podamos alegrarnos completamente, y para que ustedes se mantengan unidos a nosotros así como nosotros nos mantenemos unidos a Dios el Padre y a su Hijo Jesucristo.

Esta Palabra de vida es Jesucristo, y es quien da la vida verdadera: la vida eterna. Él estaba con Dios el Padre, pero vino a nosotros. Y nosotros, sus discípulos, lo escuchamos hablar, lo vimos con nuestros propios ojos, y hasta pudimos tocarlo.

Amigos de Dios

5 Jesucristo nos enseñó que Dios es luz, y que donde Dios está no hay oscuridad. Este es el mensaje que ahora les anunciamos.

6 Si decimos que somos amigos de Dios y, a la vez, vivimos pecando, entonces resultamos ser unos mentirosos que no obedecen a Dios. **7** Pero si vivimos en la luz, así como Dios vive en la luz, nos mantendremos unidos como hermanos y Dios perdonará nuestros pecados por medio de la sangre de su Hijo Jesús.

8 Si decimos que no hemos pecado, nos engañamos a nosotros mismos y no decimos la verdad. **9** Pero si reconocemos ante Dios que hemos pecado, podemos confiar siempre en que él, que es justo, nos perdonará y nos limpiará de toda maldad.

10 Si decimos que nunca hemos hecho lo malo, hacemos que Dios aparezca como un mentiroso, y no hemos aceptado el mensaje que él nos ha dado.

Jesucristo, nuestro defensor

2 ¹ Yo a ustedes los quiero como a hijos. Por eso les escribo esta carta para que no pequen. Pero si alguno peca, Jesucristo es justo y nos defiende ante Dios Padre. ² Dios perdona nuestros pecados y los de todo el mundo porque Cristo se ofreció voluntariamente para morir por nosotros.

³ Nosotros sabemos que conocemos a Dios porque obedecemos sus mandamientos. ⁴ Si alguien dice: «Yo soy amigo de Dios» y no le obedece, es un mentiroso y no dice la verdad. ⁵ En cambio, el que obedece lo que Dios ordena, ese sí sabe amar como Dios ama y puede estar seguro de que es amigo de Dios.

⁶ El que dice que es amigo de Dios debe vivir como vivió Jesús.

Un nuevo mandamiento

⁷ Hermanos en Cristo, no les estoy dando un mandamiento nuevo. En realidad, es el mismo mandamiento que Dios les dio desde el principio. Es un mandamiento muy antiguo, y ustedes ya lo conocen.

⁸ Sin embargo, esto que les escribo es un mandamiento nuevo, y ya saben lo que significa, como también Cristo lo sabe. Él es la luz verdadera, que brilla cada vez más fuerte y hace que la oscuridad vaya disminuyendo.

⁹ Si alguno dice que vive en la luz, pero odia a otro miembro de la iglesia, en realidad vive en una gran oscuridad. ¹⁰ El que ama a los demás, vive bajo la brillante luz de Dios y no causa ningún problema a los de su iglesia. ¹¹ Pero el que odia a otro cristiano, vive en la oscuridad, y no sabe a dónde va, porque la oscuridad lo ha dejado ciego.

¹² Hijos míos, les escribo porque Dios les ha perdonado sus pecados por medio de lo que hizo Jesucristo.

¹³⁻¹⁴ A ustedes los mayores, les escribo porque conocen a Jesús, quien ya existía antes de que Dios creara el mundo.

A ustedes los jóvenes, les escribo también porque han sido

valientes, han derrotado al diablo, y han aceptado con
sinceridad el mensaje de Dios.

Les he escrito a todos ustedes porque han conocido al Padre.
15 No quieran ustedes ser como los pecadores del mundo, ni
tampoco hacer lo que ellos hacen. Quienes lo hacen, no aman a
Dios el Padre. **16** Las cosas que ofrece la gente del mundo no
vienen de Dios, sino de los pecadores de este mundo. Y estas
son las cosas que el mundo nos ofrece: los malos deseos, la
ambición de tener todo lo que vemos, y el orgullo de poseer
muchas riquezas. **17** Pero lo malo de este mundo y de todo lo que
ofrece, está por acabarse. En cambio, el que hace lo que Dios
manda vive para siempre.

El Enemigo de Cristo

18 Hijos míos, ya estamos viviendo los últimos días, y el mundo
pronto se acabará. Ustedes han escuchado que antes del fin
vendrá el Enemigo de Cristo. Pues bien, yo quiero decirles que ya
han aparecido muchos enemigos de Cristo, y por eso sabemos
que estamos en los últimos días.

19 Estos enemigos de Cristo se reunían con nosotros, pero en
realidad no eran de nuestro grupo. Si hubieran sido de nuestro
grupo, se habrían quedado con nosotros. Pero se apartaron del
grupo para mostrar claramente que no todos los que se reúnen
con nosotros son de los nuestros.

20 Cristo, el Hijo de Dios, los ha separado a ustedes del
mundo, y les ha dado el Espíritu Santo, y todos ustedes conocen
la verdad. **21** Por eso les escribo, porque sé que ustedes conocen
la verdad y saben que quien la conoce no puede mentir.

22 Entonces, ¿quién miente? Pues el que dice que Jesús no es el
Mesías. Ese es el Enemigo de Cristo, pues rechaza tanto a Dios el
Padre como a Jesús el Hijo. **23** Cualquiera que rechaza al Hijo,
también rechaza al Padre. Y si alguien acepta al Hijo, también
acepta al Padre.

24 Por eso, no dejen de hacer ustedes lo que se les enseñó
desde que se hicieron cristianos. Si continúan haciéndolo,

entonces vivirán siempre unidos al Hijo y al Padre, **25** pues Cristo nos ha prometido la vida eterna.

26 Les estoy escribiendo para advertirles sobre algunos que quieren engañarlos. **27** Pero ustedes tienen al Espíritu Santo, con el que Cristo los separó del mundo. Por eso no necesitan que nadie les enseñe, pues el Espíritu de Dios les enseña todo; y lo que él enseña no es mentira, sino la verdad. Por eso, hagan lo que el Espíritu Santo les ha enseñado: manténganse siempre unidos a Cristo.

28 Ahora, hijos míos, sigan unidos a Cristo. Así, cuando él regrese, lo estaremos esperando confiadamente y no pasaremos por la vergüenza de ser castigados.

Hijos de Dios

29 Como ustedes saben, Jesucristo hace todo lo que le agrada a Dios. Por eso también deben saber que todo el que hace lo que a Dios le agrada, es hijo de Dios.

3 **1** ¡Miren! Dios el Padre nos ama tanto que la gente nos llama hijos de Dios, y la verdad es que lo somos. Por eso los pecadores de este mundo no nos conocen, porque tampoco han conocido a Dios.

2 Queridos hermanos, ¡nosotros ya somos hijos de Dios! Y aunque todavía no sabemos cómo seremos en el futuro, sí sabemos que cuando Jesucristo aparezca otra vez nos pareceremos a él, porque lo veremos como él es en realidad. **3** Todo el que espera confiadamente que todo esto suceda, se esfuerza por ser bueno, como lo es Jesús.

4 Todo el que peca, desobedece la ley de Dios, porque el pecado consiste en desobedecer a Dios.

5 Como ustedes saben, Jesucristo vino al mundo para quitar los pecados del mundo. Jesucristo no peca, ni puede pecar. **6** Por eso, cualquiera que sea amigo de Jesucristo, y quiera mantenerse unido a él, no puede seguir pecando. Pero el que peca, no conoce a Jesucristo ni lo entiende.

⁷ Hijitos míos, ¡que nadie los engañe! Todo el que obedece a Dios es tan justo como lo es Jesús. ⁸ Pero el que siempre hace lo malo es amigo del diablo, porque el diablo ha estado pecando desde el día en que Dios creó al mundo. Por esta razón vino el Hijo de Dios al mundo: para destruir todo lo que hace el diablo.

⁹ Ningún hijo de Dios sigue pecando, porque los hijos de Dios viven como Dios vive. Así que no puede seguir pecando, porque es un hijo de Dios.

¹⁰ Podemos saber quién es hijo de Dios, y quién es hijo del diablo: los hijos del diablo son los que no quieren hacer lo bueno ni se aman unos a otros.

¹¹ Desde el principio se les ha enseñado a ustedes que nosotros debemos amarnos los unos a otros. ¹² No debemos ser como Caín, que era como un hijo del diablo y mató a su hermano. ¿Y por qué lo mató? Porque lo que Caín hacía era malo, y lo que hacía su hermano era bueno.

¹³ Mis queridos amigos, no se extrañen si los pecadores de este mundo los odian. ¹⁴ El amor que nos tenemos demuestra que ya no estamos muertos, sino que ahora vivimos. Pero si ustedes no se aman los unos a los otros, eso quiere decir que todavía están bajo el poder de la muerte. ¹⁵ Si ustedes se odian unos a otros, son asesinos, y ya saben que ningún asesino puede tener la vida eterna.

¹⁶ Pero nosotros sabemos lo que es el amor, porque Jesucristo dio su vida por nosotros. Así también nosotros, debemos dar nuestra vida por nuestros hermanos en Cristo. ¹⁷ Si un rico ve que alguno de su propia iglesia tiene alguna necesidad, y no lo ayuda, ese rico no ama como Dios ama.

¹⁸ Hijos míos, no solamente debemos decir que amamos, sino que debemos demostrarlo por medio de lo que hacemos.

¹⁹⁻²⁰ Sabemos que pertenecemos a Dios porque amamos a los demás. Por eso, si nos sentimos culpables de algo, podemos estar seguros de que Dios no nos acusa de nada, porque él está por encima de todo sentimiento, y lo sabe todo.

²¹ Amados míos, si no nos sentimos culpables de nada, podemos estar seguros de que Dios no nos acusa. ²² Y nos dará lo que le pidamos, porque obedecemos sus mandamientos y hacemos lo que le agrada. ²³ Y su mandamiento es que creamos en su Hijo Jesucristo, y que nos amemos unos a otros, tal como Jesús nos lo ordenó. ²⁴ Si obedecemos a Dios, viviremos unidos a Dios y él vivirá unido a nosotros. Eso lo sabemos por el Espíritu Santo que nos ha dado.

Los verdaderos hijos de Dios

4 ¹ Queridos hermanos, no les crean a todos los que dicen que tienen el Espíritu de Dios. Pónganlos a prueba, para ver si son lo que dicen ser. Porque el mundo está lleno de falsos profetas.

² Ustedes pueden saber si una persona tiene el Espíritu de Dios cuando esa persona reconoce que Jesucristo vino al mundo como verdadero hombre. ³ Si alguien dice que esto no es cierto, es porque no tiene el Espíritu de Dios. Más bien tiene el espíritu del Enemigo de Cristo. Ustedes ya habían oído que este espíritu tenía que venir, y yo quiero decirles que ya está en el mundo.

⁴ Hijos míos, ustedes son de Dios y ya han vencido a esos falsos profetas, pues él permanece unido a ustedes y es más poderoso que su Enemigo. ⁵ Ellos son unos pecadores, y los demás pecadores de este mundo les hacen caso, porque hablan de las mismas cosas. ⁶ Pero nosotros pertenecemos a Dios y podemos saber quién tiene el Espíritu que dice la verdad, y quién tiene el espíritu del engaño: El que es de Dios nos hace caso, pero el que no es de Dios nos ignora.

Debemos amarnos

⁷ Amados hijos míos, debemos amarnos unos a otros, porque el amor viene de Dios. Todo el que ama es hijo de Dios y conoce a Dios. ⁸ El que no ama no conoce a Dios, porque Dios es amor.

⁹ Dios demostró que nos ama al enviar al mundo a Jesús, su único Hijo, para que por medio de él todos nosotros tengamos

vida eterna. **10** El verdadero amor no consiste en que nosotros hayamos amado a Dios, sino en que él nos amó y envió a su Hijo para que nosotros fuéramos perdonados por medio de su sacrificio.

11 Hijos míos, si Dios nos ha amado así, nosotros también debemos amarnos los unos a los otros. **12** Nadie ha visto nunca a Dios, pero si nos amamos unos a otros, Dios vive en nosotros y también su amor estará en nosotros.

13 Sabemos que estamos íntimamente unidos a Dios porque él nos ha dado su Espíritu. **14** Nosotros mismos hemos visto que el Padre envió a su Hijo para salvar a todo el mundo, y lo decimos sin miedo. **15** Si una persona reconoce que Jesucristo es el Hijo de Dios, esa persona y Dios están muy unidos, como si fueran uno solo.

16 Por eso sabemos y creemos que Dios nos ama. Dios es amor, y cualquiera que ama a los demás está íntimamente unido a Dios. **17** Si en verdad amamos a los demás, y si vivimos como Jesucristo vivió en este mundo, no tenemos por qué tener miedo cuando Jesús venga para juzgar a todo el mundo. **18** La persona que ama no tiene miedo. Donde hay amor no hay temor. Al contrario, el verdadero amor quita el miedo. Si alguien tiene

miedo de que Dios lo castigue, es porque no ha aprendido a amar.

19 Nosotros amamos a los demás porque Dios nos amó primero. **20** Si decimos que amamos a Dios, y al mismo tiempo nos odiamos unos a otros, somos unos mentirosos. Porque si no amamos a quienes podemos ver, mucho menos podemos amar a Dios, a quien no podemos ver. **21** Y Jesucristo nos dio este mandamiento: «¡Amen a Dios, y ámense unos a otros!»

Confianza victoriosa

5 **1** Si creemos que Jesús es el Mesías, somos hijos de Dios. Y recordemos que, si amamos al Padre, también debemos amar a los hijos de ese mismo Padre. **2** Si nosotros amamos a Dios y obedecemos sus mandamientos, sabemos que también amamos a los hijos de Dios. **3** Nosotros demostramos que amamos a Dios cuando obedecemos sus mandamientos; y obedecerlos no es difícil. **4** En realidad, todo el que es hijo de Dios vence lo malo de este mundo, y todo el que confía en Jesucristo obtiene la victoria. **5** El que cree que Jesús es el Hijo de Dios vence al mundo y su maldad.

Quién es Jesucristo

6 Cuando Jesucristo vino a este mundo, fue bautizado en agua, y al morir derramó su sangre. El Espíritu de Dios es testigo de esto, y todo lo que él dice es verdad. **7** Son tres los que nos enseñan que esto es verdad: **8** el Espíritu de Dios, el agua del bautismo, y la sangre que derramó Jesús al morir en la cruz. Y las tres dicen lo mismo.

9 Nosotros valoramos lo que dice la gente, pero lo que Dios dice es mucho más valioso porque nos habla acerca de su Hijo. **10** Si confiamos en el Hijo de Dios, entonces creemos lo que Dios ha dicho. Pero el que no cree en Dios lo hace pasar por mentiroso, porque no ha creído lo que Dios mismo ha dicho acerca de su Hijo Jesucristo. **11** Y lo que Dios ha dicho es que él nos ha dado vida eterna, y que tendremos esa vida si creemos en su Hijo. **12** Si vivimos unidos al Hijo de Dios tenemos vida eterna. Si no vivimos unidos al Hijo de Dios, no tenemos vida eterna.

Conclusión

13 Les escribo esto a ustedes, que confían en el Hijo de Dios, para que sepan que tienen vida eterna. **14** Confiamos en Dios, pues sabemos que él nos oye si le pedimos algo que a él le agrada. **15** Y así como sabemos que él oye nuestras oraciones, también sabemos que ya nos ha dado lo que le hemos pedido.

16 Si alguno ve que un hermano comete un pecado que no pone en peligro su vida espiritual, debe orar, y Dios le dará vida al hermano. Pero debe tratarse de un pecado por el que no vaya a perder la vida eterna. Porque hay pecados por los que se puede perder la vida eterna, y quiero decirles que no se debe orar por quienes los cometen. **17** Todo tipo de maldad es pecado, pero no todo pecado lleva a la muerte eterna.

18 Sabemos que los hijos de Dios no pecan, porque Jesucristo, el Hijo de Dios, los cuida, y el diablo no puede hacerles daño. **19** Sabemos que somos de Dios, y que el resto de la gente en el mundo está dominada por el diablo. **20** Y también sabemos que el Hijo de Dios ha venido, y que nos ha dado la capacidad de conocer al Dios verdadero. Vivimos unidos a su Hijo Jesucristo; él es el Dios verdadero, que da la vida eterna.

21 Cuidado, hijos míos; no obedezcan a los dioses falsos.

2 JUAN

Segunda carta de Juan

Saludo

1 Del líder y encargado de la iglesia, a los hermanos que Dios ha elegido: Yo los amo; y no solo yo, sino también todos los que han conocido la verdad, **2** la cual nos hace amarlos.

3 Le pido a Dios el Padre y a su Hijo Jesucristo que sean buenos con ustedes, que los traten con mucho amor, y les den su paz. ¡Que hagan que en ustedes abunden la verdad y el amor!

El amor verdadero

4 Me alegré mucho al encontrar que algunos de ustedes viven de acuerdo con la verdad, como Dios el Padre nos mandó. **5** Ahora les pido que nos amemos los unos a los otros. Este mandamiento no es nuevo: es el mismo que se nos dio cuando nos hicimos cristianos. **6** El que ama de verdad también obedece los mandamientos de Dios. Y como ustedes lo han sabido desde el principio, Dios nos manda que vivamos amando siempre a los demás.

¡Cuidado con los falsos maestros!

7 En el mundo hay muchos que engañan a la gente diciendo que Jesucristo no vino al mundo como un hombre de verdad, de carne y hueso. Eso lo dice el Enemigo de Cristo, que es un mentiroso. **8** Tengan cuidado, para que no se eche a perder todo lo bueno que hemos hecho por ustedes. De lo contrario ustedes no recibirán de Dios el premio completo.

9 Si no permanecen fieles a lo que Cristo enseñó, Dios se apartará de ustedes. Pero si se mantienen firmes en lo que Cristo enseñó, Dios el Padre y el Hijo estarán siempre con ustedes. **10** Si alguien va a visitarlos y no enseña estas cosas, no lo reciban en su casa ni lo saluden. **11** Porque saludarlo es lo mismo que hacer lo malo que él hace.

Despedida

12 Tengo mucho que decirles, pero prefiero no hacerlo por carta. Espero poder ir a visitarlos y hablarles personalmente. Así estaré completamente feliz.

13 La iglesia donde ahora estoy tiene una relación muy estrecha con la iglesia de ustedes. Y los miembros de esta iglesia les mandan saludos.

3 JUAN

Tercera carta de Juan

Saludo

1 Del líder y encargado de la iglesia a mi querido amigo Gayo:
2 Amado hermano, le ruego a Dios que te encuentres muy bien, y también le pido que te vaya bien en todo lo que hagas, y que tengas buena salud.

La buena conducta de Gayo

3 Me alegré mucho cuando algunos miembros de la iglesia vinieron y me contaron que sigues confiando en la verdad que Jesucristo nos enseñó. **4** Nada me alegra más que saber que mis hijos obedecen siempre a la verdad que Dios nos ha enseñado.

5 Querido hermano, tú te portas muy bien cuando ayudas a los otros seguidores de Cristo, especialmente a los que llegan de otros lugares. **6** Ellos le han contado a toda la iglesia cuánto los amas. Por favor, ayúdalos en todo lo que necesiten para continuar su viaje. Hazlo de tal modo que resulte agradable a Dios. **7** Ellos han comenzado a anunciar el mensaje de Jesucristo, y no han aceptado ninguna ayuda de los que no creen en Dios. **8** Por eso debemos ayudarlos en este trabajo que han empezado, y también hacernos cargo de ellos.

Diótrefes y Demetrio

9 Yo escribí una carta a la iglesia, pero Diótrefes no acepta mi autoridad, pues le gusta mandar. **10** Por eso, cuando yo vaya a visitarlos, le llamaré la atención, porque anda hablando mal de de nosotros. Y no solo eso, sino que tampoco recibe a los seguidores de Cristo que llegan de otras partes. Y si alguien quiere recibirlos en su casa, se lo prohíbe y lo echa de la iglesia.

[11] Amado hermano Gayo, no sigas el ejemplo de los que hacen el mal, sino el ejemplo de los buenos. El que hace lo bueno es parte de la familia de Dios, pero el que hace lo malo nunca ha visto a Dios.

[12] Todos hablan bien de Demetrio, y su comportamiento nos demuestra que dicen la verdad. También nosotros hablamos bien de él, y tú sabes que no mentimos.

Despedida

[13] Tengo mucho más que decirte, pero prefiero no hacerlo por escrito, [14] porque espero ir pronto a verte, y entonces podremos hablar personalmente.

[15] Que Dios te bendiga con su paz.

Los amigos que están conmigo te mandan saludos. Saluda a cada uno de mis amigos que están contigo.

JUDAS

Carta de Judas

Saludo

1 Yo, Judas, estoy al servicio del Señor Jesucristo y soy hermano de Santiago. Escribo esta carta a todos los que Dios el Padre ama y ha elegido, y que Jesucristo también cuida. **2** Deseo que Dios los trate con mucha compasión y con abundante paz y amor.

Advertencia contra la mentira

3 Amados hermanos en Cristo, hace tiempo que he querido escribirles acerca de la salvación que Dios nos ha dado. Pero ahora les escribo para pedirles que luchen y defiendan la enseñanza que Dios ha dado para siempre a su pueblo elegido. **4** Estoy preocupado, pues hay algunos que los han engañado y que se han colado entre ustedes. Ellos dicen que Jesucristo no es nuestro único Señor y Dueño, y que por eso no debemos obedecerle. Piensan que, como Dios nos ama tanto, no nos castigará por todo lo malo que hacemos. Con razón, desde hace mucho tiempo en la Biblia se dice que Dios castigará a esa gente.

5 Aunque ustedes ya lo saben, quiero recordarles que cuando Dios sacó de Egipto al pueblo de Israel, después destruyó a los que no creyeron en él. **6** Así pasó también con los ángeles que rechazaron y dejaron el lugar de honor que Dios les había dado. Dios los tiene atados para siempre con cadenas, y están encerrados en lugares oscuros hasta que llegue el gran día del juicio final.

7 Algo parecido les sucedió a los que vivían en Sodoma, en Gomorra y en las ciudades cercanas. Los que vivían allí pecaron, practicando todo tipo de relaciones sexuales prohibidas. Por eso

Dios los castigó arrojándolos en el fuego que nunca se apaga para que sufran allí. Que esto sirva de advertencia para todos nosotros.

8 Lo mismo les va a pasar a los malvados de quienes les estoy hablando. Porque con sus locas ideas dañan su cuerpo, rechazan la autoridad de Dios e insultan a los ángeles. **9** Ni siquiera Miguel, el jefe de los ángeles, se atrevió a hacer algo así. Cuando peleaba con el diablo para quitarle el cuerpo de Moisés, Miguel no lo insultó sino que solo le dijo: «Que el Señor te castigue». **10** Sin embargo, esta gente insulta hasta lo que no conoce. Se comportan como los animales, que conocen las cosas pero no las entienden, y por eso terminan destruyéndose a sí mismos.

11 ¡Pobre gente! Se portan como Caín. Y por el afán de ganar dinero cometen el mismo error que cometió Balaam. Son tan rebeldes que morirán como murió Coré.

12 Es una vergüenza que esas personas vayan a sus fiestas de amor, pues comen y beben sin ningún respeto. Son líderes que solo se preocupan de ellos mismos. Son como nubes sin agua que el viento lleva de un lado a otro. Se parecen también a los árboles que no dan fruto, pues han sido arrancados de raíz y están totalmente muertos. **13** Son gente violenta. Todos pueden ver lo malo que hacen, pues sus maldades son como la espuma de las violentas olas del mar. Son como estrellas perdidas que están condenadas a viajar todo el tiempo en la más terrible oscuridad.

14 Enoc, que fue el séptimo hombre después de Adán, habló de esta gente desde hace mucho tiempo, y dijo: «Miren, Dios viene acompañado de miles y miles de sus ángeles. **15** Viene para castigar a todos los que hicieron el mal. Castigará a todos los pecadores que lo insultaron».

16 Esta gente se queja de todo, y lo critica todo. Solo quieren que se cumplan sus deseos egoístas. Hablan con orgullo, y cuando hablan bien de los demás, lo hacen solo para poder aprovecharse de ellos.

Algunos consejos

17 Pero ustedes, queridos hermanos, acuérdense de lo que ya les habían dicho los apóstoles de nuestro Señor Jesucristo. **18** Ellos les enseñaron que en los últimos tiempos habría gente burlona, que se dejaría controlar por sus malos deseos. **19** Y es esta gente la que los obliga a pelearse y a dividirse, pues hace lo que quiere y no tiene el Espíritu de Dios.

20 Pero ustedes, queridos hermanos, sigan confiando siempre en Dios. Esa confianza es muy especial. Cuando oren, dejen que el Espíritu Santo les diga lo que deben decir. **21** Confíen todo el tiempo en el amor de Dios, y esperen el día en que nuestro Señor Jesucristo nos dará la vida eterna, pues él también nos ama mucho.

22 Ayuden con amor a los que no están del todo seguros de su salvación. **23** Rescaten a los que necesitan salvarse del infierno, y tengan compasión de los que necesitan ser compadecidos. Pero tengan mucho cuidado de no hacer el mismo mal que ellos hacen.

Alabanza final a Dios

24 Dios puede cuidarlos para que no hagan el mal, y también tiene poder para que ustedes puedan presentarse sin pecado ante él cuando regrese. Se presentarán ante él llenos de alegría, y limpios y sin mancha como un vestido nuevo.

25 Por eso, alaben a Dios nuestro Salvador y reconozcan su grandeza, poder y autoridad, pues él nos envió a nuestro Señor Jesucristo. Alabémosle por todo esto ahora y siempre. Amén.

APOCALIPSIS
Lo que Dios le mostró a Juan

Bendiciones para el lector

1 **1-2** Dios le ha mostrado a Jesucristo lo que pronto sucederá, para que él se lo enseñe a sus servidores. Por eso Jesucristo se lo ha comunicado a Juan, su servidor, por medio de un ángel; y Juan ha puesto por escrito toda la verdad.

3 ¡Dios bendiga a quien lea en público este mensaje! ¡Y bendiga también a los que lo escuchen y lo obedezcan! ¡Ya viene el día en que Dios cumplirá todo lo que se anuncia en este libro!

Saludo

4-5 Yo, Juan, saludo a las siete iglesias que están en la provincia de Asia. Dios es el que vive, el que siempre ha vivido, y el que está por venir. Deseo que Dios y Jesucristo y los siete espíritus que están delante de su trono los amen a ustedes y les den su paz. Podemos confiar en que Jesucristo nos ama y dice la verdad acerca de Dios. Él fue el primero en resucitar, y es también el que gobierna sobre todos los reyes de la tierra.

Por medio de la muerte de Jesucristo, Dios nos ha perdonado nuestros pecados. **6** Además, Cristo nos permite gobernar como reyes, y nos ha nombrado sacerdotes al servicio de Dios su Padre. Por eso, ¡alaben todos a Jesucristo, y que solo él tenga todo el poder del mundo! Amén.

7 ¡Miren!
¡Cristo viene en las nubes!

Todos lo verán venir,
aun los que lo mataron;
y todos los habitantes del mundo

llorarán por él.
Así sucederá, ¡Amén!

8 El Señor todopoderoso, el que vive, siempre ha vivido y está por llegar, dice: «Yo soy el principio y el fin».

Visión sobre Jesucristo

9 Yo, Juan, soy su hermano en Cristo, pues ustedes y yo confiamos en él. Y por confiar en él, pertenezco al reino de Dios, lo mismo que ustedes; tengo los mismos problemas y dificultades, pero también tengo la fuerza que Dios nos da para soportar esos sufrimientos. Por anunciar el mensaje de Dios y hablar de Jesucristo fui enviado a la isla de Patmos. **10** Pero un domingo, quedé bajo el poder del Espíritu Santo. Entonces escuché detrás de mí una voz muy fuerte, que sonaba como una trompeta. **11** Esa voz me dijo: «Escribe en un libro lo que ves, y envíalo a las siete iglesias de la provincia de Asia, es decir, a las iglesias de Éfeso, Esmirna, Pérgamo, Tiatira, Sardes, Filadelfia y Laodicea».

12 Cuando me volví para ver quién me hablaba, vi siete candelabros de oro. **13** En medio de los candelabros vi a alguien que parecía ser Jesús, el Hijo del hombre. Vestía una ropa que le llegaba hasta los pies, y a la altura del pecho llevaba un cinturón de oro. **14** Su cabello era tan blanco como la lana, y hasta parecía estar cubierto de nieve. Sus ojos parecían llamas de fuego, **15** y sus pies brillaban como el bronce que se funde en el fuego y luego se pule. Su voz resonaba como enormes y estruendosas cataratas. **16** En su mano derecha tenía siete estrellas, y de su boca salía una espada delgada y de doble filo. Su cara brillaba como el sol de mediodía.

17 Al verlo, caí a sus pies como muerto. Pero él puso su mano derecha sobre mí, y me dijo:

«No tengas miedo. Yo soy el primero y el último, **18** y estoy vivo. Estuve muerto, pero ahora vivo para siempre, y tengo poder sobre la muerte.

¹⁹ »Escribe lo que has visto: lo que ahora sucede y lo que sucederá después. **²⁰** Yo te explicaré el significado secreto de las siete estrellas que viste en mi mano, y de los siete candelabros de oro. Las siete estrellas representan a los ángeles de las siete iglesias, y los siete candelabros representan a las siete iglesias.

El mensaje a la iglesia de Éfeso

2 **¹** »Escribe al ángel de la iglesia de Éfeso:

"Yo sostengo las siete estrellas en mi mano derecha, y camino entre los siete candelabros de oro. Pon atención a lo que te voy a decir:

² 'Estoy enterado de todo lo que haces, y sé que por obedecerme has tenido muchas dificultades. También sé que las has soportado con mucha paciencia, y que rechazas a los malvados. Has puesto a prueba a los que no son apóstoles pero dicen serlo, y has demostrado que son unos mentirosos. **³** Has sido paciente, y por obedecerme has sufrido mucho. Pero aun así no te has cansado de obedecerme.

⁴ 'Sin embargo, hay algo que no me gusta de ti, y es que ya no me amas tanto como me amabas cuando te hiciste cristiano. **⁵** Por eso, acuérdate de cómo eras antes, y vuelve a obedecer a Dios. Deja de hacer lo malo, y compórtate como al principio. Si no lo haces, yo iré a castigarte y quitaré de su lugar tu candelabro.

⁶ 'Lo que me gusta de ti es que odias, lo mismo que yo, lo que hacen los nicolaítas.

⁷ 'Si alguien tiene oídos, que ponga atención a lo que el Espíritu de Dios les dice a las iglesias.

'A los que triunfen sobre las dificultades y no dejen de confiar en mí, les daré a comer el fruto del árbol que da vida. Ese árbol crece en el hermoso jardín de Dios' ".

El mensaje a la iglesia de Esmirna

⁸ »Escribe al ángel de la iglesia de Esmirna:

"Yo soy el primero y el último. ¡Había muerto, pero he vuelto a vivir! Escucha bien lo que te voy a decir:

9 'Yo conozco las dificultades por las que ahora pasas, y sé que eres pobre, aunque espiritualmente eres muy rico. También sé lo mal que hablan de ti los que se consideran judíos, que en realidad son un grupo que pertenece a Satanás.

10 'No tengas miedo de lo que vas a sufrir. El diablo meterá a algunos de ustedes en la cárcel, para ver si en verdad confían en mí. Ustedes tendrán muchas dificultades durante un corto tiempo. Pero si confían en mí hasta la muerte, yo les daré como premio la vida eterna.

11 'Si alguien tiene oídos, que ponga atención a lo que el Espíritu de Dios les dice a las iglesias.

'Los que triunfen sobre las dificultades y sigan confiando en mí, jamás serán separados de Dios' ".

El mensaje a la iglesia de Pérgamo

12 »Escribe al ángel de la iglesia de Pérgamo:

"Yo tengo la espada delgada y de doble filo. Escucha lo que te voy a decir:

13 'Yo sé que tú vives en la ciudad donde Satanás tiene su trono, y que a pesar de eso sigues confiando en mí. Ni siquiera dudaste cuando en esa ciudad mataron a Antipas, quien siempre demostró su confianza en mí.

14 'Sin embargo, hay algo que no me gusta de ti, y es que no has rechazado a los que siguen el mal ejemplo Balaam. Él le aconsejó a Balac que hiciera pecar a los israelitas, y los animó a comer lo que se había ofrecido a dioses falsos, y también a ser infieles a Dios.

15 Tampoco has rechazado a los que siguen las enseñanzas de los nicolaítas. **16** Por eso, vuelve a obedecer a Dios, porque si no lo haces vendré pronto y, con el poder de mi palabra, te castigaré a ti, a los nicolaítas y a sus seguidores.

17 'Si alguien tiene oídos, que ponga atención a lo que el Espíritu de Dios les dice a las iglesias.

'A los que triunfen sobre las dificultades y sigan confiando en mí, les daré a comer del maná escondido y les entregaré una piedra blanca. Sobre esa piedra está escrito un nuevo nombre, que nadie conoce. Solo los que la reciban sabrán cuál es ese nombre' ".

El mensaje a la iglesia de Tiatira

18 »Escribe al ángel de la iglesia de Tiatira:

"¡Yo soy el Hijo de Dios! Mis ojos parecen llamas de fuego, y mis pies brillan como el bronce bien pulido. Escucha lo que te voy a decir:

19 'Estoy enterado de todo lo que haces. Sé muy bien que me amas y que no has dejado de confiar en mí; también sé que has servido a los demás, y que ahora los estás ayudando mucho más que al principio.

20 'Pero hay algo que no me gusta de ti, y es que has dejado que Jezabel siga engañando a mis servidores. Esa mujer anda diciendo que Dios la envió, y les ha dicho a mis servidores que pueden comer de lo que se ha ofrecido a dioses falsos, y los anima a ser infieles a Dios. **21** Yo le he dado tiempo para que vuelva a obedecer a Dios, pero no ha querido hacerlo, ni ha dejado de creer en dioses falsos.

22-23 'Yo voy a hacer que esa mujer se enferme gravemente, y que se mueran los que obedecen sus enseñanzas y siguen creyendo en dioses falsos. Pero si se arrepienten y vuelven a obedecer a Dios, no les haré daño.

'Así, todas las iglesias sabrán que yo conozco los pensamientos y deseos de todos, y que a cada uno le daré el castigo que merecen sus malas acciones.

24 'Pero a los que están en Tiatira y no siguen las enseñanzas de esa mujer, ni han llegado a conocer lo que algunos llaman los secretos profundos de Satanás, les doy esta única orden: **25** que sigan creyendo firmemente en mí hasta que yo vuelva.

26-28 'A los que triunfen sobre las dificultades y no dejen de confiar en mí, les daré como señal de victoria la estrella de la mañana. Y si siempre me obedecen, les daré poder sobre los países del mundo, así como mi Padre me dio ese poder a mí. Gobernarán a esos países, y los tratarán con dureza; ¡los harán pedazos, como si fueran ollas de barro!

29 'Si alguien tiene oídos, que ponga atención a lo que el Espíritu de Dios les dice a las iglesias' ".

El mensaje a la iglesia de Sardes

3 **1** »Escribe al ángel de la iglesia de Sardes:

"Yo tengo los siete espíritus de Dios y las siete estrellas. Escucha lo que te voy a decir:

'Estoy enterado de todo lo que haces, y sé que tienes fama de obedecerme fielmente. Pero eso no es verdad. **2** Así que levántate y esfuérzate por mejorar las cosas que aún haces bien, pero que estás a punto de no seguir haciendo, pues he visto que no obedeces a mi Dios. **3** Acuérdate de todo lo que has aprendido acerca de Dios, y arrepiéntete y vuelve a obedecerlo. Si no lo haces, iré a castigarte, y llegaré cuando menos lo esperes; lo haré como el ladrón, que nunca se sabe cuando llegará a robar.

4 'Sin embargo, en Sardes hay algunas personas que no han hecho lo malo. Por eso, estarán conmigo vistiendo ropa blanca, símbolo de victoria y santidad, pues se lo merecen.

5 'A los que triunfen sobre las dificultades y mantengan su confianza en mí, los vestiré con ropas blancas, y no borraré sus nombres del libro de la vida. Y los reconoceré delante de mi Padre y de los ángeles que le sirven.

6 'Si alguien tiene oídos, que ponga atención a lo que el Espíritu de Dios dice a las iglesias' ".

El mensaje a la iglesia de Filadelfia

7 »Escribe al ángel de la iglesia de Filadelfia:

"Yo soy el verdadero Hijo de Dios, y gobierno sobre el reino de David. Cuando abro una puerta, nadie puede volver a cerrarla; y cuando la cierro, nadie puede volver a abrirla. Ahora escucha lo que te voy a decir:

8 'Estoy enterado de todo lo que haces, y sé que me has obedecido en todo y nunca has negado conocerme, a pesar de que tienes poco poder. Por eso, pon atención: Voy a darte la oportunidad de servirme, y nadie te lo podrá impedir. Yo te he abierto la puerta, y nadie podrá cerrarla. **9** Ya verás lo que haré con esos mentirosos que pertenecen a Satanás. Dicen que son judíos, pero en realidad no lo son. Haré que se arrodillen delante de ti, y para que vean cuanto te amo.

10 'Todos en el mundo tendrán dificultades y sufrimientos. Así veré quién confía en mí y quién no. Pero a ti te protegeré, porque tú me obedeciste cuando te ordené que no dejaras de confiar en mí. **11** Pronto regresaré. Sigue creyendo fielmente en mí, y así nadie te quitará tu premio.

12 'A los que triunfen sobre las dificultades y mantengan su confianza en mí, les daré un lugar importante en el templo de mi Dios, y nunca tendrán que salir de allí. En ellos escribiré el nombre de mi Dios y el de la ciudad celestial, que es la Nueva Jerusalén que vendrá. También escribiré en ellos mi nuevo nombre.

13 'Si alguien tiene oídos, que ponga atención a lo que el Espíritu de Dios les dice a las iglesias' ".

El mensaje a la iglesia de Laodicea

14 »Escribe al ángel de la iglesia de Laodicea:

"¡Yo soy el Amén! Y me llamo así porque enseño la verdad acerca de Dios y nunca miento. Por medio de mí, Dios creó todas las cosas. Escucha bien lo que te voy a decir:

15 'Estoy enterado de todo lo que haces, y sé que no me obedeces del todo, sino solo un poco. ¡Sería mejor que me obedecieras completamente, o que de plano no me obedecieras! **16** Pero como solo me obedeces un poco, te rechazaré por completo. **17** Pues tú dices que eres rico, que te ha ido muy bien y que no necesitas de nada. Pero no te das cuenta de que eres un desdichado, un miserable, y que estás pobre, ciego y desnudo. **18** Por eso te aconsejo que compres de mí lo que de veras te hará rico. Porque lo que yo doy es de mucho valor, como el oro refinado en el fuego. Si no quieres pasar la vergüenza de estar desnudo, acepta la ropa blanca que yo te doy para que te cubras con ella, y las gotas medicinales para tus ojos. Solo así podrás ver.

19 'Yo reprendo y corrijo a los que amo. Por eso, vuélvete a Dios y obedécelo completamente.

20 Yo estoy a tu puerta, y llamo;
si oyes mi voz y me abres,
entraré en tu casa
y cenaré contigo.

21 'Los que triunfen sobre las dificultades y mantengan su confianza en mí, reinarán conmigo, así como yo he triunfado y ahora reino con mi Padre.

22 'Si tienes oídos, pon atención a lo que el Espíritu de Dios les dice a las iglesias' "».

La alabanza en el cielo

4 **1** Después de esto, vi una puerta abierta en el cielo. Entonces la voz que había escuchado al principio, y que resonaba tan fuerte como una trompeta, me dijo: «¡Acércate!, voy a enseñarte lo que está por suceder».

2 En ese mismo instante quedé bajo el poder del Espíritu Santo, y vi un trono en el cielo. Sobre el trono estaba sentado alguien **3** que brillaba como un diamante o como un rubí. Alrededor del trono, un arco iris brillaba como una esmeralda. **4** Había también otros veinticuatro tronos, los cuales formaban un círculo, y en ellos estaban sentados veinticuatro ancianos. Esos ancianos estaban vestidos con ropas blancas, y tenían una corona de oro en la cabeza. **5** Del trono salían relámpagos, ruidos y truenos, y frente a él ardían siete antorchas, que son los siete espíritus de Dios. **6** Delante del trono había también algo que era transparente como el cristal, y que parecía un mar.

En el centro del círculo, alrededor del trono, había cuatro seres vivientes que tenían ojos en todo el cuerpo, por delante y por detrás. **7** El primero de ellos parecía un león; el segundo parecía un toro; el tercero parecía un ser humano, y el cuarto parecía un águila en pleno vuelo. **8** Cada uno de estos seres vivientes tenía seis alas, y ojos por todos lados, y no dejaban de cantar de día y de noche:

«¡Santo, santo,
santo es el Señor,
Dios todopoderoso,
que siempre ha vivido,
que vive, y pronto vendrá!»

9-10 Estos cuatro seres vivientes cantan y dan gracias al que está sentado en el trono y vive para siempre. En sus cantos dicen lo maravilloso, poderoso y digno que es él de recibir honores. Cada vez que hacen esto, los veinticuatro ancianos se arrodillan delante de él, lo adoran y, arrojando sus coronas delante del trono, cantan:

11 «Oh, Señor y Dios nuestro;
tú mereces que te alaben,
que te llamen maravilloso,
y que admiren tu poder.

Porque tú creaste todo lo que existe;
gracias a ti todo fue creado».

El rollo y el Cordero

5 ¹ En la mano derecha del que estaba sentado en el trono vi un libro enrollado. Las hojas del libro estaban escritas por ambos lados, y el libro estaba cerrado con siete sellos. ² Luego vi a un ángel poderoso que preguntaba con fuerte voz: «¿Quién tiene la autoridad de romper los sellos y abrir el rollo?»

³ Y no había nadie en todo el universo que pudiera abrir el rollo ni mirar su contenido. ⁴ Yo me puse a llorar mucho porque no había quien pudiera hacerlo. ⁵ Pero uno de los ancianos me dijo:

«No llores más, pues el heredero del trono de David, a quien se le llama el León de Judá, ha salido vencedor. Por eso solo él tiene la autoridad de romper los siete sellos y abrir el rollo».

⁶ Entonces vi un Cordero cerca del trono. En el cuerpo llevaba las marcas de haber sido sacrificado. Estaba de pie, rodeado por los cuatro seres vivientes y por los veinticuatro ancianos. Tenía siete cuernos, y también siete ojos. Estos son los siete espíritus de Dios, que han sido enviados para visitar toda la tierra. ⁷ El Cordero fue y tomó el libro enrollado que tenía en la mano derecha el que estaba sentado en el trono. ⁸ Apenas hizo esto, los cuatro seres vivientes y los veinticuatro ancianos se arrodillaron delante de él. Cada uno tenía un arpa, y llevaba una copa llena de incienso que representaba las oraciones del pueblo de Dios. ⁹ Y todos ellos cantaban esta nueva canción:

«Solo tú mereces tomar el libro
y romper sus sellos.

Porque fuiste sacrificado,
y con tu sangre
rescataste para Dios,
a gente de toda raza,
idioma, pueblo y nación.

10 Los hiciste reyes
y sacerdotes para nuestro Dios;
ellos gobernarán la tierra».

11 Luego oí el murmullo de muchos ángeles. Eran millones y millones de ángeles que rodeaban al trono, a los cuatro seres vivientes y a los veinticuatro ancianos. **12** Y decían con fuerte voz:

«El Cordero que fue sacrificado,
merece recibir el poder y la riqueza,
la sabiduría y la fuerza,
el honor y la alabanza».

13 Y también oí decir a todos los seres del universo:

«¡Que todos alaben
al que está sentado en el trono,
y también al Cordero!

Que lo llamen maravilloso,
y por siempre admiren su poder».

14 Los cuatro seres vivientes decían: «¡Así sea!», y los veinticuatro ancianos se arrodillaron y adoraron al que está sentado en el trono, y al Cordero.

Los primeros cuatro sellos

6 **1** En el momento en que el Cordero rompía el primero de los siete sellos, oí que uno de los cuatro seres vivientes decía con voz de trueno: «¡Acércate!»
2 Miré entonces, y vi salir un caballo blanco. El que lo montaba llevaba en la mano flechas y un arco, y le dieron una corona. Había vencido a sus enemigos, y salía dispuesto a seguir venciendo.

³ Cuando el Cordero rompió el segundo sello, oí que decía el segundo de los seres vivientes: «¡Acércate!»

⁴ Salió entonces un caballo rojizo. Y Dios le dio permiso al jinete de acabar con la paz del mundo y de hacer que unos a otros se mataran. Y le dieron una gran espada.

⁵ Cuando el Cordero rompió el tercer sello, oí que decía el tercero de los seres vivientes: «¡Acércate!»

Luego vi un caballo negro. El que lo montaba llevaba una balanza en la mano. ⁶ Y de en medio de los cuatro seres vivientes oí una voz que decía: «El salario de todo un día de trabajo solo alcanzará para comprar un kilo de trigo o un kilo de cebada. ¡Pero no dañes ni el aceite ni el vino!»

⁷ Cuando el Cordero rompió el cuarto sello, oí que decía el cuarto de los seres vivientes: «¡Acércate!»

⁸ Después vi un caballo pálido y amarillento. El que lo montaba se llamaba Muerte, y el representante del reino de la muerte lo seguía. Y los dos recibieron poder para matar a la cuarta parte de los habitantes de este mundo con guerras, hambres, enfermedades y ataques de animales salvajes.

El quinto sello

⁹ Cuando el Cordero rompió el quinto sello, debajo del altar vi las almas de los que habían sido asesinados por anunciar el mensaje de Dios. ¹⁰ Decían con fuerte voz: «Dios todopoderoso, tú eres santo y siempre dices la verdad. ¿Cuándo te vengarás de los que nos mataron? ¿Cuándo los castigarás?»

¹¹ Entonces Dios les dio ropas blancas y les dijo que debían esperar un poco más, porque aún no habían muerto todos los cristianos que debían morir como ellos.

El sexto sello

¹² Cuando el Cordero rompió el sexto sello, miré, y hubo un gran terremoto. El sol se oscureció y la luna se puso roja como la sangre. ¹³ Las estrellas cayeron del cielo a la tierra, como cae la fruta del árbol cuando un fuerte viento lo sacude. ¹⁴ Además, el cielo fue

desapareciendo, como cuando se enrolla una hoja de pergamino, y todas las montañas y las islas fueron cambiadas de lugar. **15** Entonces todos los reyes de la tierra y toda la gente importante intentaron esconderse en las cuevas y entre las rocas de las montañas. Lo mismo hicieron los comandantes de los ejércitos, los ricos, los poderosos, los esclavos y los que eran libres. **16** Y todos ellos les decían a las montañas y a las rocas:

«¡Caigan sobre nosotros para que no nos vea el que está sentado en el trono! ¡Que no nos castigue el Cordero! **17** Ha llegado el día en que Dios y el Cordero nos castigarán, y nadie podrá resistir el castigo».

Dios salvará a su pueblo

7 **1-3** Después de esto, vi cuatro ángeles que estaban de pie. Cada uno de ellos miraba a uno de los cuatro puntos cardinales. Estaban deteniendo al viento para que no soplara sobre la tierra, ni sobre el mar, ni sobre los árboles. Estos cuatro ángeles habían recibido poder para dañar a la tierra y el mar. También vi a otro ángel, que venía del oriente, el cual tenía el sello del Dios que vive para siempre. Con ese sello debía marcar a todos los que pertenecen a Dios, para protegerlos. Entonces este ángel les gritó con fuerte voz a los otro cuatro: «¡No dañen la tierra, ni el mar, ni los árboles, hasta que hayamos marcado en la frente a los que sirven a nuestro Dios!»

4-8 Luego oí que se mencionaba a las doce tribus de Israel, es decir, a Judá, Rubén, Gad, Aser, Neftalí, Manasés, Simeón, Leví, Isacar, Zabulón, José y Benjamín. De cada una de las doce tribus fueron marcados doce mil, para un total de ciento cuarenta y cuatro mil.

9 Después de esto vi a mucha gente de todos los

países, y de todas las razas, idiomas y pueblos. ¡Eran tantos que nadie podía contarlos! Estaban de pie, delante del trono y del Cordero, vestidos con ropas blancas. En sus manos llevaban ramas de palma, **10** y gritaban con fuerte voz:

«Nos ha salvado nuestro Dios,
que está sentado en el trono,
y también el Cordero».

11 Todos los ángeles estaban de pie alrededor del trono, y alrededor de los ancianos y de los cuatro seres vivientes. Ellos se inclinaron delante del trono, hasta tocar el suelo con la frente, y adoraron a Dios **12** diciendo:

«¡Alabemos a nuestro Dios!
¡Así sea!

Admiremos su fama y sabiduría,
su poder y fortaleza.

Demos a nuestro Dios,
gracias y honor por siempre.

¡Así sea!»

13 Entonces, uno de los ancianos me preguntó:

—¿Quiénes son los que están vestidos de blanco? ¿De dónde vienen?

14 Yo le respondí:

—Señor, usted lo sabe.

Y él me dijo:

—Son los que no murieron durante el tiempo de gran sufrimiento que hubo en la tierra. Ellos confiaron en Dios, y él les perdonó sus pecados por medio de la muerte del Cordero.

15 »Por eso están ahora
delante del trono de Dios,
y día y noche
le sirven en su templo.

»Dios estará con ellos,
y los protegerá.

16 »Ya no tendrán hambre ni sed;
ni los quemará el sol,
ni los molestará el calor.

17 »Dios secará todas sus lágrimas,
y los cuidará el Cordero
que está en medio del trono,
así como el pastor
cuida sus ovejas
y las lleva a manantiales
de agua que da vida.

El séptimo sello y las siete trompetas

8 **1** Cuando el Cordero rompió el séptimo sello, todos en el cielo guardaron silencio durante media hora.
2 Entonces vi que se le dio una trompeta a cada uno de los siete ángeles que estaban de pie delante de Dios. **3** Después vino otro ángel con un tazón de oro, y en ese tazón pusieron mucho incienso, para que lo ofreciera ante el altar junto con las oraciones del pueblo de Dios. **4** El humo del incienso subió de la mano del ángel, junto con las oraciones, hasta donde estaba Dios. **5** Entonces el ángel tomó el tazón y lo llenó con los carbones encendidos que estaban sobre el altar. Luego, lanzó todo sobre la tierra, y por todos lados hubo un resonar de truenos, y relámpagos, y un fuerte temblor de tierra.
6 Después, los siete ángeles que tenían las siete trompetas se dispusieron a tocarlas.

Las primeras cuatro trompetas

7 El primer ángel tocó su trompeta, y desde el cielo cayeron granizo y fuego mezclados con sangre. Se quemó la tercera parte de la tierra, y también la tercera parte de todos los árboles y de toda la hierba.

8 El segundo ángel tocó su trompeta, y algo parecido a una gran montaña envuelta en llamas fue lanzado al mar. Entonces, la tercera parte del mar se convirtió en sangre, **9** y murió la tercera parte de todo lo que vivía en el mar, y fue destruida la tercera parte de los barcos.

10 Cuando el tercer ángel tocó su trompeta, una gran estrella cayó del cielo sobre la tercera parte de los ríos y de los manantiales. Esa estrella ardía como una antorcha, **11** y se llamaba «Amargura». Entonces, la tercera parte de las aguas se volvió amarga, y mucha gente murió al beberlas.

12 El cuarto ángel tocó su trompeta, y la tercera parte del sol, de la luna y de las estrellas se dañó y dejó de alumbrar. Por eso el sol no alumbraba durante la tercera parte del día, y la luna y las estrellas no brillaban durante la tercera parte de la noche.

13 Luego vi un águila que volaba en lo alto del cielo, y la oí decir con fuerte voz: «¡Qué mal les va a ir a todos los que viven en el mundo, cuando los otros tres ángeles toquen sus trompetas!»

La quinta trompeta

9 **1** El quinto ángel tocó su trompeta, y vi una estrella que había caído del cielo a la tierra. A ella se le dio la llave del túnel que lleva al Abismo profundo. **2** Y cuando la estrella abrió el túnel del Abismo, de allí salió humo, como de un horno muy grande, y el humo oscureció el sol y el aire. **3** Del humo salieron saltamontes, los cuales cubrieron la tierra y recibieron poder para picar a la gente como si fueran escorpiones. **4** Luego Dios les ordenó que solo dañaran a quienes no tuvieran en su frente la marca del sello de Dios, y que no dañaran a la tierra, ni a los árboles ni a las plantas.

5 Dios les permitió que hirieran a la gente durante cinco meses, pero no les permitió que mataran a nadie. Y las heridas que hacían los saltamontes eran tan dolorosas como la picadura de los escorpiones.

6 Durante esos cinco meses, la gente que había sido picada quería morirse, pero seguía viviendo. Era como si la muerte huyera de ellas.

7 Los saltamontes parecían caballos de guerra, listos para entrar en batalla. En la cabeza tenían algo que parecía una corona de oro, y sus caras parecían humanas. **8** Sus crines parecían cabellos de mujer, y sus dientes parecían colmillos de león. **9** Sus cuerpos estaban protegidos con algo parecido a una armadura de hierro, y sus alas resonaban como el estruendo de muchos carros tirados por caballos cuando entran en combate. **10** Su cola tenía aguijones como de escorpiones, con los que podían dañar a la gente durante cinco meses. **11** El ángel del Abismo es el jefe de los saltamontes. En hebreo se llama Abadón, y en griego se llama Apolión; en ambos idiomas, su nombre quiere decir «Destructor».

12 Ese fue el primer desastre, pero todavía faltan dos.

La sexta trompeta

13 El sexto ángel tocó su trompeta. De pronto oí una voz que salía de en medio de los cuatro cuernos del altar de oro que estaba frente a Dios. **14** La voz le dijo al sexto ángel que había tocado la trompeta: «Suelta a los cuatro ángeles que están atados junto al gran río Éufrates».

15 Entonces el sexto ángel soltó a los cuatro ángeles para que mataran a la tercera parte de los seres humanos, pues Dios los había preparado exactamente para esa hora, día, mes y año.

16 Y oí el número de los que peleaban montados a caballo, y eran doscientos millones de soldados.

17 Los soldados que vi montados a caballo llevaban en su pecho una armadura de metal roja como el fuego, azul como el zafiro y amarilla como el azufre. Los caballos tenían cabeza como de león, y de su hocico salía fuego, humo y azufre. **18** La tercera parte de los seres humanos murió por causa del fuego, del humo y del azufre. **19** Las colas de los caballos parecían serpientes, y con sus cabezas herían a la gente. Es decir, los caballos tenían poder en el hocico y en la cola.

20 El resto de la gente, es decir, los que no murieron a causa del fuego, el humo y el azufre, no dejaron de hacer lo malo, ni dejaron de adorar a los demonios y a las imágenes de dioses falsos. Al contrario, siguieron adorando imágenes de piedra, de madera, y de oro, plata y bronce. Esos dioses falsos no pueden ver, ni oír, ni caminar. **21** Esa gente no dejó de matar, ni de hacer brujerías; tampoco dejó de robar, ni de tener relaciones sexuales prohibidas.

El ángel y el librito

10 **1** Luego vi a otro ángel poderoso, que bajaba del cielo envuelto en una nube. Un arco iris adornaba su cabeza; su cara brillaba como el sol, y sus piernas eran como dos columnas de fuego. **2** En su mano llevaba un librito abierto. Cuando el ángel se detuvo, puso el pie derecho sobre el mar y el pie izquierdo sobre la tierra. **3** Entonces gritó con fuerte voz, como si fuera un león que ruge; y cuando gritó se oyeron siete voces fuertes como truenos.

4 Estaba yo por escribir lo que dijeron las siete voces, cuando oí una voz del cielo que me dijo: «No escribas lo que dijeron las siete voces fuertes como truenos, sino guárdalo en secreto».

5 El ángel que se había detenido sobre el mar y sobre la tierra levantó al cielo su mano derecha **6-7** y juró por Dios que diría la verdad. Dijo: «Dios ya no esperará más. Cuando el séptimo ángel toque su trompeta, Dios hará todo lo que había planeado y mantenía en secreto. Hará todo lo que ya había dicho a sus servidores los profetas». Y el ángel juró por el Dios que vive para siempre y que creó el universo.

8 Entonces la voz del cielo que yo había oído antes me habló otra vez, y me dijo: «Ve y toma el librito abierto. Tómalo de la mano del ángel que se detuvo sobre el mar y sobre la tierra».

9 Yo fui y le pedí al ángel que me diera el librito. Y el ángel me contestó: «Tómalo y cómetelo. En la boca te sabrá dulce como la miel, pero en el estómago te sabrá amargo».

10 Yo tomé el librito de la mano del ángel y me lo comí. Y en efecto, en la boca me supo dulce como la miel, pero en el estómago me supo amargo. **11** Entonces me dijeron: «Tienes que anunciar los planes de Dios a la gente de muchos países, razas, idiomas y reyes».

Los dos profetas

11 **1** Luego me dieron una regla de madera para medir, y Dios me dijo:

«Ve y mide mi templo y mi altar, y mira cuántos me están adorando allí. **2** Pero no midas el espacio que hay fuera del templo, porque ese espacio se lo he dado a los que no creen en mí. Ellos gobernarán sobre Jerusalén durante tres años y medio. **3** Y yo enviaré a dos profetas para que anuncien mi verdadero mensaje. Los enviaré vestidos con ropa áspera, para que anuncien profecías durante esos tres años y medio».

4 Estos dos profetas son los dos árboles de olivo y los dos candelabros que están delante de Dios, que es el rey de la tierra. **5** Si alguien trata de hacerles daño, ellos echarán fuego por la boca y quemarán completamente a sus enemigos hasta matarlos. **6** Ellos tienen poder para hacer que no llueva durante los tres años y medio que profetizarán. También tienen poder para hacer que el agua se vuelva sangre, y para hacer que la gente de este mundo sufra toda clase de terribles males. Y pueden hacerlo cuantas veces quieran.

7 Cuando estos dos profetas hayan terminado de anunciar mi verdadero mensaje, el monstruo que sube desde el Abismo profundo peleará contra ellos, y los vencerá y los matará. **8** Sus cuerpos quedarán tirados en la calle principal de la gran ciudad donde mataron al Señor clavándolo en una cruz. La gente le ha dado a esa ciudad el nombre simbólico de Sodoma, y también la llaman Egipto. **9** Durante tres días y medio, gente de distintos pueblos, razas, idiomas y países verá sus cadáveres, y no dejará que los entierren. **10** Todo el mundo se alegrará de verlos muertos, y celebrarán su muerte mandándose regalos unos a otros, porque para esa gente aquellos dos profetas eran un terrible sufrimiento.

11 Pero después de esos tres días y medio Dios volvió a darles vida y ellos se pusieron de pie; y todas las personas que los vieron tuvieron mucho miedo. **12** Entonces los dos profetas oyeron una voz fuerte que les decía: «¡Suban aquí!»

Ellos subieron al cielo en una nube, a la vista de todos sus enemigos. **13** En ese mismo instante hubo un gran terremoto que destruyó la décima parte de la ciudad, y siete mil personas murieron. Los sobrevivientes tuvieron mucho miedo y alabaron a Dios, que está en el cielo.

14 Ese fue el segundo desastre, pero el tercero viene pronto.

La séptima trompeta

15 El séptimo ángel tocó su trompeta, y en el cielo se oyeron fuertes voces que decían:

«Nuestro Dios y su Mesías
ya gobiernan sobre todo el mundo;
y reinarán para siempre».

16 Y los veinticuatro ancianos que están sentados en sus tronos, delante de Dios, se inclinaron hasta tocar el suelo con la frente y adoraron a Dios, **17** diciendo:

«Señor, Dios todopoderoso;
tú vives y siempre has vivido.

Gracias porque has demostrado
tu gran poder,
y porque has comenzado a reinar
sobre el mundo.

18 Los pueblos que no creen en ti,
están enojados,
pero ha llegado el día
en que los castigarás
con todo tu enojo.

Ese día juzgarás a todos
los que han muerto,
premiarás a los profetas,
tus servidores,
premiarás a todo tu pueblo,
y también a los que te respetan;
no importa si son poderosos,
o humildes;
tú los premiarás».

19 Entonces se abrieron las puertas del templo de Dios que está en el cielo, y dentro del templo podía verse el cofre de su pacto. Y hubo relámpagos, un resonar de truenos, un fuerte temblor de tierra y una gran lluvia de granizo.

La mujer y el dragón

12 **1** Luego en el cielo se vio algo muy grande y misterioso: Una mujer apareció envuelta en el sol. Tenía la luna debajo de sus pies, y llevaba en la cabeza una corona con doce estrellas. **2** La mujer estaba embarazada y daba gritos de dolor, pues estaba a punto de tener a su bebé.

3 De pronto se vio en el cielo algo también grande y misterioso: apareció un gran dragón rojo, que tenía siete cabezas, diez cuernos y una corona en cada cabeza. **4** Con la cola arrastró a la tercera parte de las estrellas del cielo, y las tiró a la tierra. El dragón se detuvo frente a la mujer, para comerse al niño tan pronto como naciera.

5 La mujer tuvo un niño que gobernaría con gran poder a todos los países de este mundo. Pero a la mujer le quitaron el niño y lo llevaron ante Dios y ante su trono. **6** La mujer huyó al desierto, y allí Dios le preparó un lugar para cuidarla durante tres años y medio.

Miguel y el dragón

7 Después hubo una batalla en el cielo. Uno de los jefes de los ángeles, llamado Miguel, peleó acompañado de su ejército contra el dragón. El dragón y sus ángeles lucharon, **8** pero no pudieron vencer, y ya no les permitieron quedarse más tiempo en el cielo. **9** Arrojaron del cielo al gran dragón, que es la serpiente antigua: el diablo, llamado Satanás. Él y sus ángeles fueron lanzados a la tierra, y se dedican a engañar a todo el mundo.

10 Entonces oí una fuerte voz que decía:

«¡Nuestro Dios
ha salvado a su pueblo;
ha mostrado su poder,
y es el único rey!

Su Mesías gobierna
sobre todo el mundo.

El diablo ha sido
arrojado del cielo,
pues día y noche,
delante de nuestro Dios,
acusaba a los nuestros.

11 La muerte del Cordero,
y el mensaje anunciado,
ha sido su derrota.

Los nuestros no tuvieron miedo,
sino que se dispusieron a morir.

12 ¡Que se alegren los cielos,
y todos los que allí viven!

Pero ¡qué mal les va a ir
a los que viven en la tierra,
y a los que habitan en el mar!

El diablo está muy enojado;
ha bajado a combatirlos.
¡Bien sabe el diablo
que le queda poco tiempo!»

13 Cuando el dragón se dio cuenta de que había sido lanzado a la tierra, empezó a perseguir a la mujer que había tenido al niño. **14** Pero Dios le dio a la mujer dos grandes alas de águila para que escapara volando, lejos del dragón, hacia el lugar en el desierto donde la cuidarían durante tres años y medio. **15** El dragón arrojó mucha agua por la boca, y con el agua formó un río para que arrastrara a la mujer. **16** Pero la tierra vino en su ayuda: abrió un hueco, como si fuera su boca, y se tragó toda el agua que el dragón había arrojado. **17** Entonces el dragón se enojó mucho contra la mujer, y fue a pelear contra el resto de sus descendientes, es decir, contra los que obedecen los mandamientos de Dios y siguen confiando en el mensaje de Jesús. **18** Y el dragón se detuvo a la orilla del mar.

El monstruo del mar

13 **1** Entonces vi que salía del mar un monstruo con diez cuernos y siete cabezas. En cada cuerno tenía una corona, y en cada cabeza tenía escritos nombres que ofendían a

Dios. **2** Este monstruo parecía leopardo, pero tenía patas de oso y hocico de león. El dragón le entregó a este monstruo su poder y su reino. **3** Una de las cabezas del monstruo parecía tener una herida mortal. Pero la herida sanó; lo que hizo que todo el mundo se asombrara y creyera en el monstruo. **4** Todos adoraron al dragón, porque le había dado su autoridad al monstruo, y también adoraron al monstruo. Decían: «No hay nadie tan fuerte como este monstruo. Nadie puede luchar contra él».

5 Al monstruo se le dejó creerse importante y decir que él era Dios. También se le permitió gobernar durante cuarenta y dos meses. **6** Pasado ese tiempo, empezó a insultar a Dios, a su templo y a todos los que están en el cielo. **7** También se le permitió pelear contra el pueblo de Dios y derrotarlo. Y se le dio autoridad sobre la gente de todas las razas y pueblos, idiomas y países. **8** A ese monstruo lo adorarán todos los que no tienen sus nombres escritos en el libro del Cordero, que fue sacrificado. Ese libro fue escrito desde antes de que Dios creara el mundo, y en él están escritos los nombres de todos los que tienen vida eterna.

9 Si alguien tiene oídos, que ponga atención a lo siguiente:

10 «Quien deba ir a la cárcel,
a la cárcel lo llevarán;
y quien deba morir por la espada,
a filo de espada morirá».

Esto significa que el pueblo de Dios debe aprender a soportar los sufrimientos, y seguir confiando en Dios.

El monstruo de la tierra

11 Luego vi a otro monstruo que salía de la tierra. Tenía dos cuernos como de cordero, pero hablaba como un dragón; **12** había recibido autoridad del primer monstruo, y trabajaba para él. Obligaba a los habitantes del mundo a que adoraran al primer monstruo, que se había repuesto de su herida mortal. **13** También hacía cosas grandiosas delante de la gente, y dejaba caer fuego del cielo sobre la tierra. **14** Este monstruo engañó a la gente por medio de los milagros que hizo con el poder que el primer monstruo le había dado. Luego los obligó a hacer una estatua del primer monstruo, el cual había sido herido con una espada pero seguía con vida. **15** Dios permitió que el segundo monstruo le diera vida a la estatua del primer monstruo, para que pudiera hablar. Todos los que no adoraban la imagen del primer monstruo eran condenados a muerte. **16** También hizo que les pusieran a todos una marca en la mano derecha o en la frente. No importaba que fueran ricos o pobres, grandes o pequeños, libres o esclavos; todos tenían que llevar la marca. **17** Nadie podía comprar ni vender nada si no tenía esa marca, o el nombre del monstruo, o el número de su nombre.

18 Aquí se necesita esforzarse mucho para poder comprender: si hay alguien que entienda, trate de encontrar el significado del número del monstruo, porque es el número de un ser humano. Ese número es 666.

Una canción nueva

14 **1** Entonces miré, y vi al Cordero de pie en el monte Sión. Junto a él estaban ciento cuarenta y cuatro mil seguidores suyos que tenían escritos en la frente los nombres del Cordero y del Padre. **2** Después oí una voz que venía del cielo. Era como el estruendo de enormes cataratas o como el fuerte resonar del trueno; era un sonido semejante al de muchos músicos tocando arpas. **3** Los ciento cuarenta y cuatro mil estaban de pie delante del trono, y delante de los cuatro seres vivientes y de los veinticuatro ancianos, y cantaban una canción nunca antes escuchada. Nadie podía aprender la letra de aquella canción, sino solo aquellos que fueron salvados de entre la gente de este mundo. **4** No adoraron a dioses falsos ni fueron infieles a Dios; todos ellos seguían al Cordero por dondequiera que él iba, y habían sido salvados para ser el primer regalo que se ofreciera a Dios y al Cordero, **5** pues nunca mintieron ni hicieron lo malo.

El mensaje de los tres ángeles

6 Vi entonces a otro ángel que volaba en lo alto del cielo. Llevaba buenas noticias de valor eterno, para la gente de todos los países, razas, idiomas y pueblos. **7** Decía con fuerte voz:

«Honren a Dios y alábenlo;
ha llegado el momento
en que él juzgará al mundo.
Adoren al creador
del cielo y la tierra,
del mar y los manantiales».

8 Lo seguía otro ángel que decía:

«¡Ya cayó la gran Babilonia!
Ya ha sido destruida la ciudad
que enseñó a todos los países
a pecar y a obedecer a dioses falsos».

9 Luego los siguió un tercer ángel, que decía con fuerte voz: «Si alguno adora al monstruo o a su estatua, o deja que le pongan su marca en la frente o en la mano, **10** Dios se enojará mucho y lo castigará duramente. No será un castigo suave, sino que lo hará sufrir con fuego y azufre ardiente, y los santos ángeles y el Cordero lo verán sufrir su castigo. **11** El humo del fuego que lo hará sufrir nunca dejará de subir, pues los que adoran al monstruo y a su estatua, y tienen la marca de su nombre, nunca dejarán de sufrir, ni de día ni de noche».

12 El pueblo de Dios debe aprender a soportar con fortaleza las dificultades y los sufrimientos. También debe obedecer los mandatos de Dios y seguir confiando en Jesús.

13 Entonces oí una voz del cielo que me decía: «Escribe esto: "¡Dios bendecirá a los que de ahora en adelante mueran unidos al Señor Jesucristo!"»

Y el Espíritu de Dios dice: «Así es, porque ellos descansarán de todos sus sufrimientos y dificultades, pues Dios los premiará por todo el bien que han hecho».

El juicio final

14 Luego vi una nube blanca, sobre la que estaba sentado alguien que parecía un hijo de hombre. Tenía una corona de oro en la cabeza, y en la mano llevaba una hoz afilada. **15** Y otro ángel salió del templo, y gritó fuertemente al que estaba sentado en la nube: «¡Empieza a cortar con tu hoz, y recoge la cosecha! La cosecha de la tierra ya está madura, y ha llegado la hora de recogerla».

16 El que estaba sentado en la nube pasó la hoz sobre la tierra, y recogió la cosecha.

17 Entonces salió del templo otro ángel que también llevaba una hoz afilada. **18** Y del altar salió el ángel que tiene poder sobre el fuego, y le dijo al ángel que llevaba la hoz afilada: «¡Empieza a cortar con tu hoz! ¡Recoge las uvas del viñedo de la tierra, porque las uvas ya están maduras!»

19 El ángel pasó la hoz sobre la tierra y cortó las uvas de los viñedos. Luego las echó en el recipiente grande que se usa para exprimirlas, y que representa el enojo de Dios. **20** Las uvas fueron exprimidas fuera de la ciudad, y del recipiente salió tanta sangre que subió hasta un metro y medio de altura, en una extensión de trescientos kilómetros.

Siete ángeles

15 **1** Vi en el cielo algo extraordinario: siete ángeles con las últimas siete plagas terribles que vendrían sobre la tierra. Después de todo eso, el enojo de Dios se calmaría.

2 Vi también algo que parecía un mar de cristal mezclado con fuego. Junto a ese mar estaban de pie los que habían vencido al monstruo, los que no aceptaron ser marcados con el número de su nombre ni habían adorado a su estatua. Dios les había dado arpas, **³** y con ellas cantaban el canto de Moisés, dedicado al Cordero. Decían:

«Señor, Dios todopoderoso,
todo lo que tú haces
es grande y maravilloso.

Tú eres el Rey del mundo,
todo lo que haces
es correcto y justo.

⁴ Dios mío,
todos te honran y te alaban,
pues solo tú eres santo.

Todas los países del mundo
vendrán a adorarte,
pues bien saben
que eres justo».

⁵ Después de esto miré hacia el cielo, y vi que se abría el templo. **⁶** De él salieron los siete ángeles con las siete plagas terribles que iban a suceder. Estaban vestidos con una tela fina y costosa, limpia y brillante, y se cubrían el pecho con protectores de oro. **⁷** Uno de los cuatro seres vivientes le dio una copa llena de vino a cada uno de los ángeles. Las siete copas de vino representaban el enojo de Dios, quien vive para siempre. **⁸** El templo se llenó con el humo que salía de la grandeza y del poder de Dios. Y a nadie se le dejaba entrar en el templo antes de que llegaran las siete plagas terribles que llevaban los siete ángeles.

Las siete copas

16 **¹** Entonces oí una fuerte voz que salía del templo, y que les decía a los siete ángeles: «Vayan y vacíen las siete copas que representan el enojo de Dios».

² El primer ángel fue y vació su copa sobre la tierra, y a todos los que tenían la marca del monstruo y adoraban su estatua les salió una llaga terrible y dolorosa.

³ El segundo ángel vació su copa sobre el mar, y el agua del mar se convirtió en sangre, como la sangre de los que mueren asesinados. Así murió todo lo que tenía vida en el mar.

⁴ El tercer ángel vació su copa sobre los ríos y sobre los manantiales, y el agua se convirtió en sangre. **⁵** Luego oí decir al ángel que tiene poder sobre el agua:

«Dios, tú eres santo,
vives por siempre,
y tus castigos son justos.

⁶ Tus enemigos mataron a muchos
de tu pueblo santo,
y también a tus profetas.

Por eso ahora tú
les das a beber sangre,
¡pues se lo merecen!»

⁷ Y escuché una voz que salía del altar y decía: «Sí, Señor Dios todopoderoso, estos castigos son correctos y justos».

⁸ El cuarto ángel vació su copa sobre el sol, al cual se le permitió quemar a la gente. **⁹** Todos quedaron terriblemente quemados, pero ni aun así se volvieron a Dios ni lo alabaron. Al contrario, ofendieron a Dios, que tiene poder para suspender esos terribles castigos.

10-11 El quinto ángel vació su copa sobre el trono del monstruo, y su reino quedó en la oscuridad.

La gente se mordía la lengua de dolor, porque las llagas los hacían sufrir mucho. Pero ni aun así dejaron de hacer lo malo, sino que ofendieron a Dios por el dolor que sentían; ¡ofendieron a Dios, que vive en el cielo!

12 El sexto ángel vació su copa sobre el gran río Éufrates, y el agua del río se secó para que los reyes del Oriente pudieran pasar.

13 Entonces vi que de la boca del dragón, de la boca del monstruo y de la boca del falso profeta salieron tres espíritus malos que parecían ranas. **14** Eran espíritus de demonios, que hacían cosas extraordinarias y maravillosas. Salieron para reunir a todos los reyes del mundo para luchar contra Dios todopoderoso. Lo harán cuando llegue el día en que Dios juzgará a todo el mundo.

15 Por eso el Señor dice:

«Yo volveré cuando menos lo esperen. Volveré como el ladrón, que roba en la noche menos esperada. ¡Dios bendecirá al que se mantenga despierto y vestido, pues no lo sorprenderán desnudo! ¡Ni tendrá nada de qué avergonzarse!»

16 Los espíritus malos reunieron a los reyes en el lugar que en hebreo se llama Harmagedón.

17 El séptimo ángel vació su copa sobre el aire, y desde el trono que está en el templo salió una fuerte voz que decía: «¡Ya está hecho!»

18 Y hubo relámpagos, voces, truenos y un gran terremoto, más terrible que todos los terremotos que han sacudido a la tierra desde que hay gente en ella. **19** El terremoto partió en tres a la gran ciudad de Babilonia, y las ciudades de todo el mundo se derrumbaron. Dios no se olvidó de Babilonia, sino que la castigó terriblemente, con todo su enojo. **20** Todas las islas y las montañas desaparecieron, **21** y del cielo cayeron grandes granizos sobre la gente. Los granizos parecían rocas, pues pesaban más de cuarenta kilos. Y la gente insultó y ofendió a Dios, porque aquellos terribles granizos fueron un castigo muy duro.

La mujer y el monstruo

17 **1** Entonces vino uno de los siete ángeles que tenían las siete copas, y me dijo:

«Ven; voy a mostrarte el castigo que le espera a esa gran prostituta que está sentada a la orilla de muchos ríos. **2** Los reyes del mundo se unieron a ella para adorar a dioses falsos, y la gente del mundo hizo lo mismo».

3 Luego, en la visión que me mostró el Espíritu de Dios, el ángel me llevó al desierto. Allí vi a una mujer sentada sobre un monstruo de color rojo. Este monstruo de siete cabezas y diez cuernos tenía escritos por todo el cuerpo nombres que ofendían a Dios. **4** Aquella mujer vestía ropas de color púrpura y rojo. Se había adornado el cuerpo con oro, piedras preciosas y perlas. En su mano derecha tenía una copa de oro llena de vino. Ese vino significa que hizo mucho mal y que adoró a dioses falsos. **5** En la frente, esa mujer tenía escrito un nombre misterioso: «La gran Babilonia, la madre de todas las prostitutas y de todo lo malo y odioso que hay en el mundo». **6** Luego me di cuenta de que la mujer se había bebido el vino y se había emborrachado con él. Ese vino representa la sangre del pueblo de Dios y de los que fueron asesinados por mantenerse fieles a Jesús.

Esta visión me sorprendió mucho, **7** pero el ángel me dijo:

«¿Por qué te sorprendes? Yo te voy a explicar el significado secreto de esta visión. Voy a decirte quién es esa mujer, y quién es el monstruo de siete cabezas y diez cuernos que ella monta. **8** »Ese monstruo que has visto es uno que antes vivía, pero que ya no existe. Sin embargo, saldrá del Abismo profundo, pero solo para ser destruido. Y los habitantes de la tierra que no están anotados en el libro de la vida desde antes de la creación del mundo, se sorprenderán cuando vean a este monstruo. Antes estuvo vivo, y ahora ya no existe, pero regresará.

9 »Para entender esto, hace falta sabiduría: Las siete cabezas son los siete montes sobre los cuales está sentada la mujer, y también representan a siete reyes. **10** Cinco de esos reyes ya han muerto, y uno de ellos reina ahora. El otro no ha reinado todavía, pero cuando venga reinará solo un poco de tiempo. **11** El monstruo que antes vivía y ya no existe es uno de esos siete reyes. Regresará a reinar por segunda vez, y llegará a ser el octavo rey, pero será destruido para siempre.

12 »Los diez cuernos que has visto son diez reyes que todavía no han comenzado a reinar; pero durante una hora recibirán poder, y junto con el monstruo gobernarán como reyes. **13** Los diez reyes se pondrán de acuerdo, y entregarán al monstruo su poder y su autoridad. **14** Después, el monstruo y los diez reyes pelearán contra el Cordero, pero él y sus seguidores los vencerán. El Cordero vencerá porque es el más grande de todos los señores y el más poderoso de todos los reyes. Con él estarán sus seguidores. Dios los ha llamado y elegido porque siempre lo obedecen».

15 El ángel también me dijo:

«Los ríos que has visto, y sobre los cuales se sienta la prostituta, representan pueblos y gente de diferentes idiomas y países. **16** Los diez cuernos que has visto, lo mismo que el monstruo, odiarán a la prostituta y le quitarán todo lo que tiene. La dejarán desnuda, se comerán la carne de su cuerpo, y luego la arrojarán al fuego.

17 »Dios permitió que los diez reyes hicieran lo que él había pensado hacer. Los hizo ponerse de acuerdo para entregarle su poder al monstruo. Y ellos obedecerán al monstruo hasta que se cumplan todos los planes de Dios. **18** La mujer que has visto representa a la gran ciudad, y su rey domina a todos los reyes del mundo».

La destrucción de Babilonia

18 **1** Después de esto, vi que del cielo bajaba otro ángel. Tenía mucha autoridad, y era tanto lo que brillaba que la tierra se iluminó con su resplandor. **2** Gritaba con fuerte voz:

«¡Por fin cayó
la gran Babilonia!

Ahora es casa de demonios,
escondite de malos espíritus,

nido de todas las aves
y cueva de todas las fieras
que odiamos y no debemos comer.

3 En todos los países
siguieron su ejemplo
y adoraron dioses falsos.
Lo mismo hicieron
los reyes de la tierra.

Los comerciantes del mundo
se hicieron ricos,
pues ella les compró de todo
para satisfacer sus malos deseos».

4 Entonces oí otra voz del cielo, que decía:

«Ustedes son mi pueblo.

Salgan de Babilonia,
y no pequen como ella,
para que no caigan sobre ustedes
las terribles plagas que le vendrán.

5 Son tantos sus pecados,
que llegan hasta el cielo.
¡Dios no se ha olvidado
de ninguno de ellos!

6 Hagan con ella todo lo malo
que ella hizo con otros;
háganle pagar el doble
de todo lo malo que hizo.

Háganla pasar dos veces
por la misma amarga experiencia
que otros tuvieron por su culpa.

7 Ella era muy orgullosa,
y le gustaba vivir con grandes lujos;
¡pues ahora háganla sufrir!
¡dense el lujo de atormentarla!

Porque ella piensa:
"Aquí me tienen,
sentada en mi trono de reina.
No soy viuda, y nunca sufriré".

8 Por eso, en un mismo día
recibirá todos estos castigos:
hambre, sufrimiento y muerte.

¡Será destruida por el fuego,
porque el Señor,
el Dios todopoderoso,
ha decidido castigarla!»

9 Cuando Babilonia arda en llamas, lo lamentarán los reyes del mundo y llorarán por ella. Esos reyes, lo mismo que Babilonia, adoraron dioses falsos y vivieron a todo lujo. **10** Pero por miedo a ser castigados junto con ella, se mantendrán alejados y dirán:

«¡Ay, qué terrible!
¡Pobrecita de ti,
gran ciudad de Babilonia,
gran ciudad poderosa!
¡En un abrir y cerrar de ojos,
Dios decidió castigarte!

11 También lo lamentarán los comerciantes del mundo y llorarán, pues ya no habrá quién les compre nada. Porque Babilonia les compraba **12** cargamentos de oro, plata, joyas y perlas; cargamentos de ropas hechas de lino fino y de seda, de colores púrpura y rojo; toda clase de maderas finas y olorosas, y objetos de marfil, de bronce, de hierro y de mármol; **13** cargamentos de canela y de especias aromáticas, perfumes y aceites perfumados; cargamentos de vino, aceite, harina fina y trigo; de ganado, ovejas, caballos, carrozas, esclavos y prisioneros de guerra. **14** Y le dirán a Babilonia:

> «Ya no tienes las riquezas
> que tanto te gustaban;
> has perdido para siempre
> todos tus lujos y joyas».

15 Esos comerciantes, que se hicieron ricos vendiendo todo esto a Babilonia, se mantendrán alejados por miedo a ser castigados con ella. Y entre lágrimas y lamentos dirán:

16 «¡Ay, qué terrible!
> ¡Pobrecita de ti,
> gran ciudad poderosa!
>
> Te vestías con ropas
> de lino fino,
> con ropas de color
> púrpura y rojo,
> y te adornabas con oro,
> joyas y perlas.

17 ¡En un abrir y cerrar de ojos
> se acabó tanta riqueza!»

Todos los capitanes de barco, los que viajaban por mar, los marineros y los comerciantes se mantuvieron alejados. **18** Y al ver el humo de la ciudad en llamas, gritaron: «¡Nunca ha existido una ciudad tan poderosa como Babilonia!» **19** Además, se echaron ceniza en la cabeza para mostrar su tristeza, y entre llantos y lamentos gritaban:

«¡Ay, qué terrible!
¡Pobrecita de ti,
gran ciudad poderosa!

Con tus riquezas se hicieron ricos
todos los comerciantes del mar.

¡Y en un abrir y cerrar de ojos
has quedado destruida!

20 ¡Alégrense ustedes los santos,
que viven en el cielo,
pues Dios ha destruido
a la gran ciudad!

¡Alégrense ustedes los apóstoles,
y ustedes los profetas,
pues Dios ha castigado a Babilonia
por todo el mal que les hizo!»

21 Entonces un poderoso ángel tomó una roca, grande como piedra de molino, y la arrojó al mar diciendo:

«Babilonia, gran ciudad poderosa,
¡así serás destruida,
y nunca más volverán a verte!

²² ¡Nunca más se escuchará
en tus calles
música de arpas,
flautas o trompetas!

¡Nunca más habrá en tus calles
gente de diferentes oficios,
ni volverá a escucharse en ti
el ruido de la piedra del molino!

²³ ¡Nunca más brillará en ti
la luz de una lámpara,
ni se escuchará la alegría
de una fiesta de bodas!

Porque tus comerciantes eran
los más poderosos del mundo,
y tú engañaste con tus brujerías
a todos los países».

²⁴ Dios castigó a esa gran ciudad, porque ella es la culpable de haber matado a los profetas y a los del pueblo de Dios. En efecto, ella mató a muchos en todo el mundo.

Alegría en el cielo

19 ¹ Después de esto me pareció escuchar en el cielo las fuertes voces de muchísimas personas, que gritaban:

«¡Que todos alaben al Señor!

Nuestro Dios es poderoso,
y nos ha salvado.
Por eso le pertenecen
el poder y la gloria,

2 porque Dios juzga con justicia
y de acuerdo con la verdad.

Castigó a la gran prostituta,
que enseñó a todo el mundo
a adorar dioses falsos.
Fue castigada por haber matado
a los servidores de Dios».

3 Después volvieron a decir:

«¡Que todos alaben a Dios!
Pues el humo del fuego
que hace arder a la gran prostituta,
nunca dejará de subir».

4 Los veinticuatro ancianos y los cuatro seres vivientes se inclinaron hasta tocar el suelo, diciendo: «¡Así sea! ¡Que todos alaben a Dios!» Y adoraron a Dios, que estaba sentado en el trono.
5 Entonces oí una voz que venía del trono, la cual decía:

«¡Que todos alaben a nuestro Dios!

¡Que lo alabe todo el mundo,
los poderosos y los humildes,
los que lo sirven y lo honran!»

Alabanza

6 Entonces me pareció oír las voces de mucha gente. Era como el sonido de cataratas y de fuertes truenos, y decían:

«¡Que todos alaben a Dios,
el Señor todopoderoso,
porque él ha comenzado a reinar!

7 Alegrémonos,
   llenémonos de gozo y alabémoslo,
   porque ha llegado el día
   de la boda del Cordero.

   Ya está lista su esposa,
   la cual es la Iglesia;
8 Dios la ha vestido de lino fino,
   limpio y brillante».

Ese lino fino representa el bien que hace el pueblo de Dios.

9 El ángel me dijo: «Escribe esto: Benditos sean todos los que han sido invitados a la cena de bodas del Cordero».

Y luego añadió: «Esto lo dice Dios, y él no miente».

10 Entonces me arrodillé a los pies del ángel para adorarlo, pero él me dijo: «¡No lo hagas! Adora a Dios, pues yo también le sirvo, igual que tú y que todos los que siguen confiando en el mensaje que les dio Jesús».

Porque el mensaje que Jesús enseñó es lo que anima a la gente a seguir anunciándolo.

La victoria del jinete

11 Entonces vi el cielo abierto, y allí estaba un caballo blanco. El que lo montaba se llamaba Fiel y Verdadero, porque él era justo cuando gobernaba o cuando iba a la guerra. **12** Sus ojos parecían llamas de fuego; llevaba muchas coronas en su cabeza, y tenía escrito un nombre que solo él conocía. **13** Estaba vestido con ropa teñida de sangre, y su nombre era: «El Mensaje de Dios». **14** Los ejércitos del cielo, vestidos de lino fino, blanco y limpio, lo seguían montados en caballos blancos. **15** De su boca salía una espada afilada, que representa su mensaje poderoso; con esa espada conquistará a todos los países. Los gobernará con fuerza, y él mismo exprimirá las uvas para sacar el vino que representa el terrible enojo del Dios todopoderoso. **16** En su manto, y sobre el muslo, llevaba escrito este título: «El rey más poderoso de todo el universo».

17 Vi entonces que un ángel estaba parado en el sol, y que les gritaba a las aves de rapiña que vuelan en lo alto del cielo:

«Vengan y reúnanse para la gran cena de Dios. **18** Comerán carne de reyes, de jefes militares y de valientes guerreros. También comerán carne de caballos y de sus jinetes; comerán carne de toda clase: de gente libre y de esclavos, de gente importante y de gente poco importante».

19 Entonces vi al monstruo y a los reyes del mundo con sus ejércitos. Se habían reunido para pelear contra el que estaba montado en aquel caballo blanco, y contra su ejército. **20** El monstruo fue capturado, junto con el falso profeta que en su presencia había hecho maravillas. El falso profeta había engañado con milagros a los que se dejaron poner la marca del monstruo y adoraron su estatua. Los dos fueron lanzados vivos a un lago donde el azufre arde en llamas. **21** Luego, con la espada que salía de su boca, el que estaba sentado sobre el caballo blanco mató a todos los soldados del monstruo. Y las aves de rapiña se dieron un banquete con la carne de ellos.

Los mil años

20 **1** Vi entonces un ángel que bajaba del cielo. En su mano llevaba una gran cadena y la llave del Abismo profundo. **2** Este ángel capturó al dragón, aquella serpiente antigua que es el diablo, llamado Satanás, y lo encadenó durante mil años. **3** Lo arrojó al Abismo, y allí lo encerró. Luego aseguró la puerta y le puso un sello para que el dragón no pueda salir a engañar a los países, hasta que se cumplan mil años. Después de eso, el dragón será puesto en libertad por un corto tiempo.

4 Luego vi unos tronos, y en esos tronos estaban sentados los que habían sido asesinados por mantenerse fieles a la enseñanza de Jesús y al mensaje de Dios. Ellos no habían adorado al monstruo ni a su estatua, ni se habían dejado poner su marca en

la frente ni en las manos. Ellos volvieron a vivir, y Dios les dio tronos para que gobernaran con el Mesías durante mil años.
5-6 Ellos son los primeros que volverán a vivir; pues han recibido una gran bendición y forman parte del pueblo especial de Dios. Nunca serán separados de Dios, sino que serán sacerdotes de Dios y del Mesías, y reinarán con él durante mil años. El resto de los muertos no volverá a vivir hasta que se cumplan los mil años.

Derrota de Satanás

7 Cuando se cumplan los mil años, Satanás será liberado de su prisión, **8** y saldrá a engañar a los países de Gog y Magog, que representan a todos los países de este mundo. Satanás reunirá para la guerra a los ejércitos de esos países; sus soldados no se pueden contar, como tampoco se puede contar la arena del mar. **9** Ellos recorrerán todo el mundo, y rodearán al pueblo de Dios y a su ciudad amada, pero saldrá fuego del cielo y los quemará por completo. **10** Y el diablo, que los había engañado, será arrojado al lago donde el azufre arde en llamas, donde también fueron arrojados el monstruo y el falso profeta. Allí serán atormentados todos ellos para siempre, de día y de noche.

El juicio final

11 Entonces vi un gran trono blanco, y al que estaba sentado en él. Y en su presencia desaparecieron la tierra y el cielo, y nadie volvió a verlos. **12** Y vi que todos los que habían muerto, tanto los humildes como los poderosos, estaban de pie delante del trono. Y fueron abiertos los libros donde está escrito todo lo que cada uno hizo. También se abrió el libro donde están escritos los nombres de todos los que vivirán con Dios para siempre. Los muertos fueron juzgados de acuerdo con lo que habían hecho y con lo que decían los libros. **13** Los que murieron en el mar se presentaron delante de Dios para que él los juzgara, y lo mismo hicieron los que estaban en el reino de la muerte. Todos los muertos fueron juzgados de acuerdo con lo que habían hecho. **14** Luego, la Muerte y el reino de la muerte fueron lanzados al lago de fuego. Los que caen en este lago quedan separados de Dios para siempre, **15** y allí fueron arrojados todos los que no tenían sus nombres escritos en el libro de la vida eterna.

Un mundo nuevo

21 **1** Después vi un cielo nuevo y una tierra nueva, pues ya el primer cielo y la primera tierra habían dejado de existir, lo mismo que el mar. **2** Vi también que la ciudad santa, la nueva Jerusalén, bajaba del cielo, donde vive Dios. La ciudad parecía una novia vestida para su boda, lista para encontrarse con su novio. **3** Y oí que del trono salía una fuerte voz que decía:

«Aquí es donde Dios vive con su pueblo. Dios vivirá con ellos, y ellos serán suyos para siempre. En efecto, Dios mismo será su único Dios. **4** Él secará sus lágrimas, y no morirán jamás. Tampoco volverán a llorar, ni a lamentarse, ni sentirán ningún dolor, porque lo que antes existía ha dejado de existir».

5 El que estaba sentado en el trono dijo: «¡Yo hago todo nuevo!» Y también dijo: «Escribe, porque estas palabras son verdaderas y dignas de confianza».

6 Después me dijo:

«¡Ya todo está hecho! Yo soy el principio y el fin. Al que tenga sed, le daré a beber del agua de la fuente que da vida eterna, a cambio de nada. **7** A los que triunfen sobre la dificultades y sigan confiando en mí, les daré todo eso, y serán mis hijos, y yo seré su Dios. **8** Pero a los cobardes, a los que no crean en mí, a los que hagan cosas terribles que no me agradan, a los que hayan matado a otros, a los que tengan relaciones sexuales prohibidas, a los que practiquen la brujería, a los que adoren dioses falsos, y a los mentirosos, los lanzaré al lago donde el azufre arde en llamas; y allí se quedarán, separados de Dios para siempre».

La nueva Jerusalén

9 Después vino uno de los siete ángeles que tenían las siete copas llenas con las últimas plagas terribles, y me dijo:

«Acércate; voy a mostrarte a la novia, la que va a ser la esposa del Cordero».

10 Y en la visión que el Espíritu de Dios me mostró, el ángel me llevó a un monte grande y alto, y me enseñó la gran ciudad santa de Jerusalén, que bajaba del cielo, donde está Dios. **11** La presencia de Dios la hacía brillar, y su brillo era como el de una joya, como el de un diamante, transparente como el cristal. **12** Tenía por fuera una muralla alta y grande que la rodeaba. En la muralla había doce puertas; en cada puerta había un ángel, y en cada puerta estaba escrito el nombre de una de las doce tribus de Israel. **13** Había tres puertas que daban al este, tres que daban al norte, tres que daban al oeste y tres que daban al sur. **14** La muralla estaba construida sobre doce grandes rocas, y en cada roca estaba escrito uno de los nombres de los doce apóstoles del Cordero.

15 El ángel que me hablaba tenía una regla de oro, que usó para medir la ciudad, sus puertas y su muralla. **16** La ciudad era cuadrada; sus cuatro lados medían lo mismo. El ángel midió la ciudad con la regla de oro, y medía dos mil doscientos kilómetros; y medía lo mismo de ancho, de largo y de alto.

17 El ángel también midió la muralla, y era de sesenta y cinco metros, según las medidas humanas que estaba usando el ángel.

18 La muralla estaba hecha de diamante, y la ciudad era de oro tan puro que dejaba pasar la luz como si fuera cristal. **19** Las rocas sobre las que estaba construida la muralla estaban adornadas con toda clase de piedras preciosas: la primera roca está adornada con diamantes; la segunda, con zafiros; la tercera, con ágatas; la cuarta, con esmeraldas; **20** la quinta, con ónices; la sexta, con rubíes; la séptima, con crisólitos; la octava, con berilos; la novena, con topacios; la décima, con crisoprasas; la undécima, con jacintos; y la duodécima, con amatistas. **21** Y las doce puertas eran doce perlas; cada puerta estaba hecha de una sola perla. La calle principal de la ciudad estaba cubierta de un oro tan puro que brillaba como el vidrio transparente.

22 En la ciudad no vi ningún templo, porque su templo es el Señor, el Dios todopoderoso, y también el Cordero. **23** La ciudad no necesita que el sol o la luna la iluminen, porque el brillo de Dios la ilumina, y el Cordero es su lámpara. **24** Gente de todos los países caminará a la luz que sale de la ciudad, y los reyes de la tierra le entregarán sus riquezas. **25** Las puertas de la ciudad no se cerrarán de día, y allí nunca será de noche. **26** Le entregarán las riquezas y todo lo bello de los países. **27** Pero nunca entrará en ella nada que desagrade a Dios; no entrarán los que han adorado a dioses falsos, ni los objetos que hayan usado en su culto. Solo podrán entrar los que tengan anotados sus nombres en el libro del Cordero. En ese libro están anotados los que recibirán la vida eterna.

22 **1** Luego el ángel me mostró un río de aguas que dan vida eterna. El río salía del trono de Dios y del Cordero, era claro como el cristal, **2** y sus aguas pasaban por en medio de la calle principal de la ciudad. A cada lado del río había árboles que daban su fruto una vez al mes, o sea, doce veces al año. Sus frutos dan vida eterna, y sus hojas sirven para sanar las enfermedades de todo el mundo.

3 En la ciudad no habrá nada ni nadie que desagrade a Dios. Allí estará el trono de Dios y del Cordero, y los servidores de Dios lo adorarán. **4** Todos podrán ver a Dios cara a cara, y el nombre de Dios estará escrito en sus frentes. **5** Allí nunca será de noche, y nunca nadie necesitará la luz de una lámpara ni la luz del sol, porque Dios el Señor será su luz, y ellos reinarán para siempre.

Jesús promete volver pronto

6 El ángel me dijo:

«Todos pueden confiar en lo que aquí se dice, pues es la verdad. El Señor, el mismo Dios que da su Espíritu a los profetas, ha enviado a su ángel para mostrarles a sus servidores lo que pronto sucederá».

Y Jesús dice: **7** «¡Pongan atención! ¡Yo vengo pronto! Dios bendiga a los que hagan caso de la profecía que está en este libro».

8 Yo, Juan, vi y oí todas estas cosas. Y después de verlas y oírlas, me arrodillé para adorar al ángel que me las mostró, **9** pero él me dijo: «¡No lo hagas! Adora a Dios, pues todos somos servidores de él: tú, yo, los profetas, y todos los que obedecen la Palabra de Dios».

10 Además me dijo:

«No guardes en secreto las profecías de este libro, porque pronto sucederán. **11** Deja que el malo siga haciendo lo malo; y que quien tenga la mente sucia, siga haciendo cosas sucias. Al que hace el bien, déjalo que siga haciéndolo, y al que haya entregado su vida a Dios, deja que se entregue más a él».

Jesús dice:

12 «¡Pongan atención! ¡Yo vengo pronto! Y traigo el premio que le daré a cada persona, de acuerdo con lo que haya hecho. **13** Yo soy el principio y el fin, el primero y el último».

14 A los que dejen de hacer lo malo, Dios los bendecirá, pues les dará el derecho a comer de los frutos del árbol que da vida eterna. Ellos podrán entrar por las puertas de la ciudad. **15** Afuera se quedarán los malvados, los que practican la brujería, los que tienen relaciones sexuales prohibidas, los asesinos, los que adoran dioses falsos y todos los que engañan y practican el mal.

Jesús dice: **16** «Yo he enviado a mi ángel, para que les diga a las iglesias todas estas cosas. Yo soy el descendiente del rey David; yo soy la estrella que brilla al amanecer».

17 El Espíritu de Dios y la esposa del Cordero dicen: «¡Ven, Señor Jesús!»

Y todos los que estén escuchando digan: «¡Ven, Señor Jesús!»

Y el que tenga sed y quiera agua, que venga y tome gratis del agua que da vida eterna.

18 A todos los que escuchan el mensaje de esta profecía, les advierto esto: Si alguien le añade algo a este libro, Dios lo castigará con todas las plagas terribles que están descritas en el libro. **19** Y si alguien le quita algo al mensaje de esta profecía, Dios no lo dejará tomar su parte del fruto del árbol que da vida, ni lo dejará vivir en la ciudad santa, como se ha dicho en este libro.

20 El que anuncia estas cosas dice: «Les aseguro que vengo pronto».

¡Así sea! ¡Ven, Señor Jesús!

21 Que el amor del Señor Jesús los acompañe siempre.